Daniel Sanders

Orthographisches Wörterbuch

Daniel Sanders

Orthographisches Wörterbuch

ISBN/EAN: 9783743398696

Hergestellt in Europa, USA, Kanada, Australien, Japan

Cover: Foto ©Andreas Hilbeck / pixelio.de

Manufactured and distributed by brebook publishing software (www.brebook.com)

Daniel Sanders

Orthographisches Wörterbuch

Orthographisches Wörterbuch

oder

alphabetisches Verzeichnis

aller deutschen oder im Deutschen eingebürgerten Wörter mit schwieriger
oder fraglicher Schreibweise in endgültiger Feststellung

von

Daniel Sanders.

Zweite durchgesehene Auflage.

Leipzig:

F. A. Brockhaus.

1876.

Vorwort.

Das vorliegende Wörterbuch ist die Ausführung und der Abschluſs meiner „Vorschläge zur Feststellung einer einheitlichen Rechtschreibung für Altdeutschland".*)

Es war mein lebhaftes, eifriges Streben, hier ausnahmslos für alle Wörter mit irgend wie schwieriger oder bisher fraglicher Schreibweise eine auf wohl erwogenen Gründen beruhende bestimmte Feststellung zu bieten, auch z. B. in Bezug auf die in allen bisherigen Verzeichnissen fast ganz unberücksichtigt gebliebene Silbenbrechung, und ich wünsche, und wage zu hoffen, daſs dies mit der äußersten Sorgfalt ausgearbeitete Buch in keinem Falle die Nachschlagenden im Stich lassen und daſs ein gleichzeitig erscheinender Auszug**) den Bedürfnissen der gewöhnlichen Schulen vollkommen entsprechen und genügen möge.

Über die Grundsätze meiner Feststellungen habe ich mich im Einzelnen (worauf in den betreffenden Stellen des Wörterbuches jedes Mal im Besondern hingewiesen ist) in den beiden Heften meiner „Vorschläge" ausgesprochen, zusammenfassend aber in einem Aufsatze***), mit dessen Wiederabdruck ich am füglichsten dieses Vorwort beschließen zu können glaube:

In unserer Zeit macht sich offen und unverkennbar das Streben geltend, das Gemeinsame, Einheitliche und Einigende im Leben und Verkehr der Völker hervorzuheben und zu befördern. In einer solchen Zeit darf man, auch ohne Gefahr, sich von vorn herein der Verspottung und Verhöhnung auszusetzen, es wagen, Gedanken auszusprechen und anzuregen, deren völkervereinigende Verwirklichung, wenn sie überhaupt jemals eintreten wird, jedenfalls erst einer fernern Zukunft angehört. Ein solcher Gedanke ist der an eine gemeinsame

---

*) Heft 1, 1873, und Heft 2, 1874.
**) Unter dem Titel: Orthographisches Schul-Wörterbuch.
***) S. „Unsere Zeit. Deutsche Revue der Gegenwart. Herausgegeben von Rudolf Gottschall." Neue Folge. 11. Jahrg. 6. Heft, S. 458 ff.

Lautschrift, wenn nicht sämmtlicher Sprachen der Welt, so doch derjenigen, die in die Geschichte und Bildung der Menschheit thätig eingegriffen haben und eingreifen. Wenn nun je im Laufe der Zeit bei sämmtlichen Bildungsvölkern der Gedanke Wurzel fasste, keimte und reifte, eine möglichst vollkommene ge= meinsame Lautschrift einzuführen, so hätte man zuvörderst sein Augen= oder Ohrenmerk auf die genaue, sorgfältige und umfassende Erkenntnis sämmtlicher in allen Sprachen vorkommenden verschiedenen Laute, wie auch aller unter= scheidenden Betonungsverhältnisse der verschiedenen Silben zu richten und dann für jeden Laut ein entsprechendes einfaches Lautzeichen zu finden, wie auch eine genügende Anzahl von Tonzeichen, um nicht nur von den unbetonten Silben die betonten zu unterscheiden, sondern bei diesen zugleich auch die ver= schiedene Art der Betonung bezeichnend hervorzuheben. Dass es freilich solcher Ton= und namentlich Lautzeichen eine sehr große Menge geben wird und muss, wird Jeder leicht begreifen, der mit leise und fein hörendem Ohr auch nur in der eigenen Sprache alle verschiedenen einfachen Laute und Lautabstufungen zu erkennen und zu bezeichnen versucht. Mit der allseitig anerkannten Fest= stellung der sämmtlichen Laut= und Tonzeichen aber wäre im Großen die Auf= gabe gelöst, so dass, wer diese Zeichen nach ihrer Bedeutung und in ihrem Werthe vollständig kennt und sicher inne hat, vollkommen im Stande wäre, mit denselben auch in einer ihm unbekannten Sprache alles richtig Gehörte richtig niederzuschreiben und alles so Geschriebene auch richtig zu lesen und vorzutragen. Die Vollkommenheit einer solchen allgemeinen Lautschrift wäre einerseits in ihrer Vollständigkeit begründet, andererseits aber nicht minder in ihrer weisen Beschränkung auf das wirklich Nothwendige, indem hier in der That für alles durch die Schrift zu Bezeichnende auch wirklich ein Zeichen vorhanden wäre, aber eben auch nur ein Zeichen, bei dessen Anwendung also keine Willkür und kein Schwanken statthaben könnte. Für die einzelnen Sprachen würde diese allgemeine Lautschrift sich in so fern vereinfachen, als für die in denselben nicht vorkommenden Laute und Betonungsarten die ent= sprechenden Zeichen fortfielen. Wir wollen versuchen, hier wenigstens in all= gemeinen Umrissen anzudeuten, welche wesentlichen Umgestaltungen die deutsche Rechtschreibung zu erfahren hätte, wenn jemals jener Gedanke einer gemeinsamen Lautschrift verwirklicht werden sollte:

1) wären mehrere Tonzeichen einzuführen für die in unserer Schrift bis= her ganz unberücksichtigt und unbezeichnet gebliebenen Betonungsverhältnisse;

2) wären für manche Laute, für die wir in unserer bisherigen Schrift die Zusammenstellung mehrerer Buchstaben verwenden, einfache Lautzeichen einzuführen, z. B. für die sogenannten Diphthonge oder Doppellauter, statt au, eu, ei u. s. w.; ferner für den Nasallaut ng (z. B. in Klang u.). w.), für den Zischlaut statt sch und statt ch (s. 3) sowohl für den Gaumen= wie für den Kehllaut;

3) wären für jedes Lautzeichen, das nicht einen einzigen bestimmten Laut, sondern verschiedene Lautabschattungen bezeichnet, so viele einfache Zeichen ein=

zuführen, wie verschiedene Lautabstufungen zu bezeichnen sind, man vergleiche
z. B. a als geschärften Selbstlauter in hart und als gedehnten in zart und
Entsprechendes für alle Selbstlauter, wozu z. B. beim e noch andere Laut=
abstufungen kommen; ferner (s. 2) ch als Gaumenlaut z. B. in Frauchen
und als Kehllaut in rauchen u. s. w.;

4) wäre ein eigenes Lautzeichen einzuführen für das j oder g in aufge=
nommenen französischen Wörtern, z. B. in Journal, Logis u. s. w.;

5) wären dagegen, wo für einen und denselben Laut mehrere Bezeich=
nungsweisen vorkommen, alle bis auf eine ohne Weiteres und vollständig über
Bord zu werfen, so z. B. sämmtliche sogenannte große Buchstaben neben den
kleinen, man vergleiche ferner als Bezeichnungen genau desselben Lautes f, v und
ph; eu und äu, ei und ai; t und th, zum Theil auch dt; oft auch i und
y; chs, gs, ks, cks und x; ä und e, v und w, k und c; in manchen Fällen
auch c, z und t (z. B. Certioration u. Ähnl. m.).

Bei einer so durchgreifenden Umgestaltung würde unsere deutsche Recht=
schreibung ein sehr verändertes Ansehen gewinnen und in noch erhöhetem Maße
würde Dies z. B. für die französische und für die englische Sprache der Fall
sein. Die Wörter würden dem Auge des Lesers statt in ihrer wohlbekannten
und durch lange Gewöhnung vertrauten Gestalt vielmehr in einem ganz fremden
und befremdenden Gewande sich darstellen, in welchem er, wie auf einem
Mummenschanz, erst das Altbekannte herauszufinden und zu erkennen sich be=
mühen müßte, und so würde bis zur durchgedrungenen Gewöhnung an die
Wortbilder der neuen Schrift diese das Lesen und das Verständnis zunächst
hemmen und erschweren, statt es zu fördern und zu erleichtern. Und bei allen
Völkern mit einem durch Jahrhunderte entwickelten Schriftthum wird so dieser,
mit einer ganz veränderten Schreibweise unvermeidlich verknüpfte Übelstand
immer der Ein= und Durchführung einer gemeinsamen Lautschrift hindernd im
Wege stehen, und zwar um so mehr, je weiter bei einem Volke seine Ortho=
graphie bis dahin von der rein phonetischen Schrift entfernt war.

Ob der großartige, in der Ausführung aber bei den verschiedenen Völkern
sicherlich auf die allergrößten Schwierigkeiten stoßende Gedanke einer gemein=
samen Lautschrift sich jemals wird verwirklichen lassen: wer will es voraus=
sagen? Läge nun aber die Verwirklichung nicht so entweder ganz im Bereiche
der Träume oder doch günstigsten Falls im Schoße einer dunkeln, fernen Zukunft,
so dürfte wohl und müßte selbst die Rede sein von einer Überführung unserer
deutschen Rechtschreibung in jene reine vollkommene Lautschrift, mittels deren
alle damit Vertrauten auch ohne jede Kenntnis der deutschen Sprache doch
alles in derselben richtig Gehörte auf gleiche Weise schreiben und alles so Ge=
schriebene auf gleiche Weise aussprechen und lesen würden. So aber liegt,
wie gesagt, die Sache nicht und, wie unsere Rechtschreibung, so setzen auch
alle Änderungs= und Verbesserungsvorschläge bei Schreibenden und Lesenden
die Bekanntschaft mit der deutschen Sprache voraus.

„Auf eine einheitliche Rechtschreibung für Alldeutschland war schon seit lange das Sehnen und Streben aller Vaterlandsfreunde gerichtet, die dem theuern Hort unserer wundervollen Muttersprache die verdiente Aufmerksamkeit zugewendet, mit dem lebendigen Bewusstsein, dass in der Sprache Nichts für klein und kleinlich geachtet werden darf, was auf die Bildung des gesammten Volkes von Einfluss ist.

„Aber in frühern Zeiten konnte auch auf diesem Gebiete das Einheits= streben nirgends seinen vollen entsprechenden Ausdruck finden. . . . Mit der neubegründeten Einheit des deutschen Reiches aber ist nun nicht bloß die Möglichkeit gegeben, auch auf dem Gebiete der Rechtschreibung die Einheit sich verkörpern zu sehen, sondern es scheint — um ein Goethe'sches Bild zu ge= brauchen — eben nur des rechten Anstoßes zu bedürfen, damit feste Form gewinne, was schon ohnehin auf dem Punkte der Krystallbildung begriffen ist.',

Mit diesen Worten eröffnete ich das erste Heft meiner „Vorschläge zur Feststellung einer einheitlichen Rechtschreibung für Alldeutschland. An das deutsche Volk, Deutschlands Vertreter und Schulmänner".

Inzwischen ist nun von den deutschen Regierungen dem Professor Rudolf von Raumer der Auftrag ertheilt worden zur Ausarbeitung einer grundlegen= den Schrift für eine zunächst in die höhern Schulen einzuführende einheitliche Rechtschreibung. Gleichzeitig hat der pädagogische Verein in Görlitz einen „Aufruf an Deutschlands Schulmänner zur Einigung in der Rechtschreibung" erlassen, aus welchem Aufruf wir wenigstens die folgende Stelle anführen zu müssen glauben:

„An Deutschlands Schulmänner tritt die Aufgabe heran, Stellung zur Reformfrage zu nehmen. Nur dadurch, dass die Lehrerschaft schlüssig darüber wird, welche Anforderungen die Schule an eine Neugestaltung der Recht= schreibung zu stellen hat, ist eine Lösung der Frage «vom grünen Tisch her» zu verhindern. Die Schule ist bei einer Reform so stark betheiligt, dass es die Pflicht ihrer Lehrer und Leiter ist, bei Zeiten die orthographische Ange= legenheit in ernstliche Erwägung zu ziehen. Allerdings kann der Schule nicht gestattet werden, eigene Reformprincipien aufzustellen und dadurch die For= schung zu beeinträchtigen. Nimmer aber darf sie sich das Recht entziehen lassen, an die von der Wissenschaft aufgestellten Grundsätze den Maßstab ihrer eigenthümlichen Bedürfnisse zu legen. Dazu wird ja auch sie unserer Über= zeugung nach die neue Schreibung ins Volk einführen müssen. . . . Wenn erst die deutsche Schule eine neue Orthographie lehrt, d. h. sie dem künftigen Ge= schlechte ins Leben mitgiebt, dann wird sicher auch die Presse sich bequemen, dieselbe anzunehmen" u. s. w.

Dann verlautet in der neuesten Zeit auch von Berathungen, welche be= deutende Buchdruckereien, Verlagshandlungen und Redaktionen von Zeitungen und Zeitschriften über eine einheitliche deutsche Rechtschreibung gepflogen haben oder vielmehr noch pflegen. Überblickt man dabei zugleich die große Zahl von Schriften und Abhandlungen, welche in der jüngsten Zeit sich mit der

Regelung und Feststellung der deutschen Rechtschreibung beschäftigt haben*), so ersieht man wohl, daß die in frühern Jahren mannigfach stockende Frage

---

*) Wir machen hier in der Anmerkung mehrere namhaft, wobei wir jedoch mit guter Absicht auch einige ältere grundlegende Abhandlungen und Schriften nicht übergehen, namentlich als Vertreter der verschiedenen Anschauungen, die sich bei der Regelung und Neugestaltung unserer Rechtschreibung geltend zu machen suchten und suchen: Dr. K. G. Andresen, „über deutsche Orthographie" (Mainz 1855); Dr. Konrad Duden, „Die deutsche Rechtschreibung. Abhandlung, Regeln und Wörterverzeichnis mit etymologischen Angaben. Für die obern Klassen höherer Lehranstalten und zur Selbstbelehrung für Gebildete" (Leipzig 1872); H. Erdmann, „Zur orthographischen Frage" (Hamburg 1874); Dr. F. W. Fricke, „Grundlagen zur Anbahnung einer einheitlichen Orthographie" (in Herrig's „Archiv für das Studium der neuern Sprachen u. s. w.", Bd. 52, Heft 3 und 4); Jakob Grimm im Vorwort zu seinem „Deutschen Wörterbuch", Bd. 1, S. LII fg.; Dr. K. Klaunig, „über deutsche Rechtschreibung vom wissenschaftlich praktischen Standpunkte, das Ergebnis der Einigung zwischen den Lehrern der allgemeinen Bürger- und städtischen Realschule zu Leipzig u. s. w." (Leipzig 1857); Dr. G. Michaelis, „Vorschläge zur Regelung und Vereinfachung der deutschen Rechtschreibung" (Berlin 1874); „Zeitschrift für Stenographie und Orthographie" (Berlin 1853—75), und daraus in besondern Abdrücken z. B. „Das Th in der deutschen Rechtschreibung"; „über Jakob Grimm's Rechtschreibung"; „über die Berliner Gymnasialorthographie"; „über den Übergang zur lateinischen Schrift" u. s. w.; Rudolf von Raumer, „Gesammelte sprachwissenschaftliche Schriften" (Frankfurt a. M. 1863); R. Rißmann, „Vorschläge zur Neugestaltung unserer Rechtschreibung. Im Auftrage des pädagogischen Vereins zu Görlitz bearbeitet" (Leipzig 1875) (im Anschluß an den obenerwähnten Aufruf des pädagogischen Vereins); Dr. Daniel Sanders, „Katechismus der deutschen Orthographie" (3. verb. Aufl., Leipzig 1873); „Vorschläge zur Feststellung einer einheitlichen Rechtschreibung für Alldeutschland. An das deutsche Volk, Deutschlands Vertreter und Schulmänner" (Heft 1 und 2, Berlin 1873 und 1874); „Orthographisches Wörterbuch oder alphabetisches Verzeichnis aller deutschen oder im Deutschen eingebürgerten Wörter mit schwieriger oder fraglicher Schreibweise in endgültiger Feststellung"; „Orthographisches Schul-Wörterbuch"; K. J. Schröer, „Die deutsche Rechtschreibung in der Schule und deren Stellung zur Schreibung der Zukunft. Mit einem Verzeichnisse zweifelhafter Wörter" (Leipzig 1870); Ed. Wetzel und Fr. Wetzel, „Handbuch der Orthographie zum Gebrauche für Lehrer. Nach methodischen Grundsätzen bearbeitet" (4. verb. und verm. Aufl., Berlin 1873).

Dazu kommen noch Schriften, die zunächst für Schulen einzelner Städte oder Gaue bestimmt waren; vgl. außer den bereits erwähnten für Leipziger Schulen und die Berliner Gymnasien (Klaunig und Michaelis) namentlich: „Regeln und Wörterverzeichnis für deutsche Rechtschreibung. Gedruckt auf Veranstaltung des königlichen Ober-Schulkollegiums zu Hannover" (Klausthal 1855), und zum Theil davon abweichend: „Anleitung zur deutschen Rechtschreibung. Ausgabe für Elementarklassen der höhern Schulen und für Mittel- und Volksschulen. Zusammengestellt im Auftrage des vormaligen königlichen Ober-Schulkollegiums zu Hannover und nunmehr aufs Neue herausgegeben von Dr. G. H. Sesser und Dr. H. Dieckmann" (3. Aufl., Hannover 1868) u. ähnl. m., wie ferner sogenannte Hausorthographien größerer Druckereien, z. B. „Orthographisches Hilfsbuch zum Gebrauche der Schriftsetzer und Korrektoren in der Officin von F. A. Brockhaus in Leipzig. Zweiter durchgesehener Abdruck. (Als Handschrift gedruckt.)"

jetzt gehörig in Fluſs gekommen, und darf hoffen, daſs durch möglichſt all-
ſeitige Erörterung ſie ſich ſchnell klären und zu dem lange und heiß erſehnten
Ergebnis einer wirklich für die nächſte Zukunft feſt begründeten einheitlichen
deutſchen Rechtſchreibung führen wird.

Unſere deutſche Rechtſchreibung iſt, wie naturgemäß jede Buchſtabenſchrift,
aus einer Lautſchrift hervorgegangen; aber dieſe war, wie bereits angedeutet,
von dem oben aufgeſtellten Muſterbilde einer vollkommenen Lautſchrift entfernt.
Dem Mangel an einer genügenden Anzahl einfacher Lautzeichen für alle in
der Sprache vorkommenden Laute und Lautabſtufungen ſtrebte man thunlichſt
abzuhelfen durch Zuſammenſtellung mehrerer einfachen Zeichen und überließ
die Ergänzung der auch auf dieſe Weiſe noch nicht zur Genüge bezeichneten
Laut= und Betonungsverhältniſſe für die Ausſprache dem lebendigen Ver-
ſtändnis, das der Leſer dem Geſchriebenen entgegenzubringen hat. Den Über-
fluſs aber an mehrfachen Zeichen für ein und denſelben Laut und eben ſo
manche Abweichungen von den knappſten Lautbezeichnungen ſuchte man für die
Verdeutlichung der Schrift zu verwerthen, und zwar nach verſchiedenen Be-
ziehungen, namentlich um ein Wort von gleichlautenden zu unterſcheiden, ferner
ſeine grammatiſche Stellung zu bezeichnen und ſeine grammatiſche oder ethmo-
logiſche Zuſammengehörigkeit mit andern Wörtern erkennen zu laſſen. Eine möglichſt
entſprechende Lautbezeichnung einerſeits und jenes Verdeutlichungsbeſtreben anderer-
ſeits ſind die beiden Richtungen, aus denen im Ganzen und Großen ſich unſere
deutſche Rechtſchreibung zuſammengeſetzt hat. Dagegen iſt in derſelben das
namentlich im Franzöſiſchen und Engliſchen ſo gewichtig hervortretende Streben,
in der heutigen Schreibweiſe trotz des eingetretenen Lautwechſels doch noch die
frühere Lautbezeichnung fortzubewahren, nicht oder kaum vorhanden. Wir
wollen verſuchen, das Geſagte durch einige Beiſpiele zu erläutern. Die
engliſchen Wörter daughter, night, knight entſprechen den deutſchen Tochter,
Nacht, Knecht und namentlich alſo das gh unſerm ch, aber nur noch in
der Schrift, denn als Lautzeichen ſind ſie jetzt bedeutungslos oder, wie man
ſich ausdrückt, ſtumm, man ſpricht das erſte Wort dáter und die beiden letzten
neit, woraus alſo erhellt, daſs auch das k in knight nicht mehr ein Laut=,
ſondern nur noch ein bloßes ſtummes Schriftzeichen iſt, und Ähnliches im
Franzöſiſchen. Vergleichen wir dagegen für das Deutſche z. B. die beiden
zunächſt auf zehn folgenden Zahlwörter elf und zwölf. Für das erſtere ſchrieb
man noch zur Zeit Adelung's*) eilf, weil man im edeln Stil noch ſo ſprach
und die urſprünglich aus dem Niederdeutſchen eindringende oder eingedrungene
heutige Ausſprache als die nur im gemeinen Leben geltende und zu duldende
anſah. Als ſie aber auch für die gebildete Sprache durchgedrungen, muſste
nach dem Grundſatz der deutſchen Rechtſchreibung auch die entſprechende Laut=
bezeichnung Platz greifen und, wer nun etwa elf ſprechen, aber eilf ſchreiben

---

*) S. deſſen „Wörterbuch" und vgl. gothiſch áinlif, althochdeutſch und mittelhoch-
deutſch einlif u. ſ. w.

wollte, dürfte am allerwenigsten eine solche, die geschichtliche Fortentwickelung verleugnende und an die Stelle des Lebenden und Organischen das Abge= storbene und Todte setzende Schreibweise, wie es geschehen, mit den Namen einer historischen oder organischen Schreibung beschönigen wollen, während sie im Gegentheil gradezu eine ungeschichtliche und unorganische ist, hervorgegangen aus dem dünkelvollen Wahne, daß die Sprache sich nur so entwickeln dürfe, wie es in das vorgeschriebene „System" paßt. Und eben so wäre es keine geschichtliche, sondern eine rückschrittliche Schreibweise, wenn Jemand jetzt in dem Zahlwort zwölf statt des in der Aussprache durchgedrungenen ö das ältere e setzen und ähnlich etwa z. B. für Hölle, Löffel, Löwe, Schöpfer, schwören u. s. w. Helle, Leffel, Lewe, Schepfer, schweren u. s. w. schreiben wollte. Und ganz so steht es z. B. auch mit der Forderung, das Verhältnis zwischen ſſ und ſ und ferner das sogenannte Dehnungs=h nicht nach der Geltung und dem Werthe zu beurtheilen, welche diese Lautzeichen für die heutige Aussprache haben, sondern nach der Bedeutung, welche sie — oder an ihrer Stelle auch andere, nämlich j und w statt des h — für eine ältere, längst nicht mehr geltende Aussprache hatten. Doch hierüber kann es bei dem Gesagten bewenden, da der fälschlich sogenannte historische, richtiger vielmehr rückschrittliche Standpunkt glücklicherweise von dem phonetischen überwunden ist, wonach unsere deutsche Rechtschreibung nicht eine frühere Aussprache, sondern einzig und allein die jetzige zu bezeichnen hat.

Aber, wie gesagt, macht sich neben dem phonetischen Princip in unserer Orthographie auch noch entschieden ein Verdeutlichungsstreben geltend, und zwar um so berechtigter und nothwendiger, als für eine vollkommen genaue, deutliche und unzweideutige Bezeichnung der Aussprache unsere unvollständigen und mangelhaften Lautzeichen in ihrer knappsten Anwendung allein nicht aus= reichen. So z. B. besitzen wir in unserm Alphabet keine besondern Zeichen für die geschärften und für die gedehnten Selbstlauter und demgemäß ent= spricht ein und dasselbe Zeichen a bald dem gedehnten, bald dem geschärften Laute. Würde dagegen für den ersten Laut etwa das Zeichen a gelten und hätte man für den zweiten ein anderes Zeichen, etwa α, so könnte man voll= kommen der Aussprache gemäß unterscheiden: dα und da; jα und ja; nα und na, z. B. in den Sätzen: Willst du mir das Geld geben? „Ja. Dα! nimm es!" Es ist ja keins da. Nα, nun bin ich dem Ziel na u. s. w. Da aber in unserm Alphabet solche Unterscheidung fehlt, so schreiben wir, ohne den in der Aussprache hervortretenden Unterschied in der Schrift bemerklich zu machen, beide Mal da und ja, die richtige Aussprache mit geschärftem oder mit gedehntem a einzig und allein dem lebendigen Sprachgefühl des Lesers überlassend; dagegen unterscheiden wir in der Schrift von der Interjektion na! (mit kurz hervorgestoßenem, geschärftem a) das Adjektiv nah durch das Dehnungs=h. Dieser Buchstabe ist allerdings, wie man sagt, lautlos oder stumm, aber doch nicht, wie das gh in den oben angeführten englischen Wörtern daughter, night, knight für die heutige Aussprache bedeutungslos, indem

er vielmehr, bei dem Mangel eines eigenen Zeichens für den gedehnten Vokal
in unserer Schrift, die Dehnung des vorhergehenden a und zugleich auch
namentlich, dem erwähnten Verdeutlichungsstreben gemäß, die Zusammengehörigkeit mit einem in der heutigen Aussprache lautenden, und also auch
vom phonetischen Standpunkt aus, vollberechtigten h in Fortbildungen (wie
nahe, nahen, Nähe, nähern) bezeichnet. Wir schreiben ferner z. B.
nicht das Substantiv: star und das Adjektiv: star, sondern unterscheiden
erstens, dem mehrerwähnten Verdeutlichungsstreben gemäß, die Substantiva
von den andern Redetheilen durch die großen Anfangsbuchstaben und bezeichnen
zweitens, da uns eigene Lautzeichen für das gedehnte und geschärfte a fehlen,
hier die Dehnung durch Verdoppelung des Vokals und die Schärfung durch
Verdoppelung des darauf folgenden Konsonanten, schreiben also: Staar und
starr, eben so: Haar und harren. In andern Fällen aber bezeichnen wir die
Dehnung auch durch ein beigefügtes h, z. B. in fahren, Gefahr, Jahr, wahr,
und endlich lassen wir sie auch unbezeichnet, z. B. in bar, gar, war, waren
u. s. w. Diese verschiedene Weise unserer Schrift für den gedehnten Vokal
ermangelt freilich, wie überhaupt Manches in unserer Orthographie, der strengen
Folgerichtigkeit; aber sie bietet dabei dem mehrerwähnten Verdeutlichungsstreben
zur Unterscheidung gleichlautender Wörter, die freilich auch wieder nicht vollständig durchgeführt ist, manche willkommene Handhabe. Vgl. z. B. die
Waaren, wir waren und — wahren, sowohl als Verbum wie als Adjektiv
(die wahren Freunde u. s. w.). Diese und andere nicht abzuleugnende
Folgewidrigkeiten sind aber ein ganz naturgemäßes Ergebnis davon, daß
unsere Orthographie nicht aus einer vollkommenen Lautschrift hervorgegangen
ist und namentlich mit zur Abhilfe der ihr dadurch anhaftenden Mängel und
Unvollkommenheiten ein sich in verschiedener Weise geltend machendes Verdeutlichungsstreben in sich entwickelt hat. Die unumwundene Anerkennung
dieses Verdeutlichungsstrebens als eines berechtigten Moments in unserer Orthographie bildet den eigentlichen Unterschied für meinen Standpunkt von dem
Raumer's und der Raumer'schen Schule. Aus meinem oben näher angedeute-
ten Gesichtspunkte erscheint unsere Rechtschreibung freilich, mit dem Maßstabe
der vollkommenen Lautschrift gemessen, als eine unvollkommene und mangel-
hafte, aber doch als eine aus unvollkommenem phonetischem Ursprunge in
geschichtlicher Entwickelung gewordene und höchst zweckmäßige. Und so habe
ich denn an die Spitze meiner „Vorschläge" den Grundsatz gestellt:
„Im Ganzen und Großen steht der Schreibgebrauch für ganz Deutschland
bereits fest. Es kann und darf nicht die Rede davon sein, an das glücklicherweise schon Feststehende irgend wie die rüttelnde Hand zu legen und das in
geschichtlicher Entwickelung Gewordene nach einem andern «System» machen
zu wollen. Vielmehr werden neue Feststellungen nur da am Orte sein, wo
es sich um Ausfüllung einer Lücke oder um Beseitigung eines Schwankens
handelt, und auch hier werden die künftig als Norm zu beobachtenden Bestimmungen jedenfalls so zu treffen sein, daß sie nicht als etwas von dem

bereits Feststehenden wesentlich Abweichendes, sondern im Gegentheil im engsten Anschluß daran nur als ein ganz in demselben Geiste weiter geführter Fortbau sich bekunden."

Somit lege ich, wie man sieht, den Hauptnachdruck auf die Feststellung einer einheitlichen Rechtschreibung, Raumer und seine Schule dagegen auf eine allmählich immer weiter gehende Durchführung des phonetischen Princips. Denn daß die sofortige vollständige eine praktische Unmöglichkeit ist, verkennen sie keinen Augenblick. Hören wir, wie z. B. Duden sich darüber ausspricht:

„Ist nun, wie Niemand bezweifelt, der oberste Zweck aller Schrift, die Gedanken der Schreibenden in möglichst leicht verständlicher und unzweideutiger Weise für den Lesenden darzustellen so besteht die Forderung zu Recht, daß nicht an die Stelle bekannter Wortbilder fremde treten, welche das Verständnis erschweren. Wie aber ist dann eine Verbesserung überhaupt möglich? Dadurch, daß erstens in allen schwankenden Fällen das Richtige vorgezogen und zweitens durch die Schulen die Erkenntnis Dessen, was, obgleich noch allgemein üblich, doch nicht zu billigen ist, in immer weitere Kreise verbreitet wird. So gewöhnt sich das Auge allmählich zunächst an einzelne noch ungewohnte Wortbilder, die inmitten von lauter bekannten von diesen ihr Licht empfangen und das Verständnis nicht beeinträchtigen; allmählich wird ein Wort nach dem andern in das Bereich des Schwankenden hineingezogen und demnächst seine richtige Schreibung fest gestellt und je mehr sich dabei die Einsicht in das Richtige verbreitet, um so unangenehmer wird die von der Übergangsperiode unzertrennliche Inkonsequenz empfunden und um so mehr die Durchführung der Verbesserung in allen gleichartigen Fällen beschleunigt werden."

Hier ist also in der Theorie eigentlich schnurstracks das Gegentheil von Dem, was ich erstrebe. Während ich nämlich dem leidigen Schwanken durch Feststellung ein Ende zu machen wünsche und strebe, soll hier auch allmählich das Feststehende, falls es sich nicht ohne Weiteres dem phonetischen System bequemt, in das Bereich des Schwankenden gestellt werden. Doch gebe ich trotzdem für die Praxis die Hoffnung auf Vereinigung wenigstens mit Raumer selbst nicht auf, der die für alle Änderungs= und Verbesserungsvorschläge nicht genug zu beherzigenden Worte ausgesprochen: „Auch eine minder gute Orthographie, wofern nur ganz Deutschland darin übereinstimmt, ist einer vollkommnern vorzuziehen, wenn diese vollkommnere auf einen Theil Deutschlands beschränkt beibt und dadurch eine neue, keineswegs gleichgültige Spaltung hervorruft." Und dazu kommt, daß unsere bestehende Orthographie, wenn nur die jetzt sich darin noch findenden Schwankungen beseitigt und die vorhandenen Lücken im Sinn und Geist des Feststehenden ausgefüllt werden, daß, sage ich, unsere so geregelte und ergänzte Orthographie mit ihrem Verdeutlichungsstreben neben dem phonetischen Princip in der That eine vollkommnere ist als die von Raumer und seinen Anhängern ins Auge gefaßte, in der sie auf Kosten des nicht zur Genüge

gewürdigten Verdeutlichungsstrebens einseitig das phonetische Princip mehr zur
Geltung bringen wollen, ohne sich doch zur vollen Durchführung desselben,
d. h. zu der mehrfach erwähnten vollkommenen reinen Lautschrift entschließen
zu können und zu wollen. Dies aber wird für jeden Unbefangenen sich leicht
nachweisen lassen. Gehen wir zu diesem Zwecke zunächst auf einige der obigen
Beispiele zurück, in welchen die Dehnung des Lautes a auf verschiedene Weise
in unserer Orthographie bezeichnet ist: war, Haar, Jahr. Bei diesen
Wörtern könnte, an und für sich betrachtet, die dem war entsprechende Schreibweise Har und Jar allerdings auf den ersten Blick Manchem als die em-
pfehlenswerthere erscheinen; aber man muß eben mit diesen Wörtern zugleich
auch die zusammengehörigen ins Auge fassen, und da wird doch gewiß Vielen
für behaart und bejahrt die Schreibweise behart und bejart auch vom
phonetischen Standpunkte aus als befremdend und bedenklich erscheinen, wenn
sie z. B. an die geschärfte Aussprache des a in hart denken, dem sich freilich
wieder zart mit gedehntem a gegenüberstellen läßt. Besäße unsere Schrift
zwei verschiedene Zeichen (a und α) für den gedehnten und den geschärften
Laut, so ließe sich durch die Schrift die Aussprache vollkommen bezeichnen:
Har, behart, hαrt, zart. Aber so weit will Niemand gehen; der geist-
reiche Fricke gelangt mit einer gewissen Folgerichtigkeit zu den Schreibweisen
(für die er schwerlich auf Nachfolger wird rechnen können): Jaar, bejaart;
Haar, behaart; zaart; hart. Jedenfalls aber sind die Schreibweisen behaart und hart der Aussprache und dem phonetischen Princip gemäßer
als: behart mit gedehntem und hart mit geschärftem a, und so gelangt
man denn rückschließend auch von Raumer's Standpunkte aus dahin, von den
beiden Schreibweisen Haar und Har nicht mit Raumer die zweite, sondern
die allgemein übliche erste als die vorzüglichere anerkennen zu müssen. Duden
behauptet sogar wiederholt: „Wir lesen und sprechen harrt wie hart. Hier
steht ein Doppelkonsonant ohne phonetischen Grund"; und diesen Phonetiker
würde also vielleicht allmählich sein Princip dahin bringen, für die in der
jetzigen Schreibweise wie in der Aussprache deutlich geschiedenen Formen behaart, hart, beharrt in gleichmäßiger Weise zu schreiben: behart, hart,
behart. Allerdings beruht die Behauptung Duden's von der phonetischen
Bedeutungslosigkeit der Doppelkonsonanten in Formen wie harrt auf einem
Irrthum, denn eine gute Aussprache unterscheidet sehr deutlich harrt von
hart; gurrt von Gurt; hallt von halt; schallt von schalt (Imperfekt
von schelten); wallt von Wald, das wie die Endsilbe von Gewalt gesprochen, aber gegen das phonetische Princip, dem Verdeutlichungsstreben
gemäß statt mit t am Schluss mit d geschrieben wird, um in dem Wortbilde
die Zusammengehörigkeit mit Formen wie des Waldes, Wälder, waldig
verdeutlichend zu bewahren. Die Schreibweise keren für kehren mag an und
für sich vom rein phonetischen Standpunkt aus als eine Vereinfachung bezeichnet
werden; aber dass man für Verkehr, verkehrst, verkehrt dann auch
Verker, verkerst, verkert schreiben müsste, wonach die Wortbilder sich dem

Auge als Reime zu Kerker, kerkerst, kerkert darstellen, ist auch vom rein phonetischen Standpunkt aus keine Verbesserung, sondern eine Verschlechterung u. Ähnl. m. Wenn man ferner z. B. in Waaren und wahren, leeren und lehren, leerer und Lehrer, geleert und gelehrt, Meer und mehr, Moor und Mohr die Dehnungsbuchstaben tilgt, so erspart durch diese phonetische Vereinfachung der Schreiber einige Buchstaben, aber für den Leser wird durch diese Ersparung das Verständnis und die Deutlichkeit ungemein verdunkelt und erschwert. Da die Raumer'sche Schule das phonetische Princip schließlich doch nicht ganz und rein durchführen kann und will, so hat man um so sorgfältiger zu erwägen, welchen Gewinn einerseits die von ihr ange-strebte Erweiterung des phonetischen Princips und welche Nachtheile anderer-seits das dadurch bedingte Einschränken oder Aufgeben des Verdeutlichungs-strebens hat. Der Gewinn besteht fast ausschließlich in der Ersparung einiger Buchstaben für den Schreibenden; die Nachtheile aber sind: manche Missstände, die sich selbst vom phonetischen Standpunkt aus als Folgen der vereinfachten Schreibweise ergeben; das Auftreten fremdartiger und befremdender Wortbilder und überhaupt erhöhte Schwierigkeit für das Lesen; ferner Verdunkelung des Verständnisses und zuletzt, aber nicht als Letztes, der Übelstand, dass unsere Orthographie, statt befestigt zu werden, immer weiter in das Bereich des Schwankens gezogen wird. Eine unbefangene allseitige Erwägung muss nach meiner innigsten Überzeugung schließlich zu dem Ergebnis führen, dass nur auf dem durch die Geschichte unserer Orthographie selbst vorgezeichneten Wege, der Berücksichtigung nämlich des Verdeutlichungsstrebens neben dem phonetischen Princip die praktische Lösung einer einheitlichen Rechtschreibung für Alldeutschland möglich ist. Wie dabei, ohne dass die Wortbilder ein wesentlich verändertes Aussehen annehmen, in vielen Fällen für den Leser die Aussprache noch bestimmter, genauer und unzweideutiger bezeichnet, dem leichtern Verständnis zu Hilfe gekommen und Missverständnissen vorgebeugt werden kann, wie ferner in einer nicht unbedeutenden Anzahl von Fragen, welche in den bisherigen Schriften über deutsche Rechtschreibung kaum oder nur obenhin berührt worden sind, sich eine endgültige gleichmäßige Feststellung wird treffen lassen, darüber muss ich an diesem Orte für alles Einzelne auf die beiden Hefte meiner „Vorschläge" verweisen, die ich zur Prüfung und allseitigen Erörterung, wie schon auf dem Titelblatt, auch hier „dem deutschen Volke, Deutschlands Vertretern und Schulmännern" aufs angelegentlichste empfehlen möchte, eben so wie das die Ausführung jener Vorschläge enthaltende vor-liegende Buch.

Strelitz, im Juli 1875.

Daniel Sanders.

Vorwort zur zweiten Auflage.

Das vorliegende Buch hat zu meiner innigen Freude eine überaus günstige Aufnahme gefunden, wie ich aus vielen mir brieflich zugegangenen Zustimmungen bedeutender und maßgebender Persönlichkeiten, ferner aus zahlreichen Besprechungen in der Presse des Inlandes und zum Theil auch des Auslandes, und endlich nicht zum wenigsten auch aus dem Umstande entnehme, daß bereits in so überraschend kurzer Zeit eine zweite Auflage nöthig geworden. Ich ersehe daraus mit freudiger Genugthuung für die auf die Vorarbeiten zu diesem Buche und auf das Buch selbst verwendete Sorgfalt und Mühe, daß ich nicht nur mit meiner Arbeit einem tief und lebhaft gefühlten Bedürfnis des deutschen Volks nach einer einheitlichen Rechtschreibung entgegengekommen bin, sondern auch den vom Volke selbst als richtig anerkannten und ohne Schwierigkeit durchführbaren Weg zur Erreichung dieses Zieles eingeschlagen habe. Dies habe ich auch in allen zu meiner Kenntnis gelangten Beurtheilungen meines Buches hervorgehoben und anerkannt gefunden. Z. B. bezeichnet eine amerikanische Zeitung, der „Boston Daily Advertiser", in schlagender Kürze den Geist, in welchem das Buch geschrieben ist, als einen „sensibly conservative spirit", und um eben dieses Geistes willen empfiehlt die Newyorker „Nation" mein Buch auch dem zur Regelung der englischen Rechtschreibung vom Staate Connecticut berufenen Ausschusse zur Beachtung. Berthold Auerbach aber sagt zum Schluß seiner höchst wohlwollenden Besprechung meines Buches in der „Neuen Freien Presse":

„Es ist Das keine Frage, daß, wenn man sein Augenmerk auf eine wirklich durchführbare, alle Kreise und Schichten des deutschen Volkes gleichmäßig umfassende einheitliche Rechtschreibung richtet, es sich nur darum handeln kann, unter voller rückhaltsloser Anerkennung des bereits allgemein Feststehenden das noch Schwankende zu befestigen und zu regeln

und die Lücken auszubauen, nicht aber, wie man von anderer Seite an-
strebt, unter fortwährender Erschütterung des allgemein Anerkannten eine all-
mähliche und immer weitere Ausdehnung des Schwankenden zu bewerkstelligen,
während das Princip doch nicht vollständig durchzuführen ist. Und ein nicht
vollständig durchführbares Princip hört eben damit auf, ein Princip zu sein.
Und Sanders hat Recht, daß «eine unbefangene allseitige Erwägung zu dem
Ergebnis führen muß, daß nur auf dem durch die Geschichte unserer Orthographie selbst vorgezeichneten Wege, der Berücksichtigung nämlich des Verdeutlichungsstrebens neben dem phonetischen Princip, die praktische Lösung einer einheitlichen Rechtschreibung möglich ist». Hoffentlich ist bald Niemand mehr,
auch nicht der Schuldheiß des kleinsten Dorfes, in der Verlegenheit, fragen zu
müssen: Wie schreibt man's?"

Ist es hiernach nun auch noch dem Verfasser des Buches vergönnt, über
den Erfolg seiner Arbeit ein erklärendes Wort hinzuzufügen, so möchte ich
sagen, dieser Erfolg beruht lediglich darauf, daß ich einerseits auf jede Weise
bestrebt war, nicht etwa mich und meine Eigenart, sondern das im Volk Gewordene und vom Volke Anerkannte unbedingt zur Geltung zu bringen, daß
ich aber auch andrerseits mit unermüdeter Sorgfalt und rastlosem Spüreifer
bemüht war, sowohl in Betreff alles noch irgend wie Unentschiedenen und
Schwankenden, wie auch aller Lücken und Mangelhaftigkeiten, welche unsere
bisherige Rechtschreibung noch für eine bestimmte, unzweideutige Lautbezeichnung
gelassen hat, Nichts zu übersehen und unerörtert zu lassen und dort dem
Schwanken durch eine auf gute Gründe gestützte bestimmte Entscheidung und
Feststellung ein Ende zu machen, hier aber die Lücken im engsten Anschluß an
das Bestehende und ohne störende Fremdartigkeit in den Wortbildern auszu-
füllen. Mit redlichem Eifer habe ich allen Schwierigkeiten nachgespürt und bin
geflissentlich keiner aus dem Wege gegangen. Nur durch das lebhafte, eifrige
Streben, ausnahmslos für alle Wörter mit irgend wie schwieriger oder
bisher fraglicher Schreibweise eine auf wohl erwogenen Gründen beruhende bestimmte Feststellung zu bieten (auch z. B. in Bezug auf die in allen bisherigen
Verzeichnissen fast ganz unberücksichtigt gebliebene Silbenbrechung) habe ich es
erreicht, daß ich mit einiger Zuversicht die Hoffnung aussprechen durfte und
darf, das mit der äußersten Sorgfalt ausgearbeitete Buch werde in keinem
Falle den Nachschlagenden im Stiche lassen und der gleichzeitig unter dem Titel
„Orthographisches Schul-Wörterbuch" erschienene Auszug werde den
Bedürfnissen der gewöhnlichen Schulen vollkommen entsprechen und genügen.

Für die so überaus schnell nothwendig gewordene zweite Auflage habe ich
das Buch noch einmal einer genauen Durchsicht unterworfen, um es — dem
Zwecke eines solchen Nachschlagebuches gemäß — möglichst druckfehlerfrei erscheinen zu lassen. Möge es in dieser gereinigten, im Übrigen unveränderten
Gestalt auch weiter die günstige Aufnahme wie bisher finden und, zu den bereits gewonnenen Freunden in immer weitern und weitern Kreisen sich neue

gewinnend, an seinem Theile mit dahin wirken, das Streben des deutschen Volkes nach Einheitlichkeit auch auf dem Gebiet der Rechtschreibung der Verwirklichung entgegenzuführen.

Mit diesem Herzenswunsche übergebe ich die neue Auflage dem deutschen
Volke, für die meinem Streben in so reichem Maße zu Theil gewordene Förderung dankend und zugleich um weitere Förderung bittend.

Altstrelitz, im November 1875.

Daniel Sanders.

Die Hinweise mit bloßen Ziffern beziehen sich auf Band und Seite der beiden Hefte meiner „Vorschläge zur Feststellung einer einheitlichen Rechtschreibung für Alldeutschland"; ein vorgesetztes „Kat." verweist auf die 3. Auflage meines „Katechismus der deutschen Orthographie".

Eingeklammerte Theilstriche (=) innerhalb eines Wortes gelten für den Fall der Silbenbrechung.

A.

A: 1) das A, des A's, die A's (I 30), versch.: As (s. d. 1): Das Intervall des As vom A beträgt ½ Ton u. eben so das des A (ob. A's) vom Ais 2c. — 2) das A= und =O II 16. — 3) als lat. Letter mit Accent: 10 Meter à 50 Pfennig. II 106. — ä, A: versch. ae, Ae, s. d. I 3; Kat. 24³¹.

aa, Aa: einsilbig, II 112; dagegen zweisilbig: aä; ää ob. ää u. in Zssgn. mit Bindestrichen z. B.: Aina=Apfel, (nicht Sinaapfel, II 109, vgl. Apfelsine). — **Aa**, f.: einsilbiger Flußname. — **Aachen** (zweisilbig) Kat. 43⁵. — **Aahuus** (zweisilbig, 43⁶; 125³; I 108), Stadt u. Kreis in Westfalen. — **Aak** (einsilbig) n., **Aake** f. — **Aal** (einsilbig) m.: Mz. Aale, seltner Äle; Verkl. Aale ob. Älchen, — verschied. Ahle (s. d.). — **Aalbeere** (dreisilbig) f., obgleich vielleicht entstanden aus Alantbeere. — **Aalborg** (zweisilbig). — **Aap** (einsilbig) m.: niederd. für Affe u. so als Seemannsausdruck für Besahnstagssegel. — **Aar** (einsilbig): 1) m. Raubvogel (vgl. Adeler=Adelaar). — 2) Name von Flüssen, besonders ein großer schweizerischer Nebenfluß des Rheins; dazu: **Aargau** (Kanton) **Aarau** (Hauptstadt des Kantons); **Aarburg.** — verschieden: **Ahr** f., ein preußischer Nebenfluß des Rheins; dazu: Ahrweiler; Ahrgau; Ahrthal mit den Ahrweinen, Ahrbleicherten 2c. — **Aarhuus** (zweisilbig): Stift und Stadt in Jütland. — **Aaron** biblischer Name, zweisilbig; in dreisilbiger Aussprache: Aaron (vgl. Aharon), s. II 113. Dazu: Aaronsstab 2c.; aber nicht: Aaronswurz(el), sondern: Aron ob. Aronwurz(el) = Zehrwurz, aus gr. ἄρον, lat. arum. — **Aas**: dazu: aasen, aashaft, aasig 2c., auch — mit Umlaut — Mz.: Äser; Äschen; äsen 2c. Kat. 43⁶; 25⁶.

ab: als deutsche Vorsilbe in der Silbenbrechung (s. II 172; 229 ff.) immer ab= z. B. Ab=art; ab=entlehnen; ab=essen; ab=irren; ab=ohrfeigen; ab=urtheilen; ab=laden; ab=rathen 2c.; ähnlich auch als latein. Vorsilbe, z. B.: ab=arcieren 2c.; Ab=erration 2c.; Ab=irritation 2c.; Ab=originer 2c.; Ab=unbau 2c. Nur, wo ein folgendes kurzes, unbetontes i aus einem andern stammhaften Vokal (a) hervorgegangen ob. zum Stamm irre (gehen) gehört, theilt man a=bi, z. B. A=bigeat, A=bigens, a=bigieren (v. ab u. agere) u. A=biturient (Einer, der zur Hochschule „abgehen will"), a=biturieren 2c., vgl. auch frz. Wörter, wie: a=baissieren 2c.; A=bandon;a=bandonnieren2c.; a=bonnieren 2c., die keine Zusammensetzungen mit der Vorsilbe ab sind. — **ab(=)äschern** (sich): durch heftige Bewegung sich außer Athem u. in Schweiß bringen, angelehnt an äschern (v. Asche), vgl. mundartlich: espern, extern = quälen, abhetzen. — **Ab(=)bé** (frz.) m., die Abbés. — **Ab(=)breviatur** (lat.)f.: Abkürzung; abbreviieren v. II 178. — **Abece**: richtiger als ABC (vgl. Alphabet); Abecedarius; Abeceling 2c. Dazu: Abecebuch; Abeceschütze. Genit. ub. ob.: des Abece's, vgl. A 1), s. I 22; 30; Kat. 110²⁷. — **Abend**: auch im adverbiell gebrauchten Genitiv mit großem Anfangsbuchstaben: Abends; des Abends II 34. Dazu: abendlich; abendwärts 2c.; Abendbrot; Abendmahl 2c. Man unterscheide (s. I 16): Abend=Mahlzeit (= Abendbrot) u. Abendmahl=Zeit (= Zeit des Abendmahls).—**A(=)benteuer** n.: aus frz. aventure. Dazu: abenteuern; Abenteurer; Abenteurerin u. Abenteuerin (Hauptschwier. 125 a), vgl. dagegen ab(=)entlehnen 2c. — **a(=)ber**, conj., auch: das Aber; das u. die Aber ob. Aber's I 30; II 35; Aberglaube 2c., vgl. dagegen: ab(=)erhalten, s. ab. — **Abessinien.** Dazu: Abessinier (II 115); minder gut: Abyssinier 2c. — **abfassen** v., versch.: abfaßen = abschrägen, abkanten, v. Face (s. d.) II 83. — **abfassen** v. (v. Feim, Schaum): abschäumend reinigen; raffinieren; abgefeimt, Kat. 20³⁴. — **abgemergelt**, s. abmergeln. — **abgeredetermaßen** adv.: I 94. — **abgesandt**; der Abgesandte, Kat. 76³⁴. — **abgrundwärts** adv.: I 115. — **abhanden** adv.: I 85; 86, s. Hand. — **Abiele** f.;

A(=)biturient m., II 115; 117; 120; s. auch
ab=. — ab=l ꝛc. u. a=bl ꝛc. vgl. ab=r ꝛc. u.
II 177; 220; z. B. ab=lassen ꝛc.; ab=laktieren
ꝛc.; Gab=ler ꝛc.; A=blepsie; Ba=blab; Fa=
blau ꝛc. — ablugen: lugend, lauernd ab=
sehen. Dazu: ablugsen (besser als: abluchsen;
ablurzen); so auch: (be)lugsen ꝛc. — abmer=
geln v.: wie ausmergeln; ab=, ausgemergelt,
obgleich nicht mit Mergel, sondern mit Mark
zusammenhängend. Kat. 30²¹ff. — abmurken;
abmurksen v. (besser als abmurzen). — ab=
müßigen v.: mit gedehntem ü. Kat. 95³¹.
Abo (in Finnland): Kat. 125³. — ab=r ꝛc.
u. a=br ꝛc.: s. II 175; 178; 216; 220; 230;
z. B. A=braba=bra; A=braham ꝛc. u.: ab=
rahmen (s. Rahm, Kat. 55²) ꝛc.; das ab=re
(schneefreie) Feld ꝛc., s. ab= u. in Betreff
der Silbenbrechung von achl ꝛc., achm ꝛc.;
achn ꝛc.; achr ꝛc.; acht(h) ꝛc., jedesmal unter
dem ersten der zusammenstehenden Konso=
nanten; II 178 ff. — A(=)bruzzen pl.:
italiänisches Gebirgsland. Kat. 34¹⁴. — Ab=
sceß (lat.) m.: Eitergeschwulst. — ab sein;
das Absein, vgl.: das Abwesen; abwesend;
Abwesenheit ꝛc. I 71, vgl. auf 3 b. — Ab=
seite f.: s. Apside. — ab Seiten (als 2 Wör=
ter) — aber: abseits (mit betonter erster
Silbe) I 98. — Absinth (gr., lat.) m.: Wer=
muth[schnaps], nicht: Absynth. — absorbieren
(lat.) v. Dazu: Absorption f. ꝛc. — abspenstig a.:
vgl. widerspenstig. Kat. 30¹¹. — Ab(=)stinenz
(lat.) f.; abstinieren v. ꝛc.; abstrahieren v.;
abstrakt a.; Abstraktion f.; Abstraktum n. ꝛc.;
abstrus a.: nicht unter ab=st(r) ꝛc., obgleich
lat., z. B. in abs(-)tracto ꝛc. II 107; 157.—
Absud m.: v. absieden. — Absynth m.:
falsch st. Absinth (s. b.). — Abt m.: Kat. 64⁹.
Dazu: Abtei; Abtissin ꝛc. — abteufen v.:
einen Schacht ꝛc. (bergm.), s. Teufe. Kat. 33¹⁵.
— ab= und anreisen; ab= und zureisen ꝛc.
wo ab u. an (zu) als Vorsilbenkomplex mit
reisen ein zusammengesetztes Zeitwort bildet;
dagegen, wo es nur als Adv. im Sinn v.
zuweilen neben dem Zeitw. steht: ab u. an
(ob. zu) reisen, vgl. ähnlich: hin= u. wieder=
reisen — u. hin u. wieder reisen ꝛc. I 72 ff.,
s. auf 3 c. — abwärts ꝛc. ꝛc.: I 142; Kat. 28⁹.
— Abwesenheit f.: von abwesend mit Fort=
fall des d vor heit (Kat. 73¹⁵), so: Bedeuten=
heit ꝛc. — Abyssinien, s. Abessinien.

ac(=)c ꝛc.: s. II 5; 76; 173; 187; (mit
der Silbenbrechung ac=c ꝛc.) in Fremdwörtern
wie: Accent, accentuieren; Accept; Accep=
tant, acceptieren; Acceß, Accessit, accessorisch
ꝛc.; Accidentien, Accidenz; Accise ꝛc.; Ac=
clamation,acclamieren ꝛc.; acclimatisieren ꝛc.;
accommodieren ꝛc.; Accompa(=)gnement, ac=
compagnieren (spr. akkongpanj=emáng, =iren)
Accord, accordieren; Accoucheur, Accoucheuse,
accouchieren (spr. akusch=ör, =öse, =iren) ꝛc=
crebitieren, Accrebitiv ꝛc.; Accrescenz (II 163)

ꝛc.; ac(=)curat, Accuratesse ꝛc.; Accusativ ꝛc.
— ach: das Ach; des (u. die) Ach ob. Ach's
(s. A 1). — Achat (gr.) m.; nicht — nach
b. Frz. —: Agat. — A(=)chromasie (gr.);
a(=)chromatisch a.: mit dem eingeklammerten
= für den Fall der Silbenbrechung II 179,
s. Ch, vgl. ab=r ꝛc. — Ach(=)se f.; Achsel f.:
vgl. lat. axis; axilla u. Fortbildungen mit
axial, in der Achsenrichtung, axillar, achsel=
ständig. — acht: Zahlw., s. I 46 ff.; II 26 ff.
— Acht f.: in die Acht erklären ꝛc.; auch:
Acht geben; Acht haben ꝛc. — ächt a.: falsch
st. echt (s. b.). — achtel: Bruchzahl, s. I 46 ff.;
II 26 ff. Das Achtel ꝛc. — Acht=Ender m.:
s. Ender u. I 14, z. B.: Ein aufmerksam
darauf Achtender unterscheidet den Acht=
Ender vom Zehn=Ender ꝛc. — achtzig; acht=
zig: nicht ohne das t (Kat. 101¹¹). — ächzen
v.: zu ach, wie krächzen, juchzen (vgl. jauch=
zen) zu krach, juch ꝛc. — Ade(r)lei m.: s.
Aglei. — Aderrize ꝛc.: mundartl. =Wachtel=
tönig. — ac(-)qua (it.) = lat. aqua (s. b.).
— ac(=)quiescieren (lat.) ꝛc.; acquirieren ꝛc.;
Acquisition ꝛc. — adagio (it., spr. adábscho):
langsam; das Adagio, das Abagios ꝛc. —
addieren (lat.) v.; Addition f. ꝛc. — addio,
ade: s. adieu. — Ad(=)dresse s. Adresse.
Adelaïde f.: II 108. — Adelbert: s. Berta.
— Adelheid f.: Adele ꝛc. — ad(e)lig a.:
nicht adelich, — aus Abel u. der Endsilbe
ig (s. b. u. Kat. 83³²). — ad(=)härieren (lat.)
v.: Adhäsion f. II 173. — adieu (frz., spr.
adjö), vgl. it. addio, — auch: abe ꝛc., das
Abieu, Abe (Lebewohl). — Adjectiv n. ꝛc.;
Adjunkt m.; Adjutant m. (lat.), besser als
das in Niederdeutschland häufige Adjudant,
vgl. frz. adjudant (spr. abschübáng). — Ad=
latus (lat.) m. II 180. — ad(=)lig a. ꝛc.:
s. adelig II 180; 183. — Ad(=)mini=
stration (lat.) f.: II 156; 180. — Ad(=)miral
(ar.) m.: Mz. — e (Abmiräle). — Adolf m.:
deutscher Name, mit f (nicht mit gr. ph) am
Schluß, eben so: Rudolf, Ludolf, Markolf,
vgl. das in dem Schluß dieser Namen steckende
Wolf. Dazu: Adolfine ꝛc. — ad=r ꝛc. u.
a=dr ꝛc.: s. II 181, z. B. ab=ramieren ꝛc.;
A=brastea ꝛc. — A(=)dresse (frz.) f., nicht
mit Doppel=d (II 6): getheilt: A=dresse ꝛc.
(II 181): Adreßkalender ꝛc., adressieren ꝛc.
Adressat ꝛc.; aber (engl.): die Ad=dressers
(als Gegenpartei der Abhorrers). II 230. —
a(=)droit a. (frz. adroit, früher gespr. adrä,
weibl. adrät; jetzt adroá, adroát), s. II 6.
— ad(=)stringieren v.; Adstriktion f.; s. II 5;
156. — Advent (lat., spr. adwént) m.: Ab=
ventszeit II 201 ꝛc. — Adverbium (lat.) n.:
Mz. Adverbien; adverbiell ꝛc. (II 115 ff.)
Advis m. ꝛc.: vgl. Abis ꝛc.

ae, Ae (zweisilbig): versch.: ä (s. b.), Ä,
z. B. bei Wieland (Stereotypausg.): Abo
(Scham) 21,20 — u.: Aedon's Lied (die

Nachtigall) 25,221 ꝛc.; Aeronaut; aeronau-
tisch; Aerostat(it) ꝛc.

Affaire (frz., spr. aßäre) f.: beßer als
Affäre II 8. — Affekt m.; Affektation f.;
affektieren (lat.). — Affiche (frz., spr. =ische) f.;
affichieren v. ꝛc. — afficieren v. — Affodill:
s. Asphodelos u. April. — affrös (frz.) a.:
II 140. — Affüt (spr. aßü) m. ꝛc.: s. Lafette.
— A(=)frika; afrikanisch a.: II 182. —
Agat m.: richtiger Achat (s. d.). — Agathe
(gr.) f.: weibl. Name ("die Gute"), vgl.
Agathodämon m. ꝛc. — =age (spr. äße):
im Deutschen Endung vieler weibl. Hauptw.,
nur zum Theil nach entsprechenden männl.
im Frz., zum Theil aber ohne solche Grundlage gebildet (s. Blamage ꝛc. II 131).
Aggrandissement: falsch st. Agrandissement
(s. d.). — Aggregat m., aggregieren v.;
aggressiv a. ꝛc. (lat.): s. II 5; 186. — Agio
(frz. ãschio, vgl. it. aggio) n.: Aufgeld. Dazu:
Agiotage (spr. =täße) f.: Wechselwucher, s.
=age. — A(=)glei m.; Aglei f.: eine Pflanze,
Aquilegia, auch Akelei, nicht gut: Ackelei
u., deutschem Stamm angeähnlicht: Ackerlei.
— Ag(=)men (lat.) n. II 184. — A(=)gnano
(it., spr. anjäno): — Ag=nat (lat.) m. ꝛc.
II 185. — A(=)gnosie (gr.) f. ꝛc. II 185. —
A(=)graffe f.: mit Doppel=f, gemäß der geschärften Ausspr. der Mittelsilbe, frz. agrafe
II 186. — a(=)greabel (frz.) a.: agreieren
(s. ei) v.; Agrément (spr. =mâng) n. —
A(=)grikultur (lat.) f. ꝛc. — Ägypten: nicht
Egypten, s. II 6; 8.

ah! interj., verschieden nüanciert, je nachdem das a geschärft ob. gedehnt gesprochen
wird. Kat. 50⁹ ff. — Ahas(=)ver (pers.,
hebr., spr. =wēr) II 166. — Ahl m., n.;
Ahle f.: Pfriem, — versch.: Aal (s. d.). —
a=hm!: zweisilbige Interj. (vgl. hm!) Kat.
113¹⁴. — Ahm m.: Flüssigkeitsmaß, verkl.
Ähmchen (vgl. Ohm); Maß für den Tiefgang
eines Schiffes (auch Ähming); ahmen: den
Inhalt eines Fasses bestimmen, s. ferner nach-
ahmen ꝛc. — Ahn m.: Groß=, Stammvater;
dazu: Ahne, Ahnen; Ahnherr; Ahnfrau;
Groß=, Urahne ꝛc.; ahnlich, urahnlich ꝛc. —
ahnden v.: als Kränkung empfinden, strafen
(vgl. mundartl.: Einem ahnden thun, leid ꝛc.),
auch noch zuweilen = ahnen: dunkel (in-
stinktiv) fühlen ꝛc.; dazu: Ahndung; Ahnung,
ahnungsweise ꝛc. (I 106). — ähnlich a.:
Ähnlichkeit, ähnlichen, ähneln, ähnen (=
ähnlich sein, werden, machen) ꝛc. — ahoi!
Schifferruf. — Ähr ꝛc.: s. Aar 2. — Ähre,
Getreide=,Kornähre ꝛc., auch mundartl.: Ähro,
Hansähre = Flur, mit mannigfachen Nebenformen, z. B. im Öhrn. Schiller 131a, vgl.
lat. area, frz. aire. — ähren (mundartl.):
pflügen, ackern (lat. arare).

ai! interj. (versch.: ei!): als Wehruf ꝛc.
u. besonders als freudiger, liebkosender Ausruf
lallender Kinder. Dazu: Ai machen; aien
(Kat. 19¹¹ ff), z. B.: Das Kind aiet (ob. ai't,
II 70), aiete (ob. ai'te) den Papa ꝛc. —
Ai n.: Name des Faulthiers; des (die) Ai's,
s. I 12; II 108; Kat. 22¹³; 124¹². — aichen:
veraltet st. eichen (Maß u. Gewicht die ge-
setzmäßige Größe u. Schwere geben). Kat.
20¹⁶. — aien: s. ai. — ai(=)grieren (frz.,
spr. äß ꝛc.) v.: II 7; 186. — aimabel (frz.,
spr. ämäb'l). — Air (spr. är), z. B.: sich ein
Air geben. II 7. — Ais: in der Musik das
um ½ Ton erhöhete A, wie Ais(=)is das um
zwei halbe erhöhete. I 12; II 108. — Aisne
(frz., spr. än): ob. Aisne II 185.

Ajac(=)cio (it., spr. ajätscho): II 171; 173.
Akacie (gr.=lat.) f.: II 115. — Akademie
(gr.) f.: Akademiker; akademisch ꝛc. — Akanth
(gr.) m.: Akanthus. — A(=)krobat (gr.) m.:
akrobatisch. — A(=)krostichon (gr.) n.: die
Akrosticha, Akrostichen, — äks! interj. des
Ekels (= pfui). — Akt (lat.) m. — Al(=)ten,
auch z. B. aktenkundigermaßen (I 94; II 187).
— Aktie (spr. äzje); dazu: Aktionär (II 7).
— aktiv a.; Aktivum n. ꝛc. — Aktuar m.:
Mz. Aktuare u. Aktuarien (II 115). — ak-
tuell ꝛc. — Akustik (gr.) f.; akustisch ꝛc. —
akut (lat.) a.: akute Krankheiten ꝛc.

alaaf! Hochruf (am Rhein). — Alarm
(frz.) m.; alarmieren v. ꝛc. — Albert;
Albertine; Al(=)brecht: s. Berta. — Album
(lat.) n.: des, die Albums (Kat. 124⁸.) —
Alcäus: griech. Dichter II 6; 114. Dazu:
alcäische Verse, Strophen. — Alchemie f.,
Alchymie ꝛc., auch: Alchymie ꝛc. —
Alchone (gr.) f.: alcyonisch a. ꝛc.: beßer als
Halc ꝛc. — Alderman: niederdeutsche Form
für Altermann (s. b.), Mz.: die Aldermänner
ob. Aldermans ob. (engl.): Aldermen. —
Allemannen ꝛc.: richtiger Alemannen. —
Aleuten, aleütische Inseln: II 115. —
Alexander. Dazu: Alexan(=)dria; Alexandrien
(II 115) alexandrinisch; Alexandriner ꝛc.
II 181. — Alfanz m.: alfanzen (Al=
fanzer(ei), alfanzig ꝛc. — Alfons ꝛc.: nicht,
statt mit f, mit (griech.) ph. — Al(=)fred m.:
vgl. weibl. Elfride. — Alfresko (it.): s. Fresko.
— Algebra (arab.) f. Dazu: algebraisch;
Algebraist ꝛc. II 108. — Alizarin(tinte) ꝛc.
Kat. 46³⁵. — Alkali (ar.) n.: Mz. Al-
kalien (II 115). Dazu: alkalisch a.; Alkaloïd
n. (II 13). — Alkohol (ar.) m. Dazu: al-
koholisieren; Alkoholometer ꝛc. — Alkoran
(ar.) m.: s. Koran. — Alkov (ar.) m., Al-
kove f., Alkoven m. (ar.): nicht füglich mit f
statt v. — all: s. II 17 ff.; 57 ff, z. B. das All ꝛc.;
Alles; vor Allem ꝛc.; alle (die) Menschen;
die Menschen alle; wir Alle ꝛc.; alles Gute;
all das Gute; wer all(es); wem all(es); wo
all alle. Das alles; alle(s) Das; in (bei,
trotz ꝛc.) alle(m) — Diesem, Dem, dem Genannten ꝛc., aber partikelhaft: bei (trotz)

alledem (I 77). — Allah (ar.): Name Gottes bei den Muhamedanern. — allda; alldieweil; alldort; all(=)eben: je als ein Wort zu schreibende Partikeln I 117. — bei (trotz) alledem: f. all. — Allee (frz.) f.: II 5; Mz.: Alleeen (dreisilbig), Alleen (zweisilbig). Kat. 45. — Alleghany: Alleghany=Gebirge; die Alleghanies (in Nordamerika), mit der Silbenbrechung: Alle=gh zc. II 133. — allein: in der Silbenbrechung al=lein; versch. das immer mit Divis zu schreibende all=ein, vgl. eben so: Alleinheit, Alleinigkeit, alleinig zc. — u. All=Einheit; All=Einigkeit; all=einig zc. I 14; 15; vgl. auch all=einzig zc.; all=eindringend zc. — Alleluja: f. Hallelujah. — allemal adv. (I 91); allemalig adj. (versch.: allmählich). — Allemanne; allemannisch: mit doppeltem, nicht mit einfachem l, vgl. all. — allenfalls: I 80; dazu: allenfallsig. — allenthalben: in der Silbenbrechung: allent=halben Kat. 114²⁶. — aller: als erster Theil v. Zsstzgn, bei der Silbenbrechung zu theilen: al ler zc. Verschieden davon u. orthographisch durch das Divis zu unterscheiden (I 34; 35) sind Zsstzgn. v. all u. einem mit der Vorsilbe er beginnenden Wort, vgl. z. B. der Allerbarmherzigste — u.: der All=Erbarmer; der allerheiterste — u.: ein all=erheiternder Anblick zc. Zu den Zsstzgn. der ersten Art gehören z. B.: allerdings (I 79); allerdurchlauchtigst, allergnädigst, allerhöchst zc. (im Kurialstil mit großen Anfangsbuchstaben II 13), f. hoch; allerhand, allerlei (adj.; — substantivisch mit großem Anfangsbuchst.); Allerheiligen, Allerseelen (als Bezeichnung bestimmter Kalendertage II 8); allermänniglich (f. II 59, vgl. all, z. B. Wir thun kund — (euch) allermänniglich zc.) — den Unterthanen allermänniglich zc.) allermittelst (I 95; auch wie allmittelst, mundartl. = inzwischen zc.); allerorts, allerseits, allerwärts, allerwegen (I 97; 98; 105; 118; 142 zc., vgl. dagegen: aller Orten; in alle Wege zc.) — all(e)sammt: adv., mit kleinen Anfangsbuchst. (II 59), vgl. z. B.: Wir allesammt — u.: Wir Alle, sammt u. sonders zc. — all(es)fort (mundartl.), alleweg(e), allerwegen; all(e)weil(e); alle(c)zeit; allfort; allgemeinhin; allher; allhier; allhin; allimmer; allje; alljetzt: je als ein Wort zu schreibende Partikeln I 105; 113; 117: 118; 125; 128; 133; 135; 136. — Alliance (frz., spr. =ángß) f.: nicht Allianz (ohne Nasallaut, I 182], vgl. Ambulance; Guirlande; v.alliieren. Die Alliierten zc. — Alliteration (lat.), alliterieren zc.: vgl. Littera zc. — all=l zc. z. B.: all=labend; all=liebend; All=Liebe zc. I 17. — allmählich a.: vgl. mählich, aus (all)gemächlich. (Kat. 53²⁸; 85²⁸); nicht: allmälig, vgl.: Als ein=n u. allemalige Abfindung. — Allmand(e), Allmend(e) f.: vgl.

Allgemeinde zc. — (all)messentlich a.: vgl. allwöchentlich zc. Kat. 72³⁶. — allmittelst: f. allermittelst. — All(=)lod n., latinisiert: Allodium, Mz.: Allode, Allodien (vgl. Kleinode, Kleinodien zc.) II 115. Dazu: allodial a. zc. — Allokution (lat.) f.; alloquieren v. II 5. — Allonge (frz., spr. =óngsh) f.: nicht Alonge. Dazu: Allongeperücke. — Allopath (gr.) m.: Allopathie, allopathisch zc., Ggs.: Homöopath zc. — allrings; allsammt (f. allesammt); allseits adv.: I 81; 98; 117. — Alltag m.: im abverb. Genit.: Alltags (vgl. Abend). — all(=)überall; allum; allwärts; allwege(n); allweil(e): je als ein Wort zu schreibende Abw., vgl. allesfort zc. — Allvermögenheit; Allwissenheit f.: v. allvermögend zc., vgl. Abwesenheit. — allwo (I 117); allzeit adv., z. B. auch: allzeitfertig (I 113; 40). — allzu=: (f. zu 2), z. B. allzubald (I 34); allzuviel (II 31), aber: das Allzuviel (II 15) zc. — allzuhauf; allzumal; allzusammen: zsglzt. aus all u. zuhauf zc. (I 117). — Almanach (ar.) m.; das Almanach's II 69. — Almende f.: richtiger Allmende (f. b.). — Almosen n.: aus dem Griech. Dazu z.B.: Almosenier m. (viersilbig) zc. — Alonge: f. Allonge. — Aloysius (frz. 5 silbig) m. II 109. — Alpha: Name des ersten gr. Buchstaben, wie Omega des letzten u. Beta des zweiten: Das Alpha= und=Omega (f. A 2); das Alphabet (vgl. Abece), alphabetisch zc. — Alphons: richtiger Alfons (f. b.). — Alp(=)horn u. II 110 ff. — Alraun zc., mit einfachem, nicht mit doppeltem l. — als: getrennt vor Bindew.: als ob; als wenn; als wie; zsgsetzt in den adverb. Bestimmungen: alsbald; alsdann; alsgleich, vgl.:, alsobald; alsofort; alsogleich (I 118). — Alster: richtiger: Elster (f. b.). — I alt a.: älter zc.; das alte Testament zc.; die Alten zc.; die Älter(e)n, versch.: Eltern (f. b.); — bei allen Leuten, alt u. jung; bei Alt u. Jung (II 19); beim Alten bleiben zc.; der, die Alte zc.; der Älteste, das Ältestenkollegium zc.; das Altweibergeschwätz od.: das Alteweibergeschwätz; der Alt(e)weibersommer; der Alt(e)jungfernsommer, der Alt(e)jungfernstand zc.; — in Ortsnamen zc. füglich ohne Bindestrich: Altbrandenburg, ein Altbranbenburger zc., vgl. neu. — II Alt (it.) m.: Stimme zwischen Sopran u. Tenor zc., unverkürzt: Alto. — Dazu: Altsänger(in) od. Altist(in), Altstimme zc., Altflöte; Altgeige zc.; Altschlüssel; Altzeichen zc. — Altai m. (dreisilbig): Gebirge in Hochasien. — Altan (it.) m.; Altane f., mit betonter zweiter Silbe; doch auch Altan (II 1). — Altar (lat.) m.: auch Altar (II 1). Mz. u. Verkl. gewöhnlich mit betonter zweiter Silbe: Altäre, Altäre, Altärchen; doch auch: Attarchen. — I Alter n.: z. B. auch: Alters halb(en) (184)

in zwei Wörtern; — von Alters her 2c.;
— II alter (lat.): alter ego (das andere
Ich, Stellvertreter). — Altermann m.: besser
als das freilich auch bei guten Schriftstellern
vorkommende Aldermann (s. d., vgl. engl.
alderman). — ältlich a. 2c. — Altreiß m.
(mundartl.) Alt=, Schuhflicker. — altsässig a.:
s. sässig. — Altvordere: Vorfahren.

am: I 28, z. B. auch von dem klein zu
schreibenden Superlativ der Adv., vgl.:
Momus weiß am besten, daß sich auch am
(ob. an dem) Besten [substantivisch] Fehler
aufspüren lassen 2c. — Zusammenzuschreiben
in: amselb(ig)en (I 44) u. in dem mundartl.
anmuthen (wie anmuthen) sein (I 96). —
Amalia f.: Amalie (II 118), verkl.: Malchen;
Genit.: Amalia's, Amaliens, Malchens. Kat.
129¹⁷. — Amarant (gr.) m.: nicht mit th
am Schluß. Amarantfarbe; amaranten 2c.
— Ambition (lat.) f. Dazu: ambitiös a.
II 139. — Amboß m.: mit geschärftem o,
des Amboßes 2c. —Am(=)brosia (gr.) f. II 178.
— Ambulance (frz.) f.: in frz. Ausspr.
(angbülängß), dagegen mit deutscher: Am=
bulanz (vgl. Alliance, s. II 83; 204). —
Ameise f. Dazu z. B.: Zucker=, Wald=,
Stockameisen 2c.; aber, mit Divis — zur
Verhütung irriger Auffassung: Der Stock=
am=Eisen=Platz [in Wien], s. I 15. — das
Am=Ende=Sein (II 73; 74). — Amethyst
(gr.) m.: ein violetter Edelstein; amethysten
2c. — Amiant (gr.) m.: Asbest; amianten
a. (nicht mit th statt t). — Ammann m.;
Ammeister m.: schwzr. — Amtmann 2c. —
Ammoniak (gr.) n.: Kat. 40²⁶; II 95, vgl.
Salmiak 2c. —anmuthen: s. am. —Am(=)nestie
(gr.) f. 2c.: II 189. — Amorce (frz. spr. =orß) f.
— Amour (frz., spr. =ür) f.: amourös a. II 140;
Amorschaft f. 2c. (II 205). — Am(=)pfer m.:
Sauerampfer 2c. Kat. 67³¹; II 190. — Amphi=
gr. Vorsilbe (s. II 231), z. B. in: Amphibie
2c.; Amphi(=)brach 2c.; Amphik(=)tyonen 2c.;
Amphi(=)pneuma; Amphis(=)bäne; Amphi=
scii 2c.; Amphitheater, amphitheatralisch 2c.
— mit beigefügtem (=) für den Fall
der Silbenbrechung. — amselb(ig)en: s. am.
— Amsterdam: dazu: Amsterdamer, amster=
damisch (mit füglich mit mm (Kat. 39³¹),
eben so: Anklamer; Potsdamer 2c., doch vgl.
Lissabon. — Amt: z. B.: von Amts wegen
(I 103); als Bestimmungsw. unverändert,
z. B. in Amtmann (vgl. Ammann), Amts=
leute 2c.; zumeist aber Amts= auch vor s u.
ß (wo nachlässige Aussprache das ß oft nicht
deutlich hören läßt), z. B.: Amtssache; Amts=
saß, amtssässig; Amtsschreiber; amtsseits
(I 98), amtsseitig; Amtssiegel; Amtsstube;
Amtszeuge 2c. Dazu: amtieren. — Amu=
lett (aus d. Arab.) n.: 2c. Kat. 40³¹ ff.:
II 211. — amüsabel (frz.); amüsieren:
amüsant 2c., mit ü statt des frz. u, weil

im übrigen so gesprochen, wie geschrieben
(II 204; 65; 68); dagegen: Amusement
(spr. amüsemäng) 2c.; vgl. ferner z. B. (gr.)
amusisch (unsinnles) 2c.

an (Kat. 35²⁸): an u. für sich, aber:
das An=und=für=sich=Sein (I 22) 2c.; ferner
(s. I 118): Der Zug schließt sich — hier an
(vgl.: da an; dort an) — u.: Es schließt
sich hieran (vgl. daran) die Bemerkung 2c.;
Der Bodensatz setzt sich unten an 2c.;
Der bescheidne Gast setzt sich untenan u. A.
m. (vgl. auf 3). — In der Schreibschrift
(s. I 7) darf das Doppel n wohl durch ein
n mit dem Strich bezeichnet werden in Wör=
tern wie Anna; Annalen; annektieren 2c.,
aber niemals in Ziffgn. wie annageln; An=
nahme; annehmlich 2c. — Analyse (gr.);
analytisch 2c. — Ananas: Mz. nv. ob.
Ananasse II 143; Kat. 39¹⁵. — an Antworts=
statt: I 99, f. anstatt I. — Anathema (gr.)
n.; anathematisieren v. — anberamen od.
anberaumen v. — Anbetreff m.: in A. od.
Anbetreffs präp. II 34. — Anchovis: s.
Anschovis. — Anciennetät (frz.) f.: vgl.
Ancienneté. — =and u. =ent: als Endung
lat. Subst. (m.), durch den Weichlaut am
Schluß auch in der Ausspr. versch. von
=ant u. =ent, z. B. in Konfirmand u. Kon=
firmant; Vigiland u. Vigilant; Reci=
piénd u. Recipiént, vgl. auch Adj. wie
horrend(e), stupend(e) 2c. — andem: Es ist
— andem [=wahr, so] — od. (zeitlich)
andem, das 2c. [so weit gekommen] I 78.
— ander: adj.: 1) (s. II 18; 57) kein and(e)=
rer Mensch; kein Anb(e)rer, aber: Keiner
(od. Niemand) anders [adv.=sonst]; kein
and(e)res Ding; nichts And(e)res, aber:
Nichts anders 2c. — 2) Getrennt zu schreiben:
kein and(e)res — od.: ander (I 93);
and(e)rer Orten (96); aber verbunden: an=
derlei (89); andernfalls (80); anderntheils
(101); anderorts (97); and(e)rermaßen (94);
and(e)rerseits u. anderseits (98); and(e)rer=
weise (106); anderthalb (98, zu theilen:
andert·halb Kat. 114²⁵); anderwärts(·her,
I 142; 133); anderwege(n) (105); ander=
weit(s) (106), vgl. anderweitig; anderseitig;
anderzeitig 2c. — anders: adv.: s. ander 1;
auch z. B.: anders wo (wie: wo anders)
I 139; 144. — andeutungsweise: I 106. —
An(=)dreas (gr.) m.: II 181. — andurch:
I 118, hie(r)durch. — an Eides Statt
I 100, f. anstatt. — das An=einander=Reihen;
die An=einander=Reihung 2c. od.: das An=
einanderreihen, die Aneinanderreihung 2c.,
s. I 22; II 73 ff., val. auf 3c. — Anek=
dote (gr.) f.: anekdotenweis I 106. — an=
erkanntermaßen adv.: I 94. — Anfangs
adv.: II 34. — angelegentlichst a.: Kat.
72³⁴. — Angesichts: II 31, präpositions=
artig mit Genit.; auch (veraltend) adverbiell =

sofort. — An(=)glicism: (II 162; 184; s. Ism): Anglicismen, Anglicismus. — anglo-indisch: I 16; 18: Das anglo-indische Reich 2c. Angst f.; angst a. (II 20; Kat. 108³⁰ u. Ss I 34c): angst u. bange — sein, werden, Einen machen 2c.; (große) Angst [ob.Bange] haben; in Angst, in (tausend) Ängsten; in meiner Bange; ohne Angst (Bange) 2c. Nach verschiedner — substant. ob. adjektivischer — Auffassung: Einem Angst, Bange — ob.: angst, bange — machen; Einem ist, wird — angst, bange, schwer u. angst, angst u. enge (auch veraltet, mundartl.: ängster). — Anhang m.: Anhängsel m., n. 2c. — anheim; anheimfallen; anheimgeben; anheimstellen: I 62; 64. — Anis (gr.) m.: Kat. 47⁶. — Anjou (frz., spr. angßü). — Ankel m.: s. Enkel. — Anklam(er): s. Amsterdam. — Ankunft f.: Kat. 67³⁵. — anmaßen v.: anmaßend a. 2c. — anmuthen: Einem Etwas anmuthen, ansinnen (mit betonter 1. Silbe); es ihm anmuthen (mundartl.: anmuthen, ansinnen, mit betonter 2. Silbe) sein I 95 ff. — ann 2c.: s. an (Schluß). — annectieren v.; Annex m.; Annexion f. 2c. — Anno (lat.): z. B.: Anno Neun II 28. — Annonce (frz., spr. -ongße) f.: vgl. Alliance; annoncieren v. — anonym (gr.) a.; Anonymität f.; Anonymus m. 2c. — anrainen: Kat. 20¹³, s. Rain. — ans u. an's: s. auf 1. u. I 28, vgl. am. — ansässig: Kat. 30¹, vgl. Saß. — Anschovis (spr. -ovis) m.: der Ausspr. gemäß, nicht Anchovis. — ansinnen: s. anmuthen. — anstatt: 1) anstatt; aber (I 99 ff.; II 34) an — Statt mit zwischengeschobnem Wort, das mit statt nur verschmilzt bei eingeschobnem Binde-s, versch. von dem Genitiv-s, z. B. also: an Eides Statt; an Kindes Statt 2c., aber: an Antwortsstatt; an Zahlungsstatt 2c. — 2) (s. 1 u. I 78) z. B.: Er erwartete Unterstützung, — aber (an)statt deren fand er Anfeindung — u.: aber (an)stattdessen wurde er angefeindet 2c.; Der Kläger oder (an)statt dessen (vgl.: an dessen Statt) sein Anwalt 2c. — ansträngen v.: die Pferde an den Wagen 2c. (s. Strang), verschied.: anstrengen. — Antagonismus m. 2c.; antarktisch a.: s. anti. — ante (lat.): vor —, auch als Vorsilbe, z. B. in: Antecedentien; antediluvianisch: Antepenultima 2c.; in einigen (lat. u. frz.) Wörtern auch übergehend in anti, z. B.: anticipieren v.; Anticipation f., anticipando adv. 2c.; Antichambre f. (frz.; it. Anticamera; in Schiller's Wallenst. Antecamera), antichambrieren v. 2c.; antidatieren v. (frz.; neulat.antedatieren) 2c.— Anthem (gr.) n.: Weihgesang. — Anthologie (gr.) f. — Anthracit (gr.) m. — Anthropolog m., -logie f., -logisch a. 2c.; -morph a., -morphisch a., -morphismus m. 2c. (gr.) —

anti (gr.): Vorsilbe = wider, gegen 2c. (versch. bie aus ante — s. b. — entstandne lat. Vors.), vor einem Vokal mit Fortfall des Schluß-i, z. B.: Antagonismus m., Antagonist m. 2c.; antarktisch a.; antasth(=)matisch a.; Anti(=)chlor n.; Anti(=)schrift m.; Antich(=)thonen pl.; Anti(=)gnostiker m.; Antipathie f., antipathisch a.; Antiphthisikum n.; Anti(=)pneumonikum; Antistrophe f.; Antithese f. 2c.; analog auch z. B.: antideutsch; antiliberal; antinational a. 2c., II 232. — Antichambre 2c. (frz., spr. angtischangb'r): s. ante. — Antichlor; Antichrist: s. anti u. II 88. — anticipieren; antidatieren: s. ante. — antik (lat.) a.: Antike f.; Antitenkabinett 2c., vgl. Antiqua 2c. — antiliberal: s. anti. — Antilope f. — Antimon n. — antinational: Antipathie 2c.; Antiph-thisikum; Anti-pneumonikum: f. anti. — Antiqua (lat., vgl. antik) f.: lat. Druckschrift (als Nachbildung der "alten" Handschriften) 2c.; Antiquar m., Antiquariat n.; antiquarisch 2c.; antiquieren 2c.; Antiquität; Antiquitätenkabinett, vgl. Antikenkabinett 2c. — Anti(=)strophe; Antithese; antithetisch: s. anti. — Ant(=)litz n. — Anton (lat.) m.: Antonie f. II 119, vgl. Antoinette (frz., spr. angtoanétt). — Antwort f.: abweichend vom sächl. Wort, doch z. B. noch: Antworts [st. Antwort] genug, an Antwortsstatt (s. anstatt). — an und für sich: s. an. — Anwalt m.: mit auslautendem t (nicht d) II 76; Kat. 69⁸. — anwärts I 142. — Anwesenheit f.: vgl. Abwesenheit. — anwidern v.: s. Kat. 48², s. wider. — anwo adv.: I 118; 144.

Äolus (gr.) m.; Äolsharfe f.: Windharfe.

apagogisch: s. apo. — apaisieren (frz., spr. apä=): II 6. — Apanage (frz., spr. -äßhe) f.): apanagieren. — apart; Apart II 6, vgl. Appartement. — Apathie (gr.) f.: apathisch. — Apenninen pl.: die apenninische Halbinsel. — Aperception; apercipieren; Aperçu (frz., spr. -ßü) n.: II 6; 83. — Apfelsine f.: Sina-Apfel, frz. pomme de Sine (ob. Chine), daraus: Pommesine. — Aphelium (gr.) n.: Mz. Aphelien (II 115), vgl. Ggsz. Perihelium, Perihelien; ferner: Apogäum u. Perigäum (s. apo). — Aphorism (gr.) m.: Aphorismen; Aphorismus (II 162); aphoristisch. — A(=)phrodite (gr.) f. II 182. — Aph(=)thä (gr.) pl.: aph(=)thös II 182. — aplanieren (frz.) v.: II 6. — Aplomb (frz., spr. aplóng): II 6. — A(=)pnöa (gr.) f.: II 193. — apo: gr. Vors. (entsprechend unserm ab), vor Vokalen gekürzt in ap, das mit dem Hauchlaut h der Vokale sich verbindend, zu aph wird, z. B.: apagogisch a.; Aphelium n.; apod(=)tisch a.; Apogäum n. (II 114); Apokalypse f.; Apokope f., apokopieren v.; apo(=)tryph a., die

Apo(=)kryphen n.; Apolog m.; Apologet m., Apologie f.; Apoph(=)thegma n.; apo=plektisch a., Apoplexie f.; Apo(=)ruixis f.; Aposiopesis f.; Apostasie f., Apostat ic., apostatisch a.; Apostel m., apostolisch a.; Apo(=)stroph m., Apostrophe f., apostrophieren v.; Apotheke f., Apotheker m. ic.; Apotheose f., apotheosieren v. ic. — **app** ic.: als Beginn zahlreicher Fremdwörter aus dem Lat. u. Romanischen (s. II 5), z. B.: Apparat m.; Appareil (frz., spr. =elj) m.; Apparence (frz., spr. =angß) f.; Appartement m. (frz., spr. =ang, vgl. — s. e. — Apart): Appell m., Appellation[sgericht] ic., Appellativ(um) n., appellieren v. ic.; Appendix m.; Apper=tinentien pl.; Appetit m., appetitlich a.; applaudieren v., Applaus m.; applicieren v., Applikation f., Applikatur f.; apportieren v.; Apposition f.: appretieren v., Appretur f.; Approbation f., approbieren v.; Approchen pl. (frz., spr. apröschen, II 89), Approxi=mation f., approximativ a. ic. — **Aprikose** f.: aus frz. abricot. — **A(=)pril** (lat.): mit verdoppeltem l vor tonlosem Flexions e, z. B.: Aprilwetter u. Aprillenwetter: april=haft u. aprillenhaft (Kat. 39³⁷) ic. — **Ap(=)sis** (gr.) f. ob. Ap(=)side, Mz.: Apsiden (II 195), als Kunstwort der Sternkunde, frz. apside, u. der Baukunst, hier frz. abside u. nun=gedeutscht Abseite. — **Ap=teren** (gr.) pl. II 195.

a(-)qua (lat.) f.: Wasser; dazu z. B. Aqua Toffana f., n.(nach einer neapolitanischen Giftmischerin) ic.; Aquadukt häufiger als Aquädukt m., vgl. Viadukt; Aquamarin n.; Aquarell n. (obgleich it. aequerello); aqua=rellieren v., Aquarellist m. ic.; Aquarium n. (Mz. Aquarien II 119); Aquatilien pl.; Aquatinta f. (it. acqua tinta); Aquavit m. ic. — **Äquator** (lat.) m.: „Gleicher", dazu: äquatorial a. ic., vgl. Aquilibrium, Äquili=brist, frz. Équilibrist (spr. eli=); Äquivalent a. u. n.; äquivot a.: frz. equivoke (spr. eli=)ic. **Ar** m. n.: Flächenmaß v. 100 Quadrat=meter, frz. are, vgl. — in deutscher Aussspr.: — Deciar, Centiar ic., Dekar, Hektar ic. u. im französischer: Déciare, Centiare, Décare, Hektare II 82. — **Ära** (lat.) f. — **Araber**: im Deutschen mit dem Ton auf der 2. Silbe, wie in: arabisch, Arabien, Arabier ic., daneben (nach der Quantität im Lat.) mit betonter erster Silbe: Araber (II 1). Dazu: arabesk a., Arabes(=)le f.; Arabism, Arabis(=)men: II 162. — **Ara(c)k** (ar.) m.: der deutschen Betonung (auf der 1. Silbe) gemäß richtiger zuschreiben: Arrack; auch bloß: Rack. — **Aräometer** (gr.) m. n. — **Arar(ium)** (lat.) ic.: Mz. Ararien II 115. — **Arve** f.: Zirbelnuß, auch Arwe, nicht Arbe. — **Archäus** (gr.) m.: II 114. — **Archelaus**: ebd. — **Archetyp** (gr.) n.:

archetypisch a. — **Architelt** (gr.) m.: Archi=teltur f.; Architektur=Theil (I 15). — **Archi=trav** (frz.) m. ic. — **Archiv** (lat.) n.: dazu: Archivalien; Archivar, Mz.: Archivarien (II 115). — **Arriere** (it., frz. artschiere) m.: vgl. Hartschier. — **arg** a.: ohne Arg (II 19) ic. — **Argwohn** m.: (Kat. 55²²); arg=wöhnen v.; argwöhnisch a. ic. — **Arie** (it.): z. II 115; auch (s. I 13 § 8) z. B.: Koncert=Arien, besser als Koncertarien. — **Ariel**: ebb. — **Arith(=)metit** (gr.) f.: ge=wöhnl. mit betonter Endsilbe; seltner Arith=metit (s. II 1 ff.), betont wie: Arithmetiter; arithmetisch ic. — **Arkebusier** m.: in deutscher Ausspr. (auch Arkebusierer), vgl. in ganz frz. Form: Arquebusier (spr. arkebüse). — **Ark(=)tur** (gr.) m. — **I Arm** m.: Ärmchen; Ärmlein ic., s. Ärmel; ein Armvoll (s. voll). — **II arm** a.: ärmer, am ärmsten ic., ein Armer; der Arme, der Ärmste, die Armen ic.; ich armer (ärmster) Prälat; ich ärmster von allen Prälaten; ich Ärmster (Armer)! (II18); bei Armen u. Reichen; bei Arm= u. Reichen (I 19); bei Arm u. Reich (II 17; 19; Kat. 106¹¹) ic.; der arme Sünder, aber, wie der Armsünderstuhl, vgl. armsünderhaft, auch: der Armesünderstuhl, ein Armersünderstuhl; des Armensünderstuhls ic.(133).—**Armee** (frz.) f.: II 5; Mz.Armeen(zweisilbig) Armeeen (drei=silbig, Kat. 45¹³); Armee=Etappe I 17. — **Ärmel** m.: s. Arm I. — **Armin** m.: vgl. Hermann. — **ärmlich** a.: Ärmlichleit f.: s. arm II. — **armselig** a.; Armseligkeit f. — **Armuth** s. Kat. 42¹; 59⁵ ic.; armuthselig, Armuthszeugnis ic.: **Arnd(t)e** ic.: falsch st. Ernte. — **Arnulf**: männl. Name. — **Arou** m., n.; **Aronwurz(el)**: s. Aaron. — **Arquebuse** (frz., spr. arkebüs') f.: Arque=busier, s. Arkebusier. — **ar(=)r** (lat.): Anfang vieler lat. u. roman. Fremdw. mit der vor r assimilierten Vorsilbe ad (II 5), z. B.: arrangieren v. (frz., spr. arrangsh=) mit Arrangement n. (frz., =emang), Arrangeur m.: (spr. =ör) ic. — **Arrendator** m. (mlat.). — **Arrest** m. (mlat.): Arrestant m. ic. u. (frz.) arretieren v. ic. — **arrière** (frz., frz. arrjär), z. B. in: en (spr. ann) arrière ic.; Arrièregarde f.; Arrière-Pensée f. (spr. =pangßé) — **arrivieren** v. (frz.). — **arrogant** a. (lat.), Arroganz f. ic.— **arrondieren** v. (frz., spr. arrongd ic.) mit Arrondissement (spr. =äng) n. ic. — **Ar=rack** ic.: richtiger als Arrak (s. Ara(c)k). — **Ar=rangement** ic.: s. arr. — **Ar(=)rha** (lat.) f. — **Ar(=)rhyth(=)mic** (gr.) f. — **arrière**: s. arr. — **arrogant** ic.: s. arr. — **Arrow=root** (engl., spr. érrorut). — **Arsenit** (gr.) m.: arsenichte Säure; Arsenikkies I 95. — **Art** f.: Kat. 34³¹: Eine Beleidigung der Art; aber: Er hat ihn derart beleidigt; eine derartige Beleidigung I 76 § 28. — **Ar(=)thritis** (gr.) f.:

Gicht. — **Arthur:** männlicher Name, vgl. Artus. — **Artikel** (lat.) m.: Kat. 40². Dazu: Artikulation f.; artikulieren. — **Artillerie** (frz.) f.; Artillerist m. — **Artischocke** (arab.-it.) f. II 89. — **Artus:** männl. Name, vgl. Arthur. — **Arum** m., n. = Aron, s. Aaron. — **(Arve), Arwe** f.: s. Arbe. — **Arznei** f.; Arzt m.; ärztlich rc.

As: 1) n., in Genit. u. Mz. uv.: in der Tonkunst das um ½ Ton erniedrigte A (s. b. 1), vgl. Asas, das um 2 halbe Töne erniedrigte A mit der Silbenbrechung: As-as. (II 147). — 2) n. (m.): altröm. Gewicht u. Münzeinheit, in Genit. u. Mz. uv. ob. (minder gut): des Asses; die Asse II 143, vgl. As. — **Asbest** (gr.) m.: mit der Silbenbrechung As-best II 166; 229. — **A(s)scendant** (frz., spr. assangdáng) m.: gebieterisch beherrschender Einfluß rc.: II 64; 163. — **A(s)scendent** (lat.) m.: Verwandter in aufsteigender Linie (Ascendenz f.). Ascension f.: Aufsteigung rc. II 163. — **As(s)cet** (gr.) m.: Büßer. Dazu: ascetisch; vgl. Ascese ob. in strengerem Anschluß ans Griech.: Askesis rc. — **Asch** m.: (Mz. Äsche); Nbnf.: Asche, Äsche (Mz. Äschen, versch.: Äschen, s. Aas); verkl.: Äschchen, Äschlein: = Napf; Art Flußschiff in Baiern rc.; ein forellenartiger Fisch (auch Äschling m.), vgl. Esche. — **Aschanti:** s. Ashanti. — **Äsche** f. Dazu: Äschel m.; Äscher m.; äschericht, äsch(=)richt a.; äschern v., z. B. in einäschern rc., vgl. abäschern. — **Asch(=)lauch** m.: aus allium ascalonicum, Lauch aus „Askalon", Nbnf. Aschlauch; Edlauch, vgl. span. escalona, frz. échalotte (daraus im Deutschen: Schalotte). — **Asch(=)ling** m.: s. Asch. — **Ase** m.: in der nord. Mythologie, Einer aus Odin's Göttergeschlecht, weibl.: Asin. Dazu: Asensaal, Asenburg ob. As(=)gard. — **äsen** v.: zu Aas (s. d.), bes. in anäsen = anludern, anködern rc., versch.: äßen (s. d.). — **As(=)gard:** s. Ase. — **As(=)hanti** pl.: in Westafrika II 165, genauer, aber minder üblich als Aschanti. — **Asiat** m.: asiatisch a.: aus Asien (II 120). — **Asin** f.: s. Ase. — **As(=)klese** (gr.) f.; Asklet rc.: s. Ascet u. II 161. — **As(=)klepios** (gr.) m. == Asklnlap (lat.), Gott der Heilkunst rc. Dazu: äskulapisch rc. II 161. — **a(s)skribieren** (lat.) v. rc.: II 159. — **As(=)modäus** (II 114), As(=)modi (hebr.) m.: ein böser Dämon, Eheteufel rc. (II 161). — **Äsop;** äsopische Fabel rc. — **A(s)spe** f.: s. Espe. — **A(s)spekt** (lat.) m.: II 6; 157; 158. — **A(s)sphalt** (gr.) m.: II 159. — **A(s)sphodelos** (gr.) m.: ebd., auch Asphodill (Affodill). — a(s)sphyltisch a.; Asphyrie (gr.) II 159. — **A(s)spil** (frz.) m.: II 158. — **A(s)spirant** (lat.) m.: II 6; 65; 158; Aspiration f.; aspirieren rc. — **A(s)spis** (gr.) f.: II 158. — **Aß** n.: des Asses; die

Asse, auch — als Maß nach Zahlwörtern — uv.; verkl. Äschen rc.; die Eins im Karten- u. Würfelspiel; auch außerdem Bezeichnung einer grundleglich gemachten Einheit, z. B. =Apothekerpfund rc. u. besonders das kleinste Goldgewicht (Dukaten-As = ¹⁄₁₅ Grän) rc., vgl. As. — **Ass** rc., in der Silbenbrechung: As=s rc. (II 151), z. B. in: Assassine (arab.-frz.) m. — **Assaut** (frz., spr. assò) m. — **Assekuranz** (mlat.) f., assekurieren rc. — **Assel** (lat.) f. (m.): Kellerassel rc. — **Assemblée** (frz., spr. assangblé) f., s. II 5. — **assentieren** (lat.) v. — **asserieren** (lat.) v. m. Assertion f.; assertorisch a. — **Assessor** (lat.) m. — **Assiduität** (lat.) f. — **Assignate** (lat.) f. — **assimilieren** v.: Assimilation f. — **Assise** (frz.) f.: Assisenhof rc.; **Assistent** (lat.) m.: Assistenz f.; assistieren v. — **Association** (lat.) f.: Associé (frz., spr. =ßjé); associieren v. (spr. lat. =züren ob. frz.=ßj=). — **Assonanz** (lat.) f.: assonieren v. — **assortieren** (frz.) v.: Assortiment (spr. =mént ob. frz. =máng) n. — **A(s)sterisk** (gr.) m.: auch Asteriskus, Mz. Asterisken II 162. — **A(s)steroïd** (gr.) m.: die Asteroïden I 13; II 109. — **A(s)sthenie** (gr.) f.: asthenisch a., II 156. — **A(s)sthetik** (gr.) f.: Asthetiker m.; ästhetisch rc. — **Asth(=)ma** (gr.) n.: Asthmatiker m.; asthmatisch a. rc. — **Ast(=)holz** n. — ästig u.: astig. — **ästimieren** (lat.) v.: vgl. frz. estimieren. — **Astr=:** mit der Silbenbrechung: A=str rc., außer in deutschen Zsstzgn., wie ast-rein rc. — z. B.: A(=)sträa (gr.) f. — A(=)strachan(pelz) rc. — a(=)stral (lat.) a.: Astrallampe rc. — A(=)strognosie (gr.) f.; Astrolog m. (Astrologie f.; astrologisch a.) rc. — **A(s)stuarium** (lat.) n.: Mz. Astuarien II 119. — **Asyl** (gr.) n.: Asylrecht rc. — **aß:** Impf. v. essen II 94; 143; Konjunktiv: äße; du aßest, äßest (seltner: aßt, äßt II 171), ihr aßet, äßet (ob. aßt, äßt). Vgl.: äßen v. (weidmännisch=fressen, vgl. äzen), versch.: äsen (s. d.).

at: als Ableitungssilbe ohne h in Heimat, Monat, Soldat, s. auch Zierat, vgl. dagegen das mit Rath (s. d.) zusammengesetzte Heirath. — **Atavismus** (lat.) m. — **Ate** (gr.) f. — **Atelier** (frz., spr. =ljé) n. — **Aternität** (lat.) f. — **Athanasie** (gr.) f. — **Athanasius** (gr.): männl. Name: das athanasianische Glaubensbekenntnis. — **Atheïsmus** (gr.) m.: I 13; II 109. Atheïst m.; atheïstisch a. — **Athem** m.: alterthümlich Odem. Dazu: ath(=)men u. (im Hüttenwesen): äth(=)men; ferner z. B.: lang rc., eng= tnapp, turz; schwerath(=)mig rc. — **Athen:** Stadt in Griechenland (in Attika): Athener ob. Athenienser (II 119) m.; athenisch ob. athenienisch a., vgl. Athene f. (Schutzgöttin Athen's); Athenäum n. II 114; Athenäus (ebb.), männl. Name. — **Äther** (gr.) m.: II 6; ätherisch (⌣—⌣) a.; ätherisieren v. ꝛc. — **Äthiopien** (gr.): Land in Afrika II 6; 119: Äthiopier m.; äthiopisch a. — **Athlet** (gr., ⌣—) m.: athletenhaft, athletisch a.; Athletik (⌣—⌣) f. — **Ätiologie** (gr.) f.: ätiologisch a. — **At(=)lanten** gr.: pl. zu Atlas (s. d. 1): Atlantis f.; atlantisch a. — **Atlas** m.: 1) (gr.), Gen. uw. od. Atlasses; Mz.: die Atlasse od. Atlanten (s. b). — 2) (ar.): glänzendes Seidenzeug, Gen.: des Atlas od. Atlasses; Mz.: die Atlasse. Dazu: atlassen. II 143; Kat. 39¹⁷. — **At(=)mo(=)sphäre** (gr.) f.; atmosphärisch a. — **At(=)na** (lat.) m.: II 6; 8. — **Atom** (gr., ⌣—) n. (m.): atomistisch a. ꝛc. — **Atout** (frz., spr. atü) m. — **ätsch!** mit gedehntem Vokal (Kat. 34³²): ätschen, ausätschen. — **Attaché** (frz., spr. =schē) m.: Attachement (=aschemäng) n.; attachieren v. — **Attacke** (frz.) f.: II 78; 92; 95; 213; attackieren v. — **Attentat** (lat.) n. — **Attest** (lat., ⌣—⌣) n.: attestieren v. — **Attich** m.: eine Pflanze (Kat. 88⁶), s. ich; des Attichs. — **Atticismus** (gr.) m.: II 162. — **Attika** (—⌣⌣): 1) n. (o. Mz.): Landschaft in Griechenland (s. Athen.) 2) f., Mz.: Attikas, in der Bauk., auch (nach frz. attique): Attike (⌣—⌣), Mz. Attiken. — **Attila** m.: Name; Husarenrock (Mz.: Attilas I 30). — **attisch** a.: vgl. Attika. — **Attitüde** (frz.) f.: II 204. — **at(=)trahieren** (lat.) v.: Attraktion f.; attraktiv a. — **At(=)trappe** (frz.) f.: mit Doppel=p (II 213, frz. attrape), auch: attrappieren v. — **at(=)tribuieren** (lat.) v.: Attribut n.; attributiv a. — **Atz** m.: s. atzen. — **At(=)zel** f.: Elster, Perlhe. **at(=)zen** v.: vgl. äßen, dazu: Atz m.; Atzung f. ꝛc.; faktitiv: ätzen, vgl.: aßt, äßt, häufig st. atzt, ätzt, seltner st. atzst, ätzst II 71. Dazu: Ätz(=)mittel, Ätzstein; Ätzkunst, Ätznadel ꝛc.

au: einsilbig als Diphthong, z. B. au! (Schmerzruf); Au f. (= Aue) ꝛc.; dagegen getrennt z. B.: Gala-Uniform; extra-uterin; Werra-Ufer; Wolga-Ufer (s. I 18; Danäus ꝛc.; Nikoläus (viersilbig, vgl. Nikolaus, dreisilbig) ꝛc. II 114. — **äu:** einsilbig als Diphthong, als Initiale Äu (nicht Aeu, Kat. 21³¹), z. B.: Äuglein ꝛc.; getrennt dagegen z. B.: Athenäum; Athenäus ꝛc. II 114. — **auch)** conj.: auch wenn; wenn auch; ob auch I 130. — **Auditeur** (frz., spr. oditör, nicht: auditör, vgl. Ingenieur) m. — **Auditor** (lat. ⌣—⌣) m. — **auf:** 1) präp.: auch verschmelzend mit dem Acc. dem säch. bestimmten Artikels: aufs (ohne Apostroph I 28, vgl. am), z. B.: auf das od. aufs Dach ꝛc.; auf das od. aufs Äußerste (s. b.), Beste, Schlimmste ꝛc. (II 24, wo von der Präpos. die substantivierten Adjectiva im Superlativ abhängen) — u.: auf das od. aufs äußerste,

beste, schlimmste ꝛc. (als Adv. im absoluten Superlativ = äußerst, sehr gut, sehr schlimm); — dagegen mit dem Apostroph (I 28 ff.): auf's [= auf des] Kaisers Befehl; auf'm [= auf dem] Schloß; Gesang auf'n [= auf den] Weingott; auf'n [= auf ein] Weilchen ꝛc. — 2) conj.: auf daß I 125. — 3) adv. oder Vorsilbe in Zusammensetzungen: a) Wenn der zweite Theil der Zsstzg. mit s beginnt, so ist weder im Druck noch in der Schrift

die Ligatur für das Doppel-s (ss od. $\mathcal{F}$)

anwendbar (I 7), also z. B. nur: auffahren, Auffahrt; auffallen, auffällig; auffliegen, Auflug ꝛc. Ähnlich ist beim Druck die Ligatur unstatthaft bei den Zsstzg. mit auf, deren zweite Hälfte mit l beginnt, also z. B. nur: auflegen, Auflage ꝛc. — b) Bei den unecht od. trennbar zsgstzten. Zeitw. sind die unmittelbar hinter der Vorsilbe stehenden Verbalformen (auch mit dem ge des Particips u. dem zu beim Infinitiv) als ein Wort zu schreiben (I 61 ff., vgl. aufrathen), z. B.: auffahren; aufgefahren; aufzufahren; weil er schnell auffährt; er so aufführt ꝛc.; dagegen wird die nachfolgende Vorsilbe natürlich getrennt: er fährt schnell auf; er fuhr auf ꝛc.; so auch z. B. von aufhören: Das Gebiet hört hier (da, irgend wo ꝛc.) auf, — vgl. dagegen: Worauf er der Hund? — Der Ruf, woran er er hört. Er hört nicht hierauf, sondern darauf ꝛc. (I 122). — Eine Ausnahme von dem Zusammenschreiben mit der Vorsilbe bildet das Zeitwort sein u. der Fall, wo dies, abhängig von scheinen, zu ergänzen ist (I 71), vgl. aus 2b), vgl. z. B.: Es zieht, wenn Thür u. Fenster auf sind (aber: aufstehen.) — Der Kranke wünschte auf zu sein (aber: aufzustehen u. aufzubleiben), ist eine Stunde auf gewesen (aber: aufgeblieben) ꝛc. — Die Thür scheint auf zu sein. — Die Thür, welche auf schien [= auf zu sein schien], war verschlossen ꝛc., aber v. dem unecht zusammengesetzten Zeitw. aufscheinen, z. B.: Weil die Sonne mit gleicher Schiefe aufscheint ꝛc. Aber auch v. dem zu trennenden auf sein ist der substantivierte Infinitiv u. das adjektivisch gebrauchte auf ein Wort zu schreiben: Das zu lange Aufsein hat den Kranken angegriffen. — Der zu lang aufgewesene Kranke fühlt sich angegriffen ꝛc. c) Die Verbindungen auf u. ab; auf u. nieder; auf u. davon; auf u. zu erscheinen auch als zusammenzufassende erste Hälfte von Zsstzgn., namentlich mit Zeitwörtern od. in deren Ableitungen (Verbalsubstantiven). Hier hat man zu schreiben (vgl. b): Der Wagen fährt auf und ab od. auf u. nieder ꝛc.; aber (mit Bindestrichen hinter der ersten

Vorſilbe, um deren Zuſammengehörigkeit mit der folgenden Zſtzg. zu bezeichnen): Der Wagen, der auf= u. abfährt od.: der auf= u. niederfährt. — Das Auf= u. Abfahren, das Auf= u. Niederfahren, die Auf= u. Abfahrt, die Auf= u. Niederfahrt — des Wagens ꝛc. — Der Vogel, der auf= u. abfliegt, — der auf= u. niederfliegt, der auf= u. davonfliegt. — Der auf= u. davonfliegende Vogel ꝛc. — Das Auf= u. Davonfliegen, — der Auf= u. Davonflug des Vogels ꝛc. — Weil die Thüre auf= u. zufliegt. — Das Schloß läßt ſich leicht auf=u. zuſchließen. — Das Auf= u. Zuſchließen ꝛc. Aber (ſ. b): Weil er mit einem Satz auf u. davon iſt (ob. war ꝛc.), vgl. dagegen: Weil er mit einem Satz auf= u. davonſprang. — Ähnliches gilt für die Vorſilbenkomplexe: aus u. ein; hin u. her; hin u. zurück, wie auch für: hin u. wieder; ab u. an; ab u. zu, welche drei letzten Verbindungen auch als unzuſammengeſetzte Adverbia (zeitlich, im Sinne von zuweilen) bei Zeitwörtern ſtehen, vgl. — mit verſchiedenem Sinn: — ab= u. zureiſen u.: ab u. zu reiſen ꝛc.; hin= u. wiederſpazieren — u.: hin u. wieder ſpazieren ꝛc. (I 72—75). — 4) (ſ. 3 c) Subſtantiviert mit Bindeſtrichen: Das Auf= u. Ab, das Auf= u. =Nieder der Wege (II 16), vgl. dagegen mit wiederholtem Artikel (als zwei durch und verbundne Subſtantiva): Das Auf u. das Ab ꝛc. — 5) Getrennt: Sie folgen auf einander (ſ. d.). — Weil ſie auf einander folgen ꝛc.; aber verbunden (ſubſtantiviert od. ſubſtantiviſch): Das Auf= einander= Folgen od.: die Auf= einander= Folge od. auch: Das Aufeinanderfolgen; die Aufeinanderfolge, ſ. I 22; II 73 ff., vgl.: das Auf=den=Kopf=Stellen II 15 ꝛc. — aufblöcken v.: auf den Block ſchlagen, z. B.: Stiefel ꝛc., dagegen: aufblöken, v. der Stimme der Rinder ꝛc. (ſ. Block). — auf daß conj.: ſ. auf 2. — auffallend ꝛc. a.: nicht auffallend, ſ. auf 3a. Dazu: Auffallenheit (nicht Auffallendheit, vgl. Abweſenheit). — aufgeräumt a.; Aufgeräumtkeit f.; Kat. 33⁰. — Auflage f.; auflegen v.; auflodern v. ꝛc.: nicht mit der Ligatur ſl, ſ. auf 3a; auch: auflohen v., ſ. Lohe ꝛc. — auf'm; auf'n: ſ. auf 1. — aufrathen v. tr.: im Sinne von errathen, auflöſen. Für: Etwas zu rathen — aufgeben, aufbekommen, aufhaben ſagt man auch mit freierer Stellung der Vorſilbe: Etwas auf zu rathen — geben, bekommen, haben. Allmählig ſo man dann die Vorſilbe ſtatt zu dem regierenden Verbum zu dem abhängigen Inſin. u. ſo bildete ſich das Zeitw. aufrathen hervor: vgl.: Sie werden Etwas aufzurathen finden (Goethe an Zelter 6, 104), wo das auf offenbar nicht zu finden gehört, u. ſelbſt:

Von dem noch unaufgerathenen Räthſel unſerer Beſtimmung (Th. Koſegarten, Rhapſodien 2, 131) ꝛc. Demgemäß ſchreibt man nun auch füglich (ſ. auf 3b): aufzurathen als ein Wort. — Aufruhr m.; aufrühren v.; Aufrührer m.; aufrühreriſch, aufrührig, aufrühriſch a.: ſ. Ruhr ꝛc. — auß: verſchieden v. auf's, ſ. auf 1 — aufſäſſig a.; Aufſäſſigkeit f.; aufſäſig a.: vgl. aufſäſſig; Saß; Satz. — auf ſcheinen; auf ſein ꝛc.: ſ. auf 3b. — auf und — ab, davon, nieder, zu: ſ. auf 3 c; d. — aufwärts adv.: I 142; Kat. 28⁰. — Auge n.: verkl.: Äuglein, Augelchen (ſ. äu); äugeln v. ꝛc.; Augenblick m. = Nu; aber z. B.: Einige Augen=Blicke, die ſie auf mich warf (Goethe — in 40 Bdn. 3, 57): Aug(en)brau(n)e f., ſ. Braue; Augenlied, ſ. Lied. — Augias (gr., ‿–‿) m.: auch — zur Verhütung falſcher Betonung — Augias; Augiasſtall. II 4. — Augit (gr., ‿–) m. — Auguſt (lat.) m.: als männl. Eigenname mit betonter erſter, — als Monatsname mit betonter zweiter Silbe und ſo, wo man die Betonung bezeichnen zu müſſen glaubt: Auguſt iſt im Auguſt geboren. II 3. — Auk(=)tion (lat., ſpr. auxiön) f.: Auktionskatalog m.; auktionsweiſe a. I 106. — Auktor (lat.) m.: Auktorität ꝛc., meiſt mit Ausfall des T, ſ. Autor. — N= und =O. ſ. A 2. — Aurikel (lat.) f., n. — aus: 1) präp.: ungewöhnlich u. nicht ohne Apoſtroph: aus'm = aus dem od. aus einem (vgl. auf 1). — 2) adv. od. Vorſilbe in Zſtzgn (ſ. auf 3): a) Beginnt die zweite Hälfte der Zſtzg. mit ſ od. t, ſo darf natürlich ſtatt des eſ od. et nicht ſſ od. ſt eintreten, alſo z. B. nur: ausſäen, Ausſaat ꝛc.; austragen, Austrag (mit der ſeltſamen Fortbildung: Austrägalgericht) ꝛc., vgl. auch z. B. ausſpitzen, Ausputz ꝛc.; ausziehen, Auszug ꝛc., verſchieden v. Wörtern, beginnend mit Ausſp u. Ausz ꝛc. — b) (ſ. auf 3b). Man ſchreibt getrennt: Mit den Götzen wird's ganz aus ſein. — Da die Tage aus waren. — Wenn die Lichter alle aus ſind. — Er iſt auf Entdeckungen aus geweſen ꝛc. — Mach, daß der Proceß bald aus wird ꝛc., auch z. B.: Wenn das Spiel auch augenblicklich aus ſcheint [= aus zu ſein ſcheint], ſo iſt es doch in der That noch nicht aus ꝛc. — dagegen als wirkliche Zſtzg., z. B.: Bei der ſo weit ausſcheinenden Hoffnung (Leſſing, 12, 323.)— Gemacht, den lächerlichen Blitz der Erdengötter auszuſcheinen (Wieland 12, 227) — ſcheinend ob. glänzend, überſtrahlend ausszulöſchen ꝛc. u. ſonſtige Zſtzgn. wie: ausbleiben; ausmachen; ausgehen; anſtreiben ꝛc. Vgl. auch: das Ausſein, wie: das Ausbleiben ꝛc.; das Ausgehen ꝛc.; der Ausgang ꝛc. — c) (ſ. auf 3 c; d) aus= u.

eingehen; aus= u. einfliegen ꝛc.; der Aus=
u. Eingang ꝛc.; das Aus= u.= Ein ꝛc.; aber
ohne Bindestriche: nicht aus u. ein wissen ꝛc.,
vgl.: nicht wissen, wo aus u. ein ꝛc. —
d) (f. auf 3e) aus einander — gehen,
reißen, setzen ꝛc.; das Aus=einander=Gehen,
das Aus=einander=Reißen; die Aus=einander=
Reißung: die Aus=einander=Setzung ꝛc., auch:
das Auseinanderreißen; die Auseinander=
reißung; Auseinandersetzung ꝛc. — Aus=
bund m.; ausbündig a.: Kat. 32⁴. — aus=
fündig a.: vgl. fündig v. Fund, nicht un=
mittelbar v. finden, Kat. 32⁶. — ausge=
mergelt a.: s. ausmergeln. — ausgiebig a.:
s. geben. — Aushilfe f.: s. Hilfe. — aus=
kommen v.; Auskunft f. ꝛc.: s. aus 2a;
aber auch: Auskultation (lat.) f.; Auskul=
tator m.; auskultieren v. ꝛc.: in der Silben=
brechung: Aus=k ꝛc. II 161; 107 ff. (ob=
gleich lat.: au-scultatio ꝛc.) — aus'm: s.
aus 1. — ausmergeln v.: s. abmergeln. —
ausmerzen v.: Kat. 27²³, vgl. merzen. —
auspfahlen v.: s. aus 2a; pfahlen u. Kat.
53³⁰ ꝛc. — Au(=)spicien (lat.) pl.: s. aus 2a;
II 117. — auspovern v.: s. pauvre. —
ausrecken v.: ein Schiff ꝛc. (s. recken);
versch.: ausreden. — ausreuten v. (Kat. 21⁶),
ausroden, ausrotten ꝛc. — Aussaat f.;
aussäen v.; Aussatz m.: aussätzig a.; aus=
schicken v.; aussenden v.; aussöhnen v.;
Aussprache f.; aussprechen v.; ausstaffieren
v.; ausstäuben v.; versch.: ausstäupen v.;
Ausstand m.; ausstehen v.: s. aus 2a;
über: aus scheinen u. ausscheinen; aus sein
u.: das Aussein ꝛc.: s. aus 2b. — Aus=
tausch m.; austauschen v.; Austrag m.;
Austrägalgericht n. ꝛc.: s. aus 2a, — in
der Silbenbrechung: Aus=tr ꝛc., dagegen mit
der Ligatur st u. der Silbenbrechung Au=st ꝛc.
(II 158), z. B.: Auster f., das Schalthier
u. m. (lat.) = Südwind (Beides mit betonter
erster Silbe) u.: auster (lat.) a. = herbe,
streng, (mit betonter zweiter Silbe, u. zur
Verhütung irriger Aussprache auch zu schrei=
ben: anster II 3, vgl. austère (frz., spr.
ohstär) a., — Austerität f.: austral (lat.) a.,
Australlicht ꝛc.: Australien n., Australier
m. (II 118), australisch a.: Austria (lat.) f.,
im Genit.: Austria's (Kat. 133; I 30 ff)
u.: Austriens (II 120). — aus u. ein ꝛc.:
s. aus 2c. — auswärtig adj.; auswärts
adv.: Kat. 27¹⁴ ff, s. wärts; auch: von
auswärts her u.: auswärtsher. I 133. —
aus werden: s. aus 2b. — auszacken v.;
Auszehrung f.; ausziehen v.; Auszug m.;
auszüglich a.: s. aus 2a. — au(=)ßen ꝛc.
(II 151) vgl. auch den (Ggstz. innen) adv.
(auch abhängig v. Präpositionen mit kleinem
Anfangsbuchst. II 20 ff): von außen [her];
nach außen [hin] ꝛc.) und Vorsilbe, z. B.
(veraltend) in: außenbleiben; außenlassen;

außenstehen, Außenstand ꝛc. (heute gewöhn=
lich: ausbleiben ꝛc.); ferner z. B.: Außen=
deich; Außending; Außengraben; Außenland;
Außenlinie; Außenschale; Außenseite; Außen=
wand; Außenwelt; Außenwerk; Außenwinkel
ꝛc., vgl. als adverbielle Zusammenschiebung:
außenher = von außen her (s. o.) I 133. —
au(=)ßer (vgl. außen) präp. u. conj.: außer
das I 125; — außerdem I 78, auch: außer=
dem das; außer Diesem I 78; — außerhalb
I 84; — außerm, Verschmelzung der Prä=
pos. mit dem bestimmten Artikel, vgl. den
Ggstz.: im, ferner: am, aufs ꝛc. — äu(=)ßer:
adj. zu außen (s. b.), wie: inner, hinter,
ober, unter, zu: innen, hinten, oben, unten ꝛc.,
— mit dem Superlativ äußerst (auch adv.);
substantiviert: das Äußere; sein Äußeres;
Minister des Äußern ꝛc. u.: das Äußerste,
was man, namentl. abhängig v. der Prä=
pos. auf wohl zu unterscheiden hat von dem
adverbiellen Superlativ aufs äußerste (=
äußerst), II 24, z. B.: Er ist aufs äußerste
(= äußerst) aufgebracht, empört ꝛc.; dagegen:
Du hast ihn aufs Äußerste gebracht, wo v.
gebracht die Präpos. auf abhängt u. von
dieser das substantivierte das Äußerste, —
vgl.: bis aufs Äußerste, zum Äußersten ꝛc. —
Fortbildungen: äußerlich a., Äußerlichkeit f.;
äußern v., Äußerung ꝛc.; s. auch: entäußern,
veräußern ꝛc. — Authenticität (nlat.) f.
von: authentisch (gr.) a. — I Auto (span.,
port.) m., n.: Akt, besonders in der Ver=
bindung: auto de — ob.: da, port.)
fé = (lat.) actus fidei, im Deutschen ge=
wöhnlich als ein Wort Autodafé n. u. so
auch im Plural: die Autodafés (st. des
korrekteren autos da fé, s. II 105 ff). —
II Auto: als Anfang vieler griech. Wörter
in der Bedeutung selbst, z. B.: Auto=
biograph m., Autobiographie f., auto=
biographisch a.; — Autochthon m. (im
Deutschen mit der Silbenbrechung: Autoch=
thon II 180; 232), Autochthonenthum n.,
autochthonisch a. ꝛc. — Autodafé: s. I Auto.
— Autodidakt m.: autodidaktisch a.: s. II
Auto. — Autograph m., n.: autographisch
a. ebb. — Autokrat m., Autokrator m.:
ebb. — Automat m.: automatenhaft, auto=
matisch a. ebb. — autonom a.: Autonomie f.;
autonomisch a. ebb. — Autop(=)sie f.: autop=
tisch a. ebb. — Autor (lat.) m.: Schrift=
steller, Verfasser, Originalautor ꝛc.; Autor(en)=
eitelkeit ꝛc.; Autorschaft ꝛc.; dagegen auch
nicht selten in der ursprünglicheren Neben=
form Auktor in der Bedeutung: Urheber ꝛc.
u. so auch in den Fortbildungen: au(k)to=
risieren v., Au(k)torisation f. ꝛc.; Au(k)to=
rität f., au(k)toritativ a. ꝛc. — au(=)xiliar
(lat.) a.: Auxiliartruppen ꝛc.

Avance (frz., spr. awángß) f., m.: Avance=
ment (spr. =emáng) n.; avancieren v. —

avant (frz., ſpr. awáng): als Vorſilbe in
Zſtzgn. wie: Avantgarde f.; Avantkorps n.
(ſ. Korps) ꝛc. — **Avantage** (frz., ſpr.
awangtáſche) f.: ſ. =age, dazu: **avantagös** a.
(II 140). — **Avanture** ꝛc.: beſſer: Aventure (ſ. d.) ꝛc. — **Avarie** (frz., ſpr. aw=) f.:
auch Havarie, Haverie (vgl. deutſch: Haferei):
avaricrte (havarierte) Waare ꝛc. — **Ave**
(lat.): das Ave ob. Ave-Maria; das Ave-
Maria-Glöcklein ꝛc.; nach dem Abend=Ave-
Maria (I 17). — **avec** (frz., ſpr. awéc):
der avec II 106. — **Aventure** (frz., ſpr.
awangtür) f.: II 204: Aventureſchiff ꝛc.;
Groß = Aventure = Geſchäft, =Handel (ganz
deutſch: Bodmereigeſchäft ꝛc.) ꝛc. — **Aven-**
turier (frz., ſpr. awantührje) m. —
tnrin m.: auch Avanturin. — **avertieren**
(frz., ſpr. aw=) v.: Avertiſſement (ſpr.
=mäng) n. — **Avis** (frz., ſpr. awi, auch
oft, wie regelmäßig in Gen. u. Plur., awis)
m.: mit der altfrz. (halblat.) Nbnf.: **Advis;**
dazu: **avifieren** v. (Nbnf.: advifieren); vgl.
auch: **Aviſo** m., mit ital. Endung, richtiger
in ganz ital. Form: **Avviſo**; nam.: Avis=
ob. Avviſo= (minder gut: Advis=, Aviſo=)
Boot, =Dampfer, =Jacht, =Schiff, auch bloß:
Aviſo; Dampf=, Rad=Aviſo ꝛc.
A(=)xe f.: richtiger Achſe (ſ. d.), dagegen:
a(=)rial; axillar ꝛc. — **A(=)xiom** (gr.) n.:
axiomatiſch. — **Axt** m.: Ax(=)te; Axt(=)chen,
Axtlein; auch Zſtſzgn. wie Bindaxt, Bohn=
axt ꝛc.; Donneraxt; Streitaxt ꝛc. — **äxtern:**
ſ. extern.

Azimut (ar.) m.: Azimutalkompaß ꝛc. —
Azot (gr.) n. — **Azur** m.: azurn a. —
Azymon (gr.) n.

B.

B; b': ſ. I 25; II 215 ff; Kat. 60¹⁵ff; 120³³.
ba! interj.: lang gedehnt, zur Verhöhnung
Gaffender, — verſchieden das kurz hervor=
geſtoßene bah! (ſ. d., Kat. 427; 50¹⁰, vgl.
ah!) — **bä!** interj.: Bezeichnung des Schaf=
geblöks. Dazu: bäen (verſch.: bähen): Das
Schaf bäet ob. bä't, hat gebäet ob. gebä't ꝛc.
II 70. — **Baake** ꝛc.: ſ. Bake. — **Baal**
(hebr.) m.: einſilbig; dagegen wenn zwei=
ſilbig zu ſprechen: Báal (ſ. aa II 113),
ſo: Baalsdienſt; Baalspfaffe; Baalsprieſter ꝛc.
— **Baar** m.: unbefahrner Matroſe; Mz.:
Baaren, vgl. bar. — **Baas** (niederd.) m.:
Brotherr, Meiſter ꝛc.: des Baaſes; die
Baaſe (verſch. Baſe, ſ. d.), z. B. Schlafbaas
der Matroſen, Herbergsvater; Fehnbaas,
Torfmeiſter; Zimmerbaas, Schiffszimmer=
meiſter ꝛc. — **Babuſche** (türk.) f.: Pantoffel.
— **Baby** (engl., ſpr. bébi) n.: Säugling;

Mz.: Babies. — **Babylon** n.: Babylonien n.;
Babylonier m. II 119; babyloniſch a. —
Bac(=)chanal (lat.) n.: II 87; 174, — Mz.:
Bacchanalien II 118 ꝛc. — **Bacchant** m.:
Bacchantin f.; bacchantiſch a. — **Bacchus** m.:
Bach m.: des Baches ob. Bach's II 69; 91;
die Bä(=)che; Bäch(=)lein ꝛc. II 87. Als
Eigenname: die Familie der Bach's; die
Bach'ſche Familie; Bach's Orgelſpiel 131. —
Backe f.: Bäckchen ꝛc.; baus=, roth=, ſchmal-
bäckig ꝛc. II 92. — **backen** v.: Impf.:
backte, veraltend buk, Konj.: büke II 94.
Dazu: Bäcker; Grobbäcker, Kuchenbäcker ꝛc.;
Bäckerei; Gebäck ꝛc.; Becker, Beck nur noch
als Eigenname. — **Bad** m.: die Bäder ꝛc.;
baden. — **bäen** v.: ſ. bä. — **Baſel** m.
(mundartl.) ſchlechte Waare (auch: Babel;
Paſel). — **baff!** interj.: Tonnachahmung
(verſch. paff! ſ. b.), z. B. des Hundegebells ꝛc.:
baffen, bäffen, bäfzen (Kat. 36¹⁰; 38⁶ ꝛc.),
wiberbäfzen. — **Bäff(=)chen:** ſ. Beff. —
Bagage (frz.) f.: ſ. =age; Umdeutſchung
Package II 131 ff. — **Bagat** m.: der kleinſte
Tarok. — **Bagatelle** (frz.) f.: Bagatell=
proceß ꝛc. (niederd.) m.: baggern
II 222. — **Ba(=)gno** (it., ſpr. bánjo) n.;
bah! interj.: vgl. nah; u. ba (Kat. 427; 50¹⁰).
— **bähen** v.: wärmen, verſch. bäen (ſ. bä u.
Kat. 27⁷; 52⁷): Bähung; Darmbähung ꝛc.
Bahn f.: Kat. 55¹⁶; bahnen v.; Eiſenbahn ꝛc.,
Bahnhof, Bahnkörper, Bahnwärter, Bahn=
zug ꝛc.; bahnbrechend, Bahnbrecher ꝛc. —
Bahre f.: Kat. 55³⁵: Trag=; Todten= ꝛc.;
Schieb=, Schub=, Rabbahre ꝛc.; die Leiche
auf=, abbahren ꝛc.; vgl. auch Baar; bar. —
Bai f.: Kat. 19³³; pl. Baien; Baiſalz, See=
ſalz ꝛc. — **Baiern:** beſſer als das amtl.
Bayern Kat. 18⁴; 20¹⁴; 128⁵; ⁹; Baier m.;
bairiſch a. — **Baireuth.** — **Baiſer** (frz.,
ſpr. bäſé) n. — **Baiſſe** (frz., ſpr. bäſſe) f.:
Baiſſier (ſpr. bäſſje). — **Bajadere** (port.) f. —
Bajazo(=)zo m.: aus it. pagliaccio (ſpr.
paljátccho), frz. paillasse (ſpr. paljáß), in
Mundarten — aber nicht in der deutſchen
Schriftſprache — auch mit anlautendem P. —
Bajonett (frz.) n.: II 211; Kat. 40²⁹; 41¹⁶.
Bake f.: Baken u. Tonnen legen; das Lotſen=
waſſer (ab)baken II 92 ꝛc. — **Bal(=)**trien n.:
II 120: Baltrier m.; baltriſch ꝛc. — **bal:**
ſ. Ball. — **Balance** (frz., ſpr. =angß) f.:
II 83; 183: Balancier (ſpr. =angßje) m.;
balancieren v. (ſpr. =angßiren). — **bald**
adv.: baldig adj.: alsbald (ſ. b.), alſobald,
ſobald; alsbaldigſt; ehebaldigſt, — verſch.:
So bald geht das nicht ꝛc., vgl.: Ach, wie
bald ſchwindet Schönheit u. Geſtalt! 1120. —
Baldachin m., n. — **Bal(=)**drian ꝛc.: II 181.
Balg m. (n.): pl. Bälge (Bälger); Blaſe=
bälge ꝛc.; Wechſelbälge(r) ꝛc.; Balgtreter ꝛc.;
balgen, bälgen, ausbälgen v. — **Balge** f.:
Waſchbalge ꝛc., nicht: Balje (niederd.) —

Balkan: Balkan-Halbinsel (I 17) ꝛc. —
Ballon (frz., spr. -ong) m.: des, die Ballons; aber, ohne Nasallaut: des Balkones,
die Ballone II 138, vgl. Ballon. — Ball m.:
des Balles; die Bälle ꝛc. In frz. Form,
verbunden mit frz. Wörtern, vgl.: Masken-
ball u. bal masqué; ländlicher Ball u. bal
champêtre ꝛc. II 105 ff. — Ballade f. —
Ballast m.: ein Schiff ballasten ꝛc. —
Ballett (it., frz.): II 121. In ganz frz.
Verbindungen auch in ganz frz. Form, vgl.
Ballettmeister u. maître de ballet: Ballettkorps u.: corps de ballet ꝛc. II 105 ff.
Ballett-Tänzer I 17. — Balliste (gr.) f.: —
Ballistik f. — Ballon (frz., spr. -ong) m.:
des, die Ballons, Luftballons; aber auch,
ohne Nasallaut: die Ballone, vgl. Ballon.
In ganz frz. Verbindungen mit lat. Lettern,
vgl.: Probe-, Versuchsballon u.: ballon
d'essai II 105 ff. — Ballot (engl., spr.
bǎllott) n.; Ballotte (frz.) f.: II 215:
Ballottage (spr. -āsche) f.; Ballottement (spr.
-emáng) n.; ballottieren ꝛc. — Balsam
(ar.) m.: balsamen v.; (ein)balsamieren v.;
Balsamine f.; balsamisch a. ꝛc. — balsteurig,
balsteurisch a.: (niederd.) schlimm (veraltet:
bal) zu steuern, zu zügeln ꝛc., mit der Umdeutung: balstörrig, balstörrisch ꝛc. — bal-
tisch a.: das baltische Meer. — Balu(-)strade
(frz.) u. Balü(-)strade f.: je nach der Aussprache II 203. — Bamboc(-)ciade (it.,
spr. -botscháde) f. — Bambus (malaiisch) m.:
des, die Bambus, auch: des Bambusses, die
Bambusse (II 143, Kat. 39²²). — Bamme-
lage (spr. -āsche) f.: s. -age II 132. — banal
(frz.) a. — Band m., n.: Mz.: Bande,
Banden, Bände, Bänder; verkl.: Bändchen,
Bändlein, Bändel. — Bandage (frz., spr.
bangdāsche) f.: s. -age: bandagieren ꝛc.; Ban-
dagist m. — Bandeau (frz., spr. bangdō) n.:
Mz. die Bandeaus, vgl. ganz frz. bandeaux
(spr. -dō). — Bandelier n.: vgl. frz. ban-
doulière (spr. bangdublǐär). — Bandit
(it.) m. — bang, bange ꝛc.; Bange f.: s.
Angst: banger u. bänger (Komparativ);
bangen, bängen v.; Bangigkeit f.; Bängnis f.
— Bank f., Mz.: Bänke, z. B.: Sitz-,
Rasen- ꝛc., Sand-, Klippenbänke ꝛc. — u.:
Banken, z. B.: Wechsel-, Geld-, Spiel-
banken, vgl. frz. banc u. banque; dazu:
Banquier (spr. bankjē), nicht: Bankier II 79,
— aber: Bänkellied od. Bankert m.;
Bänkelsänger m.; Bankbruch od. Bank(e)rott,
Bank(e)rutt m. (frz. banqueroute f.) u.
bankbrüchig od. bank(e)rott, bank(e)rutt a.;
bank(e)rottieren, bank(e)rutieren v.; Bank(e)-
rottier; Bank(e)ruttier m. — Bankett n.
(II 211), bankettieren v. ꝛc.; (Mark) Banko ꝛc.,
— Bankrat m., Bankokratie f.; banko-
kratisch a. ꝛc. — Banlieue (frz. bangljö) f. —
Bann m.: bannen v.; Banner m., z. B.:

Teufelsbanner ꝛc.; versch.: Banner n., vgl.
— deutschen Stammes — it. bandiera,
frz. bannière, mhd. baniere, heute mit
verbärtetem Anlaut: Panier. — Banquier
s. Bank. — Banse f.: Kornbanse ꝛc.; bansen
v.: das Getreide (auf-, ein)bansen ꝛc.,
besser als mit anlautendem P. (versch.:
Panzen). — Baphomet m.: ein Götze. —
bar a.: bares Geld; nackt u. bar ꝛc. (versch.
Baar, s. d.); Barbestand m.; Barels n.;
Barfrost m.; barfuß a., Barfüßer m., bar-
füßig a.; barhaupt, barhäuptig a.; Barschaft f.; Barvorrath m. ꝛc.; auch in: offenbar a.; als Endsilbe für Adj., die aus Sub-
stantiven od. Verben gebildet sind. — Bär
m. — Baracke (frz.) f.: II 213. — bara-
dauz! interj. — Barakan (ar.) m.: auch
Barrakan, Berkan, nicht gut: Perkan; desselben Stamms: Barchant, Barchen(t),
nicht füglich mit P als Anlaut. — Barbar
(gr.) m.: Barbarei f.; barbarisch a., Superl.:
barbarischt II 72; Barbarism, Barbarismus m.,
Mz.: Barbarismen (II 162). — Barbeiß f. —
Bärbeißer m. (Hund zur Bärenhatz); bärbeißig II 72. — Barbier m.: barbieren v. —
Barch m.: s. Borg 1. — Barchant, Bar-
chen(t) m.: s. Barakan. — Barde: 1) m.:
Dichter, Sänger (bei den Celten) — 2) f.:
s. Barte. — Bardiet m., n.: Bardengesang
(Klopstock ꝛc.). — Barège (frz., spr. -sh)
m., f.: gazeartiges Gewebe — nach dem
abritort Barèges. — Barett (it. ꝛc.) n.:
II 211. — I barg: barg! zustd., v. bergen; Konj.:
bärge od. bürge Kat. 26³⁰ ff. — II Barg m.:
s. Borg 1. — Bariton m.: s. Baryton. —
Barkarole (it.) f.: Gondellied. — Barkasse f.;
Barke f.; Barkerole f.; Barkschiff n. —
Barm m., Bärme f. — Bärmutter f.: s.
gebären. — barock (fr.) a.: II 78; 214;
Kat. 40²⁹. — Baronet (engl., spr. bárronett)
m.: pl. Baronets. — Barrière (frz.) f.:
II 104; 115. — Barrikade f.: (ver)barri-
kadieren v. — Bars, auch: Barsch (II 143) m.:
mit gedehntem a (versch.: barsch a., mit geschärftem, Kat. 31³⁰; 98¹⁸); Mz.: Barsche,
Bärsche; verkl.: Bärschchen ꝛc., Kaulbarsch ꝛc.
— Barschaft f.: s. bar. — barst: Impf.
v. bersten. Nbnf.: borst; Konj. üblicher börste
als bärste. Kat. 26¹². — Bart m.: Bärte pl.
Bärtchen n.; bärtig a., mit gedehntem Vokal
(vgl. Barte): Dumm-, Sau-, Schmutzbart
(vgl. Barthel). — Barte f.: mit geschärftem a —
1) breites Beil, auch in: Helmbarte, meist
umgeformt: Hellebarde mit Hellebardier(er) ꝛc.
— 2) die Barten des Walfisches, nicht:
Barden (niederd., vgl. Brot, s. II 75 ff). —
Barthel m.: Vorname aus hebr.-gr. Bar-
tholomäus od. deutsch Barthold (vgl. Berthold) Kat. 128²³: Wissen, wo Barthel Most
holt ꝛc.; Dumm-, Sau-, Schmutzbarthel ꝛc.,
(vgl. Bart); als Familienname Kat. 129 ff,

in vielfachen genau zu bewahrenden Formen u. Schreibweisen, z. B.: Barthel; Bartel; Barthels; Barthold; Bartold; Bartoldt; Bartelt;Bartoldi;Barthholdi;Bartholomäus; Bartholomäi; Bartolo; Barthélemy, Barthelmewis; Mewis; Mewissen u. ä. m. — **Baryton** (gr.), m., n.: Barytonist m.; it.: Baritono. Außer bei Anwendung der ganz ital. Form, mit griech. y, nicht mit it. i zu schreiben, s. II 209, vgl. ähnlich: Symphonie, nicht: Sinfonie, aber wohl: Die sinfonia eroica von Beethoven ꝛc.; s. auch: **Barytonon** n., als Kunstausdruck der gr. Grammatik, dazu: **barytonieren** v. — **Basar** (pers.) m.: die dem Deutschen — wie Bazar dem Französischen — gemäße Schreibweise (frz. z lautet wie unser weiches s), s. II 141; 209. — **Bascha** (türk.): Kopf, Haupt, z. B. in: Baschlik m.; ferner in Titeln, wie: Baschaga u. Agassibascha; Bimbaschi; Delibascha ꝛc. Versch.: Pascha (s. b.), wofür vereinzelt Bascha u. häufiger Bassa sich findet. — **Basilisk** (gr.) m.: des, die Basilisken II 162. — **Baske** m.: baskisch a. II 161. — **Basrelief** (frz., spr. bareljéff) n.: in frz. Form mit lat. Lettern: bas-relief II 105; 118. — **I baß** adv.: s. besser. — **II Baß** (it.) m.: Mz. Bässe; Baßsänger I 17 od. Bassist m.; Basson (frz., spr. ꞊óng) n.— **Bassa** m.: s. Bascha. — **Basselisse** (frz., spr. baßlíß): s. Hautelisse. — **Bassin** (frz., spr. ꞊éng) n. — **Bassist** m.; **Basson** n.; **Baßsänger** m.: s. II Baß. — **Ba(s)stard** m.: die Bastarde ꝛc., nicht gut mit t statt d als Auslaut, s. mlat. bastardus, frz. bâtard ꝛc. — **Bastonnade** (frz.) f. — **bat:** Impf. v. bitten II 94; 142; Konj. bäte. — **Bataille** (frz., spr. ꞊álje) f. — **Bataillon** (frz., spr. ꞊aljón) n.; Bataillonsarzt ꝛc.; in ganz frz. Ausspr. (꞊aljóng) mit latein. Lettern, z. B.: bataillon carré ꝛc. II 138. — **Batate** f. — **Batengel** m.: Pflanzenname (vgl. lat. Betonica). — **Batist** (frz.) m.: batisten a. — **Batte** f.: s. das richtige Patte. — **Batterie** (frz.) f. — **Batzen** m.: ein Halbbatzen, Halbbätzner ꝛc.; halb꞊, dreibatzig ꝛc.: versch.: patzig (s. b.). — **Bau** m.: vgl. Baute. Bauamt n. ꝛc.; aber lieber mit Theilstrichen: Bau-Erlaubnis f. (s. I 15, vgl. Bauerlümmel m. ꝛc.); Bau-Unternehmer. — **Bauch** m.: pl. Bäuche; verkl.: Bäuchlein. Bäuchelchen. Dazu: bauchig a.; dick꞊, groß꞊, schmerbäuchig ꝛc. a.; schlägebäuchig = bauchschlächtig a. ꝛc.; bäuchlings adv. — **Bauche, Bäuche** f.: = niederd. Büke (vgl. frz. buée; buanderie); das Laugen der Wäsche; bauchen, bäuchen, niederd. bûken (= bair. schwꝛr. fechteln, fechten). — **Baude** f.: schles. =Bude, Hirtenhütte ꝛc. (vgl. die Ableitungssilbe be, z. B. in den weibl. Hauptw.: Bürde, Freude, Gemeinde, Zierde ꝛc., s. auch: das Gebäude ꝛc.); dagegen allgemein im Sinn von: Gebäude, Bauwerk — **Baute** f., nam. oft in der Mz. zur Verwendung des in diesem Sinn seltneren Plurals von Bau, so auch z. B.: An꞊, Aus꞊, Brücken꞊, Hafen꞊, Hoch꞊, Neu꞊, Pracht꞊, Über꞊, Um꞊, Zu꞊, Zwischenbaute(n) ꝛc. mit der Fortbildung: Baut(e)ner, nam. in Zsszgn, wie: Neubaut(e)ner; Riesenbautner (Aufführer eines Riesenbaues. Rückert) ꝛc. — **Bausback** m.; **Bausbacke** f.; **bausbacken** v.; **bausbädig** a.: s. das Folg. — **Bausch** m.: Mz.: Bäusche; verkl.: Bäuschchen, Bäuschlein, vgl.: (sich) bauschen — od. bausen, s. d. I — aufbauschen ꝛc.; (dick꞊, weit)bauschig a. ꝛc.; besonders auch: in Bausch u. Bogen (so fern der hervorragende Bausch der einen Seite den Bogen od. die Einbiegung der andern ausgleicht), nam. in Zsszgn. als Bestimmungswort auch ohne „Bogen",z. B.: Bauschsumme; Bauschquantum; Bauschzahlung; Bauschkauf ꝛc., richtiger im Anlaut mit B als mit P, das sich namentlich in den überflüssigen latinisierten Bildungen der Kanzlei findet, wie: Pauschale n.; Pauschalsumme ꝛc., pauschalieren ꝛc. **Pauscht** m.: bei den Papiermachern, richtiger als Pauscht u. Buscht. — **bausen** v.: richtiger als pausen: 1) Nbnf. zu bauschen (s. b.), dazu: Bausback (s. b.) ꝛc.; bausig (minder gut pausig) = bauschig ꝛc. — 2) (ab꞊, durch)bausen, durchzeichnen durch j. g. Bausepapier. **Bause** f.: Durchzeichnung, Skizze, vgl. it. abbozzo, frz. ébauche. — **Baute** f. ꝛc.: s. Bande. — **bauz!** interj. — **bauzen** v. — **ba(s)zen** v.: s. bozen. — **Bayern** ꝛc.: s. Baiern ꝛc. — **Bayonne** (spr. bajónn): Stadt in Frankreich: Bayonner Schinken ꝛc.; s. auch Bajonett. — **Bazar:** s. Basar.

bb: s. II 221.

be꞊: Vorsilbe, auch vor getrennt zu sprechenden e, i, u, z. B. in beehren; beirren; beunruhigen ꝛc. II 110 ff. — **beau** (frz., spr. bō) a.: schön, — vor einem Vokal bel (s. d., spr. bell); weibl.: belle (spr. bell); in d. männl. Mz. beaux (spr. bō), in der weibl. belles (spr. bell), z. B.: der od. häufiger die beau monde (s. d.); der beau reste, die beaux restes ꝛc. — **Beauté** (frz., spr. botè) f. — **Becken** ꝛc.: s. Bäcken ꝛc. — **Becker:** s. Bäcker. — **bedauerlich** a.; **bedauern** v. ꝛc.: s. dauern. — **Bede** f.: niederd. =Bitte; daher eine (ursprünglich erbetene) Steuer. — **Bedeutenheit** f.: von bedeutend mit regelrechtem Wegfall des d vor der Endsilbe heit, wie in Ab꞊ Anwesenheit; All꞊, Unwissenheit; Wohlhabenheit; Vor꞊, Zuvorkommenheit ꝛc. Kat. 73[10] ff. Das vermeintlich korrektere Bedeutendheit ist danach vielmehr inkorrekt u. tadelhaft. — **Beduine** m.: Wüstenaraber;

f.: Art Damenmantel. — **bedürfenden Falls**
I 80. — **Beefsteak** (engl., spr. bifstehk) n. —
Beelzebub (hebr.) m.: dreisilbig; aber viersilbig Beelzebub II 114. — **Beere** f.:
(versch.: beehren, dreisilbig, s. be=) auch
z. B.: Maulbeere f. u.: der Maulbeer[baum]
2c., so auch besser: der Lorbeer als Lorber;
belorbeert 2c., vgl.: die Reben **abbeeren**
den Vogelherb ein=, **ausbeeren** 2c.; groß=,
klein=, roth=, vollbeerig 2c. — **Beest** n.:
aus Besste, mit gedehnter erster Silbe, vgl.
Biest 1. — **Beet**: 1) n.: Garten=, Ackerbeet 2c. (ursprünglich Nbnf. zu Bett). —
2) f., Beete f., rothe Rübe, aus lat. beta,
auch umgedeutscht: Beiße, Beißkohl. —
beeten v.: abbeeten, in Beete abtheilen,
versch.: (ab)beten. — **befahl**: s. befehlen. —
befahren v.: s. fahren 2c., — auch schwach=
formig = fürchten, vgl. Gefahr. — **befehden**
v.: s. Fehde. — **Befehl** m.: wie Empfehl,
vgl. die veralteten Formen: Be=, Empfelch.
So auch be=, empfehlen mit dem h durch
alle Formen: du be=, empfiehlst; er be=,
empfiehlt; be=, empfiehl! Impf.: be=, em-
pfahl, Konj.: be=, empfähle, üblicher: be=,
empföhle (Kat. 26²); Partic.: be=, em-
pfohlen. Dazu z. B.: Befehlshaber m.;
befehlshaberisch a. 2c.; befehligen; vgl.
Bildungen wie: ängst(ig)en, beeid(ig)en, be-
erb(ig)en, befleiß(ig)en, beglaub(ig)en, ver-
künt(ig)en 2c., wie auch das ältere befelchen
(s. o.). — **Beff** m.: Beffchen: Überschlägchen
im Ornat der Geistlichen. — **befiehl** 2c.:
s. Befehl. — **befleißen** v.: dazu (vgl.
beißen 2c.): befliß; beflissen; Beflissenheit 2c.,
vgl.: geflissen[tlich], Geflissenheit 2c.: ferner:
befleißigen. — **befohlen**, **beföhle**: s. Befehl.
— **befürworten** v.: s. Fürwort, versch.: bevorworten. — **Beg** (türk.) m.: Herr, — als
Titel (auch Bei), dazu: Beglerbeg (Herr
der Herren) 2c. — **begann** 2c.: s. beginnen. —
Begard m.: s. Begine. — **Begehr** m., n.:
begehren v. 2c.; begehrlich a. 2c.; Begehrnis
n., f.; Begehrung[svermögen] 2c.; aber ohne
h beim Übergang des e in ie: **Begier(de)** f.;
begierig a., vgl. ohne Vorsilbe von dem
veralteten gehren: Gier 2c. u. — natürlich
ohne Dehnungszeichen — mit geschärftem e:
gern. — **Begine** f.: dreisilbig; aber viersilbig Beginne II 135, vgl. für das entsprechende Maskulinum: Beghard u. Begarb,
in der Silbenbrechung: Beg=hard u. Beg=garb
ebb. — **beginnen** v.: Impf. begann; Konj.
begänne, üblicher begönne (Kat. 26¹¹). —
begleiten v.: versch.: bekleiden (s. d.). —
begreiflicherweise adv. I 106. — **behende** a. —
behilflich a. — **Behuf** m.: auch: zum Behuf
ob. Behufs, präpositionsartig mit Genit.
II 34. — I **Bei** (türk.) m.: s. Beg, vgl.
Dei. — II **bei** präp. u. adv.: verschmelzend
beim, auch beimselben (I 28; 45); ferner:

beian (I 118; 121); beihanden (oberd.,
vgl. vorhanden I 86); beiher, beihin (I 130);
beinah(e) (I 99; 121); beineben (veraltet),
beinebst (I 136); beisammen (I 121; 137),
vgl. zusammen; beiseit, beiseits (I 98); beiweilen (üblicher: bisweilen, zuweilen I 105);
beizu (= daneben vorbei I 155); dagegen
getrennt z. B.: bei Gott! · bei Leibe
nicht! · bei der Hand; bei Seite; bei
Wege; bei Weitem; bei Zeit u. bei Zeiten 2c.,
auch: bei einander, aber substantiviert: ein
lauschiges Beieinander 2c. Ferner als Vorsilbe zsgstzt. Zeit-, Haupt= u. Eigenschafts-
wörter, z. B.: beifallen v. (vgl. auf 3b),
beigefallen, beizufallen 2c.; Beifall m., bei-
fällig a. 2c.; beiliegen v., beiliegend, Bei-
lage f., Beilager m. 2c.; beifügen v., Bei-
fügung 2c.; Beirath m.; beiräthig a. 2c.;
Beisitzer m., Beisass m. 2c.; Beiwagen m.,
Beichaise f. (s. Chaise), Beikutsche f. 2c.,
Beipferd m. 2c.; Beiwacht f. (vgl. Bivouak),
beiwachten 2c. — **beide**: (II 54 ff): beide
Brüder; die Brüder beide 2c.; aber ohne
Subst.: Beide; sie Beide; die Beiden 2c.;
Beides; Das Beides 2c. Zusammenzu-
schreibende Partikeln: beidenthal(ben) (veraltet, I 84); beiderlei (I 89); beiderseits
(I 98); beidesammt (I 137); dagegen getrennt z. B.: alle beide; beide Mal (I 92);
beider Hand [= mit beiden Händen ob. zu
beiden Seiten I 85]. — **bei der Hand** a.
beider Hand: s. bei u. beide. — **bei ein-**
ander u. **Beieinander** n.; **bei Gott!** interj.;
beihanden adv. 2c.; **beiher**, **beihin** adv.;
bei Leibe! interj.; **beim(selben)**, **beinah(e)**;
beinebst; **beisammen**, **beiseit**, **bei Seite**,
beiseits adv. 2c.: s. bei. — **beißen** v.: mit
ss, wofür aber Doppel-s eintritt beim Übergang des ei in geschärftes i (II 142 ff,
Kat. 96²³): ich biß; gebissen; der Biß; das
Gebiß; der Imbiß; der Bissen, das Bißchen;
verbissen, bissig 2c.; dagegen: beißig; der
Beißer, Bär=, Bullenbeiß(er), bärbeißig,
der Bart=, Schlamm=, Steinbeißer, besser
als Schlammpeizger II 72 ff. — **Beiwacht**
f. 2c.; **bei Wege**; **beiweilen** adv.; **bei**
Weitem; **bei Zeit(en)**: s. bei. — **Beize** f.:
beizen v. — **beiz** adv. 2c.; s. bei. —
Bejahung f. (Kat. 51²¹; 81⁵). — **bejahrt** a.:
Kat. 77¹. — **bekannt** a.: bekanntermaßen
adv. (I 94); Bekanntheit f.; bekanntlich a.;
Bekanntmachung f.; Bekanntschaft f. 2c. —
bekennen v.: Impf.: bekannte, Konj.: be-
kenn(e)te (Kat. 26³⁴); Partic.: bekannt.
Dazu: Bekenntnis n. 2c. — **bekleiden** v.:
auch: ein Amt 2c. (nicht: begleiten). — **Belag**
m.: Mz. Beläge: übliche Nbsf.: **Beleg** m.,
Mz. Belege. — **Belch** m.: des Belchs (II 69);
Belche f. — **bel** (frz.) a.: s. beau, z. B.
in: der **Bel-Esprit**, Schöngeist [spr. bellespri],
Mz.: die Beaux-Esprits [spr. bösespri];

die Bel=Etage, das erste Stockwerk [spr. belletäsche], Mz.: Bel Etagen (s. age) 2c.; auch it. (verkürzt aus bello), z. B. in Bel= vedere n., wie frz. bellevue, deutsch Schön= sicht als Ortsname. — belehnen v.: s.Leh(e)n. — Belladonna (it.) f. — belle: s. beau, z. B. Bellevue [spr. bellwü, s. bel, Schluß]; Belle=Alliance (s. Alliance) 2c., vgl. — aus belles lettres gebildet: Belletrist m.; Belle= tristik f.; belletristisch a. — belugsen v.: s. ablugsen. — Belvedere: s. bel Schluß. — bemerktermaßen adv. I 94. — bemüssigen v.: nöthigen, in unmittelbarem Anschluß an müssen (s. d., vgl. Muße). — benachtheiligen v. — Bendel n.: richtiger Bändel, s.Band. — benedeien v.: Benedikt m.; Benediktiner m.; Benediktion (lat.) n.: (II 80); Benefiz (lat.) n.: (II 80); Benefiziant m. — Bengel m. — Benzin n.; Benzoe f.; Benzoïn n. — beobachten v. 2c.: in der Silbentrennung: beob=achten 2c., wie Ob=acht (II 227) gegen die Aussprache. — bepaalen v.: (holländ.)st. bepfählen. Kat.53³². — Berber m.: Berberei f. — Berberitze f.— beredt a.: Beredtheit f.; beredtsam a.; Be= redtsamkeit f. (Kat. 77⁴ ff). — Berg m.: den Berg hinab 2c., aber verschmelzend als Adv.: bergab; bergabwärts; bergan(wärts); bergauf(wärts); bergbernieder; berghinab; berghinan; berghinauf; berghinüber; berg= hinunter; bergnieder; bergüber; bergunter; bergwärts (I 114), verkl.: Berglein n., versch. die Zsstzg.: Berg=Lein m. (I 13). — Bergamotte (türk.) f.: Bergamottbirne: Ber= gamottöl 2c. — bergen v.: s. I barg. — Bergen=op=Zoom: Kat. 125⁸. — Bergère (frz., spr. =schär) f. — Berlan m.: s. Ba= rafan. — Berlin: berlinisch a.; Berliner m. u. indeklinables Adj. II 25; Berline f. — Berlocke f.: frz. breloque II 78; 214. — Bernhard m.: Bernhardine f.; Berharbiner= (mönch) m. 2c., vgl.: Burchard, Burk(h)ard; Eberhard; Eckhard; Eginhard; Gerhard; Gotthard; Reginhard, Reinhard; Richard 2c., trotz des auslautenden t in hart, vgl. auch Bankhart ob. Bankert; Neidhart 2c. — Ber(=)ta f.: aus dem ältern Ber(e)chta, mit versetztem h; Ber(=)tha (vgl. frz. Berthe), besser mit bloßem t, vgl. — aus derselben Wurzel: — Adelbert; Albert, weibl.: Al= bertine; Albrecht; Gilbert; Gumpert; Gum= precht; Childebert (s. d.), Hildebert, Hilpert, Hilprecht 2c.; Hubert; Kunibert; Robert; Bertram 2c. mit bloßem t; dagegen Ber= thold, alt: Ber(c)htoil in Anlehnung der Endung (vgl. Reginwalt, Reinwalt ob. Rein= wald, Reinhold 2c.) an hold vgl. Bar(=)thold (s. Bar(=)thel); Ewald, Oswald. — Berthe (frz., s. Berta) f.: auch: Art Damenkragen, z. B.: Ball=, Spitzenberthe. — Ber(=)thold m.: s. Berta. — Ber(=)tram: 1) Name, s. Berta. — 2) Bertram(wurzel), aus gr.

pyrethrum, angelehnt an 1. — berührter= maßen adv. (I 94). — Beryll (gr.) m. — besagtermaßen adv. (I 94). — besaiten v.: von Saite, vgl. v. Seite: beseitigen Kat.20¹³. —Besançon (spr. besangßóng): Kat.126¹⁵. — beschälen v.: auch = bespringen, vom Hengst: Beschäler m.; Beschälgeld n.; Beschälknecht m. 2c. — bescheren v.: 1) starkformig: du bescherst (ob. bescherst); er bescheert (ob. be= schert); beschor, beschöre; beschoren. — 2) schwachformig: bescherte; beschert 2c.; das Bescherte; Bescherung, Weihnachtsbescherung 2c. — beschlossenermaßen adv. (I 94). — beschor 2c.: s. bescheren 2. — Beschwer f.; Beschwerde f.; beschwerlich a.; Beschwer= nis f., n. — beschwichtig(ig)en v. — beseelen v.: v. Seele (s. d.). — beseligen v.: v. selig (s. d.). — Besing m. (niederd.) = Beere. — besonder adj.; besonders adv. (vgl. ander 1); im Besondern; insbesond(e)re I 76; 135; II 31. — besser, best a.: im besten Fall ob. besten Falls I 80 2c.; substantivisch: her u. das Bessere, Beste, auch abhängig v. Präpos. (z. B. auch: Geld zum Besten geben; Jemand zum Besten haben), nicht zu ver= wechseln mit dem adverbialen Superlativen: am (s. d.) besten; auf (s. d.) das ob. ge= wöhnlicher: aufs beste; zum besten, vgl. bestens. — bestätigen v. 2c.: s. stätig. — betagt a. — betauern v. 2c.: ganz veraltet st. bedauern. — Bête (frz., spr. bät, f.) n.: im Kartenspiel; auch als Prädikat u. so — in Verschmelzung mit dem frz. weibl. Artikel la — als Adj. behandelt: Jemand Bête ob. labét machen; Bête ob. labét sein, werden, versch. labet (v. laben). — Betel m.: ein indisches Rankengewächs u. ein daraus be= reitetes Kaumittel, — versch.: Beth=El. — Beth (hebr.): Haus, z. B. in vielen bibli= schen Ortsnamen, wie Bethanien; Bethlehem; Beth=El III 110; 111; 173. — bethätigen v. betheiligen v. — Beth=El: s. Beth, vgl. Betel. — Bethlehem: (s. Beth): bethlehe= mitisch a. — Bétise (frz.) f. — Betracht m.: Betrachtnahme, aber: das In=Betracht= Nehmen I 22 2c.; betrachten v.; beträchtlich a. — betreff m.: in Betreff ob. Betreffs präp. II 31. — betriegen v.: heute üblich be= trügen, wie trügen u. lügen (s. d., vgl. Lug, Trug, Betrug) statt der veralteten triegen u. liegen, die in ihrer Abwandlung freilich sich ganz an fliegen, biegen, schließen, während liegen (s. d.) eine ganz andere Be= deutung als lügen hat. Dazu: Betrüger m.; betrügerisch a.; betrüglich a. — Bett n.: Bett=Tisch; Bett=Trödel; Bett=Tuch 2c., versch. v. Bettuch, wie Bettstelle v. Bet= stelle, vgl. Bettag zu beten, nicht zu Bett I 18. — Betty f.: mit y nach dem Engl., woher diese Abkürzung von Elisabeth (s. d.) stammt, vgl. aus derselben Sprache Fanny. —

Beuche f.: s. Bauche. — Beurré (frz., spr. börē) f.: Schmalzbirn: Beurré blanc [spr. blang]; Beurré gris [spr. gri]. — beut, beutst: v. bieten (s. d.). — bevorworten v.: versch. bejürworten (s. d.). — bewahren v.: bewähren v.: v. wahr, versch.: bewehren. — bewandt a.: Bewandtnis f. Kat. 76³³. — bewehren v.: v. Wehr f., versch.: bewähren. — bewillkommnen v.: v. willkommen, wie versch. vollkommen v., von vollkommen a., korrekter als bewillkommen ꝛc. — bewußt a.: Bewußtsein n. — bezeigen v.: v. zeigen, wie erzeigen, sinnverwandt mit be=, erweisen, versch.: bezeugen, Zeugnis ablegen, vgl. erzeugen. Bezeigung von Dank, Ehre ꝛc.; Beileids=, Ehren=, Gunstbezeigung f. — bezeptert a.: s. Zepter. — bezeugen v.: s. bezeigen. — Bezicht m.: wie Inzicht, vgl.: Zeihung eines Vergehens ꝛc., verzeihen u. Verzicht ꝛc. — Dazu: bezicht(ig)en v. — beziehentlich a.: neben beziehlich, bezüglich; — Fortbildung aus dem Particip beziehend, mit Übergang des d in t, wie in stehentlich, hoffentlich, leidentlich, wissentlich ꝛc. Kat.73². — bezüchtigen v.: falsch st. bezichtigen. (s. d.).

bi (lat.): aus bis (zweimal) im Beginn zahlreicher Fremdwörter, wie: Biandric f., biandrisch a.; bicephalisch a.; Bifurkation f.; Bigamie f.; Bilan (s. d.). — Binem m.: bipedisch a.; Biquadrat n.; bisyllabisch a.; Bivalve f.; Bivium n. ꝛc. — Bibel f.: aus gr. Biblia (die Schriften) Kat. 47⁶. — Biber m.: Kat. 47²⁶. Bibergeil ꝛc., auch in Pflanzennamen (theilweise Umdeutung v. Fieber, z. B.: Biberklee; Biberkraut; Biberwurz ꝛc., vgl. Bibernelle f., Umformung aus nlat. pimpinella, auch Pimpinelle, Pimpernelle. — Bi(=)blio(=)graph (gr.) m.: Bibliographie f. bibliographisch; Biblioman m.; Bi(=)bliothek f., Bibliothekar m.: II 178. — bib(=)lisch a.: von Bibel, st. bibelisch, II 177. — Bidel(haube) ꝛc.: s. Pickel ꝛc. — Bickbeere, Bicksbeere f. — biderb a.: alterthümlich = bieder. — bidmen v.: alt für beben. — bieder a.: Biederkeit ꝛc. — biegen v. ꝛc. — Biene f. ꝛc. — biennal (lat.) a.; Biennium n., pl.: Biennien. — Bier n. — Biest: 1) n.: Bestie, s. Beest. 2) m.: Biestmilch. — bieten v.: für bietest, bietet; biete, im gehobnen Stil noch: beutst, beut; beut! Kat. 75³¹ ff; Impf.: bot, Konj.: böte. Dazu: Bot m., n. (vgl. Ge=, Verbot); botmäßig a.; Bote m. ꝛc. — Bifang m.: mundartlich (in Baiern, der Schweiz) st. Beifang = Einschließung; Ackerbeet zwischen zwei Furchen. — bigott (frz.) a.: II 213; Bigotterie f.; Bigottismus m. — Bijou (frz., spr. bischu) m.: Mz. Bijoux (frz.) ob. Bijous (spr. =schūs), vgl. Monbijou; Bijouterie f. — Bilan (frz., spr. =ang) m., vgl. it. bilancia (spr. =äntscha), aus lat. bilanx

(s. bi), vgl. Balance u. aus der Vermischung der beiden frz. Wörter deutsch, besonders in der Handelswelt üblich: Bilance (spr. =angß) f.; bilancieren v., vgl. Alliance ꝛc. II 83. — Bilch m.: des Bilchs II 69; Bilchmaus f. — Bil(=)lard (frz., spr. biljard). — billet (frz., spr. biljē) n.: z. B. (II 105; 211 ff) billet d'amour (spr. damūr); billet doux (spr. dū), auch: Billeteur m. (II 130), Billeteuse f.; billetieren v., aber: Billett (spr. biljétt) n. — billig a.: billigen v. Kat. 85³²; 86⁷; billigermaßen adv. I 94. — Billion f.: Zahlw. I 47, vgl. Million. — Billon (frz., spr. biljóng) m., n.: Scheidemünze u. das Metall dazu. — Bims m.: Bimsstein m.; (ab)bimsen Kat. 95¹⁹; II 151. — (ich) bin: Kat. 35²⁵, vgl.: du bist; Imperativ (noch dichterisch) bis! (=sei) 96¹⁷. — binär (lat.) a.: II 7. — Bio(=)graph (gr.) m.: Biographie f.; biographisch ꝛc. — Birsch f.; birschen v.: besser als Pirsch ꝛc. Kat.61²⁶. — I bis!: s. bin. — II bis präp. u. conj.: I 121 verschwebend in den Abw.: bisher (veraltet bishero, vgl. bisherig adv.); bislang; bisweilen; dagegen getrennt: bis dahin; bis hier(her); bis jetzt; bis daß ꝛc. — Bisam (hebr.) m.: Bisamthier ꝛc. — bischen adv. u. indeklinables Adj. = etwas (ein wenig); substantiviert: das Bischen, versch.: das Bischen (Verkl. v. Bissen m.), woraus das Wort allerdings hervorgegangen. Kat. 37³⁵; 110³⁶; II 25. — Bischof m.: Kat. 39². Bischöfe; Bischofssitz; Bischofsstab m.; bischöflich a.; Bischofthum, gewöhnlicher: Bisthum n. — Bise f.: Schnur ꝛc.; Nordostwind ꝛc. — bisen v.: 1) es biset = die Bise weht. 2) summen — u. bremsgestochen umherrennen ꝛc. Dazu: Biswurm II 223. — bisher adv. ꝛc.: s. bis. — Biskuit (frz., =kwit) n. II 77. — bislang adv. ꝛc.: s. bis. — Bismuth n.: üblicher Wismuth, s. d. — Bison (lat.) m.: Wisent. — biß= Bick= m.; Bissen m.; Bißchen n.; bissig, =beißen; Bißgurre ꝛc. — Bisthum n.: s. Bischof u. I 10. — bisweilen adv.: s. bis, vgl. bei, zuweilen. I 105; 121. — Biswurm m.: s. bisen 2. — Bithynien n.; Bithynier m.: II 119. — bitten v.: Bitt=Tag m. I 17. — Bivouak (frz., spr. biwuak) n., m.: II 213, aus niederd. Biwak, halb ob. ganz verhochdeutscht: Biwache, Biwacht, Beiwache, Beiwacht f. Dazu: bivouakieren, bivakieren, biwachten, biwachen; — im Partic. (s. Hauptschwierigkeiten 78a): bivouakiert, biwakiert — u.: gebiwakt, gebiwachet. — bizarr (frz.) a.; Bizarrerie f.

Black (niederd.) n.: Tinte: Blackfisch ꝛc., versch.: Blak. — Blahe f.: grobe Leinwand u. daraus gefertigte Tücher, z. B. zur Jagd, zum Überspannen v. Wagen mit Bügeln ꝛc., daneben: Blache, Bleiche, Plache, Plahe, Plane, Plan(e) u. so z. B.: Blahen=, Plahen=

Blau-, Planwagen ꝛc. — blähen v.: Blähung f — Blak (niederd.) m.: Qualm (versch.: Blad): blaken v.; blak(er)ig a. — Blaker (niederd.) m.: fußloser Leuchter ꝛc. — Blam (frz.) m.: Blamage (spr. =äſhe, ſ. =age) f.; blamieren v. — blank a.: Blänke f.; blänken v.; blänkeln, blänkern v. (vgl. plänkeln); Blankett n. (vgl. II 78; 211); Blankſcheit n., Umdeutſchung des frz. planchette. — blätren v.: ſ. plärren. — blaſen v.: bu, er bläſt; ihr blaſt (I 10; II 71; 152), versch.: Blaſt m. -= Hauch ꝛc.; Blaſebalg ꝛc.; Blaſe-Inſtrument (I 18; II 74). — Blasphemie (gr.) f.: blasphemieren v. — blaß a.: Bläſſe f.; auch f., m.: heller Stirnfleck; Thier mit ſolchem, Nbnf.: Bläß, Blaß, verkl.: Bläschen ꝛc., vgl.: Bläßente, Bläß-buhn. — Blaſt m.: versch.: blaſt, ſ. blaſen. — Blatt n.: Blättchen; blätterig a.; blättern v. ꝛc. versch.: platt a., Platte f., vgl.: Tiſchblatt u. Tiſchplatte. — blau a.: die blau= u. weiße Fahne ꝛc. (I 20) Blau n.; Bläue f.; bläulich a.; Bläuling m.; bläueln v.; bläuen v. ob. bläu'n II 69 ꝛc., auch in der Be-deutung ſchlagen (Nbnf.:blauen): Einen durch-zer-, Einem Etwas einbläuen ꝛc.; auch: Bläuel m. (Blauel), Schlägel ꝛc. — blecken v.: blicken laſſen: die Zähne ꝛc.; die Zunge aus-, hervorblecken ꝛc., versch.: blöcken: blöken. — Blei: 1) m.: ſ. Bleihe. — 2) m.: des Bleies ob. Blei's, vgl. (ver)bleien v., verkürzt: (ver)blei'n mit Apostroph; ſo auch: (du ver)blei'ſt, verblei't II 69; Bleiloth n.; bleiſchwer a. ꝛc.; Blei-Schlamm m., Blei-Schlich m. II 74. — Bleihe m., f.; auch Bleih m.: Art Weißfiſch — nach der „blei-chen" Farbe —, nicht gut ohne h. — Bleß ꝛc.: ſ. blaß. — bleſſieren (frz.) v.; Bleſſur f. — bleuen ꝛc.: ſ. bläuen. — bleu mourant (frz., ſpr. blö mouráng) a.: blaßblau —, mit der Umdeutſchung blümerant, niederd. blömerant. — Blinni (ruſſ.) m.: Bliuſe f. ob. üblicher Plinſe f. — Block m.: Blöcke; blöcken (aufblöcken ꝛc.), versch.: blöten u. blecken; Blocksberg (in älterer Form: Brockesberg, vgl. Broden); mit fremder Endung: Blocade f. (frz. blocus); Blocage f. (ſ. =age, ſpr. =äſhe, frz. blocage); Blocaille f. (ſpr. =álje, frz. blocaille); blocieren v. (frz. bloquer, II 78; 92). — Blohm m.: (weidmänniſch) Brunſtplatz des Hirſches. — blöten v.: versch.: blöcken (ſ. d. u. auf-blöcken). — bloß a.: Man braucht es bloß [=nur]anzuſehen; der bloße Anblick genügt ꝛc.; Blöße f.; (ent)blößen v.; bloßerdings adv. I 79. — Blouſe (frz., ſpr. bluſe) f.: auch wohl, als eingebürgert: Bluſe, ſo: Bl(o)uſenmann ꝛc., aber mit frz. Endung natürlich nur Blouſier (ſpr. bluhsjë) m. — blümerant a.: ſ. bleu mourant. — Bluſe f.: ſ. Blouſe. — Blutegel m.: ſ. Egel. —

Blüthe f.: Kat. 58[17]; 59[3]. — Blutigel m.: ſ. Egel. — blutrünſtig a.: Kat. 38[4]. — Bock m.: Böcke; Böckchen ꝛc.; böckiſch a.; böckenzen v., böckſen v. (versch. boxen, ſ. d.); Bocksbeutel m., Umbeutung des mißver-ſtandnen niederd. booksbüdel = Buchbeutel. — Bod(=)mer m.: Bodmerei f. II 180; 216. — Bofiſt m.: ſ. Boviſt. — Bohle f.: dickes Brett (versch.: Bole u. Bowle); (aus-, ver)bohlen v. — Böhmen n.: älter: Böheim, d. i. Bojer=Heim, latiniſiert: Bohemia. Dazu: Böhme m.; Böhmerwald m.; böh-miſch a.; Böhm(i)ſch m., Art Falke für Raubvögel; Böhmer m., Böheimlein n., Vogelname (Seidenſchwanz). — Bohne f.: Böhnchen ꝛc. — bohne(r)n v.: böhn(er)-wachs ꝛc. — Böhnhaſe: ſ. Bönhaſe. — bohren v.: Bohrer m. — Boi: 1) m.: wollnes Zeug: boien a. — 2) f., auch Boie, Boje: im Seeweſen, ein zu beſtimmtem Zweck auf dem Waſſer ſchwimmender Körper: Anker=, Rettungsboje ꝛc.; (auf)boien, (auf)bojen v. — Boizenburg. — Bole f.: (in Schleswig ꝛc.) Ackerhufe, versch.: Bohle ꝛc. — Boll m.: häufiger: Bull. — Bolle f. — Böller m.: Bollwerk n. — Bolo(=)gna (it., ſpr. =ónja): Bologneſer II 185. — Bombardement (frz., ſpr. bongbardemáng, beſſer als bomb=) n. — Bombardier m.: in deutſcher Ausſprache u. Abwandlung, vgl. bombardieren v.; dagegen in frz. Ausſpr. [bongbardjë] mit lat. Lettern bombardier II 107. — Bombaſin (frz., ſpr. bongbaſéng, beſſer als bomb=) m. — Bommelage (frz. =äſhe) f.: ſ. =age: Bummelage. — bon (frz., ſpr. bóng) a.; Bon m. — Bonbon (frz., ſpr. bongbóng) m., n.: Bonbonnière (ſpr. bongbonnjäre) f. II 115. — Bönhaſe m.: niederd. Ziſtzg. aus Haſe u. bön=Bühne, d. i. Dachboden. — Bonhomie (frz., ſpr. bonnomí) f.: Bonhomme m. (ſpr. bonnómm). — Bonjour (frz., ſpr. bongſhūr). — Bou-mot (frz., ſpr. bongmó) n. — Bonne (frz.) f. — Bon=ſens (frz., ſpr. bongßáng) m. — Bonvivant (frz., ſpr. bongwiwáng) m. — Boot n.: des Bootes (versch.: das Stern-bild des Bootes II 121); die Boote ob. Böte; das Bötchen ꝛc. (Kat. 25[9]; 45[37]); Avis=, Dampfboot ꝛc.; Bootsanker=, Boots-knecht; Bootsmann. — Borax (ar.) m. — Borch m.: ſ. Borg 1. — Bord n., u.; Borde f.: Goldborde ꝛc.; Bordenweber ꝛc.; bordieren v.; Bordüre f. ꝛc. II 74; 204. — Börde f. (niederd.): kornreiche Ebene. — Bordeaux (frz., ſpr. bordö): Bordeauxwein. — Bordell n. II 213. — bordieren, Bor-düre: ſ. Borde. — Boretſch m.: richtig Borrätſch, ſ. d. — Borg m.: 1) (mundartl.) verſchnittnes Schwein (vgl. lat. porcus), daneben: Barg, Barch, Borch. — 2) Kredit: borgen v., versch.: Borke ꝛc., vgl. abgeborgt

u. abgebortt ꝛc. — **Vorrätsch** m.: ein Küchen-
gewächs, nach dem botan. Name borrágo,
it. borragine (spr. -ádschine), frz. bourrage
(spr. burrásch), auch: **Vorrich, Burrich.** —
börste: s. barst. — **Vorte** f.: besser Borde
(s. d.). — **bös** a.: in der Aussprache ver-
schieben von dem apostrophierten bös' I 24 ff.
Und so hat man auch mit dem scharf lautenden ß (= ſſ) als Silbenschluß zu sprechen:
boshaft a.; **Bosheit** f., dagegen mit dem
Weichlaut u. demgemäß zu schreiben: sich
bosen, erbosen ꝛc., nicht boßen; Partic. ꝛc.:
erbosét, verkürzt: erbost I 10 ff; auch: du
(er)bosést, seltener (er)bost, vgl. als Superlativ v. böse: bösest, selten: bösst II 71; 72. —
Boskett n.: vgl. frz. bosquet (spr. boskē),
it. boschetto (spr. boskétto), s. II 78; 211. —
bossen v.: (mit geschärftem o, II 142) als
nicht gelernter Meister allerlei kleine Hand-
werksarbeit verrichten ꝛc., auch: basseln,
basteln; ferner = bossieren (frz. bosseler). —
Bossel f. (mit gedehntem o II 142): Kegel-
kugel: bosseln v. — bossen v.: mundartlich,
falsch st. bosen (s. bös), — bot: Impf. v. bieten
(s. d.), Konj.: böte (versch.: Böte pl. von
Boot, s. d.). — **Bot:** 1) n., m.: s. bieten. —
2) f., n., nach span. bota, als Hohlmaß für
Wein, Öl, Korinthen ꝛc. — **Botanik** (gr.) f.:
Botaniker m.; botanisch a.; botanisieren v. —
böte; Böte: s. bot; bieten; Boot. — **Both:**
falsch statt Bot od. Boot. — **bothnisch:**
s. bottnisch. — **Bötticher** m.: verkürzt aus
Bötticher zu Bottich m. v. Botte, vgl. Kü-
sener, Küser, Küb(e)ler zu Kufe, Kübel u.
süddeutsch Schäff(e)ler zu Schaff ꝛc., s. Kat.
88⁶. — **bottnisch** a.: bottnischer Meerbusen,
v. der ehemaligen schwedischen Landschaft
Botten, nicht bothnisch. — **Boudoir** (frz.,
spr. budoár) n. II 205. — **Bouffe** (frz.,
spr. buff)·m. = it. Buffo, s. d. — **Bouillon**
(frz., spr. bulljóng) f. (m., n.). — **Boule**
(frz., spr. bul): 1) Name des Hoftischlers
Ludwig's XVI. Dazu: Boule-Arbeit, -Mö-
bel ꝛc. — 2) s. Boule. — **Boulette** (frz.,
spr. bulétte) f. — **Boulevard** (frz., spr.
bulewär) m. — **Bouline:** s. Buline. —
Boulingrin: s. Bowlinggreen. — **Bouquett**
(frz., spr. bukétt) n. II 79; 205; 211. —
Bourbon (frz. burbóng) m.: Mz. die Bour-
bons u. (mit deutsch ausgesprochener Endung) Bourbonen, vgl. bourbonisch a. II 138.
— **Bourgeois** (frz., spr. burschoá) m.: Bour-
geoisie f. — **Boussole** (frz., spr. bussóle) f.
II 205. — **Bouteille** (frz., spr. butélje) f. —
Boutique (frz., spr. butíke) f., mundartlich:
Budike (angelehnt an Bude), dazu: Bu-
diker m., vgl. frz. boutiquier (spr. butíkjē)
II 79; 207. — **Bovist** m.: Staubpilz,
lycoperdon bovista. Der Herstammung
nach wäre die zweite Silbe der Zsstzg. (vgl.
die letzten beiden Silben in dem gr. lyco-

perdon u. als entsprechende deutsche Benennung auch Wolfsfiest u. ä. m.) richtiger
mit f als mit v zu schreiben; aber dieser
letztere in dem latinisierten botan. Namen
feststehende Buchstabe (auch vielfach mit der
Aussprache = w, wie in einem Fremdwort,
vgl. frz. boviste ꝛc.) ist um so mehr jetzt
fest zu halten, als es nicht davon ankommen
kann, durch die Schreibweise immerfort an
den schmutzigen Grund der Benennung zu
erinnern. — **Bowle** (engl., spr. bōle) f.:
Kumme für süße Mischgetränke u.: das Getränk darin, — versch.: Bohle u. Bole:
Annanasbowle, Maibowle ꝛc. — **Bowlinggreen** (engl., spr. bōlinggrihn) n.; in frz.
Umformung: boulingrin (spr. bulenggräng)
m. — **bo(=)gen** (engl.) v.: mit der (deutscheren,
aber seltneren) Nebenform baxen, versch.
boxen (s. Bock): Boxer m.; Boxerei. —
br! interj.: auch brr!; burr!, vgl. pr(r)!
u. purr! u. die Fortbildungen burren; purren
v. Kat. 113⁷. — **brabbeln** v. II 221. —
Bracelet (frz., spr. braßelé) n., Mz.: Bra-
celets u. Braceletten, nicht gut mit ß statt
des c. — **brach:** (mit gedehntem a. Kat.
37²⁴; 83²; II 87; 142): Impf. v. brechen
u. a., dazu: brachen v. mit brachte, gebracht,
durch die Aussprache verschieden v. dem
gleich geschriebenen Impf. u. Partic. v. bringen (mit geschärftem a). — **Brachmane:**
s. Brahma. — **Brach(=)se** (spr. bráxe II 90;
Kat. 92⁸, niederb.: Brasse) f., Brachsen m.,
ein Fisch = Bleihe. — **Bracke:** 1) m., f.:
Jagdhund; auch: Brack m.; Bräckin f.
2) f.: Wacht am Wagen. — 3) s. Brak ꝛc. —
brägeln v. (südb.): bräteln. — **Brägen** m.:
s. Bregen. — **Brahma** m.: 1) indischer Gott-
heit. Dazu: Brahmane m. (Brachmane,
Brahmine); brahmanisch, brahminisch a.:
Brahmaïsmus m. ꝛc., — nicht gut ohne h.
2) Name eines Londoner Kunstschlossers.
Dazu: Brahmaschloß. — **brähnen** v.: brunften, v. der Wildsau. Kat. 27⁸; 55¹⁶. —
Braise (frz., spr. bräse) f.; braisieren v. — **Brat**
n., m. (niederb., mit gedehntem a, versch.:
Brack, s. II 92): Ausschuß ꝛc.: (aus)braten
v., den Brat ausmustern; Braker m. ꝛc. —
Brake f.: Flachsbreche ꝛc.: Deichbruch ꝛc. —
bratig, brakisch a.: mit Salzwasser gemischt:
brakisches Wasser od. Bratwasser. — **Brat-
teat** (lat.) m. — **Bram:** 1) m. Ginster ꝛc.,
auch: Bramen m., Bräme f. — 2) m.,
auch Bräm: Rand, Besatz. Dazu: (ver-)
brämen. — 3) seemännisch, z. B. in: Bram-
stange; Bramsegel ꝛc. — 4) Brame f., Art
Fisch (Brama). — **Brama** v.: s. Brahma. —
Bramarbas m.: Mz.: Bramarbasse; bra-
marbasieren v. II 143. — **Branche** (frz.,
spr. brángsche) f. — **Brand** m.: Kat. 38⁴;
Brandmal; brandmarken ꝛc.; aber: Brannt(e)=
wein (s. brennen). Brander m.; brandig a.

(bransig) 2c.; auch branden v., v. den (wie im Süd) sich brechenden Wellen; Brandung f. — **Brane** f.: Waldbrand. — **Branke** f.: Kat. 61²⁵; aus it. branca, auch: Brante; besser als Pranke, vgl. Bratsche. — **Brannt(e)wein** m.: „gebrannter Wein" Kat. 37¹⁷. — **bransig** a. — **Brante** f.: s. Branke. — **Branz** m.: auch Brenz (schwzr.) = Brannt- wein. — **Braß** 2c.: s. Praß. — **Brasse** f.: 1) s. Brachse. — 2) (seemännisch): a) = Klafter (frz. brasse). — b) zumeist im Plur.: die Taue an beiden Seiten der Rahen zu deren wagerechter Bewegung: brassen v., diese Taue anholen. — **Brast** m.: s. brest= haft. — **braten** v.: brätst, brät (Kat. 77¹⁶); briet 2c.; brätelnv.; Bratenm. —**Brat(=)sche** f.: (aus it. braccio, spr. brátscho): 1) (mit geschärftem a), auch Bratze = Klaue, vgl. Bracke, nicht so gut mit anlautendem P. — 2) (mit gedehnten a) Arm=, Altgeige. — **Brau(e)** f.: Aug(en)braue, empfehlenswerther als Braune, Aug(en)braune. — **brauen** v.: du braust (versch. braust v. brausen I 11; Kat. 74²⁴); Bräu m., vgl. Gebräu, Ge= bräude; Bräuhaus n. 2c.; auch füglich Bräu= hahn m., oft nach dem (wahrscheinlich erst v. dem Getränk entlehnten) Beinamen eines hannoverschen Brauers Kurt geschrieben: Brophahn, Broihan, auch: Breiha(h)n. — **braun** a.: die braun= u. blauen Flecke I 20, vgl. 42; Bräune f.; bräunen v.; bräunlich a. 2c. — **brausen** v.: er braust 2c., versch.: du braust (v. brauen, s.b.); Impf.: braus(=)te II 152. — **Braut** f.: Bräute; Bräutchen, Bräutlein; Braut=Lein (I 14; Kat. 116¹), Brautleinen, Brautleinwand 2c.: Bräutigam m., die Bräutigame (Kat. 39⁹). — **brav** a.: dessen v (vgl. Nerv) auslautend, auch in Bravheit, u. vor dem e in deutschen Flexions= endungen wie f lautet (z. B.: der Brave; ein braver Mann 2c.), dagegen in fremden Fortbildungen wie w, z. B. in: Bravade f.; Braverie f.; bravieren v.; bravissimo a.; bravo a. (weibl.: brava; Mz. männl.: bravi, weibl.: brave); Bravo m; Bravour (spr. brawūr, II 205) f., Bravour=Arie f. 2c. — **Brézel=** f.: s. Brezel. — **Brec(=)cie** (it., spr. brétsche) f.: brecciert a. — **Bredouille** (frz., spr. bredúlje) f. — **Bregen** m.: niederd. (engl. brain, vgl. rain, Regen). — **Brei= ha(h)n** m.: besser: Bräuhahn, s. brauen. — **breit** a.: ein Langes n. Breites 2c. —, Etwas des breitern —, des breitesten —, anfs breiteste — erzählen, vgl. weit. II 24; einen (zwei, drei 2c.) Fuß (Meter, Finger, Zoll, Daumen 2c.) breit; eine Elle (Hand, Faust 2c.) breit (vgl.: dick, hoch, groß, lang, tief, weit 2c.), — aber: fußbreit a. 2c., z. B. ellenbreiter Kattun 2c., vgl. faustdick a.; zoll=lang a. 2c. I 87, vgl. hoch 5. — **Bre= men**: Bremer, bremisch II 25. — **Bremse** f.:

bremsen v.; Bremser m.; Bremsbock 2c. — **brennen** v.: brannte, Konj.: brenn(e)te (Kat. 26³⁴); gebrannt (s. Branntewein); Brenner m.; Brennerei f.; brennbar a. 2c.; Brenneisen n. 2c.; Brenn=Nessel f. I 17; Kat. 37⁷, — dagegen mit einfachem n (s. Kat. 36⁹ ff.): Brand (s. b.) 2c.; bransig a.; Branz m., Brenz m., brenzeln v., brenz(e)= licht, brenz(e)lig, brenz(e)rig a.; Brunst f., brünstig a. 2c. — **Bresche** f. II 89. — **bresthaft** a.: vgl. Gebreste(n) n., wie (ver- altet) Brest, Brast m.=Gebrechen, v. bresten (heute bersten, vgl. brechen), minder gut: presthaft u. umgedeutet: preßhaft. Kat. 62². — **Brett** n.: Bretter; bretteln v.; brettern a. 2c. (Kat. 35¹⁴). — **Breve** (lat., spr. brēwe) n.: **Brevet** (frz., spr. brewē) n.: Brevetär m. II 7; brevetieren v. — **Bre= viarium** (lat., spr. brew= 2c.) n., **Brevier** (spr. brewir) n. — **Brezel** f.: nicht gut in der ersten Silbe mit ß statt B, ä statt e, ß statt z. — **Brick**: 1) m.: Ziegel, engl. brick, frz. brique, vgl. briquette f.; Bri= kett (II 79; 211) = Kohlenziegel. — 2) f.: s. Brigg. — **Bricke** f.: 1) (niederb.) Brett= chen, Tellerchen 2c. — 2) Pricke. — **Brief** m. — **Brig** f.: s. Brigg. — **Bri= gade** (frz.) f.: Brigabier (spr. =abjē) m. — **Brigand** (frz., spr. =gáng) m., vgl. it. Bri= gante m., dazu: Brigantine f. — **Brigg** f.: (niederb.) II 222, besser als Brig (engl.) u. Brick (frz.) II 223. — **Brikett**: s. Brick 1. — **brillant** (frz., spr. briljánt) a.; Brillant m. II 65; brillieren v. — **Briquette**: f. Brick 1. — **Brise** (frz.) f.: es briset. — **Britannien**: (Kat. 40¹⁰): Großbritannien m.; Britanne m.; britannisch a. 2c., aber: Britte m.; britten ob. brittenzen v.; brittisch a., z. B.: das brittische Museum, (mit lat. Let= tern) das British Museum, in engl. Schreib= weise u. Aussprache [snjussiömm] 2c. — **Britsche** f.: Kat. 62¹; britschen v. — **Britschka, Britschke, Brizka** (poln.) f. — **Britte** m. 2c.: s. Britannien. — **Brizen**: in Tirol (Kat. 93¹). — **Broc(=)coli** (it.) pl. — **Broche** 2c.: s. Brosche 2c. — **brödelicht, brödelig** a. 2c.: s. Brot. — **brodeln** v. — **Brodem** m. II 76. — **Broiha(h)n** m.: besser: Bräuhahn, s. brauen. — **Brokat** (it. broccato) m., vgl. Kat. 40⁷. — **Brom** (gr.) n.: Bromsäure 2c. — **Brombeere** f. Kat. 36¹⁹, mit Verdunkelung des a (s. Bram 1) in geschärftes o, auch (vgl. engl. bramble): Brommelbeere 2c. Dazu: Brom= huhn n. 2c. — **Bronze** (frz., spr. brongße) f.: II 85: bronzieren v. — **Brosam** m., Brosame f. — **Brosche** (frz., II 89) f.; broschieren v.; Broschüre f. II 204. — **Brot** n.: auch: ein Brot (niederd.: Broden) Zucker. II 75 ff. — **Brougham** (engl., spr. brum) m. — **Brouillon** (frz., spr. bruljóng) m., n..

brr! interj.: s. br! — Bruch m.: mit geschärftem u und m., n., mit gedehntem (wo Zweideutigkeit zu befürchten ist, zu bezeichnen: Bruuch II 3; 87): brüchig — u.: brüchig, brüchig a. 2c. — Brühl m.: Kat. 52²¹; 54²⁵. — Brumaire (frz., spr. brümär) m. — Brünelle f. (Braunelle), versch.: Prünelle (Art Pflanze, vgl. frz. prune, II 294). — brünett (frz.) a.: II 204; 211; Brünette f.; brünieren v. — Brunft f. weidmännisch (v. brummen, wie Kunst v. kommen; Vernunft v. vernehmen 2c. Kat. 67³⁶): brunften v. — Brunst f.; brünstig a.: s. brennen. — brüsk (frz. brusque) a.: brüskieren II 78; 162; 204.

bst! interj., auch: pst! Kat. 113⁷.

Bucephalus (gr.) m. — Buch n.: des Buches od. Buch's II 69. — Buchs (spr. bur) m.: Buchsbaum. — Büchse (spr. büxe) f. — Bucht f. Kat. 84²³; II 91; 87. — Buckel m., f.; buck(e)lig. — Bückling m. — Buckskin (engl., spr. börkinn) m.: mit langem s, weil zusammengesetzt aus buck, Bock, Rehbock u. skin (Haut), vgl. Doeskin (spr. dohskin), aus doe, weibliches Reh. — Buddel f.: niederd. st. Buttel, vgl. Bouteille, — ähnlich: (aus=, ein)buddeln st. butteln (scharren) II 222. — Buddha (ind.) m.: Buddhaïsmus m.; Buddhaïst m. II 109; 222 od. Buddhismus 2c., s. Jo. — Budding m.: s. Pudding. — Budget (engl., spr. bödshett; häufiger nach frz. Ausspr. büdshe; falsch budshett) II 24. — Budike 2c. f.: s. Boutique. — Buff 2c.: s. Puff 2c. Büffel m.: büffeln v. — Büffett n.: II 204; 211, nach frz. buffet (spr. büffe). — Buffo (it.) m.: vgl. Bouffe. — Bug m.: Bugleine f., gewöhnlich in seemännisch=niederd. Form: Buliene (vgl. engl. bowline), französiert: bouline, mit der Fortbildung: bulinieren v. II 207; Bugspriet m.; bugsieren v. Kat.92¹. — Büh(e)l m. Kat. 52²¹; 54²⁵. — Buhle m., f.: buhlen v.; Nebenbuhler 2c. Kat. 54²¹. — Buhne f. (im Wasserbau); Bühne f. Kat.54²⁹. — Bühre f. Kat.56²⁵. — buk, büke: s. backen. — Büke f., büken v.: s. Bäuche. — Buliene 2c.: s. Bugleine. — Bull m.: Bulldogg m., Bulldogge f. (s. Dogge); Bullenbeißer 2c.; John Bull; irischer Bull 2c. — Bulle f.: s. auch Pulle. — Bulletin (frz., spr. büsleteng) n.: Bülletinist 2c. II 204. — Bülow (spr. bülo): Vogel Bülow = Pirol. II 140. — bumm! interj.: bummen v. —, aber (Kat. 36¹⁰): bums! interj.; bumsen v. (II 151). — Bund m., n.: Bündel m., n.; Bünden, Graubünden (nicht mit dt statt d zu schreiben), (grau)bündnerisch a. 2c.: bündig 2c.; Bündnis n. 2c.; Buntriemen m.; Bundschuh m. 2c.; bunt a.: Buntwerk (im Pelzhandel). — Bunze 2c.: s. Punzen. — Burchard m.: s.Bernhard; Burkhard; II185.—

Bureau (frz., spr. büro) n., Mz. mit lautendem s besser Bureaus als Bureaux (frz., spr. büro): II 204. Dazu (frz.=gr.): Bureaukrat m., Bureaukratie f.; bureaukratisch a. 2c. — Burg f.: Burgemeister, heute zumeist: Bürgermeister. — bürge: Impf. Konj. v. bergen, s. barg. — Bürge m.: bürgen v.; Bürgschaft f. 2c. — Bürger m. 2c.: s. Burg. — Burkhard: Name, zsgst. aus bure (mhd.=Burg) u. hart (s. Bernhard u. II 85), auch: Burkard; Burchard. Als Familienname (vgl. Barthel), z. B. auch: Borchard, Borchart, Borchardt, Borchert 2c.; burlesk (it.) a.: Burleske f. 2c. II 162. — Burnus (ar.) m.: Gen., Mz. unverändert od. (minder gut): des Burnusses, die Burnusse II 132. — burr! interj.: s. br! — Bursch(e) m.: Burschenschaft f.; burschikos a. — Bürsch(e) 2c.: richtig: Birsch 2c. — Bürzel m., Burzelbaum m, burzeln v.: s. purzeln. — Busch m.: Büschel m.; Buschelmütze f. (nicht: Puschel 2c.); Buschicht n.; buschig, gebüschig a. 2c. — Buscht m.: s. Bauschet. — Bussard m.: besser als in den undeutschen Formen Bußhard; Bußaar 2c. — Bussole: s. Boussole. — Büste (frz.) f. II 203. — bustrophedon (gr.) adv.: II 209. — Butike: s. Boutique. — Buttel f.: niederd. Buddel (s.d.), französiert: Bouteille. — Butz m.: versch. Putz (s. d.), vgl. auch: Butzkopf m., Art Delphin 2c., versch.: Putzkopf m., Haubenkopf 2c. — Bux m.: s. Buchs.

Byron (engl., spr. beir'n). — Byssus (gr.) m. — Byzanz (gr.) n.: Byzantiner m.; byzantinisch a.; Byzantinismus m. 2c.

C.

C: In aufgenommenen Fremdwörtern bezeichne man bei deutscher Schrift regelmäßig den K=Laut nicht durch c, sondern durch k I 3 ff; II 77 ff.

cache-nez (frz., spr. kasch'nē) n.: üblicher als mit deutschen Lettern Kaschenez II 105. — Cäcilie (lat.) f. II 81; 116. — café chantant (frz., spr. kase schangtäng) m., n. II 46; 105, s. Kaffe. — Ca(=)glio(=)stro (it., spr. kaljóstro) II 123. — Calais (frz.): u. Dover, versch. Kalais u. Zethes (gr.) II 108. — camera clara (lat.) f.: camera obscura 2c. II 105. — Cartouche (frz., spr. tartusch) m. II 123. — Cäsar (lat.) m.: Cäsarenthum 2c.; cäsarisch a. 2c. II 81. — Cäsur (lat.) f. ebb. — casus belli (lat.) m.: II 78, vgl. Kasus 2c. — Cavour (spr. kawūr) m. II 127. — Cayenne (spr. kajénn): II 123; Cayennepfeffer 2c.

Ceder (lat.) f. II 81. — cedieren (lat.) v. — Céladon: f. Zeladon. — cele(=)brieren (lat.) v.; Celebrität f. — Céleri: f. Zellerie. — Cellist (spr. tsch-) m.: Cello n., f. Violoncell ꝛc. II 84. — cellular (lat.) a.; cellulös a.; Cellulose f. (vgl. Zelle). — Celt m.: Steinart in Pfahlbauten (versch. Zelt); Celte m.; celtisch a., vgl. Kelt ꝛc. — Cement (lat.) m., n.; cementieren v. — censieren (lat.) v.: Censor m.; Censur f.; Census m. (vgl. Zins). — Cent (lat.) m. — Centaur (lat.) m. — Centi= (lat.) z. B. in Centifolie f. ꝛc.; ferner in den Maß- u. Gewichtsbezeichnungen:Centiar,Centigramm, Centiliter, Centimeter, Centister m., n., vgl. in frz. Aussprache II 82: Centiare, Centigramme, Centilitre, Centimètre, Centistère m. (spr.: ßangti=är, =grämm, =liter, =mät'r, =stär). — Centner (lat.) m. — cen(=)tral (lat.) a.: centralisieren v.; centrifugal a.; centripetal a.; centrisch a.; Centrum u. — Cerberus (lat.) m.: des Cerberusses, die Cerberusse II 143. — Ceralien (lat.) pl. — cere(=)bral (lat.) a.; Cerebrum u. — Ceremonial (lat.) n.; ceremonial a.; Ceremonie f.: Ceremonie(e)n u. Ceremonien (II 115 ff), Ceremonienmeister m.; ceremoniéll a.; Ceremoniéll n.; ceremoniös a. — Ceres f. — Cerevis (lat., spr. =wis) n. cerise (frz., spr. ßeris') a. — Certifikat (lat.) n. — Cervelatwurst (frz.) f. — Ces n.: in der Musik; Ces(=)es (II 147). — Cession (lat.) f. ꝛc. — Cevennen (frz., spr. ße=wennen) pl.

ch: I 4 ff; II 85 ff; 178 ff. — Chablis (frz., spr. schabli) m. — Chablone f.: falsch st. Schablone (s. d.). — Cha(=)grin (frz., spr. schagräng) m. — Chaine (frz., spr. schäne) f. — Chaise (frz., spr. schäf', schäse) f.: Chaise longue (spr. schäf'léng), Mz.: Chaises longues ꝛc.; Beichaise; Retourchaise (spr. retührschäse) ꝛc. — Chalcedon (gr.) m., Chalcedonyr m. (nicht füglich mit k als Anlaut zu sprechen). — Chaldäa n.; Chaldäer m.; chaldäisch a. ꝛc. (nicht mit k als Anlaut zu sprechen). — Châle m.: f. Shawl. — Chalet (frz., spr. schalé) n. — Chalif (ar.) m.: Chalifat n., auch in der Aussprache u. Schreibweise: Kalif (nicht: Khalif II 88). — Challo(=)graph (gr.) m.: Chalkographie f.; chalkographisch a.; Challo=typie f. ꝛc. — Chalon (frz., spr. schaléng) m.: getöperter Wollstoff: Châlens sur=Marne [spr. schalongßürmärn]; Châlons sur=Saone [spr. schalongßürßön] ꝛc. — Chalotte: falsch st. Schalotte s. d. u. Aschlauch; II 88. — Chaloupe: besser: Schaluppe (s. d.; II 88; 208). — Chaly (frz., spr. schali) m. — Chalybo(=)graphie (gr.) f. — Chamade (frz.) f.: auch — der Ausspr. gemäß — Schamade. — Chamäleon (gr., meist gespr. tamä) m., u. — Chambertin (frz., spr. schangberténg) m. — Chambre garnie (frz. spr. schangb'r garni) f.: Chambregarnist m. — Chamille: f. Kamille. — Chamisso (frz. schämisso) II 4. — chamois (frz., spr. schamoá) a. — Chamotte: f. Scharmotte. — Champagne (frz., spr. schangpánj) f.: Champa(=)gner m., f. II 185. — Champi(=)gnon (frz.,spr.schangpinjéng) m., f.II 185.—Champion (frz., spr. schangpióng) m., II 137; 138. — Chance (frz., spr. schangße): f. Schanze II 83. — Chancier: f. Schauber. — Change (frz., spr. schangß') f.: changeant (spr. =áng) a.; Changement (spr. =emáng) n.; changieren v. — Chanson (frz., spr. schangßóng) f.: Chansonnier (spr. schangßonnjé) m. ꝛc.; Chanteuse (spr. schangtör) m. II 130, Chanteuse (spr. =ös') f. — Chaos (gr.) n.: chaotisch a. — Chapeau (frz., spr. schapó) m.: Mz.: Chapeaus (spr. =ös), versch. Jabot: chapeau(x) à claque (spr. flack). — Chaptal (spr. schaptál): chaptalisieren v. — char à bancs (frz., spr. scharabáng) m.. — Charade f.: f. Scharade. — Charakter (gr., spr. karákter) m.: Charaktere (spr. =ére), charakterisieren v.; Charakteristik f.; charakteristisch a. ꝛc. — Charfreitag: f. Karfreitag, eben so: Karwoche ꝛc. — Charge (frz., spr. d'schárße) f.: Chargé (spr. =eh) m.; chargé d'affaires (spr. scharschedaffär) m.; chargieren v. — Charis (gr.) f.: Charit(inu)en. — Charité (frz., spr. scharité) f., vgl. Karitas. — Charivari (frz., spr. scharivári) n.: f. auch Scharwari. — charlatan (frz., spr. scharlatáng) m., auch ohne Rasallant am Schluß, dann füglich zu schreiben: Scharlatan, vgl. im Plural: Charlatans u. Scharlatane; Charlatanerie f.: scharlatanieren; Scharlatanerie ꝛc.; Scharlatanismus ꝛc. (ob. Charlatanerie ꝛc.) — Charles (frz., spr. scharl): Charlière f. (II 115); Charlotte f., verkürzt Lotte, Lottchen, vgl. Karoline. — charmant (frz., spr. scharmánt) a., auch zuweilen geschrieben: scharmant II 65; 68; 89, wie charnieren v. trans. = reizen u. unfrz. in der Volkspr.: mit Jemand scharmieren (ob. schamerieren, scharmutzieren ꝛc.). — Charnière (frz., spr. scharnjär) f.: f. Scharnier. — Charon (gr.) m. — Charpie (frz., spr. scharpi) f. — Charte: f. Karte. — Chartek ꝛc.: falsch st. Schartek (s. d.) II 89. — chartern (engl., spr. tschährt ꝛc.) v. — Chartismus (engl., spr. tschahrtismus) m.: Chartist m.; chartistisch a. ꝛc. — Charybd(=)is (gr.) f. — Chasse (frz., spr. schaß) f.: chassé (spr. schasse) m., z. B.: chassé=croisé (spr. schassekreasé) m.; Chasseur (spr. =ör) m.; chassieren v., vgl. (fort=, weg=) schassen. — Chassepot (frz., spr. schaßpö) m.: Chassepot(gewehr) n. ꝛc. — Château (frz., spr. schatö) m.: z. B.: Château=Lafitte (ſpr. laſitt); Château-Laroſe (ſpr. laröſ'); Château-Margaur (ſpr. =gō) ꝛc.; Châtelain (ſpr. ſchateléng) m.; Châtelaine (ſpr. ſchate- län); Châtelet (ſpr. ſchatelē) n. ꝛc. — Cha- touille: falſch ſt. Schatulle II 89; 208. — Chaudeau (frz., ſpr. ſchebō) m. — Chau- mière (frz., ſpr. ſchohmjär) f. — Chauſſée (frz., ſpr. ſchoſſé) f.: II 5; 104; Chauſſette f.; chauſſieren v.; Chauſſon (ſpr. =öng) m.; Chauſſure (ſpr. =ür') f. II 201. — Chauve- Souris (frz., ſpr. ſchohwſhurī) f. — Chau- vin (frz., ſpr. ſchewéng) m.: Chauvinismus (ſpr. ſchewinismus) m.; Chauvinist m. ꝛc. — Check (engl., ſpr. tſchéd) m.: unnöthig nach frz. Weiſe (II 209) Chèque. — Chedive (ar.) m.: nicht Khedive. Kat. 79³²; II 88. — Cheer (engl., ſpr. tſchīr) m. — Chef (frz., ſpr. ſchéff) m.: die Chefs ꝛc.; chef-d'œuvre, Mz.: chefs-d'œuvre (ſpr. ſchädöwer). — Chemie (gr.) f.: Chemikalien pl.; chemi- kaliſch a.; Chemiker m.; chemiſch a. ꝛc. — Chemiſe (frz., ſpr. ſchemiſe) f.; Chemiſette (ſpr. =étt) n., f. — chen: Verkleinerungs- ſilbe II 89. — Chenille (frz., ſpr. ſchenilje). — Chèque: ſ. Check. — cher (frz., ſpr. ſchär) a.: weibl. chère. — Cherſones (gr.) m.: Cherſoneſus. — Cherub (hebr., ſ. II 86; 88) m.: Mz.: Cherubim; auch Cherubin m., Mz.: Cherubinen; cherubiniſch ꝛc., vgl. Cherubini (it., ſpr. t=). — Cheruster m.: chernstiſch a. II 86. — Chester (engl., ſpr. tſch=): Cheſterkäſe. — chétif (frz., ſpr. ſchetíf) a. — cheval (frz., ſpr. ſch'wall): Mz. che- vaux (ſpr. ſch'wō): à cheval ꝛc.; chevaicreſt a. (II 162); Chevalerie f.; Chevalet (ſpr. ſch'wale) n.; Chevalier (ſpr. ſch'waljē) m., chevalier d'industrie (ſpr. dengdüſtrī) II 105 ff; Chevau-léger (ſpr. ſch'woleſbē) m., Mz.:Chevau-légers;chevaux(ſ.c.).—Chèvre (frz., ſpr. ſchäw'r): Poil de Chèvre (ſpr. poál ꝛc.) m.; Chèvre-feuille (ſpr. =följ) f. — Chevron (frz., ſpr. ſchewréng) m. — chiaroscuro (it., ſpr. tjaroskúro) n.: ſ. clair-obscur u. II 106. — Chiasma (gr.) n. — chic (frz., ſpr. ſchid) m.: II 106, vgl. Schid. — chicane (frz., ſpr. ſchikän) f.: z. B.: à la chicane; chicane de terrain [ſpr. terräng] ꝛc. II 77; 105; ꝛc. Schikane ꝛc. — Chicha (ſpan., ſpr. tſchitſcha) f. — chicnſiſch a.: Chier m.: aus Chics II 117; 122. — Chiffon (frz., ſpr. ſchiffóng) m.: Chiffon- nier (ſpr. =onnjé) m.; Chiffonnière (ſpr. =onnjäre) f. II 115; chiffonnieren v. — Chiffre (frz.,ſpr. ſchiffer) f.: Chif(=)freur (ſpr. =ör) m.; chiffrieren v. — Chi(=)gnon (frz., ſpr. ſchinjóng) m.: ſ. II 137; 185. — Childebert, Childebrand, Childerich m. II 86, vgl. Hilbebert ꝛc. — Chili (ſpr. tſchíli): Chiliſalpeter ꝛc. — Chiliade (gr.) f.: Chiliarch m.; Chiliasmus m.; Chiliaſt m.; chiliaſtiſch a. — Chimära (gr.) f.: Chimäre f.;

chimäriſch a., vgl. Schimäre II 6; 8; 89. — Chimborazo (ſpr. tſchimboráſſo) m. — Chim- panſe m.: ſ. Schimpanſe. — China: 1) f. (pertaniſch): Chinarinde. Dazu: Chinin ꝛc., vgl. Quina. — 2) n.: Land in Aſien: Chinaſilber, Chinawurzel ꝛc. — Chinchilla (ſpan., ſpr. tſchintſchillja) f., n. — Chiné (frz., ſpr. ſchiné) n., vgl. chinieren. — Chi- neſe m.: chineſiſch a., ſ. China 2. — chi- nieren (frz.) v.: ſpr. ſchinieren, auch ſo ge- ſchrieben II 89. — Chinin n.: ſ. China 1. — Chino (ſpan., ſpr. tſchíno) m. — Chinoiſerie (frz., ſpr. ſchinoaſerī) f. — Chinure (frz., ſpr. ſchinúr) f.: ſ. Chiné; chinieren, — auch geſchrieben: Schinüre II 89; 204. — Chi- ra(=)gra (gr.) n. — Chiro(=)graph (gr.) m., n. — Chiromant (gr.) m. — Chirurg (gr.) m.: Chirurgie f.; chirurgiſch a. ꝛc. — Chlod(=)wig m.: vgl. Ludwig II 86. — Chlor (gr., auch) n.: — minder gut — ausgeſpr. tlōr, ſ. II 88) n.: Chlorid n.; chlorig a.; Chloroform n.; chloroformieren v. ꝛc.; fer- ner: Chloroſe f.; chlorotiſch a. ꝛc. — Chlo- thar m.: ſ. Lothar II 86; Chlothilde ꝛc. — Chodowiec(=)ki: nicht mit d (als Ligatur) II 85. — Chol (frz., choc, ſpr. ſched) n.: chefaut a.; cholieren v. — Chololate: ſ. Schokolate II 76; 89. — Cholera (gr.) f.: Cholerine f., Beides auch minder gut aus- geſpr. tōl ꝛc., ſ. d. Folg. — Choleriker (gr.) m.: choleriſch a. (Beides betont auf der zweiten Silbe). — Choliambe (gr.) m.: choliambiſch a. — choquant ꝛc.: ſ. Chok. — Chor: 1) (ar.) m. in Afrika, — zeitweiſe trodnes Flußbett; Mz.: Chore ob. Chers; Cher-Bett (I 14) ꝛc. — 2) (gr., ſpr. kōr, wie das frz. Korps, ſ. b.) m., n., Mz.: Chöre, Verkl.: Chörchen, Chörlein: Kirchen-, Sängerchor ꝛc.(vgl.: Ballett-, Muſikkorps ꝛc.); Chorführer; Chorgeſang ꝛc.; auch: Chorbiſchof, umgedeutet, wie Chorepiſkopus (eig.: ländlicher Biſchof, v. gr. χωρα, Land, nicht v. χóρος, Chor, vgl. Chorograph ꝛc.); ferner in: Choral m., Choralbuch ꝛc.; Choraliſt m.; chörig a., ein-, zweichörig ꝛc.; Chorik f.; choriſch a.; Choriſt m., Cho- riſtin f.; Chorus m. ꝛc. In den übrigen Ableitungen v. gr. χóρος gilt die antike Ausſprache des Gaumen-ch (II 86), z. B. in Choraget m., Choragus m., Choreg(et) m., Choregie f., choragiſch a., choregiſch a.ꝛc.; Chorea f., Choreo(=)graph m., Choreo- graphie f., choreographiſch a., ꝛc. Choreo- manie f. ꝛc.; Choret m., Choretide f.: Cho- rēus (II 115 = Trochäus), choreïſch (II 109); Choreut m., chorentiſch a.; Choriambe, Choriambus m., choriambiſch a.; Chorobie f. — Chorde (gr.) f.: ſ. Korbe (frz. corde), aber z. B.: Chordapſus m.; Chordomeſo- dien n.: Chordometer m., n. — Chorea bis Choriſt: ſ. Chor. — Chorizont (gr.) m. —

Chorodie: s. Chor. — **Choro(=)graph** (gr.) m., **Chorographie** f., chorographisch a.; **Choro= meter** m., **Chorome(=)trie** f., chorometrisch a. ꝛc. — **Chorus** m.: s. Chor. — **Chose** (frz., spr. schōs') f.: auch: Schosen pl.; Schosenmacher ꝛc. II 89. — **Chrestomathie** (gr., auch — minder gut — gespr.: kr= ꝛc.) f. — **Chrie** (gr.) f. — **Chrisam** (gr.) m., n., auch Chrisma n. Dazu: chrisamen, chri= samieren v., sämmtlich auch gesprochen mit kr= als Anlaut, s. das Folg. — **Christ** (gr., spr. krist) m.: Christenheit f.; Christenthum n. ꝛc.; Christian m.; Christiane f.; Christin f.; Christine f.; christlich a. ꝛc.; Christoph m. (vgl. Stoffel); Christus ꝛc. — **Chrom** (gr.) n.: Chromgelb ꝛc.; Chromatik f.; chroma= tisch a.; Chromatotypie f. ꝛc. — **Chronik** f., **Chronika** f., **Chronikon** n. (gr., spr. krōn ꝛc.): vgl. frz. chronique (spr. kronīk), in Ver= bindungen (s. II 105), wie chronique scan= daleuse (spr. lös'), dagegen: Läster=, Schand=, Skandalchronik ꝛc. Dazu: chronikenhaft a.; chronikenmäßig a.; Chronikenschreiber, Chro= nikant, Chroniker, Chronist m., vgl. frz. chroniqueur (spr. kronikör). In andern Ableitungen v. gr. chronos (χρόνος, Zeit) spricht man füglicher das Ch als Gaumen= Hauchlaut (II 86), z. B. in: Anachronismus m. ꝛc.; isochronisch a.; synchronistisch a.; tautochronisch a. ꝛc.; ferner z. B. in: Chro= nicität f.; chronisch(e Krankheiten ꝛc.), Chrono= distichon n.; Chrono(=)gramm n. ꝛc.; Chrono= graph m., Chronographie ꝛc.; Chronolog m., Chronologie f., chronologisch a.; Chrono= meter m., n. ꝛc.; vgl. Kronos ꝛc. — **Chry= salide** (gr.) f. — **Chrysanthemum** (gr.) n. — **Chrysolith** (gr.) m. — **Chryso(=)pras** (gr.) m. ꝛc. — chs, ch's: s. II 90; 69, wo es aber in Z. 2 lauten muß: nach einfachen betonten Vokalen. — chthonisch (gr.) a.; Chthonisotherme f. ꝛc. — **Chur:** Haupt= stadt Graubündens: die Churwalen; chur= wälsch a. ꝛc.; dagegen: Kur (s. b.), z. B. in Kurfürst ꝛc. — **Chylus** (gr.) m.: Chyli= fikation f. — **Chymus** (gr.) m.: Chymi= fikation f.

Ciborium (gr.) n. II 81. — **Cicero** (lat.): ciceronianisch a.; Cicerone m (it., — auch gespr. tschitscherōne u. dann füglich mit lat. Lettern, II 84). — **Cichorie** (gr., auch — minder gut — gespr. cik=) f. II 81; 88; 120. — **Cicisbeo** (it., auch spr. tschitschisbēo, vgl. Cicerone) m.: Mz.: Cicisbēi II 84; 109. — **Cid** (span.) m. — **Cider** (frz.) m. — ci-devant (frz., spr. ßib'wáng) adv. II 85; 105. — **Cigarre** (span.) f.: Cigarrette f. — **Cikade** (lat.) f. — **Cilicien** II 117; Cili= cium (lat.) n. — **Cimber** m.: die Cimbern; cimbrisch a. — **Cimelien** (gr.) pl.: Kime= lien (Kirchenschatz). — **Cimier** (frz., spr. ßihmjē) m.: auch — in deutscher Ausspr. —

Zimier II 83. — **Cimmerien** (gr.) n.: Kimmerien; Cimmerier m. ꝛc. — **Cinäde** (gr.=lat.) m. — **Cinder** (engl., spr. ßind ꝛc.) II 83. — **Cingulum** (lat.) n.: vgl. Zingel II 80; 81. — **Cinnamom** (gr.=lat.) m.: s. Zimmet. — **Cinquecento** (it., spr. tschin= kwetschénto) n.: Cinquecentist m. — **Cipolin** (it., spr. tschipolīn) m. II 84. — **Cippus** (lat.) m. — **circa**, circiter (lat.) adv.: II 106. — **Circe** (gr.=lat.) f. — circensisch (lat.) a. — **Cirkassien** II 120: Cirkassier(in) ꝛc. — **Cirkel:** s. Zirkel: Cirkular, Cirkulär m. II 80; Cirkulation f.; cirkulieren v. — **Cirkum(=)sler** (lat.) m. ꝛc.; cirkumpolar a. ꝛc., s. auch II 232. — **Cirkus** (lat.) m.: die Cirkusse II 143. — **Cirrokumulus** (lat.) m.: Cirruswolke ꝛc. — **Cis** (1) n. (Mus.): Cis(=)is II 147. — 2) (lat. Vorf.) z. B. cisalpinisch a.; cisleithanisch a.; cis= padanisch a. ꝛc. — ciselieren (frz.) v.: Cise= lenr (spr. =ör) m. II 130. — **Cista** (lat.) f. — **Cistercienser** m. II 117. — **Cisterne** (lat.) f. — **Citadelle** (frz.) f. — **Citat** (lat.) n.: Ci= tation f. ꝛc. — **Cité** (frz., spr. ßitē) f. — **Cithara** (gr.=lat.) f.: Citharöde m. ꝛc.; Cither f., vgl. Guitarre, Zither. — citieren (lat.) v. — citissime (lat.), cito adv. — **Citoyen** (frz., spr. ßitoajéng) m. II 83. — **Ci(=)trat** (lat.) n.: Citrinchen n., Citronat n., Ci(=)trone f. (besser als Zitrone II 81). — **City** (engl., spr. ßitti) f. II 83. — **Civet** (frz., spr. ßiwē) m., n. — civil (lat.) a.: Civilehe, Civilproceß ꝛc.; Civil n.; Civili= sation f.; civilisieren v.

ck: in der Silbenbrechung umzuwandeln in k=k II 96, doch vgl. II 128; auch blei= bend beim Hinzutritt eines s (wie in der Flexion auch in der Ableitung) — gegen Kat. 36°, vgl. Klecks, Knicks ꝛc.

Cl (k=l ꝛc. II 77, doch s. II 123— 127 u. mit lat. Lettern (II 105) zu schrei= bende fremde Wortverbindungen, wie: Das clair-obscur [frz., spr. klär obßkür]; clam, vi et precario ꝛc., ferner als Eigennamen (II 123): Clairault (spr. klärō); Claude Lorrain (spr. lob' lorréng); Cleveland (spr. kliwländ); Cliquot (spr. klikō) ꝛc.

Cm ꝛc.; **Cn** ꝛc.: s. Km ꝛc.; Kn ꝛc.

Co ꝛc.: s. Ko ꝛc. II 77; doch in fremden Wortverbindungen, mit lat. Lettern (II 105), z. B. cold-cream (engl., spr. kōhldkrihm) n.; comme il faut (frz., spr. komm il fō); con amore (it.); conditio sine qua non (lat.); pro et contra (lat.) ꝛc., auch bloß: contra (II 106); coq-à-l'âne (II 79) ꝛc. u. in Eigennamen, s. II 123 ff u. z. B.: Congreve [engl., spr. tóngriww; nicht füglich französiert: Congrève, spr. tonggräw'] nebst Congrevedruck, Congreve'sche Raketen ꝛc.; dagegen Cö ꝛc. (II 82) z. B.: in: Cölestin

(lat.) m.: Cölestine f.; Cölestiner m. ꝛc. —
Cölibat (lat.) m., n. ꝛc. — **Cötus** (lat.) m.
Cr ꝛc.: f. Kr ꝛc. II 77 ff, doch z. B. mit
lat. Lettern (II 105 ff), z. B.: Das credo
quia absurdum (lat.); ein crève-cœur
(frz., spr. kräwtör); crimen capitale (lat.) ꝛc.;
auch z. B. in der Musik: cres(-)cendo (it.,
spr. kreschendo) ꝛc. — u. in Eigennamen,
f. II 123 ff.
Csako ꝛc.: f. Tschako ꝛc. II 84.
Cu ꝛc.: f. Ku ꝛc. II 77 ff; doch z. B. mit
lat. Lettern (II 105 ff), z. B.: cui bono?
(lat.); cum grano salis; curator absentis ꝛc.
— u. in Eigennamen, f. II 123, z. B.:
Curaçao (spr. türassao), vgl. Kurassao.
Cyan (gr. II 82) n.: Cyane f. ꝛc. (versch.:
tyanisieren). — **Cybele** f.: seltner — in
ganz gr. Form — Kybele u. ähnlich in
Folgenden. — **Cykel** m.: Cy(=)klaben pl.;
cyklisch a.; Cykloïde (II 109; 111); Cy-
kloue m.; Cyklop m.; cyklopisch a.; Cyllus
m. — **Cylinder** m.: cylin(=)drisch a. — **Cymbal** m., n.: Cymbalum ꝛc.; Cymbel f. u.
(als eingebürgert: Zimbel). — **Cyniker** ꝛc.:
cynisch a.; Cynos(=)cephale od. Kynos-
cephale (in Thessalien) II 161. — **Cynthia** f.:
Cynthiens II 120; cynthisch. — **Cyprern:**
Cyperkatze; Cypermein ꝛc. — **Cy(=)presse** f. —
Cy(=)pria f.: Cypriens II 120; Cypripor m.;
Cypris f.: cyprisch a. — **Cyrene:** Cyre-
naïker m. (II 108); cyrenäisch. — **Cyrillus:**
cyrillisch a. — **Cythere** f.: Cytherea ꝛc. —
Cyzicener m., ꝛc.: aus Cyzikus —, auch
Kyzikener (f. o. Cybele).
Czar: f. Zar.

D.

d; d': f. Kat. 70^{16}; 71^{18}; 120^{33} ff;
I 25 ff; II 215 ff.
da: Kat. 42^7; I 61; 121 ff, da sein ꝛc.;
aber verbunden: das Dasein ꝛc.; da draußen;
da drinnen; da droben ꝛc. II 124; von da
ab (an) ꝛc.; vgl. dar. — **dabei** adv., aber
getrennt: da bei = da in der Nähe ꝛc. I 121 ff;
dabei bleiben ꝛc.; dabei, f. dar. — **da capo**
(it.): f. Dakapo u. II 77; 105. — **Dach** n.:
des Daches od. Dach's, versch. Dachs (spr.
dar II 69; 91); pl.: Dä(=)cher, versch.
Decher: Dachluke f. II 93; Dachsattel m.,
Dachsparren m., Dachstube f. II 91 ꝛc.
Dachs (spr. dar) m.: Däch(=)sel m. II 90. —
Dacht m.: häufiger Docht. — **dachte, dächte:**
v. denken. — **Dachtel** f. — **Dacien** n.:
Dacier. II 117. — **da draußen** ꝛc.: f. da.
daburch adv.: f. dar. — **dasern** conj.:
I 107. — **dafür** adv. I 122: dafür halten v.;
das Dafürhalten n.; dafür, f. dar. — **dagegen** adv. u. conj.: sich dagegen stemmen ꝛc.;

f. dar. — **Daguerre** (spr. dagär): Da-
guerrotyp m., n. — **daheim** adv.: I 123:
daheim bleiben ꝛc. — **daher** adv. u. conj.;
auch als Vorsilbe in Zsstzgn: (wie einher):
dahereilen; daherfahren; daherschweben ꝛc.,
aber getrennt v. dem darauf folgenden
Zeitw. als Ortsadv. ꝛc.: daher (vgl.: von
da her) kommen ꝛc. I 65. — **dahergegen:**
f. dahingegen. — **daherwärts** adv. I 142. —
dahier adv.: = hier, versch. da als Konjunktion ꝛc. vor dem davon getrennten Adv.
hier I 123. — **dahin** adv.: auch (vgl. daher)
als Vorsilbe: dahineilen ꝛc.; aber getrennt
als Ortsadv.: dahin eilen, wo ꝛc. I 65. —
dahingegen conj.: wie das veraltende dahergegen = dagegen; hingegen, versch. da als
Bindewort getrennt v. dem nachfolgenden
Bindew. hingegen (veralt.: hergegen) I 123;
129. — **dahinten** adv.: mit pleonastischem
da = hinten; zurück, z. B.: dahinten bleiben
(lassen, sein, stehen ꝛc.), versch. mit Hin-
deutung auf einen bestimmten Ort: da
hinten I 123. — **dahinter** adv. I 122. —
dahinwärts adv. I 142. — **dahlen** v. Kat.
53^{19}. — **Dahlia, Dahlie** f. — **Daimio**
(japan.) m. — **Daina** (litt.) f.; pl.: Daines. —
Dakapo (it.) n.: f. da capo II 77. — **Dak-
tyliothek** (gr.) f.; daktylisch a.; Daktylus
m. (Mz.: Daktylen) ꝛc. — **Dalaï-Lama** m.
— **Dalekarlien** II 118. — **Dalmatila** (lat.) f.
— **dal se(-)gno** (it., spr. ßenjo): II 105. —
damalig adj.: damals adv. — **Damascener**
m. u. unveränderl. adj.: (II 163); damascieren v; Damaskus; Damast m. (◡—),
aber: Dammast (—◡) II 2; Kat. 40^9, dazu:
damasten a. (◡—◡), aber dammasten (—◡◡).
— **Dambock** m.: Damhirsch m.; Damwild-
(brett) n. ꝛc., cervus dama, gewöhnlich mit
geschärftem a (Kat. 39^{35}), f. das Folg.,
vgl. Walfisch ꝛc. — **Dambrett** n.: Dam-
spiel n.; Damstein m. ꝛc., üblicher als Da-
menbrett ꝛc., vgl. frz. jeu de dames, f. das
Vorige. — **dämeln** v.; dämisch a.: dämlich
a. ꝛc. — **damit** adv. u. conj. — **Dammast**
ꝛc.: f. Damast. — **dämmen** v.: Kat. 29^{32};
auch: dämmen u. schlemmen ꝛc. — **Däm-
mer** m.: dämmern v. Kat. 27^9. — **Damo-
kles** (gr.): auch zur Verhütung falscher Betonung mit dem Accent: Dämokles II 4. —
Dämon (gr.) m.: dämonisch a. ꝛc. — **Dam-
spiel, Damstein:** f. Dambrett. — **Dam-
wild(brett):** f. Dambock. — **danach** adv.:
f. dar: seltner: darnach I 122. — **Danaïden**
(gr.) pl. II 108; 111; Danaüs II 114. —
Dandy (engl., spr. bändi) m., Mz.: Dan-
dies. — **Däne** m.: Dänin f.; dänisch a.:
Dänemark n. (auch richtiger mit gedehntem
als mit geschärftem ä in der ersten Silbe);
Danebrog m.; Danebrog Orden I 17 ꝛc. —
daneben; danieder adv.: f. dar: mit pleonastischem da = nieder (f. b.), auch als

Vorsilbe, z. B. in: daniederbeugen; danieder-
liegen; daniedersinken 2c. I 62; 123; dagegen getrennt das Ortsadv. da vor dem
Adv. od. der Vorsilbe nieder, z. B.: Der
Ball fiel grade da nieder — ob.: Weil der
Ball grade da niederfiel, — wo ich stand 2c.
— **Daniel:** II 118. — **Dank** m.: auch präpositionsartig mit großem Anfangsbuchstaben: Dank deinen Bemühungen. Kat.
111^{14}; II 34 2c.; Einem (großen 2c.) Dank
wissen, Dank sagen 2c. (veraltet bei Luther
als untrennbare Zsstzg.: du dankfagest)
I 56 ff. — **dann** adv. — **dannen** adv.:
von bannen, vgl. auch hindan. — **Dante:**
Dante Ali(=)ghieri (vgl. auch: Tantes). —
Daph(=)ne (gr.) f. — **dar:** als Vorsilbe in
zigstzm. deren Ableitungen, wie:
darbieten v., Darbietung f.: darbringen v.
2c.; darlegen v., Darlegung f.; Darlehen n.,
Darleihe f., darleihen v.; darreichen, darstellen u. s. w. u. in adverbiellen Ver-
schmelzungen mit vokalisch anlautenden Präpositionen: daran; darauf; daraus; darein
u. darin; darob; darüber; darum; darunter
u. (selten): darohne, — mit der Silbenbrechung: dar-an 2c. (II 227), vgl. hier- u.
wor(=)an 2c.; auch daneben mit Wegfall des
a in der Vorsilbe: dran; drauf, draus u. f. w.,
wie in der Regel bei den entsprechenden
Ortsadverbien: draußen; drinnen; droben;
drüben, drunten 2c. Vor konsonantisch anlautenden Präpos. u. Adv. steht gewöhnlich
nicht dar, sondern da, z. B.: dabei: dadurch; dafür; dagegen; daher; dahier; dahin; dahinten; dahinter 2c. u. so auch heute:
danach, daneben, danieder, dazwischen üblicher als: darnach 2c. II 21 ff, entsprechend:
hie(r)-, wobei 2c. Gewöhnlich ist bei diesen
mit da u. dar beginnenden Zsstzgn. die
zweite Hälfte betont; soll die Betonung der
ersten Hälfte hervorgehoben werden, so geschieht Dies beim Schreiben durch Unterstreichen, im Druck durch Sperren, also
z. B.: daran; dabei 2c. (jambisch) und:
daran, dabei (trochäisch, II 2), entsprechend:
woran u. woran; f. auch daher; dahin;
davon. — **Darre** f.: darren v., Darrofen
m. 2c., Darr=Rost I 17 2c.: Darrling m. —
darreichen v. 2c.; darstellen v., Darsteller
m. 2c.; **darthun** v. 2c.; darüber, darum,
darunter adv.: f. dar. — **das:** als Artikel,
Relativpronomen u. adjektivisches Demon-
strativ- u. Determinativpronomen; dagegen
(f. der) Das (mit großem Anfangsbuchst.)
als Demonstrativ- u. Determinativpronomen
ohne Bezug auf ein genanntes Substantiv,
(II 56 ff) u. daß als Bindewort (Kat. 96^{15};
auch: das Mal (wie: dies Mal, jenes Mal 2c.)
füglicher in 2 Wörtern als zusammenge-
schrieben: dasmal (I 94). — **da sein** v.:
das Dasein, f. da I 61. — **daselbst** adv.

I 45. — **dasjenige:** substantivisch: Dasjenige (vgl. das u. derjenige). — **daß** conj.:
f. das. — **dasselbe:** als adjekt. Pron.; als
substantivisches (mit großem Anfangsbuchst.):
Dasselbe II 17; 56, — nicht mit ff statt sf
I 8 ff. — **Data** (lat.) pl. — **datieren** (frz.) v.
— **Dativ** (lat.) m. — **dato** (lat.) adv.:
bis dato; aber abhängig v. lat. Präpos.
mit lat. Lettern II 105: a dato; de dato.
— **Dattel** f. — **Datum** (lat.) n.: f. II 28. —
Daube f.: am Faß, versch.: Taube. —
däucht, däuchte: neben dünkt 2c. Kat. 32^{32};
84^{22}; II 91. — **dauerhaft** a.; Dauer-Haft f.
II 136. — **Dauphin** (frz., spr. dofäng) m.;
Dauphine (spr. -fin) f.; die Dauphiné (spr.
-finé). — **Daus** n., m., verkl.: Däuschen
II 122. — **David** (hebr., spr. dawid, auch:
däfid) m. — **davon** adv.: f. dar; auch als
Vorsilbe in zigstzm. Zeitw. (=fort I 62; 65),
f. auch auf 3c. — **davor** adv.: f. dar. —
Davy (engl., spr. dewi): die Davy'sche
Sicherheitslampe. I 30. — **dawider** adv.:
vgl. dar. — **dazu** adv.: f. dar. — **dazu-
mal** adv. I 91. — **dazwischen** adv.: f. dar.

Debatte (frz.) f.: II 212, aber z. B.:
das Journal des Débats 2c. (II 105); be-
battieren v. — **Débauche** (frz., spr. debohsch')
f.: II 89; 104; débauchieren v. 2c. — **De-
bet** (lat.) n. — **Debit** (frz., spr. debit) m.:
debitieren v. 2c.; **Debitor** (lat.) m. — **Dé-
but** (frz., spr. debü) n.: II 5; 104; 204;
Debütant m. (II 65; 104), Debütantin f.;
debütieren v. — **Deca** 2c.: f. Deka 2c. —
Decem (lat.) m.: II 81; December m.;
Decemvir m. — **decent** (lat.) a.: Decenz 2c.
— **decen(=)tralisieren** (frz.) v.: II 104; De-
centralisation f. — **Decernent** (lat.) m.:
decernieren v. — **Décharge** (frz., spr. be-
scharsche) f.: II 5; 89; béchargieren v. —
Decher m.: versch.: Dächer. — **Déchif(=)freur**
(frz., spr. deschifffrör) m.: déchiffrieren v. —
Deci (lat., vgl. Centi): in Deciar, Deci-
gramm, Deciliter, Decimeter, Decister m.,
n. —, vgl. in frz. Aussprache: Déciare,
Décigramme, Décilitre, Décimètre, Déci-
stère (spr. behßi är, -grämm, -lit'r, -mät'r,
-stär) II 5; 82; 104. — **decimal** (lat.) a.:
Decimalbruch m.; Decimalsystem n. 2c. —
Decime (lat., spr. bezime) f., versch.: Dé-
cime (frz., spr. beßihm) f. II 82. — **Decimeter:** f. Deci. — **decimieren** (lat.) v. —
Decister: f. Deci. — **decrescendo** (it.,
spr. behfreschéndo) adv.: vgl. crescendo. —
dedicieren (lat.) v.: II 81; Dedikation f. —
dedit (lat.): er hat gegeben, bezahlt, —
auch substantivisch: das dedit ob. Debit,
versch.: das dédit ob. Débit (frz., spr. debi
II 5; 104) = Abstandsgeld, Reukauf, z. B.
Heine Sämmtl. Werke 11, 387. — **debütieren** (lat.) v.: II 81; Debutition f. II 95;
137. — **defekt** (lat.) a.; Defekt m.;

befektiv a. ꝛc. II 95. — befendieren (lat.)
v.: Defenfion f.; befenfiv a. ꝛc. — Defizit
(lat.) n. — Defilé (frz., fpr. behfilé) n.:
wo das lehte é wegen der undeutfchen Be=
tonung nöthig ift u. damit dann auch das
erfte (II 5), dagegen: befilieren. — De=
fraudant (lat.) m.: befraudieren v. — dé=
gagieren (frz., fpr. begafhiren) v. II 5;
104; 131 ꝛc. — Degeneration (lat.) f.:
begenerieren v. — Dégoût (frz., fpr. begû)
m.: begoûtieren v. II 5; 204. — degra=
dieren v. ꝛc. — dehnen v.: dehnfam a.;
Dehnung f.; das Dehnungs=h I 13. —
Dehors (frz., fpr. dehörß) pl. — Dei (ar.)
m.: vgl. Bei I. — Deich m.: verfch. Teich
(f. d.): des Deichs II 69; Deichfache II 91.
— Deichfel (fpr. beixel) m. II 69; 90. —
Deiftilation (lat.) f.: I 13; II 109. — dein
pron.: in Briefen: Dein (II 41); mein= u.
deine Pein (I 20); fubftantivifch: das Mein
u. Dein II 15. Verbunden: deinerlei (I 89);
deinerfeits (I 98); deinestheils (I 101);
deinethalb od. deinethalben (I 84) [in der
Silbenbrechung: deinet=halb I. II 227],
deinetwegen (I 104); deinetwillen (I 110);
aber getrennt z. B.: deines Gleichen (I 82)
u. — auch adverbiell —: deiner Zeit
(I 113) ꝛc.; Dazu: deinig adj.; fubftant.:
die Deinigen; das Deinige ꝛc.; entfprechend
von mein, fein, ihr, unfer, euer. — Deis=
mus (nlat.) m.: I 13; II 109; Deift m.:
deiftifch a. ꝛc. — Déjeuner (frz., fpr. deh=
fhöné) n.: II 5; 104; béjeunieren v. —
Delade (gr.) f. — Deladens (lat.) f.: auch
(frz.) Déladence od.: — mit lat. Lettern
décadence (fpr. =ângß) II 5; 79; 104. —
Delabil (gr.) f.: delabifch a.; Delaeder m.,
n. (vierfilbig, f. I 3), delaedrifch a.; De=
lagon n. ꝛc.; Deka(=)gramm n. (II 77),
eben fo: Dekaliter, Dekameter, Defar, De=
after, vgl. Deci. — defalfieren (frz.) v.:
II 78: Defalfomanie f. (frz. décalquer,
décalcomanie): Defalog m.; Defameron
n.; Defameter m., n. — Défampement
(frz., fpr. defangb'mâng) n.: béfampieren
(fpr. defangb=) v. od. befampieren (in
deutfcher Ausfpr.) II 5; 77; 104. — Defan
(lat.) m.: Defanat n.; Defanei f. — de=
fantieren (lat.) v.: Defantiergefäße n. ꝛc. —
Defar m., n.; Defafter m., n.: f. Defa=
gramm; mit lat. Lettern, in ganz frz. Form:
décare; décastère. — defatieren (frz.) v. —
De(=)llamation (lat.) f.: Deflamator r.; de=
flamatorifch a.; beflamieren v. — De(=)fla=
ration (lat.) f.: deflarieren v. — De(=)fli=
nation (lat.) f.: deflinieren v. — Defloft
(lat.) n. II 95; Defoftion f. — defonte=
nancieren (frz., fpr. defongtenangßiren) v.
II 5; 104. — Décorateur (frz., fpr. =ör) m.
II 5; 104; 130: Dekoration f.; beforieren v. —

Defort m.: befortieren v. — Deforum (lat.)
n.: mit lat. Lettern: das decorum. — Dé=
fouragement (frz., fpr. befurafhemâng) m.:
II 5; 104; 132; béfouragieren. — bé=
fou(=)vrieren (frz., fpr. defuwr=) v. II 5;
104; 205. — de(=)frepit (lat.) a. — De=
frescens (lat.) f.: II 163; befrescieren v. ꝛc.,
vgl. — gewöhnlich mit lat. Lettern — de=
crescendo. — De(=)fret (lat.) n.: Defre=
talen pl.; defretieren v. — Dé(=)frotteur
(frz., fpr. =ör) m.: II 5; 104; 130; be=
frottieren v.; Défrottoir (frz. =oâr) n. ꝛc. —
Defurie (lat.) f.: II 120; Defurio m. ꝛc. —
del credere (it.) n.: auch: Delfredere
II 77; 106. — delegieren (lat.) v. ꝛc.,
defeftieren (lat.) v. — Deliberation (lat.)
f.: beliberieren v. ꝛc. — deliciös (frz.) a.:
II 5; 139. — Delier m.: Zemand aus
Delos. II 118. — belieren (lat.) v. —
delifat (lat.) a.: II 5: Delifateffe ꝛc. —
Delift (lat.) n.: Delinquent m. ꝛc. — de=
linëieren (lat.) v.: f. ei. — Delirium (lat.)
n.: Mz.: Deliriën II 120; delirium tremens
II 105. — déli(=)vrieren (frz., fpr. deliwr=)
v. II 5. — Del(=)fredere n.: f. del credere. —
Délogement (frz., fpr. delohfhemâng) n.:
II 5: bélogieren v. ꝛc. — déloyal (frz.,
fpr. deloajâl) a.: II 5: Déloyauté (fpr.
=oté) n. (frz.): Delphier m.
II 119; Delphin m. (n.) II 2; delphifch a. —
Delta (gr.) n.: delteïdifch I 13; II 109. —
dem: vgl. das; der, auch all — u. die ad=
verb. Verfchmelzungen: demgemäß; demnach;
demnächft; demobingeachtet; demungeachtet;
demzufolge (I 78 ff), wie auch: demfelben
(I 41). — Demant m.: auch trochäifch:
Démant II 1. — Démantèlement (frz., fpr.
bemangtähl'mâng). m. II 5; 104: bémante=
lieren v. — Demarch (gr.): Mz.: die De=
marchen. — Démarche (frz., fpr. bemârfch)
f.: Mz.: die Démarchen II 5; 89; 104. —
Demarkation (frz.) f.: demarfieren II 77; 78.
— demaskieren (frz.) v.: II 78; 161. —
Démêlé (frz., fpr. bemälé) n. II 5. —
Démenti (frz., fpr. bemangti) n. II 5; 104:
bémentieren v. — Demerit (lat.) m.: De=
meritenanftalt ꝛc. — Démeublement (frz.,
fpr. bemöbblemâng) n.: II5; bémeublieren v.
— demgemäß adv.: f. bem. — Demi=Monde
(frz., fpr. =môngd) f. (m.). — demnach:
demnächft; dem(=)ohngeachtet adv.: f. bem.
— Demoifelle (frz., fpr. bemoaiéll) f. —
Demo(=)frat (gr.) m.: Demofratie II 120 ꝛc.
— Demo(=)frit (gr.): demolieren (lat.) v. ꝛc. —
Demon(=)ftration (lat.) f.: demonftrativ a.;
Demonftrativpronomen ꝛc.; bemonftrieren
v. ꝛc. — démontieren (frz., fpr. bemongt=)
II 5; 104. — Demo(=)fthenes (gr.) m.:
demofthenifch a. II 156. — demfelben:
dem(=)ungeachtet: f. bem. — Demuth f.:
Rat. 59¹³; bemüthig a.; demüthigen v. ꝛc. —

demzufolge adv.: f. dem. — deu: f. der. —
Denar (lat.) m. — denaturieren (nlat.) v. —
denen: Dat. pl. v. der (f. d.) als allein-
stehendem Pronomen. — dengeln v.: Dengel-
hammer m. ꝛc. — denken v.: Denkkraft f.,
Denkkunst II 95; Denkmal n. Kat. 53²⁴.
denn conj.: z. B. denn noch. — dennoch conj.: in der Schreibschrift nur

Dennoch, nicht *Dennoif* I 8; 18; jub-
stantiviert: die Dennoch's I 30; II 35. —
denselben: f. derselbe. — Dénouement (frz.,
fpr. denn'mäng) n.: II 5; 104; 205. —
Dentelle (frz., fpr. dangtäl) f.: Dentelure
(fpr. dangtelür) f. II 204. — Denunciant
(lat.) m.: Denunciat m.; Denunciation f.;
denuncieren v. ꝛc. — Département (frz.,
fpr. departemäng) n. II 5; 104. — De-
pendenz (lat.) f.: Mz.: Dependenzen, De-
pendenzien (II 120), vgl. (frz.): Dépen-
dance (fpr. depangdängß) f. II 5; 104. —
Depesche (frz.) f.: II 89: depeschieren v. —
de(=)phleg(=)mieren (nlat.) v. — Dé(=)place-
ment (frz., fpr. deplaßemäng) n.: dépla-
cieren v. II 105. — dé(=)ployieren (frz.,
fpr. deploaj) v.: Déployierschritt m. ꝛc. —
deponieren (lat.) v. — Deport (frz.) m.,
in deutscher Ausfpr., dagegen in frz. (fpr.
depör): Déport II 5; 104 —; Deportation f.;
deportieren v. — Depositär (frz.) m.: II 7;
Depositen (lat.) pl., Depositengelder ꝛc.;
Deposition f.; Depositor m.; Depositorium
n., Mz.: Depositorien II 120; Depositum
n., Depositogelder ꝛc. depossedieren (frz.)
v. — Dépôt (frz., fpr. depö) n.: II 5; 104.
— de(=)precieren (lat.) v. — Deputat (lat.) n.:
Deputation f.; deputieren v. ꝛc. — der
art. def.; pron. rel., demonstr. u. determ.: Wo der u. die dazu gehörigen Formen als Demonstrativ- od. Determinativ-
pronomina nicht ein Substantiv begleiten
od. sich auf ein solches beziehen, haben fie
den großen Anfangsbuchstaben II 54 ff.
Zur Hervorhebung der betonten mit dem
Artikel gleich geschriebenen Formen des De-
terminativ- oder Demonstrativpronomens
dient in der Schrift das Unterstreichen, im
Druck das Sperren Kat. 35³¹; 107³⁴. — dé-
raisonnieren (frz., fpr. deräj-) v. ꝛc. II 5;
104. — Dérangement (frz., fpr. derangßhe-
mäng n. II 5 ꝛc.: derangieren v. — derart: derart adv.; derartig adj., substantivisch:
Derartiges I 76; II 24. — dereinst, dereinst-
mals ꝛc. adv. I 90; 128. — derengleichen:
als ein Wort, vgl. dergleichen I 82. —
derent(=)halb, derenthalben: als ein Wort,
u. so auch: derentwegen, derentwillen, minder gut: derethalb ꝛc.; dagegen ohne das
eingeschobene t getrennt: deren (od. Derer)
halb(er), wegen; um deren ꝛc. willen,

f. I 111 ff. — dergestalt a. I 81: f. Gestalt. — dergleichen: I 82, als indeklinables
Adj. u. Relativpronomen; aber alleinstehend
substantivisch mit großem Anfangsbuchst.
II 24, vgl. der. — derjenige: als ein Wort
in allen Abwandlungsformen; als abjektivisches Determinativpronomen klein —, als
substantivisches groß geschrieben, vgl. der. —
derlei: substantivisch: Derlei, vgl. dergleichen I 89. — dermaleinst adv., mit der Abwf.:
dermaleins I 80; 128. — dermalen adv. 190.—
dermaßen adv. I 94. — Dero: als Anredewort
II 14; 49; veraltend als Adv.: derohalben, dero-
wegen ꝛc., vgl. derwegen. — Déroute (frz.,
fpr. derüt) f. II 5; 104; 205. — derselbe
pron.: als ein Wort, auch z. B.: amselben
ꝛc. I 44; als abjektivisches Pronomen ꝛc.
als Erjatz eines genannten Substantivs klein
geschrieben, aber groß ohne Beziehung auf
ein solches II 56 ff. — derwegen adv.
I 104. — derweil adv., conj.: auch der-
weile, derweilen I 105. — Derwisch (perf.)
m. — derzeit adv.: I 113, vgl.: derzeitig
adj. — I des: Gen. v. der u. das vor
einem zugehörigen Hauptw., vgl. des. —
II Des n.: (Muf.); Des(=)es, vgl. Ces. —
III des, dés ꝛc.: als Vorsilbe in Fremdw.
f. II 149; 150; 157; 165, vgl. II 5; 105
u. Beispiele im Folgenden. — désappoin-
tieren (frz., fpr. desapoengt-) v. — désar-
mieren (frz.) v. — Désavantage (frz., fpr.
desawantähe) f.: désavantagös a., vgl.
avantagös. — Désaveu (frz., fpr. desawö)
n., m.: désavouieren (fpr. -awu-) v. —
Des(=)cartes (frz., fpr. däkärt) II 123; 127.
— De(=)scendent (lat.) m.: II 163; De-
scendenz f.; descendieren v.; Descension f.:
Deicente (frz., fpr. deßängt') f. — Désem-
ballage (frz., fpr. desangballäsh) f.; désem-
ballieren v. — désennuyieren (frz., fpr.
desangnüij-) v. — Déserteur (frz., fpr. -ör)
m.: desertieren v.; Desertion f. II 5; 104;
130. — Des(=)es: f. II Des. — Désespé-
rance (frz., fpr. -angß) f.: desesperieren v.:
Désespoir (fpr. -oär) m., n. II 5; 104. —
desfalls adv.: zusammengeschobene Genit.
v. der (= dieser) Fall I 80, vgl. des; des-
fallsig a. — deshalb: f. deshalb. — Dés-
habillé (frz., fpr. desabilje) n. II 165; dés-
habillieren v. — Desiderat (lat.) n. ꝛc. —
desig(=)nieren (lat.) v. — Désinfektion (frz.) f.:
desinficieren v. — Désinteressement (frz.,
fpr. desängteressemäng) n.; désinteressieren v.
(fpr. desengt- ꝛc.), — in deutscher Ausfpr.:
desinteressieren II 5; 104. — de(=)ssribieren
(lat.) v. II 159; Deskription f.; deskriptiv
a. ꝛc. — Desmo(=)graphie (gr.) f. ꝛc. —
desolat (lat.) a. ꝛc. — Désordre (frz., fpr.
desörder) f., m. II 5. — desorganisieren
(frz.) v. ꝛc. — De(=)spelt (lat.) m.: II 145:
despeltieren v.; despektierlich a. — de(=)sperat

(lat.) a.: Desperation f. ꝛc. — De(=)spot (gr.) m.: Despotie f.; despotisch a.; Despotismus m. ꝛc. — deß: Genit. des alleinstehenden der (s. d., vgl. des), Abkf. zu dessen, mit kleinem Anfangsbuchst. als Relativpronomen, mit großem als substantivisches Demonstrativpronomen, z. B.: Der Wille Deß (ob. Dessen), der mich gesandt hat u. deß (ob. dessen) Willen ich erfüllen muß (II 56); s. auch die Zusammenschiebungen: desgleichen ob. dessengleichen; deshalb, deswegen, deswillen ob. dessenthalb(en) ꝛc., aber getrennt: dessen halb(er) ꝛc.; desungeachtet (veraltend: desohngeachtet, desohnerachtet) ob. dessenungeachtet ꝛc. (s. dagegen desfalls, worin die erste Hälfte das Adjekt. Demonstrativpronomen ist), — ferner: ehedes; indes; unterdes ꝛc. neben: ebendessen; indessen, unterdessen; stattdessen, trotzdessen; währenddessen ꝛc. als Adv. u. Bindewörter, s. I 78 ff; Kat. 36^12 ff. — Dessalines (spr. däßalin): in der Silbenbrechung: Des=s ꝛc. II 129. — Dessau: in der Silbenbrechung: Des=s ꝛc. II 129, vgl. 151. — Dessein (frz., spr. desséng) m.: Absicht, Plan: à dessein ꝛc. (versch.: Dessin). — dessen: s. des; dazu: dessenthalb, =wegen, =willen, vgl. derenthalb ꝛc. — Dessert (frz., spr. deßär) n.: Dessertteller ꝛc. — desgleichen; deshalb: s. des. — Dessin (frz., spr. desséng) m., n.: Zeichnung (versch.: Dessein): Dessinateur (spr. deßinatör) m.; dessinieren v. ꝛc. — deß(=)ohnerachtet, deßungeachtet, deßwegen, deßwillen: s. des. — De(=)stillation (lat.) f.: destillieren v. ꝛc. II 154, aber mit frz. Endung richtiger: Distillateur (spr. =tör II 130), als mit e in der 1. Silbe. — Destination (lat.) f. ꝛc. — desto adv. — Des(=)touches (spr. dätusch) II 153. — de(=)sturntiv (lat.) a. ꝛc. — desultorisch (lat.) a. — Désunion (frz., spr. desünjéng) f.: in deutscher Ausspr.: Desunion, f. II 5; 104; 205. — Détachement (frz., spr. detaschemäng) n.: détachieren v. ꝛc. II 5; 88 ff. — Détail (frz., spr. detalj) n., m.: en détail ꝛc.; Détailleur v.; détaillieren v.; Détaillist m. ꝛc. II 5; 104 ꝛc. — determinativ (lat.) a. — Determinativpronomen ꝛc.; determinieren v. ꝛc. — detestabel (frz.) a. II 5. — de(=)thronisieren (frz.) v. — detonieren (lat.) v. ꝛc. — Détour (frz., spr. detür) m. ꝛc. — detto (it.) a.: häufiger (frz.) dito (abgekürzt: d°). — deucht ꝛc.: s. däucht. — Deus (lat., spr. dé=us): Deus ex machina ꝛc. — Deut m. — Deute f.: besser Tüte (s. d.) Kat. 68^29. — deutsch ꝛc.: Deutsch n.; ein Deutscher (aber: ein deutscher Mann) ꝛc.; Deutschland ꝛc. — devalvieren (nlat., spr. dewalw=) v. ꝛc. — devastieren (lat.) v. ꝛc. — Développement (frz., spr. beweloppemäng) n.: développieren v.

II 5. — Devise (frz., spr. dewise) f. — devot (lat., spr. dewot) a.: Devotion f. ꝛc. — Texterität (lat.) f.: Tex(=)trin n. — Dey m.: s. Dei. — Dezem, Dezi ꝛc.; s. Dec ꝛc. — Diadem (gr.) n. — Diagnose (gr.) f.: mit der Silbenbrechung: Dia-gnose, so auch: biagnostizieren v.; Diagnostik f.; diagnostisch a. ꝛc. II 184. — Diakon (gr.) m.: Diakonissin f. ꝛc. — Dialekt (gr.) m.: Dialektik f. ꝛc. — Dialog (gr.) m. ꝛc. — Diamant (gr.) m.: vgl. Demant. — Diameter (gr.) m.: diame(=)tral a. — Diarium (lat.) n.: Mz.: Diarien II 119. — Diarrhöe (gr., spr. =rö) f.: in der Silbenbrechung: Diar-rhöe II 233. — Diaschisma (gr.) n.: auch (mit versch. Ausspr.): Diaschisma II 123. — Diaspora (gr.) f. II 159. — Diät (gr.) f.: Diätetik f.; diätetisch a. ꝛc., vgl. Diät. — Din(=)tribe (gr.) f. — dich: in Briefen Dich, s. du; II 14; 41 ff. — Dichroit (gr.) m. II 109. — dichten v.: Dichter m.; Dichtung f.; Gedicht n. ꝛc.; aber noch: tichten = streben, besonders in der alliterierenden Zusammenstellung: tichten u. trachten. Kat.68^16. — dick a.: s. breit; Dickicht n. Kat. 87^15. — Dictionnaire: s. Diktionär. — didaktisch (gr.) a.: Didaskalie f. II 118. — die: s. der u. Kat. 51^22. — Dieb s.: Diebstahl m. u. Diegstahl m. II 117. — Diego (span.). — dienen v.: Dienst m., Dienstbote m., Diensttag m., versch.: Dinstag (s. d.) — dies pron. demonstr.: dieses n., vgl. dieser m., diese f. (Kat. 97^7) u. entsprechend jener; substantivisch mit großen Anfangsbuchst., vgl. das; der, s. II 16 ff; 54 ff. Getrennt zu schreiben: Diesem gemäß ob. nach I 78; zur Orten 96; dieser selbe ob. selbige 44; dieses (ob. dies) Mal 93, auch: dies selbe Mal ebb. ꝛc.; dagegen verschmolzen: diesergestalt adv. 81; dieserlei 89 (als indeklinables Adj.); dieserseits adv. 98; dieserwärts adv. 142; ferner als Adv.: dieserhalb, dieserwegen, im Sinn v. deshalb ꝛc., — versch.: Dieser (d. h. der genannten ob. bezeichneten Personen) halber (wegen, willen) 111; ferner auch als Adv.: diesfalls 80 ob. als Adv. ob. Präpos.: diesseit, diesseits 9; 98, auch substantiviert: das Diesseits II 35; vgl.: diesseitig adj., wie diesjährig ꝛc. — Diespiter (lat.) m. II 158. — Diet (lat.) f., zu unterscheiden v. Diät (s. d.) — namentlich in der Mz.: Dieten = Tagegelder; dazu: Dietar, Dietarius m., Mz.: Dietarien II 115 ff. — Dieterich m.: Name, Gen.: Dieterich's (auch =Hakenschlüssel, Gen.: des Dieterichs, s. ich), vgl. Theodorich, ferner: Diet(h)er (vgl. Gun(=)ther), Dietlieb ꝛc. Kat. 85^6. — Dieteris (gr.) f.: dieterisch a. II 117. — dieweil adv., conj.: s. derweil I 105. — Differenz (lat.) f. ꝛc. II 233. — difficil (lat.) a. ꝛc.

diſteln v. ꝛc.: ſ. tüſteln. — Dig(=)nität
(lat.) f. ꝛc.: aber (frz.) Di-guitaire (ſpr.
binjitär) m. II 185. — Difaſterium (gr.)
n.: Mz.: Difaſterien II 119. — Dif(=)tat (lat.)
n.: II 188: Diftator m.; biftieren v.; Dif=
tion f.; Diftionär n., vgl. (frz.) m.: der
Dictionnaire de l'Académie ꝛc. II 105. —
Diligence (frz., ſpr. =ſhángß') f. — Dill m.:
Pflanze (üblicher als Till). — Dille f.:
ſ. Tülle. — Diner (frz., ſpr. binē) n.: bi=
nieren II 5. — Dinfel m.: Getreideart,
verſch.: Dünfel. — Dinstag m.: Kat. 49[17];
I 8; II 155: (des) Dinstags, als adv. Be=
ſtimmung II 21. — Dinte f.: richtiger=
Tinte II 76. — Diöcefan (gr.) m.: Diö=
cefe f. — Dionys (gr.). — Diosfuren (gr.)
pl.: II 161. — Diph(=)theritis (gr.) f.:
Diph(=)thong (gr.) m. ꝛc. — Di(=)plom (gr.)
n.: Di(=)plomat m. ꝛc. — Dip(=)tam (nlat.)
m. II 195. — Dip(=)teren (gr.) pl. — dir:
in Briefen: Dir (ſ. bu). — direft (lat.) a.:
Diret(=)tion f.; Direftor m. ꝛc. II 95; Diref=
torien II 120. — Dirne f. — Dis n. (Muſ.):
Dis(=)is, vgl. Cis ꝛc. — dis(=)accordieren
(it.) v. ꝛc. II 148. — dis(=)cedieren (lat.):
II 163: Disces ꝛc. — Difcipel (lat.) m.:
Disci(=)plin f.ꝛc. — discours: ſ.Diskurs.—
difert (lat.) a. II 148. — Dis(=)gráce (frz.,
ſpr. =gráß) f. — Dis(=)harmonie (nlat.) f.
II 165. — Dish(=)ley (engl., ſpr. biſchli):
Dishleyſchaf II 166. — Dis(=)integration
(nlat.) f. II 148. — Dis(=)is: ſ. Dis.
disjunftiv (lat.) a. — Diſtant (nlat.) m.
II 161. — dis(=)toidiſch (gr.) a. — Dis=
font (it.) m., n.: biskontieren v.; Disfonto
m., n. ꝛc. — Dis(=)fordanz (lat.) f., vgl.:
Discordance (frz.,ſpr. =ángß,vgl. Alliance) f.
— Dis(=)fredit (frz.) m.: diskreditieren v.—
Dis(=)frepanz (lat.) f. — dis(=)fret (lat.)
a.: Diskretion. — dis(=)furrieren (lat.):
Diskurs m. (vgl. in frz. Form, z. B. der
discours préliminaire II 105; 207); dis=
furſiv a. — Dis(=)fuß (gr.) m. — dis=
fuſſion (lat.) f.: biskutieren v. ꝛc. — dis=
locieren (lat.) v. ꝛc. — Dis(=)pache (frz.,
ſpr. =aſch) f. II157: Dispacheur (ſpr. =ſchör)
m. — dis(=)parat (lat.) a. ꝛc. — Dis=
pens (lat.) m.: Dispenſation f.; bispenſieren.
di(=)spergieren (lat.) v.: II 157; Disper=
ſion f. — di(=)spermatiſch (gr.) a. ebb. —
dis(=)pertieren (lat.) v. ebb. — dis(=)plan=
tieren (lat.) v. — Dis(=)pliceus (lat.) f. —
Di(=)spondeus (gr.) m. II 158. — Dis=
ponent (lat.) m.: disponibel a.; bisponieren
v.; Disposition f. ꝛc. — Dis(=)proportion
(nlat.) f. ꝛc. — Dis(=)put (lat.) m.: beſſer
als Dispüt (nach frz. dispute f. II 203):
disputabel a.; Disputation f.; bisputieren v.
— dis(=)quirieren (lat.) v.: Disquiſition f.
ꝛc. — Dis(=)refommandation (nlat.) f. ꝛc. —
diſfecieren (lat., in der Silbenbrechnung

dis=ſ ꝛc.) v. II 150 ff: Diſſeftion. — Diſſens
(lat.) m.: Diſſenſion f.; Diſſenter (engl.)
m.; biſſentieren v. — disſecieren (lat.) v.:
Diſſertation f. ꝛc. — Diſſident (lat.) m. ꝛc.
— Diſſonanz (lat.) f. ꝛc. — Diſſyllabum
(gr.) n.: auch: Diſylabum ꝛc. — Di(=)stance
(frz., ſpr. bistángß) f.: vgl. Diſtanz (lat.)
II 83; 154; 155. — Diſtel f. Kat. 47[26]. —
dis(=)tendieren (lat.) v.: II 153; 155: Dis=
tenſion f. — dis(=)terminieren (lat.) v. —
Di(=)stheu (gr.) m. II 154. — Di(=)stichon
(gr.) n. ꝛc. — Di(=)stillateur (frz., ſpr. =ör)
m. ꝛc.: ſ. Deſtillation. — di(=)stinguieren
(lat.) v. II 134; 154: Diſtinftion f. —
dis(=)tonieren (it.) v. — dis(=)torquieren
(lat.) v.: Diſtorſion f. — dis(=)trahieren
(lat.) v.: Diſtraftion f. — dis(=)tribuieren
(lat.) v.: Diſtribution f.; biſtributiv a. ꝛc.
— Di(=)strift (nlat.) m. — di(=)stropbiſch
(gr.) a. — dis(=)turbation (lat.) f.: dis=
turbieren v. — dis(=)nnieren (it.) v. II 148.
dis(=)veſtieren (nlat.) v. — diſyllabiſch (gr.)
a.: Diſyllabum n.: ſ. Diſſyllabum. — Di=
thyrambe (gr.) f. ꝛc. — dito a.: ſ. betto.
Di(=)strochäus (gr.) m. II 114; 198. —
Divan (perſ., ſpr. biwan) m. Kat. 66[10].
Divertiſſement (frz., ſpr. biwertiſſemáng)
n. ꝛc. — Dividend (lat., ſpr. biw=) m.:
Dividende f.; bividieren v.; Divis n.; Di=
viſion f.; Diviſionär m. II 7; Diviſorium
n. (ſ. Viſorium).

Döbel m.: böbeln v. — Doblon(e): ſ.
Doublon. — Docent (lat.) m.: ſ. bocieren.
Docht m.: üblicher als Dacht. — borieren
(lat.) v.: bocil a. ꝛc. — Dod (engl.) n. (m., f.):
die Docks, Hafenbocks ꝛc.; boden v. —
Docke f.: Puppe ꝛc.: böckeln, bocken v. —
Dodefaeder n., m. ꝛc.: ſ. Defaeder. —
Doge (it., ſpr. bobſhe, üblicher — frz=
böſhe) m. — Dogge f., m.: Hund. Kat.
63[19]. — Dogger (holl.) m.: Doggerbant f.;
Doggerboot n.; boggern v. — Dög(=)ling
m. II 175; 183. — Dog(=)ma (gr.) n.:
II 184: die Dogmen; bogmatiſch a. ꝛc. —
Dohle f.: Kat. 54[11]. — Dohne f.: Kat.
55[25]: Dohnenſtrich m. ꝛc. — Dofimaſie
(gr.) f.: befimaſtiſch a. — Doftor (lat.) m.:
boftern v.; Dof(=)trin II 188; boftrinär a.
II 7; Doftrinär m. ꝛc. — Dofument (lat.)
n. — Dolch m. — Dolde f. — Dollar
(engl.) m. — Dolman (türf.) m.: Huſaren=
jacke ꝛc. — Dolmen (celt.) m.: Steinbenf=
mal ꝛc. — Dolmetſch (ſlaw.) m.: dol=
metſchen v. ꝛc. — Dolomit (frz.) m. —
doloß (lat.) a. — Dom m. ꝛc. — Domaine
(frz., ſpr. =äne) f.: II 7: Domaninum (nlat.)
n., Mz.: Domanien II 118. — Domeſtif
(frz.) m. II 79. — Domicil (lat.) n.: Do=
micilium n., Mz.: Domicilien II 118; bo=
micilieren v. — Dommel f.: Rohrbommel ꝛc.
— Don (ſpan., ſpr. bonn) m.: ſ. Don Juan.

Don Quixote. — **Donau** f.: Donau=Main=Kanal; Donau=Ufer ꝛc. Kat. 116²² ff; I 17; 18; II 110 ꝛc. — **Donjon** (frz., spr. dong=schóng) m. II 137. — **Don Juan** (span., spr. donn dhúann; frz. dong schúäng — zumeist aber gespr. dong schúäng) m.: donjuanhaft a. ꝛc., f. Don Quixote. — **Donnerstag** m.: I 8. — **Don Quixote, Don Quijote** (span., spr. donischōte), **Don Quichotte** (frz., spr. dongkischótt): Donquixoterie od. Donquichotterie f. ꝛc., überwiegend in der frz. Ausspr., vgl. Don Juan. — **Doolin:** zwei=silbig; Doolin, dreisilbig II 121. — **dop=pelt** a.: veraltend doppel, das noch in den Fortbildungen u. Zsstzgn. gilt, während in den bloßen Zusammenschiebungen die Form mit dem t am Schluß gilt, Kat. 73²⁰: Doppeladler m.; Doppelbier n.; Doppel=flinte f.; doppelläufig a. ꝛc.; Doppel=Haft f. II 136, versch.: doppelhaft a. (bei Goethe), vgl.: Doppelheit f. ꝛc.; aber z. B. doppelt=kieselsauer a. ꝛc. — **d'or** (frz.): „von Gold", — als m. hinter Namen ꝛc. zur Bezeichnung v. Goldmünzen, z. B.: Louisd'or (spr. luisdōr), unverändert in d. Mz.; Napoléond'or ꝛc.; auch: Augustd'or; Maxd'or; Wilhelmd'or ꝛc. u. mit eingeschobenem s: Friedrichsd'or, wie (z. B. bei Wieland): Bahamsd'or ꝛc. — **Dorier** (gr.) m.: versch.: dorieren (frz.) v. II 120. — **Dormeuse** (frz., spr. =öse) f. — **Dornicht** n.: dornig a. Kat. 87¹⁵. — **Dorothea** (gr.) f.: abgekürzt: Dörthe ꝛc. (vgl. Theodora ꝛc.). — **dorren** v.: dörren v. — **dort** adv.: dorther, aber: von dort her I 132 ff; dortherwärts 142; dorthin(wärts); dortselbst 45 ꝛc.; das Dort (II 15), versch.: der Dort, als Name v. Unkraut unterm Getreide. — **dos à dos** (frz., spr. dosadō) adv.: vgl. vis-à-vis. — **Dotter** m. (n.): verkl.: Dotterlein, versch.: Dotter=Lein (=Leindotter, Pflanze) I 13 ff. — **Douane** (frz., spr. duáne) f.: Douanier (spr. =njé) m. II 205. — **Dou(=)ble** (frz., spr. dúb'l) m. ꝛc.; Dou(=)blé (spr. =ē) m., n. (im Billard); Doublette f.; doublieren v. (vgl. lat. duplieren); Doublon (spr. =óng) m., frz.: Doblon (spr. doblōn) m.; deutsch gewöhnlich als femin.: Doblone od. Dublone (nicht mit ou in der ersten Silbe zu schreiben II 205 ff); Doublure (spr. =ür) f. — **Douceur** (frz., spr. dußör) n. (f.). — **Douche:** f. Dusche ꝛc. — **doutés** (frz., spr. dutōs) a. II 140. — **Doxologie** (gr.) f. — **Dozent** ꝛc.: f. Docent. — **Trach(=)me** (gr.) f. — **Dragée** (frz., spr. draschē) f., n.: die Dragées, Dragéen (Goethe). — **Dragoman** (türk.) m.: die Dragomane, Dragomans. — **Dragonade** (frz.) f.: ohne das frz. Doppel=n, vgl. Kat. 40⁶ ff; Dragoner m. ꝛc. — **Draht** m.: besser als Drath. Kat. 58¹⁶; 59²⁹; per Draht II 106;

Draht=Haft m. II 136; drähtern a.; neun=drähtig a. ꝛc. — **Train** (engl., spr. drēn, nicht — frz., spr. =tréng, f. II 209) m.: Drainage (spr. dréhnídsch, besser als dränähse); drainen, drainieren v. — **Draisine** f.: nach dem deutschen Erfinder Drais (nicht zu sprechen frz. dräsin', f. II 209). — **dran** adv.: f. daran II 28. — **drang** v.: drang voll (in 2 Wörtern, wie: gedrängt voll), versch.: drangvoll a., Zsstzg. mit dem Subst. Drang. — **Drap** (frz., spr. drä) n. (m.): drap d'or II 105 ff: Draperie f.; drapieren v. ꝛc. — **dräsch:** f. dreschen. — **Drath:** f. Draht. — **dräuen** v.: Kat. 32³³; 50²⁷. — **drauf** adv.: f. darauf. — **draus** adv. = daraus (f. d.), versch.: drauß, als Verkürzung v. draußen II 124 ff. — **dräuschen** v. — **Drawingroom** (engl., spr. dräingruhm) n. (m.). — **brech(=)sseln** (spr. drex=) v.: Drechs(=)ler m. II 90; 175; 224. — **dreesch** a.: mundartl. =brach, auch: dreisch, driesch, drüsch ꝛc.; dazu: Dreesch ꝛc. m., n., dreeschen ꝛc. v. (versch.: dreschen); Dreeschling ꝛc. m. = Champignon. — **Dregg** m.: niederb. u. seemännisch (f. II 222 ff): Dregganker m.; Fischerbregg m. ꝛc.; breggen v. — **drein** adv. = darein (f. d.). — **drei(=)ßig:** Kat. 101¹³; 118⁴; II 151. — **dreschen** v.: du, er brischt Kat. 77¹⁹; II 71 (auch: du breschest; er breschet); Impf.: brasch (mit gedehntem a, Kat. 37²⁴), brosch u. dresche, Konj.: bräsche, brösche, drüsche u. dresch(e)te ꝛc.; dazu: Drescher m.; Dreschflegel m. ꝛc.; Dresch=Lein m. I 13; versch.: dreeschen, f. d. — **Dresden:** Dresdener, Dresd(=)ner II 175. — **driesch** ꝛc.: f. dreesch. — **Drift** m.: in der niederd. Form st. Trift (f. d.) seemännisch u. geologisch. — **Trilch** m.: Drillich Kat. 38⁴⁰; 83²⁶; 85⁹ ꝛc., auch: Drell; des Dril(li)chs II 69: trilchen a. = drillichen. — **drillen** v. — **Trillich:** f. Drilch. — **Drilling** m.: (zu drei u. zu brillen) ꝛc. — **drin** adv.: f. darin. — **dringend** a.: bringendlich Kat. 73³. — **drinnen** adv.: f. darin. — **brischt:** f. dreschen. — **dritt,** zu dritt II 27; zum britten; zum britten Mal (I 93); brittel (Kat. 36²⁴; 58²⁴) a. u.: Drittel, subst., brittens ꝛc. — **drob** adv.: f. darob. — **droben** adv. — **Drogue** (frz., spr. bröge) f.: Droguenhandel m. ꝛc.; Droguerie f.; Droguist m. II 135. — **drohen** v. Kat. 50²⁷; 52¹⁵. — **Drohne** f. Kat. 55²⁵. — **dröhnen** v. Kat. 55²⁶. — **drollig** a.: Drolligkeit f.; Drollerei, vgl. frz. drôlerie. — **Dromedar** (gr.) m., n. — **Drommete** (◡‒◡) f.: dichterisch st. Trompete: brommeten v. — **Droschke** (russ.) f. — **Drossel** f. — **Drost** m. (niederd. Titel =Amtmann, Vogt): Drostei. — **brüben** adv.: das Trüben II 15. — **brüber** adv.: f. darüber. — **Druck** m.: Druck=

Erzeugnis II 15; Druckkoſten II 96 ꝛc.; drucken v., du druckſt, verſch.: du, er druckſt (II 72) v. drucksen (95); drücken v.; Drucker m.; Drücker m. ꝛc. — Drude f.: Hexe: Druden-Ei n. I 13 ff. — Druide m.: celtiſcher Prieſter. — drum; drunten; drunter adv.: ſ. darum ꝛc. — Druſch m. ꝛc.: v. dreſchen (ſ. d.). — drüſch a. ꝛc.: ſ. dreeſch. — Dryade (gr.) f., auch: Dryas f. — Dryasduft (engl., ſpr. dreiäsdöſt) m.: „Staubtrocken" (als Perſon).

Dſchiggetaï (mongol.) m. — Dſchinn (ar.) m., f.: Dämon, Fee: Dſchinniſtan n. II 132; 167.

du: perſönl. Fürw., — nebſt den zugehörigen Formen (auch der Poſſeſſivpronomina), in Briefen — aber nicht in Geſprächen — mit dem großen Anfangsbuchſtaben II 42 ff; auch ſubſtantiviert: das Du II 15; 30. — Dual (lat.) m.: Dualin n. (Kat. 46³⁴); Dualismus m. ꝛc. — dubiös (lat.) a.: II 140. — Du(=)blone f.: ſ. Doublon. — duc (frz., ſpr. dük) m., z. B. duc d'Enghien, duc d'Albe ꝛc. (— aber füglicher: die Dückdalben; Dückdalbenſtich, vgl. II 203 ff ꝛc.); ducado, z. B. d'oro, als ſpan. Münze; ducato, Mz. ducati, als italiäniſche ꝛc., vgl. Dukaten; Ducheſſe (frz., ſpr. düſcheß) f. ꝛc. — ducken v.: Duckmäuſer m. — Duègne (frz., ſpr. düénj) f.: frz. für das ſpan. Dueña (ſpr. duennja). — Duell (lat.) n.: II 210: Duellant m.; duellieren v. ꝛc. — Dueña (ſpan.) f.: beſſer als Duègne ſ. d. u. II 209. — Duett (it.) n.: II 211 ff; duettieren v.; Duettino n.; Duettiſt m. — Düffel m. — Duft m.: duften, düften v. — düfteln v.: ſ. düfteln. — du jour (frz. dü ſhür) ſein: nicht; die Jour (ſ. d.) haben ꝛc. — Dukaten m.: ſ. ducato: Dukaten-As (ſ. As u. I 14 ff); Dukatengold ꝛc. — duktil (lat.) a.: Duktilität f.; Duktus m. ꝛc. — Dülbend (perſ.) m.: Kopfbund (ſ. Turban). — Dulcinea f. — dulden v.: dulde od. duld' (mit weichem d), aber z. B. Geduld; duldſam ꝛc. I 27. — Dult f.: Jahrmarkt. — dumm a.: Dummerjan m., vgl. Liederjan, Grobian ꝛc. — Dunce (engl., ſpr. dönß) m.: ſ. Duns: Dunciade f. — Dune f.: häufige (eig. niederd.) Form für Daune, z. B. auch: Eiderdune. — Düne f.: Dünengras ꝛc. — Dung m.: düngen v. (vgl. auch dingen, Impf. Konj.); Dünger m. ꝛc. — Dunk f. (ſüdd.): Webekeller. — dunkel a.: im Dunkeln II 19; Dunkel-Haft f. II 136; dunkelroth a. I 142 ꝛc. — Dünkel m.: (verſch. Dinkel: dünken v.: mir od. mich dünkt od. däucht (veraltet daucht),

dünkte od. däuchte (veraltet: dauchte), hat gedünkt od. gedäucht (veraltet gedaucht), auch gedäuchtet v. dem neuen Inſin.: däuchten. — Duns m. ꝛc.: ſ. Dunce. — Duo (it.) n.: duodecimal (lat.) a.; Duodecimalſyſtem ꝛc. (vgl. decimal); Duodez n. (II 80; 82), Duodezformat ꝛc. — Düpe (frz.) f.: düpieren v. II 203. — Du(=)plicität (lat.) f.: Duplikat n.; Duplum n. ꝛc. — Dur (lat.) n.: A-dur ꝛc. (I 13); Duraccord ꝛc. — durch präp.: durchs (vgl. am, ans, ſ. Kat. 123¹¹; II 69), aber z. B.: durch's Waldes Mitten; durch'n Wald (Kat. 122³⁰); durch einander liegen (werfen ꝛc.), — aber ſubſtantiviſch: das Durcheinander I 45; ferner (ſ. I 126 ꝛc.): durchaus adv.: durchweg adv. u. zuw.: durchhin ꝛc.; ferner nicht bloß z. B. durchbringen ꝛc. v. als untrennbare ob. trennbare Zſſtzg., ſondern auch (ſ. I 74, vgl. auf u. ab ꝛc.): durch- u. durchbringen ꝛc., wo durch u. durch zuſammengefaſſt gleichſam einen Vorſilbenkomplex bildet ꝛc.; durchgehends adv. Kat. 72⁴; durchlauchtig a., außerhalb des Kurialſtils mit kleinem Anfangsbuchſtabenzu ſchreiben (II 13); durchnüſtern v., ſ. nüſtern u. ſ. w. — Durra (ar.) f.: Mohrhirſe. — Dusche f. (frz. douche, II 207): Duſchbad n.; duſchen, duſchieren v., — verſch.: Tuſch (ſ. d.) ꝛc. — Duſel m.: duſelig a.; duſeln v. ꝛc. — Duſt m.: Staub. — duſter, düſter a.: Düſter ꝛc. — Düſterheit f. ꝛc.: (ver)düſtern v. ꝛc. — Dute, Düte f.: duten v. ꝛc.: ſ. tut! ꝛc. Kat. 68²⁴. — Dutte f. — Dutzend n.: verſch. dutzend Kat. 33²⁴: ein Dutzendmal I 50; 91; dutzendweiſe v. ꝛc. — Dumvir (lat., dreiſilbig, ſpr. -wir) m.: die Dumvirn; Dumvirat n. II 112. — dutzen v.: mit gedehntem u, z. B.: duzend, Partic., verſch.: Dutzend ꝛc.; Duzbruder m. ꝛc.

dwars adv. (ſeemänn.) = quer.

Dyade (gr.) f.: Dyadik f.; dyadiſch. — Dynamik (gr.) f.: dynamiſch a.; Dynamit n.; Dynamometer m., n. ꝛc. — Dynaſt (gr.) m.: Dynaſtie f.; dynaſtiſch a. ꝛc. — dys-: gr. Vorſilbe, deren Schluß-ſ überall, auch vor nachfolgenden Vokalen, ch, p, ſt, nu verändert bleibt, ſ. II 122; 148; 150; 153; 157; 161; 165 ꝛc., z. B.: Dys(=)ämie f.; Dys(=)analepſe f. ꝛc.; Dys(=)cholie f.; Dyschröe f.; Dys(=)ekoia f.; Dys(=)enterie f., dys-enteriſch a. ꝛc.; Dys(=)kraſie f., dyskratiſch a. ꝛc.; Dys(=)opie f.; Dys-pathie f.; Dys(=)phagie f.; Dys(=)pnöa f. ꝛc.; Dysſialie f.; Dys(=)ſperm(aſ)ie f. ꝛc.; Dysthymie f.; Dys(=)trophie f. ꝛc.; Dys(=)urie f.

E.

E: E-Dur; E-Moll ꝛc. I 13.

eau de Cologne (frz., spr. odetolónj) f. II 78; 185.

Ebauche (frz., spr. ebbôich) II 89. — Ebbe f.: Kat. 34²²; 63⁵; II 221: ebben v. — eben a.: eben da; eben darum; eben daselbst; eben der (die, das ꝛc.); eben der nämliche; eben derselbe; eben deßhalb (deswegen); eben dort; eben so (wie); eben so viel; eben so wenig ꝛc., vgl.: gerade da; da eben ꝛc. I 126 ff; eben genannt I 40; dagegen verbunden: ebenfalls adv.: I 80; ebenermaßen od. eb(=)nermaßen I 94; II 175; 219 ꝛc.; auch: eben sowohl (s. d.), versch.: eben so wohl I 112; 139. — Eberhard m.: vgl. Bernhard.

Ecce-Homo (lat.) m., n.: II 224; Ecce-Homo-Bild ꝛc. — Ec(=)cellenza (it., spr. etsch=) f.: s. Excellenz. — Ec(=)clesia (gr.-lat.) f.: ecclesiast m.; ecclesiastisch a. ꝛc. II 96; 97. — Echantillon (frz., spr. ehschangtilljóng) n. II 89; 137. — échappieren (frz., spr. ehsch= ꝛc.) v.: dafür in der Volkssprache: schappieren (s. d., II 5; 89; 104). — Echauffement (frz., spr. ehschofemang) n.: échauffieren v. II 5; 104. — Echo (gr.) n., f. — Echse (spr. exe) f.: Eidechse. — echt a. — Ec(=)chard m.: vgl. Eck(=)hard (s. Bernhard ꝛc.) II 128; 175. — Ecker f.: versch.: Acker pl. — écru (frz., spr. ebrü) a.; m.: II 104 ff. — écu (frz., spr. ekü) m.: ebb.

Edda (isländ.) f. II 222. — edel a.: ed(=)ler II 219; Kat. 102³³ ff; der, das Ed(=)le; Edelmuth m.; edelmüthig a. ꝛc. Edgar m. — Edikt (lat.) n.: II 95; Ediktalcitation f. ꝛc. — Edinburg: Edinburger m., a. (vgl. Bremer), — in deutscher Ausspr., dagegen mit englischer, in lat. Lettern, z. B.: die Edinburgh Review (spr. edding=börg rihwiü) II 105. — Edmund m. — Eduard m. — Edukation (lat.) f. — Edulien (lat.) pl.: II 118. — Edulkoration (mlat.) f.: edulforieren v.

ee: einsilbig, z. B. in Beere ꝛc., See ꝛc., Allee ꝛc., vgl. einsilbiges ée in frz., auch sonst undeutsch ausgesprochenen Wörtern, wie: Chaussée, Livrée ꝛc.; auch beim Hinzutritt v. Flexions-Buchstaben od. =Silben, z. B.: des Sees, die Seen (einsilbig); des Seees, die Seeen (zweisilbig); die Chausséen (zweisilbig), Chausséeen (dreisilbig) ꝛc., während man in Zsstzgn. zu schreiben hat: Pferde-Egel; Reise-Erinnerung; Getreide-Einfuhr (s. d.) ꝛc.; See-Ebene, See-Engel ꝛc.; Armee-Etappe; Livrée-Eichhorn; Chaussée-Einnehmer ꝛc.; ferner ꝛc., ohne weitere Bezeichnung getrennt bei den Vorsilben be u. ge, z. B.: beehren; beerben ꝛc.; beehrt,

geerbt ꝛc., während in Fremdwörtern die Trennung zu bezeichnen ist, z. B.: Beelzebub (dreisilbig) — u.: Beëlzebub (viersilbig): rcëll; Rëemtion; Epikurëer ꝛc. I 15; 109 ff; 114; Kat. 43²⁷; 44³⁶ ff; 116¹¹.

Esendi (türk.) m. — Eseu: s. Epheu. — Effekt (lat.) m.: II 95: die Effekte, die Effekten; Effektscene II 162 ꝛc.; effektiv a.; effektuieren a. ꝛc. — Ef(=)fluvium (lat.) n.: Mz. Effluvien II 121. — Effort (frz., spr. effòr) m.: Mz. Efforts. — Ef=fronterie (frz., spr. effrongt=) f. — effroyable (frz., spr. effroajáb'l) a.

egal (frz.) a.: Egalität f., aber in ganz frz. Form: égalité II 5; 104 ff. — Egel m.: auch Igel (s. d. u. Blutigel). — Egge f.: als Ackerwerkzeug (II 233, aber: Tuchecke, nicht Egge=Sahlband 224): eggen v. — Egoismus (mlat.) m. II 109; 162; Egoist m.: egoïstisch a. ꝛc. — E(=)greß (lat.) m. II 234. — Egypten ꝛc.: richtiger: Ägypten (s. d. II 6; 8); aber in frz. Form z. B.: Egyptienne (spr. ehschipßjénn) f.

I ch! interj. — II ch adv. n. conj.: auch che, cher, mit dem Superl., z. B. adjekt.: chester Tage; mit chester Gelegenheit ꝛc. u. adv.: am chesten; chestens; des chesten; mit dem chesten; mit chestem II 23. Verschmolzen (s. I 127 ff) in: chedem (ehebem, ehedessen) adv. (I 78); chegestern adv., chegest(e)rig adj.; chehin adv. (I 133); chemals adv., ehemalig adj.; chevor (ehebevor, ehezuvor) adv. — Che f.: chebrechen v. (aber aufgelöst: die Ehe brechen) I 54 Ehebrecher m., Ehebruch m., ehebrüchig a. ꝛc.; Ehegatte ꝛc., auch (mundartl.): Ehehalt m., verkürzt Ehalt=Dienstbote ꝛc. Dazu: chehaft a., verkürzt chaft (=rechtsgültig, gesetzlich anerkannt), in den Verbindungen: ehehafte Ursachen, Verhinderungen u. elliptisch: die Ehehaften; ferner: ehelich a.; chelichen v. — cher: s. II ch. — chern a.: aus Erz (s. b.). — chest a. ꝛc.: s. II ch. — Chre (s. b.): der Ehre halber; Ehren halber; aber verschmolzen: ehrent(=)halben, chrenthalber I 83; zu Jemandes Ehre(n) ob.: ihm zu Ehren, versch.: ihn zu ehren v. (s. u.) Zssg. z. B.: Ehrenbezeigung ꝛc.; Ehrfurcht); ehrfürchtig; Ehrliebe f, chrliebend a. (vgl.: die Ehre liebend I 36) ꝛc. Dazu: chrbar a.; Ehrbarkeit f.; ehren v. (s. o.); ehrenhaft a.; ehrlich a.; ehrsam a. ꝛc.

ei: einsilbig; aber getrennt z. B.: Pferde-Igel ꝛc. I 18 u. ferner eï I 13; II 109, vgl. z. B.: Eis u. Eïs; dreist u. Deïst; Fleisch u. nemeïsch; Lein u. Oleïn; Seide u. Seïde; Reiter u. Reïteration ꝛc. u. besser eïe in Zeitw., wie: agreïeren, (re)freieren; repleïeren, (de)lineïeren. — ei! interj. — Ei n.: des Eies od. Ei's (versch.: Eis n.); verkl.: Eichen (s. d.). Als Grundwort in

Zsſtzgn. mit Bindeſtrichen zu ſchreiben (=Ei) zur Unterſcheidung von der Endſilbe ei z. B. in Wüſtenei f.; Zauberei f. ꝛc., vgl.: Wüſten=Ei; Zauber=Ei; Oſter=Ei; Hübner=Ei; Gänſe=Ei ꝛc. n. I 14. — I Eiche f.: Eich= baum ꝛc., auch: Eichhorn n.; Eichhörnchen n. (obgleich wohl nicht Zſtzg.) ꝛc. Dazu: Eichel f.; eichen a. — II Eiche f.: Eichung f. v. eichen v. (Maß u. Gewicht beſtimmen ꝛc.), bei Ältern mit ai; dazu: Eichamt n.; Eich= herr; Eichmeiſter m. ꝛc.; Eichgewicht n.; Eichmaß n.; Eichſtempel m. ꝛc.; aber beſſer u. deutlicher mit Bindeſtrichen: Eich=Elle (als Eichelle). — Eichen u.: Verkl. v. Ei (ſ. d.), Mz.: die Eichen, gleich geſchrieben mit der v. Eiche f., vgl. auch eichen a. (ſ. I Eiche) u. v. (ſ. II Eiche). — Eidam m.: Mz.: Eidame Kat. 39⁷ ff. — Eidechſe (ſpr. eidexe) f. II 90. — Eidyllion (gr.) n.: Mz.: Eidyllien II 118, ſ. Idyll. — eigen a.: Eigen u. (ſelten): Etwas iſt Einem eigen, iſt ſein eigen (ſelten: ſein Eigen) ꝛc.; zu eigen haben u. ſ. w.; eigens adv. (nicht: eigends Kat. 72¹¹); Eigenſchaft f.; Eigen= thum n., Eigenthümlich= u., eigenthümlich a. ꝛc.; eigentlich a. (Kat. 72²⁴; 85²⁵); eig(=)nen v., Eig(=)ner m. ꝛc. — eilends adv. Kat. 72⁴.: eilf ꝛc.: veraltet ſt. elf (ſ. d.). — I ein: unbeſtimmter Artikel u. Zahlw.: als das letztere bei nachdrücklicher Betonung in der Schrift durch Unterſtreichen, im Druck durch Sperren hervorzuheben (Kat. 107³²), vgl. z. B.: an einen Gott glauben u.: an einen Gott glauben ꝛc.; einmal (ſ. d.) u.: einmal (II 2) ꝛc.; ſubſtantiviſch, auch als Pronomen, ohne Bezug auf ein ge= nanntes Subſtantiv: Einer, Eine, Eins (II 18; 30; 56 ff); der, die, das Eine: z. B.: Einer ob. der Eine wie der Andere ꝛc.; Eins ob. das Eine wie das Andere ꝛc., auch z. B.: unſer Einer (Eine, Eins), — nicht zuſammenzuſchieben: Unſereiner ꝛc. I 45; auch: auf (in, mit) Eins I 80. Es ſind keine Bindeſtriche zu ſetzen hinter das (ad= jekt. ob. ſubſtant.) durch alle Genus, Nu= merus u. Kaſus hindurch flexionsloſe ein (Ein) in Verbindungen wie: ein u. der= ſelbe, der nämliche, der andere; ein oder der andere; ein u. anderer ꝛc. I 20 ff; da= gegen ſind die Bindeſtriche an der Stelle, wo es z. B. ſtatt einmal (ſ. v.) für allemal heißt: ein=für allemal heißt: ein für allemal ꝛc. I 18 u. 91. — Zuſammenzuſchreiben hat man Zahl= wörter (I 47), wie z. B.: einundzwanzig; der einundzwanzigſte; eintauſendeinhundert= undeinunddreißig ꝛc.; tauſendundeine Nacht ꝛc.; hundertundeinmal (I 91 ff, ſ. mal) ꝛc., vgl.: einmal Eins iſt Eins u. ſubſtantiviſch: das Einmaleins; ferner: einerlei (I 89) u. (veraltend): einerhand (I 85); einerſeits (I 98); eineſtheils (I 101) u. einander (ſ. d.),

zuſammengezogen aus: Einer — den (ob. dem) Andern (I 45); ferner: einfach a. (I 50) nebſt Einfachheit f., vgl. Einfalt f., ein= fältig a. und zahlloſe Zſtzgn., wie: Ein= arm m., einarmig a.; Einaug m., n., ein= äugig a.; Einblatt n., einblätterig, einblatt a.; einchörig a. ꝛc., auch (vgl. II): einge= boren a.; einhellig a.; Einklang m.; Ein= ſpänner m. ꝛc. (ſ. d.). — II ein: in Zſtzgn. entſprechend der Präpoſ. in (zumeiſt mit dem Accuſ., doch auch zuweilen mit dem Dativ), z. B. in dar(=)ein, hier(=)ein, wor= ein [II 227], vgl. dar(=)in u. ſ. w., ferner: hin(=)ein, her(=)ein ꝛc. u. als Vorſilbe (ſ. I 56 ff), z. B. in: einſchreiben v., Ein= ſchreibung f. (vgl. Inſchrift); einführen v., Einfuhr f.; eingeben v., Eingabe f.; ein= gebung f.; eingehen v., Eingang ꝛc.; auch: einheimiſch a.; einliegen v.; einäſſig a.; einwohnen v., Einwohner m. u. (vgl. I): eingeboren a., auch: einhalten v., einbringen v.; einſpannen v. ꝛc.; ſ. auch: aus u. ein ꝛc. — ein(=)ander pronon. recipr.: ſ. ein I, — mit den regierenden Präpoſ. zu einem Wort verſchmelzend, richtig nur in der Sub= ſtantivierung (I 22; 45), alſo z. B. an ein= ander hängen, aber: das An(=)einander= hängen; auf einander folgen, — die Auf= einanderfolge, das Aufeinander=Folgen; aus einander reißen, — das Aus=einander=Reißen, die Auseinanderreißung; das Beieinander; das Durcheinander. — einäſchern, einathmen, einbläuen ꝛc. v.: ſ. ein II u. äſchern; ath= men; bläuen u. ſ. w. — einchörig a.: ſ. ein I u. Chor ꝛc.: ſ. ein I. — Einer ꝛc.: ſ. ein I. — einerlei a.: ſ. ein I: das Einerlei I 25. — einerſeits; eineſtheils adv.: ſ. ein I. — ein= für allemal: ſ. ein I. — Eingang m.: ſ. ein II; auch im adverbialen Gen.: der Eingangs erwähnte Umſtand II 34. — ein= geboren a.: ſ. ein I u. II. — eingeführter= maßen adv. I 94. — eingehend a.: aufs eingehendſte; des eingehendſten; ein= gehenderen adv. II 23. — eingeſtandener= maßen adv. I 94. — einhellig a.: Kat. 30¹¹. — einher adv. u. Vorſilbe I 62 ff, z. B.: einhergehen v. ꝛc. — einige: unbe= ſtimmtes Zahl= u. Fürw., adj., — aber ſubſt.: Einige; Einiges II 16 ff; einige Mal I 92; einigermaßen I 94. — einklingen v.: verſch.: einklinken (ſ. Klinke). — ein= läßlich a.: des einläßlichſten adv. II 23. — einmal adv.: (ſ. ein I) verſch.: einmal u. einmal; getrennt: das eine Mal; ein ein= ziges Mal; mit einem Mal ꝛc., dagegen: mit einmal (vgl. mit Eins); auf einmal ꝛc.; das Einmaleins; einmalig adj. — ein oder der andere: ſ. ein I. — eins: (ſ. ein I) adj. u. adv., z. B.: Zwei Bücher u. noch eins [adj. =ein Buch] ꝛc.; Das iſt eins von den Büchern, eins der beſten Bücher ꝛc.;

Deß lebt er noch eins (adv. = einmal) so lange 2c.; Wenn Brüder eins (präbif. Adj. = einig) sind; Sie wurden eins, daß sie kämen; Handels eins werden, sein 2c. (vgl. uneins 2c.), — dagegen substantivisch z. B.: Zwei u. Eins sind Drei II 26 ff; Die Uhr schlägt Eins, ist halb Eins II 29; Nummer Eins 2c.; in Eins, Zwei, Drei 2c.; Sehen u. Zugreifen war Eins; Sein Thun u. Laffen in Eins zu fassen; Ein Aggregat, aber nicht Eins [= eine Einheit, ein Ganzes 2c.; stände dagegen hier: eins, so wäre es so viel wie: ein Aggregat]; Sein Eins u. u. Alles 2c.; Das läuft auf Eins hinaus (vgl.: auf Dasselbe, auf Ein u. Dasselbe) 2c.; auf Eins, mit Eins (vgl.: mit einmal, s. b.), I 80 2c.; Einem Eins versetzen (= einen Schlag 2c.); unser Eins 2c.; ferner als Femin.: die Eins; die Einsen 2c. — einfäffig a.: s. ein II, vgl. Infaß. — einsmals, einsweilen adv.: heute üblicher: einstmals, einstweilen I 90; 105, mit den Adj.: einstmalig, einstweilig. — eintretenden Falls I 80. — ein und — der and(e)re, der nämliche (derselbe); einundzwanzig 2c.: s. ein I. — einwärts adv. Kat. 27¹⁶; 28⁹; I 142. — einwohnen v.: s. innewohnen. — einzel a.: veraltend st. einzeln; doch gewöhnlich in Zsßzgn., z. B. Einzelbing 2c.; Einzelwesen n. 2c., auch: Einzel=Haft f. Kat. 104²⁰; II 136; ferner auch: Einzelheit f., neben: Einzelnheit. — einzeln a.: s. einzel: der Einzelne, ein Einzelner; das Einzelne; ins Einzelne, ins Einzelnste eingehen; im Einzelnen (u. Besondern) 2c. II 19; Einzelnheit f.: s. einzel. — Eis n.: im Dat.: auf dem Eis 2c., in Gedichten auch (mit apostrophiertem weich lautendem s): auf dem Eis' in Wonne sich drehen I 25; Eiseimer; Eispfahl; Eistorte 2c. — Berich.: des Ei's (s. Ei, I 69); vgl. auch: Eis (in der Musik) mit Eis(=)is II 109; 147. — Eis(=)agoge (gr.) f.; Eisanthem (gr.) n. II 148. — Eiter m.: verich.: Euter.

Eialulation (lat.) f. — Eiektion (lat.) f.: ejicieren v.

Ekel m.: ekel a; ekelig, ek(=)lig a. Kat. 85³³; II 175; Ekelname m. 2c. — Ektatharfis (gr.) f.; ekkathartisch a.: Ektrifis f.; ekkritisch a. 2c.: II 97; 173; doch vgl. Ecclesia. — é(=)klabouffieren (frz., spr. =buff=) v.: II 5; 234. — é(=)klaircieren (frz., spr. eklärß=) v.: Eklaircissement (spr. eklärßiffemäng) n.; Eklaireur (spr. =ör) m. II 5; 104; 130; 234. — Ek(=)lattißma (gr.) n.; Ek(=)lampfie f. II 234. — Eklat (frz., spr. ektä) m.: e(=)klatant a. II 64; 234. — Ek(=)legma (gr.) n. II 234. — Ek(=)lekticißmus (gr.) m.: Eklektiker m.; eklektisch a. II 234. — E(=)klipfe (gr.) f.: ekliffieren v.; Elliptik f.; elliptisch a. 2c. II 234. —

E(=)kloge (gr.) f.: e(=)klogisch a., aber: Eklogit m. II 234. — e(=)kloppiert (frz.) a.: II 234. — Ek(=)lyfis (gr.) f. II 234. — élorchieren (frz., spr. eblorsch=) v. II 5; 104. — Ekoffaise (frz., spr. ekoffäse) f. — Ek=phonefis (gr.) f.; Ek(=)phraltilum n., ekphraktisch a.; Ek(=)piefis f., Efpießma n. 2c. II 234; 115 ff. — e(=)krafant (frz.) a. II 5; 65; 104; 234; ekrafieren v. — Ek(=)rinma (gr.) n. 2c.: II 234. — Ek(=)kritoire (frz., spr. =oär) n.: II 5; 234; Ekritüre 205. — élru: s. écru. — Ek(=)farkom (gr.) n.: Ekfarkoma n.; Ekfarkofis f. — Ek(=)ftafe (gr.) f.: II 234, vgl. ekfti.) — in extase [ann ekftaß']: ekstafieren v.; Ekstatifer m.; ekstatisch a. — Ek(=)tafie (gr.) f. 2c. II 234. — Ek-typographie (gr.) f. — Eklü: s. écu. — Ekzem (gr.) n.: ekzematisch a.

Elaïdin (gr.) n.; Elaïn n.: I 12; II 108. — Elan (frz., spr. eláng) m.: élan II 5; 104. — elaodorisch (gr.) a.: II 6. — Elasticität (gr.=lat.) f.: elastisch a. — Elaül (gr.) n. II 100, vgl. Kaüster. — Elch m.: auch Elk m., heute gewöhnlich: Elen(thier) n., schlecht: Elend(thier) Kat. 72⁹. — Elefant (gr.) m.: vgl. Elfenbein. Kat. 65³¹. — elegant (lat.) a.: II 5; 64; Eleganz f. II 83; vgl. Elégance f. (frz., spr. =ángß). — Elekta (lat.) f.: Elektoralwolle II 95. — Elek(=)tricität (gr.=lat.) f.; elektrisch a.; elektrisieren v.; elektromag(=)netisch a.; Elektrophor m.; Elektro(=)ffop n., m. II 160. — Elen m., n.: Elenthier, Elenhirsch, f. Elch. — Elend m.: elend a., elendig, elendiglich a. — Eleonore f.: verkürzt Le(o)nore; Lore; Lorchen 2c. — Elephant (gr.) m.: besser Elefant (f. d., vgl. Elfenbein; Fajan); aber mit ph in den nicht eingebürgerten Fortbildungen, wie Elephantiafis f. 2c. — Eleufinien (gr.) pl. II 118; eleufinisch a.; eleufisch a. — elf Zahlw.: veraltet eilf. Kat. 21³¹, auch: elfe (oft gespr. elwe 65⁹); die Elf(e); der elfte; elftens; Elfer m. 2c. — Elf m.: Luftgeist; Elfe f.; Elfenkönig(in), Elfentanz 2c. — Elfenbein n.: Bein, d. h. Knochen vom Elefanten (f. d.): elfenbeinern a. — Elfter m. II 118. — Eliäfer m. bibl. Name. — Elisabeth (hebr.=gr.) f.: mit althergebrachtem th am Schluß statt des gr. τ (vgl. Lazareth), auch: Elifa, Elise, Life, Lischen (Kat. 47⁷; 129⁶), Elsbeth, Betty (f. b.). — Elite (frz.) f.: Elixier (ar., nlat.) n. II 121; Kat. 46¹³, vgl. Emir. — Elle f.: ellenbreit a. (f. breit); Ellbogen, Ellenbogen m. — Ellipfe (gr.) f.: Ellipfoïd n. I 13; II 109, elliptisch a. — Ellritze f.: ein Fisch. — Eloge (frz., spr. =oße) f. — Elfaß n., m.: Elsasser m. u. a. (II 25), elfaffisch a. — Elsbeth f.: s. Elisabeth. — Elster f.: Kat. 30¹⁶. — Eltern pl.: ebd. — Elyfion (gr.), Elyfium n.: elyfisch a., auch — nach

frz. élyséen — elyseisch a. (II 109), Ely-
séer m. (II 114), besser als elysäisch, Elysäer.
Email (frz., spr. emálj) n., m.: émail-
tieren v. II 5; 7; 104. — **Emancipation**
(lat.) f.: emancipieren v. — **Emballage**
(frz., spr. angballásye) f.: II 131: Em-
ballagement (spr. =emáng) n.; emballieren
v. — **Embarkation** (frz., spr. angbarkatsióng)
f.: II 78 ob. embarcation II 137, — aber:
Embarquement (spr. angbarkemáng) n.; em-
barquieren (spr. angbark=) v. (II 78 ff), vgl.:
Embarquiano (span., spr. embark=). — **Em-
baucheur** (frz., spr. angboshör) m.: em-
bauchieren v. — embellieren (frz., spr. angb=)
v.: Embellissement (spr. angbellissemáng) n.
— **Embonpoint** (frz., spr. angbongpoéng) n.
— **Embouchement** (frz., spr. angbubschemáng)
n.: embouchieren v.; Embouchure (spr. =ür)
f. II 204. — **Embrouillement** (frz., spr.
angbruljemáng) n.: embrouillieren v. —
Embryo (gr.) m.: Embryonen, Embryos
(pl.). — **Embus=lade** (frz., spr. angbüs=
sáde) f.: II 78; 161; embus(=)quieren (spr.
angbüsk=) v. — **Emd** n.: schwzr. =Grum-
met: emden v. — **Emeute** (frz., spr. emöt') f.
— **Emi(=)grant** (lat.) m. =c. II 186. —
Emil m.: Kat. 47[7]; 128[31]; die Emilia,
Landschaft in Oberitalien; Emilie f. II 116;
118. — **Emir** (ar.) m.: mit gedehntem i,
wie in Fakir, Visir, während in Elixier
(als lat. ob. latinisiert) ie steht. — **Emissar**
(lat.), **Emissär** (frz.) m., II 7: Mz.: Emissare,
Emissäre, Emissarien. II 119. — **Emma** f.:
Emmeline f. Kat. 47[4]. — empaillieren (frz.,
spr. angpalj=) v. — empaquetieren (frz.,
spr. angpak=) v.: II 78. — **Empêchement**
(frz., spr. angpäbsch'máng) n.: empêchieren
v. II 5; 104. — **Em(=)pfang** m.: empfangen v., Em(=)pfängnis f., n. Kat. 67[32];
68[6]; II 190; em(=)pfehlen v.: em(=)pfahl,
em(=)pföble; ent(=)pfehlen; em(=)pfiehlst, empfiehlt ec.; Kat. 26[2]; 53[1]; 54[6]; II 115;
em(=)pfinden v., em(-)pfand, em(=)pfunden
ec.; em(=)pfindlich a.; Em(=)pfindung f. ec.
Em(=)phase (gr.) f.: em(=)phatisch a. II 190.
Em(=)physem (gr.) a. — **Empire** (frz., spr.
angpīr) n. — **Empirie** (gr.) f.: Empiriker
m.; empirisch a. ec. — **Emplacement** (frz.,
spr. angplaßemáng) n.: emplacieren v. —
Emplette (frz., spr. angplétt) f. — **Em-
ploi** (frz., spr. angplóa) m.: Employé (spr.
angploaje) m.; employieren v. — **Em-
pneumatose** (gr.) f. — empor adv. u. Vorsilbe (I 62): emperdringen v., Emperdrang
m.: emperheben v., Emperhebung f.; Em-
porkirche f.; emperkommen v., Emporkömm-
ling m. ec. — **Empor** m., Empore f.; em-
pören v., Empörer m., Empörung f. ec.
Emporium (gr.) n.: Mz.: Emporien II 120.
— **Emportement** (frz., spr. angportemáng)
n.: emportieren v. — **Em(=)pressement** (frz.,

spr. angprassemáng) n.: empressieren v. —
Emprisonnement (frz., spr. angprisonnemáng)
n.: emprisonnieren v. — **Emprunt** (frz.,
spr. angpröng) m.: empruntieren (spr. ang-
pröngt=) v. — em(=)psychisch (gr.) a. —
empyreisch (gr.) a.: II 109: Empyreum u.
115; Empyreuma n., empyreumatisch a. 114.
— emsig a.: Kat. 30[20]; 95[20].

en (frz., spr. ang, doch vor einem vokalisch anlautenden frz. Wort ann): s. im
Folgenden, auch z. B.: en Schwein besoffen
ec., vgl. II 106 u. z. B. en gala (s. u., mit
frz. Betonung) u.: en Gala. — **E(=)nanthem**
(gr.) n. II 235. — **E(=)narthrose** (gr.) f. —
en bloc (frz., spr. ang blóck): II 105; 79.
Dazu: Enblockist m. 78. — **Enceinte** (frz.,
spr. angßängt) f. — **Enchainement** (frz.,
spr. angschänemáng) n.: enchainieren v.
II 5; 104. — **enchantant** (frz., spr. ang-
schangtáng) a. II 64; Enchantement n.;
enchantieren v. — **Ench(=)klisa** (gr.) f. II 82;
encyklisch a.: Encyklopädie f. — **Ende** n.:
der Endes Unterzeichnete II 34 ec., versch.:
das End=e I 13. Als Grundwort in
Zsstzgn. mit vorangehendem Bindestrichen:
Stamm=Ende, Hell=Ende u. Zopf=Ende eines
Baumes, vgl.: das dorther Stammende;
Fuß=Ende u. Kopf=Ende eines Betts, vgl.:
der daranf Fußende; das Schau=Ende, vgl.
der Schauende I 14. Als Bestimmungswort
in Zsstzgn. End (versch. Ent), z. B. das
Ende (f. e.); Endabsicht; Endzweck ec., vgl.
nam.: der Endentschluß. — **Ender** m. als
Grundwort in Zsstzgn. mit vorangehendem
Bindestrichen, zur Bezeichnung v. Hirschen
nach der Zahl der Enden: ein Acht=Ender
(versch.: Achtender) ec. I 14. — **en détail**
(frz., spr. angdetáj) II 105. — **Endivie**
(it.) f. II 121. — **Endossant** (frz., spr. ang-
dessáng) m.: gewöhnlicher it.: Indossant
(s. d.) u. s. w. — **Endymion** (gr.) m. —
en esset (spr. annessé) II 105. — **en face**
(frz., spr. ang faß): II 83; 105. — en
famille (frz., spr. angfamilj): II 105. —
enfant terrible (frz., spr. angfáng terrib'l)
ec. II 105. — **Enfilade** (frz., spr. angfiláde)
f.: Enfilement (spr. =emáng) n.; enfilieren
v., Enfilierbatterie f. ec. — **Enfoncement**
(frz., spr. angfongßemáng) n.: enfoncieren v.
— euforcieren (frz., spr. angforß=) v. — **en-
fumieren** (frz., spr. angfüm=) v. II 204. —
Engagement (frz., spr. angasßemáng) n.:
engagieren v. II 132. — en gala (frz.,
spr. ang galá): II 105, s. o. en. — englisch a.: vgl. deutsch; auch (veraltend zu
Engel): der englische Gruß ec.; versch.:
Engel=sch, von dem Eigennamen Engel,
z. B.: das Engel=sche (versch. englische) Buch.
Kat. 110[36]; I 31; II 26. Vgl. auch (in
engl. Form): ein Englishman (spr. inglisch-
mann). — **Engerling** m. Kat. 30[20]. —

eu(=)glontieren (frz., fpr. anglut=) v. — eu=
gourdieren (frz., fpr. angurd=) v.: Engeur=
diffement (fpr. angurdiffemäng) n. — en gros
(frz.,fpr. angrö):II 105,vgl.Gros 2:Engrös=
geschäft: Engrosbändler ꝛc., auch (tadelhaft):
Engreist (II 109), deutsch: Großhändler. —
en(=)harmonisch (gr.) a. — eni(=)vrieren
(frz., fpr. anguinvr=) v. — Enjambement
(frz., fpr. angshangbemäng) n. — Enjeu
(frz., fpr. angshö) m. — Enladrement(frz.,
fpr. anglad'rmang) n.: euladrieren v. Kat.
89⁷; I 5; II 77. — enlanailliren (frz.,
fpr. anglanalj=) v., auch: enlanaillisiren. —
enlanistisch (gr.) a. — Eufel m.: Kindeslind
u. — Fußknöchel ꝛc. — En(=)klave (frz., doch
meist gespr.: enkläwe) f.: Mz.: Enklaven;
Enklaventhum n.; enklavieren v.; mit frz.
Aussfpr.: die euclave (fpr. angkläw), Mz.:
die enclaves, vgl.: enclavure od. Enkla=
vure (fpr. angklawür) f. II 201. — En=
lombrement (frz., fpr. anglongb'rmäng) n.:
enlombrieren. — Enlouragement (frz., fpr.
angturafchemäng) n.: enlouragieren v. II 132.
— Enlrinit (gr.) m. — enlaidieren (frz.,
fpr. angläd=) v. — Enlevage (frz., fpr.
angleväsh) f. — Eunaeteris (gr., 5 silbig) f.:
I 3, Mz.: Ennaeterien II 119. — enno=
blieren (frz., fpr. angnobl=) v. — Ennui f.:
Flußname, richtiger: Enz, — Ennui (frz.,
fpr. angnüi) m. II 67: ennu()want a.:
ennu(=)vieren v. — Enquête (frz., fpr.
angkät) f.: Enquêteur (fpr. =ör) m. II 104.
— Enragé (frz., fpr. angrashé) m.: II 5;
104: enragieren v. 132. — eurhumieren
(frz., fpr. angrüm=) v. II 201. — en=
rhythmisch (gr.) a. — enrichieren (frz.,
fpr. angrisch=) v. — Enrôlement (frz., fpr.
angrolemäng) n.: Enrôleur (fpr. =ör) m.;
enrôlieren v. — enrouieren (frz., fpr. angru=)
v. — Ens f.: s. Enns. — Ensemble (frz.,
fpr. angsängb'l) n. — en suite (frz., fpr.
angssüit). — ent=: untrennbare Vorsilbe,
vgl. Ende, s. im Folgenden, vgl. ent =)belmen
u. En(=)tbelmintben ꝛc. — Entablement
(frz., fpr. angtab'lmäng) n. — entamieren
(frz., fpr. angt=) v. — Eute f.: Kat. 30²⁶:
Ent(e)rich m. 85¹. — Enterozöon (gr.) n.:
II 121. — entfernt a.: nicht im entfern=
testen II 23: entfernutermaßen I 94: ent=
fernterweise I 106. — entgegen adv. u.
Vorsilbe I 62 ff: entgegenkommen(d); ent=
gegenkommen; entgegengesetzten Falls I 80 ꝛc.
— Entgelt m. (n.): entgelten v., vgl. un=
entgeltlich. — ent(=)haaren, ent(=)halten,
ent(=)helmen ꝛc.: s. ent= II 111. — En=
thelminten (gr.) pl. — en(=)thusias(=)mieren
(gr.) v.: Enthusiasmus m.: Enthusiast m.;
enthusiastisch a. — En(=)thymen (gr.) n. —
entlang adv. u. präp.: seltnere Nebenform
entlangs, nicht gut: entlängst (s. längs I 86;
Kat. 100¹⁶). — Entoilage (frz., fpr. ang=

tealäsbe) f. — Entonnoir (frz., fpr. ang=
tonneär) n. — Entophyt (gr.) n. ꝛc. —
entortillieren (frz., fpr. angtortillj=) v. —
Entourage (frz., fpr. angturäsh) f.: enteu=
rieren v.: Enteurs (fpr. angtür) pl. —
en-tout-cas (frz., fpr. angtuta) m. II 106.
— Entozöon (gr.) n. II 121. — entre
(frz., fpr. angt'r): in frz. Verbindungen,
z. B.: entre chien et loup; entre deux;
entre nous; entre quatre yeux ꝛc. —
Entrechat (frz., fpr. angt'rschä) m., n. —
Eutrée (frz., fpr. angtré) f., m., n. —
Entrepôt (frz., fpr. angt'rpö) n. — Entre=
prenenr (frz., fpr. angt'rprenär) n.: Entre=
prise f. — Entresol (frz., fpr. angt'rßöl) n.
— entretenieren (frz., fpr. angt'r=) v.:
Eutretenue (fpr. =nü) f.; Entretien (fpr.
angt'rtjeng) n. — Entrevue (frz., fpr.
angt'rwü) f. — entrieren (frz., fpr. angtr=)
v. — entschließen v.: Entschluß m., vgl.:
Eudentschluß. — entsetzlich a.: Kat. 29²⁷.
entweder conj.: das Entweder=Oder I 22;
II 15. — entwöhnen v.: Kat. 31¹¹; 55²⁸.
— ent(=)zwei adv.: Kat. 73¹; II 200;
entzwei brechen ꝛc., aber: das Entzwei=
brechen ꝛc. I 63; entzweien v.: Entzweiung f.
— enuncieren (lat.) v. ꝛc.: vgl. denuncieren.
— Enveloppe (frz., fpr. angw) f.: eu=
velopvieren v. — Environs (frz., fpr. ang=
wiröngs) pl. — en vogue (frz., fpr. ang
wög'): II 105. — Envoyé (frz., fpr. ang=
woaje) m. — Enzian m. — Enzootie (gr.)f.:
enzoötisch a. II 121.

eocän (gr.) a.: Eocänformation ꝛc., in
der Endsilbe nicht mit e statt ä zu schreiben
(gr. χαινός II 6: 8), vgl.: m(e)iocän,
pl(e)iocän u. Eos f., wie auch: Eozöon u.
II 121: eozoïsch a. 109.

Epagneul (frz., fpr. epanjöl) m. —
Epanchement (frz., fpr. epangschemäng) n.:
épanchieren v. II 5; 104. — Epanorthosis
(gr.) f. ꝛc. — épanouieren (frz., fpr. epanu=)
v.: Epanouissement (=mäng) n. II 5; 104.
épargnieren (frz., fpr. eparnj=) v. — Epau=
lette (frz., fpr. epelét) f. — Eperon (frz.,
fpr. =öng) m. — Ephebe (gr.) m. ꝛc. —
ephemer (gr.) a.: II4; Ephemere f.: Epheme=
riden pl.: ephemeridisch a. — Ephesier m.:
ephesisch a.; Ephesus. — Epheu m. (n.)
Kat. 65²⁷. — Ephor (gr.) m.: Ephorat n. ꝛc.
— Ephraïm (hebr.=gr.): Kat. 65²¹; 22¹².
— Epicier (frz., fpr. epißjé) m. — evicören
(gr.) a.: epicönisch a.; Epicönum u. —
Epi(=)graph (gr.) n.: Epigraphit ꝛc. —
Epitur (gr.) m.: Epikuräer m. I 114 (gr.
Ἐπίκουρος, nicht =äer) II 6): epitureisch a.
II 109 (nicht =äisch). — Epimythion (gr.)
n.: Mz.: Epimithien II 120. — epinös
(frz.) a.: II 140, vgl. spinös. — Epiphania
(gr.) f. — Epi(=)scenium (gr.): II 163; 233.
Epis(=)chesis (gr.) f. ꝛc.: II 122. —

Epi(=)skenion (gr.): II 160; 233; Mz.: Episkenïen 119. — epi(=)stopal (gr.) a.: Episkopalkirche ꝛc.; Episkopat n., m.; Episkopus m. II 160. — Epistyl(ion, gr.) n. — Epitaph(inm, gr.) n.: Mz.: Epitaphe, Epitaphïen II 119. — Epitheton (gr.) n. — Epizootie (gr.) f.: epizootisch a.: II 121. — Epoche (gr.) f.: Epoche machen; das Epochemachen; epochemachend a. I 58. — Epopöe (gr., spr. =pö) f.: Mz.: Epopöen (3silbig) u.: Epopöeen (viersilbig), vgl. Kat. 45¹³ ff. — épouvantable (frz., spr. epuwangtäb'l) a. — Eppich m.: Kat. 88⁷. — Epreuve (frz., spr. epröw) f.

Equili(=)brist (frz., spr. eki=) m.: vgl. lat. Äquilibrist Kat. 28²⁶ u. — mit versch. Aussprache — équilibristisch (II 5; 10⁴) u.: äquilibristisch a., vgl. équivot. — Equipage (frz., spr. ekipäsche) f.: équipieren v. — Equisetum (lat.) n. — Equitation (lat.) f. — équivol (frz., spr. ekiwol) a.: II 78; vgl. Equilibrist u. (lat.) äquivot: Equivoke f. II 104.

er pron. pers.: hervorgehoben in der Aussprache durch Dehnung und Betonung, im Druck durch Sperren, im Schreiben durch Unterstreichen Kat. 35³² ff, vgl. z. B.: Ja, er weiß es — u.: Ja, er weiß es, aber sie nicht ꝛc. Als Anredewort nebst den zugehörigen Kasus, dem Reflexiv u. dem Possessivpronomen mit großem Anfangsbuchstaben zu schreiben II 14; 49 ff, z. B.: Guter Freund, spar Er Seinen Eifer u. bemüh Er Sich nicht weiter! ꝛc.: subst.: der Er II 16 u. in Zssgn. (mit Bindestrichen), z. B.: der Finken-Er II 14 ꝛc. — Erato(=)sthenes (gr.): Name. — erben v.: Erbe m.; n.; Erbschaft f.; erb(=)lich a.; Erb(=)lasser m.; Erb(=)lehen n.: erb(=)los a.; Erb(=)recht n., erb(=)rechtlich a.; Erb(=)reich n.; Erb(=)acker m.; Erb(=)adel m. ꝛc.; erbeigen a.; Erb(=)einigung f.; Erb(=)exe m. (veraltet); Erb(=)übel n. ꝛc., — versch. durch die Aussprache u., bei eintretender Silbenbrechung, auch durch die Schreibweise, z. B.: er(=)bleichen, er(=)blich; er(=)blassen ꝛc.; erbrechen; er(=)brecht ꝛc.; er(=)backen; erbarmen ꝛc.; er(=)beißen; er(=)bitten; erbittern ꝛc.; er(=)bosen (s. bosen) er(=)bötig ꝛc.; er(=)buhlen ꝛc. — Erbse f.: Kat. 64⁹; 95¹⁸; II 151. — Erde f.: Kat. 34²²; 53⁷; Erd=Rücken 113²⁵; 115³⁰; I 14, versch.: er(=)drücken. — ereignen v.: Ereignis n. Kat. 21¹. — erektil (lat.) a.: Erektion f. — Eremit (gr.) m.: Eremitage (frz., spr. =äsche) f. ꝛc. — Erethisie (gr.) f. ꝛc. — erforderlichen Falls I 80. — ergiebig a. Kat. 49¹². — ergötzen v.: (veraltet: ergetzen): du, er ergötzt II 71 ꝛc.; Ergötzen n.; ergötzlich a. — Erhard m.: vgl. Bernhard ꝛc. — Erich m. — Erika (gr.) f.:

(Pflanze), Mz.: Eriken. — er(=)innern v. — E(=)rinnys (gr.) f.: Mz.: Erinn(y)en. — Erker m.: Kat. 30²⁶. — erklammen v.: s. klamm. — erkleckich a.: s. klecken. — erkoren part. v. erküren, vgl. erkiesen, s. Kur 1. Kat. 57¹²; II 88. — Ermel m.: s. Armel. — Ernestine f.: Kat. 47⁴. — Ernst m.: ernst a.; ernst gemeint od.: ernstgemeint a. I 42 ꝛc. — Ernte f.: Kat. 30²⁷; 71⁶: ernten v. — er(=)obern v. ꝛc. — E(=)ros (gr.) m.: cretisch a. ꝛc. — erquicken v.: Kat. 33²⁴; 88²⁰; II 94; erquicklich a. ꝛc. — erschrecken v.: du erschreckst ꝛc. transit.; aber intr.: erschrickst, erschrickt; erschrick!; erschrecken u. (mit gedehntem Vokal): erschrak, erschräte (Kat. 37²⁷; 96³² ff; II 95; 142); so auch v. schrecken u. dessen anderen Zusammensetzungen; dazu: Erschrecken n.; erschrecklich a. ꝛc. — ersprießen v.: ersprießlich a. — erst a.: Kat. 100², auch subst.: in der Erst u. (veraltend): zur Erst; für die Erst. I 34 ff; gewöhnlich adverbial: fürs erste, fürerst od. (veraltend) vorerst; mit erstem; zum ersten, zuerst; aufs erste am ersten, auch: erstens. ebb.; II 23; Kat. 108⁹; ¹⁸ ff. Substantivisch mit großen Anfangsbuchstaben, dagegen mit kleinem (so auch: der erstere ꝛc.), bezogen auf ein genanntes Substantiv, s. II 18; 56 ff, z. B.: Zum ersten (od. veraltend — [I 20 erst=) und letzten Mal ꝛc.; Lieber der Erste im Dorf als der Zweite in Rom! — Karl ist der Erste in der Klasse. — Dieser Schüler ist der erste [sc. Schüler] ꝛc. — Die Ersten werden die Letzten sein ꝛc. — Das A= und =O, das Erste u. Letzte ꝛc.; der (die, das) Erste Beste ꝛc.; aber auch (s. II 29): Am ersten [sc. Tage des] Januar. Den ersten dieses Monats ꝛc.; ferner: Er hat ein Haus u. einen Garten geerbt, das erstere von seinem Vater, den letztern v. seinem Oheim ꝛc.; auch: Fragst du, ob du lieber die Stelle in der Heimath annehmen sollst od. eine einträglichere in der Fremde, so rathe ich — zu der erstern [sc. Stelle] —, zu dem Erstern [= das Erstere zu thun] ꝛc. — Unterscheide: das erst (od. eben erst) geborene Kind u.: das erstgeborene (vgl. Erstgeburt) I 41, ähnlich (als ein Begriff): erstgenannt ꝛc.; ferner als Abv.: zum ersten od. erstens ꝛc.; erstlin (I 133); erstmals (I 90). — Eruption (lat.) f.: eruptiv a. ꝛc. — Erve (lat., spr. erwe) f. — erwägen v.: Kat. 28⁴ (s. wägen): erwogen ꝛc. — erwähnen v.: Kat. 28⁵: erwähntermaßen adv. I 94. — erweisen v.: erwiesenermaßen, erweislich[ermaßen] adv. I 94. — erwiedern v.: (nicht erwidern) Kat. 48²⁷; I 62: Erwiederung f. — Erwin m. — erwirken v. — Erycina (lat.) f.: erycinisch a., vom Berg Eryx. — erymanthisch (gr.) a.:

Erymanthus. — Eryngium (gr.) n.: Mz.
Eryngien. II 117. — Erysipelas (gr.) n.:
erysipelatös a. — Eryth(r)em (gr.) n. ze. —
Eryx: s. Erycina. — Erz n.: (s. ehern,
erzen): Erz(=)ader ze. — u. Versilbe, z. B.
in: Erzbischof; erzdumm: Erz(=)engel ze.,
auch Erzzauberer I 8; II 201. — erzählen
v.: Kat. 54³; erzähltermaßen adv. I 94 ze.
— erzeigen v.: erweisen (vgl. bezeigen),
versch.: erzeugen (hervorbringen) Kat. 21⁸.
— erzen v.: v. Erz (s. d. u. ehern),
mit geschärftem e der 1. Silbe. — erzen v.:
mit Er (s. d.) anreden (mit gedehntem e,
vgl. duzen). — erzeugen v.: vgl. erzeigen:
Erzeuger m.; Erzeugnis n.; Erzeugung f.
es: neutr. zu er Kat. 96¹⁶, verkürzt: 's,
z. B.: ich hab's ze. — Es n.: Ton u. Note;
auch: Es(=)es (s. As, Ces ze.) —
bouquet: s. Eßbouquet. — Eschara (gr.) f.:
Escharotikum n. ze. II 112. — Eschatologie
(gr.) f.: eschatologisch a. ebd. — Esch m. —
Esche f.: Kat. 30²⁷; 98⁶. — Eschel: s.
Aschel. — Esel m.: verkl.: Eselein u. Eslein,
in der Silbenbrechung Es=lein, mit weichem s.
(II 219). — Es(=)es: s. Es. — Es(=)kadre
(frz., spr. eskäd'r) f.: Eskadrille (spr. =ilje) f.;
Eskadron (spr. =ong) f.; eskadronieren v.
II 161, vgl. Schwadron ze. — Es(=)kamo-
tage (frz., spr. =äsche) f.: Eskamoteur (spr.
=ör) m.: eskamotieren v. — Es(=)karpe
(frz., spr. eskarp) f.: Eskarpin (spr. =peng)
m. — Es(=)kimo m. — Es(=)kompte (frz.,
spr. eskongt) m.: eskomptieren v. — Es=
korial (span.) m., n. — Es(=)korte (frz.) f.:
eskortieren v. — Es(=)krol (frz.) m.: Es=
kroterie f.; eskrotieren v. II 78. — es=
kulent (lat.). — Es(=)kurial: s. Eskorial. —
Esoteriker (gr.) m.: esoterisch a. — Es(=)pada
(span.) f.: Espadilla (spr. =ilja) f.: Espaden
(spr., spr. =ong) m. II 159. — Es(=)spa(=)gno-
lade (frz., spr. espanj=) f.: Espagnolette f.
ze. — Es(=)palier (frz., spr. espalje) n.:
s. Spalier. — Es(=)parcette (frz., spr. =hätt)
f., m.: nicht gut: Esparsett. — Es(=)pe f.:
Kat. 30²⁰; 100⁶; 118¹⁴; II 144; 158.
Es(=)pérance (frz., spr. =ängß) f.: esperieren.
II 5; 104. — Espiéglerie f. — Es(=)pion (frz.,
spr. espiong) m.: Espionage (spr. espionäsche)
f. II 138: 145. — Es(=)planade (frz.) f. —
Es(=)prit (frz., spr. espri) m. — es=
quilinisch (lat.) a. — Es(=)quire (engl.,
spr. estweir) m.: abgekürzt Esq. — Es(=)ra
(hebr.) m.: nicht Es(=)fra. II 164. — Essäer
(hebr. — in der Silbenbrechung: Es=säer
II 151) m. — Essay (engl., spr. esse) n.,
m., f. — Eß(=)bouquet (frz., spr. eßbuke) n.:
auch mit Doppel=t am Schluß u. der Ausspr.
=ett (s. Bouquet, vgl. Essenz). — Esse, ge-
heilt: Es=se (II 151): 1) f. — 2) (lat.) n.
— Essedarier (lat.) m.: II 119. — essen v.:

es=sen II 151; du, er ißt; gegessen; aß, äße
II 143; Kat. 34²²; 96³⁰; Essen n. ze.;
Eßsaal I 17 ze. — Essence (frz., spr.
essängß): Essentia (lat.) f.: Essentialität f.;
essentiell a. II 121; Essenz f., in der Silbenbrechung: Es=s ze. — Essig m.: Es=sig Kat.
87³³; 118²⁵; II 151. — E(=)staffete (frz.) f.:
s. Stafette. Kat. 41¹⁸. — E(=)staminet (frz.,
spr. =ne) n. — E(=)ste: in Italien.
E(=)sthe m.: Bewohner v. Esth(=)land; esth-
nisch a. II 155; 156. — E(=)sther (pers.=
hebr.) f. II 156. — e(=)stimieren (frz.) v. ze.:
s. ästimieren. — E(=)strade (frz.) f.
E(=)stragon (frz., spr. =ong) m. — E(=)strich
m., n.: Kat. 30²⁷; 85¹.
et (lat., spr. ett): auch mit dem Zeichen
&: et cetera od. & cetera u. abgekürzt etc.
od. &c. — eta(=)blieren (frz.) v.: Etablisse-
ment (spr. =emäng) n. — Etage (frz., spr.
=äsche) f.: Etagère f. II 104; 131. — Etappe
(frz.) f.: II 212 ff: Etapier (spr. etapje) m.
— Etat (frz., spr. etä) m. — et cetera:
s. et. — Ethik (gr.) f.: Ethiker m.; ethisch
a. — Ethno(=)graph (gr.) m.: Ethnographie f.;
ethnographisch a., ethnologisch a. ze. —
Etikette (frz.) f.: II 78. — etlich: (vgl.
einig): Etliche; Etliches; etliche Mal; et=
lichermaßen ze. — Etna m.: s. Aetna.
Etourderie (frz., spr. eturd=) f.: Etourdi m.,
étourdieren v.; Etourdissement (spr. =mäng)
n. II 5; 104. — E(=)trurien n.: Etrurier
II 120; 198; etrus(=)cisch a., etrus(=)kisch
a.; Etrus(=)ter II 126: 163. — Etüde (frz.) f.:
II 204. — Etui (frz., spr. ehtwi) n. —
etwaig a. (dreisilbig) I 12; II 111; Kat.
22²⁴. — etwas: adjekt. Pron. (vgl. was),
z. B.: etwas Nützliches ze.; auch adv.:
etwas od. in etwas=einigermaßen ze.; da=
gegen substantivisch: Etwas; irgend Etwas,
sich in Etwas mischen; an Etwas denken ze.;
so Etwas: von so Etwas ze. und substantiviert, mit dem Artikel ze.: ein Etwas;
das Etwas; ein räthselhaftes Etwas; dies
(jenes) Etwas ze. II 15; 18; 23 ff; 30;
Kat. 105³² ff. — Etymologie (gr.) f.: ety-
mologisch a.; etymologisieren ze.
eu: Diphthong, versch. zweisilbig eu; eü
und ëu II 114 ff; — und getrennt in
Zitzan. z. B.: Reise-Uhr; Reise-Urlaub;
Reise-Utensilien; Reise-Unternehmung; Lese-
Unterricht; Themse-Ufer; Spree=Ufer ze.
I 18; II 109; aber bei den Vorsilben be
u. ge mit nachfolgendem u gewöhnlich ohne
weitere Bezeichnung, z. B.: beunruhigen,
Beunruhigung ze.: beurtheilen, Beurtheiler
ze.; geurtheilt ze. II 111. — Euämie (gr.) f.
— euch: Dat. u. Acc. der Mz. von du
(s. d.). — in Briefen immer mit großen
Anfangsbuchstaben, in Gesprächen aber nur
in der Anrede einer od. mehrere mit Ihr
(s. d.) angeredeten Personen; ebenso bei euer

als Genit. u. als Possessivpron. nebst den zugehörigen Formen. II 13; 14; 41 ff; 44; 51. Eudämonie (gr.) f. II 6; 118 ꝛc. — euer: s. euch u. Ew.: auch (vgl. dein) z. B.: eurer Zeit; eures Gleichen ꝛc., aber: euret- halben; euretwegen; euretwillen, eurerseits (minder gut: euerseits) ꝛc. — Eugen m.: Eugenius; aber (frz.) Eugène (spr. öschän) II 104: Eugenie, aber: Eugénie (frz., spr. ösheni) II 5; 104; 116; 119. — Eumäus (gr.): II 6; 114. — Euphemie (gr.) f.: Euphemismus m.; euphemistisch a. — Euphon (gr.) n.: Euphonie f.; euphonisch a. ꝛc. — Euphorbie (gr.) f. II 117. — Eu(=)phrat m. — Eu(=)phrosyne (gr.) f. — Eu(=)pnoe (gr., dreisilbig) f.: I 3; II 199. — curig: s. deinig. — Eurythmie (gr.) f.: eurythmisch a. — Euter m.: versch. Eiter. — Euthanasie (gr.) f.

Eva (hebr.-gr., spr. ewa) f. — Evangelium (gr., spr. ew=) n.: Evangelien II 118. — eventual (lat., spr. ew=) a.: Eventualität f.; eventuell a. II 213. — Ever: s. Ewer. evident (lat., spr. ew=) a.: Evidenz f. — evoe! (gr.=lat., spr. ewo-e) interj. u.: Evoe n. — Evolution (lat., spr. ew=) f.: evolvieren v. — evviva! (it., spr. ewwiwa) interj. u.: Evviva n.

Ew.: Abkürzung für Euer in der Anrede des Kurialstils. — Ewald m.: vgl. Oswald; Berthold ꝛc. — Ewer (niederb.) m., n.: (nicht Ever): Ewersführer m.

Ex(=) (lat. ꝛc.): zur Bezeichnung des Gewesenen in deutsch gebildeten Zsstzgn., auch wo deren zweite Hälfte vokalisch anlautet, z. B.: ex(=)adelig; Ex(=)assessor; Ex(=)auditor; Ex(=)excellenz; Ex(=)inspektor; Ex(=)officiant ꝛc.; bei den aus dem Lat. od. Griech. übernommenen Wörtern aber, wo auf das x ein Vokal folgt, im Deutschen mit der Silbentheilung: e-x ꝛc. II 225 ff, s. d. Folg. — e(=)rakt (lat.) a.: Exaktitüde II 204. — E(=)raltation (lat.) f.: exaltieren v. — E(=)ramatose (gr.) f. — E(=)ramen (lat.) n.: Examinand m.; Examination f.; Examinator m.: examinieren v. — E(=)ranthem (gr.) n. ꝛc. — E(=)rarch (gr.) m. — E(=)raugu- ration (lat.) f.: exaugurieren v. — Ex- cedent (lat.) m.: excedieren v. II 81. — ex(=)cellent (lat.) a.: Excellenz f.; excellieren v. — Ex(=)centricität (lat.) f.: Excentrik n.: excentrisch a. — Ex(=)ception (lat.) f.: ex- ceptionell (frz.) a. II 213. — ex(=)cerpieren (lat.) v.: Excerpt n. ꝛc. — Ex(=)ceß (lat.) m. — ex(=)citieren (lat.) v. — E(=)redra (gr.) f.: II 226. — E(=)regese (gr.) f.: E-xeget m.: exegetisch a. — e(=)relutieren (frz.) v.: Exelution (lat.) f.; exelutiv a., Exelutivgewalt f. ꝛc.; Exelutor m. ꝛc. — E(=)rempel (lat.) n.: Exem(-)plar n.; exem- plarisch a.; exemplificieren v. ꝛc. — e(=)rempt

(lat.) a.: Exemption f. — E(=)requatur (lat.) n.: Exequien pl. II 119; exequieren v. — e(=)rercieren (lat.) v.: Exercitium n., Mz.: Exercitien II 121. — Ex(=)halation (lat.) f. ꝛc. — Ex(=)haustor (lat.) m. — Ex- hibition (lat.) f. — Ex(=)hortation (lat.) f. ꝛc. — E-xil (lat.) n.: II 226: exilieren v. ꝛc. — e(=)riminieren (lat.) v. — Ex(=)istenz (lat.) f.: existieren v. — Exklamation (lat.) f.: ex- klamieren v. — exkludieren (lat.) v.: exklusiv a. — exkommunicieren (lat.) v.: Exkommuni- lation f. — Exkrement (lat.) n. — Exkurs (lat.) m.: Exkursion f. — Exkusation (lat.) f. — Exküse (frz.) II 204; exkusieren (lat.), ex- küsieren (frz.) v. — ex(=)matrikulieren (nlat.) v. ꝛc. — Exmission (lat.) f.: exmittieren v. — E(=)rodium (gr.) n.: II 226: Exodien pl. II 117; Exodus m. — Ex(=)officiant m.: s. e. Ex=. — Ex(=)goneration (lat.) f. — e(=)rorbitant (lat.) a. — e(=)rorcisieren (gr.) v.: Exorcismus m.; Exorcist m. ꝛc. — E(=)rordium (gr.) n.: Mz.: Exordien II 226. — e(=)roterisch (gr.) a. — e(=)rotisch a. — Expedient (lat.) m.: II 117; expedieren v.; Expedition f. — Expeltant ꝛc.: s. Erspett ꝛc. — expectorieren (lat.) v. — Experiment (lat.) n.: Experimentalphysik f. ꝛc.; ex- perimentieren v.; expert a., ein Experter ꝛc.; Expertise (frz.) f. — explanieren (lat.) v. ꝛc. — explicieren (lat.) v.: Explikation f. — explodieren (lat.) v. — Exploit (frz., spr. exploä) n.: exploitieren v. — explorieren (lat.) v. — Explosion (lat.) f.: explosiv a. ꝛc. — Exponent (lat.) m.: exponieren v. ꝛc. — Export (engl.) m.: exportieren (lat.) v. — Exposé (frz.) n. II 5; 104 (vgl. Défilé): Exposition (lat.) f. — expreß (frz., spr. exprä) adv. II 5; 104; expreß (lat.) a., ein Expresser, Expreßtrain m. ꝛc.; ex- pressiv a.; exprimieren v. — Expropriation (nlat.) f.: expropriieren v. — exquisit (lat.) a. — Exsequien: s. Exequien. — ex- sribieren (lat.) v. ꝛc. — Exspektant (lat.) m.: Exspektation f. ꝛc. — exspirieren (lat.) v. ꝛc. — Exspoliation (lat.) f.: exspolieren v. — exstinguieren (lat., spr. -gwi=) v. II 134; Exstinktion f.: exstinktiv a. — Exstirpation (lat.) f.: Exstirpator m.: exstirpieren v. ꝛc. — Exsudat (lat.) f.: exsudieren v. — Ex- tase: s. Ekstase. — Extemporal (lat.) n.: extempore adv.; Extempore n.; extemporieren v. — extendieren (lat.) v.: Extension f.; extensiv a. ꝛc. — Extérieur (frz., spr. -ör) n.: II 5; 104: Exteriorität f. — Extermination (lat.) f.: Exterminator m., exterminieren v. — extern v.: (mundartl.) — extern (lat., spr. extérn) a.: Externat n. ꝛc. — ex- territorial (nlat.) a.: Exterritorialität f. — Exterstine pl. — extinguieren ꝛc.; extir- pieren ꝛc.: s. exst ꝛc. — extorquieren (lat.) v.: Extorsion f. — extra adv. u. Vorsilbe

z. B. in Extrabelohnung; Extrablatt; extra-
fein; Extrapost; Extratour; Extratrain;
Extrazug ꝛc. u. (I 18; II 109): Extra-Aus-
gabe ꝛc. (f. b. Folg.); Extra f.; Extras pl.
extrahieren (lat.) v.: Extrakt m., n.; Ex-
traktivstoff ꝛc. — **extraordinär** (lat.) a. ꝛc. —
extra-uterin (lat.) a.: I 18; II 109. —
extravagant (lat., spr. -wagánt) a.: Extra-
vaganz f.: extravagieren v. —**extrem** (lat.) a.:
Extrem m., Extremität f. ꝛc. — **Extremes-**
cenz (lat.) f. ꝛc. — **e(=)guberant** (lat.) a.:
II 126; Exuberanz f. ꝛc. — **E(=)gulant**
(lat.) m. — **E(=)gulceration** (lat.) f.; exul-
cerieren v. — **e(=)gulieren** (lat.) v. —
E(=)gultation (lat.) f.: exultieren v. —
E(=)gundation (lat.) f.: exundieren. —**e(=)gu-**
rieren (lat.) v.: Exustion f. — **E(=)guto-**
rium (lat.) n.: Mz.: Exutorien II 120. —
E(=)guvien (lat.) pl. II 120. — **Ervoto**
(lat., spr. egw=) n.
Eylau.

F.

F: die F's: F Dur; F Moll; F-Schlüssel
ꝛc.; F-Loch (I 13); aus dem Fi.
fa(=)bricieren (lat.) v.: Fabrik f.; Fa-
brikant m. ꝛc. II 78; 81; 178. — **Façade**
(frz., spr. faßáde) f.: Face (spr. faß) f.;
Facette f. II 83, f. faßen. — **Fach** n.: vgl.
einfach a. ꝛc.; fächelig v.; Fächer pl. u. m.;
fächerig a. ꝛc.; fächern v. — **Fächser** (spr.
fexer) m.: Kat. 27^{10}; II 90. — **Facit** (lat.) n.
— **Façon** (frz., spr. faßóng) f. II 90: fa-
çonnieren v. — **Fadaise** (frz., spr. =äse) f.:
II 7. — **Fagott** (frz.) m., n. II 213; Kat.
40^{30}; Fagottist m. — **fahen** v.: alt u. dich-
terisch=fangen; dazu fähig a. ꝛc.; fahnden
v. Kat. 52^3 ff. — **fahl** a.: Kat. 53^{19}. —
fahnden v.: f. fahen. — **Fahne** f.: Kat. 55^{17};
Fähnrich, daneben: Fähnd(=)rich m. Kat.
II 181. — **Fahr** f.: Fährde f.: Kat. 56^2;
71^{31}, vgl. Gefahr, Gefährde. — **Fähre** f.:
Kat. 56^1. — **fahren** v.: Kat. 55^{35}; du
fährst, er fährt. 76^3: fahrig a.: fahrlässig a.;
Fahrnis n.; Fahrt f.; Fährte f. — **Fahren-**
heit: Fahrenheit'sches Thermometer. Kat.
110: I 31. — **Faible** (frz., spr. fäb'l) n.:
Fai(=)bleffe f. — **Faïence** (frz., spr. fajángß)
f., n.: f. Fayence. — **Faille** (frz., spr. falj) f.
— **faillieren** (frz., spr. falj=) v.: Falli m.;
Faillite (spr. faljit) f.: f. faillieren ꝛc. —
Faiseur (frz., spr. fesör) m. II 7. — **fait**
accompli (frz., spr. fätaccongpli) n. II 105.
— **Fakir** (ar.) m.: Emir. — **Fakfi-**
mile (lat.) n.: Mz.: Fakfimiles; Fakta pl.
v. Faktum (f. u.); Faktage (frz., spr. =äßge) f.
II 181; Faktion f.; faktiös a.; .faktisch a.;
Faktor m.; Faktorei f.; Faktotum n.;

Faktum n.; Faktur f.; Faktura f.. — **Fa-**
kultät (lat.) f.; fakultativ a. — **falb** a.:
der Falbe; falben v.; Falber, Fälber m.
(Weide). -- **Falbala** (frz.) f.: Falbel f.
— **Falk** m.: Falkenier, Falk(e)ner m.; Fal-
konett n. II 211. — **Fall** m.: im besten ꝛc.
Fall; besten (schlimmsten, erforderlichen ꝛc.)
Falls; aber: allenfalls ꝛc.; ebensfalls ꝛc. adv.
u.: falls conj. I 80. — **fallen** v.: du fällst,
er fällt, vgl.: **fällen** v.: du fäll(e)st, er
fäll(e)t. Kat. 75^{22} ꝛc.; **fällig** a.; Fallreep n.,
f. Reep. — **fallieren** (it.) v.: Falliment n.;
Fallit m., vgl. (frz.): faillieren v.; Faillite f.;
Failli m.; dagegen nur als vermeint frz.
Fallissement (mit der Ausspr. =äng) n. —
fällig a.: f. fallen. — **falls** conj.: f. Fall.
— **Falsar** (lat.) m.: Falsarien pl. II 119. —
falsch a.: Falsch m., n., ohne Falsch II 19;
fälschen v., du, er fälscht II 71; fälschlich
a. ꝛc. — **Falsett** (it.) n.: II 211; falsifi-
cieren (lat.) v.; Falsifikat n. ꝛc.; Falsum n.
— **Falte** f.: fälteln v. ꝛc. — **Falz** m.:
(verfch. Pfulz; falls); Falze f.; falzen v.;
Falzbein n.; Falz(=)zange f., Falz(=)ziegel m.
II 201. — **familiär** (lat.) a.: II 7; Familie f. II 118; familièrement (frz., spr.
=äremáng) adv. II 115. — **famos** (lat.) a.
II 139. — **Fanal** (frz.) m., n.: Fanar
(ugr.) m.; üblicher als Phanar, Fa-
nariot m. — **Fanatiker** (lat.) m.: fanatisch
a.; Fanatismus m. — **Fanchon** (frz., spr.
fangschóng) f. II 137. — **Fanfare** (frz.,
spr. fangfäre) f.: Fanfaron (spr. =óng) m.
II 137; Fanfaronnade f. ꝛc. — **Fang** m.:
Fänge pl.; fangen v. (vgl. fahen), du fängst,
er fängt; fing, nicht mehr: fieng. Kat. 49^6.
— **Fanny** (engl.) f.: Kat. 148^{32}. — **Fant**
m.: (verfch. Pfand: fand v. finden), Fänt-
chen ꝛc. — **Fantasie** ꝛc.: f. Phant. —
Faquin (frz., spr. =téng) m. II 79 ꝛc. —
Faraday (engl., spr. férräde): Name: Fa-
radisation f. ꝛc. — **Farce** (frz., spr. farße) f.:
Farceur (spr. =ör) m.; farcieren v. — **Farin**
(lat.) m.: Farinzucker m. Kat. 46^{34}. — **Farn**
m.; Farnkraut n. ꝛc., besser als Farren(kraut),
f. u. — **Faro** 1) n.: Art belgisches Bier. —
2) m. (it.): = Pharus (f. d.). — 3) n.:
f. Pharao. — **farouche** (frz., spr. =ufch) a.
— **Farr** m.: Farre m. ꝛc. Farrenkopf m. ꝛc.
(aber Farnkraut, f. d., besser als Farr(e)n-
kraut); weibl.: **Färse** (verfch.: Ferse); Färsen-
leder n. — **Fasan** m.: Kat. 57^2; 65^{30};
Fasanerie II 119. — **Fas(=)ces** (lat.) pl.
II 163. — **Faschine** (it.) f.: II 89; Kat.
79^{27}; 47^2. — **Fasching** m. — **Fas(=)cikel**
(lat.) m. II 163. — **Fas(=)cination** (lat.) f.:
fascinieren v. II 163. — **fasel** v.: ich fasele ꝛc.
ob. fasle, in der Silbenbrechung: faf=le;
Fasler ꝛc. II 219. — **Fase(o)le** f.: f. Pha-
seole. — **Faser** f.: faf(e)rig a.; fasern v. ꝛc.,
vgl. fafeln. — **Fashion** (engl., spr. fäschen) f.:

faſhionabel (ſpr. =ēb'l) a. — Faſnacht f.: ſ. faſten. — Faß n.: des Faſſes; die Fäſſer; Fäschen ꝛc.; Faßpech n.; Faßreif m. ꝛc.; faſſen v.: du faſſeſt od. faßt; er faſſ(e)t (minder gut: fäßt); faß(e)ten ꝛc., — verſch.: faßen (ſ. d.), faſten (ſ. d.) Kat. 77¹⁷; 96³⁵ff; II 83; 146; 153; 156; 165. — Faſſion (lat.) f. — Faſtage (ſpr. =āße) f.: ſ. Fuſtaille II 132. — I faſten v.: Faſttag m. ꝛc.; Faſten n.; f.; pl. (ſ. II); Faſtenzeit f.; Faſtelabend m.; Faſtnacht f. (mundartl. auch noch Faſnacht, vgl. Faſching. Kat. 100²⁰). — II Faſten (lat.) pl.: altröm. Feſtkalender (faſti), vgl. I. — faſtidieren (lat.) v.: faſtidiös a.; Faſtidium n. — faſſen v.: ab= faßen = abſchmiegen, abkanten, v. frz. Face (ſ. d.), verſch.: faſſen II 83. — Fat (frz., ſpr. fä) m.: die Fats. — Fata Morgana (it.) f.: Mz.: die Fata-Morgana's od. Fata= Morganen. — fatigant (frz.) a.: II 133; ſo auch — ohne das in der frz., aber nicht in der deutſchen Orthographie nothwendige gu —: Fatigue; fatigieren ebd., vgl. intri= gant ꝛc. — Faubourg (frz., ſpr. fobūr) m.; n.; f.: Faubourg St. Germain [ſpr. ßeng ßhermäng]. — fauchen v. — faul a.: fau= lenzen v. Kat. 100³⁵; II 76; Fau(=)lenzer, Fau(=)lenzerei f. — Faun (lat.) m.: Fäun= chen n., Fäunling m. ꝛc. — Fauſſe (frz., ſpr. fōß) f. — fauſtdick a. ꝛc.: ſ. breit. — faute de mieux (frz., ſpr. fot, dĕ mjö) II 105. — Fauteuil (frz., ſpr. fotölj) m., n. — faux-coup (frz., ſpr. foku) m.: faux pas (ſpr. fopā), beſſer als Faurpas II 105 ff. — Faveur (frz., ſpr. fawȫr) f.: favoriſieren v.; Favorit (frz., ſpr. fawori) m., Favorite, Favoritin f. — Faxe f.: Kat. 93¹⁰; Faxen= macher ꝛc. — Fayence (frz., ſpr. faiàngß) f.: mit y übernommen nach der ältern frz. Schreibweiſe (frz. jetzt faïence). — Fazzo= letto (it.) n.

F=Dur: ſ. F.

Fe(=)bruar (lat.) m. II 178. — fechten v.: du fichtſt od. fichſt; er ficht; ficht! Kat. 75²⁹, vgl. ſtechten. — Fee (frz.) f.: Mz.: Feen (einſilbig) u. Feeen (zweiſilbig): Fee(e)nland n. ꝛc.; fee(n)haft a.; Fee(e)rie f. (frz. féerie) ꝛc. Kat. 43²⁹; 45¹ ff. — Feh f.: Fehe f.; Februcken m.; Febwanne m.; Feh= werk n. Kat. 44². — Fehde f.: (be)fehden v.; Urfehde f. Kat. 53⁹. — Fehl m.: fehl adv. u. in Zſßgn. (I 62; 65): fehlbitten v., Fehlbitte f.; fehlgehen v., Fehlgang m.; fehlſchlagen v., Fehlſchlag m.; fehlſchließen v., Fehlſchluß m.; fehltreten v., Fehltritt m. ꝛc. — Fehm f.: Kat. 55⁵; 64²⁹; Fehmgericht n. ꝛc.; (ver)fehmen v. — Fei f.: Fee= ſeien v. od. ſei'n (verſch.: fein); ſeiend, ſei'nd (verſch.: feind); du feieſt, ſei'ſt (verſch.: feiſt); er ſeiet, ſei't; gefeiet, geſei't; ſeiete, ſei'te I 23; II 69. — Feifel f., m. — feige a.:

Feigheit f.; Feigling m. ꝛc.: verſch.: Feige f. — feil a.: (verſch.: Beil; Pfeil): feil bieten; feil halten ꝛc.; feilſchen v.: Feilheit f. ꝛc. — vgl.: Feile f.; feilen v.; feilicht, Feilſel n. — fein a.: vgl. ſeien. — Feind m.: ſeind a.: Jemandes Feind, — ihm feind — ſein II 20 (verſch.: ſei'nd, ſ. ſeien); Feindſchaft f.; feindſelig a. ꝛc. — feiſt a.: verſch. fei'ſt (ſ. ſeien): Feiſt(=)heit, Fei=ſtigkeit f. II 155; 156. — feizen v. — Felbel m.: ſ. Felpel. — Felber; ſ. falb. — Felch m.: Art Fiſch. — Feld n.: feld(=)aus, feld(=)ein, feld(=)ein= wärts, feld(=)entlang, feld(=)über adv. II 115; Feldſcher, Feldſcherer m. Kat. 44²⁷; Feld= ſpat m. (ſ. Spat). — Fellach, Fellah (ar.) m. — Fell(=)eiſen n.: Umdeutung aus frz. valiſe. — Felonie (frz.) f. — Felpel m.: nach it. felpa richtiger als Felbel, Velpel ꝛc. — Fels m.: Felſen m.; fels(=)ab, fels= abwärts, fels(=)an ꝛc. u. häufiger: felſen(=)ab, felſen(=)abwärts, felſen(=)an ꝛc. adv. I 115; Felſenkluft f. ꝛc.; Felsſtein m. ꝛc.; felſicht a. (felsartig); felſig a. (voller Felſen). Kat. 87³ ff. — Felucke (ar.=it.) f. — Fem ꝛc.: ſ. Fehm. — feminin (lat.) a.: Femininum u. — Fence (engl.): ſ. Fenz. — Fenier m.: Partei in Irland. — Fenz (engl. fence) f.: fenzen v. — Feodor: ruſſ. = Theodor; Feo= doſia. — Ferdinand m.: aus ſpan. Fer= nando. — Ferge m.: Fährmann. Kat. 83²⁹. — Ferien (lat.): II 19; — Ferman (frz.) m.: beſſer als in frz. Umformung: Firman, ſ. II 209. — fern a.: von fern II 19; nicht im fernſten W ꝛc.; ferner adv. (von fern her; fern herkommen ꝛc.) I 32; fernhin adv. (u. fern hineilen) ebd.; fernerhin adv. I 133; fernerweit a. I 106; fern ab, fer= ner ab I 117; (in) ſo (od. wie) fern (vgl. weit) I 107; Ferne f.: aus der Ferne ꝛc. — Fernambuk: Fernambukholz, auch: Per= nambuko ꝛc. — Fernando: ſ. Ferdinand; Hernando. — Ferner m.: ſ. Firn. — Ferſe f.: am Fuß, — verſch.: Färſe (ſ. b. u. Vers): Ferſengeld n. ꝛc. — fertig a.: Kat. 30¹². — fervent (lat., ſpr. ferwént) a. ꝛc. — Fer= wer (perſ.) m. — Fes: 1) n.: Ton u. Note (vgl. As 1): Fes(=)es. — 2) ſ. Feß. — fes(=)cenniniſch (lat.) a. II 163. — feſch a.: wieneriſch = faſhionable (ſ. d.). — Feß (türk.) n., m.: rothe Mütze, nach der gleichnamigen Stadt (in frz. Schreibweiſe Fez, ſ. II 141; 209). — Feſſel f.: Kat. 30¹². — Feſt n.: feſtlich a.; Feſtlichkeit f. ꝛc. — feſt a.: feſt (feſter, am feſteſten) ſchrauben, kleben (tr. u. intr.), halten, ſitzen, ſtehen, ſtellen ꝛc.; aber z. B.: feſtſtehende (a.) Regel ꝛc. und Feſt= ſtellung f. ꝛc. I 61; Fe(=)ſte f.; Feſt(=)heit f.; Fe(-)ſtigkeit f.; fe(=)ſtiglich adv. — Feſtung f.ꝛc. (nicht mit W) Kat. 64²⁹; II 155 ff. — Fete (frz.) f.: zweiſilbig, vgl. Fête (ein= ſilbig, fät): fetieren v. II 104. — Fetiſch (portug.) m. — **fett** a.: Fett n.; Fett-Tropfen Kat. 37⁹; I 17. — **Fetzen** m.: fetzen v. (nicht pfetzen). Kat. 67¹⁸. — **Feuillage** (frz., ſpr. följäſche) f. — **Feuillant** (frz., ſpr. följáng) m.; Feuilletinismus m. — Feuilleton (frz., ſpr. följetóng) n.: Feuilletonniſt m. ꝛc. — **Fez** m.: (mundartl.) Kretin ꝛc. — Fez: ſ. Feß.

Ff: ſ. F.
fi! interj.: vgl. pfui! Kat. 51²⁴. — **Fiaker** (frz.) m. — **Fiale** (gr.-it.) f.: Thürmchen als Schmuck an Bauten, vgl. Phiale. — **Fias(-)chetto** (it., ſpr. -ketto) n.: II 88; 122; Fiasko n. — **Fibel** f. — **Fiber** (lat.) f.: Faſer (verſch. Fieber, vgl. auch vibrieren) Kat. 47¹⁸; Fi(-)brin n.: fibrös a. II 178. — **Fiche** (frz., ſpr. fiſch) f.: ſ. Fiſch; z. B.: fiche de consolation (ſpr. óng). — **ficht, ſich(t)ſt:** ſ. fechten. — **Fichte** f.: Kat. 49⁶. — **Fichu** (frz., ſpr. fiſchü) n. II 204. — **Fideikommiß** (lat.): Fideikommiſſar(ien) II 109; 119. — **fidel** (lat., ſpr. fidél) a.: verſch. Fiedel. — **fidemieren** v.: ſ. fidimieren. — **Fidibus** m.: Kat. 47⁸. — **Fiducia** (lat.) f.: Fiducit n.; Fiduz n. II 79; 80. — **Fieber** n.: Krankheit (verſch. Fiber f.): fiebern v. ꝛc. — **Fiedel** f.: Kat. 47¹⁹: fiedeln v.; Fiedler m. II 175. — **fiedern** v.: gefiedert; fied(-)rig ꝛc. — **Fiek** m.: durchlöchernder Wurm. — **Fiekchen** n.: niederd. Koſename für Sophie. — **fieng:** ſ. fangen. — **Fierant** (it.) m.: Meßgaſt II 65; 117. — **Fierding** (dän.) m.: Viertel. — **Figur** (lat.) f.: Figürchen n.; figurieren v.: figürlich a.: ſiktil (lat.) a.: Fik(-)tion f. II 224; fiktiv a. — **Filet** (frz., ſpr. file) n.: II 211. — **Filigran** (frz.) n. — **Filon** (frz., ſpr. filü) m. II 205. — **Filter** (frz.) m., n.: Filtrat n.; Fil(-)tration f.: fil(-)trieren v.; Fil(-)trum n., Mz.: Filtra II 198, verſch. Phil(-)tron (ſ. d.). — **Filz** m. — **final** (lat.) a.: Finale n. — **Finance** (frz., ſpr. ángß) f.: ſ. Finanz, vgl. Alliance, Bilance ꝛc.: Finanzier (ſpr. -angßie); Finanz f., nam. in Mz.: Finanzen u. Zſſtgn, wie: Finanzétat [ſpr. -etä] m.; Finanzmann m.; Finanzminiſter m. ꝛc.: finanziéll a. II 121; 213, vgl.: financiéll (ſpr. -angßiéll). — **finden** v.: Findelhaus n., Findelkind n.; Findling m.; — üblicher als mit ü von Fund, ſ. fündig ꝛc. Kat. 32⁶. — **fing:** ſ. fangen, verſch.: Fink m. — **fingerbreit** a. ꝛc.: ſ. Hand; breit. — **Finiſſage** (frz., ſpr. -äße) f.: Finiſſeur (ſpr. -ör) m. — **Fink:** Finken Er m. I 14, Finkenbahn ꝛc. — **Finne:** 1) m.: die Finnen; Finnland; finniſcher Meerbuſen; Finnmarken ꝛc. — 2) f.: Floſſe: Finnfiſch m., Finnwal m. — 3) f.: Blatter (Puſtel) im Geſicht: Blaſenwurm (in Schweinen) ꝛc.: finnig a. — **Finte** (it.) f.: Fintchen n. ꝛc., vgl. Fündchen v. Fund (ſ. d.). —

Fioc(-)co (it.) m.: Mz.: Fioc(-)chi II 96; 97. — **Fiord:** ſ. Fjord. — **Fioritur** (it.) f. — **Fips** m.: fip(-)ſig a. Kat. 67²²; II 195. — **Firlefanz** m. — **firm** (lat.) a.: Firm (it.) f.; Firmament n. — **Firma** f.: ſ. Ferman. — **firmeln** v.: firmen v.; Firm(el)ung f.; Firmling m. — **firn** a.: vorjährig, alt: Firnewein m. ꝛc.; Firnſchnee m., Firn m., Firne f., Firner m. (Nebenform: Ferner m.). — **Firnis** m.: die Firniſſe; firniſſen v. Kat. 39²¹; II 143, vgl. frz.: vernis (ſpr. werni) m.; vernisseur (ſpr. werniſſör) m. — **First** m.; Firſt f.: Dachfirſt ꝛc., vgl. Fürſt. — **Fis** n.: vgl. Fes 1; Fis(-)is (verſch.: Physharmonika). — **Fiſch** m.: auch als Umdeutſchung von frz. fiche f. (ſ. d.): Lappen eines Thür-, Fenſterbands (Fiſchband); Spielmarke ꝛc.: Fiſch(-)lein, Fiſch(-)chen n.; Fiſchaar m., Fiſch(-)angel m., f.; Fiſch(-)eſſer m.; Fiſch(-)laich m.; Fiſch(-)otter m., f.; Fiſchſchuppe f.; Fiſch(-)ſchwanz m. ꝛc., Fi(-)ſche pl.: fi(-)ſchen v.; fi(-)ſcheuzen v.; Fi(-)ſcher m.: fi(-)ſchicht a. ꝛc. II 152; 170; 173. — **Fis(-)is** n.: ſ. Fis. — **Fis(-)kal** (lat.) m.: fiskaliſch a.; Fiskus m. II 81; 161. — **Fiſtel** (lat.) f.: fiſtulieren v.; fiſtulös a. — **Fittig** m.: Kat. 87³³: fittigen v. — **fix** a.: flink ꝛc. u. (lat.) feſt (Fix(-)ſterne): Kat. 93¹¹: Fix m. (Fixköter) Fi(-)xation f.; fi(-)xen v. (Fixgeſchäft); Fi(-)xer m.; Fixſtar m.; fi(-)xieren v.; Fi(-)xum n. ꝛc. II 225.

Fjord (dän.) m.
Flabbe f.: Kat. 63⁶: II 221, — niederd. ſt. Flappe, ſ. d. — **flach** a.: Flach n., des Flach's (II 69; 91); Fläche f. — **Flachs** (ſpr. flax) m.: Kat. 91³⁰; II 91: flachſen, flächſern a. (vgl. Flechſe); flachſicht a. Kat. 87⁵. — **Flageolett** (frz., ſpr. flaſholétt) n.: II 211, verderbt: Flaſchinett: Flageoletiſt m. — **Flagge** f.: Kat. 63²⁰; II 222; 224; flaggen v. — **Flagorneur** (frz., ſpr. -nör) m. ꝛc. — **fla(-)grant** (frz., ſpr. -áng) n. (m.). — **Flakon** (frz., ſpr. -óng) n. (m.). — **Flamänder** m.: Flamländer m.: flam(l)ändiſch a., Fläming; ſ. flämiſch. — **Flambeau** (frz., ſpr. flangbo) n. — **Flamberg** (frz.) m. — **flamboyant** (frz. flangboajáng) a.: Flamboyantſtil m. — **Fläming** m.: Fläminger m., ſ. Flamänder. — **Flamingo** (frz.) m.: ein Vogel (auch flamant, ſpr. flamáng). — **flämiſch** a.: aus Flandern, flamändiſch (ſ. d., vgl. Gret.) plump ꝛc.: mürriſch ꝛc. — **Flammeri** m., n.: Art Mehlſpeiſe. — **Flanell** (frz.) m.: Kat. 40³⁰; II 213: flanellen a. — **Flaneur** (frz., ſpr. -ör) m.: flanieren v. — **Flanke** f.: flankieren v., aber: Flanqueur (ſpr. flangkör) m. II 78; 79. — **Flauſch** m.: Flauſche f. — **Flappe** f.: ſ. Flabbe; flappen v.; flappig a. — **Flaps** m.: des Flap(-)ſes; flap(-)ſig

Kat. 38⁶; 64⁴; II 195. — **Flaum** m.: (verſch.: Pflaume): Flaumfeder f.; flaumig a.; flaumweich a. — **Flaus, Flauſch** m.: Kat. 64²⁰; 98¹⁵: Flaus=, Flauſchrock ꝛc. — **Flavier** (lat.) m.: dreiſilbig II 121. — **Fläz** m.: (mundartl.): Flegel: ſich aus=, hinfläzen; fläzig a. — **Flèche** (frz., ſpr. fläſch) f.: Pfeilſchanze; nicht füglich: Fleſche (ſ. II 89; 104). — **Flechſe** (ſpr. fleze) f.: Sehne (vgl. flächſen a.). — **flechten** v.: vgl. fechten): du flich(t)ſt; er flicht; flicht! ꝛc. — **flederu** v.: flattern; ſchwingen ꝛc.: Fledermaus f.; Flederwiſch m. — **flehen** v.: Kat. 52¹⁰; flehend; flehentlich adv. 73³. — **fleiben** v.: (mundartl.) puzen. Kat. 51⁵. — **Fleiſch** n.: Fleiſch(=)auswuchs m. ꝛc.; flei(=)ſchen v.; Flei(=)ſcher m.; Fleiſch(=)eſſer m.; flei(=)ſchig a.; fleiſch(=)lich a.; Fleiſch(=)ſcharren m. ꝛc. II 153; 173 ꝛc. — **Fleiß** m.: fleißig a. ꝛc., ſ. befleißen; gefliſſen ꝛc. — **flektieren** (lat.) v.: flektierbar a., vgl. flexibel; Flexion. — **Fleſche**: ſ. Flèche. — **Fleth** n.: ſ. Fließ. — **fle(=)trieren** (frz.) v.: fletriſſant a. — **Fletz** n.: ſ. Flöz. — **fleuch** ꝛc.: ſ. fliehen. — **fleug** ꝛc.: ſ. fliegen. — **Fleur** (frz., ſpr. flör) f.: Fleuret (ſpr. flöre) n.; Fleurette f.; Fleuriſt m.; Fleuron (ſpr. flörong) m. — **fleuß** ꝛc.: ſ. fließen. — **fle(=)xibel** (lat.) a.: Flexibilität f.; Fle(=)xion f. ꝛc., vgl. flektieren. — **Fliboot** (niederd.) n.: Flibuſtier m. II 120. — **flicht** ꝛc.: ſ. flechten (verſch.: Pflicht f.) — **fliegen** v.: du flieg(e)ſt; er flieg(e)t; flieg(e)! —, auch (alterthümlich): fleugſt; fleugt; fleug! Kat. 75³⁵, ſ. b. Folg. — **fliehen** v.: du flieh(e)ſt; er flieh(e)t; flieh(e)! —, auch (ſ. b. Vor.): fleuchſt, fleucht, fleuch! — **Flies** n.: wolliges Fell, vgl. Flaus: des Flieſes ꝛc.; fein=, gold=, ſchönflieſig a. ꝛc., — nicht mit ß als An=, nur mit ß als Auslaut. Kat. 64²⁰; 96², ſ. b. Folg. — **Flieſe** f.: Steinplatte ꝛc. — **Fließ** n.: kleines fließendes Waſſer (niederd.: Fleth, z. B. in Hamburg); **fließen** v.: du fließeſt od. fließt, alterthümlich: fleußt; er fließ(e)t, fleußt; Imperativ: fließ(e), fleuß! II 71; Kat. 75²³ ff; Impf.: floß, flöſſe; Partic.: gefloſſen: Fließgold n.; Fließpapier n. ꝛc. — **flip(=)pen** v.: flipſig a. II 195. — **fli(=)ſpern** v.: fli(=)ſtern v.: auch, mit dumpferm Laut: fliſtern Kat. 31³². — **Flitz** m.: Pfeil: Flitzpfeil m.; Flitzbogen m.; flitzen v.: ſich pfeilſchnell bewegen. — **F=Loch** n.: ſ. F; I 13. — **Flocke** f.: Kat. 63²⁰. — **Flödule**: ſ. Flöte. — **floh** Impf. v. fliehen; Konj.: flöhe. — **Floh** m.: pl. Flöhe; flöhen v. — **Flohm** m.: (mundartl.) Bauch=, Nierenfett. Kat. 55¹¹; 67¹¹. — **Flor** (lat.) m.: Blüthe (auch f.) — n.: (Mz.: Flöre) dünnes Gewebe ꝛc.: Florescenz f.; Florett n. II 211, Florettſeide f.; florieren v. ꝛc.; **Floß(=)lei** f., floß(=)tuſieren v. II 161. — **floß**: ſ. fließen. — **Floſſe** f.,

Floßfeder f. — **Floß** m., n.: mit gedehntem o (II 142), des Floßes; Flöße pl.: f.; Holzfloß ꝛc.; Floßholz ꝛc.; flößen v., Flößer m. (daneben: flözen, Flözer). — **flott** a.: flottweg adv. I 143; Flott n.; Flotte f., Flottille (frz., ſpr. =ille) f. — **Flöz** n., m.: eine wagrechte Fläche, nam. im Bergbau, — üblicher als Fletz, Flötz Kat. 31¹³. — flözen v. ꝛc.: ſ. flößen. — **Fluch** m.: des Fluch's (hochd. nicht reimend auf Fuchs) Kat. 91²⁹; II 69; 91; Flü(=)che pl.; flu(=)chen v. ꝛc.; fluch(=)entladen a.; Fluchabwender ꝛc. II 173; er, ihr fluchet ob. flucht (mit gedehntem Vokal), verſch.: Flucht f. (mit geſchärftem), dazu: flüchten v.; flüchtig a.; Flüchtling m. ꝛc., von fliehen, ſ. b. Folg. — **Flug** m.: (v. fliegen): des Flug(e)s; flugs adv. Kat. 91¹⁴; 92²; II 31; Flü(=)ge pl.; Flugaſche f.; Flug(=)hafer m.; Flug(=)haut f. II 134; 173 ꝛc.; **flügge** a. (nicht: flücke) Kat. 63³²; II 223. — **Fluh, Flüh(e)** f.: Flubvogel m. — **Fluidum** (lat.) n. — **Fluktuation** (lat.) f.: fluktuieren v. ꝛc. II 77; 95; 188. — **Flur** f., m. — **fluſchen** v.: mundartl., mit gedehntem u, Kat. 98. — **Fluß** m.: Flüſſe pl. ꝛc. II 142; flußab, flußabwärts adv. I 115; flußauf(wärts) adv. ꝛc.; Flußſand m. Kat. 36³⁶; 117; II 150; Flußſpat m. ꝛc. — **flüſtern** v.: ſ. fliſtern. — **Flûte douce** (frz., ſpr. flühtdüß) f. — **Fluth** f.: fluthen v.; Flutbzeit f.: üblicher mit th als mit bloßem t. Kat. 59³⁶; II 201. — **Flyſch** m. (ſchweizer.).

Fo (chin.) m. =Buddha (ſ. b.). Dazu: Foismus II 109, vgl. Fobi. — **Fob i** ꝛc.: ſ. Fohi. — **Fock** f.: 1) Fockmaſt m.; Fockrah f.; Fockſegel n. ꝛc. — 2) Nachtreiber, auch: Focker m., — verſch.: Fogge. — **fodern** v. ꝛc.: Nebenform zu fordern. — **Fogge** f.: Windfege, — verſch.: Focke, vgl. II 223; 224. — **Foglietta** (it., ſpr. folj=) f. — **Fohi**: ein chineſ. Geſetzgeber: Fohismus, ſeine Lehre, — zu unterſcheiden v. Foïsmus. — **Fohlen** n.: junges Pferd, Füllen: fohlen v., Kat. 54¹¹. — **Föhn** m.: (ſchwzr.) Thauwind: es föhnt; föhnig a. Kat. 55²⁶. — **Föhre** f.: Kat. 56¹⁹: Föhrenbaum ꝛc.; fähren a. — **Folge** f.: in Folge (vgl. zufolge) I 81; II 34; folgenbergeſtalt adv. I 81; folgendermaßen adv. I 94. — **Folie** (frz., ſpr. foli) f.: Thorheit ꝛc. — **Folie** (nlat.) f.: II 118; Folien pl., auch v. Folium n. — **Folkething** (dän.) m., n.: Volks=Thing. — **Fond** (frz., ſpr. fong) m.: Grundlage ꝛc., zu unterſcheiden v. **Fonds** (ſpr. fong, in Gen. u. Mz. aber gewöhnlich ſo fongs) m.: Grundkapital; fundierte Staatspapiere ꝛc. — **Fontaine** (frz., ſpr. fongtäne) f. II 7; 8. — **Fontange** (frz., ſpr. fongtangñ') f. — **Force** (frz., ſpr. forß) f.: forcieren v., vgl. forſch. — **fordern** v.: Nebenform fodern: Fo(r)=

beruug f. 2c. — **fördern** v.: Kat. 17¹⁵; 64²⁶, vgl. förderhin adv. I 133; fürder, verder 2c. **Formalien** (lat.) pl. — **Formul** (lat.-gr.) n. — **forsch** a.: aus frz. force II 83; 143. — **forschen** v.: du forschest, minder gut: forscht Kat. 74¹³; II 71, vgl.: er, ihr forsch(e)t. — **Fort** (frz., spr. för) n. — fort adv. u. Vorsilbe I 62, z. B.: fortarbeiten v.; Fortdauer f.; fortdauern v.; fortfahren v.; forthelfen v., Forthilfe f. II 110 2c., ferner: fortab adv. I 117; fortan 118; 128; forthin 128; 133; II 110 2c. — **Fortepiano** (it.) n. — **Fortune** (frz., spr. -ün) f. II 204. — **fossil** (lat.) a.: Fossil n., Mz.: Fossilien II 118. — **Fötus** (lat.) m. — **Foudre:** f. Fuder II 207. — **Foulard** (frz., spr. fular) m. II 206. — **Fourchette** (frz., spr. furschétt) f. — **Fourgon** (frz., spr. furgóng) m. — **Fourier** (frz., spr. fuhrjé) m.: Eigenname: Fourierismus m. 2c.; Fourierist m. 2c.; f. auch Fourrier; Furier. — **Fournier** 2c.: f. Furnier. — **Fourrage** (frz., spr. furrásche) f.: Fourrageur (spr. -ör) m.; fourragieren v. II 131; 132; 205 ff. — **Fourrier** (frz., spr. furrjé) m.: f. Furier. — **Foyer** (frz., spr. soajé) n.

Fracht f. — **Frack** m. — **fragen** v.: schwachformig, daneben: frägst, frägt Kat. 75²⁶; frug, früge. — **Fränchen** (frz., spr. fräßchén) f. — **Fraise** (frz., spr. fräse) f.: Fraisette f.; aber: fräsen v., mit deutscher Endung (-en, nicht: -ieren). — **Fraktion** (lat.) f. — **Fraktur** f. — **France:** f. Franc. — **Française** (frz., spr. frangßäse) f. — **Franche-Comté** (frz., spr. frangsch kongté) f. — **Franchise** (frz., spr. frangschise) f. — **Franciska** f.: Franciskaner m. 2c.; Franciskus m., f. Franz. — **franc-maçon** (frz., spr. frangmaßóng) m. II 77; 105. — **franctireur** (frz., spr. frangtirör) m. ebb., auch: Franktireur. — **Frange** (frz., spr. frangsche) f.: auch Franse, Franze. — **frank** a.: Frank m., frz. Münze (franc, spr. frang), Mz.: Franks ob. Franken; Franke m., Mz.: Franken; Frankfurt (Kat. 59³³); ein Frankfurtam-Mainer (116²⁴; I 22); frankieren v.; fränkisch a.; Frankistan n.; franko adv.; Franko-Kouvert n.; franko-gallisch a. 2c. — **Franse** f.: f. Frange: Fränschen n.; fransen v., ausfransen 2c. (auch mit z statt s). — **Franz** m.: Name (f. Franciskus; II 80; verfl.: Fränzchen) u. als Bestimmungswort in Zusstzgn. (=französisch), z. B.: Franzband; Franzbaum (Franzobst 2c.); Franz(braunt)wein; Franzbret; Franzmann 2c. — **Franze** f.: f. Franse. — **Franzose** m.: Französin f.; französisch a.; Französlich n. (vgl. deutsch) II 19. — **fräsen:** f. Fraise. — **fraß:** f. v. fressen, Konj.: fräße. Kat. 26⁴; 37²⁶; 96³⁰; II 143; Fraß m.; fräßig a. — **Fratescchi** (it., spr. -éski) pl. zu Fratesco. II 88; 122.

frechen v.: (mundartl.) fretzen, nudeln, Kat. 92¹⁹. — **Fredaine** (frz., spr. -äne) f. II 7. — **frei** a.: im freien Feld, — im Freien II 19; ins Freie gehen 2c.; frei geben; frei halten; frei lassen; frei sprechen: I 61, aber: das Freigeben, die Freigebung, Freigabe 2c.; ein Freigelassener, Freilassung 2c., vgl. Zsstzgn., wie: freibleiben v., Freibeuter m., Freibeuterei f., freibeuterisch a. 2c.; ferner: Freigeist m., freigeistisch a. 2c., f. b. Folg.; auch: freiweg adv. I 143; freierdings adv. I 79 2c. — **freilich** adv.: substantiviert: die Freilich's. Kat. 124⁴; I 30. — **Freistadt** f.: freie Reichsstadt 2c., Mz.: Freistädte, — versch.: Freistatt f., Freistätte f., Aspl, Mz.: Freistätten, f. Statt. — **Freitag** m.: vgl. Dinstag: (des) Freitags. — **fremd** a.: von fremd her, vgl.: aus der Fremde her, aber: fremdher adv. I 132 ff; ein Fremder; kein Fremder; niemand Fremdes I 18. — **Freesko** (it.) n.: Fresken pl. II 161. — **fressen** v.: du, er frißt; friß!; fraß, fräße II 71; 143; Fraß m.; Gefräß n.; gefräßig a.; Gefreß n. — **freuen** v.: auch freun n., mit leiser Abschattung in der Aussprache: freu'n, vgl. freu'nd n. **Freund** m. (von Freund- u. Feinden I 19), freund a., f. feind. — **Frevel** m.: Kat. 64³⁰; frevel a.; frevelhaft a.; freveln v.; freventlich, Kat. 72³⁴; Frev(e)ler m. II 181; frev(e)lerisch a. — **Friand** (frz., spr. friáng) m.: Friandise (spr. -angdise) f. — **Fridolin** m. — **Friede** m.: im Frieden lassen 2c., vgl. zufrieden; Friedensliebe f. 2c.; friedens-, frieden-, friedliebend a. I 36 ff: Friedhof m., Umdeutung v. Freithof. Kat. 70³². — **Fried(e)rich** m.: (vgl. Friß), Friedrichsd'or m., f. d'or; Friederike f. Kat. 85⁷; 129⁴. — **Fries** m.: wollnes Zeug (dazu: friesen a.) — u. (auch **Friese** f.): Wort der Baukunst 2c. (vgl. frisieren 2c.) Kat. 96³. — **Friese** m.: Friesland n. 2c., friesisch a. — **Friesel** n., m., f.: Hautkrankheit. — **Frigg** f.: Frigga, altnordische Göttin II 222 ff. — **Frikandeau** (frz., spr. frikangdó) n.: Mz.: Frikandeaus (f. Bureau); Frikandelle (spr. -angd-) f.; Frikassee n. II 5; 104 2c. — **Friktion** (lat.) f. — **Frimaire** (frz., spr. -öng) m. — **Fripon** (frz., spr. -öng) m.: Friponnerie f. 2c. — **frisch** a.: frisch blühen; frisch blühend; u. (auch) frischblühend a., vgl. blühendfrisch I 42 2c.; frisch bereitet, gebacken 2c., auch als ein Wort (Adj.), wie immer: frischbacken a., Ggstz.: altbacken 2c.; vgl. frischweg adv. I 143, veraltet: frischan; dagegen: frisch auf! —; Superl.: am frischesten, aufs frischeste ob. seltener: am frischsten. Kat. 77²⁵; II 72; 23; dagegen mit großen Anfangsbuchst.: aufs Frische; vom Frischem II 19. — **Friseur** (frz., spr. -ör) m.: Friseuse (spr. -öse) f.; frisieren v.: Frisen (spr. -öng) m.,

vgl. Fries. — **Frisson** (frz., spr. =óng) m.:
Frissonnement (spr. =onnemäng) n.; frisson=
nieren v. — frißt: s. fressen. — **Frist** f.
Frisur (frz.) f.: vgl. Montur II 204. —
Frithjof m.: Frithjofssage f. — **Frittura**
(it.) f.: vgl. frz. Friture (spr. =ür) f. II 204.
— **Fritz** m.: s. Friederich Kat. 128³⁴;
Fritzens 129¹⁸. — **frivol** (frz., spr. =wól) a.;
Frivolität f. — **froh** a.: froh= u. trüber Zeit.
Kat. 117¹⁶; I 20 2c.; Kompar.: die froheren
ob. froh'ren Zeiten (versch.: froren v. frieren)
I 24; Kat. 121²⁰ 2c.; frohgemuth, frohge=
muthet, frohmüthig a.; Frohmuth m.; froh=
herzig a. Kat. 52²⁷ 2c., aber mit einem **h**:
Froheit 52²⁴. — **Frohn** m.: Frohnde f.;
fröhnen v.; Frohndienst 2c.; Frohnaltar;
Frohnamt; Frohnleichnam 2c. Kat. 55²⁶. —
Fromage (frz., spr. =áh) m. — **Fronde**
(frz., spr. fróngde) f.: Frondeur (spr. frong=
dör) m.; frondieren v. — **Frondes(=)cenz**
(lat.) f.: frondesciren v.; frondös 2c. —
Front (lat.) f.: vgl. Fronte (frz., spr. frongt)
f.; frontal a. (lat., — unnöthig mit frz.=
nasaler Ausspr. frongtál); Frontispice (frz.,
spr. frongtißpíß) = Frontispiz (mlat.) n.
II 80; Fronton (frz., spr. frongtóng) m. —
Frosch m.: Fröschchen, Frösch(=)lein n.; Frosch=
laich m. Kat. 20⁸. — **Frotteur** (frz., spr.
=ör) m.: frottieren v.; Frottoir (spr. =oár) a. —
frug: s. fragen. — **früh** a.: frühere od.
früh're Zeit (vgl. froh); von früh an (auf)
II 22; von früher her I 133; frühestens,
zum frühesten; mit dem frühesten II 23; —
am frühen Morgen, früh Morgens (s. b.);
morgen (s. b.) früh 2c.; Frühe f., z. B.:
morgen in aller Frühe 2c.; früherhin adv.
I 133; frühzeit adv., gewöhnlich: frühzeitig a.
I 113 2c.; Frühling m. 2c. — **Fruktidor**
(frz.) m.: II 205, auch: Fruttidor m.; fruk=
tificieren (lat.) v. 2c.

F's; F=Schlüssel: s. F.
st! interj.: vgl. br! 2c.

Fuchs (spr. fur) m.: II 90 ff; Füch(=)se
pl. II 224; Füchs(=)chen n.; Füch(=)sin f. 2c.;
Fuch(=)sie f. II 120; Fuch(=)sin 2c.;
fuchzen v. Kat. 67²⁰; 91³⁶; vgl. fauchen. —
Fuder n.: auch als Weinmaß, nicht Foudre
(frz.) II 207; 208. — **fühlen** v.: Kat. 54²⁵.
— **Fühnen**: dänische Insel (Fyen) f: fühnisch,
fühnsch a. — **Fuhr** f.: führen v. 2c. 56²⁷;
Fuhrt, s. Furt. — **Fülle** f.: v. voll, Kat.
17¹⁴; 64²⁵; füllen (Füllen n.=Fohlen,
s. b., dazu: füllen v. = fohlen)=Füllsel n.
2c.; Füll=Löffel I 17. — **Fumel** (frz., spr.
fümé) n.: II 204. — **Fund** m.: (v. finden
— s. b. —, versch.: Pfund) Fündchen n.,
vgl. Fintchen; fündig Kat. 32⁸; Fündling
m., üblicher: Findling (s. b.) 2c. — **Fünen**
2c.: s. Fühnen. — **fünf**: Zahlw.: fünfmal,
fünferlei; fünfzehn od. funfzehn; fünfzig od.
funfzig, Kat. 101⁶ ff; in den funfziger

Jahren; ein Funfziger: II 28. — **Funk(=)tion**
(lat.) f.: Funk(=)tionär m. II 7, nicht:
Funktionaire (frz. fonctionnaire). — **für**
präp. u. adv.: für u. für —, getrennt von
vor, Kat. 17¹⁴ ff; 64²⁶, s. im Folgenden;
z. B. auch: Schritt für (veraltend: vor)
Schritt, vgl.: Mann für Mann; Punkt für
Punkt; Tag für Tag; Wort für Wort;
Zeile für Zeile 2c.; für heute, für jetzt, für
morgen 2c.; auch subst.: das Für u. Gegen
(od. Wider) 2c. — **fürbaß** adv.: Kat. 17¹⁷;
I 83. — **Fürbitte** f.: fürbitten v. 2c., vgl.
Vorbitte 2c. — **fürder** adv.: fürderhin adv.
Kat. 17¹⁴; 64²⁶; I 133. — **füererst** adv.:
vgl. fürs erste (s. b.), für die Erst 2c. —
fürgut adv.: s. fürwahr I 82; 129; aber
z. B.: Etwas für gut (für wahr) halten
(ansehen) 2c. I 83. — **Furie** (lat.) f.: II 120.
— **Furier** m.: (s. Fourrier): furieren v.;
Furierer m. II 207. — **fürlieb** adv.: für=
lieb nehmen Kat. 17¹⁷; I 83. — **Furnier** n.:
(Tischlerwort) nicht —, vermeint frz.: Four=
nier, Fournure (s. II 207); furnieren v.,
vgl. dagegen allgemein: f(o)urnieren u.
immer: Fourniseur (spr. furnißör) m.;
Fourniture (spr. furnitür) f. II 204; 205.
— **fürohin** adv.: veraltend, im Kurialstil
(vgl. hinfüro) I 129. — **fürs**: z. B.: fürs
[= für das] Vaterland 2c., aber: für's
[=für des] Vaterlandes Wohl 2c. Kat. 123¹¹,
vgl. auf I. — **Fürschung**; **Fürsorge** f. 2c.:
s. Vorsorge 2c. — **Fürsprache** f.: fürsprechen
v. (versch. vorsprechen); Fürsprech(er) m. —
Fürst m.: Fürst=Abt, Fürst=Bischof, vgl.:
Fürstin=Mutter, Königin=Mutter; Prinz=
Regent u. ähnliche Zusammenschiebungen
mit Appositionsverhältnis, während man
wirkliche Zusammensetzungen ohne Binde=
strich schreibt, z. B.: Fürstenhaus 2c.; fürst=
lich a., im Kurialstil, z. B.: von Seiner
Fürstlichen Durchlaucht 2c. II 13. — **Furt** f.:
Kat. 59³², besser als Fuhrt, Furth. — **Fu=
runkel** m. (lat.). — **fürwahr**: s. fürgut. —
Fürwitz m. 2c.: s. Vorwitz. — **Fürwort** n.:
Wort der Fürsprache — u.: Pronomen;
versch.: Vorwort. — **fuscheln**, fusche(r)n v.:
versch. pfuschen. — **Füsilier** (frz.) m.: Fü=
filiere pl.; füsilieren v. II 118; 204; aber
(in frz. Ausspr.) z. B. Fusilade (spr. fü=
füljäde) f. — **Fustage** (spr. =äsche) f.: s. Fu=
taille. — **Fustie** (frz.) f.: Kat. II 120. — **Fuß** m.:
die Fü(=)ße; drei Fuß (nicht: Fuße, also
auch nicht Fuß', Kat. 122³); fußbreit a. 2c.
(s. breit); Fußstapfen (mit gezischtem st
II 144 ff) n. — (der üblichsten Ausspr.
gemäß): Fußstapfen, Kat. 36³⁹ ff. — **Fu=
taille** (frz., spr. fütálj) f.: in älterer frz.
Schreibweise: Fustaille, vgl. Fustage, Fastage
II 131. — **futsch**: verloren (vgl. it. fugge,
spr. fudsche).—**Futter** n.: Futterage (spr. =äsche)
f. II 132 (vgl. fourrage); Futteral n. 2c.

G.

G; G=Dur; G=Moll; G=Saite; G=Schlüssel
I 13.

Gäa (gr.) f. — Ga(=)briel (hebr.) m.:
Ga(=)briele f. II 120; 178. — gach: s. jäh.
— gack interj., auch: gacks; gacken v.,
gacksen. Kat. 92²²; II 95. — Gaelen (drei=
silbig, Kat. 24³²) pl.: ein celtischer Stamm:
gaelisch a. (minder genau: Gälen, gälisch,
zweisilbig). — Gaeta (dreisilbig, Kat. 24³²):
Stadt in Italien. — Gagat (gr.) m.: Pech=
kohle. — Gage (frz., spr. gäsche) f.: II 131.
— Gagliarde f.: s. Gaillard. — gäh a. ꝛc.:
s. jäh. — gähnen v. Kat. 27¹²; 55¹⁷. —
gahr ꝛc.: s. gar ꝛc. — Gaillard (frz., spr.
galjär) m.: Gaillarde (spr. =ärde), auch in
it. Schreibweise: Gagliarde; Gaillardise f.
— Gala (span., frz., spr. gála) f., m.:
auch im Deutschen besser mit einfachem als
mit Doppel=l f. en gala; (vgl. Galan; ga=
lant) Kat. 40¹⁹: Galadegen ꝛc.; Gala=Uni=
form (f. an). — Galak(=)tit (gr.) m. II 188:
Galak(=)tometer m.; Galak(=)tor(=)rhöa f.
II 174; Galak(=)to(=)stop n. II 169 ꝛc. —
Galan (span., ‿‒) m.: s. Gala. — galant
(frz., ‿‒) a.: II 65 (s. Gala): ein galant
homme (spr. galangtómm) m. II 105 =
Galantuomo (it.) m., Mz.: Galantnomini ꝛc.;
Galanterie f. II 66; 119 ꝛc. — Galatea
(gr.) f.: Galatëens (s. ee). — Galaxie (gr.) f.
— Galeasse (it.) f.: Galeere: s. Galere.
— Galen als Name (f. II 3): Gälen (deutsch)
n.: Galen (ob. Galenus, gr.; galenisch a. ꝛc.);
auch pl., Volksname: die Galen (‒‿) ob.
Gälen = Gaelen (s. b.; gälisch a. = gaelisch). —
Galeon = s. Galjon. — Galeone (span.) f.:
besser als in Doppelentlehnung (f. II 209)
nach dem frz. galion (spr. galióng) m.:
Galione; so auch: Galeot m. (Galeeren=
sklave, frz. galéote, it. galeotto); Galeote f.
(frz. galiote, it. galeotto); Galere f.
(Kat. 44²⁸). — Galerie (frz.) f. — Galerte
f.: s. Gallert. — Galette (it.) f.: Schiffs=
zwieback; schlechte Flockseide ꝛc. — Galgant
m. — Galicien: in Spanien: Galicier m.
(span. gallego, spr. galjego), vgl. Galizien
II 121. — Galiläa: in Palästina: gali=
läisch a. — Galilei m.: berühmter it. Na=
turforscher: galileisch a. II 109, s. ei. —
Galimatias (frz.) m., n. — Galion ꝛc.:
f. Galjon u. Galeone. — Galipot (frz.,
spr. =pö) m. — Galizenstein (ungar.) m. —
Galizien: in Österreich: Galizier m., vgl.
Galicien II 121. — Galjon (holländ.) n. —
Galla: 1) f. Gala. — 2) m.: Gallas pl.,
afrikanisches Volk. — Galle 1) f.: gall=los
(I 27, z. B. Lessing, Philotas, Anfr. 7) a.;
gällen (vergällen) v.; gallig a., Kat. 85³³;
2) m.; verschnittner Cybelepriester. —

Gallerie f.: s. Galerie, vgl. it. galleria. —
Gallert m., f.; Gallerte f.: gallertartig a. ꝛc.
— Gallette: s. Galette. — Galliamb (gr.)
m.: galliambisch ꝛc. — Gallicism (frz.) m.:
Gallicis(=)men pl., Gallicis(=)mus m.: s.
Jsm II 162. — Gallien n.: Gallier II 118. —
gallieren v.: beim Färben mit einem Gall=
äpfeldekokt behandeln ꝛc. — gallig a.: s.
Galle 1. — gallikanisch a. — Gallikomau
(lat.=gr.) m.: Gallikomanie f. ꝛc. — Galli=
mathias: f. Galimatias. — Gallion: 1) n.
s. Galjon. — 2) m.: s. Apostelgesch. 18, 12 ff:
Gallionismus m.; Gallionist m. — Galliot
ꝛc.: s. Galeot. — gallisch a. — gallistiren v.
— Galloman (lat.=gr.) m.: Gallomanie f. ꝛc.
— Gallon m., n.: engl. Hohlmaß. — versch.
Galon. — Gallophag (lat.=gr.): Gallophagie
f. ꝛc.; gallophil a. ꝛc.; Gallophobe m.,
Gallophobie f. — Galloscheit: s. Galosche.
— Gallnsäure f. — Galmei n. — Galoche f.:
s. Galosche. — Galon (frz., spr. galóng) m.:
Galone f.; galoniren v. (vgl. Gallon). —
Galopade (frz.) f.: Galopin (spr. =éng) m.;
Galopp (frz. galop, spr. galo) m.; galop=
piren II 213. — Galosche (frz., galoche) f.:
nicht mit Doppel=l od. mit K statt G; Kat.
79²⁷; 82⁶; II 89. — gälte: s. gelten. —
Galvani (spr. =wäni): galvanisch a.; gal=
vanisiren v.; Galvanis(=)mns m.; Gal=
vano(=)stop m. (II 160) ꝛc. — Gamasche
(frz. gamache) f.: besser als Kamasche. —
Gambit n. (im Schachspiel). — Gamin (frz.,
spr. gaméng) m. — Gamasche (frz. ganache) f.:
II 89. — Gand (celt.) n.: Felsschutt —
versch. Gant: — Gandecke f. — Gan(=)erbe
m. — Gang m.: gang (häufiger: gäng) u.
gebe (ob. gebig) a., z. B.: in gängu. u.
geber Münze I 19; gäugeln v., Gängelband
n. ꝛc.; gängig a. ꝛc. — Gang(=)lien (gr.) pl.
v. Gang(=)lion n. II 113; 184. — Gan=
gräne (gr.) f.: II 6; 186; Gan(=)gränes=
cenz f. II 163; gan(=)gränös II 139. —
Ganivet (frz., spr. =wä) m. — Gans f.:
(versch. ganz): Gänsebraten ꝛc.; aber besser
mit Bindestrichen vor Doppelvokalen: Gänse=
Aar; Gänse=Auge; Gänse=Ei (I 13; 14;
II 109, vgl. Getreide=Ausfuhr ꝛc.);
Gäuserich Kat. 85². — Gant f. (m.): Ver=
steigerung, Konkurs: ganten v. — gautiren
(frz., spr. gaugt=) v. — Ganymed (gr.) m. —
ganz a.: (versch. Gans): ganz u. gar (s. b.);
ein Ganzes; das Ganze; im Ganzen (u.
Großen) Kat. 106⁷; II 19; Gänze f. u.
pl. (Hüttenw. u. Bergw.); gänzlich a. —
gappen v. ꝛc.: s. jappen. — gar a.: gar
nicht; gar aus, aber: Garaus m., n. I 120;
129; gärben v. (gar machen); Gärber m.,
Gärberei f., vgl.: lohgar, Lohgärber(ei) ꝛc.
(Kat. 29³⁶). — Garçon (frz., spr. =ßóng) m.
II 83; 137. — Garde (frz.) f.: die — u.:
der — garde du corps (spr. garb'dükör)

II 105 ꝛc.; Garberobe f., Garberobier (ſpr.
=rohbje) m., Garberobière (=järe) f.; Gar=
cian m. (vgl. Guardian, ſpan. II 135);
Gardine f. (Kat. 47²); Gardiſt m. — Gare f.:
garen v.; gären v. (Kat. 27¹²; 57¹²; 80²⁵,
Impf.: gor, Konj.: göre; Gur f., verſch.
jähren). — Gari(=)gliano (it., ſpr. =itj=) m.:
Fluß in Unteritalien. — Garmond (frz.,
ſpr. móng) m. — Garneele (bollt.) f. —
garnieren (frz.) v.: Garniſon (ſpr. =ſón,
II 138) f., garniſonieren v.; Garnitur f.
(ſpr. =túr II 204). — Garrotte (ſpan.) f.:
II 212: Garrotter m., Garrotteur (frz.,
ſpr. =ör) m.; garrottieren v. — Garten m.:
Gärten pl., verſch.: Gerte. — Gas n. (m.):
Gaſe pl. (verſch. Gaze). — gäſchen v.: (vgl.
gären, giſchen): Gäſcht m. — Gascogne
(frz., ſpr. gaskónj) f.: II 123: Gasco(=)gner
m.; gasco(=)gnern v. II 185. — aber mit
k ſtatt c, z.B.: Gaskonade f.; gaskon(ii)ieren
v. ꝛc. — Gäſe f.: ein Fiſch, auch: Gäſe.
Kat. 80¹⁶. — Gaſel (ar.) n., Gaſele f. ꝛc.:
II 436. — gaſen v.: (ſ. Gas): vergaſen v. ꝛc.;
gaſificieren (nlat.) v.; gaſig a. — Gasſonade
ꝛc.: ſ. Gascogne. — Gasmeter m., m.:
Gasmeſſer, Gasuhr; Gasopyrion n., Mz.:
Gasopyrien II 120. — Gaſt m.: Gä(=)ſte
pl. (verſch.: Geſte); gaſ(=)ſtieren v.; Gaſt=
mahl n. (ſ. Mahl, Kat. 53²⁰); Gaſt(=)rolle f.
(II 155); Gaſtwirth II 199 ꝛc. — ga=
ſtriſch (gr.) a.: II 156; Ga(=)ſtronom m. ꝛc.
— Gat: ſ. Gatt. — Gâteau (frz., ſpr. gató)
m. — Gâte=enfant (frz., ſpr. gatangfáng)
m.: Gâte=métier (ſpr. gahtmehtje) m. ꝛc. —
gäten v.: urſprünglicher jäten, Kat. 27¹²;
80¹⁶; 81⁸. — gatlich a.: ſ. gattlich. —
Gatt m.: (niederd. ꝛc.) Loch. — Gatte m.:
gatten v.; gattieren v.; gattlich a. (u.
gällich) — mundartlich, doch auch bei Goethe
ꝛc. = paſſend, nett ꝛc.). — Gauch m.: des
Gauch(e)s (II 69); die Gäuche; Gäuchlein.
— Gauche f. ꝛc.: ſ. Zauche. — gauche (frz.,
ſpr. góſch) a.: Gaucherie f. — Gancho (ſpan.,
ſpr. gäütſcho) m.: Spanierabkömmling in
den Pampas. — Gau(=)frage (frz., ſpr. go=
fráhſch) f.: gau(=)frieren v. — Ganlois (frz.,
ſpr. golóä) m.; n. — Gault (engl., ſpr.
gáhlt) m.: Thonlager zwiſchen dem Ober=
Untergrünſand. — Gauner m.: üblicher als
Zauner. Kat. 80¹⁸: Gaunerei f.; gauner=
haft, gauneriſch a.; gaunern v. — Gavotte
(frz., ſpr. gawótte) f. — Gaze (frz., ſpr.
gäſe) f.: dünnes Gewebe Kat. 100²⁹, —
verſch. Gaſe (ſ. Gas). — Gazelle (ar.) f.:
verſch. Gaſele. — Gazetier (frz., ſpr. ga=
ſetje) m.: Gazette (ſpr. gaſétt) f.; Gazetteer
(engl., ſpr. gaſſetir) m.

G=Dur: ſ. G.

ge: Vorſilbe, auch vor getrennt zu ſpre=
chendem e, i, u (vgl. be; II 110 ff), z. B.
in: geehrt; geirrt; geurtheilt ꝛc., — u.

zwiſchengeſchoben im Partic. unecht zu=
ſammengeſetzter Zeitw., z. B.: abgeſchrieben;
abgeurtheilt ꝛc. Kat. 115²³. Die konkreten
Neutra mit der Vorſilbe Ge= haben den
Umlaut, z. B.: Geäder; Gebäck; Gebän(de)
Geblüt; Gebüſch; Gebärm; Gefährt; Ge=
hänge; Gehäuſe; Gehölz; Gehörn; Geſchäft;
Geſträuch; Getöſe; Gewächs; Gezänk ꝛc.
(Kat. 24³¹). — Gebärde f.: Kat. 29¹⁶; 57¹¹;
71²⁸ von: (ſich) gebaren ꝛc. — gebären v.:
du gebär(e)ſt ob. gebierſt; ſie gebär(e)t ob.
gebiert; gebäre ob. gebier; —; Impf.: ge=
bar, Konj.: gebäre ob. üblicher: würde ge=
bären; geboren; — Geburt. Kat. 25²¹; 27¹³;
49¹³; 57¹¹. — gebe a.: ſ. gäng. geben v.:
du giebſt, er giebt; gieb! —, mit gedehnt
zu ſprechendem Vokal, vgl. ergiebig ꝛc. Kat.
49¹⁰; Geber m., ſ. b. Folg. — Geber (ar.)
m.: Parſe: die Gebern (nicht mit Gh ob.
Gu zu ſchreiben II 136). — Geberde: ſ.
Gebärde. — gebier ꝛc.: ſ. gebären. — Ge=
biet n.: gebieten v. ꝛc., ſ. bieten. — Ge=
birge n.: Kat. 31³². — Gebiß n.: gebiſſen
ꝛc., ſ. beißen. — geboren: ſ. gebären. —
gebracht: Partic. v. bringen u. von brachen
(ſ. b.; II 87; 91). — Gebreſte n.: ſ. breſt=
haft. — gebrüll=los a.: (Rückert, Auswahl
S. 620, vgl. Galle; ſ. I 27). — Gebühr f.:
Kat. 56²⁶; gebühren v.: es gebührt (verſch.:
gebiert); gebührendermaßen adv. I 94. —
Gebürge: ſ. Gebirge. — Geburt f.: ſ.
gebären: Geburtsſtadt ꝛc. — Gec(=)co m.:
Art Eidechſe II 96. — Geck m.: geckenhaft
a.; Geckerei f. ꝛc. — gedacht: von denken
II 91; gedachtermaßen adv. I 94. — ge=
däucht: ſ. dünken. — Gedroſien n.: Ge=
droſier m. II 120. — ge(=)ehrt: v. ehren
(zweiſilbig, ſ. ge, vgl. ge(=)eiſt ꝛc.): Ihr
Geehrtes II 19 ꝛc. — Geeſt f.: Geeſtland
(Kat. 44²¹), — verſch. Geſte. — Gefahr f.:
(vgl. befahren): Gefährde f.; gefährden v.;
gefährlich (Kat. 56¹ ff), vgl. ungefähr. —
Gefährt n.: ſ. ge. — Gefährte m. — ge=
fangen a.: Gefang(=)ner mit weichem g u.
— mit hartem —: gefäng(=)lich a.; Ge=
fäng(=)nis n. II 185. — geſei't: ſ. feien. —
Geſion (frz.) a.: gefliſſentlich a.: Kat. 72³⁴.
— Gefräß m. ꝛc.; Gefreß: ſ. freſſen. — Ge=
genüber ꝛc.; gegen a.: gegen praep.: gegens
[= gegen das] Fieber ꝛc.;
gegen's [= gegen des] Vaters Willen (ſ.
auf 1); gegen einander (ſ. b.) ſtellen; Ge=
geneinanderſtellung f. — Gegenſatz m.:
gegenſätzlich a. Kat. 29²⁶. — gegenſeits adv.
— Gegenwart f.: in Gegenwart (ob. ſelt=
ner: Gegenwarts) Jemandes II 34 ff; ge=
genwärtig a. Kat. 27¹³. — gegoren: ſ.
gären. — Gehänge n.: ſ. ge=, vgl. Gebent.
— Gehäu=ſe n.: ſ. ge=: Gehäus(=)chen
(II 122). — Gehege n.: Kat. 30²¹, vgl. begen,
Hag. — geheim a.: geheim halten, thun ꝛc.
aber: das Geheimthun; Geheimhaltung f. 160;

geheimer Rath (vgl. hoher Priester) 2c. — Geheimrath, veraltend: Geheimberath; Geheimrathstitel und (minder gut): der Geheimeratsstitel (nicht: geheime Rathstitel I 34) 2c.: Geheimmittel n., in der Schreibschrift nicht mit ⎯⎯ zu schreiben 2c.; im

Geheimen; im (größten) Geheim; in größter Geheim, — aber: ingeheim, insgeheim adv. I 76. — Gehenk n.: vgl. Gehänge. — Gehilfe m.: Kat. 31³². — Gehöst n.: üblicher als Gehöfde. — gehörig a.: gehörigermaßen adv. I 94: gehörigen Orts 2c. — Gehr m.: (vgl. Gerhard) Gehre f.; gehren v.; Gehrung f.: Gehr(=)eisen n.; Gehrhobel m.; Gehrmaß n. 2c. — Gehülfe m.: f. Gehilfe.— ge(=)impft, ge(=)irrt 2c.: f. ge=. — Gein (gr.) n. — Geist m.: Gei(=)ster pl.; gei(=)stig a. 2c.; geist(=)lich a. 2c.; geistsprühend a. I 37 2c. — Geistik (gr.) f. — Geiß f.: Kat. 95²⁶: Geißblatt; Geißhirt m.; Geißer, Geißler m. — Geißel f.: Peitsche f.; m., Bürge. — der heutigen Aussbr. gemäß, nicht: Geisel Kat. 97²⁴: Geißelbruder m.; Geiß(=)ler m.; geißeln v.; Geißelschaft f. 2c. — Geiz m.: geizen v.: (du), er, ihr geizt II 71. — Gejaid m.: veraltet = Jagd. — gekriegt: f. kriegen. — Gekröse n. — Gelach n.: Gelächter n. — Gelag n.: ins Gelag hinein 2c. — gelahrt a.: gelehrt. — Gelander n. — gelänge: Konj. Impf. v. gelingen: Gelänge n. — Gelatin (nlat.), Gélatine (frz., spr. shelatín) f.: II 5; 104: so auch: gelatinieren u. gélatineren v.; gelatinös u. gélatinös a. 2c. — gelbschnablig a.: Kat. 86³⁵; II 218; Gelbveigelein n. — Gelée (frz., spr. shele) f.; n. — gelegentlich a.: Kat. 72³⁴. — Geleise: f. Gleis. — gelfe(r)n v. — Gelle f.: Art Elbkahn, — versch.: Zolle. — gell a.: hell tönend 2c.; gellen v. (versch. gällen), es gellt in den Ohren 2c. — Gelse f.: Mücke, versch. Gelze. — gelt a.: unfruchtbar 2c.; gelt! interj.: fürwahr 2c. Kat. 69¹⁰. — Gelte f.: Art Gefäß. — gelten v.: du giltst, er gilt (vgl. fechten 2c.); Impf.: galt, Konj.: gölte, üblicher als gälte. Kat. 26¹². — Gelübde n. vgl. Gelöbnis 2c. — gelünge: f. gelänge. — Gelze f.: noch nicht — od. durch Kastrieren nicht mehr — fortpflanzungsfähiges weibl. Schwein (versch. Gelse); gelzen v., kastrieren 2c. — Gemahl m., n.: Gemahlin f., vgl. vermählen Kat. 53²⁰. — Gemälde n.: Kat. 53²⁶. — Gemäß n.: gemäß a. — gemein a.: insgemein (hin); gemeinhin adv. I 76; Gemeinde f. Kat. 71²⁸; Gemeine f. 2c. — Gemengsel n.: II 151. — gemessen a.: Kat. 96³⁰; gemessentlich adv. 72³⁵. — gemocht: v. mögen II 91; Kat. 84²⁰. — Gems m., n.: Gemse f.: Kat. 95²⁰. — Gemüse n.: Kat. 95³¹. — gemußt: v. müssen Kat. 76²².

— Gemüth n.: Kat. 59¹⁴; gemüthlich 76²⁶. — gen präp. — genannt: v. nennen. Kat. 76¹⁰. — genant (frz., spr. shänánt) a.: II 64; 104 ff. — genas 2c.: f. genesen. — Gendarm (frz. gendarme, spr. shangdárm) m.: des, die Gendarmen; Gendarmerie f. 2c. — Gêne (frz., spr. shäne) f.: II 104: sans gêne (spr. ßang ßän) 105. — genehm a.: Kat. 55⁷. — Genera: f. Genus. — General (lat.) m.: Kat. 56³⁶; Obergeneral 2c.; général en chef (spr. shenerál ang schéff) m. II 105; Generalabsolution f.; Generaladjutant m.; Generalbaß m.; Generalmajor m.; Generalmarsch m.; Generalnenner m.; Generalstab m. 2c.; Generalin f.; Generalisation f.; generalisieren v.; Generalissimus m. 2c.; — generell a.; generis: f. Genus; generisch (spr. generisch) a. — generös (lat.) a.: II 140, vgl. génerös (spr. sheneröß, frz. généreux); so auch: Generosität und Générosität (spr. shen=) f. — genesen v.: du genesest, seltener: genest; er, ihr genesst od. genest. Kat. 74¹¹; ¹⁴ ff; II 71 ff; Impf.: genas, Konj.: genäse. — Geneth(=)sialum (gr.) n. — Genethlialog m. 2c. — genetisch (lat., ∪—∪) a.: Genetiv, f. Genitiv. — geneußt: f. genießen. — Genevre: f. Genevre. — Genève (spr. shenäw'): Kat. 126⁵: Genfer m.; genferisch a. — genial (lat.) a.: genialisch a.; Genialität f., v. Genius (lat.), vgl. mit minder empfehlenswerther frz. Aussspr. — v. Génie (frz., spr. sheni); genial(isch) a.; Génialität f. II 104 ff; 131, Génies pl.; vgl. Géniereise f.: Géniestreich m. 2c. — Genien (lat.) pl. v. Genius (f. b.) II 119. — genieren (frz., spr. shäniren) v.: vgl. gênant, Gêne. II 104. — Genieß m.: Genießbranch (f. Nießbrauch); genießen v., du genießest od. genießt, alt: geneußt; er genieß(e)t, alt: geneußt; genieße, alt: geneuß! —; Impf.: genoß, Konj.: genösse. Part.: genossen. 2c. — Genièvre (frz., spr. shenjäw'r) m. vgl. (engl.) Gin. — Genist(e) n. — Geniste f. (lat. genista) = Ginster. — Genitalien (lat.) pl.: II 118; Genitiv m. (feststehend, obgleich im Lat. in neuerer Zeit die Schreibweise genetivus vorgezogen wird, vgl. Virgil), des Genitivs, versch.: Genitiv=s I 13; Kat. 116³⁷. — Genius (lat.) m.: Mz.: Genien, II 104, f. genial; Génie u. z. B.: Sie sind antik als Genien kostümiert; | denn, was man so Génie kurzweg genannt, | nicht immer ist es, wenn man's braucht, zur Hand. Goethe 6, 380 2c. — genoß: Impf. v. genießen (f. b.). Genoß m.; Genossenschaft f. 2c. — Genoveva (meist gespr. =fefa) f. — Genre (frz., spr. shäng'r) m., n.: Genrebild n. 2c.; genrehaft a. — Gensdarm 2c.: f. Gendarm. — genteel (engl., spr. dshentil) a.: Genteelneß f.;

gentil (it., spr. dschentil; seltner — nach d. Frz. — schangtü, schangtil) a.; Gentilezza (it., spr. dschent=) f.; Gentilhomme (frz., spr. schangtiljóm) m.; Gentillesse (frz., spr. schangtiljés) f.; Gen(=)tleman (engl., spr. dschéntelmann) m., Mz.: Gentlemen; gentlemanlike (spr. =leik) a.; Gen(=)try (engl., spr. dschéntri) f. — gen(=)über: selten st. gegenüber. I 140. — Genu(=)flexion (lat.) f. — genug a.: (mundartlich — oft bei Goethe —: genung, selten einsilbig: gnug), auch substantivisch mit kleinem Anfangsbuchst., aber substantiviert (das Genug) mit großem. Kat. 83^{13}; 107^1; II 31; 33; Einem genug thun; eine genugthuende Erklärung I 60; Genugthuung f. ꝛc.; Genüge f.; genügen v.; genugsam a.; genügsam a. — Genus (lat.) n.: Mz.: Genera; auch z. B. (II 105 ff): genus masculinum ꝛc. u. (im Genit.): generis masculini ꝛc. — Genuß m.: Genüsse pl. ꝛc. — Geodäsie (gr.) f.: Geodät ꝛc., geodätisch a.; Geo(=)gnosie f., Geognost m. ꝛc.; Geo(=)graph m.; Geographie f. (s. Graphik) ꝛc.; Geome(=)trie f. ꝛc. — Georg (gr.) m.: Georgine f., vgl. engl. George (spr. dschordsch); frz. Georges (spr. schorsch) II 167, s. auch Jürgen. — Gepard (frz., guépard) m. II 135. — Ger: s. Gehr. gerade a.: s. grade. — Gerade n.: (niederd.) die weibliche Gerade, vgl. Geräth. — geranut: v. rennen. Kat. 76^{18}. — Gérant (frz., spr. scheránt) m. II 65; 131. — Geräth n.: Kat. 22^{19}; 59^{16}, vgl. Hausrath; Gerade ꝛc. — gerathen v.: Kat. 59^{18}, vgl. mißrathen ꝛc.: das Gerathewohl, Kat. 69^{22}. — gerben ꝛc.: s. gärben. — Gereut n.: s. reuten. — Gerhard m.: vgl. Bernhard; Gehr u. z. B. Gertrud ꝛc. — Gericht n.: gerichtseitig adv. I 98. — gering a.: der, die, das Geringste; nicht im geringsten (=durchaus nicht) Kat. 108^{14}; II 23; gering achten, schätzen ꝛc. I 61; Geringschätzung f., geringschätzig a. ꝛc.; id für meinen geringen Theil ꝛc.; geringentheils, geringerntheils, geringstentheils adv. I 101. — Gerinnsel n.: s. Rinnsal ꝛc. Kat. 36^8. — Germane (lat.) m.: Germanien ꝛc. II 118; Germanism m., Germanismen pl. II 162; Germanophage m. ꝛc., s. Gallophag ꝛc. Gerner: s. Kerner. — Gerte f.: s. Garten. — Gert(=)raud, Gertrud f.: s. Gerhard. Geruch m.: Geruch's (vgl. Fuchs) II 69; Geruchsinn. — Gerundium (lat.) n.: die Gerundien II 117. Geryon (gr.) m. — Ges n.: (vgl. Aes) Ges(=)es. — gesammt a.: Kat. 38^9: gesammter Hand I 85 ꝛc.; insgesammt adv. I 76; Gesammtheit f. gesandt: v. senden: der Gesan(=)dte; Gesandt(=)schaft f. Kat. 76^{33}; II 176 ff, s. auch Versand ꝛc. — gesä't: st. gesäet (nicht: gesät II 69). — Geschäft n.: Kat. 24^4; 29^{19};

38^{15}; Geschäfte halber I 84; geschäftig. — geschätzt a.: Ihr Geschätztes I 19. — gescheit: Kat. 21^3; 71^6, versch.: geschent (v. scheuen). — Geschlecht n.: vgl. wonach schlagen od. schlachten; halbschlächtig ꝛc., auch Schlachtvieh. — Geschmeiß m., f.: vgl. Schmäher Kat. 51^4. — geschwindbin adv. I 132. — Geschwür: Kat. 32^{11}; geschwürig a. — Gess(=)es n.: s. Ges. — geschlich a.: Kat. 29^{27}. — gesetzt a.: gesetzten Falls I 80. — Gespan m.: Gespanschaft f. — Gespann n. — Gespenst n.: Gespinnst m.: Kat.38^1. — Gespons m., f., n.: Gesponsin f. — Gestalt f.: gestalt a.: bei so gestalten Dingen Kat. 77^{16}; I 81, vgl. dergestalt adv. ꝛc.= so (vgl. gleichergestalt ꝛc.); sein=, schön=, wohl=, mißgestalt a. — Geste (lat.) f.: versch.: Gäste. Geest: gestikulieren v. ꝛc. — Gesundheit f.: der Gesundheit halber; gesundheitshalber I 84. — Getreide n.: Kat. 19^{26}; Getreideban m. ꝛc.; aber — dem Zusammenstoß dreier Vokale in der Schrift zu vermeiden II 109, — lieber: Getreide-Einfuhr; Getreide-Ausfuhr ꝛc., vgl. Gänse-Auge ꝛc. — getroffen: s. treffen u. triefen. — Gettntore (it., spr. dsch=) m.: Gettatura f., besser als in doppelter Entlehnung aus dem Frz. mit z statt G (s. II 209). — Genm (lat.) n.: s. eu. — Gemmatik (gr.) f.: gemmatisch f.: gc; eu. — Gemsen pl.: II 135. — geußt: s. gießen. — Gevatter m.: Kat. 64^{22}. — gewahr a.: gewahr werden Kat. 56^8; I 60; gewahren v.; Gewahrsam m.; ꝛc., vgl. Gewähr: s. Gewähr, gewähren v.; Gewährschaft f.; Gewährsmann, auch: Währmann ꝛc. — Gewand n.: gewanden v.; Gewandung f.; Gewandhaus n. ꝛc.; gewandsweise a., s. quantsweise. — gewandt a.: v. wenden. Kat. 76^{31}; gewan(=)dter II 176; Gewandt(=)heit f. — gewann: Impf. v. gewinnen, Konj. gewönne, üblicher als gewänne. Kat. 26^{11}. — Gewehr n.: Gewehr=Schaft m. I 14. — Geweih n.: Kat. 50^{35}. — Gewinn m.: gewinnen v. (s. gewann); du gewinnst ꝛc.; Gewinst m. Kat. 38^1. — gewiß a.: am gewissesten, seltner verschiedener gewißten Kat. 77^{24}; II 72; gewissermaßen adv. I 94. — Gewohnheit f.: Kat. 73^{16}; von Gewohnheitswegen I 103. — gewönne: s. gewann. gewußt: v. wissen. Kat. 76^{20}; 96^{25}.

Ghasel ꝛc.: s. Gasel ꝛc. II 136. — Gheber: s. Geber. — Ghetto (it., spr. getto) n., m.: II 133. — Ghiaur: s. Giaur. — Ghibelline (it., spr. gib=) m.: s. Giebeling. — Ghiribizzi (it., spr. gir=) pl.: II 133. Giaur (türk.) m.: II 136. — Gibelin (frz., spr. schibeléng) m.: die Gibelins, Gibelinen; gibelinisch a.: s. Giebeling. gib, gibst ꝛc.: s. geben; giebst. — gicks:

vgl. gads: Gidsen pl. Kat. 92²². — gieb 2c.: v. geben (f. d.). — Giebeling m.: Waiblinger; zumeist it.: Ghibelline (f. d.) m.; ghibellinisch; unnöthig in Doppelent= lehnung frz. Gibelin 2c. II 134; 136; 209. — gicuen v.: vgl. gähnen: Gienmuschel f. 2c. — gießen v.: vgl. fließen: du gießest (gießt, alt: geußt); er gieß(e)t (geußt); gieße! (geuß!); goß, gösse 2c. — Gig (engl., spr. gigg) n., m., f. — Gigliato (it., spr. dshil= jāto) m. — Gigue (frz., spr. bshig') f. — Gilbert: s. Berta. — Gilet (frz., spr. shilē) n. — gilt; giltst, v. gelten (f. d.); giltig a., s. gültig. — Gimpe f., Gimpf m.: II 135. — Gin (engl., spr. dshinn) m., vgl. Ge= nièvre. II 132; Kat. 81²⁷. — ging: v. gehen, vgl. fing, hing. Kat. 49⁶. — Gin= gang (javan.) m.: II 135, nicht: Gingham (engl.) ob. Guingan, Guingamp (frz., spr. gengäng). — Ginglymus (gr.) m. — Gin= nistan: s. Dschinnistan. — Giorgino (it., spr. dshorshino) m. — Gips m.: Kat. 15²: gip(s)en v.; gip(s)ern a. 2c.; Gips(s)ab= druck; Gips(s)ofen 2c.; Gips(s)spat m.; Gips(s)stein 2c. II 150; 193. — Gi= raffe (ar.) f. — Giralda (span., spr. chir=) f. — Girandole (frz., spr. shirangdōle) f.: vgl. Girandola (it., spr. bshiránd=). — Gi= rant (it., spr. bshiránt) m.: Girat m.; gi= rieren v.; Giro u., Girobank f. 2c. — Gir= lande: s. Guirlande. — Gironde (frz., spr. shirōngbe) f.: Girondin (spr. =éng) m., Gi= rondist m. — Girouette (frz., spr. shiruétt) f.: Girouetterie. — Gis n.: s. Ais: Gis(s)is. — gischen v.: Gischt m., vgl. Gäscht. — Gisela (◡◡◡) f.: weibl. Name (vgl. Geißel). — Gis(s)is: s. Gis. — Gitarre f.: s. Gui= tarre. — Giulia f. (it., spr. bshūljsa) f.: Giulietta f.: Giulio m. II 127; 132; 167. — Giunta (it., spr. bshúnta) f.: s. Zunta. Glace (frz., spr. gläß) f.: Glacé (spr. =ßē) m., Glacéhandschuh m. II 5; 104; glacieren v. (vgl. glasieren); Glacis (spr. =ßī) n., Genit. u. Mz. mit lautendem ß. — Glanz= zeit f.: I 8; II 201. — glasieren v.: (versch.: glacieren, s. d. u. lasieren); Glasur f. — glattweg adv. I 143; Glätte f.; Glätt= zahn m.; glatt(s)züngig a. 2c. II 201. — Glaub(s)recht m.: Name, — zu theilen wie Leb(s)recht, wenn auch ursprünglich Zsstzg. wie All(s)brecht. — gleich a.: Gleich und Gleich gesell sich gern 2c. Kat. 105³⁴; meines (deines, seines 2c.) Gleichen; ohne (sonder) Gleichen I 81 ff; dagegen: beßgleichen (beßengleichen, beßelbengleichen; berengleich= chen 2c.), bergleichen (f. d.); ingleichen 2c. I 82; gleich sein, bleiben, kommen, thun, stehen, stellen, machen 2c. I 59; 61; aber: das Gleichsein, Gleichstellen 2c.; gleichgestellt a., ein Gleichgestellter 2c.; gleichstehend a., ein Gleichstehender; gleichlaufend a. (= pa=

rallel); gleichbedeutend a.; gleichklingend a.; gleichgeltend a. 2c. ebb., vgl. Zsstzgn., wie: gleichgültig a., Gleichgültigkeit f. (Kat. 32²); Gleichklang m., Gleichmaß n., gleichmäßig; gleichartig a.; gleichschenk(e)lig a. (Kat.85³¹); gleichseitig a. 2c., auch: gleichfalls adv. (I 80) u. gleichergestalt adv. (I 81) = eben so, glei= chermaßen adv. I 95; gleicherweise I 106 2c. (aber z. B.: Zwei Körper gleicher Gestalt aber aus verschiedenem Stoff 2c.; vgl. auch: gleich viel (wie: gleich wenig 2c.) u.: gleich= viel (im Sinne v. gleichgültig) I 101; fer= ner: gleichwohl, Bindewort (= bennoch) I 112; 130; obgleich, Bindewort I 130, aber getrennt: wenn gleich ebb.; auch: gleich wie; gleich als ob; gleich als wenn I 130. — Gleich(=)nis n. — gleichsam adv.: II 91. — Gleis n. (m.): des Gleises 2c.; Gleise n., f., auch: Geleise n.; gleisen v. (sich im Gleis bewegen; die gehörige Spurweite haben), entgleisen v. 2c. — Gleiß m.: Schimmer 2c.: Gleiße f. = Gleiß, auch: Gartenschierling; gleißen v. (schwachförmig u. — : gliß; ge= glissen) = glänzen, schimmern 2c. (vgl. Gleiß= hammer; Gleißwurm 2c.) u. (vermischt mit bem alten gleichsen): heuchelnd scheinen 2c., bazu: Gleißner m., gleißnerisch a. 2c. Kat. 97²⁶; 103¹¹. — Glet(=)scher m.: Kat. 30¹² II 168. — Glied n.: gliederig a.; gliedern v.; Gliedmaßen pl.; gliedweise a. I 106. — glimmen v.: versch. klimmen, Beides schwach= u. starkformig (glomm, glömme 2c.) — Glimpf m.: Kat. 67³⁴: glimpf(=)lich a. — glit(=)schen v.: glitsch(=)rig a. II 168, glit= schig, auch (v. Gebäd= teigig, unausgebacken): klitschig. — Globus (lat.) m.: bie Globusse, Globen. II 143; Kat. 69². — Glocke f.: Kat. 82²: Glöck(s)ner. — Glorie (lat.) f.: II 120; glorios, gloriös a. 139; glorreich a.; glorwürdig a. 2c. — Glosse (gr.) f.: glossieren v. — glotzen v.: du glotzest ob. (minder gut): glotzt II 71; er, ihr glotz(e)t. — Glouton (frz., spr. glutong) m.: Glou= tonnerie (spr. glutonneri) f. — gluchzen v.: in der Aussspr. versch. von gluchsen (besser als gluchsen, s. gluck), vgl. schluchzen, sech= zehn 2c. Kat. 72²⁴; II 92; 95; du gluchzest, in harter Zusammenziehung: gluchzt II 71; er, ihr gluchz(e)t. — gluck! interj.: Ton= wort, dazu: Gluckhenne, Glucke f.; glucken v., bu gluck(e)st (f. u.), er gluck(e)t 2c.; Glucauf m. = Schlucauf 2c.; gludsen v. (vgl. gluchzen), er gluckst, versch. (s. o.): bu gludst II 72. — Glück n.: auch in Zurufen! Glück auf! —, Glück zu! —, Glück an! (Goethe) I 119; Zsstzgn. z. B.: Glücksbote; Glücksprinz; Glückstag; Glückstopf 2c. u. so auch mit zusammenstoßendem s und s (Kat. 94¹³; I 8; II 150) z. B. Glückssohn; Glückssonne; Glücksspiel; Glücksspinne; Glücksstand; Glücksstern 2c.; glücklicherweise

4*

adv. I 106. — **glukſen** v.: ſ. gluchzen; gluck.
— **glühend** v.: glühendroth; rothglühend ꝛc.
mit einer Nuance: glühend roth; roth glü=
hend ꝛc.; das weißglühende Eiſen I 43;
glüh a.; Gluth f. Kat. 58¹⁷; 597; ³⁶. —
Glycerin (gr.) n. ꝛc. — **Glyphik** (gr.) f.:
Glyp(=)ten pl.; Glyp(=)tothek f. ꝛc.

gnädig a.: im Kurialſtil mit großem An=
fangbuchſt. II 13. — **Gneiß** m.: des Gnei=
ſes; gneißig v., beſſer mit ſ als mit ſ (s). —
Gnidos(gr.): Gnidus, in Kleinaſien; Gnidia,
die gnidiſche Göttin (Venus), auch mit an=
lautendem Kn. — **Gnom** (gr.) m.: Gnome
f.; gnomiſch a.; Gnomon m.; Gnoſis f.;
Gnoſtiker m. ꝛc., vgl. auch Ziſſbgn. mit
=gnom m., =gnomit f., =gnoſe, =gnoſis f.,
=gnoſtik f. ꝛc. II 184 ff. — **gnug**: ſ. genug.

Goethe: nicht Göthe. Kat. 24³⁵; 131²⁵;
II 171; Goethe's Gedichte ꝛc.; Goethe'ſch
u. goethiſch a. Kat. 110⁹ ff; I 31; II 25. —
Göhr: ſ. Gör. — **Golf** (it.) m. — **Gol=
gatha** (hebr.) n. — **Goliath** (hebr.) m. —
Gölle: ſ. Gelle. — **Goller**: ſ. Koller. —
Gölſe: ſ. Gelſe. — **gölte**: ſ. gelten. —
Gomorrha (hebr.=gr.). — **Gom(=)phiaſis**
(gr.) f.: Gomphoſe f. ꝛc. II 110; 190. —
Gondel (it.) f.: Gondeler, Gondelier, Gon=
delierer, Gondolier m. (ſämmtlich in dent=
ſcher Ausſpr.), vgl. it.: Gondoliere (II 115),
Mz.: Gondoliéri u. (vgl. II 209, doppelt
entlehnt) frz.: Gondolier (ſpr. gongdoljē),
Mz.: Gondoliers. — **Gonfalon** (it., aus
dem Deutſchen, gundfano, vgl. Gunther)
m.: nicht gut in frz. Ausſpr. (doppelt zu=
rückentlehnt II 209): gongfalóng. Dazu:
Gonfaloniére m. II 115, beſſer als Gon=
faloniér (frz., ſpr. gongfalonjē) m. — **gor**:
v. gären (ſ. b.), Konj.: göre. — **Gör** n.:
(mundartl.) Kind, auch: Göre f. — **Görge**
m.: Georg (ſ. b., vgl. Jürgen). — **Gork** m.:
ſ. Kork. — **goß**: v. gießen (ſ. b.), Konj.:
göſſe; Goſſe f., Göſſchen n. ꝛc. — **Gotha**:
gothaiſch od. Gotha'ſch II 25; 108. — **Gothe**
m.: Oſt=, Weſtgothen; gothiſch a.; Gothen=
burg (ſchwed. Götaberg); Gothland (ſchwed.
Götaland) ꝛc., im Deutſchen mit t (ſtatt th)
unüblich. — **Güthe** ꝛc.: ſ. Goethe. — **Gott**
m.: veraltet GOTT, Kat. 110²⁶; II 12;
Gott Lob! als Ausruf, nicht: Gottlob! I 90;
der Gottſeibeinns I 22 ꝛc.; Namen, wie:
Gottfried (Götz); Gott(=)hard (vgl. Bern=
hard, II 75); Gott(=)helf; Gottlieb ꝛc. —
Gouache (frz., ſpr. gnáſch) f.: Gonache=
malerei ꝛc. II 205. — **Gouffre** (frz., ſpr.
guffer) m.: Schlund, verſch.: Guffer. —
Goulard (frz., ſpr. gulár): Goulard'ſches
Waſſer ꝛc. — **Goum**: ſ. Gum. — **Gour=
mand** (frz., ſpr. gurmáng) m.: Gourman=
diſe f. — **Goût** (frz., ſpr. gu) m.: goûtieren
v. — **Gouvernante** (frz., ſpr. guvernánte) f.:

II 66; 205; Gouvernement (ſpr. =emáng) n.;
Gouverneur (ſpr. =nör, II 130); gouver=
nieren v. ꝛc.

Graal: ſ. Gral. — **Grab** n.: mit verſch.
Ausſpr.: Im Grab — u.: im Grab' —
iſt Ruh ꝛc. Kat. 121²; I 25 ff; II 218;
Grabmal n. Kat. 53²⁴. — **grab(=)be:n** v.:
Kat. 53⁶; II 221: Grabb(=)ler m. — **Grac=
chus** (lat.) m.: grac(=)chiſch a. II 87. —
Gracioſo (ſpan.) m.: ſ. Grazie. — **gräci=
ſieren** (nlat.) v.: Gräciſim, Gräcismus m.
II 162. — **Grad** m.: (verſch.: Grat), die
Grade pl.; zwei Grad (nicht: Grad') ſilb=
licher ꝛc. I 28; grabieren v. — **grade** a.:
zweiſilbig, üblicher als das dreiſilbige gerade
(ſ. b.) Kat. 101²⁰; 119³: der g(e)rabe Weg
ꝛc.; g(e)raben ob. — in der ältern Sprache:
g(e)rades — Weg(e)s (I 105, ſ. meine
„Hauptſchwierigkeiten" ꝛc. 39a) als adver=
biale Beſtimmung — u., verſchmolzen als
Adv.: g(e)radewegs (I 105); ferner als
Adv.: g(e)radeweg (I 143); g(e)radezu (I 116);
g(e)radehin (ebb.); g(e)radeburch (ebb.);
g(e)rad(e)aus (I 120); g(e)radüber (I 115;
140), vgl. auch (ſeltner): Graban gingen
ſie Beide (Voß, Odyſſ. 24, 101; 17, 33).
Verſchieden das Abv. g(e)rabe vor den
namentlich zu einem Verbum gehörenden —
Abv. an; aus; durch; hin; über; weg; zu,
z. B.: Er kam grade an, als ꝛc. wo an zu
kommen gehört u. nicht mit grade verbun=
den werden darf, vgl. namentlich: grad auf
tauſchen, elliptiſch == ſo tauſchen, daß es
grade auf geht (wofür man nicht ſetzen dürfte:
gradauf geht) ꝛc. — **gradieren** v.: ſ. Grad;
graduell a. II 210 ff; grabnieren v. ꝛc. —
Grain (frz., ſpr. gréng) m.: Korn: die
Graines, in der Bedeutung: Seidenwurm=
Eier, nach dem Frz. richtiger: Graines (ſpr.
grän). — **Gral** (altfrz.) m.: der heilige
Gral. — **Gram** m.: Einem gram ſein, nicht:
gramm, Kat. 35¹⁹, vgl.: Griesgram m.;
(gries)grämeln v.; (gries)grämlich a. ꝛc. —
Gramm (gr.) n.: vgl. Centigramm ꝛc. —
Grammaire (frz., ſpr. =är) f.: II 7: Gram=
matik (gr.) f. ꝛc. — **Gran** (lat.) n., m. —
(Grän n.) ⅓ Gran. — Granatober
(lat.=gr.) m., n.: (fünfſilbig) I 3. — **Gran=
dezza** (it.) f. II 200. — **Granit** (it.) m.:
graniten a.; Granitoïd m. II 109. —
Gränze: ſ. Grenze. — **Graphik** (gr.) f.:
graphiſch a.; Graphit m. ꝛc., vgl. =graph
m., =graphie f., =graphiſch a. in vielen Ziſſbgn.,
wie Geo=, Hydro=, Oro=, Ortho(=)graph ꝛc.
II 126. — **Grapp**: ſ. Krapp. — **grap(=)ſen**
v.: Kat. 64⁷; II 195. — **Gras** n.: Gräs=
chen II 122; Grasſenſe, Grasſichel I 8;
II 105. — **graß** a.: graſſer Blick ꝛc. (verſch.:
Kraß); gräßlich a. ꝛc. — **Grat** m.: (verſch.:
Grab, vgl. Rückgrat): Grat(=)eiſen n.; Grat=
hobel m.; Gratſparren m.; Grat(=)thier ꝛc. ꝛc.

Gräte f.; grätig a. :c. — Gratial (lat.) n.: Gratias n. (Dankgebet nach Tisch) :c. — grätschen v.: Kat. 27^{18}; 34^{32}. — grau a.: grau (Adv.) in Gran (Subst.) malen (vgl.: schwarz auf Weiß) :c.; Graubünden (s. Bund), Graubündner m.: graugültig a., s. gültig; Gräue f.; grauen v., z. B.: der Morgen grauet (grau't ob. graut, mit einer Nuance der Aussspr. II 69); graulich, gräulich a., Kat. 86^{12}, s. d. Folg. — Grauel m.: Gräuel m.; gräuelhaft a.; grauelig ob. graulig a. (mit der Endung ig, nicht lich, Kat. 86^{12}), eben so: gräulig a. (s. u.), — sämmtlich v. grauen (s. d. Vor.), z. B.: mir grauet, grau't ob. graut :c.; das Grauen; grauen- haft a.; dazu aber auch: graulich a., gräu- lich a., vgl.: grauerlich a. u. — von Graus m., grausen v. (mir graust :c.), Grausen n. :c. — grausig a., grauslich a., vgl. auch: grauserlich a. u. — v. grauseln a. (gräuseln, gruseln, grüseln) — grauselig a. (gruselig). — Graus m.: s. d. Vorige u. Grus. — Gra- ves (frz., spr. grawes) m.: Graveswein. — Graveur (frz., spr. -wör) m.: gravieren v. (s. d. Folg.). — gravieren (lat., spr. graw-) v. (s. das Vor.) beschweren; als belastender Umstand treffen :c.; Gravität f.; gravitätisch a. :c. — Grazie (it. grazia, aus lat. gratia, vgl. span. gracia, frz. grâce) f.: II 121: grazienhaft a.; graziös a., auch — z. B. bei Goethe — grazios, vgl. II 191 ff; Gra- ziosität f. (Graziösität, z. B. bei Heine); grazioso (it.) a., z. B. in der Tonkunst, — dagegen richtiger: Gracioso (span.) m., z. B. als Rollenfach :c. — Greenback (engl., spr. grühnback) m. — Greffier (frz., spr. greffje) n. — Gregor (gr.) m. — Gremium (lat.) n.: Mz.: Gremien. — Grenadier (frz., spr. -dir) m.: II 117. — Grenze f.: Kat. 30^{27}; Grenzzaun m.; Grenzzoll m.: Grenzzug m. :c. 34^{19}; II 201. — Gretchen n., Grete f.: Abkürzung v. Margarete (s. d.). — Greuel m. :c.: s. Gräuel. — Griebe f. — Griebs m.: Gröbs. — Grieche m.: Griechenland n.: griechisch a. — gries a.: (mundartl.) = greis, grau; = graus. — Gries m.: vgl. Graus, Grus, Kat. 95^2; grieselig a.; grie- seln v. :c.: s. Gram. — Grille f.: vgl. Gryllus; auch — (frz., spr. grilj) f.: Eisengatter :c. — Grimace (frz.) f.: auch Grimasse f.; grimassenhaft a.; grimassieren v. :c.; aber nur: Grimacier (spr. -aßje) m. II 83. — Grimm m.: grimm, grimmig a.; grimmen v. (veraltet: krimmen), das Grimmen, Bauchgrimmen :c., Grimm- darm m. :c. — Grind m.: grindig a. — grinsen v.: minder gut grinzen. — (Griph (gr.) m.: vgl. Logogriph, versch.: Gryph. — Grippe (frz.) f. — Grips m.: vgl. Kat. 64^2. — grob a.: grobhin adv. I 133; Grobheit f.; Grobian m.; gröblich a. :c. — Grob n.:

Grobzeug n. (Pack). — Gröbs m.: Griebs. Grog (engl., spr. grägg) m. — gröblen v. — Grölz m.: grölzen v. — Groom (engl., spr. grüm) m. — Groot m.: s. Grot. — Gropp m.: ein Fisch (Kaulkopf). — Gröps m.: s. Gröbs. — Gros (frz., spr. gro): 1) m.: Art Seidengewebe, z. B.: Gros de Berlin [spr. berlēng]; Gros de Naples [spr. näp'l]; Gros de Tours [spr. tür] :c., als Bestimmungswort in Zsstzgn. mit Binde- strichen, z. B.: Gros-de-Tours-Band; Gros- de-Naples-Band :c. — 2) n.: Haupt-Masse, -Theil, -Heer :c., s. auch en gros. — Gros- grain (frz., spr. grohgräng) m.: Art Zeug- stoff. — Groß n.: zwölf Dutzend Kat. 97^{16}: vier Groß :c.; auch = Gros 2. — Grossierer m.: Grossist. — groß a.: Superl.: größt, seltner: größest Kat. 77^{21}; II 72; in der klein- n. großen Welt I 22; der große Friederich :c. — u.: Friederich der Große Kat. 108^{23}; II 26. — Ihn lieben (ob. liebt) Groß u. Klein; er ist bei Klein u. Groß beliebt :c. Kat. 105^{23}; II 19, — aber: ihn lieben alle Menschen, groß und klein :c. — Wer das Kleine nicht ehrt, ist das Große nicht werth; mit Kleinem anfangen, mit Großem aufhören :c.; im (Ganzen u.) Gro- ßen :c. II 18 ff; — einen (zwei :c.) Zoll groß, aber: zollgroß; erbsengroß; handgroß; riesengroß :c., s. breit I 87; — sich groß dünken; sich groß machen; groß prahlen; groß sprechen; groß thun :c., aber: das Sich- groß-Dünken; das Großdünken; das Groß- prahlen, Großsprechen :c., vgl.: Großprah- ler(ei); großprahlerisch a. :c. I 60; — mög- lichst groß, aber: größtmöglich I 44: — ein großer (der größere, der größte) Theil; zum großen (größern, größten) Theil — aber: großentheils/größerntheils; größtentheils adv. I 101. — Großbritannien, s. Britannien u. s. w.; Grö(-)ße f.; Groß(-)eltern pl.; großflüg(-)lig a. Kat. 86^{31}; II 183; großherzoglich a., z. B. auch: Andie groß- herzogliche Regierung Kat. 110^{25}; II 13; Großmuth f., großmüthig a., s. Muth (Kat. 59^{12} ff) u. s. w. — Grot m.: Name niederd. Münzen: 2 Grot flämisch (s. d., — in ver- alteter Schreibweise vlämisch). — grotesk (it., frz.) a.: grotes(-)ke Gestalt :c.; Gro- tes-ke f. :c. II 78; 162, vgl. Kat. 40^5. — Groupe :c.: s. Gruppe :c. — Grummet n., m. — grün a.: (vgl. blau :c.) das Grün; im Grünen Kat. 106^1 :c.; Grünspan m., vgl. spangrün, spanischgrün a. :c. — Grund m.: grun(-)dieren v.; Grund(-)irrthum m.; Grundsatz m., grundsätzlich a. Kat. 29^{26}. — Gruppe (it., auch frz. groupe) f.: Grüpp- chen n., gruppieren v. :c.; versch.: Kruppe (s. d.). — Grus m.: Graus, Gries :c.: des Gruses; grusig a.; (zer)grusen v. :c. — gruselig a.: gruseln v.: s. Gräuel (Schluß). —

Gruß m.: des Gruß es; die Grüße; grüßen v. ꝛc. Kat. 96³⁶ ff; II 142; 152. — **Gryllus** (gr.) m.: Mz.: Gryllen, Art Grotesfbilder (vgl. Grille). — **Gryph** (gr., lat.) m.: Greif (vgl. Hyppogryph), verscḥ. Griph (s. d.): Gryphäa f.: Gryphit m., Gryphitenkalk ꝛc.

Guadelupe (span.): häufig — aber nicht eben nöthig — in frz. Schreibweise: Guadeloupe. II 134; 208. — **Guajak** (span.) n.: II 124; 213. — **Guano** (span.) m. — **Guardian** (span.) m.: viersilbig, vgl.: Garbian (dreisilbig) II 135. — **Guayana** (span., spr. -jána) f.: auch Guhana, Guiana. — **gucken** v.: versch. jucken, üblicher als kucken. Kat. 82²; der Guck-in-die-Welt (od. Kiel-in-die-Welt) ꝛc., übersichtlicher als Guckindiebiewelt ꝛc. I 122; Guckkasten II 96. — **Guckguck**: s. Kuckuck. — **Gueber**: s. Geber. — **Gneiße** (it.) m.: Welse. II 134. — **Guemul** (span.) m. — **Guépard** (frz. gepär) m.: s. Gepard II 135. — **Guéridon** (frz., spr. geridóng) m. — **Guerrilla** (span., spr. guerillja) f.: Guerrillero m., besser als Guérilla (frz.) II 133. — **Guerta** (span.) f. — **Gueux** (frz., spr. gö) m.: s. Geusen (nicht: Gueusen) II 135. — **Guffer** m.: Steinwall eines Gletschers, versch.: Gonffre. — **Gugel** f.: Kapuze (versch.: Kugel): Gugelhopfen m. ꝛc. — **Guhr**: s. Gur. — **Guiana**: s. Guayana. II 134. — **Guide** (frz., spr. gid') m.: Guidon (spr. -óng) m. — **Guido** (it.) m.: vgl. Veit. — **Guienne** (frz., spr. giénn). — **Guignon** (frz., spr. ginjóng) m. — **Guildhall** (engl., spr. gildhahl) f. — **Guildive** (frz., spr. gildiw) m. — **Guillaume** (frz., spr. giljóm) m.: Wilhelm. — **Guillemets** (frz., spr. giljmeß) pl. — **Guilloche** (frz., spr. giljósch) f.: guillochieren v.; Guillochis (spr. schi) m. — **Guillotinade** (frz., spr. giljot-) f.: Guillotine f.: guillotinieren v. — **Guimberge** (frz., spr. gengbérsh') f. — **Guimpe** (fr., spr. gengp') f.: Nonnentracht ꝛc., vgl. Gimpe II 135. — **Guinea**: 1) (viersilbig mit dem Ton auf der dritten Silbe) Ländername. — 2) (engl., spr. giuni) f.: Goldmünze (Guinée (frz., spr. giné) f., nicht füglich für die engl. Goldmünze, aber wohl als Bezeichnung für Baumwollstoffe zum Tauschhandel nach Guinea. — **Guingamp**, **Guingan** (frz., spr. gengáng): s. Gingang. — **Guinguet** (frz., spr. gengé) m. — **Guinguette** (frz., spr. gengétt) f. — **Guipure** (frz., spr. gipür) f. — **Guirlande** (frz., spr. girlángb') f.: aber bei ganz deutscher Ausspr. (ohne Nasallaut, vgl. Allianz): Girlande; so auch — je nach der Ausspr. — g(u)irlandieren v. ꝛc. mit od. ohne n. — **Guitarre** (frz., spr. git-) f.: nicht gut: Gitarre II 135. — **Gulden** m.: gülden a., noch alterthümlich=golden; güldisch a. (im Berg- u. Hüttenwesen) goldhaltig, s. auch gültig. —

Gule (ar.) f.: Art Nachtgespenst (nicht: Ghule) II 136. — **Gülle** (schwzr.) f.: Jauche. **Gülte** f.: Gültbauer m.; Gültbuch n.; Gültherr m. ꝛc.; gülten v. — **gültig** a.: üblicher als giltig Kat. 32²; auch gleichgültig; ferner z. B.: grau=, roth=, schwarz=, weiß=gültig Erz (richtiger als rothgülden ꝛc.). — **Gumm** (ar.) m.: unnöthig in französ. Schreibweise Goum, s. II 208. — **Gummi** (lat.) n., m.: Gummi arabicum (s. II 105 ff); Gummi elasticum; Gummi guttæ od. Gummigutt (s. Gutta); Gummi laccæ od. Gummilack ꝛc.; — Gummipflaster n.; Gummirock m.; Gummischuh m. ꝛc.; gummieren v.; gummös a. — **Gumpert**, **Gumprecht** m.: s. Berta, vgl. Gunther. — **Gunst** f.: Kat. 38²; günstig a.; günstigsten Falls I 80. — **Gun(=)ther**, **Gün(=)ther** m.: vgl. für die erste Hälfte z. B. Kunigunde; Gonfalon; Gumprecht ꝛc., für die zweite z. B.: Hermann u. besonders Diether, Walther, aber—weil nicht mehr als Zssgn. gefühlt — immer getheilt: Die=ther, Gün=ther, Wal=ther (vgl. dagegen z. B.: Haupt=heer ꝛc.; Gott=hard; Gott=helf ꝛc. II 110) u. so auch, mit ausgefallnem h: Die(=)ter — vgl. Dieterich —, Gun(=)ter, Gün(=)ter Wal(=)ter, wie für das alte Wernher gewöhnlich nun Wer(=)ner. — **Gur** f.: (s. gären): Kieselgur ꝛc. — **Guß** m.: v. gießen: Gußstahl, Gußstein ꝛc. I 17; II 150. — **güst** a.: (mundartl., mit gedehntem ü) unbefruchtet, unfruchtbar ꝛc. — **Gustav** (schweb.) m.: Kat. 64³⁰. — **Gü(=)strow** (mit stummem w); Gü(=)ster m., a.; gü=strow(=)isch a. II 25; 140; 156. — 1 **gut** a.: einen guten Abend (Morgen, Tag), eine gute Nacht wünschen ꝛc., aber substantiviert (neutr.): das Gutenabend ꝛc., das Gutenacht, vgl.: der Gutenmorgengruß, der Gutenachtkuß ꝛc.; Da giebt's Gutentag's u. Gutenabend's, daß kein Ende ist (Goethe) I 30 ꝛc.; zu guter Letzt (s. b.) I 43 ꝛc.; der (die, das) Gute; alles Gute; nichts Gutes ꝛc.; im Guten (in Güte) ꝛc.; zu Gute (vgl. II) z. B.: — Einem kommen, — Etwas haben, behalten, Einem schreiben, halten, thun ꝛc., vgl.: eine Summe bei Einem gut haben, sie ihm gut schreiben; Einem Etwas gut thun ꝛc.; wofür gut sagen (=bürgen); Etwas gut heißen (billigen) ꝛc.; wie es Einem gut dünkt (bedünkt, däucht, scheint) ꝛc.; wie er es für gut achtet (erachtet, hält, befindet ꝛc., vgl. fürgut) u. s. w., aber im subst. Infin. z. B.: das Gutachten; nach Gutbefinden; nach Gutbdünken; ein Gut(=)haben; das Gutheißen; das Gutsagen ꝛc. (160 ff), auch= (s. ebd.) I 98 ff) — in adjektiv. Zssgn. mit Partic.: gutgelaunt (vgl. gutlaunig u., mit leiser Nuance, getrennt: gut gelaunt, vgl.:

bei guter Laune; gut bei Laune ꝛc.); gut=
gesinnt; gutgestimmt ꝛc.; ferner: gut=
schmeckend neben gut schmeckend ꝛc.;end=
lich zusammengeschoben als Adv.: guten=
theils I 101: gutermaßen I 94 ꝛc. —
II Gut n.: Güter pl.; Güterbestät(ig)er m.;
Gütergemeinschaft f.; Güterkauf m.; Güter=
zug m. ꝛc.; Gutsbesitzer m.; Gutslauf m.;
gutspflichtig a. ꝛc. — Gutta (malaiisch) f.:
Gummiharz (vgl. Gummigutt): besonders:
Gutta=Pertscha od. besser: Guttapertscha
(vgl. in engl. Schreibweise: gutta-percha,
spr. göttapértscha u. eben so im Frz. ge=
schrieben, mit der Ausspr.: güttapérsa),
z. B.: Guttapertschafirnis; Guttapertscha=
röhren ꝛc.; aber, wenn der zweite Theil der
Zsstzg. mit einem Vokal beginnt, besser mit
Bindestrichen (II 109), z. B.: Guttapertscha=
Abfälle; Guttapertscha=Industrie ꝛc. — Gutz=
kow (mit stummem w): Gutzkow's od. Gutz=
kow(=)ens, die Gutzkow'schen od. gutzkow=
ischen Schriften ꝛc. I 31; II 140 ff. —
Gutz (schwzr.) m.: Schneewirbel: gutzen v. ꝛc.
— Guyana: s. Guayana. — Guyenne: s.
Guienne.

Gygés (gr.) m. — Gym(=)nasium (gr.)
n..: Mz.: Gymnasien (II 120; 189) ꝛc.;
Gym(=)nastik f. ꝛc.; Gym(=)nesophist m. ꝛc.
— Gynäceum (gr.) n.: Mz.: Gynäceen
(II 114); Gynäkologie f. ꝛc.; Gyps ꝛc.:
s. Gips. — Gyromant (gr.) m.: Gyro(=)skop
m.; Gyro(=)trop m. ꝛc.

H.

H: H=Dur; H=Moll ꝛc.
ha! interj.: Kat. 42⁷; 51²¹. — Haag m.:
Stadt in Holland, vgl. Hag. — Haar n.:
verkl.: Härchen ꝛc.; Haarrauch m.(Heerrauch,
am üblichsten:Höhenrauch) ꝛc.; haaren (bären)
a. u. v.: baarig (härig) a. — Haarlem;
Haarlingen: holländische Städte. — Habe
f.: Hab' u. Gut I 26. — habeas-corpus
(lat.) n., m.: Habeascorpusakte. II 76 ff;
106. — Habenichts m. — Haber m.: üb=
licher Hafer, doch gewöhnlich nur: das
Haberfeldtreiben (bairisch); Haberrohr n. —
Haberecht m. — Habicht m.: Kat. 88¹⁰. —
Habit (frz., mit deutscher Aussp. habít) m.,
n.: Habitude (spr. abitüd') f., aber — mit
lautendem h, also deutsch gesprochen: Habi=
tüde II 204, vgl.: Habitué (spr. abitüé) m.
u. — mit lautendem h — habituell u. ha=
bituéll a. (II 210, 213, vgl. frz. habituel,
spr. abituéll); Habitus (lat.) m. — Hab=
seligkeit f.: Kat. 44²³. — Haché (frz., spr.
asché, auch — minder gut — hasché) n.:
hachieren v.; Hachis (spr. aschí) n.; Hachure
(spr. aschür) f. — Hächse: s. Hechse. —

Hacienda (span., spr. haß=) f.: Hacienderro
m. ꝛc. — Hack n.; Hack u. Mack; Hackemack.
— Hacke f.: Ferse (Hackenleder ꝛc.); Haue,
Karst ꝛc. — häckeln v.: klein hacken, — versch.:
bäkeln. — hacken v.: haften, kleben ꝛc.;
hauen (versch.: haken): Hackbank f.; Hackbeil
n.; Hackblock m.; Hackbrett n.; Hackklotz
(II 93; 96) ꝛc. — Häcker m.: Arbeiter mit
der Hacke (dem Karst) in Weinbergen ꝛc.
(versch. Häker), auch = Häckerling m. ob.
Häcksel m., n. — Hadsch m.: (mundartl.)
Eber, Schwein: hadschen v.: schweinigeln. —
Häcke: s. Hechse. — Häcksel: s. Häcker. —
Haddig m.: niederd. st. Heberich. II 222. —
Hadsch (ar.) m.: Wallfahrt: Had(=)schi m.,
Pilger II 167; 169. — Hafen m.: Port ꝛc.;
Topf ꝛc.: Haf(e)ner, Häf(=)ner m. (oberd.)
Töpfer. — Hafer m.: Haber (s. d.): Hafer=
seim (niederd. Hafersehm) ꝛc. — Haferei f.:
s. Avarie. — Haff n. — Haft m. (n.); f.:
als Grundwort in Zsstzgn. v. der Adjektiv=
Endung haft durch Bindestriche zu unter=
scheiden, z. B.: Daner=Haft f. (s. d.); Draht=
Haft m. (s. d.); Schuld=Haft f. (s. d.) ꝛc.
II 136. Als Verkl. des Masc.: Häftchen n.,
Häftlein, vgl. Heft. — Hag m. ꝛc.: vgl.
Haag: Mz. auch Häge (vgl. Hege); Hage=
buche (Hainbuche) f., hagebüchen a.: Hage=
butte f. ꝛc.; Hagestolz m. — haha! interj.:
Haha n. — Häher: s. Heher. — Hahn m.:
Hahnrei m. — Hai m.: Haifisch. Kat. 19³³.
— Haide f.: s. Heide. — Haiduck (serb.)
m.: Heiduck. — Hain m.: Hainbuche
(s. Hag) ꝛc.; auch: Freund Hain (üblicher
als Hein). Kat. 19²³ ff. — Haïti: besser
als Hayti. — Häkel m.: Häkchen (s. u.;
II 93): Häkelei f.; häkelig a. (Kat.85³³);
häkeln v., Häkelarbeit f., Häkelnadel f. ꝛc.;
Haken m., verkl.: Häckchen, Häklein (s.Häkel);
Hakenbüchse f.: Hakenbuße f.; Hakenpflug
m. ꝛc.; haken v. (versch. Hacke, hacken ꝛc.);
Häker m. (versch. Häcker), Pflüger mit dem
Hakenpflug; Besitzer einer Hakenbuße ꝛc. —
Hälse: s. Hechse. — Halali interj. u. n. —
halb: 1) Bruchzahl, z. B.: ein halbes Jahr,
vgl. als Zsstzg.: Halbjahr n., halbjährig a.,
halbjährlich a. ꝛc.; halbschlächtig a. ꝛc. (s. Ge=
schlecht) ꝛc. (mit dem Ton auf halb), zu
auch: halb wach (—⌣); halbwach (⌣—):
halblaut; halbrunder Vorhof (in Gestalt
eines Halbrundes) ꝛc. (s. I 41), vgl. als
Adv.: halbwegs ꝛc. I 105; s.
auch gemischteBruchzahlen, wieandert(=)halb;
drittehalb; viertehalb ꝛc.: anderthalbjährig ꝛc.
— 2) als nachgestellte Präpos. (auch halben,
halber), s. deinet(=)halb; berenthalb; des u.
Ehre I 83 ff. — Halcyone f. ꝛc.: Al=
cyone. — hälfe: s. helfen. — Hälfte f.:
hälftewegs adv. I 105. — Halfter m., f., n.:
vgl. Holster. — Hallali: s. Halali. — Halle=
lujah! (hebr.) interj. u. n.: nicht gut mit

Fortlassung des Anfangs= u. des Schluß=h.
— **hallo!** interj.: Hallo n.; halloen v., du
halloest, er halloet(e) 2c., auch: hallo'n 2c.
(nicht ohne Apostroph II 70). — **Hallor**
(celt.) m. — **Hallucination** (lat.) f. 2c. —
Hallunke 2c.; f. Halunke. — **Haloïd** (gr.)
n.: Haloïdsalz II 109; Halo(=)stop n. II 160.
— **Halt** m.: Halt machen 2c. — **halten** v.:
du hältst (nicht: hälst), er hält (Kat. 75²⁸ ff);
Impf.: hielt 2c.; Haus (f. d.) halten. —
Halunk(e) m.: üblicher als Holunk(e) u.
besser als Hallunke. Dazu: Halunkerei f.;
halunkisch a. — **Hama(=)dryade** (gr.) f.: f.
Dryade. — **Hamburg:** Hamburger m.; a.;
hamburgisch a.; Hamburg=Berliner Eisen=
bahn 2c. I 17. — **Hambutte** f.: mundartl.
st. Hagebutte (f. d.). — **Hamen** m.: Kat.
57¹⁸. — **hämisch** a. Kat. 27¹⁸. — **Hammel**
m.: Hämmel pl.; hämmeln v.; Hämmling
m. — **Hämor(=)rhoïden** (gr.) pl.: II 107;
174 2c. — **Hamster** m. — **Hand** f.: verkl.:
Händelein, Händ'lein u. — mit der Aus=
sprache des d = t: Häudlein, wie Händchen
II 180; 218 ff; eine (zwei, drei 2c.) Hand
breit (f. d., bid, groß, hoch 2c.), — aber:
handbreit 2c.; eine (zwei 2c.) Handvoll 2c.
(f. voll); Handfeste f.; Handhabe f., dazu
(als untrennbares schwachformiges Zeitw.):
handhaben v. (du handhabest; gehandhab(e)t)
II 59; Handquehle (Kat. 54⁸); Hand(=)schuh;
Hand(=)tuch 2c. II 176; — zur rechten Hand,
auch: rechter, linker Hand; kurzer Hand
(= brevi manu); gesammter Hand; beider
Hand (= mit beiden Händen — ob.: von
beiden Seiten), — versch. (als adverb. Be=
stimmung): bei der Hand (z. B. = in der
Nähe, da, nicht: beiderhand), vgl.: vor der
Hand (= vorläufig, vgl. Vorderhand f.);
nach der Hand (= hinterher); unter der Hand
(im Geheimen); zu Handen, z. B. des Herrn
N. N. 2c.; dagegen verbunden, z. B. zuhand
adv. (= sofort, vgl.: zur Hand); vorhanden
a. (oberd. auch: beihanden, ebhanden); ab=
handen adv. und als indeklinable Adj.:
allerhand (f. d.), mancherhand; vielerhand,
vgl. allerlei 2c.; f. auch: überhand f. I 85 ff.
— **Handel** m.: (des) Handels halber (f. d.)
I 84; Handels einig (eins) sein, werden
I 79; 80; Handel treiben, aber: handel=
treibend a. I 58; Händel suchen 2c.; Händ=
ler m.; Handlung f. II 216; 219. — **Hanf**
m.: häusen v.; Hänf(=)ling m. 2c. — **hangen**
v.: du hangest od. hängst (f. u.); er hanget
od. hängt (f. u., Kat. 75²⁴); Impf.: hing
(vgl. fangen); Partic.: gehangen;—hängen=
du hängest od. hängst (f. o., versch.: Hengst);
er häng(e)t; hängte; gehängt (vgl. auch:
henken); — Hangematte, Hängematte f. 2c.;
Hängsel m. (vgl. Anhängsel 2c.); versch.:
Henkel). — **Hannchen:** Hanne (f. Johanna,
vgl. Hans, Kat. 129⁵). — **Hannover:** Han=

noverer m.; hannoversch, hannöversch a. 2c.,
— spr. v wie f, dagegen minder gut in
latinisierter Form (spr. v wie w): Hanno=
veraner m.; hannoveranisch a. — **Hans** m.:
Hänschen 2c., aus Hannes, f. Johannes. —
Hansa f.: Hanse, Handelsbund; die Hanse=
städte 2c.; die Hansen, latinisiert: Hanseaten;
hansisch a., latin.: hanseatisch 2c. — **hänseln** v.
—**Hantel** m., f.: hantieren v. Kat. 46²⁶; 69¹⁷.
— **hapern** v.: hap(=)rig a. — **happen** v.:
Happen m.; Haps m. Kat. 64¹; hap(=)sen
v., er hapst, Impf.: haps(=)te II 194. —
harangieren (frz.) v.: vgl. II 133. — **har=
celieren** (frz., spr. (h)arß=) v. — **Härchen:**
f. Haar. — **Hard** m., f.: (alterth.): Berg=
wald. — **Harde** (dän.) f. — **Hardiesse** (frz.,
spr. ardjés) f. — **Harem** (ar.) m., u. —
hären a.; v.; f. Haar. — bärig a.; — **Häring**
f. Hering. — **Harlekin** (it.) m.: Harlekinade
f. 2c. — **Harmonia** (gr.) f.: Kadmus ver=
mählte sich mit Harmonien 2c. II 119; Har=
monie f., Harmonie(e)n pl.; Harmonichord
(spr. =kord) n. 2c. — **Harpye** (gr.) f.: ge=
nauer: Harpyie (II 121). — **Harschier:** f.
Hartschier. — **hart** a.: (f. Bernhard; versch.:
Hard): Härte f., härten v.; härter, härtest
2c.; Hartwig Kat. 88¹³. — **Hart(=)schier** m.:
aus it. arciere (f. d.), in lässigerer Auspr.
— mit Ausstoßung eines Konsonanten —
auch: Harschier u. Hatscher. — **Haru=pex**
(lat.) m.: Haru(=)spices pl; Haru(=)spicium
n., Mz=: Haruspicien 2c. — **Harz** m.; n.:
Kat. 34³¹. — **Hasard** (frz.) m.: Hasardspiel
n.; hasardieren v. 2c. — nicht mit Hand (auch
im Frz. veralteten) z statt des z zu schreiben
— **Haschee:** f. Haché. — **ha(=)schen** v.: du
haschest, minder gut: hascht; er, ihr hasch(e)t
II 71; Hä(=)scher m., vgl. Häs(=)chen II 122.
— **Häse** m.: Häs(=)chen n.; Häsin f. 2c.;
Haselant II 65, haselieren, Kat. 46²⁶.
Ha(=)spe f.: Hä(=)spe f., Häsp(=)chen n.
Kat. 29³⁰; 118¹⁴ ff; Ha(=)spel m., f., haspeln
v. 2c. — **Haß** m.: des Hasses 2c.; hassen
v., du hassest, minder gut: haßt Kat. 74¹² ff;
77²¹, ³¹; II 72, vgl. Hast 2c.; er, ihr hass(e)t;
Impf.: haßte (versch.: hasten) II 153 2c.;
häßlich a. — **Hast** f.: versch.: du hast
(v. haben); du, er, ihr hast (v. hassen, f. d.,
vgl.: Sei haftig nie auch, wo du Hast hast,
denn seine Ruhe liebt, wer Hast hasst.
Rückert 2c.); hasten v.; ich haste 2c., hastig
2c. — **hat:** v. haben Kat. 35²⁵. —
Hat (ar.) m.: Schreiben, auch Hatti, z. B.:
Hat(ti)scherif 2c. — **hät(=)scheln** v.: Kat.
27¹⁸; II 168 — **Hatschier:** f. Hartschier.
hauchen v.: im adjekt. Partic., verschmolzen
mit dem Obj.: z. B.: anmuth=, balsam=,
gift=, gluth=, pest=, wahnsinn=, wohllaut=
wollusthauchend 2c. 138. — **hauen** v.: du
hauest, hau'st od. (mit leiser Nuance der
Auspr.) haust (II 69), — versch.: haust v.

hausen —; er hauet, hau't od. haut (vgl.
Haut f.); Impf.: hau(e)te, gewöhnlich: hieb.
— Hanf m.: (vgl. zuhauf, allzuhauf adv.):
Haufe, Haufen m.: Häufchen, Häuflein n.;
häufeln n.; häufig a. — Haupt n.:
Kat. 64⁷; des Haup(=)tes, die Häup(=)ter ꝛc.;
Haupt(=)erbe m.; Haupt(=)erforderniß n.;
Haupt(=)essen n.; Haupt(=)hebel m.; Haupt=
zweck m. ꝛc. II 194; Häuptling m.; häupt=
lings adv. ꝛc.; s. auch überhaupt adv. —
Haus n.: Häus(=)chen n.; Häu(=)ser pl. ꝛc.
II 122; 129; Haus halten I 58, aber: das
Haushalten; Haus(=)hälter m., haushälte=
risch a., Haushaltung f. ꝛc.; Haus(=)andacht
f. ꝛc.; Haus(=)ente f. (II 146, vgl.: hau=
sen, s. u.) ꝛc.; haus(=)fässig a., Haus=
suchung f. ꝛc. II 150; Haus(=)taube f., Haus=
thier n. II 153, s. auch hauß(en). — hausen
v.: du hausest, minder gut: haust; er, ihr
hauset od. haust (versch.: du haust v. hauen)
Impf.: haus(=)te ꝛc. II 71; 146; 152, —
versch.: Hausen m. (ein Fisch, Hausenblase
f. ꝛc.). — Hausse (frz., spr. (h)oß) f.:
Haussier (spr. (h)oßie) f. ꝛc. — haußen adv.:
mundartlich = hier außen (f. b. u. draußen),
auch: hauß. I 125. — Haut f.: versch. haut
(v. hauen); Mz.: Häute (versch.: heute, vgl.
häutige Bräune ꝛc., der heutige Tag ꝛc.
— haut (frz., spr. (h)ö) a., weibl.: haute
(spr. (h)öt), z. B. in: Hautbois ꝛc., s. Hoboe;
Hautelisse (spr. =liß) f., Hautelissetapete ꝛc.
(vgl. Basselisse); Hautevolée (spr. =wolé,
frz. haute volée) f.; Hautgoût (spr. =gü,
haut-goût) m. II 205; Hautrelief (spr.
=relljeff) n. (vgl. Basrelief); Haut=San=
terne (spr. =ßetärn) m. ꝛc. — Hauyn (frz.) m. —
Havanna (spr. haw=, in span. Schreibweise
habana); Havanna(cigarre) f.; Havanna=
(zucker) m. ꝛc. — Havarie, Haverie f.: s.
Avarie. — Havel (spr. hafel) f.: Fluß. —
Havelock (engl., spr. häw'lock) m. — Haven:
s. Hafen. — Havre (frz., spr. (h)āw'r).
Haydn: Haydn'sche Sonate ꝛc. — Hayti:
s. Haïti. — Hazard ꝛc.: s. Hasard.
he! interj.: Kat. 114¹. — He(=)bräer
(gr.) m.: hebräisch a. II 6; 178. — Hechse
(spr. here) f.: niederd. Hesse (vgl. Sachse
u. Sasse) — nicht füglich: Hächse, Häcke ꝛc.,
versch.: Here. — Hede f.: (niederd.) Werg,
Kat. 44²⁶. — Hed(e)rich m.: Kat. 70²²; 85².
— Hedsch(=)ra (ar.) f.: in (unnöthig) fran=
zösierter Form Hegire (spr. eschir). II 132;
167; 169. — Hedwig f.: Kat. 88¹³. —
Heede: s. Hede. — Heer n.: (versch.: hehr;
her) Kat. 44¹¹ ff: Heerbann m.; Heerrauch
m. (f. Haarrauch); Heerschar f.; Heerstraße f.;
Heerwurm m. (versch.: Herweg); s. auch Her=
berge ꝛc. — Heerd s. Herd ꝛc. — Heer=
ling: s. Herling. — Heft n., m.: Heftchen,
Heftlein n. (vgl. Haft); Heftel m., n.; f.;
heftein v.; heften v. Kat. 30¹²; heftig a. —

Hege f.: vgl. Hag; hegen v.; Hegewald m.;
Hegewisch m. ꝛc.; Heger m. — Hegire: s.
Hedschra. — Heher m.: Kat. 30²⁷. — Hehl
m., n.: hehlen v.; Hehler m. Kat. 54⁷. —
hehr a.: (versch.: Heer n.; hebr adv.) Kat.
44¹⁴. — Heide f. (dazu z. B.: Heidekraut
n.; Heidereiter m.; Heideschnucke f.; Heide=
schwamm m. = Heiderling m.; Heide= od.
Heidelbeere f. ꝛc.) — u. m. (ursprünglich:
Heidebewohner, vgl. lat. paganus ꝛc. Dazu
z. B.: Heidenangst f.; Heidenbekehrung f.;
Heidengeld n.; Heidenlärm m. ꝛc.; Heiden=
thum n.; Heidin f.; heid(=)nisch a. ꝛc.) —
heidi! interj. ꝛc. — Heiduck (serb. ꝛc.) m.:
II 214. — heikel a.: heik(e)lig a. Kat. 85³¹.
— heil a.: Heil n., in Zsstzgn. z. B.:
heilbringend a.; heilfroh a.; heillos a.; heil=
voll a. ꝛc.; Heilbutte m., f. (ob. Heiligen=
butte, geweihter, als Fastenspeise) ꝛc.; Heils=
lehre f.; Heilsmittel n., s. u. ꝛc.; ferner:
Heiland m. Kat. 72⁷ ꝛc.; heilen v. (Heil=
anstalt f.; Heilbrunnen m.; Heilmittel n.,
— versch.: Heilsmittel, s. o. ꝛc.); heilig
a. Kat. 85³⁴ (die heilige Jungfrau; heilige
Schrift II 12 ꝛc.; ein Heiliger ꝛc.; Heiligen=
bild n. ꝛc.); Heil(ig)thum n.; heilsam a.
— Heim n.: heim adv., auch in Zsstzgn.,
II 62; 66, z. B.: heimbringen v.; heim=
fahren v., Heimfahrt f.; heimfallen v., Heim=
fall m.; heimführen v., Heimführung f.;
heimgehen v., Heimgang m.; heimkehren v.,
Heimkehr; heimsuchen v., Heimsuchung f.;
Heimtücke f., heimtückisch a. — vgl. heim=
lich — ; heimwärts adv.; heimzahlen v. ꝛc.,
s. d. Folg., vgl. (ein)heimsen ꝛc. — Heimat
f.: Kat. 60⁸; heimatwärts adv.; Heimat(s)=
land n. ꝛc.; heimatlich a., vgl. heimisch a. ꝛc.
— heim(e)lig a.: (schwzr. ꝛc.) = (an)heimelnd
ꝛc., Ggnstz.: unheim(e)lig, s. u. unter=
scheiden v. heimlich a., geheim, versteckt ꝛc.
— Hein: s. Hain. — Heinrich m.: Kat. 86⁶;
latinisiert: Henricus; frz. Henri (spr. angrī,
s. Henriette); tosend: Heinz (Kat. 12;4²);
Hinz, vgl.: Heinzelmann f. — heint
adv.: hinte, mundartl. (mhd. hinaht, hint)
= diese Nacht, vgl. heute. Kat. 21¹² ff. —
Heirath f.: Kat. 21⁴; 59¹⁶; 60⁸; heirathen
v. ꝛc. — heisa! interj.: vgl. sa! — heischen
v.: (du), er, ihr heischt. II 71. — heiser a.:
Nebenform heisch(er), versch.: heißer (s. heiß):
Kompar.: ein heis(e)rerer (besser: mehr
heis(e)rer) Ton ꝛc. Kat. 103³²ff), vgl. heiter.
— heiß a.: Kompar.: heißer (versch.: heiser);
Superl.: der heißeste od. heißte Kat. 77²⁴;
II 72. — heißa: s. heisa. — heißen v.:
(du), er, ihr heißt; Impf.: (du), ihr hießt.
II 71; s. auch hissen. — heiter a.: Kom=
par.: ein heit(e)rerer (besser: mehr heit(=)rer)
Anblick. Kat. 103³⁴, vgl. heiser. — heizen
v.: (du), er, ihr heizt II 71, vgl. Hitze;
Schweiß ꝛc. — Hektar; Hekto(=)gramm;

(=)liter, (=)meter, (=)ſter (gr.) m., n.: ſ. Centi.
— heftoebrisch (gr., vierſilbig) a.: I 3. —
Helena (gr., —◡◡), Helene (◡—◡, verſch.:
Hellene) f.: verkl. Lenchen; Genit.: Helena's,
Helenens, Lenchens. Kat. 129¹⁵. — helfen
v.: du hilfſt, er hilft; Imper.: hilf! (vgl.
Hilfe); Impf.: half, Konj.: hülfe (beſſer
als hälfe, das in der Ausſpr. mit dem Konj.
des Präſ. zuſammenfällt. Kat. 26³¹). —
Helio(=)ſkop (gr.) n.: II 160; Helio(=)trop
m. II 198 ꝛc. — hell a.: hellgrün a.; hell=
ſmaragdgrün a. ꝛc.; helltönend a. u.
— mit einer Nuance — hell tönend ꝛc. I 41 ff;
aber nicht, zweideutig: hellertönend, heller=
klingend ꝛc., ſondern — je nach dem Sinn
—: hell ertönend ꝛc. ob.: heller tönend,
klingend ꝛc. I 16; hellſehend a., vgl. Hell=
ſeherin f. ꝛc., aber — nicht als ein Begriff
—: hell ſehend mit der Steigerung: heller
ſehend; am hellſten ſehend ꝛc.; hell leuch=
tend; hell lobernd beſſer als in einem Wort
(mit Bindeſtrichen, den Zuſammenſtoß der
3 l zu vermeiden): hell-leuchtend ꝛc. I 17;
Hell=Ende (eines Baums) I 14; ferner:
hell auflachen, auch: hell auf [nicht: bellauf]
mußt' ich lachen ꝛc. I 119. — Hölle f.:
(verſch.: Hölle) Helligkeit — u. (gr.) weibl.
Name, ſ. Helleſpont. — Hellebarde f.: ſ.
Barte 1: Hellebarbier(er) m., vgl. frz.
hallebarde f., hallebardier m. — Hellene
(gr.) m.: (verſch.: Helene, z. B.: Die Hel=
lenen kämpften vor Troja um Helenen ꝛc.):
Hellenism, Hellenismus m. ꝛc., ſ. Iſm. —
Heller m.: Helles(=)pont(us) (gr.): „Helle's
Meer (ob. Pontus), beſſer als Helle(=)ſpont,
vgl.: Iuris(=)prudenz ꝛc. II 158. — Hel=
mintholith (gr.) m.: Helmintholog m. ꝛc. —
Helmſtädt: Helmſtä(=)bter m.; a.; helm=
ſtä(=)btiſch a. II 25; 177. — Heloiſe (frz.)
f. II 109. — Helvetien (lat., ſpr. hel
wehzien) n.: Helvetier m.; helvetiſch a. —
Hel(=)poet(=)ſluß (holl., dreiſilbig, ſpr. hél=
wuhtſlens). — hem! inter.: ſ. hm. —
Hemichel (gr.) m. — Hemieder (gr.) v (m.):
II 115: hemiebriſch a. ꝛc. — hemielliptiſch
(gr.) a. II 115. — Hemip(=)tere (gr.) f. ꝛc.:
II 195. — Hemi(=)ſphäre f. ꝛc.: II 159. —
Hengſt m.: verſch. hängſt. — Henkel m.:
henken v. (vgl. hängen); Henker m.; Henker=
mahlzeit ꝛc. — Henne f. — Henri (frz.,
ſpr. (h)angri) m.: ſ. Heinrich, z. B.: Henri
Deux [ſpr. dé'], aber (mit Bindeſtrichen):
Henri-Deux-Geſchirre; Henri-Quatre(=)Bart)
[ſpr. kátt'r] ꝛc. — Henriétte f.: ſ. Heinrich;
verkl. Henriettchen, Jettchen. — Hephäſtus
(gr.) m. — Heph(=)themimeris (gr.) f. II 182.
— her adv. u. Vorſilbe: (verſch. Heer u.
hehr) I 62; bin (ſ. b.) u. her; bin= u. her=
ziehen ꝛc. I 74; auf dem Hin= u. Herweg ꝛc.
— mit betontem u. gedehntem her, ſo auch
in herwärts; in allen übrigen Partikeln

(ſ. d. Folg. u. I 131) mit gekürztem e u.
betonter zweiter Hälfte, ſ. herzu (◡—◡), verſch.:
her zu (—◡). — her(=)ab adv. ꝛc.: I 131:
II 227; Kat. 114²¹, vgl. her; hinab; hie ꝛc.:
von oben herabnehmen ꝛc., verſch.: von oben
der abnehmen ꝛc. I 131 ꝛc.; herablaſſen v.;
herablaſſend a.; Herablaſſung f. ꝛc.; herab=
wärts adv. — Hera(=)kles (gr.) m.: (vgl.
Herkules): Hera(=)kliden pl. II 187. — He=
ralbif (gr.) f. ꝛc.: ſ. Herolb. — her(=)an
her(=)auf; her(=)aus; herbei adv. ꝛc., vgl.
herab, z. B.: von unten — heranbringen,
heranſprudeln, herausbrechen, herbeibringen,
vgl.: von unten her — anbringen, auf=
ſprudeln, ausbrechen, beibringen ꝛc.; heran=
wärts, heranwärts, herauswärts adv. —
Herberge f.: (vgl. Heer, wie in Hermann,
Herzog); herbergen v.; herbergieren v. ꝛc. —
Herbſt m.: Kat. 64¹⁰, verſch.: herbſt, Su=
perl. v. herbe. — Herd m. — Herde f. —
her(=)ein adv. ꝛc.: vgl. herab ꝛc. u. z. B.:
von außen — hereindringen u. — her ein=
bringen ꝛc.; hereinwärts adv. — herfür
adv.: noch alterthümlich ſt. hervor (ſ. b.). —
hergebrachtermaßen adv. I 94. — Hering
m.: Kat. 30²⁷. — Herkules (lat.) m.: II 126
(vgl. Herakles); herkuliſch ꝛc. — Herling
m. — Herlitze f. — Hermanbad (ſpan.)
— Hermann m.: ſ. Herberge. — Herma=
phrodit (gr.) m. ꝛc.: II 182. — Hermelin
n.: Kat. 30²⁸; 46³⁷. — hernach adv.: her=
nachmals adv. ꝛc. — Hernando: ſ. Fernando.
— hernieder adv. ꝛc.: ſ. herab. — Hero
(gr.) f.: z. B.: Hero's u. Leander's Herzen.
Schiller. (vgl. b. Folg.) Kat. 129¹⁵; 133²⁵ ff.
— Heroen (gr., dreiſilbig, I 3): pl. von
Heros m. (verſch. Hero's, ſ.b.Ver.); heroen=
haft a.; Heroenthum n. ꝛc.; Heroïde f. II 109;
Heroïne f.; heroïſch a.; Heroïsmus m. —
Herold m. — Heroölogie (gr.) f. ꝛc. II 121;
Heroöpolis; Heroön n. ebb.; Heros m.; pl.
Heroen (ſ. b.), verſch.: Hero's, Genit. v.
Hero, ſ. b. — Herr m.: gewöhnlich in der
Ez. einſilbig: des, dem, den Herrn; in der
Mz. zweiſilbig: die, der, den Herren vgl.:
Herrenhut m.=Hut für Herren u. — Herrn=
hut, Ort in der „Hut des Herrn“, Herrn=
huter m., herrnhuteriſch a. ꝛc.; Herr der
Herr, nicht mehr HErr ob. HERR II 12;
Herr Gott! (—́—) als Ausruf, verſch.: Herr=
gott m. (—́—), des Herrgotts ꝛc.; Herrmann,
ſ. vielmehr: Hermann ꝛc.; Herrin f.; her=
riſch a.; herrlich a. ꝛc.; Herrſchaft ꝛc.; auch:
herrſchen v. Kat. 38⁹; Herrſcher m. ꝛc. —
Hertha f.: Herthaſee m. ꝛc. — her(=)über
her(=)um; her(=)unter; hervor adv. ꝛc.: ſ.
herab, z. B. in Zſſtzgn mit =bringen, =füh=
ren, =geben, kommen, =ziehen ꝛc.; auch her=
überwärts adv. ꝛc. — herwärts adv.: ſ.
her. — Herweg m.: (Gegenſatz: Hinweg,
z. B.: der Hin und Herweg, verſch. Heer=

weg (vgl. Heerstraße). — Herz n.: herz=
zerreißend a. I 8; II 201. — Herzog m.:
s. Herberge; herzoglich a. (vgl. fürstlich;
großherzoglich ꝛc.). — herzu adv. ꝛc.: s. her
(spr. herzū). Zu unterscheiden, wie durch die
Ausspr., auch durch die Abtrennung des
pleonastischen z u in der Schrift, z. B.: Her
[b. b. nach dem jetzigen Ort des Sprechen=
den] zu hatte ich eine angenehmere Reise als
hin zu (s. hinzu). — Hes n.: Hes(=)es n.,
vgl. As. — Hespe: s. Häspe. — He(=)spe=
rien (gr.) n. II 119; 159. — Hesse f.: s.
Hechse. — Hesse m.: Hessen=Darmstadt;
Hessen=Darmstä(=)dter(117; II 177); Hessen=
Kassel(er) ꝛc. — Hetäre m.; f.: Hetärie f.
ꝛc. II 6. — heterodox (gr.) a. ꝛc.: Kat.
93¹⁷. — Hetman (poln.) m. — Heu n.:
Kat. 32³⁰; heuen v.; Heuer m. (versch.:
heuer adv. == in diesem Jahre; jetzt, dazu:
heurig adj., vgl. heute). — Heurath ꝛc.:
s. Heirath. — heut, heute adv.: (vgl. heint;
heuer; versch.: Häute pl. v. Haut) von heute
ab (an); bis heute; für heute ꝛc. II 21 ff;
heut zu Tage I 100; das Heute ꝛc.; heutig
a. (versch.: häutig); heutiges Tages; vom
heutigen Tage; mein heutiges Schreiben,
aber: mein Heutiges II 19; unterm heutigem
Datum, — unterm Heutigen ꝛc. — Hex=
raeder (gr., 4 silbig) (m.): I 3; II 173;
225 ꝛc. — He(=)xe f.: versch.: Hechse (s. d.)
Kat. 92²⁶; hexen v.; Hexerei f. ꝛc.

hi! interj.: namentlich wiederholt, als Be=
zeichnung des Lachens: hi, hi, hi! od. hihihi!
(versch. bie). — hi(=)brid(isch) (lat.) a. —
Hi(=)drosis (gr.) f.: das Schwitzen: Hidro=
tikum n. ꝛc., — versch. viele mit Hydr= be=
ginnende gr. Wörter. — hic adv.: = hier
(s. d., versch. hi), üblich nur in der Ver=
bindung: hie (od. hier) u. da; im Schlacht=
ruf: Hie Welf! hie Waiblingen! ꝛc. — u.
in zsgstzten. Partikeln, deren zweite Hälfte
mit einem Konsonanten beginnt, so aus=
schließlich: hienieden; ferner: hiebei;
hiedannen; hiedurch; hieselbst u. s. w.
neben hierbei ꝛc., während es bei vokalisch
anlautender zweiter Hälfte nur heißt: hieran;
hierauf (s. d.) ꝛc., wo das r in der Ausspr.
zur zweiten Hälfte in der Schrift aber bei
der Silbentheilung zur ersten gezogen wird
(vgl. dar; herab ꝛc. Kat. 114²¹ ff; II 227),
wohl zu unterscheiden von den auf hier ge=
trennt folgenden Adv. an, auf ꝛc., vgl. z. B.:
Das schließt sich—hieran u.:—hier an ꝛc.;
hie(r)bei—u.: hier bei [=hier in der
Nähe] Goethe. I 121 ꝛc. — hieb: Impf.
v. hauen (s. d.); Hieb m.: Hief ꝛc.: s.
Hift. — hiemal (lat.) a. II 117. — Hiemp=
sal m.: Zugurtha's Bruder II 117; 195. —
hieng: richtig: hing (v. hangen). — hier
adv.: s. hie; z. B. hier zu Laube ꝛc. —
Hieracit (lat.) m.: Hieracium v.., Mz.:

Hieracïen II 117. — hier(=)an adv.: s. hie.
— Hierarchie (gr.) f.: hierarchisch a. ꝛc.;
hieratisch a. II 117. — hier(=)auf; hier=
aus; hie(r)bei; hie(r)bevor (veraltet); hie(r)=
durch; hier(=)ein; hie(r)für; hie(r)gegen;
hie(r)her; hie(r)verwärts; hierhin; hier=
hinter; hier(=)in; hie(r)mit; hie(r)nach;
hie(r)nächst; hie(r)neben adv.: s. hie. —
Hiero (gr.): Name II 117. — hier(=)ob
adv.: s. hie. — Hierodule (gr.): Hiero=
glyphe f., hieroglyphisch a.; Hieromant m.;
Hieronymus m.; Hierophant m. ꝛc. II 117.
— hier(=)orts adv.: s. hie u. I 97. —
Hiero(=)skop (gr.) m.: Hieroskopie f.; hiero=
skopisch a. II 117; 160. — hie(r)selbst; hier=
über; hier(=)um; hier(=)unter; hie(r)von;
hie(r)vor; hie(r)wider; hie(r)zu; hie(r)zwi=
schen adv.: s. hie. — hiesig adj.: zu hier.
— hieß (du), er, ihr hießt v. heißen (s. d.).
— Hift m.: Hief: Hief=, Hifthorn, nicht
Hüfthorn Kat. 31³². — Highchurch (engl.,
spr. heitschörtsch) f.: Highland (spr. beiländ)
n.; Highsherif (spr. =scherrif) m. II 166;
Highwayman (spr. =uwémann) m.; Highway=
men ꝛc. — hihi ꝛc.: s. hi. — Hilde=
bert m.; Hildebrand m.; Hildegard f.;
Hilderich m.: Namen, s. Gildebert; Berta;
Mathilde ꝛc. II 85. — Hilfe f.: s. helfen.
Kat. 31³². — Himalaja (ittr.): beffer
mit j als mit y Kat. 80¹¹; Himalaja=Ge=
birge 117²⁵; I 17. — Himbeere f.: Kat.
38¹⁵. — Himmel m.: gen Himmel ꝛc.;
himmelan, himmelauf, himmellauf, himmel=
empor, himmelwärts ꝛc. adv. I 115; himmel=
hoch, himmelschreiend, himmelweit a.; Himmel=
bett n. ꝛc.; Himmels(=)au f. II 146; Him=
mels(=)saal m. I 8; II 150. — Himt(en)
m.: Getreidemaß ꝛc. — hin adv. u. Vor=
silbe: vgl. her; ab= u. anreisen ꝛc. u. Kat.
35²⁹; 39¹⁴; 114²¹; I 62 ff; 72 ff; 131,
z. B.: hin zu (⏑—), versch.: hinzu (s. d.,
⏑—); Hinreise f.; Hin= u. Herreise f.;
hinreisen v.; hin= u. herreisen v.; hin= u.
zurückreisen v.; hin= u. wiederreisen v.,
versch.: hin u. wieder (zeitl. = zuweilen ꝛc.)
reisen ꝛc.: s. d. Folg. — hin(=)ab adv. u.
Vorf.: hinabfließen v., versch. z. B.: nach
dem Meere hin abfließen ꝛc.; hinabwärts
adv.: ähnlich: hin(=)an; hinanwärts; hin=
auf, hinaufwärts; hinaus ꝛc. — hin(=)dan
adv.: verkürzt aus hindannen (= fort, bei
Seite), zu unterscheiden von: hint(=)an, ver=
kürzt aus hintenan (= zurück), z. B. vgl.:
des Freundes Interesse fördern und das
eigene dabei — hindansetzen (ganz bei
Seite), — hintansetzen (hinter jenes, erst
in die zweite Linie); Hindansetzung des
eignen Interesses; hindanstellen v. ꝛc.
Kat. 69²ff; 70¹; I 119; 125. — Hinde f.:
Hindin f. (versch. Hündin). — hindern a.:
hinderlich a.; Hinderniß n. ꝛc., vgl. hinter ꝛc.—

hindurch; hin(=)ein adv. u. Vorf.: f. hin. — hinfort adv.: auch hinfür (veraltet) u. hin= füro (noch im Kurialstil 2c.): f. hin. — hing: Impf. v. hangen (f. d.). — hingegen adv. u. conj.: f. hin. — hinkünftig adv.: veraltend = künftig I 76. — hinnen adv.: von hinnen (vgl. dannen); mundartl. auch = hier innen I 125. — Hinsicht f.: in Hinsicht; Hinsichts (präpositionsartig) II 35, aber: hinsichtlich a. — hintan 2c.: f. hindan. — hinte adv.: f. heint. — hinten adv.: auch subst.: Das Vorn (f. d.) u. Hinten 2c.; hinten ausschlagen 2c. I 120; hinten drein 128 2c.; aber verbunden als Adv.: hintenan 118; hintenauf 119 (vgl. hinten drauf); hintenhin 133 (aber: nach hinten hin); hintennach 134; 136; hintenüber od. hint= über 134; 140; hintenum (aber: hinten herum) 141. — hinter: 1) präp., auch mit dem Artikel verschmelzend im Dat. hinterm, im Acc.: hintern u. hinters, aber (f. I 28, vgl. auf 1): hart hinter's Rappen Hufen 2c. (= hinter des); hinter einander (f. d.) [her] gehen 2c., aber: das Hintereinander 2c. — 2) adj. im Posit. u. im Superl. (auch adv.): die hinter(fte)n Bänke 2c.; zu hinterst (I 143) 2c.; subst.: der, das Hinter(ft)e; die Hin= ter(fte)n; das Hinterste zu vorderst u. das Vorderfte zu hinterft kehren 2c. — 3) adv.: hinter (vgl. hinten) drein (I 128) u. be= sonders in Zsstzgn., z. B. hinterbringen v. (als trennbare u. untrennbare Zsstzg., nach der Betonung auf der 1. od. 3. Silbe) 2c.; Hinterlist f., hinterlistig a. 2c.; Hintertheil m., n. 2c.; u. als Adv.: hinterher (auf der 3. Silbe betont) — u. (auf der 1. betont): hinterrücks (vgl. hinterrücksich a.) u. hinter= wärts. — Hintsch m.: Engbrüstigkeit u. ein Heilkraut dagegen. — hint(=)über adv.: f. hintenüber. — hin(=)über; hin(=)um (selten); hin u. her 2c.; hin(=)unter adv.: f. hin u. z. B. als Vorf.: hinüberfahren v., Hinüber= fahrt f.; hin= u. herfahren v., Hin= u. Her= fahrt f.; hin= u. zurückfahren v.; hinunter= fahren v. 2c. — hinwärts adv. — hinweg adv. (ᴗ—): hinwegeilen 2c.; versch.: Hinweg m. (—ᴗ). — hinwieder; hinwie= derum adv. u. conj.: vgl. hingegen. — Hinz m.: f. Heinrich. — hinzu adv. u. Vorf.: (ᴗ—), zu unterscheiden von: hin (f. d.) zu (—ᴗ), vgl. hinzu). Außerdem unter= scheidet man in der Aussp. die mit her u. hin zusammengesetzten Zeitwörter im Infin. mit zwischengeschobenen zu (f. d. 3) sehr we= sentlich von den Zsstzgn. mit herzu u. hinzu. Die Unterscheidung ist auch in der Schrift hervorzuheben durch Abtrennung der Adv. herzu u. hinzu von dem Verbum, z. B. also: herzu [spr. herzú] eilen — u.; herzueilen od. deutlicher: her zu eilen [spr. herzueilen] 2c.; hinzu (ᴗ—) eilen — u.: hinzueilen

ob. hin zu eilen (—ᴗ—ᴗ). Folgerichtig wird man nun auch in den übrigen Formen der Zeitw. die Adv. herzu u. hinzu abtren= nen, obgleich natürlich den abjectiv. Par= ticipien und den subst. Infin., wie in zigstzu. Adj. u. Subst., das Zusammenschreiben noth= wendig ist (f. I 62 ff), z. B.: Als die Freunde herbei — herzu, hinzu — eilten 2c.; die hinzu eilenden (tretenden 2c.) —, die hinzu geeilten (getretenen) (nicht als wirk= liche Adj.) Freunde; aber: das Hinzueilen; Hinzutreten der Freunde 2c.; ferner: Weil eine Erkältung hinzu trat (kam 2c.), — od.: durch die hinzu tretende od. getretene Er= kältung —, durch das Hinzutreten ob. den Hinzutritt der Erkältung — verschlimmerte sich sein Zustand 2c. — Seine hinzutreten= den (adj.) Freunde bezahlten seine Schulden 2c. — Ein Wort hinzu fügen, schreiben, gefügt haben 2c.; mit der hinzugefügten Erklärung u. dem Hinzufügen 2c., vgl.: hinzufügbar a.; Hinzufügung f. 2c. — Hiob (hebr.) m.: I 2, vgl. Job. — hip! (engl.) interj. — Hippe f. — Hippo(=)drom (gr.) m.: Rennbahn (versch. Hyppebrom) Kat.15² ff; Hippo(=)gryph m.; Hippo(=)krates m.; hippo= kratisch a. (vgl. Hypokras); Hippo(=)krene f.; Hippolyt m. 2c.; Hippuritenkalk m. 2c. — Hirn n. — Hirsch m. — Hirse f.: Hirsen m. — Hirt m. — His n. — His(=)is n., vgl. As I. — Hi(=)spauten (lat.) n.: hispanisch a. 2c. II 144. — hissen v.: frz. hisser; in der Schriftspr. selten beißen (üblich in der Seemannsspr.). — Historie (gr.) f.; verkl. Histörchen; Historiograph m. 2c. — Hitze f.: hitzig a. (vgl. heiß; heizen); Hitzpidel n.

hm! interj.: Kat. 113⁷ (vgl. a=hm), auch: hum! — seltner: hem! Subst.: die Hm's Kat. 124².

ho! interj.: hoho! — hoben: Impf. v. heben, vgl. hub, Konj.: höben u. hüben; mundartl. auch=hier oben. — Hoboe (drei= silbig I 3) f.: auch Oboe (it., aus frz. haut= bois, spr. (h)oboa): Hoboist m. II 109. — hoch a.: 1) das ch geht in allen Fortbil= dungen vor dem Flexions=e in h über: Der Thurm ist hoch, höher, am höchsten; der hohe, höhere (verkürzt: höh're, nicht gleich in der Aussp. mit höre v. hören I 24), höchste Thurm. — 2) als Adv. neben Zeitw., z. B.: hoch (sehr hoch 2c., höher; am höch= sten) achten, ehren, halten, preisen, rühmen, schätzen, stellen 2c., aber verbunden im subst. Infin. u. im Partic., so fern dies den Cha= rafter eines wirkl. Adj. hat, z. B. (f. I 22; 41; 61): das Hochachten, vgl.: das Hoch= achten; das Höher=Achten, vgl.: die höhere Achtung; das Am=höchsten=Achten, vgl.: die höchste Achtung 2c.; ferner, mit einer Nuance des Begriffs: hochachtend a. u.: hoch achtend; hochgeachtet a. u.: hoch geachtet,

wie, der Auflösung des Begriffs gemäß,
richtig immer zu trennen mit dem Kompar.
od. Superl. des Adv.: höher, am höchsten,
höchst — achtend, geachtet ꝛc., u. zwar sowohl: ein höchst geachteter Mann (mit dem
Hauptton auf dem 3. Wort), wie: der höchst
geachtete Mann (mit dem Hauptton auf dem
2. Wort), vgl. hochgemuthest, Superl. v.
hochgemuth (I 42); hochgelehrtest, hochge-
ehrtest, hochbegabtest ꝛc. versch. von: höchst
gelehrt, geehrt ꝛc.; der hochgeboren(st)e Fürst;
der hochfahrend(st)e Stolz ꝛc. — 3) Und
bochher schwankten die Äste. (Voß) ꝛc., dagegen: Das geht ja hoch her (Schiller).
I 133 ꝛc. — 4) (s. I 32 ff, vgl.: der arme
Sünder ꝛc.) die hohe Schule — u.: Hochschule f., dazu: Hochschüler m.: die hohe
Jagd — u.: Hochjagd f.; das hohe Lied
(Salomonis); der hohe Osen — u.: Hoch-
osen m. (besser als Hohosen); Hochofen-
meister; der hohe Priester, aber zusammenzuschreiben in Fortbildungen u. Zsstzgn.,
z. B.: das Hohepriesteramt, (versch.: das
hohe Priesteramt); das hohepriesterliche Amt
(versch.: das hohe priesterliche Amt); die
Hohepriesterwürde ꝛc., vgl.: Hochpriesteramt,
hochpriesterlich ꝛc. — 5) (s. I 87 u. breit):
einen Fuß ꝛc. hoch — u.: fußhoch ꝛc., wie
kniehoch; thurmhoch ꝛc. — 6) Im veraltenden Kurialstil (s. II 13, vgl. allerhöchst):
Hochdieselben: Höchstdieselben: Höchst-Sie;
Höchstdero ꝛc. — 7) Die Leute, hoch
und niedrig ꝛc., aber: Hoch u. Niedrig
liebt ihn ꝛc. II 19; ferner: der (die) das
Hohe, Höhere, Höchste (subst. I 18), aber
als adv. Superl. (I 23): aufs höchste; zum
höchsten; höchstens; auch zumal: das Hoch
(Lebehoch), des (die) Hoch's II 91. — hoch-
ad(e)lig a.: s. adelig u. s. w. — Höchsel
(spr. höxel) n.: (mundartl.) erhöhender Un-
tersatz eines Bienenstockes ꝛc.; höcheln v. —
hochfahrend a.: Hochfahrenheit f.; Hof-
fahrt; Bedeutenheit ꝛc. — hochgemuth a.:
hochgemuthest (s. hoch 2). — hochgieb(s)lig
a.: Kat. 86³⁴; 104¹⁵. — höchlich adv. —
Hochmuth m.: s. Muth: hochmüthig u. ꝛc.
— höchst ꝛc.: höchstens, aufs höchste,
zum höchsten (adv.), — dagegen: der, das
Höchste (subst.). — Hochzeit f.: mit geschärftem ö; zu unterscheiden von Höchzeit II 87.
— Höder m.: Ausräucher ꝛc. (versch.: Höker): höckerhaft a.; höck(e)rig a. II 93. —
Hodeget (gr.) m.: Hodegetik f. ꝛc. — Hof-
fahrt f.: vgl. hochfahrend, — nicht mit
Doppel f als Ligatur (I 6 ff;) hoffährtig a. ꝛc.
— hoffen v.: du hoffest, versch. — nicht
mit Doppel f als Ligatur —: Hoffest ꝛc.
Hof-Fest n.; hoffend; hoffentlich (Kat. 73²),
vgl. flehentlich ꝛc.; Hoffnung f. Kat. 103¹¹.
— höf(s)lich a.: höflich, aufs höflichste, zum
höflichstenadv.ꝛc.;Höflichkeitswegen.I103.—

hohe ꝛc.: s. hoch, z. B.: hoher Priester;
Hohespriesterthum, das Hohepriesterthum:
Kompar.: höhere od. höh're Preise ꝛc.; höhern Orts ꝛc. — Hoheit f.: II 174. —
Hohenasperg: Hohenasperger Gefängnis ꝛc.;
Hohenfrieberg: Hohenlinden ꝛc.: Hohen-
zollern-Hechingen ꝛc. — Höhenrauch m.:
vgl. Haarrauch. — hohl a.: (vgl. holen):
hohlrund a. ꝛc.; Höhle f.; höhlen v. ꝛc. —
Hohn m.: höhnen v.; höhnisch a.; hohn-
lachen v.; Hohngelächter n.; hohnnecken, ge-
hohnneckt ꝛc.; aber: Hohn bieten, sprechen ꝛc.
— hoiho! interj.: Schifferruf ꝛc. — ho-
jahnen v.: bejahnen (mundartl.) = gähnen.
— Höke m.: Hökin f.: höken v.; Höker m.
(versch.: Höcker), Hökerei f., hökerhaft a.,
Hökerin f. (Hökerweib n.), hökerisch a., hö-
kern v. — hofuspofus interj. u.: Hofuspofus m. — holen v.: vgl. hohl. —
Holfter m., f., n.: vgl. Halfter. — Holland:
Holländer m. u. a., holländisch a. II 25. —
Hölle f.: versch.: Helle, Kat. 31²; ¹³; höl-
lisch a.: versch.: s. Helunder. — holo-
edrisch (gr., 4silbig) a. — Holo(=)graph
(gr.) m. — Holothurion (gr.) n.: Mz. Holothurien II 120. — holter interj.: holter
polter! — auch: holter die Polter! — Ho-
lunder m. — Homonym (gr.) u. ꝛc. —
Homöopath (gr.) m. ꝛc. — Homöo(=)tere
(gr.) f. ꝛc.: II 195. — Homöusie (gr.) f.:
versch.: Homusie (nicht zu schreiben: Ho-
mousie ꝛc.) II 209. — honeit a.: aus frz.
honnête (spr. onnät) ꝛc. Kat. 40³¹; II 211.
— Honig m. (n.): Kat. 87³⁴: Honigroß n. 45³².
— Honneur (frz., spr. (h)onnör) f.: hono-
rabel (lat.) a.; Honorar n.; Honoratioren
pl.; honorieren v.; honoris a. ꝛc. — Honved
(ungar., spr. hönwed) m. — hopp! interj.:
Hopp m.; hoppen v.; hopsa! interj. (s. ja)
hops! interj. u. Hops m. (vgl. Kat. 38⁶;
64¹ ff;) hopsen v.; er hopst, Impf. hops(=)te
II 153; 194; Hop(=)ser m. ꝛc. — Hora (lat.)
m.: Horatius II 80 ꝛc. — Horni (lat.)
f.: übler Horniße Kat. 39²⁰; II 143. — Horo-
skop (gr.) n. II 160. — horrend (lat.) a.:
s. abd; horres(=)cieren II 163; Horreur (frz.,
spr. (h)orrör) f.; horribel a. ꝛc. — Hors-
d'oeuvre (frz., spr. (h)ohrböw'r) n. — Hose
f.: Höschen n. II 122. — Hosianna (hebr.)
n. (u. interj.). — Ho(=)spital (lat.) n.:
II 144; 159: Hospitant m.; hospitieren v.;
Hospiz n. — Ho(=)spodar (slaw.) m. —
Ho(=)stie (lat.) f.: II 120. — Hôtel (frz.,
spr. otéll) n.: namentlich mit lat. Lettern,
in Verbindungen, wie: Hôtel de Bavière
[spr. bawjär] ꝛc.; Hôtel garni a. (II 105 ff;)
dagegen allein, in deutscher Umwandlung:
Hotell II 213. — Houri: s. Huri. — Hörter:
in Westfalen. Kat. 93¹³. — Hoya: in Han-
never. Kat. 18³⁰. — Hoyerswerda. —
Hohm.

Hub m.: Hübe pl., vgl. hub, Impf. v. heben, Konj. hübe, wir hüben (f. hoben), verſch.: hüben adv. (vergl. drüben), jubſt.: das Hüben. — Hubert m.: vgl. Berta; Hugo. — hübſch a.: der hübſcheſte od. hübſchte Kat. 77²⁷; II 72. — Hudbud (ar.) m. — Huerta (ſpan.) f. — Hüfthorn n.: f. Hifthorn. — Hügel m.: hügelan adv., vgl. bergan ꝛc.; hügelicht a. (hügelähnlich), hügelig od. hüg(=)lig a. (voller Hügel) Kat. 85³⁴; 86³⁷; 87⁹ ff. — Hugenott (frz., Huguenot, ſpr. üg'nö) m.: vgl. II 133; 213: Hugenottin f.; hugenottiſch a. — Hugo m.: vgl. Hubert. — Huhn n.: Hühnchen n. ꝛc.; Hübner-Ei I 14; Hühnerhund m. ꝛc. — hui! interj. (einſilbig) II 171. — hülfe: f. helfen, vgl. Hilfe. — Hülle v.: hüllen v.; Hülſe f. Kat. 37³⁵. — hum! interj.: f. hm! Kat. 35³⁰, vgl. hummen. — Humboldt: Humboldt's od. (minder gut) Humbol(=)dtens Verdienſte II 176 ff. — Humbug (engl., ſpr. hömbögg) m. — hummen v.: (ſ. hum), humſen, vgl. bumſen. — Hund m.: Hündin f. (verſch.: Hindin); verkl.: Hündelein, Hünd'lein n. (mit der Ausſpr. des d=t): Hünd-lein, wie Hündchen II 216; 218; Hunde-Igel I 18; II 109. — hundert: Zahladj.: Hundert n.; einige hundert Perſonen ꝛc.; viele Hunderte (von Perſonen) ꝛc.; hunderterlei Kleinigkeiten ꝛc.; das Hunderterlei von Kleinigkeiten ꝛc.; hundertmal; dreihundertundfünfundſechzig(mal) ꝛc. I 46 ff. II 25. — Hüne m.: Hünengrab n. ꝛc. — hunten adv.: mundartl. = hier nuten. — hunzen v. — Huri (ar.) f.: II 209. — hurrah! interj.: Hurrah m. — Huſar (ungar.) m. — huſch! interj.: Huſch m.; huſcheln v.; huſch(e)lig a. — huſſa! interj.: Huſſa n. — Huſſit m. — Hut m. (Mz.: Hüte); f. (Mz.: Huten); hüten v. ꝛc. — Hütte f.: Hüttenraiter m. (ſ. Rait) Kat. 20⁵.

Hyacinth (gr.) m.: Hyacinthe (gr.) f. — Hyäne (gr.) f. — Hy(=)bla (gr.) f. (m.): hybläiſch a. — hy(=)brid ꝛc.: f. hibrid. — Hyder (gr.), Hy(=)dra f.: II 181: Hy(=)bra-argyrum n.; Hy(=)drat n.; hy(=)drauliſch a.; Hy(=)drodynamik f.; hy(=)droelektriſch a. (5ſilbig I 3); Hy(=)drogen n.; Hy(=)dro-graph m. (ſ. =graph); Hy(=)drooxygen n. II 121; Hy(=)dropath m.; hy(=)dro(=)pneu-matiſch a. II 193; Hy(=)dro(=)ſtop n. II 160; Hy(=)drotherapie f.; Hy(=)drozoon n., Mz.: Hydrozoen II 121. — Hyetometer (gr.) m., n.: Hyeto(=)ſtop n. II 160. — Hygea (gr.) f.: od. Hygiea II 115; hyg(i)eiſch a.; Hy-g(i)eiſt m.; Hygiene f. ꝛc. — Hy(=)grometer m., n.: Hy(=)gro(=)ſtop n. II 160; 186. — Hylios pl.: in Ägypten. — Hyläa (gr.) f. — Hylas m. — Hylotheismus (gr.) m. II 108. — Hymen (gr.) m.: Hymenäus II 114. — Hymenop(=)teren (gr.) pl.: II 195.

Hym(=)ne (gr.) f.: Hym(=)nus m. II 189:ꝛc. — Hypallage (gr.) f.: hypallaktiſch a. — hypä(=)thral (gr.) a. II 198. — Hypera(=)krier (gr.) m.: II 119: 188; 235. — Hyper(=)ämie (gr.) f.: II 235. — Hyperbel (gr.) f.: hyperboliſch a.; Hyperboloïd n. II 109. — Hyperboreer (gr.) m. II 114; hyperboreiſch a. II 109. — Hype(=)rea (gr., ◡◡◡) f.: Quelle in Argos II 236. — Hyper(=)energie (gr.) f.: hyper(=)energiſch a. II 235. — Hyper(=)enor m.: Name. — Hyper(=)eretheſie f. — Hype(=)rides (gr., ◡◡◡◡) m.: Name II 235 ff. — Hype(=)rikum (gr.) n.: ebb. — Hyper(=)inoſe (gr.) f.: II 235. — Hype(=)rion (gr., ◡◡◡) m.: II 235 ff. — Hype(=)rit (gr.) m.: vulkaniſches Geſtein II 236. — hyperkatalektiſch (gr.) a. — Hyper(=)mneſtra (gr.) f.) II 189; 236. — Hype(=)rocha (gr., ◡◡◡) f. II 235. — Hype(=)roon (gr.): II 121; 136. — Hyper(=)oxyd (gr.) n. ꝛc.: II 235. — Hypertrophie (gr.) f. — Hyper(=)utilitarismus (gr.-lat.) m. ꝛc. — Hy(=)phäma (gr.) n.: II 236. — Hy(=)phen (gr.) n. ꝛc.: II 193. — Hypnotikum (gr.) n. ꝛc.: II 193. — Hypochonder (gr.) m.: Hypochon(=)dric f.; hypochondriſch a. ꝛc. II 88. — Hypoch(=)thon (gr.) m.: II 180; 236. — Hypo(=)drom (gr.) m.: verſch. Hippodrom II 181. — Hypo-kras n.: richtiger als Hippokras. — Hypo(=)kriſe (gr.) f.: Hypokrit m. — Hy-ponim(=)neskon (gr.) m.: Hypo(=)mnema n. II 189; 236. — Hypomochlion (gr.) n.: Mz.: Hypomochlien. — Hypo(=)pſalma (gr.) n. II 194; 236. — Hypor(=)rhyſis (gr.) f. II 236. — Hypotenuſe (gr.) f. — hypo-thecieren (gr.) v.: Hypothek f.; hypothekariſch a. ꝛc. — Hypotheſe (gr.) f.: hypothetiſch a. ꝛc. — Hy(=)poxyd (gr.) n.: II 236. — hypozöiſch (gr.) a.: II 109. — Hyp(=)ſometrie (gr.) f.: II 195; 198. — Hyrkanien n.: altperſ. Provinz. II 124. — Hyſterie (gr.) f.: hyſteriſch a. — Hyſteron-Proteron (gr.) n. — Hy(=)ſtriciaſis (gr.) f. II 156.

J.

i: 1) als Buchſt., auch z. B.: der Punkt auf dem i (genauer als J, da eben das kleine i, nicht das große J den Punkt hat), doch natürlich z. B.: der J-Punkt (vgl. I 13). — 2) interj.: i nun! ꝛc.

ia! (zweiſilbig) interj. Bez. für Eſels-geſchrei. — verſch. ja I 2. — Jac(=)chus (gr.) 3ſilbig) m. II 87. — iambiſch (gr., 3ſilbig) a.: Jambos m., vgl. (zweiſilbig) jambiſch; Jambus, Jambe m. — Japetus (gr.) m. — Jason (gr.) m. — Ja(=)trie (gr.) f.: iatrisch a. ꝛc.

Iberien n.: II 119. — Ibis (gr.) m.: Ibisse pl. — I(=)brahim (ar.) m. — Ibyfus m.

ich: das Ich II 15; des Ich's, — während bei der tonlosen Endsilbe =ich (außer in Eigennamen) das Genitiv=s ohne Apostroph hinzutritt, z. B. die Attichs: die Dieterichs (aber: Dieterich's, Friederich's) vgl. II 69 (wo aber Z. 2 zu lesen ist: „nach einfachen betonten Vokalen"); Kat. 84³⁵ ff; 88⁶. — Ich(=)neumon (gr.) m. II 179. — Ich(=)thya (gr.) f. ꝛc.: II 180.

Ida f. — Idalia (gr.) f.: Idaliens Tempel (versch.: Italiens) II 118. — Idee (gr.) f.: Mz.: Ideen (2silbig) u. Ideeen (3silbig, Kat. 48³⁷); ideëll a. II 114. — Iden (lat.) pl. — Idiosynkrasie (gr.) f. — Idyll (gr.) n.: Idylle f.; idyllisch a.

ie! interj.: s. i 2 u. je.

Igel m.: Kat. 46⁸, vgl. Egel. — Ignatius (lat.) m.: Jg(=)naz II 80; 185. — I(=)gnorance (frz., spr. injorángß) f.: vgl. besser Jg(=)noranz (lat.) f. II 83; 185; 209; so auch: ig(=)norant a.; Jg(=)norant m.; ig(=)norieren v., besser als frz.: i(=)gnorant (spr. injoráng) ꝛc.

ihm; ihn; ihnen; ihr; ihrer; ihrerlei; ihrerseits; ihrer Zeit; ihres Gleichen; ihret(=)halb(en); ihretwegen; ihretwillen; ihrig; Ihro: vgl. dein: Dero; du; er; sie. — ihrzen v.: vgl. duzen; erzen.

Ikarien n.: ikarisch a. — Ikono(=)klast (gr.) m. ꝛc. — Ikosaeder (gr., 5silbig) n. I 3. — Iktus (lat.) m.

ilen v.: bei den Kamm=Machern: Iler m. Kat. 46⁸. — ileisch (gr.) a.: Ileïtis f. II 109; Ileum n.; Ileus m. II 115. — Ilithyia (gr.) f.: Ilithyien(s) II 121, vgl. Harpyie. — illegal (lat.) a.: s. Kat. 41⁴: Illegalität f.; illoyal (frz., spr. =oajál) a. ꝛc. — Illu(=)stration (lat.) f.: illustrieren v. II 156. — Illyrien n.: Illyrier m. II 120. — Iltis m.: des Iltisses ꝛc. Kat. 39²⁰; II 143.

im: vgl. am, z. B.: im entferntesten, fernsten, geringsten, leisesten, mindesten ꝛc. I 43; II 23; im Allgemeinen; im Ganzen (u. Großen; im Übrigen; im Besondern; im Geheim(en) ꝛc. I 76; dagegen zusammenzuschreiben: imselb(ig)en (s. derselbe; I 144); ferner: imgleichen; immaßen; immittels od. immittelst; immitten, s. ingleichen ꝛc. u. I 82; 95; 135; II 34. — imaginär (lat.) a.: Imagination f.; imaginieren v., besser mit g als (s. II 131; 209) nach dem Mz., mit h gesprochen. — Im(=)bro(=)glio (it., spr. imbrólje) n.: II 178; 184. — imgleichen; immaßen conj.: s. im. — imma(=)trikulieren v. ꝛc.; immediat a. ꝛc.;

immens a., Immensität f. ꝛc. (lat.): Kat. 41⁴. — immer adv.: z. B. verschmelzend mit Adj. u. Partic. (bei hervortretender Begriffszerlegung getrennt zu schreiben, s. I 40): immerblühend; immerdauernd; immerfließend; immergrün (auch: Immergrün n.); immergrünend; immerwach; immerwährend ꝛc.; ferner als Adv.: immerdar I 125; immerfort 128; immerher 133; immerhin 134; immermehr (s. u.) 134; immerweg 143; immerzu 134, vgl.: Solch Glück bietet sich dir nicht — immerdar (= immer) — u.: immer dar, wo das dar zu bieten gebört; Das Wasser fließt immerfort (immerweg, immerzu) — immerfort (weg, zu); Das wollte ich schon — immerher sagen u. —: immer hersagen; Du kannst — immerhin geben u.: immer hingeben; Was hat Euch immermehr das arme Kind gethan? (veraltend) — u.: Das sehe ich immer mehr ein ꝛc. — immittels; immitten: s. im. — Immobilien (lat.) pl.: Kat. 41⁴; II 118. — Imperativ (lat.) m.: imperativisch (spr. =wisch) a. ꝛc. Kat. 65¹; ⁷. — im(=)psen v.: impf(=)te; Impf(=)lingm. ꝛc. II 190. — Im(=)ploration (lat.) f.: II 191 ꝛc. — Im(=)ponderabilien (lat.) pl.: II 118; 190. — imposant (frz.) a.: II 67. — Im(=)präg(=)nation (lat.) f. ꝛc. II 185; 191. — Im(=)presario (it.) m: nicht mit Doppel=f. — Im(=)promp(=)tu (spr. engprongptü) n.: II 204. — Im(=)provisator (nlat., spr. =owi=) m.: vgl. it.: improvisatore, frz. improvisateur (spr. engprowisatör): improvisieren v. ꝛc. — impulsiv (lat.) a.: Kat. 65⁷ ꝛc.

in: präp. (auch lat., z. B.: in abstracto; in concreto ꝛc.; it.: in petto ꝛc. II 77); in Kurzem; in Zeiten I 113 ꝛc.; in Einem, in Eins I 80 ꝛc.; in so fern (weit); in wie fern (od. weit) I 107 ꝛc.; in=Acht nehmen; in Angriff nehmen; das In=Angriff=Nehmen, die In=Angriff=Nahme (stilistisch besser freilich bloß: der in Angriff; der Beginn; die Eröffnung; s. I 22; II 73, vgl. namentlich auch einander, z. B.: das In=einander= Schachteln; die Ineinanderschachtelung ꝛc.; s. ferner im; ins u. Andres in dem hier zunächst Folgenden. — in(=)abbreviiert (lat.) a. ꝛc. II 236. — in(=)nachus (gr.) m. — In(=)nanität (lat.) f.: Inanition f. II 236. — In(=)auguration (lat.) f. ꝛc. II 236. — Inbrunst f. ꝛc.: s. Brunst. — Inchoativ(um) (lat., spr. =if, ihum) n.: Kat. 65⁷. — in= civil (spr. =wil) a. ꝛc. — indecent (lat.) a. ꝛc.: s. decent. — indem conj.: (versch.: in dem) I 78; Kat. 115³; ⁹. — Indemnität (lat.) f. II 189. — indeß, indessen conj.: I 78; Kat. 36¹⁶; 115³. — Inder (lat.) m.: Indicien pl. (v. Indicium n.) II 117; indicieren v.; Indikativ m., indikativisch (spr. =iwisch) a. — Indien n.:

Indier m. II 117. — individuell (nlat., spr. -wi-) a.: II 213: Individuen (5silbig, s. I 9, pl. zu Individuum n., ebenfalls 5silbig, vgl. II 108. — Indon(-)stric (lat.) f.: indu(-)striell a. II 120; 156; 213. — in(-)egal (lat.) a.: II 236. — J(-)nes (span.) f. = Agnes. — in(-)e(-)rigibel (lat.) a.: II 226; 236. — infallibel (lat.) a.: In-fallibilität f. ꝛc. — Infant (span. ꝛc.) m.: Infanterie f. — Infinitiv(us) (lat.) m.: infinitivisch a., vgl. Imperativ; Inchoativ ꝛc. — in Folge: mit nachfolgendem Genit. (vgl. zufolge, auch mit vorangeschicktem Dat.) I 80 ff; II 34. — Ing(-)ber m.: üblicher: Ingwer. — ingeheim adv.: I 76, vgl. ins-geheim u. im (größten) Geheim ꝛc. — in-gemein adv.: I 76, veraltend st. insgemein. — Ingénieur (frz., spr. engschehnjör, nicht insh ꝛc.) II 104; Kat. 81³¹; ingeniös (lat., mit teutscher Ausspr.) a. II 139 ff; In-geniosität f. ꝛc.; Ingenuität f., aber — be-sonders als Bezeichnung eines weiblichen Rollenfach's —: Ingénuité f. (spr. eng-shenüité). — Ingermanland n.: In(-)grier m. — ingesammt adv.: s. insgesammt. — in-gleichen adv.: I 82, üblicher als ingleichem u. ingleichen. — In(-)grediens (lat. ◡－◡◡) n.; Mz.: Ingrediéntien (spr. ingrediénzjen; Ingrediénz f., Mz.: Ingrediénzen, s. II 80; 115; 186. — Ingrier m.: s. Ingerman-land; II 119. — in(-)guinal (lat.) a. — Ing(-)wer m.: (veraltend Ingber). — In-haber m.: vgl. inne. — inhaftieren v.: Kat. 46²⁷. — Inhalt m.: nach dem Inhalt od. Inhalts II 35. — Inhibitorien (lat.): pl. v. Inhibitorium n. II 120. — J(-)ni-micitia (lat.) f. II 236. — in(-)imitabel (lat.) a.: ebb.; In(-)imitabilität f. — J(-)ni-quität (lat.) f.: ebb. — in(-)irritabel a. ꝛc. ebb. — J(-)nitiale (lat.) f.: ebb.: Initiand m.; initiativ a., Initative f. (spr. -iwe, Kat. 65⁷). — Injurie (lat.) f.: II 120; injuriieren v.; injuriös a. II 139. — Inland m.: in Pern. — In(-)llination (lat.) f.: II 187; 192; Inllinatorien pl. ꝛc. — in-llusiv (lat.); inllusive (spr. -iwe) adv. Kat. 65⁷. — info(-)gnito (it., spr. infónj-) adv.: Info(-)gnito n. II 185. — in(-)re-dibel (lat.) a.: In(-)royable (frz., spr. en-troajáb'l) m. ꝛc. — Inland n. ꝛc. — in-maßen conj.: veraltend, auch: immaßen u. maßen I 95. — inmittelst adv. u. conj.: auch immittelst. ebb. — inmitten adv. u. präp.: auch immitten. ebb.; II 33; 34. — inne adv.: inne haben (vgl. Inhaber); inne (be)halten ꝛc.; inne (vgl. gewahr) werden, sein; s. ferner mitteninne; zwischeninne, z. B.: mitteninne (selten bloß: inne) stehen; zwischen ihnen inne stehen, heute üblicher: mitten zwischen ihnen stehen; ferner noch zuweilen statt innen, brinnen; endlich in der

Zsstzg.: innewohnen mit etwas im Dativ Genannten (= inne habend bewohnen, darin wohnen), auch: inwohnen u. einwohnen, s. Kat. 39¹³; I 134 ff. — innen adv.: (s. den Gegens. außen): von innen (her); nach außen (hin) ꝛc.; Innenwelt f. ꝛc. — inner: 1) Ggstz. zu außer (s. b.) präp., nur noch mundartl. (auch innert), in der Schriftspr.: innerhalb. — 2 Ggstz. zu äußer (s. b.), als Adj.: die innern u. äußern (veraltend auch in der Zusammenziehung: inn- u. äußern I 20) Feinde ꝛc.; adverbial im Superl.: innerst; zu innerst: subst.: das Inn(e)re; das Innerste; im Innersten; ins Innerste ꝛc. Dazu: innerlich a.; Inner-lichkeit f., s. auch: er(-)innern. — Inner-vation (lat., spr. -erw-) f. — innewohnen v.: s. inne. — innig a.: inniglich a. ꝛc. — Innocenz (lat.) f.: auf der letzten Silbe betont, dagegen auf der ersten m. = Inno-centius (s. II 80). — Innovation (lat., spr. -now-) f. — Innsbruck — Innung f. — J(-)no (gr.) f. — in(-)obediént (lat.) a.: II 117; 236; Inobediénz f. ꝛc. — J(-)no-genes(is) (gr.) f. ꝛc.: II 236. — In-solu-tion (lat.) f. ꝛc.: ebb. — in(-)opportun (lat.) a. ꝛc.: ebb. — Inquirent (lat.) m.: in-quirieren v.; Inquisit m.; Inquisition f. ꝛc. — inrotulieren (nlat.) v. ꝛc. — ins: vgl. auf 1, z. B. ins Dorf ꝛc. (aber: in's Teufels Namen. Kat.123¹⁷; I 28); insselbe 18,45; ferner (s. I 76) auch als Adv.: insbesondere insgeheim; insgemein; insgemein-bin; insgesammt; inskünftige. — In-saß m.: die Insassen. — in(-)scenieren v.: s. Scene II 162. — In-sciénz (lat.) f.: II 117; 163. — Insig(-)nien (lat.) pl.: II 119; 185. — inskribieren (lat.) v.: Inskription f. — in so fern: s. in. — insonderheit, insonders adv.: I 76. — in so weit: s. in. — In(-)spek-teur (frz., spr. engspektör) m.: od. in frz. Verbindungen (II 105 ff) z. B.: inspecteur aux revues (spr. ° revü) ꝛc.; Inspektion (lat.) f.; Inspektor m.; Inspiciént m.; in-spicieren v. — In(-)stanz (lat.) f.: II 80; 156. — In(-)stinkt (lat.) m. — in(-)struieren (lat.) v.: In(-)strul(-)tion f.; In(-)strument n. — Inta(-)glio (it., spr. intáljo) m. II 184. — intakt (lat.) a.: Intakt-Erhaltung II 74, versch.: In-Takt-Erhaltung (s. Takt). — inte(-)grieren (lat.) v. ꝛc. — intellectuell (lat.) a.: II 213; Intelligenz f. II 80. — Intendant (frz.) m.: II 67; Intendanz f., vgl. Intendance (spr. engtangdángß) f., s. II 83 u. Alliance. — intensiv (lat.) a.: Intensivität (spr. -iwi-) f. ꝛc. Kat. 65⁷. — inter(-)artikulär (nlat.) a. II 236. — inte-ressant (frz.) a.: II 237: Inte(-)ressent m.; Inte(-)resse (lat.) n.; inte(-)ressieren v. — Inté(-)rieur (frz., spr. engteriör) n. — inte-rim (lat.)adv.: Interim n.; Interimistikum n.;

interimistisch a. II 237. — Inte(=)riora (lat.) pl. — Intermezzo (it.) n. — intern (lat. ⌣—) a.: vgl. extern. — Internuncius (nlat.) m. ꝛc. — inter(=)oceanisch (nlat.) a.: II 236. — interpungieren (lat.) v.: Interpunk(=)tation f., interpunkt(=)tieren v.; Interpunktion f. — Interreg(=)num (lat.) n. — Inter(=)usurium (lat.) n.: II 236; Interusurien pl. — Intervall (lat., spr. =wäll) n. ꝛc. — Intervenient (lat., spr. =wen=) m.: intervenieren v.; Intervention f. — Inthronisation (nlat.) f. ꝛc. — in(=)trigant (frz., it.) a.: II 133: Intrigant m.; Intrige f.; intrigieren v.; intrikat a. — introducieren (lat.) v.: Introduktion f. — Introïtus (lat.) m.: II 109. — I(=)nula (lat.) f.: I(=)nulin n. — In(=)undation (lat.) f.: in=undieren v. II 236. — in(=)urban (lat.) a. — Invalide (lat., spr. inw=) m. — invariabel (lat., spr. inw=) a. — Invasion (lat., spr. inw=) f. — Invektive (lat., spr. inwektiwe) f. — Inventar (lat., spr. inw=) n.: Inventarienstück n.; inventieren v.; inventiös a. — Inversion (lat., spr. inw=) f. — Investitur (lat., spr. inw=) f. — invidiös (lat., spr. inw=) a. — Invite (frz., spr. inw=) f.: invitieren v. — involvieren (lat., spr. inwolw=) v. — in wie fern (weit): s. in. — inwohnen v.: vgl. innewohnen. — Inzicht f.: die Inzichten, vgl. Bezicht. — Inzucht f. (bei der Thierzucht). — inzwischen conj.: I 145.

io! (gr.) interj. (⌣⌣): versch. Jo f. (—⌣), s. II 3. — Job (hebr.) m.: s. Hiob, nicht gut (einsilbig) Job I 2. — Jod (gr., spr. iod, 2silbig) n. ꝛc.: richtiger, aber weniger üblicher als Jod (s. d., vgl. frz. iode ꝛc.). — Jokaste (gr., 4silbig) f.: nicht gut: Jokaste (3silbig) m. — Jolith (gr., 3silbig) m. — Jolus (gr.). — Jon (gr.) m.: Jonier m.; Jonitus m.; ionisch a. (minder gut: Jonier, jonisch). — Jota (gr.) n.: nicht so gut 2silbig Jota, vgl.: Jot (nicht Jod) als deutscher Name des dem Vokal i entsprechenden Konsonanten. — Jowa (engl., spr. eiowa) m. (als Fluß), n. (als Staat).

Ipekakuana (span.) f.: nicht nöthig nach portug. Weise (span. =anja). — Iper f.; Kat. 17⁵; 46⁸, frz. ypréau. — Iphigenie (gr.) f.: Iphi(=)kles m.; Iphikrates ꝛc.

irden a.: irdisch a. — Ire m.: s. Irland. — Irene (gr.) f. — irgend adv.: irgend — ein ꝛc., Einer, Jemand, Etwas ꝛc., wann, wie, wo, woher, wohin. — Iris (gr.) f.: Unter Iris' schönem Bogen ꝛc. I 31; Kat. 133³² ꝛc.; irisieren v. — Irland (gr.): Irländer m.; Ire; irländisch od. irisch, s. (engl.) Irish (spr. eirisch). — Ironie (gr.) f. ꝛc. — irrational (lat.) a.: Kat. 41⁴. — irre a.: irre — sein, werden, machen, führen, leiten, fahren, gehen ꝛc.; das Irrfahren, Irrgehen; Irrfahrt f.; Irrgang m.; Irrlicht n.; Irrweg m. ꝛc.; irre geleitet (Verbum), irrgeleitet a.; irr=redend Kat. 37⁸; ein Irrer; die Irren; Irrenanstalt f.; Irrenarzt m. ꝛc.; Irre f.; irren v.; irrig a.: irrigerweise adv.; Irrsal n. (versch.: Irrsaal m. = Labyrinth, s. Sal); Irrthum m.; irrthümlich a., irrthümlicherweise adv.; Irrung f. ꝛc. — irregulär (lat.) a.: Irregularität f. — irrelevant (lat., spr. =wänt) a. — irreligiös (lat.) a. — irridieren (lat.) a.: verlachen: Irrision f. — irritieren (lat.) v.: aufreizen (auch, nicht gut = irre machen, beirren). — Irus (gr.) m. — Irvingianer (spr. irw=) m.

Isaak (hebr., 3silbig) m.: II 13; auch Isak (2silbig). — isabell (frz.) a.: isabell(en)farb(ig) a., v. Isabelle (hebr.) f. weibl. Name, auch m., f. = Isabellpferd. — I(=)sagoge (gr.) f.: II 148 ꝛc. — I(=)sagon (gr.) n.: richtiger Isogon. — Isai (hebr.) m.: Isaïe m. II 108. — i(=)sarith(=)misch (gr.) a.: II 148. — Isäus)gr.) m.: II 114. — =isch als Adjektivendung, in dem — freilich besser gemiedenen — Superlativ zu schreiben ischt, nicht ischst II 72, z. B.: die barbarischten Völker; die kindischte Einfalt ꝛc. — Is(=)chämie (gr.) f. II 122. — I(=)schariot(h) (hebr.=gr.) m. — Is(=)chia (it., spr. iskia). — Is(=)chi(=)adikel (gr.) f.: Ischias ꝛc. — Ischl: Ischler Quelle ꝛc. — Is(=)chnophon (gr.) a.: Ischnophonie f. — Is(=)churie (gr.) f. ꝛc. — Isegrimm m.: heutiger Ausspr. gemäß mit Doppel=m. — Iseum (gr., 3silbig) n.: II 115; Mz.: Iseen; Isis f., vgl. Isidor m. ꝛc. — Is(=)lander (pers.) m.: Alexander II 161. — Is(=)lam (ar.) m.: II 165. — Is(=)land: Isländer m., a., isländisch.— Ism m.: Mz.: Is(=)men II 162, z. B.: Anglicismen, Gallicismen u. andere Ismen. — Is(=)mael (hebr., 3silbig) m.: II 162; 164 u. I 3; Ismaelit m. ꝛc. — Is(=)mene (gr.) f. ꝛc.—iso(=)chron (gr.) a. ꝛc.; Isogon n. (nicht Isagon) ꝛc. — isolieren (it.) v. ꝛc. — isomorph (gr.) a.: Isomorphismus m. ꝛc. — Isop (hebr.) m. — Isopsephisch (gr.) a.: II 194 ff. — Isorhopie (gr.) f. ꝛc. — Isothermie (gr.) f. ꝛc. — I(=)spahan: II 159. — Is(=)rael (hebr., dreisilbig m.): genauer als I(=)srael II 164 u. I 3; Israelit m.; israelitisch a. — (du, er) ißt: v. essen (s. d., II 71), versch.: er ist (v. sein). — Isthb(=)men (gr.) pl. zu Isthb(=)mus. II 156; Isthb(=)mnien pl.; isthmisch a.; Ist(=)mo von Panama (span.). — Is(=)strien: II 120.

Italiäner m.: italiänisch a. (Kat. 28²⁹, italiano), vgl. deutsch; Italiens (versch.: Italiens) Tempel; Staler, Stallerm.; italisch a.

item (lat.) adv.: Item n. — Iterativ(um)
(lat., ſpr. =iſ, =īwum) n. ꝛc.: Kat. 65⁷. —
Ithaka (gr.). — Ithome (gr.). — ithy=
phalliſch (gr.) n. — Itinerar(ium) (lat.) n.:
Itinerarien pl. — Itſch=Aglaer (türk.) m.:
Itſch=Oglan m. ob.: It(=)ſchagaler; It=
ſchoglan ꝛc. II 169. — Itzehoe (ſpr. =hö,
nicht =höʼ): Kat. 24³⁶ ff. — itzo, itzund,
itzt adv.: veraltet ſt. jetzt (ſ. d.).

=iv (latein., roman.): ſpr. =iſ, vor einem
Vokal in der Verlängerung aber īw, Kat.
65⁷, vgl. Livland, Liven ꝛc.

Iwan (ruſſ.) = Johann.

I(=)xion (gr.) m.

Itynx (gr., 2 ſilbig –◡) m., f.

J.

ja interj. u. conj.: das Ja; bei Ja u.
Nein ꝛc. (verſch.: ia, Ja); Jabruder m.;
Jawort n. ꝛc. — Jabot (frz., ſpr. ſhabō) n.,
m. (verſch.: Chapeau). — jach a.: Neben=
form zu jäh (als Prädikat auch hoch), Jach=
zorn m. Kat. 80¹⁵; 81⁶; 83¹. — Jacht f.:
Jachtſchiff (Schnellſegler, veraltet Yacht),
verſch. Jagd. — Jacke f.: Jäckchen n., vgl.
Jaquette. — Jack=Pudding (engl., ſpr.
dſhäck=) m.: Hanswurſt. — Jacquard (frz.,
ſpr. ſhackär) m.: Jacquardmaſchine f.; Jac=
quardſtuhl m. — Jacquerie (frz., ſpr. ſhackrī)
f.: Jacques (ſpr. ſhack) m.: ſ. Jean. —
Jagd f.: (verſch. Jacht) Kat. 71²¹; 84¹⁵;
Jag(=)den pl.; jagd(=)bar a. ꝛc.; jagen v.
(Impf.: ſie jagten); Jäger m. ꝛc. — Ja=
guar m.: des, die Jaguars. Kat. 124³⁰. —
jäh a.: üblicher als gäb (vgl. jach) Kat.
80¹⁵; Jähe f., Jäheit f. (II 174); Jäh=
hunger m. (ebb.); jählich a., jähling a.,
jählings adv.; Jähzorn m. Kat. 55¹⁵. —
Jahn m. — Jahr n.: Jahre pl., aber nach
Zahlw.: acht Jahr (nicht Jahrʼ) alt (vgl.
Fuß, Kat. 122⁴; I 28); Jährchen n.; jahr=
aus, jahrein adv.; Jahrfünft, Jahrzehnt,
Jahrhundert, Jahrtauſend n., mit betonter
zweiter Hälfte, dagegen mit betonter erſter
z. B.: Jahrbuch n.; Jahrgang m. u. ſ. w.;
ein Jahr, viele Jahre, Jahrhunderte ꝛc. lang;
aber: jahrelang, jahrhundertelang a. I 88;
jähren v. (verſch. gären); jährig a.; jährlich
a.: Jährling m. — Jähzorn m.: ſ. jäh. —
Jakaranda f.: Jakarandaholz n. — Jakob
(hebr.) m.: Jakobäa f.; Jakobi m.; Jakobine
f.; Jakobiner m., jakobiniſch a., Jakobinis=
mus m.; Jakobus m. — Jakonas (frz.
jaconas, ſpr. ſhakonā) m.: od. — unfrz.
u. daher füglich mit deutſcher Ausſpr. auch
das Anlauts=: Jakonett m. — Jaktanz (lat.)
— Jalon (frz., ſpr. ſhalóng) m.: Merkpfahl
ꝛc.: Jalonnement (ſpr. ſhalonnemäng) n.;

Jalonneur (ſpr. =ör) m.; jalonnieren v. —
Jalouſie (frz., ſpr. ſhaluſī) f.: jalour (ſpr.
ſhalū) a. — Jamaica (engl., ſpr. dſhemēka)
od. — mit deutſcher Ausſpr. — Jamaika
II 126. — Jambage (frz., ſpr. ſhangbäſhʼ)
f.: Grundmauer. — Jambe m.: jambiſch a.,
zweiſilbig, vgl. (gr., dreiſilbig): Jambos ꝛc.
— Jambou (frz., ſpr. ſhangbong) m. —
James (engl., ſpr. dſhēms) = Jakob: Jame=
ſonit m. — Jammer m.: es iſt Jammer
u. Schade (ſ. d.), Jammerſchade ꝛc.; jäm=
merlich a.; jammern v. ꝛc. — Jan (holl.)
m. == Johann (Hans): Jan Hagel m. Kat.
80³⁴, vgl. auch Liederjan ꝛc., nach der lat.
Endung ianus. — Janit(=)ſchar (türk.) m.:
II 168 ff. — Jänner, Januar (lat.) m. —
Japheth (hebr.) m. ꝛc. — jappen v. —
Jaquette (frz., ſpr. ſhakétt) f. II 79. —
Jardinière (frz., ſpr. ſhardinjär) f.: II 115.
— Jargon (frz., ſpr. ſhargóng) m. — Ja=
ros(=)law: II 165. — Jäſcht: ſ. Gäſcht. —
Jäſe f.: ein Fiſch, auch Gäſe. — Jasmin
(perſ.) m.: Kat. 81²⁹. — ja(=)ſpieren v.:
Ja(=)ſpis (hebr.) m. II 159. — Jaſſy (mol=
daniſch, ſpr. jäſchi). — Jatagan (türk.) m.
— jäten v.: f. gäten. — Jauche f.: üblicher
als Gauche: jauchhaft, jauchicht a. Kat. 80¹⁷.
— Jauchert m.: Juchart. Kat. 81⁹. —
jauch(=)zen v.: Kat. 82³¹; 91³⁴; II 92. —
jaueln v. ꝛc.: ſ. Gauner. — Jauſe
(öſtreich.) f.: jauſen v. (veſpern). — Java
(ſpr. jawa od. dſhawa): Javakaffe ꝛc.;
Javaneſe m.; javaniſch a.

je interj. (vgl. jemine; Jeſus! u. ie!);
adv. (vgl. Egſz. nie) u. conj.: von je (her);
je u. je; je zwei u. zwei Perſonen; je der
(vgl. jeder) Zehnte; je nach ſeinen Betragen;
je nachdem (er ſich beträgt) ꝛc.; je mehr...,
je (od. deſto, um ſo) weniger ꝛc.; je länger,
je lieber, auch ſubſt.: Jeländerjelieber m., n.
— Jean (frz., ſpr. ſháng) m.: = Johann,
z. B.: Jean Jacques (ſ. d.) Rouſſeau [ſpr.
ruſſó); Jean Paul, ein Jean Paulʼſches Buch
I 31, jeanpaulifieren v. ꝛc.; Jeanne (ſpr.
ſhánn), Jeanneton (ſpr. =óng) Jeannette (ſpr.
=étt) f. II 212. — jedenfalls adv.: I 80,
vgl. in einem (ſ. d.) Fall v. ꝛc. — jedennoch
conj.: I 125 ꝛc., vgl. jedoch. — jeder pron.,
adj.; ſubſt.: Jeder, ein Jeder ꝛc.; jeder
Mann, jede Frau, jedes Ding ꝛc., Gen.:
jedes Mannes, jeder Frau, jedes Ding ꝛc.
(vgl. Jedermann, ſubſt. Pron.; Gen.: Je=
dermanns; Dat. u. Acc.: Jedermann, auch
— ſ. II 59 —: Das iſt Jedermann ob.
Jedermänniglich bekannt, aber: den An=
weſenden jedermänniglich bekannt); in jedem
Fall, auf jeden Fall (vgl. jedenfalls adv.);
jedes Mal (I 94, aber: jedesmalig a.); von
jeder Seite (aber: jederſeits adv. I 98);
zu jeder Zeit (aber: jederzeit adv. I 113) ꝛc.,
vgl. auch als indeklinables Adj.: jederlei

I 89, z. B. in jederlei Weise ꝛc.; Das wird dir ein Jeder ob. jeder Einer sagen, — aber: ein jeder — ob. jeder einer — von den Anwesenden (I 46; II 17 ff); Er ist freundlich gegen — Jeden (subst.) ob. Jeder=mann (s. o.), einen Jeden, jeden Einen, aber z. B.: gegen jeden, einen jeden, jeden einen von seinen Untergebenen ꝛc.; Er weiß Alles u. Jedes ꝛc. Vgl. auch: Bei ihm ist jedes — u.: je das — dritte Wort die Lüge; Er ließ jeden (ob.: je den) zehnten Soldaten erschießen ꝛc. — jedoch conj.: vgl. jedennoch I 135. — jedweder pron., adj. u. subst. (vgl. jeder, jeglich), z. B.: jedweder Mensch ꝛc.; Jedweder. — jeglich pron., adj. u. subst. (vgl. jeder, jedweder): einem jeglichen Menschen; einem Jeglichen; jegliches Ding; Jegliches ꝛc. — Jehovah (hebr., spr. =ōwa) m.: Jehovahdienst ꝛc. Jelängerjelieber m., n.: s. je. — jemals adv.: I 90. — Jemand pron., subst.: Das gehört Jemand ob. Jemandem ꝛc.; aber z. B.: bei jemand Fremdem; jemand Frem=bes ꝛc. Kat. 106³⁷; II 18. — jemine! interj.: wie je! (s. d.) statt des Ausrufs Jesus! —; bei vorgesetztem Herr, im deut=lichen Gefühl des Subst., mit großem An=fangsbuchst.: Herr Jemine! (Herr Je! —, Herr Jerum! ꝛc.). — Jena: Jenaer m. u. a. (ob. Jenenser) jenaisch (II 119) ob.: jena'sch (ob.jenensisch), versch.: jenisch (=rothwälsch). — jenach: ungewöhnl. (bei Rückert) st. je nachdem. — jener pron.: vgl. dies, z. B.: jener Mann, subst.: Jener; jenes Ding, subst.: Jenes; jener selb(ig)e Mann ꝛc.; (zu) jener Zeit ꝛc.; von jener Art, aber (als indeklinables Adj.): jenerlei; von jener Seite ꝛc.; jenerseits adv., versch.: jenseit ob. jenseits präp., das Jenseits n., jenseitig ꝛc. — jenisch: s. Jena. — Jenner: s. Jänner. — Jenny (engl., spr. dschénni) f. = Johanna; Jenny(maschine) f. — jenseit ꝛc.: s. jener. — Zeph(=)itha ꝛc. — Jeremiade f.: Zeremias (hebr.) m. — Zerez ꝛc.: s. Xerez. Jericho (hebr.) n.: Jerichoer m.; a., versch.: Jerichow (im Bezirk Magdeburg); Jerichow(=)er II 141. — Jerôme (frz., spr. jherōm) m.=Hieronymus. — jerum! interj.: s. jemine! — Jerusalem (hebr.) n. — Je=sajas (hebr.) m. — Jesuit (nlat.) m.: Je=suiter m.; jesuitisch a.; Jesuitismus m. ꝛc. — Jesus (hebr.) m.: s. auch jemine. — Jet (engl., spr. dschett) n.: auch Jeton (frz., spr. shetong) m. — Jettatore ꝛc.: s. Getta=tore. — Jettchen n.: s. Henriette. — jetzig adv.: zu jetzt adv. (mit den veralteten Nebenformen: jetzo, jetzund, jetztunder, jetzt ꝛc.); von jetzt ab (an) ꝛc.; Jetzt n. II 15; jetztlebend a. (= jetzig I 38); Jetztzeit f. II 201 (mit getrenntem t und z nach der Ligatur tz). — Jeu (frz., spr. jhō) n.: Mz.

Jeur; verkl.: Jeuchen. — Jeunesse (frz. spr. jhönés) f.: Die jeunesse dorée II 105, — jeweilen, jeweils adv.: jeweilig adv.; jezuweilen adv. II 105. Jig (engl., spr. dschigg) m. jo! interj.: vgl. io u. johlen. — Joa=chim (hebr.) m. — Joaillerie (frz., spr. jhoaljeri) f.: Joaillier (frz., spr. shoaljē) m. — Job: 1) m. s. Job. — 2) (engl., spr. dschobb) n.: Jobber m., Stockjobber(ei) ꝛc. — Jobbe f.: s. Joppe. — Jobst m. (Name), vgl. Jost. — Jockey (engl., spr. dschócki) m. — bei deutscher Aussspr. zu schreiben Jockei; so auch Jockeyklub u. Jockeiklub ꝛc. — joci causa (lat.): vgl. Jokus. — Jod (gr.) n.: üblich als Jod (s. b., versch.: Jot, Kat. 70¹⁰), jodhaltig a.; Jod(=)tinktur f. II 176 ꝛc.; Jodid n.; jodieren v.; Jodür n. ꝛc. — jodeln v.: (vgl. johlen); Jod(=)ler m. Jodokus (gr. ‿–‿) m. — Joel (hebr., 2silbig) m.: I 3. — Johann (hebr.) m.: (vgl. Hans; Jan; Jean; John ꝛc.); Jo=hanna f.; Johannes m. = Jo=hannistag; Johannisbeere f.; Johannissegen m. (I 8); Johannistrunk ebb. ꝛc.; Johan=niter m. ꝛc. — johlen v.: (vgl. jo; jodeln) üblicher mit als ohne h, Kat. 54¹⁴; 81¹¹. — John (engl., spr. dschönn) m.: (s. Jo=hann) John Bull; Johnbullthum n. ꝛc. — jolos (lat.) a.: II 139: Jolus m., aber z. B.: joci causa II 105 ꝛc., vgl. auch Jur. — Joli (frz., spr. jholi) m. — Jolith: s. Jolith (3silbig). — Jolle, Jölle f.: versch. Gelle (s. b.) Kat. 80²¹. — Jonas (hebr.) m. — Jonathan (hebr.) m. — Jongleur (frz., spr. shonglōr) m. II 130; 167. — Jonier m.: jonisch a., richtiger: Jonier ꝛc. — Jonquille (frz., spr. shonkilj') f. — Joppe f.: Wams (nicht: Jobbe), mehr nieder=berb.: Jope, auch: Juppe u. Jupe, die letzte Form auch mit frz. Aussspr. (shüp), vgl. Jupon (spr. jhüpóng) m. — Joseph (hebr.=gr.) m.: Kat. 65²¹, nam. in Österreich auch Josef,vgl.(span.)Josefinos ꝛc.u. versch.(nicht durch Vermittlung des Griech. ins Deutsche gelangt): Jussuf; — Josephe f.; Josephine f.; josephinisch a.; josephisch a. — Jost m. ꝛc. — Jost m.: vgl. Jobst. — Jot n.: s. Jota, versch. Jod (s. b.), auch — gemäß der geschärften Aussspr. des Vo=kals — Jott. — Jouaillerie f.: falsch statt Joaillerie. — Joujou (frz., spr. shnjschū) n. — Jour (frz., spr. jhur) m.: à jour (II 105); du [spr. bü] jour (woraus Mißverstand ein weibl. Hauptw. gebildet: die Jour haben) — Journal (frz., spr. shurnäl) m.: Jour=nalière f. II 115; Journalist m. ꝛc. — jo=vial (lat., spr. jowiäl) a.: Jovialität f.; Jovis, Genit. von Jupiter. Jubel m.: Jubilar (nlat.) m.; Jubiläum n. II 114, jubilieren v. — juch! interj. —

5*

Zuchart m.: f. Zauchert. — Zucht m.:
Zuchten m. (seltner, im engern Anschluß
aus Ruff.: Zuften); juchten a. — juch(=)zen
v.: vgl. juch! u. jauchzen. — juden v.:
(versch. gucken) auch jücken. — Zucker m.:
ungarisches Pferd. — Zucks 2c.: f. Zur.
Zuda m.: Zudäa f., n.; Zudaïsmus m.
II 108 2c.; Zude m., Zudin f., jüdisch a.,
versch.: jütisch. — judicieren (lat.) v.: ju-
diciös a.; Zudicium n., Zudicien pl. —
Zudith (hebr.) f. — Zuften m.: f. Zucht. —
Zugend f.: jugendlich a. Kat. 72⁵; 78⁷. —
Zujube (frz., spr. shüshüb') f. II 204. —
Zuks 2c.: f. Zur. — Zul (skandin.) m.:
Mittwinterfest: Zulklapp m. — Zulepp
(perf.) m.: unnöthig in Doppelentlehnung
mit frz. Ausspr. Zulep (spr. shülépp). —
Zuli m.: üblicher als Zulius (f. u., vgl.
Zuni): Zulihitze 2c.; Zulia, Zuliane, Zulie f.,
Zulchen n. u. Zulius (f. o.), vgl. (it.)
Giulia f., Giulio m. (spr. dsh=), Zulie, Zu-
liette (frz., spr. shüli, shüljétt) u. Zules
(spr. shül) 2c. II 118; 127; 167; julianisch a.
— Zumelle (frz., spr. shüméll) f. — jung
a.: jünger (f. u.), jüngst (f. u.); bei Zung
u. Alt (f. d.); der — u.: ein — junges;
Mz.: die Zungen od. (in der Volkspr.):
die Zungens, verkl.: Zünglein, Züngelchen 2c.,
das Zunge u.: ein Zunges; Züngling m.;
Zünger m., Mz.: die Zünger (Zungerschaft
f. 2c.), versch.: (substantiviert): die Zün-
ger(e)n, vgl.; der Züngste od. Züngstge-
borene (‿‿‿‿), versch.: der jüngst (=
vor Kurzem) Geborene (‿‿‿‿), vgl.:
jüngst verstorben 2c.; jüngsthin adv.; die
Zungemagd (veraltet = Stubenmädchen 2c.,
Genit. unverändert), versch.: die junge Magd
(Genit.: der jungen Magd); Zungfrau f.
(versch.: junge Frau), jungfräulich a. 2c.,
vgl.: Zungfer f., jüngferlich a. 2c.; Zung-
geselle (versch.: junger Gesell), Zunggesellen-
stand m., Zunggesellenthum n.; Zungherr m.
(ob. junger Herr, vgl. Zunker); Zungmeister
m. (versch.: junger Meister) 2c. — Zuni n.:
üblicher als Zunius (vgl. Zuli). — Zunter
m.: vgl. Zungherr. — Zunta (span.) f.:
vgl. Giunta (it.). — Zupe f.: f. Zoppe.
Zupiter (lat.) m.: üblicher als mit Doppel=p,
vgl. Zovis. — Zupon (frz., spr. shüpóng)
m.; Zuppe f.: f. Zoppe. — Zura: 1) m.:
Zuragebirge; jurassisch a. — 2) (lat.) pl.
v. Zus. — Zürgen m.: f. Georg. — Zu-
risprudenz (lat.) f.: II 158. — Zury (engl.,
spr. dshü 2c., in unnöthiger Doppelentlehnung
— f. II 209 — frz., spr. shürí) f.: Mz.:
Zurys ob. (engl.) Zuries. — Zus: 1) (lat.)
n.: f. Zura. — 2) (frz., spr. shü) m.:
Brühe. — Zussuf m.: f. Zoseph. — just
(lat.) a., nam. adv., auch: justament, ju-
stement adv. (gewöhnlich mit deutscher
Ausspr.); Zuste=Milieu (frz., spr. shüst=miljö)

n.: justieren v. (mlat., nicht frz. zu sprechen
shüst=); Zustitiar(ius) m. (mlat.); Zustiz f.
aus lat. justitia (II 80). — Zute f.: ost-
indischer Hanf (unnöthig in Doppellehn-
ung mit engl. Ausspr. dshüt) — Züte f.:
Bewohner Zütlands: Zütin f., jütisch a.
(versch.: Zübin). — Zutta f.: vgl. Zudith.
— Zuvenal (lat., spr. =wen=): Name. —
juvenil (lat., spr. =wenil) a.; Zuwel m.,
n.: Zuwele f.; Zuwelier(er) m. (vgl. Zoa-
lier). — Zur m.: lustiger Streich (vgl.
Zokus, daher bei Einigen: Zuks, minder gut:
Zucks); auch = Schmutz 2c.; juxen v. (be-
juxen 2c.); Zuxerei f.; juxig a. 2c. —
Zurtaposition (lat.) f. 2c.

J'y pense (frz., spr. shipángß): II 105,
auch n. = Vielliebchen.

K.

K: f. C.
Kaaba (ar.) f.: 2 silbig, aber: Kääba
(3 silbig) II 113 ff. — Kabache f.: üblicher
als — im engrem Anschluß aus Ruff.:
Kaba(c)t m., Kaba(c)te f. — Kabale (frz.)
f.: vgl. Kabbalah. — Kabaret (frz., spr. =re)
n.: auch zuweilen — in ganz deutscher Ausspr.
— Kabarett II 211. — Kabbalah (hebr.)
(vgl. Kabale.) Kabbalist m. 2c. — kabbeln
v.: (niederd.) II 221; Kabbelsee f. — Ka-
beljau m. — Kabinett (frz.) n.: II 211;
Kat. 40³¹. — kabolzen v.: f. Kobolb.
Kabriolett (frz.) n.: ebb., vgl. Kapriole.
Kabyle m.: Kabylien n.; kabylisch a. —
Kachektik (gr.) f.: Kachektiker m.; kachektisch
a.; Kache(=)rie f. — Kachenez: f. cache-
nez; kachieren: f. kaschieren. — Kachou (frz.,
spr. kaschu) n.: vgl. Katechu. — Kachucha
(span., spr. katschutscha) f. — Kadaver (lat.,
spr. =awer) n., m. — Kadenz f.: in it.
Form cadenza, in frz. cadence (spr. =dáng=).
— Kadett (frz.) m.: II 212; Kat. 40³¹.
Kabettenkorps [spr. =tör] n. 2c. — Kadi
(ar.) m. — Kadir n.: II 124. — kad-
meisch (gr.) a.: II 109; Kadmium n.; Kadmus m. — Kadre (frz.) cadre, spr. kab'r)
m. — Kaduceus (lat., 4 silbig) m. II 115.
— Kaducität (lat.) f.: fadut a., mit gedehntem u od., wie gewöhnlich in der Volkssprache mit geschärftem u; ,fadmd II 214
(vgl. frz. caduc, spr. kadück). — Kaffe
(ar. ‿‿) m.: mit dem Ton auf der 1.
Silbe, als Reim zu Affe, Laffe 2c.; dagegen
mit dem Ton auf der Endsilbe, wie im frz.
café (f. d.), am füglichsten zu schreiben:
Kafee (‿‿, Kat. 44⁶ ff), also z. B.: So
komm denn, Kind; die Gesellschaft im Garten
wird gewiß auf uns mit dem Kaffe warten
(f. Goethe — Ausg. in 40 Bbn. — 7, 207)

— u.: Da kriegt er meinen Kaſten Kaſce [ob., wie hier gedruckt iſt: „Caffee"], u. ſetzt mir ihn oben hinauf ins C (ebb. 164) 2c.; veraltet: Koffe u. Kofee (Koffee, vgl. engl. coffee, ſpr. köffi): Kaffeebohne u. Kafeebohne, ſo: Kaffeſchenk, Kaffewirth u. ob. Kafeeſchenk 2c. u. Kafetier (frz., ſpr. tafetjē); Kaffekanne ob. Kafeekanne u. Kafetière (frz., ſpr. tafetjäre) f. II 115 2c.; Kaffein n. II 109. — Kaffer m. — Käſicht, beſſer: Käfig m. (n.): Kat. 27^{19}; 77^{34}. — Kaſiller m.: (mundartl.) Abdecker. — Kaſtan (ar.) m. — Kahira: minder üblich als Kairo, das richtiger mit dem Ton auf der 1. Silbe als auf der 2. zu ſprechen iſt. — kahl a.: Karl der Kahle (Kat. 108^{18}) 2c.; Kahlenberg bei Wien (verſch.: Kalenberg), Kahlenberger (vgl. Kalembourg); Kahlmäuſer 2c.: ſ. Kalmäuſer. — Kahm m.: Schimmel (verſch.: kam): kahmig a.; daneben: Kahn, tahnig. — Kahn m.: Kähne, Kähnchen 2c., ſ. auch Kahm. — Kai (holl.) m.: pl. Kaie u. Kais, vgl. frz. Quai (ſpr. tä). — Kaïd (ar.) m.: in Algerien 2c. — Kaif m., n.: türk. Fahrzeug: Kaïk(=)tſchi m. — Kaimakam (türk.) m.: „Stellvertreter", als Name v. Würden. — Kaiman m.: amerik. Krokodil. — Kain (hebr.) m.: Kaïnsfluch; Kaïnsmal 2c. — Kairo: ſ. Kahira; auch (2ſilbig) Kairo. — Kaiſer m.: kaiſerlich a. (vgl. fürſtlich 2c. II 13); Seine Kaiſerliche Majeſtät 2c.; das kaiſerlich-königliche Poſtamt 2c. — Kajaputt (malaiiſch), Kajeputt m.: am Schluß beſſer mit Doppel-t als mit einfachem II 212 ff. — Knjolerie (frz., ſpr. kaſhe 2c.) f.: kajolieren v. — Kajus m.: lat. Name II 126. — Kajüte f.: z. B. als Reim auf Hüte Freiligrath Sämmtl. Werke 1,106 2c., — üblicher in der Ausſpr. Kajütte (als Reim auf Hütte 2c.). — Kak m.: (niederd.) Pranger 2c. — Kakadu (malaiiſch) m. — Kakao (mexik.) m. — kakeln: gackern: Kikeltakel m., n., (u. interj.); kakelbunt a. — Kakerlak m. II 213. — Kakodämon (gr.) m.: Kakomorphie m.; Kakophonie f. 2c. — Kaktus (gr.) m. — Kalabaſſe (ſpan.) f. — Kalabreſe m.: Kalabreſer m. u. a. (II 25); Kalabrien II 120; 124. — Kalais (gr.) m.: verſch. Calais (ſ. b.). — kalcinieren (lat.) v. — Kaleſaktor (lat.) m.: auch Kalfalter. — Kaleido(=)ſtop n. II 160. — Kalembourg (frz., ſpr. talangbür) m., vgl. Ka(h)lenberger m., Kalauer m. — Kaleſche (ſlaw.) f. — Kalewala (finniſch) n. — Kalfalter m.: ſ. Kalefalter. — kalfatern v. — Kaliber (frz.) m., n.: kali(=)brieren v. — Kalif: ſ. Chalif. — Kalifornien n. — Kalito (engl.) m.: vgl. Kalkutta, — unnöthig mit ſtummem t am Schluß nach frz. calicot. — Kalk m.: Kalkkaſten m.; Kalkkübel n. 2c. I 8; II 95; Kalkſpat m. 2c.; kalfieren v. (frz. calquer) II 78. — Kalkant (lat.) m. — Kalkul (lat., —◡) m.: Kalkül (fr., ◡—) m., Kalkulator m., kalkulieren v. 2c. — Kalla (lat.) f.: eine Pflanze. — Kalli(=)graph (gr.) m. — Kalmäuſer m.: der Ausſpr. gemäßer als Kahlmäuſer. — Kalmuck: Zeugſtoff; Kalmücke m., talmückiſch a. 2c. II 214. — Kalmus m. — Kalomel (gr.) n. — Kaloſière (frz., ſpr. =jär) f.: Kalorimeter m., n. — Kaloſche: ſ. Galoſche. — Kaloſpintechromokrene (gr.) f. — Kalpack m. II 213. — kalt a.: kälter (verſch.: Kelter); kälteſt 2c.; kalte Schale ob. (beſſer) Kaltſchale f., z. B. Bierkaltſchale (vgl. I 33). — Kalumet (frz., ſpr. =ümē ob., in deutſcher Ausſpr. =umét) n. — Kaluln(=)niant (lat.) m. 2c.: II 189. — Kalvarienberg (lat.=deutſch, ſpr. kalw=) m. — Kalville (frz.. ſpr. =wil) m., f. — Kalvin (ſpr. =win) m.: Kalviniſt m. — Kalydou (gr.) m.: kalydoniſch a. — Kalypſo (gr.) f. — kam: v. kommen (verſch.: Kahm); käme. — Kamaïeu (frz., ſpr. kamajö) m. — Kamail (frz., ſpr. =málj) m., f.: Art Mantel. — Kamarilla (ſpan., ſpr. =ilja) f. — Kamaſche: ſ. Gamaſche. — Kamee (frz.) m., f.: Mz.: Kameen (3ſilbig) ob. Kameen (2ſilbig, ſ. ee), vgl. it. Kameo, Mz.: Kameos ob. Kamei. — Kamel (gr., ◡—) n.: Kamelgarn, Kamelhaar, Kamelziege, vgl. Kämmelgarn 2c. — Kamelia (nlat.) f.: (üblicher als Kamellia), Kamelie. — Kam(e)lott (frz.) m. II 212; kamelotten a. — Kameo m.: ſ. Kamee. — Kamerad m.: kameradlich a.; Kameradſchaft f. — Kameralien (lat.) pl. — Kamille (lat.) f.: Name. — Kamille (gr.) f.: Pflanze (Kat. 79^{16}): Kamillenthee 2c. — Kamillus (lat.) m.: II 126. — Kamin (gr.) m.: Kat. 46^{36}. — Kamiſol (frz.) n. — Kamm m.: Kämme pl., kämmen v., kämmeln v., Kämmellamm m., Kämmelgarn, Kämmelhaar, Kämmelziege (vgl. Kamelgarn u. Kammwolle); Kämmling(ſwolle) 2c.; Kamm=Macher m., Kamm=Muſchel f. (I 17) 2c. — Kammer f.: Kämmerei 2c. Kämmerer m. (weibl.: Kämmerin, vgl. Kat. 104³); Kammergerichtsrath m., Kammergerichtsvorſitzen=der ob. (überſichtlicher) Kammergerichts=Vorſitzender 2c. Kat. 117⁶; I 16. — Kamöne (lat.) f. — Kampagne (it., ſpr. kampánje, ſelten — nach d. Frz., kang=gánj) f. — Kampanien: II 124. — Kampeſchholz n.: nach Campeche (ſpan., ſpr. =etſche, vgl. in frz. Umfärbung Campêche, ſpr. tangpäſch) — Kampf m.: käm(=)pfen v. 2c.; Kampf(=)feld II 190. — Kam(=)pher (ar.) m.: Kamphin m. 2c. — Kampo Formio. II 124. — Kam(=)tſchadale m.: Kam=tſchat(=)ka II 169. — Kanaän: 3ſilbig (Kanaan 2ſilbig) II 113. — Kanada: vgl. Canada (mit engl. Ausſpr. kánnädä) II 125; Kanadier m. II 117. — Kanaille (frz.,

ſpr. =älje) f.: Kat. 89¹⁷; ³⁷; kanaillös II 140.
— Kanal (lat.) m.: Kanaliſation f. ꝛc. —
Kannpee (frz.) n.: II 101. — Kanarien-
vogel n. ꝛc.: kanariſche Inſeln ꝛc. — Kanaſter (ſpan.) m.: Knaſter. — Kandare f.
— Kandelaber (lat.) m. — Kandidat (lat.)
m.: aber z. B. candidatus theologiæ II 105.
— kandieren (frz.) v.: Kandis (ſtr.), Kandis-
zucker, Kandelzucker, Zuckerkand(el), Zucker-
kandi ꝛc.; Kanditor ſ. Konditor. — Kanel
(◡—, frz. cannelle) m. — Kamphore (gr.) f.
— Kanevas (frz., ſpr. kan'wä) m., auch:
Kanvaß (engl., ſpr. kännwaß); nicht gut:
Kanneſaß ꝛc. Kat. 65¹⁶. — Kanezou (frz.,
ſpr. =ſü) m. — Känguruh m. — Kani-
kularſerien (lat.) pl. — Kaninchen n.: Kat.
46³⁷. — Kankan (frz., ſpr. kangkáng) ꝛc.
— kannelieren (frz.) v.: Kannelüre II 204.
— kannte: v. kennen (verſch.: Kante f.). —
Kannibale (ſpan.) m.: kannibaliſch a. —
Kanoe (engl., ſpr. =nü) m., n.: üblicher
Kanot (frz., ſpr. =nö) m. — Kanon (gr. —◡)
m. — Kanonade (frz.) f.: Kanone f. (ſelten
Kanon ◡—, n.); Kanonier m.; kanonieren v.
— Kanoniker m.: Kanonikus m.; Kanoni-
ſation f.; kanoniſch a.; kanoniſieren v. —
Kanot: ſ. Kanoe. — kánozoïſch (gr.) a.:
II 109. — Kanſtatt: II 77, nicht mit C
ſtatt K. — Kante f.: (verſch.: kannte), kan-
tern v., kentern (ſeemänniſch). — Kanthare:
ſ. Kandare. — Kantharide (gr.) f. — Kan-
tou (frz., ſpr. kangtóng, auch: kantön, aber
nicht gut: kantóng II 138) m.: des, die
Kantons; die Kantons, die Kantone; Kan-
tönchen, Kantönlein n. (verſch.: Kanton,
—◡, Stadt in China): kantonal a.; Kan-
tonnement (ſpr. kangtonnemáng) n. — u.
(mit deutſcher Ausſpr.): kantonnieren v.;
Kantonnierung f. — Kantor (lat.) m. —
Kan(=)tſchu (türk.) m.: nicht füglich Kant-
ſchuh II 170. — Kanvaß: ſ. Kanevas.
Kanzel f.: Kanz(=)lei f., kanzleiſäſſig a. ꝛc.;
Kanzler m.; Kanzliſt m. — Kaolin (chin.)
n., m. — Kap (frz.) n.: Kat. 63³⁶: Kap-
land; Kapſtadt; Kapwein ꝛc. — kapabel
(frz.) a.: Kapacität f. — Kapaun (gr.) m.
— Kapelle f. — Kaper (frz.): 1) f. (capre)
Kapernſauce ꝛc. — 2) m. (capre) Freibeuter
zur See: Kaperſchiff ꝛc.; kapern v. — Ka-
pernaum (hebr., 4ſilbig) — Kapillarität
(lat.) f.: Kapillarröhrchen n.; Kapillarſirup
m. ꝛc. — kapital (lat.) a.: Kapital n. (Ka-
pitalien pl.); Kapitäl n., richtiger: Kapitell
(it. capitello) = Säulenknauf; Kapitale f.
(Hauptſtadt); kapitaliſieren v.; Kapitaliſt
m. ꝛc. — Kapitän (frz.) m. — Kapitel
(lat.) n.: Kat. 40², — verſch.: Kapittel
(ſ. Kapitäl). — Kapitol (lat.) n. — Ka-
pitulant (nlat.) m.: Kapitulation f.; kapi-
tulieren v. — Kaplaken: ſ. Kappe. —
Kaplan (mlat.) m.: Kapellan. — Kaporal

(frz. ꝛc.) m.: üblicher: Korporal. — kapores
(hebr.) a. — Kappadocien n. — Kappe f.:
Kapp(=)laken n.; Kappzaum m. (Umdeut-
ſchung des frz. caveçon). — kappen v.:
Kapp(=)hahn, Kapp(=)huhn, vgl. Kapaun. —
Kapper f.: ſ. Kaper. — Ka(=)priccio (it.,
ſpr. =itſcho) n.: Kaprice (frz., ſpr. =iß) f.;
kapricieren (ſpr. =ziren) v.; kapriciös a. —
Ka(=)priſolium (lat.) n.: Kapriſolien pl. —
Ka(=)priole (ſcz.) f.: vgl. Kabriolett. —
kap(=)tiös (lat.) a.: kaptiös; kaptivieren
(ſpr. =wiren) v. — Kapuze ꝛc.: ſ. Kapuz ꝛc.;
Kapuchon (frz., ſpr. kapüſchóng) m. II 204.
— Kapudan (türk.) m.: (vgl. Kapitän)
Kapudanbeg m.; Kapudanpaſcha m. — Ka-
put (lat.) n.: Kapita pl.; aber z. B. (II 105):
caput mortuum; capitis diminutio; capita
proponenda — kaputt a.: frz. capot, II 213.
— Kaputt m.: ebd. Kaputte f.; Kaputtrock
m. — Kapuz m.: Kapuze f. II 80; 214;
Kapuziner m.; Kapuzinerſchaft f.; verſch.:
Kapuziner-Schaft m. (I 14)=Gewehr-Schaft
mit Garnitur v. Holz ob. Horn. — kap-
verdiſch (ſpr. =wérd=) a.: vgl. Kap. —
Kar: nicht Char, als Beſtimmungswort in:
Karfreitag, Karwoche ꝛc. II 88; Kat. 79¹⁷.
— Karabiner (frz.) m. — Karade (frz. ꝛc.)
f.: II 78; 95. — Karaffe (it.) f.: Karaffine
f. (nicht: Karavine); Karafon (frz., ſpr. föng)
m., n. — Karaïbe m.: karaïbiſch a. —
Karambolage (frz., ſpr. karangbolázh') f.:
karambolieren v. — Karaül (ſerb., 3ſilbig)
m.: Polizeiwachthaus II 114. — Karauſche f.
— Karavane (verſ., ſpr. =wäne) f.: üblicher
mit v als mit w Kat. 66¹⁰ ff; Karavanſeraï
n., f. — Karavelle (frz., ſpr. =wélle) f. —
Karavine: ſ. Karaffine. — Karawane ꝛc.:
ſ. Karavane. — Karbat(=)ſche (türk.) f. II 168.
— Karbolſäure (frz. ꝛc.) f.: Karbonade f.;
Karbonari (it.) m., pl.; Karbunkel (lat.) m.,
Geſchwür (vgl. Karfunkel). — Karcer (lat.)
m., n. (vgl. Kerker). — Kardamom (gr.)
n., m. — Kardät(=)ſche (it.) f.: (vgl. Karde,
Kardendiſtel) kardätſchen v. (vgl. karden,
verſch.: Kartätſche ꝛc. Kat. 27⁶; 61⁶⁷. —
Kardinal (lat.) m. ꝛc. — Kareſſe (frz.) f.:
kareſſieren v. — Karfreitag m.: ſ. Kar.
Karfunkel m.: Edelſtein (vgl. Karbunkel. —
karg a.: kärglich a. ꝛc. — Kargo (ſpan.)
m.: vgl. Superkargo. — karieren (lat.) v.:
faſten (als Schulſtrafe), verſch.: kariert
(ſ. Karré). — Karikatur (it.) f.: karifieren
v. Kat. 40²²; II 78. — Kariol ꝛc.: ſ.
Karriol ꝛc., vgl. karjöhlen. — Karitas (lat.)
f.: vgl. Carità (it.); karitativ a., nicht mit
Ch als Anlaut, vgl. Charité. — karjöhlen
v.: (mundartl.) ſchreiend ſingen (verſch.
karriolen). — Karl m.: Kat. 128²²: Karl
der Große (der Kahle, der Kühne, der
Zehnte ꝛc.) 108²⁶; Karlin m. ob. Karolin
(ſ. b., vgl. Karlsb'or, vgl. b'or); Karliſt m.,

kartistisch a.; Karlsbad, Karlsruh, Karlsstadt c.
Karmagnole (frz., spr. =anjole) f. — Kar-
mel (hebr.) m.: Karmeliter m. c. — karmesin (it.) a.: Karmesin n., nicht: karmoisin
(frz. cramoisi, spr. kramoasi); Karmin,
Kat. 46³⁵, vgl. Kermes. — Karnage (frz.,
spr. =asch) f. — Karneol, Karniol (it.) m.
— Karneval (it., spr. =wál) m.: besser als
in unnöthiger Doppelentlehnung (II 209)
nach dem Frz.: Karnaval c. — Karnies m.,
n.: Umformung aus frz. corniche (spr.
kornisch). — karnivor (lat., spr. =wör) a. —
Karo (it.) m.: z. B. als Hundename, vgl.
Karreau; Karre. — Karolin m.: eine Goldmünze (auch Karlin m., Karoline f.); Karolina, Landschaft in Nordamerika, vgl.
(mit engl. Ausspr.): Carolina (spr. kärro-
leina), z. B. Nordkarolina u. Northcarolina
c.; Karoline f., als weiblicher Name zu
Karl (auch Karolina, verkürzt: Lina, Line,
Linchen, vgl. Charlotte); ferner als Billard-
ball; s. auch Karolin c.; Karolinger m. —
Karonade; Karosse: s. Karro c. — Karotte
(frz.) f.: II 212 ff. — Karoussell: s. Karroussel. — Kar(=)pfen m.: Kat. 67²⁹; II 176.
Karrara: karrarisch a. — Karre f.: Karren
m.; karren v.; Kärrner m. c. — Karré
(frz., carré) n.: nicht mit Qu im Anlaut.
II 5; 77; Karreau (carreau, spr. karó) n.,
Mz.: Karreaux, — auch oft in trochäischer
Ausspr. u. dann zu schreiben: das Karo,
die Karos, vgl. adjektivisch kariert, der
Ausspr. gemäßer als karriert (frz. carré);
Karrefour (carrefour, spr. =für) m. — Kar-
rete (it.) f.: Rumpelkutsche c. (vgl. Karre c.);
Karrière (frz.) f.: II 115, aber (II 105)
z. B.: en pleine carrière (spr. ang plähn
karrjär), nicht gut — wie vor einem masc.
—: im (vollen) Karrière ob. gar: en plein
[spr. pläng] carrière c.; Karriol m., n.,
Karriole. f. (carriole), karriolen v. (versch.
karjöhlen); Kärrner m. s. Karre; Karro (it.)
m., auch = Fuder c. — Karrouade (frz.)
f.: besser mit doppeltem r als mit einfachem
(nach Carren in Schottland). — Karroo
(holl., spr. =ü) f.: Steppe des Kaplandes,
auch — in deutscher Schreibweise die Hotten-
tottenwortes — Karu. — Karrosse (frz.
carrosse, m.) f.: besser mit Doppel-r als
mit einfachem, im Zusammenhang mit Karre,
Karriole c.; Karroussel (frz., spr. karussél)
n. ob. — der gewöhnlichen deutschen Ausspr.
gemäß — auch: Karussell. — Kartagena:
II 124. — Kartät(=)sche (it.) f.: im Ge-
schützwesen (versch. Kardätsche), kartätschen v.
— Kartaune f.; Kartause f.: Kartäuser
m. c.; besser mit t als mit th. — Karte f.:
nicht Charte Kat. 79¹⁰; aber z. B.: carte
blanche (frz., spr. tart bláng(ich) II 106. —
Kartell (frz.) n.: II 213. — Kartesianer m.:
kartes(ian)isch a. — Karthago (lat.): Kar-

thag(inién)er m.; karthag(inién)isch a. —
Karthanne; Karthause: s. Kartau c. —
Kartograph (gr.) m. c.: II 88. — Karton
(frz., spr. =óng) m.: II 137; Kartonnage f.
II 131; kartonnieren v. — Karu: s. Karroo.
— Karwoche: s. Kar. — Karyatide (gr.) f.
— Kasade (frz.) f.: II 78 ff, aber: Kaja-
quin (spr. =keng) m. — Kasawaika (slaw.) f.
— laschieren (frz.) v.: vgl. Kachenez.
Kasch(=)mir: Kaschmirshawl c. — Kaschube
m.: s. Kassube. — Käse m.: Kaseïn (nlat.)
II 109. — Kasematte (frz.) f. — Kaserne
(frz.) f. — Kasimir m.: Zeugstoff (vgl.
Kaschmir) — u. (russ.) Vorname. — Ka-
sino (it.) n.: Kasinos pl. — Kas(=)la (lat.):
Name II 126. — Kas(=)lade (frz.) f.: Kas-
katelle (it.) f. — Kas(=)karilla (span., spr.
=ilja): auch in deutscher Ausspr.: Kaskarill(e).
— Kas(=)kett (frz.) n.: aber: Kasquet (spr.
kaskē) m., n. II 79; 211. — Ka(=)spar m.,
auch Kasper, Kasperle c. II 159. — ka(=)spisch a.
— Kas(=)quet: s. Kaskett. — Kassia (it.) f.:
Kasse. — Kassander (gr.) m.: Kassan(=)dra f.
— Kassation (lat.) f.: Kassationshof m. c.
— Kassawa f.: Kassawamehl c. — Kas(=)sel:
II 129: Kas(=)seler, Kas-ler m. — Kasserole
(frz., spr. =óll) f.: auch (II 213) der Ausspr.
gemäß: Kasserolle f., Kasserell n., minder
gut: Ka(=)strolle. — Kassette (frz.) f. —
Kassier (it.) m.: Kassierer m.; kassieren v.
(einkassieren), — versch. (lat.) = ungültig
erklären, des Amts entsetzen. — Kassiopea
(gr.) f. — Kassiteriden (gr.) pl. — Kasso-
nade (frz.) f. — Kassube m.: ob. Kaschube;
kassubisch a. — Ka(=)sta(=)guette (frz., spr.
=anj=) f. II 185. — Ka(=)stilia (gr.) f.:
Kastaliens ob. kastalischer Quell. — Ka-
stanie (gr.=lat.) f. — Ka(=)ste (span.) f.:
Kastengeist c. — ka(=)steien (lat.) v. —
Ka(=)stel: Stadt bei Mainz c. — Ka(=)stell
(lat.) n.: auch als Städtenamen (in Unter-
franken): Kastellan m. c. — Ka(=)sten m.:
vgl. Kaste. — Kastilien: Kastilier m. c. —
Kastor (gr.) m.: Kastoreum II 115. — Ka-
strat (lat.) m.: ka(=)strieren v. II 156. —
Ka(=)strolle: s. Kasserole II 155. — Kasuar
(malaiisch) m. — Kasuistik (nlat.) f. c.:
Kasus (lat.) m., aber z. B.: casus belli;
casus nominativus c. II 77 ff.. — Kata-
chrese (gr.) a.: kata(=)chrestisch a. II 237. —
katach(=)thonisch (gr.) a.: ebd. — Katafalk
(frz.) m. II 78. — Kateg(=)ma (gr.) u. —
Kata(=)llys(=)mus (gr.) m. II 162; 187. —
Katakombe (it.) f. — Katalog (gr.) m.:
katalog(is)ieren v. — Katalonien. — Kata-
phrakt (gr.) m. — Kata(=)plas(=)ma (gr.) n.
— kata(=)pyktisch (gr.) a. — Kata(=)ptosis
(gr.) f. — Katapult (gr.=lat.) m. — Kata-
rakt (gr.=lat.) m. II 237. — Katarrh (gr.)
m.: katar(=)rhalisch a. c. II 237. — Katas-
chesis (gr.) f. — Kata(=)ster (it.) n., m.:

kata(=)ſtrieren v.; Kata(=)ſtrum (mlat.) n. —
Kata(=)ſtrophe (gr.) f. — Kate f.: ſ. Kathe.
— Katecheſe (gr.) f.: Katechet m. ꝛc.; ka=
techiſieren v. ꝛc.; Katechis(=)mus m. ꝛc. —
Katechin (ſpr. =ſchü, ſchü) n.: ſ. Kachou.
Katechumen (gr., ⌣⌣⌣—) m.: Katechumenen
pl., vgl. Katecheſe ꝛc. — Kategorie (gr.) f.:
kategoriſch a. — lat' Epochen (gr.) = vor=
zugsweiſe (κατ’ ἐξοχήν II 205). — Katharer
(gr.) f.— Kathäreſiδ (gr.) f.: Kathäretikum n.
— Katharina (gr.) f.: Katharine, verkürzt:
Käthe, Käthchen, Trine ꝛc.; Katharſis f.:
Kathartikum n. — Kathe f.: Tagelöhner=
wohnung ꝛc.: Käth(e)ner, Käther m. (Kat.
59⁶), vgl. Koth 2. — Katheder (gr.) m., n.:
Lehrſtuhl (verſch.: Katheter); Kathedrale f.
— Kathete (gr.) f. — Katheter (gr.) m.:
wundärztl. Werkzeug (verſch.: Katheder);
katheteriſieren v. — Käthner m.: ſ. Kathe.
— Katholik (gr.) m.: katholiſch a. ꝛc. —
Katilina (lat.) m.: katilinariſch a. — Kato
(lat.) m.: katoniſch a. — Katop(=)trik (gr.) f.
— Kattun (ar.) m.: Kat. 40²⁴; kattunen a.
— Katull (lat.) m.: katulliſch a.; Katullus
m., mit dem Ton auf der 2. Silbe, verſch.:
Katulus m., mit dem Ton auf der 1. Silbe.
— kanderwälſch a.: Kat. 30²; Kauderwälſch
n. ꝛc. — kaudiniſch (lat.) — kanſen v.:
Kauffahrer m. (nicht: Kauffahrer I 6);
Kauffahrteiſchiff n. ꝛc.; Kauſier m. — Kau=
laſien (gr.): Kaukaſier m. II 120 ꝛc. — Kaul=
quappe f. II 223. — Kauſalne(=)rus (lat.)
m. ꝛc. — Kauſerie (frz., ſpr. koſeri) f.:
Kauſeur (ſpr. =ör) m.; Kauſeuſe (ſpr. =ös) f.)
— Kau(=)ſtik (gr.) f.: kauſtiſch a. — Kautel
(lat., ⌣—) f.: Kautelen pl.; kautelös a.
II 139. — Kauteriſation (mlat.) f.: kaute=
riſieren v. — Kaution (lat.) f. — kantſchen
v.: in der Papierfabrik. — Kautſchuk (ſüd=
amer.) n.: vgl. II 95; 214): Kautſchin n.;
kautſchutieren v. — Kauz m.: Käuze pl.;
kauzen v. ꝛc. — Kavalier (it. ꝛc., ſpr. ka=
walir) m.: aber (II 105) z. B.: cavaliere
serviente (ſpr. kawaljēre ſerwiénte) m. ꝛc.;
cavalier d'honneur (frz., ſpr. kawaljé donnör)
m., wie auch cavalièrement (frz., ſpr. ka=
waljäremáng) adv. ꝛc.; Kavalkade f.; Ka=
vallerie (frz. cavalerie, it. cavalleria) f.;
Kavalleriſt m. — Kavatine (it., ſpr. kaw=) f.
— Kavent (lat., ſpr. kawént) m.: Kavet
(⌣—) n. — kavernöδ (lat., ſpr. kawr=) a.;
Kaviar (tatar., ſpr. käw=) m.: Kat. 66¹⁰. —
kavieren (frz., ſpr. kaw=) v. — Kaviller m.:
ſ. Kafiller. — kavillieren (lat., ſpr. kaw=) v.;
Kavillation f. ꝛc. — Kawaß (türk., ⌣—) m.
— Kawi (ſkr.): Kawiſprache f. — Kayenne:
ſ. Cayenne. — Kaiſter (gr., 3ſilbig) m.
II 109; 124, vgl. Taygetus ꝛc. — Kaza=
waika: ſ. Kaſawaika. — Kazike (ſüdamer.) m.
Keb(=)ſe f.: Kebs(=)ehe f.; Kebsweib n. ꝛc.
— Kedivæ (türk.) m.: beſſer als Khedive. —

Keepſake (engl., ſpr. lihpſек) n. — Kehle f.
— Kehr f.: kehren v.; als ſubſtant. Imper.
(II 15 ff) z. B.: Kehrt machen; Kehrab m.:
Kehraus m.; Kehrum m.; Kehrwieder m.;
der Kehr=dich=an=Nichts I 22 u. ſ. w.; Keh=
richt n., m. Kat. 87¹⁶ ff. — keichen v.:
Keichhuſten m. ꝛc.; üblicher als mit eu Kat.
21⁴ ff. — Keiler m.: Wildſchwein (beſſer
als Keuler) ebb. — kein pron. indef.: (vgl.
ben Ggſt. ein) kein Menſch ob. Keiner an=
ders (adv. ob. ſonſt); kein Anderer (ſ. d.);
keiner von den (ob. der) Menſchen; der
Menſchen keiner: keins von ben Thieren;
keins der Thiere; der Thiere keins ꝛc. II 18;
in keinem Fall, keinesfalls ob. keinenfalls
adv. I 80; (zu) keiner Zeit I 113; keinmal
adv. I 91 ff, aber z. B.: kein einziges Mal
ꝛc.; keinerlei adj. indeclin. I 89; keines=
wegs adv. I 105. — Kelch m.: in ben
Kelchen ꝛc., verſch.: Kellchen, Verkl. v.
Kelle f. — Keller m.: Kellner m. (verſch.
Kölner). — Kelp (engl.) m.: Seetang=Aſche.
— Kelt m.: ſ. Celt: Kelte m.; keltiſch a. —
Kelter f. (m.): verſch. kälter (v. kalt): kel=
tern v. — Kem(e)nate (mlat.) f. — kennen
v.: Impf.: kannte (ſ. d.), Konj.: kenn(e)te.
Kat. 26³⁴ ꝛc.; kenntlich a., Kenntnis f. 37³³;
72³³. — lentern a.: ſ. Kante. — Keper:
ſ. Köper. — Kephas (hebr.) m. = Petrus:
kephiſch a. — Keramentit (gr.) f. ꝛc. —
Kerb m.: Kerbe f., kerben v.; Kerbling m.;
Kerbthier n. ob. Kerf m., Kerfe f. — Kerbel
m. — Kerl m. — Kermes (ar.) m., n.:
Kermesbeeren ꝛc. — Kern m.: kernhaft,
kernig a., vgl. körnig. — Kerner m.: (mund=
artl.) Beinhaus (beſſer als Gerner). —
Keſcher m.: Hamen, Beutelnetz, auch:
Ketſcher; Keſſer; keſchern (ketſchern, keſſern)
v. — Kette f. — Ketzer m. — keuchen
v.: ſ. keichen. — Keuler m.: ſ. Keiler. —
Keuper m.: Keuperformation ꝛc. — keuſch
a.: Keuſch=Lamm n. (deutlicher u. beſſer als
Keuſchlamm II 74).

Khalif ꝛc.: beſſer Chalif (ſ. d.) ob. Kalif
u. ſ. w.

Kibitke (ruſſ.) f. — Kibitz: ſ. Kiebitz. —
Kick m.: Kicks m. (Fehlſtoß im Billard). —
Kidderminſter (engl.): Kidderminſterteppich
m. — Kiebitz m.: Kiebitz=Ei I 13. — Kieser
m. u. f. — Kiele f. — Kiel=in=die=Welt
m.: ſ. guden. — Kiel m.: kielholen v.;
Kielkropf m. (mißförmiger Wechſelbalg), kiel=
kröpfig a. ꝛc. — Kieme f. — Kien m. —
Kieπe f. — Kies m.: Kieſel m., Kieſelgur f.
(ſ. Gur). — kieſen v.: ſ. erkieſen. — Kiew:
in Rußland (2ſilbig) II 118. — Kiez (wend.
ꝛc.) m.: Fiſcherquartier: Kiezer m. ꝛc., vgl.
auch Kitz. — Kikelfakel: ſ. fakeln. — kik(e)=
riki! interj.: Nachahmung des Hahnen=
krähens: Kik(e)riki n. u. — m. (=Hahn). —
Kilikien (gr.) n.: Cilicien. — Kilo (gr.=frz.)

m., n.:=Kilogramm m., s. Kiloliter m., n.;
Kilometer m., n.: Kilester m., n., vgl. Centi ꝛc.
— Kilt (schott.) m. — Kimelien; Kimerien
ꝛc.: s. Cim ꝛc. — Kind n.: an Kindes Statt
(s. anstatt); von Kindesbeinen an ꝛc.; kinder-
liebend a. I 37. — Kin(=)dschal (türk.) m.:
Dolch II 169. — Kind(=)schaft f. — King
(engl.) m.: King-Charles (spr. dschärls) m.;
King's Bench (spr. bentsch) n., f. ꝛc. —
Kinil (türk.) m.: des Kios(=)tes, die Kios(=)te
II 162. — Kips m.: Kip(=)se pl. — Kir-
mes f.: Kirms f. (aus Kirchmesse II 143),
pl.: Kirmesse, Kirmse. — Kissen m.: unter-
schieben v. küssen. Kat. 32¹³. — Kitt m.:
kitten n. — Kitz n., m.: Kitze f., Kitzlein
n. ꝛc.=Kätzchen, Zicklein ꝛc.: kitze(l)n v. —
Kit(=)zel m.: titzeln v.; kit(=)zelig, kit(=)lig a.
Kat. 85³⁴; II 202. — Kiwi m.: neusee-
ländischer Vogel. — Kix: s. Kicks.

Kjöttenmöddinger (dän.) pl.

Kl: vgl. Cl. — klad! interj.: klads! —;
Klack(s) m.; klad(s)en v.; Klacke f. (frz.
claque, s. chapeau, vgl. Klike, Klaqueur
II 78 ff). — Kladde f.: II 222. — kladde-
radatsch! interj.: II 222; 223: Kladdera-
datsch m. — klaffen v.: klüffen v., Klaffer,
Kläffer m. — Klafter m., f., n.: klafter-
weise a. I 106; klafterig a.; klaftern v. —
Klage f.: Klagegedicht, Klagegesang, Klage-
geschrei ꝛc., in der Prosa vorzuziehen dem
Klaggedicht ꝛc. — Klair=obscur (frz., spr.
klärebstür) n.: besser: clair-obscur (s. d.);
Klairveyante (spr. klährveajängt') f. ꝛc. —
klamm a.: er=, entklammen v. — Klan
(engl., clan) m.: Klane, Klans pl.; klanisch
a. (clanish), Klanschaft f. (clanship). —
klapp! interj.: Klapp m., Kläppchen n.;
Klappe f.: Klapper f.; klapp(e)rig a.; klappern v., Kläppern v.; Klapp(=)hanbschuh m.,
Klapp(=)horn n., Klapp(=)hut m. II 110;
Klapp-Pantoffel I 17; Kat. 37⁸ ꝛc.; Klaps
m. Kat. 38⁶, Kläps(=)chen n.; klap(=)sen v.,
(du), er, ihr klapst; Impf.: klapste. —
Klaqueur (frz., spr. klaköhr) m.: s. Klade.
klar a.: in klar= u. trüben Tagen I 30;
klar machen ꝛc.; im Klaren sein; ins Klare
— kommen, bringen, setzen ꝛc.; Klara (lat.) f.,
Klärchen n.; klären v.; Klarheit f.; klarieren
v.; klarificieren v. (II 211),
Klarinette f.; Klarisse f.; klärlich a. —
Klasse (lat.) f.: Klassicität f.; klassificieren
v., Klassifikation f.; Klassiker m.; klassisch a.
— Klatsch m.: auch interj.; Klatsche f.;
klätscheln (=) v.; klatschen v.; Klatsch(=)schwester f.
II 170 ꝛc. — Klaudia (lat.) f.: Klaubian(us)
m.; Klaubius m. II 126, aber z. B. als
beutscher Familienname Claudius 127; Kat.
90⁹. — Klaus m.: s. Nikelaus. II 114. —
Klause (lat.) f.: Klausel f.; klausen v.;
Klausner, Kläusner m.; klau(=)surieren v.;
Klau(=)strum n.: Klausula f. aber (II 105),

z. B.: causula codicillaris ꝛc.; (ver)klau-
sulieren v.; Klausur f. — Klaves (lat.,
spr. kläwes): pl. zu Klavis (s. d.): Klaviatur
f.; Klavier n. (Kat. 46¹⁴; 89²⁰); Klavis f. —
Kleberich m.: Kat. 46³; kleberig a. 84³². —
Kleck m.; klecken v., du kleckst (s. n., s. d);
Klecks m.; Klecks(=)chen n.; kleckfen v., du,
er, ihr kleckst (s. v., vgl. du kleckfest; er, ihr
kleckst), Impf.: kleckste ꝛc. II 72; 146; 224.
— Kledage: s. Kleibage. — Klee m.: des
Klees (2silbig) od. Klees (einsilbig), Klee-
Ernte II 109: Kat. 45¹⁶ ꝛc. — Kleid n.:
Kleidage, Kledage (spr. =äsche) f. II 132;
Kleider=Haft m. II 136. — klein a.: s. groß;
ferner z. B.: von klein auf II 22 ꝛc.; der,
die, das Kleine; etwas Kleines; um (über)
ein Kleines; bei Kleinem; im Kleinen; bis
ins Kleinste ꝛc.; das Klein (Gänseklein ꝛc.;
Kohlenklein ꝛc.); zum kleinern Theil ob.
kleinerntheils; kleinstentheils ꝛc. — Kleinod
n.: Kleinode u. Kleinodien II 117. — Kle-
mens (lat., _ ˘) m.: Klementine f.; Klemenz
f. (˘ _) II 80. — Klemp(=)ner m. ꝛc. —
Kleopa(=)tra (gr.) f.: II 124 ꝛc. — Klephthe
(ngr.) m. — Klepper m. — Klep(=)selaum
(gr.) n.: II 114; Klep(=)sy(=)bra f. — klerikal
(lat.) a.: Kleriker m.; Kleritus m. (des,
die Klerici II 81) Klerisei f.; Klerus m. —
Klette f. — Klev (spr. kläwe): in Westfalen II 77. — Kliché (frz. cliché, spr.
klische) n.: Kat. 89²¹; klichieren v. — Klide
(frz. clique) f.: II 78 (vgl. Klade): Kliden-
thum ꝛc.; Klide(=)kratie f.; Kliquier (spr.
klidsé, unirz.) m. ꝛc. — Klient (lat.) m.:
II 115; Klientel f.; Klientschaft f. ꝛc. —
Klima (gr.) n.: klimatisch a. — klimakterisch
(gr.) a.: Klimax f., m., Klima(=)re pl. —
klimmen v.: vergl. glimmen (s. d.). —
klimpern v.: ich klimp(=)re; klimp(=)rig a. ꝛc.
II 189; 191; 192. — Klinik (gr.) f.: Kli-
nitum n.; klinisch a. — Klinke f.: Thür-
klinke (vgl. einklinken). — Klinze f.: Spalt
ꝛc., üblicher als Klinse. — Klio (gr.) f. —
Klipper (engl.) m.: Klipperschiff n. — Kliquier (spr. klidje) m.: s. Klide, vgl. Cliquet.
— Kli(=)sthenes (gr.) m. II 156. — kli-
schig: s. glitschig. — Kloake (lat.) f.:
Kloaken-Dung m. I 15. — Klode f.: s.
Glocke. — klöhnen (mundartl.) v.: schwatzen
ꝛc. — klonisch (gr.) a. — Klöpsel v.: s.
Klöppel; klopfen v.; Klopffechter m. ꝛc.;
Klöppel m.; klöppeln v.; Klöpp(=)lerin f. ꝛc.;
Klops m. (mit einfachem, nicht mit Dop-
pel=p, vgl. Klaps, Kat. 38⁶). — Klopstod:
Klopsto(=)deus (II 23), Klopsted's, die Klop-
stod'schen Gedichte ꝛc. — Klosett (engl. closet,
spr. klösitt) n.: II 211 ff. — Klo(=)ster n.:
Klöster pl.; Kloster-Ei n. (I 14); Klösterei
f.; klösterlich a. ꝛc. — Kloß m.: Klöße pl. ꝛc.
— Klothilde f.: s. Chlothilde, vgl. Mathilde
ꝛc. II 86. — Klotho (gr.) f. — Klown

(engl. clown, ſpr. klaun) m. — **Klubb** (ſpr. klupp, engl. club, ſpr. klöbb) m.: Klubbs pl.; Klübbchen n. ꝛc.; Klubbiſt m. — **Kluppe** f.: Klüppchen n. — **Klüver** (ſpr. klüwer) n.: Klüverbaum ꝛc. — **Klymene** (gr.) f.: weibl. Name. — **Klyſopompe** (gr.=frz., ſpr. kliſopóngp) f.; Kly(=)ſtier (gr.) n., klyſtieren v. — **Klytäm(=)ne(=)ſtra** (gr.) f.: II 156; 189. k(=)n: II 187. — **Knabbern** v.: II 221. — **Knabe** m.: Knäbchen (ſpr. knäpchen), Knäblein (ſpr. knäplein) u. Knäb'(=)lein (mit weichem b) II 178; 218 ſſ. — knacks! interj.: II 95: knad(=)ſen v., vgl. knids. — **Knagge** (niederb.) f.: Knaggen ꝛc., (zu)knaggen v. ꝛc. II 223. — **Knallen** v.: Knallgas ob. Knall-Luft I 17. — **knapp** a.: verſch.: Knapp(e) m. II 223 nebſt Knappſchaft ꝛc.; Superl.: (der) knappſte, verſch., Impf. v. knapſen (ſ. u.) II 153; Knapp(=)heit II 110 ſſ, — vgl. auch; knapp! interj. (entſprechend: knipp!), knaps! (entſprechend knips, vgl. Kat. 36¹¹): (ab)knappen, (ab)knapſen, Impf.: knapſte (ſ. o.). — **Knarren** v.: knarſch! vgl. knirren v., knirſchen v. ꝛc.; knarzen v. Kat. 38⁷. — **Knäs**: ſ. Knes. — **Knaſter** m.: ſ. Kanaſter; auch = Knaſt (v. Perſonen). — **Knau(e)l** m., n.: Knäuel. Kat. 32³⁴. knaut(=)ſchen v.: Impf.: knantſch(=)te; knautſchig a. II 168. — **Knebel** m. — **Knees**: ſ. Knes. — **Kneipe** (lat.) m. — **Kneller** m.: ſtinkender Rauchtaback: knellern v. — **Knes** (ſlaw.) m.: Fürſt ꝛc., beſſer als Knees, Knäs. — **Knickerbocker** (engl., ſpr. nicker ꝛc.) m. knids! interj.: Knids m.; knid(=)ſen v. II 95, ſ. d. — **knidiſch**, **Knidos** ꝛc.: ſ. Gnidos. — **Knie** n.: (des) Kniees (2ſilbig), Knies (1ſilbig); Knie(e) pl.; knie(e)n v. ꝛc. — **Knight** (engl., ſpr. neit) m. — knipp! interj.: **Knipp** chen n.; knippen v.; Knippſcheere f. ꝛc.; knips! interj., knipſen v. ꝛc. ſ. knapp. — **Knirps** m.: Knirps(=)chen n.; knirp(=)ſig a. — knirren v.: knirſchen v., ſ. knarren. — **Knittel** ꝛc.: ſ. Knüttel. — **Knitter** m.: knitterig a.; (zer)knittern v. ꝛc. — **Knöbel**: ſ. Knebel. — **Knob(=)lauch** m.: Iſſhg. v. Lauch, alſo in der Schrift nicht mit der Silbenbrechung: Kno=blauch II 227; — auch Knobel. — **Knöchel** m.: knöcheln v.; Knochen m.; knöcherich(t) a. — **Knode** f.: knocken v. **Knods** m.: Knuff, ſ. d. — **Knorpel** m.: knerpelig a. Kat. 85²⁶, verſch.: knorpelicht a. Kat. 87⁸. — **Knorr** m.: Knorren m.; knorz m. Kat. 136⁹, knorzig a. — **Kno(=)ſpe** f.: Knöſp(=)chen v., kno(=)ſpen v. ꝛc. II 144; 158. — **Kno(ſ)(=)ſus** (gr.): auf Kreta. II 129. — **Knöt(e)rich** m. Kat. 85³. — **Knownothing** (engl., ſpr. nonödhing) m. — **Knubben** m.: II221; knubbiga ꝛc.; knubbern v., vgl. knabbern. — knuu(=)ſperig a.: knu(=)ſpern v. II 144; 158. — **Knüttel** m.: nicht Knittel (vgl. Knüppel): Knüttelvers ꝛc. — **Knütten** (niederb.) v.: ſtricken. —

Koacervation (lat., ſpr. =wazjön) f.: koacervieren v. — **Koadjutor** (lat.) m.: Kat. 89²². — **koagulieren** (lat.) v. ꝛc. — **Koalé**: ſ. Kohl. — **Koales(=)cenz** (lat.) f.: Koalition f. ꝛc. — **koätau** (lat.) a.: Koätan, Koätanéus m. II 115, Mz.: Koätanéen 114. — **Koating** (engl., ſpr. kot ꝛc.) m. — **koäv** (lat.) a.: die Koäven (ſpr. =äwen) ꝛc. — **koar!** interj.: Koar n.; koaren v. = quak(ſ)en II 224. — **Kobalt** m., n.: Kobalterz n. ꝛc. — **Ko(=)blenz**: am Rhein II 77. — **Kobold** m.: (—◡) Erbgeiſt ꝛc.; Kobold (◡—) ſchießen, kobolden v., kobolzen (kabolzen) v.) v. — **Koburg**: in Franken. — **Koccinſäure** (nlat., ſpr. kozin) f. — **Kocculin** (nlat.) n.: vgl. Kockelskörner. — **Koccum** (lat.) n.: Koccus m. — Ko(=)chel (ar.) m.: Augenſchminke der Orientalinnen, auch: Koh(e)l, Kohol ꝛc. — **Kochenille** (frz., ſpr. koſchenilj') f. — **Kö(=)cher** m. — **Kochinchina**: in Hinterindien (beſſer nach deutſcher als nach engl. Weiſe ausgeſprochen) Kochinchinahuhn ꝛc. — **Kochon** (frz., ſpr. koſchóng) n.: Kochonnerie (ſpr. koſchonneri) f. — **Kockelskörner** pl. — **Kocyt** (gr., ◡—) m.: Kocytus (Kokytos) m.; kocytiſch a. — **Koda** (it., coda) f. — **Kode** (frz., ſpr. kod') m. = Koder (ſ. d.), doch (II 105) z. B.: code civil; code Napoléon ꝛc. — **Kodein** (nlat.) n.: II 109. — **Köder** m.: ködern v. — **Kodex** (lat.) m.: Kodices pl., aber (II 105), z. B.: codex rescriptus ꝛc.; codex Justianéus ꝛc. (vgl. Kode); — Kobicill n., kobicillariſch a.; kobificieren v. ꝛc. — **Kodille** (ſpan., ſpr. =dilj) f. — **Ko(=)dride** (gr.) m.: Ko(=)drus m. — **Koeffcur** (frz.) m.: ſ. Koiffeur. — **Koefficiént** (lat.) m.: II 117. — **koercibel** (nlat.) a.: Koercibilität f. ꝛc.; Koercitivkraft f. ꝛc. — **Koeur** (frz., ſpr. kör) n.: Koeurkönig ꝛc.; aber (II 105) z. B.: de bon coeur ꝛc. — **koexiſtent** (lat.) a.: Koexiſtenz f.; koexiſtieren v. ꝛc. — **Kofent**: ſ. Kovent. — **Koffein**: ſ. Kaffein. — **Koffer** (frz. coffre) m.: Köfferchen n.; Kofferträger m. ꝛc. — **Kog** m.: (niederb.) eingedeichtes Vorland, Mz.: Köge (beſſer als Koog, Kat. 45³⁰ ff). — **Kogitation** (lat.) f.: kogitieren v., aber (II 105) z. B.: Cogito, ergo sum ꝛc. — **Ko(=)gnat** (frz. cognac) m. II 185. — **Kog(=)nat** (lat., ◡—) m.: II 186; Kognation f.; Kog(=)natſchaft f. — **Kog(=)nition** (lat.) f.: II 186. — **Kog=nomen** (lat.) n.: ebb. ꝛc. — **kohärent** (lat.) a.: kohärieren v.; Kohäſion f.; kohäſiv a. — **Kohel** m.: ſ. Kochel. — **koheredieren** (lat.) v.: Koheres m. — **kohibieren** (lat.) v.: Kohibition f. — **Kohinur** (ar.) m.: Name eines großen Diamanten. — **Kohk** (engl. coke) m., n., ſ.: gewöhnlich Mz.: Kohks (beſſer als Kokes u. falſch Koaks ꝛc.); verkohken v. — **Kohl** m.: Kohlrübe f. oder Kohlrabi (it.) m. ꝛc.; ſ. auch Kochel. — **Kohle** f.: Kohlenbrenner m.,

Kohlensäure f.; kohlschwarz a. :c.; Köhler m. :c. — **kohobieren** (frz.) v. :c. — **Kohol:** s. Kochel, vgl. Alkohol. — **Kohorte** (lat.) f. — **Koiffeur** (frz. coiffeur, spr. toafför) m.: Koiffeuse (spr. =öse) f.; koiffieren v.; Keiffure (spr. =üre) f. II 204. — **(auf)koilen** (engl. coil up): seemännisch = aufschieren. — **Koiloma** (gr.) m.: Koilome(=)trie f. :c. — **Koïmbra:** in Portugal II 109; 124. — **koïncident** (nlat.) a.: Keïncidenz f., koïncidieren v. II 109. — **Koinologie** (gr.) f. — **Koïnspektor** (nlat.) m.: koinspicieren v. II 109. — **koinvestieren** (nlat., spr. =west) v.: Koïnvestitur f. — **Koion:** s. Knjon. — **koisch** (gr.) a.: v. der Insel Kos. II 109. — **Koite** f.: (veraltet) münstersches Bier. — **Koition** (lat.) f.: Koïtus m. — **Koje** (niederd.) f.: Kat. 18^70; 80^6. — **Kojote** (span. coyote) m. — **Kotagne** (frz., spr. =anj) f.: aber (II 105) z. B. pays de cocagne :c. — **Kokarde** (frz.) f. — **Kofe:** s. Kohl. — **kokelilot:** s. koquelitot. — **kokett** (frz.) a.: II 78; 212 ff: Kokette f.; Koketterie f., aber: koketieren v. 212 (coqueter). — **Koko** (frz.) n.: Kokoverkäufer, aber (II 105), z. B.: marchand de coco. — **Kokon** (frz., spr. =ong) m. — **Kokos** f.: Kokosnuß, Kotusnuß f. :c. — **Kolotte** (frz.) f.: Kokotterie f. :c. — **Koktion** (lat.) f.: Koktur f. — **Kolus:** s. Kokos. — **Kokytns** (gr.) m.: s. Kocyt'us). — **Kolation** (lat.) f.: Filtrierung, versch.: Kollation. — **Kolberg:** II 77. — **Koleop(=)teren** (gr.) pl.: II 195. — **Koli(=)bri** m.: Kolibris pl., Kat. 124^9. — **Kolit** (gr.) f. — **Kolisceum:** s. Kolessenm. — **Kollothar** m., n. — **Kol=t** :c.: in zahllosen lat. u. roman. Zsstzgn. Kat. 41^4; II 238, vgl. kom=b :c., kom=m :c., kom=p :c.; kon=:c.; fer=r :c. — **Kollation** (frz.) f. (versch. Kolation), z. B. = Imbiß; Vergleichung :c.: kollationieren v. — **kollé** (frz.) adv.: im Billard: Kolléball :c., vergl.: Kollett. — **Kolleg** (lat., spr. =lēg) n.: = Kollegium (s. u.); Kollege m., versch.: Kollége (frz., spr. =léßh) n., wie college (engl., spr. kóllebsh) n.; kollegialisch a. :c.; Kollegien pl. zu Kollegium II 117, versch.: Kollégien (frz. collégien) = Gymnasiast :c.; Kollegium n. — **Kollek(=)tanéen** (lat.) pl.: II 95; 114; 118; Kollekteur (frz., spr. =ör) m. II 130; kollektiv a. :c., s. io. — **Koller** m.: Gehirnkrankheit v. Pferden :c. — u. (minder gut: Goller) n., m. = Wams :c., vgl.: Kollerett (frz.) n.; Kollett n. II 211, vgl. in der Volkspr.: Einen tolle schleppen :c. (nach frz. saisir :c. au collet, spr. tollé). — **Kolli** n.: des, die Kollis, s. Kollo. — **kollidieren** (lat.) v.: Kollision f. — **Kollier** (frz., collier, spr. tolljé) n. — **Kollin:** Stadt in Böhmen II 77 (vgl. Collin als Personennamen). — **Kollo** (it., collo) m., n.: Mz.: Kolli (s. b.). — **Kollodium** (gr.) n.:

Kolloïd n. II 109; kolloïdal a. :c. — **kollocieren** (lat.) v.: Kollokation f. — **Kollolution** (lat.) f.: Kolloquien pl. v. Kolloquium II 119, kolloquieren v. — **Kollyrium** (gr.) n.: Mz.: Kollyrien. — **Kolmar:** Stadt II 77. — **Köln:** ebb.: kölnisch a.; Kölner m. (auch, wie Kölner, = Kolonus, s. d., Großbauer). — **Kolon** (gr., =u) n.: Mz.: Kolons, Kola; s. auch das Folg. — **Kolonat** (lat.) m. n.: Stand=, Gut = eines Kolonen, s. Kolonus, — versch.: Kolonnate. — **Kolonell** (frz colonel) II 213. — **kolonial** (lat.) a.: Kolonialwaaren pl. :c.; Kolonie f., Mz.: Kolonie(e)n; kolonisieren v.; Kolonist m. :c. — **Kolonnade** (frz.) f.: Kolonnate (it.) m., Kolonnato m. (Mz.: Kolonnati) = Säulenpiaster (versch.: Kolonat); Kolonne (frz.) f., vgl. Kolumne. — **Kolonus** (lat., =u) m.: auch Kolon(e) m., mit betonter 2. Silbe = Kölner, s. Kolonat. — **Kolophon** (gr.): II 124; Kolophonium n. — **Koloquinte** (gr.) f. — **Koloratur** (it.) f.: kolorieren v.; Kolorit m.; kolorit n. — **Koloß** (gr.) m.: kolossal(isch) a.; Kolosseum n. II 115, üblicher als Koliseum (it. coliseo, frz. colisée). — **Kolportage** (frz., spr. =āßhe) f.: Kolporteur (spr. =tör) m.; kolportieren v. II 130; 131. vgl. Kolonne. — **Kolumne** (lat.) f.: II 189, vgl. Kolonne. — **Kombattant** (frz.) m. II 67. — **Komfort** (engl., comfort, spr. kömmfort, vgl. frz. confort, spr. kongför) m.: Behaglichkeit :c. (vgl. Konfort); komfortabel n., am füglichsten im deutschen Aussspr. =u=u (vgl. frz. lengfortäb'l u. engl. kömförtäb'l) auch: Komfortable m. = **komisch** (gr.) a.: am komischten :c. (s. isch). — **Komité** (frz., u=u=) n. (m.): vgl. Kommitte (u=u=, committee, engl.) f. Kat. 41^10 ff. — **Komitien** (lat.); pl. zu Komitium = Komitia. II 121. — **komitieren** (lat.) v.: das Komitat (Geleit) geben, — versch.: kommitieren. — **kom=m:c.:** s. kol=t:c. — **Komma** (gr.) n.: Mz.: Kommas, Kommata. — **Kommandant** (it.) m. II 67: Kommandement (frz., spr. =angdemáng) n.: Kommandeur (frz., spr. =angdör) m. II 130; kommandieren v.; Kommandite f.; Kommando n. :c. — **kommen** v.: du kommst, kommst (versch. Komst), aber nur (einsilbig) kömmst (Kat. 75^26); er komm(e)t, kömmt (versch.: Komm(e)t n., m.); Impf.: kam (s. b. II 142), käme :c.; der Komm=ich=nicht=heute=so=komm=ich=doch=morgen II 16 ob.: der „Komm ich nicht heut, so komm ich doch morgen" II 59 ff; das Kommende (u=u=), versch.: die Kommende (lat., u=u=, vgl. Komtur. — **kommensurabel** (lat.) a. :c. — **Komment** (frz., comment, spr. kommáng) m.: kommentwidrig a. :c. — **Kommentarien** (lat.): pl. zu Kommentar. — **Komment(h)ur:** s. Komtur. — **Kommerage** (frz., spr. äßh)f.: II 131, v. Kommère (spr. =mär) f. —

kommerçable (frz., spr. =erßäb'l) a.: Kommerce (spr. =erß) m. 2c. (s. u.); kommercieren (spr. =ßiren, s. u.) v.; Kommercium (lat., spr. =erzium) n.: verkürzt: Kommerz (s. u.; II 80); Kommersch n. (II 84; 144, vgl. forsch), kommerschieren v.; Kommerz m. (n., s. o.: Kommerce, Kommercium), Kommerzienrath m. 2c., kommerzial, kommerziéll a. (II 80; 121). — Komm(e)t n., m.: s. Kummet. — Kommilitone (lat.) m. — Kommis (frz., spr. kommū) m.: des, die Kommis (spr. =is), aber (II 105) z. B.: ein commis voyageur (besser freilich deutsch: Handlungsreisender 2c.); Kommiß (lat.), z. B.: Kommißbrot n. 2c.; Kommissar, Kommissärm.II 7,Mz. auch: Kommissarien II 119; Kommission f.,Kommissionärm.II7 2c.; Kommitte f.: s. Komité; Kommittent m.; kommittieren v. (versch.: komitieren). — kommode (frz.) a.: Kommode f.; Kommobität f., Kommobité. — Kommobor (engl. commodore) m. — kommun (lat., ᴗ–) a.: kommunal a., Kommunalabgaben pl. 2c.; Kommüne (frz. II 203 ff) f.; kommunicieren v., Kommunikation f. 2c.; Kommuniqué (frz., spr. kommünikē) n. (II 79; 204); Kommunismus m. 2c. — Kom(=)nenen pl.: II 189. — Komödiant m.: II 65; Komödie (gr.) f. II 117 2c. — kom=p 2c.: s. Koll 2c.; II 190. — Kom(=)pa(=)gnie (frz., spr. kompangji) f.: s. Kompanie; Kompagnon (spr. kompangjöng) m. II 185. — kompakt (lat.) a.: II 95. — Kompan (mlat., ᴗ–) m.: (auch Kumpan); Kompanie f., s. Kompagnie. — Komparation (lat.) f.: aber (II 105) z. B.: tertium comparationis 2c.; Komparativ m. 2c., s. =iv. — Kompaß (mlat.) m.: des Kompasses 2c. Kat. 39¹⁸; II 143. — Kompendien (lat.): pl. zu Kompendium II 117; kompendiös a. II 139. — Kompérage (frz., spr. komperäsch) f. II 131; Kompère (spr. kompär) m. — Kom(=)plaisance (frz., spr. kompläsängß) f.: komplaisant a. II 8; 65; 67; 93; 191. — Kom(=)plement (lat.) n.: (versch. Kompliment): komplementär a.; komplementieren v. (versch.: komplimentieren); komplet (spr. =et) a. od. komplett (spr. =ett) II 211; kompletieren v. II 212. — Komplice (frz., spr. komplíß) m.: komplicieren (lat., in deutscher Aussspr.) v.; Komplikation f. — Kompliment n. 2c.: vgl. Komplement u. compliment (frz.,spr.komplimáng) II 107. — Kom(=)ploteur (frz. spr. komplotör) m.: komplotieren (spr. kong=) v., — aber in deutscher Aussspr.: Komplott 1. II 213. — komponieren (lat.) v.: Komponist m.; Kompositeur (frz., spr. kompositör) m.; Komposition (lat.) f. 2c.; Kompost (ᴗ– ob. –ᴗ) m. (mundartl.: Komst); Kompetier (frz., spr. kompetjē) m., besser als (unfrz.): Kompetière f. II 115; Kompott n. (frz. compote,

spr. kongpōt) II 213. — kom(=)preß (lat.) a.: Kompresse f.; komprimieren v. — Kompromiß (lat.) n., m.: kompromittieren v. — komp(=)tabel (frz. comptable, spr. kongtäb'l) a.: Komptabilität f.; komptant (spr. kongtánt, frz. comptant, spr. kongtáng, vgl. content) a. II 67, besser: kontant (it. contante) a.; Kompte (frz., spr. kongt') m., vgl. (s. II 105) z. B.: compte rendu(spr. =rangbü)2c. u. (it.): Konto (s. b.) n.; Komptoir (frz. comptoir, spr. kongtoär) n., nicht gut: Komtoir, Komtor, aber wohl — der gewöhnl. Aussspr. gemäß —: Kontor n.; Komptorist (frz. comptoriste, spr. kongtorist) m., nicht gut: Kom(p)toirist (mit der Aussspr. kongtoarist), wohl aber: Kontorist. — Komst m.: s. Kompost, versch.: kommst (v. kommen). — Komte (frz. conte, spr. kongt') m.: Komtesse, Komtessin f. — Komto(i)r 2c.: s. Komptoir 2c. — Komtur m.: Komturei f.: nicht mit th, veraltend Kommentur, Kat.58¹². — kon=: s. Koll 2c. II 238. — Konat (lat.) m.: aber (II 105) z. B.: conatus delinquendi 2c. — Koncen(=)trateur (frz., spr. kongßantratör) m. II 130; Koncen(=)tratien (lat.) f.; koncen(=)trieren v.; koncen(=)trisch a. II 81. — Koncept (lat.) n.: v. koncipieren v. — Koncert n.: Koncert-Arien pl., s. Arie; Koncertbillett n.; Koncertpièce f. 2c., aber (II 105) z. B.: concert spirituel (frz., spr. kongßär spiritüéll); de concert 2c.; koncertieren (lat.) v.; Koncertino n., in deutscher Aussspr., aber bei ital. (kontsch=) besser: concertino, eben so: concerto, con-certante 2c. — Koncession (lat.) f.: v. koncedieren; koncessiv a. 2c., s. =iv. — Koncetti pl. (n.): bei ital. Aussspr. (kontsch=) besser: concetti. — Konchoïde (gr.) f.: II 109; Konchylie f. II 118; Konchyliologie f. 2c. — Koncierge (frz., spr. kongßjérsch') m.: Konciergerie f. — Koncil (lat.) n.= Koncilium (lat.), Mz.: Koncilien II 118; Kirchenkoncil n.; ökumenisches Koncil 2c., aber (II 105), z. B.: concilium ecclesiasticum, œcumenicum 2c. — koncinn (lat.) a.: Koncinnität f. 2c. — Koncipiént (lat.) m.: II 119; koncipieren v.; Koncipist m. — koncis (lat.) a.: Koncision f. 2c. — kondem(=)nabel (lat.) a.: II 189; kondem(=)nieren v. 2c. — Kondition (lat.) f.: aber (II 77; 105) z. B.: die conditio sine qua non 2c.; Konditional=satz 2c.; Konditionell m. (aber z. B.: der conditionel présent, frz., spr. kongdißjonéll präsáng 2c.); konditionieren v. 2c. — Konditor (lat., ᴗ–ᴗ) m.: nicht (in vermeinter Etymologie) Kanditor: Konditorei f., versch.: Konditor=Ei n. (s. Ei). — Konbottière (it.) m.: Konbottièri pl. II 121; konbuciereu (lat.) v.; Konbuite (frz., spr. kongbüit) f. 2c.; Konbukt (lat.) m.; Konbukteur (frz., spr. kongbüktör, nicht gut:

kondukto̅r) m.; Konduktor (lat.) m. — **kondyloïdeïsch** (gr.) a.: II 109. — **Konfederatka** (poln.) f.: vgl. Konföd ꝛc. — **Konfekt** (lat.): II 95: Konfektion f. — **konfidentiell**: II 122; Konfidenz (lat.) f. II 80, vgl. (frz.) Konfiance, Konfidence (spr. konfi(d)ängß) f. u. z. B. (II 105): en [spr. ang] confidence ꝛc. — **Konfirmand** (lat.) m.: (s. =and), Konfirmanden pl.; Konfirmation f.; konfirmieren v. — **konfis(=)cieren** (lat.) v.: Konfiskation f. — **Konfiture** (frz., spr. kongfitǖr) f.: Konfiturier (spr. kongfitüḣrjē) m., üblicher: Konfiseur (spr. konfisö̅r) m. — **Kon(=)flikt** m.: II 95. — **kon(=)fluieren** (lat.) v.: Konflux, Konflu(=)xus m. II 225. — **Konföderation** (lat.) f.: konföderieren v., vgl. Konfederatka. — **Konfort** (frz., confort, spr. kongfö̅r) m.: vgl. Komfort. — **Kon(=)frater** (lat.) m.: vgl. Konfrère (frz., spr. kongfrär) m. — **Kon(=)glomerat** (lat.) n. ꝛc. — **Kon(=)greß** (lat.) m. ꝛc. — **König** m. ꝛc.: vgl. Fürst ꝛc.; könig(=)lich a. ꝛc. — **Koni(=)glob** (lat.) m. — **Konjektanēen** (lat.) pl.: II 114; Konjektur f. ꝛc. — **konjugieren** (lat.) v. ꝛc.; konjungieren v.; Konjunk(=)tiv m. ꝛc., s. =iv. — **Kon(=)klave** (lat., spr. =äwe) n. — **Konkordanz** (lat.) f.: Konkordīenformel ꝛc. II 117; konkordieren v. ꝛc. — **Konkres(=)cenz** (lat.) f.: konkret a. ꝛc., aber (II 77; 105) z. B.: in concreto ꝛc. — **Konkubine** (lat.) f.: Kat. 47². — **Konkurrent** (lat.) m.: Konkurrenz f.; Konkurs m. ꝛc. — **Konnaissance** (frz., spr. =äßängß) f.: Konnaisseur (spr. =äßö̅r) m. ꝛc., s. auch Konnossement. — **Konnetabel** (frz.) m. — **konnex** (lat.) a.: Konnex m., des Konnexes ꝛc.; Konnexion f. ꝛc. — **konnivieren** (lat., spr. =wiren) v. ꝛc. — **Konnossement** n.: = connaissement (frz., spr. äßemáng), connoscimento (it., spr. =oschiménto). — **Konnubīen** (lat.): pl. zu Konnubium II 117. — **Konoïd** (gr.) m.: konoïdisch a. II 109. — **Konquérant** (frz., spr. kongkeráng) m.: Konquête (spr. kongkät) f.; Konquistador (span., spr. konkwistado̅r) m. — **Konrad** m.: Konradin (vgl. Kurt, Kuno, Kunz); Konradine f. — **kon(=)scendieren** (lat.) v.: II 163. — **kon(=)scientiös** (lat.) a.: II 115; 139; 163: Konscienz f. ꝛc. — **Konseil** (frz., spr. kongßélj) m.: Konseilspräsident m. ꝛc., aber (II 105) z. B.: président du conseil ꝛc. — **Konse(=)kration** (lat.) f. ꝛc. — **Konsentement** (frz., spr. kongßangtemáng) n.: konsentieren (lat.) v. — **konsequent** (lat.) a.: Konsequenz f., aber (II 105) z. B.: par conséquence (frz., spr. kongsekángß) = per consequentiam (lat.) ꝛc. — **Konservation** (lat., spr. =serw=) f.: konservativ a., s. =iv; Konservator m.; Konservatorium n., Mz.: Konservatorīen II 120; konservieren v. ꝛc., vgl.: Konservateur (frz., kongßerwatö̅r) m.; Konservatoire (spr. =oär) n.; Konserve f. ꝛc. — **Konsig(=)nant** (lat.) m.: II 188; Konsig(=)natar(ius) m., Mz.: Konsignatare, Konsignatarīen (II 120) ꝛc.; Konsig(=)nation f.; konsig(=)nieren v., vgl. (II 187): Konsignatär (frz. consignataire, spr. kongßingjatär) m.; Konsigne (spr. kongßinj') f. — **Konsistorīen** (lat.): pl. zu Konsistorium II 120 ꝛc. — **kon(=)skribieren** (lat.) v.: Kon(=)skription f. ꝛc. II 159. — **Konsortīen** (lat.): pl. zu Konsortium II 221. — **Kon(=)stabel** (mlat.) m.: Kon(=)stab(=)ler m. ꝛc., aber (II 105) z. B.: Lord High-Constable ꝛc. — **konstant** (lat.) a.: Konstantia, auch z. B. am Kap (Konstantiawein); Konstantin m.; Konstantine (in Algerīen); Konstantinopel (Konstantinopolitaner m. ꝛc.); Konstanz (od. Kostnitz; Konstanzer See ꝛc.); Konstanze f. ꝛc. — **Kon(=)stituante** (frz., auch in frz. Ausspr.: kongstitüángt') f.; konstituieren v.; Konstitution f.; konstitutionell a. ꝛc. — **Konstriktion** (lat.) f.: II 95; konstriktiv a., s. iv; Boa Konstriktor f.; konstringieren v. ꝛc. — **kon(=)struieren** (lat.) v.: Kon(=)struk(=)tion f. — **Konsul** (lat.) m.: Berufskonsul ꝛc., aber (II 105) z. B. Consul missus ꝛc.; Konsulat n. ꝛc.; konsulieren v.; Konsult(ation) ꝛc.; konsultieren v. ꝛc. — **Konsum** (it., ◡—) m.: Konsumverein ꝛc.; Konsument (lat.) m.; konsumieren v.; Konsump(=)tibilīen (II 118) pl., Konsumption f., konsumptiv a. (s. =iv) ꝛc., besser mit als ohne p. — **kontant** (it.) a.: s. komptant. — **Kontemporain** (frz., spr. kongtangporéng) m.: Kontemporaneïtät (nlat.) f. II 109; Kontemporanēus m. II 115. — **Kontenance** (frz., spr. kongtenángß) f. — **kontent** (frz., spr. kongtáng, — vgl. komptant —, seltner in lat.=deutscher Ausspr.): Kontentement (spr. kongtangtemáng) n.; kontentieren v. (gewöhnlicher in lat.=deutscher als in frz. Ausspr.). — **konterband** a.: Konterbande f.; konterbandieren v.; Konterbandist m., — auch: kontrebande (frz., spr. kongt'rbángd') a., Kontrebande f., kontrebandieren v., Kontrebandier (spr. =bangdjē) m. — **Konterbaß** m. ꝛc.: s. Kontrabaß. — **Konterfei** n.: (aus frz. contrefait, spr. kongt'rfä); konterfeien v. — **Kontertanz** m.: vgl. engl. country-dance (spr. köntridänß), frz. contre-danse (spr. kongt'rdangß). — **Kontext** (lat.) m.: Kontex(=)tur f. ꝛc. — **Kontig(=)nation** (lat.) f.: II 186. — **kontinuell** a.: II 212; kontinuieren (lat.) v.; kontinuierlich a. ꝛc. — **Konto** (it.) n.: (s. Kompte): Mz.: Kontos od. Konti (Konten); conto corrente (II 105) od. Kontokorrent n. ꝛc.; Kontor n. ꝛc.: s. Komptoir. — **Kontusche**: s. Kontusch. — **Kontour** (frz., spr. kongtǖr) m.: Mz.: Kontours, — auch (in ganz deutscher Ausspr.): Kontur II 205, Mz.: Konture od. üblicher: Konturen, vgl.:

konturieren v. = kontournieren (frz., ſpr. kongturn=) v. — kontra (lat.): vgl. (II 105) Das Pro u. Contra ꝛc.; Kontratöne, das Contra=F ꝛc. (I 13) ſ. b. Folg. — Kontra= Alt m.: II 109; Kontra=Altiſtin f. ꝛc., auch: Kon(=)tralto (it.) m., Kontraltiſtin ꝛc. — Kontraäpertur (nlat.) f.: II 112.— Kontraär= bitrium (nlat.) n.: ebb. — Kontrabaß m.: Kontrabäſſe pl.; Kontrabaſſiſt m. ꝛc., auch: Kontrebaß (frz., ſpr. kongt'r) m. ꝛc. u. (ohne Naſallaut): Konterbaß ꝛc. — Kontraexten= ſion (nlat.) f.: I 3. — kontraïndicieren (nlat.) v.: II 109: Kontraïnbikation f. ꝛc. — kon(=)traft (lat.) a.: II 95: Kontrakt m., Kontraktbruch m. ꝛc.; Kontraktion f. ꝛc. — Kontraltiſt ꝛc.: ſ. Kontra=Alt. — Kontra= punkt m. ꝛc. — konträr a.: II 7, aber (II 105) z. B.: au contraire (ſpr. o kong= trär): Kontrarietät f. II 119 ꝛc. — kon= traſtig(=)nieren (nlat.) v. II 185 ꝛc. — Kon= traſt (it.) m. ꝛc. — Kon(=)travenient (nlat., ſpr. =wen=) m.: II 109: Kontraveniénz f.; kontravenieren v.; Kontravention f. ꝛc. — Kontre (frz. contre, ſpr. kongt'r): in Zſſtzgn., u. zwar mit Bindeſtrichen vor der zweiten Hälfte (ſ. b.), wenn dieſe mit einem Vokal beginnt (ſ. II 109), ſonſt im Deutſchen ohne Bindeſtriche, z. B. alſo: Kontre=Admiral m.; kontre=agieren v.; Kontre=Allee f.; kontre= bande a. (ſo: konterband) ꝛc.; Kontrebaß m. (ſ. o.: Kontrabaß) ꝛc.; Kontrebillett n.; Kontredanſe (ſpr. kongt'rdängß) f., ſ. Konter= tanz; Kontre=Echange f.; Kontre=Email m., u.; Kontre=Epaulette f.; Kontre=Epreuve f.; Kontre=Eskarpe f., kontre=eskarpieren v.; kontrekaſſieren v.; kontrekarrieren v.; Kontre= marke f.; Kontremarſch m.; Kontremine f.; Kontre=Order f.; Kontrerevolution f. (od. Kontrerévolution, frz., ſpr. rewolühßjóng) u. A. m. — Kon(=)trolle (frz.) f.: II 213; Kontrolleur (ſpr. =lör) m.; kontrollieren v., beſſer als in ganz frz. Weiſe, mit Naſallaut in der erſten Silbe: kontrôleur, kontrôlieren. II 180; 213. — kon(=)trovers (lat., ſpr. =wers) a.: Kontroverſe f. ꝛc. — Kontur ꝛc.: ſ. Kontour. — Kontuſch (poln.) m.: Kon= tuſche f.: nicht (mit frz. Orthogr.) Kontouche ob. contouche. II 207; 208. — Konvallaria (lat.,ſpr. =wal=) f.: Konvallarien pl. II 119.— Konveniénz (lat., ſpr. =wen=) f.: II 119; konvenieren v.; konventionell a. II 213 ꝛc. — Konverſation (lat., ſpr. =wer=) f. ꝛc. — Konvoi (frz., ſpr. kongwoá) m.: konvoyieren (ſpr. =jíren) v. — konvulſiviſch (lat., ſpr. konvulſíwiſch v. ꝛc. — Koog: ſ. Kog. — Kóöpérateur (frz., ſpr. =tör) m.: Köope= rativgenoſſenſchaft f. ꝛc.; köoperieren v. ꝛc. II 121. — Köoptation (lat.) f.: köoptieren v. ebb. — Köordinate (lat.) f.: Köordination f.; köorbinieren v. ꝛc. ebb. — Kopais: in Böotien II 108. — Kopaiva (ſüdamer.,

ſpr. =wa) f. — Kopele (ruſſ.) f. — Kopen= hagen: Kat. 125³⁶. — kopernikaniſch a. — Kopf m.: ſich den Kopf zerbrechen ꝛc.; das Kopfbrechen; das Kopfrechnen ꝛc. I 55; kopfüber, kopfunter adv. I 115; Kopf=Ende n. I 14; Kopfpfühl n. Kat. 68¹ ꝛc.; köpf= lings adv. ꝛc. — Kophtha m.: Großkophta m. ꝛc. — Kopialien (lat.) pl.: II 118; Kopie f., Mz.: Kopie(e)n u. Kopien II 116; kopieren v.; Kopiſt m. — Ko=prolith (gr.) m.; Ko(=)pror(=)rhöe (gr., ſpr. =rö) f.: II 174; 193. — Kop(=)te m.: koptiſch a. — Kopula (lat.) f.: kopulieren v. ꝛc. — koque= likot (frz., ſpr. kocklikó) a.: II 79. — Koquette ꝛc.: ſ. kokett. — Koquille (frz., ſpr. kokílj) f.: II 79. — Koquin (frz., ſpr. koköng) m. — Koralle (gr.) f. — koram (lat.) adv.: koram ob. coram nehmen; koramieren v. — Koran (ar.) m.: ſ. Alkoran. — Korbeille (frz., ſpr. =ëlj) f.: Korbillard (ſpr. =iljár) m. ꝛc. — Korcyra (gr.): II 124: korcyräiſch a. ꝛc. — Kordelier (frz., ſpr. =elje) m.: Kordeliére f. II 115; korbelieren v. — Kor= don (frz., ſpr. =óng) m.: II 137; Kordoniſt m.; kordonnieren v. ꝛc. — Kordova (ſpan.): Korduba (lat.); dazu: Korduan m. II 124. — Korfiot m.: korfiotiſch a.; Korfu. II 124. — Korinth: Korinther m.; korinthiſch a. ꝛc.; Korinthe f. — Kork m.: Korkeiche f. ꝛc. — Korn n. (m. = Kornbranntwein); Körner pl.; körnig a., vgl. kernig. — Kornak (jſr.) m.: Elefantenführer II 95. — Kornel (lat., ⌣=): = Kornelius m., weibl.: Kornelia II 126 (Gen.: Kornelia's ob. Korneliens. Kat. 127¹⁰ ꝛc.); angelehnt: Kornelkirſche f. = Kornelle (aus lat. cornus). — Kornet (frz., ſpr. korné) n.: aber (II 195) z. B.: cornet à piston [ſpr. =óng] ꝛc. — Kornett (frz., cornette) m. u. f. — körnig a.: ſ. Korn. — Korporal m.: ſ. Kaporal: Kor= poralſchaft f. ꝛc. — Korporation (lat.) f.: korporell a. ꝛc.; Korps (frz. corps, ſpr. för) n.: wohl zu unterſcheiden von=Chor (ſ. b. 2), z. B.: das diplomatiſche Korps ob. (ſ. II 105) corps diplomatique; Ballettkorps ob. corps de ballot; Muſikkorps; Gardekorps ꝛc.; Korpsgeiſt ob. esprit de corps ꝛc.; korpu= lent a., Korpulenz f. ꝛc.; Korpus n. m., aber (II 105) z. B.: in corpore ꝛc.; das corpus delicti; corpus juris (ob. Korpus Juris) ꝛc. — Kor=r ꝛc.: ſ. Kol=r ꝛc. — kor= rekt (lat.) a.: II 95: Kor(=)rekt(=)heit f.; Korrektion f.; Korrektionär m. II 7; kor= rektionell a. II 213; Korrektiv v., ſ. =iv; Korrektorien pl. zu Korrekterium II 120; Korrektur f. ꝛc. — Kor(=)relat (lat.) n.: Korrelativ ꝛc., ſ. =iv. — Kor(=)re(=)ſpondent (nlat.) m. ꝛc. — Korridor (it.) m. — kor= rigieren (lat.) v. ꝛc. — korrumpieren (lat.) v.: korrupt a.; Korrup(=)tel (ſpr. =tél) f. ꝛc. — Korſar (it.) m. — Korſe m.: v. Korſika;

torsisch a. — **Korsett** (frz.) n.: II 211. — **Korso** (it.) m.: Korsofahrt f. :c. — **Kortége** (frz., spr. =teihe) n. — **Kortes** (span.) pl. — **Korvei** (spr. =wei): in Westfalen II 77. — **Korvette** (frz., spr. =wette) f. — **Kory=bant** (gr.) m. :c. — **Korydon** (gr.) m. — **Korybhäe** (gr.) f.: Korybhäen pl.: Korybhäus m. II 114 :c. — **Kos** (gr.): s. koisch. — **Kosack** (russ.) m.: kosackisch a. II 213. — **Kosch**(=)min: in Posen. II 170. — **Kos=ciusz**(=)**ko** (poln., spr. kostjüschte) m.: II 127; 152; 163. — **kosen** v.: du kosest, minder gut: kost (II 71); er, ihr koset ob. kost (II 152); Impf.: ich, er kosete ob. koste :c., vgl. Kost, kosten :c. — **Kosen**: an der Saale II 77. — **Kös**(=)**lin**: in Pommern. ebb. — **Kos**(=)**metik** (gr.) f.: kosmetisch a.; kosmisch a.; Kosmopolit m.; Kosmos m. :c. — **Kossat**(c) m.: Kossäte m., Kothias (s. b.). — **Koj**(=)**suth** (ungar., spr. koschüt). — **Kost** f.: Ko(=)sten pl.; kosten v.: ich ko(=)ste :c. (versch.: kos(=)te v. kosen, s. b.), z. B.: Ihr kos(=)tet lang genug, nun ko(=)stet auch den Wein! :c.; köstlich a. :c.; kostspielig a. :c. — **Kostie** f.: II 120. — **Kostüm** (frz. costume) n.: II 124: kostümieren v. :c.; aber: Kostümier (spr. =übmje) m. — **Köte** f.: Fesselgelenk. — **Kotelett** n.: Kotelette f. (frz. côtelette): Kotelettbart, Bartkoteletten :c. — **Köter** m.: Hund, versch. Köther. — **Ko=terie** (frz.) f. — **Koth**: 1) m.: Köthel m., kothig a. :c. — 2) n. = Katbe (s. b.), auch Kothe, Köthe f., Kotten m. Dazu: Köther, Köthener, Kötter, auch: Kothias ob. Kossat :c. — **Köthen**: Stadt II 77: Köth(e)ner m. :c. — **Kothurn** (gr.) m. — **kotieren** (frz.) v., vgl. quotieren. — **Kotillon** (frz., spr. kotiljöng) m. II 137. — **Kottbus**: II 77: Kottbusser m., in der Silben=brechung: Kottbus=jer II 129, vgl. Lissabon. — **Kotten** m.: Kötter m., s. Koth 2. — **Kotterie**: s. Koterie. — **Kotyledonen** (gr.) pl. — **Kouche** (frz., spr. tusch, spr. fuschétt) f. — **Kouchette** (frz., spr. fuschétt) f. — **Koulage** (frz., spr. fu=läsj') f.: II 131; 206, vgl. Leccage; Kou=lance (spr. fulängs) f.; koulant (spr. fulánt) a. — **Kouleur** (frz., spr. fulör) f.: II 130; 206; aber (II 105) z. B.: couleur de puce (spr. püß) :c. — **Koulis** (frz., spr. fuli) m., f., versch.: Kuli. — **Koulisse** (frz., spr. fulisse) f.: Koulissier (spr. =je) m. — **Kouloir** (frz., spr. fuloär) m. — **Kountry** (engl. country, spr. föntri) m.: Kountry=dance, s. Kontertanz. — **Kounty** (engl. county, s. täunti) f., n.: Mz. Kounties (counties). — **Koup** (frz., spr. fu) m.: aber (II 105) z. B.: ein coup d'état (spr. detä); coup de main (spr. méng) :c. — **koupable** (frz., spr. kupáb'l) a. — **Koupé** (frz., spr. kupé) n.: koupieren v. — **Kouplet** (frz. kuplé) n.: koupletieren v. — **Koupole**: s. Kupel. — **Koupon** (frz., spr.

tupóng) m.: **Koupure** (spr. kupür) f. — **Kour** (frz., spr. kur) f.: Hof :c. (vgl. Kur u. Chur): Galakour f.; Kourgala f.; kour=fähig a. :c.; Kour=Tage pl. (versch. Kour=tage, s. b.; I 14) :c.; aber (II 105) z. B.: grande cour (spr. grángb') :c. — **Kourage** (frz., spr. furäsje) f.: II 131 ff, kouragiert a., kouragés a. II 140. — **kourant** (frz., spr. furánt) a.: II 65; 68; 206 :c.: Kou=rant n.; Preiskourant m. :c., aber (II 105) z. B.: au courant (spr. o furáng) :c.; Kourante (spr. furángt') f. — **Kourbette** (frz., spr. furbétte) f.: kourbettieren v. — **Kouronne** (frz., spr. furónn) f.: Kour(r)ier: s. Kurier. — **Kours** :c.: s. Kurs :c. — **Koursier** (frz., spr. kursje) m. — **koursieren**: s. kursieren. — **Kourtage** (frz., spr. kurtäsje) f.: Mäklergebühr :c., versch.: Kour=Tage (s. Kour; I 14): **Kourtier** (spr. kurtje) m. — **K(o)urtine** (frz., spr. kurtine) f., auch ohne das n. II 207. — **Kourtisan** (frz. courtisan, spr. kurtisáng, auch Kurtisan, spr. sän, nach span. cortesano) II 207; **K(o)urtisane** (spr. =äne) f.; k(o)urtisieren v. (nicht gut: curte=sieren, courteisieren :c.); Kourtoisie (spr. kurtoasi) f. — **Kousin** (frz., spr. kusjéng) m.: Kousinage (spr. kusinäsje) f.; Kousine f. — **Koussin** (frz., spr. kusjéng) m.: Koussinet (spr. kusiné) m. :c. — **Kouteau** (frz., spr. futó) n.: Mz. Kouteaux (spr. =tö): Koutelas (spr. kutelä) m. — **Koutume** (frz., spr. tutüm) f.: Koutumier (spr. tutümje) m. — **Kou=vade** (spr. fuwade) f. — **Kouvert** (frz., spr. tuwért) n.: aber (II 105) z. B.: à couvert (spr. akuwär) :c.; kouvertieren v.; Kouver=ture (spr. =tür) f. :c.

Kraal (holl.) n.: Hottentottendorf. — **Krabat**, vgl. Kroat :c. — **Krabbe** f.: krabbelig a.; krabbeln v. :c. II 221. — **Krachat** (frz., spr. kraschá) m., n.: krachieren v.; Krachoir (spr. kraschoár) m. :c. — **krächzen** v.: vgl. krach!; krachen :c. II 92. — **Kracke** f.: schlechtes Pferd :c.; auch = Karacke, vgl. Krake: s. Krage. — **Kraft** f.: kraft präp. II 33. — **Krag**(=)**stein** m. — **Krähe** f.: kräben v. :c. — **Krahn**: s. Kran. — **Krain**: Kat. 20¹⁴. — **Krakau**: in Galizien, vgl. Krakow, in Mecklenburg. — **Krake** m.: Kraken m., See=Ungetüm :c., vgl. Krade. — **Krakeel** m.: Kat. 44²⁵: krakeelen v.; Krakeeler m. :c. — **Krakel** f.: um den Vogelherb. — **krakeln** v.: Tonwort (kakeln :c.). — **Kraken** m.: s. Krake. — **Krakovienne** (frz., spr. =owjénn) f.: Krakow (spr. to): s. Krakau u. II 140 ff, dazu: Krakow(=)er m., a. :c.; Krake(=)wiak (poln.) m., ebb.; II 95, die Krakowiaken :c.; Krakuse m. — **Kral** (slaw.) m.: König: Kraljewitsch m. :c. (versch. Kraal). — **Kram** m.: kramen v.; Krämer m. :c. — **Krammet** f.: krammen n. — **Krammet** m.: (mundartl.)

= Wachholder (Krauewit): Krammetsbeere f.; Krammetsvogel m., verkürzt: Kramits= u. Kramsvogel. Kat. 38¹⁹. — kramoifi (frz., spr. =moaſi) a. ꝛc.: ſ. karmeſin. — Krampe f.: trampen v. — Krämpe ꝛc.: ſ. Krempe. — Krampf m.: Kräm(=)pfe pl.: Krampf(=)fiſch m.; krampf(=)haft a. II 190. — Krau(t)s= vogel: ſ. Krammet. — Kran m.: ſ. Kranich. Kat. 55¹⁹. — Kranue (gr.) f.: Name; Kranäus m. II 114; 124. — Kranich m.: des Kranichs ꝛc. — Kraniologie (gr.) f. — Krapou (frz., ſpr. =pō) m. — Krap(=)fen m.: Kräpf(=)chen, Kräpf(=)lein u., Kräp(=)fel m. Kat.29³;68³. — Krapp m.: Krapp(=)fär= berei f. ꝛc. — Krapule (frz. crapule, ſpr. trapül) f. II 204; trapülös a. II 139. — Kraquelé (frz., ſpr. kvakelē) n. II 79; Kra= quelin (ſpr. =ēng) m. ꝛc. — kraß (lat.) a.: kraſſeſte Unwiſſenheit ꝛc., verſch.: graß. — Krater (gr.) m. — Kraton (ind.) m. — Kratze f.: Krätze f., auch=Metallabfall: in die Krätze (ob. Kratze) geben ꝛc.; kratzen v., bu, er, ihr kratzt (II 71) für kratzet, kratzet ꝛc.; Krätzer m. ꝛc. — Kräu(e)l m.: kraueln v.; kranen v. — Kränfel f. Kreiſel. — kraus a.: kräuſe(l)n v.; Krauſeminze f., Gen.: der Krauſeminze ꝛc., Krauſeminzthee ꝛc., beſſer als: krauſe Minze, Gen.: der krauſen Minze ꝛc. I 33; 34. — Kraut n.: Kräuter pl.; Kraut(=)hade f. (II 111); kraut(=)haft a.; kränterig a.; Kräuterich n. (Kat.84²⁹ ff; ³⁵ff). — Kravatte (ſpr. =watte, frz. cravate) f.: II 214. — Krawall m. — Kraxe (mund= artl.) f.: Tragreff. — kraxeln (mundartl.) v.: klettern ꝛc. — Krayon (frz., ſpr. kräjong) m.: krayonnieren v. ꝛc. — Kréauce (frz., créance, ſpr. treángß) f.: Kréancier (ſpr. =ßjē) m. — Kreatur (lat.) f. — Krebs m.: Kat. 64¹⁰; 95¹⁸; Krebsſuppe f. I 8 ꝛc. — Krèche (frz., crèche, ſpr. träſch) f. — Kre= denda (lat.) pl.: Kredenz f., Kredenzbecher ꝛc., kredenzen v.; Kredit (—‿) n. u. (‿—) m., z. B.: Kreditbrief ꝛc., aber (II 105) in ganz frz. Form u. Ausſpr. z. B.: crédit foncier (ſpr. kredi fongßjē) ꝛc.; kreditieren v.; Kreditiv n. (ſ. =iv) Kreditor m.; Kredo n., aber (II 105) z. B.: das credo quia ab- surdum ꝛc.; Kredulität f. ꝛc. — Krefeld: II 77. — kreieren (lat.) v.: ſ. ei. — Kreis m.: im Kreis u.: im Kreiſ' (I 8) ꝛc.; Kreiſel m. (veralt. Kräuſel); kreiſeln v.; kreiſen v., er, ihr kreiſt, Impf.: kreiſte ꝛc. (verſch.: kreißen); Kreisjäge f.; Kreisſtadt f. I 8; Kreistag m. I 10. — kreißen v.; in Wehen liegen (verſch. kreiſen): kreißt; Impf.: kreißte. — Krème (frz.crême, ſpr. träm) f. — Kreml (ruſſ.) m. — Kremnitz: Kremnitzer Dukaten ꝛc. — Kremona: Kremoneſer Geige ꝛc. — Kremor (lat.) m.: Kremor Tartari ob. Kre= mortartari (cremor tartari). — Krempe f.: trempe(l)n v., üblicher als mit ä (Kat. 30²¹),

auch: Krempel f.=Karbätſche f. u. (mund= artl.) m.=Kram, Tröbel. — Kréueau (frz. créneau, ſpr. trenō) m.: Kréueaux pl.; kre= nelieren v. II 5. — Kreole (ſpan.=frz.) m. — Kreophag (gr.) m.: Kreoſot n. — kre= pieren (lat.) v. — Krepine (frz.) f.: Kré= pon (ſpr. =ong) m., ſ. b. Folg. — Krepp m.: aber (II 205) z. B.: crêpe de Chine (frz., ſpr. kräp dĕ ſchīn) m. ꝛc.; treppen v. — Kres(=)cendo (it. crescendo, ſ. b. —, ſpr. treſchēndo) adv. u. n.: Kres(=)cenz f. ꝛc. II 163. — Kre(=)ſphontes (gr.) m.: II 124; 159. — Kreta: Kreter, Kretenſer m.; kre= t(enſ)iſch a.; Kretikus m. (Mz.: Kretici) — Krethi (hebr.) pl.: Krethi u. Plethi m. ꝛc. — Kretin (ſpr. kretin beſſer als nach frz. crétin, kretäng, vgl. II 209) m.: Kretinen pl.; Kretinismus m. ꝛc. — Kret(=)ſcham (ſlaw.) a.: Kretſch(=)mer m. — Kreuſa (gr. 3ſilbig) f.: II 115. — Kreuth: in Ober= baiern. — Kreuz n.: in die Kreuz u. Quere ꝛc.; kreuz u. quer adv.; zum kreuz= u. queren Nachſchlagen I 20; Kreuz= u. Querfragen ꝛc.; kreuzweiſe a. (I 106); Kreuzzug m. (II 174; 201). — Kribbage (engl., cribbage, ſpr. kribbiſch) n. — kribb(e)lig a.: kribbeln v. II 221 ꝛc., üblicher als kriebeln ꝛc., u. demgemäß auch beſſer Kribbelkrankheit, Krib= belſucht f. als Kriebelkrankheit ꝛc., vgl. auch: Kribskrabs m. (Kat. 36⁹). — Krickel m.: Krickelei f., krick(e)lig a.; Krickelkackel m.; trickeln v. — Kricket (engl. cricket) n. — Kridar (mlat., ‿—) m. — Krieche f.: kriechen v.: Kriechente f.; Kriecher m.; krie= cheriſch a. — Krieg m.: kriegen v., bu krieg(e)ſt ꝛc. (vgl. kriegen v. = bekommen u. gewöhnlich nur einſilbig: bu kriegſt ꝛc. [ſpr. krichſt ꝛc.] Kat. 76⁶ ff); Krieger m.; krieg(e)riſch a.; Kriegslänf(t)e pl., ſ. Lauf; Kriegs(=)tribun ꝛc. II 155 ꝛc. — Kriemhilde f.: vgl. Hildebert ꝛc. — Krim: ſ. Krimm. Krimen (lat.) n.: aber (II 105) z. B. cri- men læsæ majestatis ꝛc.; Kriminalgericht ꝛc.; kriminaliſt m.; kriminell II 213 ꝛc. — Krimm: Krimmkrieg ꝛc.; Krimmſtecher m.; Krimmer(pelz) ꝛc. — Krimmitzſchau: II 77. Krimpe f.: beſſer als Krümpe; krimpen v. (im Partic. auch gekrumpen); Krimper m. — Krinoline (frz.) f. — Kris: ſ. Kriß. Kriſe (gr.) f.: Kriſis. — Kri(=)ſpin (lat.) m.: Kriſpine f., auch: Art Frauenmäntelchen. — Kriß (malaiiſch) m.: Dolch (vgl. frz. criss), Mz.: Kriſſe (verſch. Kriſe). — kri= ſäiſch (gr.) a. — Kriterien (gr.): pl. zu Kriterium n. — Krithe (gr.) f.: Krithomant m. ꝛc. — Kritik (gr.) f.: gewöhnlich jam= biſch, ſelten trochäiſch: Kritiker (‿‿‿) m.; Kritikaſter m.; kritiſch (‿—) a.; kritiſieren v. ꝛc. — Kritolaus (gr., 4ſilbig) m.: II 114. — Krittel m.: Krittelei f.; fritt(e)lig a.; fritteln v. ꝛc. — fritzeln v.: fritz(e)lig a.ꝛc. —

Kroat m.: vgl. Krabat; Kroatien II 120. —
Krokobil (gr.) m., n.: Kat. 39³⁷ ff.;47⁹; 57¹.
— Krokus (gr.) m. — Kromlech (celt.) m.
— Krone f.: Kat. 57³; Krönchen n.; Kro-
nenthaler m. ꝛc.; Kronglas n. (f. Krown);
Kronprinz m.; Kronstadt, Kronstä(=)dter m.,
a. II 177 ꝛc. — Kronide (gr.) m.: Kronion
(◡–◡) m.; Kronos m., — nicht mit Eb
statt K. — Kropf m.: tröpfen v.; tröpfig a.
— Kroquet (croquet): 1) (engl., fpr.
tröckett) n. — 2) (frz., fpr. trocke) m.: Kro-
quette (fpr. =étt) f.; troquieren v.; Kroquis
(fpr. =ki) m.; Kroquist m. ꝛc. II 79. —
Kroß=readings (engl. cross-readings, fpr.
=ridings) pl. — Krofus (gr.) m. — Kröte
f.: trötig a. ꝛc. — Kroton (gr.): Kretoniate
m. ꝛc.: Kroton=Öl ꝛc. — Kroup: f. Krup.
Kroupade (frz. croupade, fpr. trupade) f.:
Kroupe f. Kruppe; Kroupier (fpr. trupjé)
m. II 206. — Kroûte (frz., croûte, fpr. krût) f.:
Kroûton m. (fpr.=öng). — Krown (engl. crown,
fpr. traun) f.: f. Krone; crown-glass, f.
Kronglas. — Krucifere (lat.) f.: Krucifix n.,
Krucifi=re pl. ꝛc. — Krücke f. ꝛc. — krud (lat.)
a.: Krudität ꝛc. — Krug m.: Krüger m. —
Krüle f. — Krume f. — krumm a. —
Krümp ꝛc.: f. Krimp ꝛc. — Krup m. =
croup (engl.), häutige Bräune. — Kruppe
f.: des Reitthiers (frz. croupe); Krüppel
m.: trüppelicht a. beffer als trüppelig (Kat.
87⁵); trüppeln v. ꝛc. — Krustacee (lat.) f.:
Krustacee(n) pl.; Krufte f.; Kruftenthier
n. ꝛc. — Kruzado (fpan. ꝛc., cruzado, fpr.
trufado) m. — Kryolith (gr.) m.: Kryophor
m. — Krup(=)te (gr.) f.: kryptifch a.: Krypto-
jefuit m. ꝛc. — Kryftall (gr.) m., n.: Kry-
ftall=Linie I 17 ꝛc.; kryftallinifch a.; Kry-
ftallifation f.; Kryftalloïd n. II 109 ꝛc.
Kschatrija (ind.) m.
Ktesias (gr.) n. — Ktesiphon (gr.) m.
II 123.
Kuadra (fpan. cuadra, neben quadra) ꝛc.:
f. Qua ꝛc. — Kuba: Kubaner m. ꝛc. —
Kübel n., m.: Kübchen n., m. — kubieren
(nlat.) v.: Kubikfuß, Kubikmeter ꝛc., Kubik-
wurzel, Kubikzahl ꝛc.; kubifch a.; Kubus m.
— Küchelchen, Küchlein n.: (mit gebentem
ü) flaumbedecktes Junges v. Federvieh (nie-
derb. Küten) ꝛc. — u.: Berkl. v. Kuchen
(m.) —, dagegen mit geschärftem ü: Berkl. v.
Küche (f.) II 87. — kucken v.: f. gucken. —
Kuckuk m.: beffer als Guckguck, Kukuk ꝛc.
Kudbear (engl. cudbear, fpr. köbbÿerr) m., n.
— Kuddu m.: Art Melone in Vorderafien.
— Kudu m.: Art Antilope in Südafrika. —
Kufe f.: Küfer m. ꝛc. — Kuff (holl.) f.:
Art Schiff. — kugelicht a.: richtiger als
kug(e)lig. Kat. 87⁵. — Kuh f.: Kuh(=)haut,
Kuh(=)hirt, Kuh(=)horn ꝛc. II 174. — kühl
a. ꝛc. — Kuhle f.: (niederb.) Grube. —
kühn a.: kühngemuth a. I 42. — Kuhne f.:

Kuhu(=)bahu m. ꝛc. Kat. 55³². — Kuiraffe
ꝛc.: f. Küras. — Kujon m.: (vgl. frz. coïon):
II 138; tujonieren v. ꝛc. — Küken n.: f.
Küchlein. — Kuks: f. Kur. — Kukul: f.
Kuckuk. — Kulbute (frz., fpr. külbüt) f.:
tulbutieren v. — Kuli (ind.) m.: Arbeiter
(verfch. Koulis). — Kuliffe: f. Kouliffe. —
Kulm: auch als Ortsname II 77; Kulmbach;
Kulmfee ꝛc. — Kulmination (lat.) f.: kul-
minieren v. — kulpabel (lat.) a.: kulpos a.
ꝛc. v. culpa, f. II 105. — Kult (lat.) m.:
Kultivateur (frz., fpr. küftiwatör) m. =
Kultivator (lat., fpr. =wā=) m.; kultivieren
(fpr. =wiren) v.; Kultur f.; Kultus m. —
Kumis (mongol.) m.: Milchbranntwein. —
Kümmel m. — Kummer m.: kümmerlich a.;
kümmern v. ꝛc. — Kummet n., m.: üblicher
als Komm(e)t. — Kumpan m.: f. Kompan.
— Kumulation (lat.) f.: tumulativ a.(f.=iv);
tumulieren v.; Kumulus m. — kund a.:
Kat. 38⁶: kund geben (machen, thun) I 61;
Kundgebung ꝛc.; kundbar a.; Kunde f.,
m.; künd(ig)en v.; kundig a.; Kund(=)fchaft
f. ꝛc. — künftig a.: Kat. 67³⁰ ff: das Künftige; ins (ob. in das) Künftige fchauen ꝛc.,
aber: insfünftige adv., wie: künftighin I 76;
133; 135. — Kunibert m.: Kunigunde f.
(vgl. Berta; Gunther). — Kunst f.: Kat.
38²; Kunft(=)ftück m., Kunft(=)ftudien pl. ꝛc.
II 146. — kunterbunt a. — Kunz m.: f.
Konrad. — Küpe f.: Farbkessel. — Küper
m.: niederb. ft. Küfer. — kup(=)ferich a.:
kupferähnlich; kupferig a., kupferhaltig. Kat.
87⁵. — Kupido (lat.) m. — Kupola (it.,
cupola) f.: frz. coupole (fpr. tupöl), Kuppel
f.; befonders: Kupolofen ob. Kupolo=Ofen.
II 109; Kupoleifen, Kupolo=Eifen ꝛc. —
Kur f.: 1) (deutfch)=Wahl, zu thiren (vgl.
erkoren): Kurfürft m. ꝛc.; Kurhaus n.
(verfch. 2); Kurhut m.; Kurwürde f. ꝛc.,
nicht mit Eb ftatt K (f. Chur) II 88. —
2) (lat., cura) Heilung ꝛc.: Kurgaft m.;
turgemäß a.; Kurhaus n. (verfch. 1); Kurort
m.; Kurfaal m. ꝛc.; Kurfchmied m., Pferde
turierender Hufschmied, f. turieren. — 3)
f. Kour. — Kurand (lat.) m.: des Kuran-
den ꝛc.; Kurandin f. — Kurant: f. Kourant.
— Küras (frz. cuirasse) m.: des Küraffes ꝛc.
Kat. 39¹³; II 143, vgl. Ananas, Atlas,
Kürbis ꝛc. — Kuraffao (vgl. Curaçao),
auch m.: Art Likör ꝛc. — Küraffier m.:
(vgl. frz. cuirassier, fpr. tüirasje): Kü-
raffiere pl. ꝛc. — Kurat (nlat.) m.: Ku-
ratel f.; Kurator m., Kuratorien pl. zu
Kuratorium n. — Kürbis m.: Kürbiffe pl.
ꝛc. II 143. — Kurde m. — Kurdiftan n.,
verfch.: Kurt. — Kuré f.: frz. curé, fpr. türé)
m.: f. Kurat. — Kurée (frz. curée, fpr.
türé) f.: II 104 ff, vgl. écu ꝛc. — küren
v.; Kurfürft ꝛc.: f. Kur 1. — Kuria (lat.)
f.: Kurialien pl.; Kurie f. II 115. —

Kurier m.: (aus frz. courrier, spr. kurrjē)
II 207; Kuriere pl. 2c. — kurieren (lat.) v.:
s. Kur 2. — Kurilen pl. — kurios (lat.)
a.: II 139; Kuriosität 140 2c. — kurisch a.:
Kurland 2c. — Kurkuma (nlat.) f. — Kur-
rende (lat., ◡—◡) f.: Kurrendeschüler 2c.;
Kurrentschrift f. (s. u.: Kursivschrift) 2c.;
Kurs m., Kurse pl., z. B.: Eisenbahnkurs,
Kursbuch 2c.; Geldkurs; Wechselkurs; Kurs-
zettel 2c. (besser mit bloßem u als mit ou
— s. II 207 — nach frz. cours, das kür,
nicht kurs gesprochen wird), s. auch Kursus.
— Kürschner m. — kursieren (lat.) v.: im
Umlauf od. Kurs (s. d.) sein; Kursivschrift f.
(s. o.: Kurrentschrift); kursorisch a.; Kursus
m., Mz.: auch: Kurse (s. o.: Kurs). —
Kurt: s. Konrad; (niederd.) Kurd. — Kurtine; Kurtisan 2c.: s. Kourt. — Kurtius
(lat.) m.: II 126: Kurtiusschlund 2c. —
Kurt(=)la (slaw.) f. — kurulisch (lat.) a. —
Kurve (lat., spr. fürwe) f. 2c. — kurz a.:
kürzer, am kürzesten; binnen (in, vor)
kurzer Zeit, Kurzem II 19; über kurz oder
lang II 21 § 17c 2c.; den Kürzeren ziehen
II 19; das kürzeste wäre es freilich 2c.;
kurz u. gut, kurzab, kurzhin, kurzum, kurz-
weg adv. I 117; 133; 141; 143; um mich
kurz zu fassen; um in (mit) kurzen Worten
od. in (mit) Kurzem — Alles zu sagen 2c.;
kurzer Hand I 85 2c.; kurze Waaren od.
Kurzwaaren I 33, wie immer: Kurzwaaren-
geschäft n. 2c.; Kurzweil f., kurzweilen v.,
kurzweilig a.; auch kurzgeармt a. (I 42),
wie kurzarmig; kurzsteng(=)lig 2c. — kusch!
interj.: (frz. couche!) Kusche f.; kuschen v.
II 207. — Kuß m.: die Küsse 2c.; küssen
v. (versch.) Kissen, (du), er, ihr küßt, Impf.:
küßte (versch.: küste f.) II 142; 152; 153.
— Küster m.: Kustode, Kustos (lat.) m. —
Kü(=)strin: an der Oder. — Kut(=)sche f.:
Kut(=)scher m.; kut-schieren v. 2c.; Kutsch-
wagen m. 2c. II 168. — Kutusow (russ.,
spr. =off) m. II 141. — Kux m.: Berg-
werksaktie 2c. Kat. 93¹³. — Kurhaven: II 77.

Kwarta f.: poln. Maß (Mz.: Kwarty) 2c.;
Kwartalnik (russ.) m.: Quartiers=, Viertel-
meister; Kwarteel n., holl.-ind. Maß 2c. II 77.
— Kwas (russ.) m.: s. ebd.

Kyanisation f.: kyanisieren v. (nach dem
Engländer Kyan), versch. Cyan. — Kybele
2c.: s. Cybele 2c. — Kyburg: in der Schweiz.
— Kyffhausen: Kyffhäuser m. — Kymren
pl.: in Wales. — Kynast: in Schlesien. —
Kyrie (gr.): Kyrie eleison! (daraus verkürzt
Leis m. u. auch niederd. Lünschen); kyrielle
f.; Kyriologie f., kyriologisch a. — Kyritz:
preuß. Stadt. — Kyzikener m., a.: aus
Kyzikus, s. Cyzicener.

L.

Laa: in Österreich. — Laaland: dänische
Insel. — Laassphe: in Westfalen. — Lab
n.: Käselab n. 2c. — Labbe f.: II 221;
labberig a.; labbern a. 2c. — Laberdan m.
— labet a.: s. Bête. — Labien (lat.): pl.
zu Labium II 117. — Laboratorien (lat.):
pl. zu Laboratorium II 120. — Labsal n.
(f.): v. laben. — Labyrinth (gr.) n. —
Lacedämon (gr.) n.: Lacedämonien n., La-
cedämonier m. II 6; 119. — la Chau-
de=Fonds (frz., spr. laschodesóng): in der
Schweiz, nicht: Lachaur=de=Fonds. — Lâche
f.: laich. — lä(=)cheln v.: la(=)chen v.; lä-
cherlich a. 2c. II 225. — Lachs (spr. lax)
m.: Lachse pl. 2c., versch. (bei gleicher Aussprc.):
(des) Lachs; lax a., vgl. mit versch. Ansspr.:
Das Kind ißt keinen Lachs. Lach's aus! 2c.
— lacieren (frz., spr. laßiren) v.: schnüren 2c.
(versch.: lasieren): Lacis (spr. laßi) n. 2c. —
Lack (pers.) m.: des Lacks (versch.: Lachs) 2c.;
lackieren v. II 78; 92; 93 2c.; Lacklack m.
(engl. lac-lake, spr. läcklehk, vgl. Farblack,
engl. lac-dye, spr. läcdei); Lackmus=lacca
musci, Mooslack) n., m., des Lackmus besser
als Lackmusses II 143. — Latour (frz., spr.
latúr): II 123. — Lacrimæ Christi (lat.)
m.: II 105 = Lagrima Christi (it.). —
Lacroix (frz., spr. lakroä) m. II 123 2c. —
laden v.: du ladest od. lädst; er ladet od.
lädt. Kat. 77¹⁵ ff; Impf.: ladete od. lud,
Konj.: läde 2c.; — lädieren (lat.) v. —
Ladis(=)laus (slaw.) m.: II 114, s. Wladis-
laus. — Lady (engl., spr. lēdi) f.: Ladies
pl.; ladylike (spr. =leit) a.; Ladyship (spr.
=schipp) f. 2c. — Laeken (spr. laken): bei
Brüssel. — Laertes (gr., breisilbig) m.: I 3;
Laertiade m. 2c. — Lafette f.: aus frz.
l'affût, nicht gut: Laffette II 213, dazu:
lafetieren v.; Lafetage (spr. =äsche) f. II 131 ff,
vgl. (dem Frz. gemäß): affütieren, Affütage.
— Lägel n.: Fäßchen, Kat. 30². — Lageno-
phorien (lat.) pl.: II 120. — Lagrima: s.
Lacrimæ. — Lagthing (schwed.) m. — lahm
a.: Kat. 54³⁶; lähmen v. 2c. — Lahn m.;
auch f. (Flußname) Kat. 55²⁰; 56³³. — Laib m.
(n.): Brot 2c. Kat. 20⁸, versch.: Leib. — Laibach
n.: in Krain. — Laich m., n.: Kat. 20⁸, Fisch-
Froschlaich 2c.; Laiche f.; laichen v., der
Frosch laicht 2c. (versch.: Leiche f.; Leichen
pl.; leicht a. 2c.). — Lai(=)e (gr.) m.: laien-
haft, laiisch a. 2c. Kat. 19²⁵; II 111. — Lailuch
2c.: s. Leilach. — Laïos (gr., 3silbig) m.:
od. Laïus, auch Lajus II 109. — Laïs (gr.,
2silbig) f.: ebd., in der Silbenbrechung
La-is II 111. — Laisser = aller (frz., spr.
lesse=allé) n. — Laitage (frz., spr. lätäsh) f.:
Laiterie f. 2c. — Laiton (frz., spr. lätóng)
n. — Lajus: Lajus, s. Laïos. — Lakai:
üblicher als Lakei, Kat. 20¹: lakaienhaft a. 2c.

Lake f.: Heringslake 2c. II 93. — Laken n.: Bettlaken 2c. ebb. — Lakonien (gr.) n.: II 119; 124 2c.; lakonisch a.; Lakonism, Lakonis(=)mus m., f. Ism. — La(=)kritze f.: La(=)kritzensaft 2c. II 214. — Laktein (nlat.) n.: II 109; Lakticinien 119. — Lama: 1) (peruan.) n.: Schaffamel, auch Llama (span., spr. ljäma): Kat. 102¹⁰. — 2) m.: tibetanischer Buddhapriester: lamaïsch a.; Lamaïsmus m.; Lamaïst, Lamaït m. II 109. — Lambertsnuß f.: f. Longobarde. — Lamie (gr.) f.: II 118. — Lampion (frz., spr. langpjöng) m. II 137. — Lam(=)prete (mlat.) f. II 191; 193 2c. — Lancade (frz., spr. langßäde) f.: II 83; lancatieren v.; Lancette f., auch — mit deutscher Ausspr.: Lanzett(e); — Lancier (spr. langßje) m.; lancieren (spr. langßiren) v. — Land n.: landaus, landein adv. I 115; landeinwärts adv.; landhinan adv. 2c. ebb.; Landkarte f.; Landmann m. 2c., versch.: Landsmann m., Landesleute pl. 2c.; Landsknecht m. (nicht: Lanzknecht Kat. 100³²) 2c.; landesherrlicherseits adv. I 98 2c.; Länder pl., auch m.= Ländler (Tanz); länblich a. 2c. — lang a.: örtl. (spr. lánk) u. zeitlich (mit weichem g, vgl. lange, Kat. 84³ ff; II 183): einen Fuß lang, aber: fußlang, zoll=lang (I 17) 2c. a., tagelang, jahrelang 2c. a. I 87; — ein lang= u. breites Vollsgewicht I 20; ein Langes u. Breites (f. b.) erzählen 2c.; seit langer Zeit ob. seit lange (adv., f. u.), seit Langem (subst. Adj.), f. II 21 ff; aber kurz (f. b.) ober lang 2c.; sich des längern worüber ergeben, f. II 23 2c.; so (f. b.) lang I 138 2c.; — langeher, langehin adv. I 133, aber z. B.: seit lange her (f. o.); Das ist schon lange her, noch lange hin; er legt sich lang hin 2c., wo her u. hin zum Verbum gehören 2c.; ferner z. B.: lang(=)ath(=)mig a. II 196; Län(=)ge f., längelang adv. I 89 (= die Länge lang), Längengrad m. 2c.; lang(=)gearmt a. (= langarmig) I 42 2c.; läng(=)lich a., länglichrund a. (f. I 41) ob.: länglich rund, ähnlich: lang(=)rund 2c.; Lang(=)muth f., langmüthig a. 2c.; längs adv. u. präp. (versch. längst, Kat. 100¹⁰); lang(=)sam a. II 192, Langsamkeit f.; lang(=)seits adv. I 98; längst, Superl. (versch.: längs), läng(=)stens adv., vgl. vorlängst (=)stielig a. = langgestielt, vgl. langstenglig 2c., versch.: lang(=)stilig (f. Stil); Langweile f. (vgl. lange Weile), langweilen v., langweilig a., Langweiligkeit f. I 33; 59 (spr. lank — wie z. B. auch in langwierig a., dagegen z. B. lang(e) während 2c.). — Langobarde v. f. Longobarde. — Languedoc (frz., spr. langdock): II 123. — languente (it., spr. =gwénte) adv. — Languette (frz., spr. langétte) f.: II 132; languettieren v., mit Doppel-t im Deutschen

II 212. — Languenr (frz., spr. langör) f.: languib (auch lat., spr. =gwib); languissant (frz., spr. langißáng ob. =änt) a. II 65. — Lanterne f.: f. Laterne. — Lanthan (gr., ◡◡) n.: ein chem. Element, — versch. Lantana (—◡◡) f. als Pflanzengattung (Bergsalbei). — lant(=)schen v.: seemänn. (engl. launch). — Lanze f.: Lanzett n., Lanzette f., f. Lancette; Lanzknecht f. Landsknecht. — Laokoon (gr., 4silbig) m.: II 121. — Lapithe (gr.) m. — Lappalie f.: II 118; Läpperei f.: Lapperschulden pl.; läppisch a.; Laps m. (vgl. Flaps, Schlaps 2c., Kat. 64¹). — Lärche f.: Lärchentanne 2c., Kat. 27²⁰; II 90, versch.: Lerche. — larghetto (it., spr.=gétto) adv.: larghissimo ; large, f. II 132, auch alle drei n., mit großem Anfangsbuchst. — larifari! interj. — Larifari n. — Lärm m.: Kat. 27²¹; lärmen v.; Lärmen m., u. 2c. — larmoyant (frz., spr. =oajáng, =oajánt) a.: II 65. — Larve (lat., spr. lárfe) f.: Kat. 64³³; Lärvchen n.; verlarven v. 2c. — laryngal (nlat.) a.: Larynge(=)scop n. II 166 2c.; Larynx (gr.) m. — laisch a. (frz. läche). — Laichheit f. 2c. — Las(=)civ (lat.) a.: f. =iv; II 163; Las(=)civität (spr. =iwi=) f. — läse: Konj., Impf. v. lesen (f. b.), du läsest ob. (seltner) läst, ihr läst, vgl. Subst.: du, ihr last, versch.: Last f. I 11; II 71; 152; f. auch lassen. — lasieren v.: (frz. glacer): Lasierfarbe ob. Lasur (f. b. 2). — lassen v.: du, er läßt; ihr lasset ob. laßt (Kat. 77¹⁸; 100¹⁰), versch.: Laß f.; Impf.: ließ (versch.: ließ! Imper. v. lesen), du, ihr ließt (versch.: du, er ließt, Präs. v. lesen): laß! Imper., vgl. laß a. nebst lässig a.: lässliche Sünde, Laßsünde I 17 2c. — Last f. versch. last (v. lesen) u. laßt (v. lassen): Lä(=)stig a. 2c. — La(=)ster n.: lästerlich a.; lästern v. 2c. — Lä(=)strygonen (gr.) pl. — Lasur: 1) m. (peri.): Lasurstein 2c., Lasulith m. — 2) f. Lasierung, Lasierfarbe. — Latein n.: lateinisch a.; das Lateinische n. II 19, vgl. latinisch. — Laterne f.: aber (II 105) z. B.: laterna magica (lat.) 2c. u. — frz. — z. B.: à la lanterne (spr. langtérn) 2c. — Latifundium (lat.) n.: pl. zu Latifundium II 117. — Latiner (lat.) m.: latinisch a. (vgl. lateinisch); latinisieren v.; Latinismus m. 2c. (f. Ism). — Lätitia (lat.) f.: auch weibl. Name. — Latitudinarier (nlat.) m.: II 119; Latitudinarismus m., f. Ism. — Latomia (gr.) f.: Wz.: Latomien, vgl. Latomie f., Wz.: Latomie(e)n II 116; 118. — Latrine f.: Latrinen=Dung I 15. — Lattich m.: Kat. 88⁷. — Latwerge f. — Laudemien (mlat.) pl.: zu Laudemium II 118. — Lauf m.: laufen v., du läufst, er läuft: lauf!; Impf.: lief 2c.; Lauffeuer n. I 7 2c.; Läufer m.: läufig a., läufisch a. 2c., vgl. Kriegs=, Zeitläufte pl.: weitläuf(t)ig a. — läugnen: f. leugnen. —

6*

Laura f.: Laurentia f.; Laurentius m. (vgl.
Lorenz ꝛc.); laurenzisch a., s. II 80. —
Läuschen n.: (niederd.) = Schnurre ꝛc. (s.
Kyrie). — laut a.: lauter; am lautesten; laut
erschallend, ertönend ꝛc., versch.: lauter schal-
lend, tönend ꝛc. I 16; 43; Kat. 116⁴; er
schrie laut auf (nicht: lautauf) I 119 ff;
laut lesen, — das Lautlesen I 55, vgl.: das
laute Lesen ꝛc.; — Laut m., des Lautes;
die Laute (versch.: Laute f.) ꝛc. u. daraus:
laut präp. II 33; Kat. 111¹¹. Dazu:
lauten v.; läuten v.; lautieren v. ꝛc. —
Laute (ar.) f.: Laut(e)ner m.; lautenieren v.;
Lautenist m. — lauter a.: (versch. als Kompar. v. laut): laut(e)rer, am lautersten;
Lauterkeit f.: läutern v.; läuterieren v. —
Lawine: s. Lavine. — Lava (it., spr. lawa)
f.: Laven pl.: Lavablöcke ꝛc.; aber füglicher
Lava = Terrassen als ohne Bindestriche (s.
I 14 § 9, vgl. Lavater, als Eigenn). — La-
bement (frz., spr. lawemäng) n. — La-
vendel (mlat., spr. lawéndel) m. — la-
vieren (spr. law-) v.: 1) (holl.) seemänn. —
2) (frz.) in der Malerei. — Lavine: s. Lawine. — Lavoir (frz., spr. lawoär) m.:
minder gut Labor. — Lawine f.: die schrift-
übliche Form (mundartl.: Lanine, Lauwine u.
— z. B. bei Schiller — Löwin). — lax
(lat.) a.: (versch. Lachs m., s. d. ꝛc.): La-
ranz f.; Lar(e)ratio n. (s. -iv); lar(e)xieren v.;
Lar(e)xität f. ꝛc. — Lazarett n.: der gewöhnl. Ausspr. gemäßer als Lazareth II 199
(vgl. Elisabeth): Lazarett=Typhus m. I 17 ꝛc.;
Lazarone m. ob. im engern Anschluß ans
Ital.: Lazzarone II 200, Mz.: Laz(z)aroni;
Lazarus m., bibl. Name ꝛc. — Lazur: s.
Lasur 1. — Lazzarone: s. Lazarone. —
Lazzi (it.): pl. zu Lazzo. II 200, nicht füglich mit doppelter Pluralbildung: Lazzis.

   Leben v.: Leben n.; er lebe hoch! — das
Lebehoch; lebe wohl! — das Lebewohl ꝛc.;
mein (dein, sein) Leben lang, aber: sein ꝛc.
Lebelang; auf Lebenslang; lebenslang a.;
lebenslänglich a. I 88; mein (ob. meiner) ꝛc.
Leb(e)tag(e), Lebstag(e) I 100; bei Lebzeiten;
Zeit Lebens; auf Lebenszeit ꝛc.; — lebendig
(‿‿‿) a.; lebhaft a. ꝛc.; (mundartl.) Lebsucht f., vgl. Leibzucht ꝛc. — Lebhonig m.;
Lebkuchen m. (vgl. lat. libum). — Leccage
(spr. äsche) f.: II 132 (frz. coulage). —
lechzen v.: II 92. — Leck a.: Leck n.; lecken
v.; lecker a.; Lecker m. ꝛc. — Lede f.: un-
gebautes Land, besser als mit ee ob. eh
(Kat. 53¹¹): Ledling m. = Champignon. —
Lee f.: (Ggstz. Luv) Leeseite eines Schiffs;
leewärts adv. ꝛc. — Leede ꝛc.: s. Lede. —
leer a.: Leere f.; (leeren v., versch. lehren ꝛc.
Kat. 44¹⁷; 56¹⁵. — Lefse f.: Lippe. — Le-
gatarien (lat.): pl. zu Legatar(ins) II 119.
— Legel: s. Lägel. — léger (frz., spr. leshär)
a.: Légèreté f. II 5. — Legge f. (niederd.):

II 223. — Legionär (lat.) m.: II 7, vgl.
(frz.) légionnaire (spr. leshsjonnär) m. —
legitim (lat.) a.: Kat. 47⁹. — Lehde ꝛc.:
s. Lehe. — Leh(e)n n.: Leh(e)n(s)recht ꝛc.:
Kat. 52¹¹; 56²³. — Lehm m.: Kat. 55⁷;
veraltend: Leim(en); lehmern a. [lehmen,
leime(r)n]; lehmicht a.; lehmig a. Kat. 87⁶.
— Lehn n.: s. Lehen, Kat. belehnen ꝛc. —
Lehne f.: lehnen v. Kat. 55²⁶. — Lehr n.:
Lehre f. (versch.: Leere); lehren v. (versch.:
leeren); Lehrer m.; lehrhaft a.; Lehrling m.ꝛc.
Kat. 56¹⁴. — Lei f.: nur noch in Zsstzgn.,
wie allerlei, einerlei ꝛc. I 89. — Leias m.:
gemäß der Ausspr. des engl. lias; so:
L(e)iasformation ꝛc. — Leib m.: (versch.
Laib) bei Leibe nicht! I 90; aus Leibes-
kräften; bei Leibesleben ꝛc.; Leibesübung f.ꝛc.;
Leib(=)arzt m. ꝛc.; Leibbinde f.; leib(=)eigen
a.; Leibeigener m. ꝛc.; Leib(ge)bing(e) n.,
Leib(=)rente f., Leib(=)zucht f. (vgl. Lebsucht)
ꝛc.; leibhaft a.; leiblich a. ꝛc. — Lei(=)cester
(engl., spr. lester): II 171. — Leichdorn m.:
Leiche f. (versch.: Laich); Leichnam m. ꝛc. —
leicht a.: (versch.: laicht v. laichen) leicht-
hin, leichtweg adv. I 116; 132; 143; leicht-
bewaffnet a., ein Leichtbewaffneter ꝛc., aber
z. B.: leicht gekleidet; leicht erregt ꝛc. I 41 ff;
versch.: leicht fertig u. leichtfertig ꝛc.; leicht-
herzig II 110; 179 ꝛc.; Leicht(=)heit f.;
Leicht(=)tigkeit f. ꝛc.; — ein Schiff leichte(r)n,
gewöhnlich — wie bei seemänn. Ausdr. —
in niederd. Form: lichte(r)n; L(e)ichter m. ꝛc.
— leid a.: Einem Etwas leid machen;
Einem leid sein, thun, werden I 60 ꝛc.;
Einem, sich ein Leides (an)thun ꝛc.; Leid
n.: ein Leid (an)thun; zu Leide thun; sein
Leid klagen; Leid tragen; ein Leidtragen-
der; Leidwesen n. ꝛc.; leiden v., Leiden
n. (versch.: Leyden) versch.: seide ob. leib'
(versch. seid, spr. leit) I 26; Kat. 121⁴ ꝛc.;
leidend a., ein Leidender, leidentlich a.
(Kat. 73²) Leidenschaft f. ꝛc.; leider! interj.;
leidig a.; leidlich a. — Leier f.: versch.
Leier m. Kat. 51¹⁰; leiern v. ꝛc. — Leihen
v.: Impf. sieh Kat. 50¹³; 51¹; 52¹⁴; Leiher
m.; Leihhaus n. Kat. 52²⁷. — Leilauf m.:
Kat. 50²⁹, vgl. Leitgeb. — Leilach n.: Lei-
laken, Leilich n., mundartl. st. Leinlaken. —
Leim m.: Tischler=, Vogelleim ꝛc.; Leimruthe ꝛc.
(s. auch Lehm); leimen n.; leimicht, leimig
a. Kat. 87³. — Lein m.: Berg=Lein m.;
Dotter=Lein m. (versch.: Berglein m.; Dotterlein n. I 13) ꝛc.; Leinlaken n. (s. Leilach);
Leinöl; Leinsaat; Lein(e)wand f. (s. u.
Leinen); Leinweber m. ꝛc. — Leine f.:
seemännisch (niederd.) auch: Lien —; Lein-
länßer m.; Leinpfad m. ꝛc. — leinen a.:
niederd., aber schriftüblich: linnen; Leinen,
Linnen n. (vgl. Leinwand). — Leipzig: Leipziger m., a. II 25. — Leis m.: s. Kyrie. —
leise a.: nicht im leisesten zweifeln ꝛc. II 32.—

Leitgeb m.: oberb. = Schenkwirth, vom veralt. Leit, wie in Leikauf = Weinkauf; umgedeutet: Leutgeb. — Leitha f.: Nebenfluß der Donau: cis= u. transleithanisch a. ꝛc. — Leitmeritz: in Böhmen. — Lek(=)tion (lat.) f.: [oberb. auch Letz(g)e f.; niederb.: Lex f., m.] Lektor m.; Lektüre (frz.) f. II 95; 204. — Lemming m.: nordische Wandermaus. — Lendemain (frz., fpr. langdeméng) m. — Leonhard m.: vgl. frz. Léonard (fpr. leonär), it. Leonardo ꝛc. u. Lienhard. — leoninisch (lat.) a. — Le(o)nore f.: f. Eleonore. — Leopard (gr.) m. — Leopold m.: (älter Leupold, aus Liutbald). — Lepidop(=)teren (gr.) pl. — II 195 ꝛc. — Le(=)prose (gr.) f. II 192. — Lerche f.: Singvogel, verfch. Lärche. — lernäisch (gr.) a.: II 6. — lesen v.: du, er liest (verfch.: ihr liest, v. laffen, vgl. auch Lift); ihr lest; Imper.: lies! Kat. 49¹⁴; 75²³ ff; 77¹⁷; 100⁹; II 71; Impf.: las, Konj.: läse, verfch.: ich lese (Präf.); Lese f. ꝛc.; Lesebuch n. ꝛc., aber in Zssztgn., deren zweite Hälfte mit einem Vokal beginnt, besser mit Bindestrichen, II 109, z. B.: Lese=Esel m.; Lese-Übung f.; Lese-Unterricht m. — Lef(=)fing: II 129: Lessing's, die Lessing'sche Prosa ꝛc. — Le(=)sczyns(=)li: II 127. — letal (lat.) a.: nicht mit th. — lethäisch (gr.) a.: Lethargie f.; Lethe f, m. — Leto (gr.) f. — Letter f.: Lettern pl. aber (II 105) z. B.: avant [fpr. awáng] la lettre ꝛc. — Letze f.: Letz(=)trunk m.; zu guter Letze, heute zumeist umgedeutet: zu guter Letzt (f. b., vgl. auch Lektion); letzen v., du letzest, seltner: letzt; er, ihr letz(e)t ꝛc. — letzt a.: vgl. den Ggstz. erst; auch als weibl. Hauptw.: auf die Letzt; zu guter Letz (f. Letz I 43); ferner: letzthin adv. I 133. — Leu m.: des, die Leuen (Löwen). — leuchten v.: Leucht(=)thurm II 179. — leug!: alter Imper. v. lügen (f. d.), vgl. du leugst, er leugt Kat. 75³⁵; leugnen v. 33¹⁵. — Leukadien (gr.): II 117; 124. — Leukor=rhöe (gr.) f.: II 174. — Leukothea (gr.) f.: II 124. — Leumund m.: Kat. 33¹⁴, dazu verleumden v. — Leute pl.: leutselig a., f. auch Leitgeb. — Leut(=)nant m.: deutscher Ausspr. gemäß für frz. lieutenant (fpr. ljötenäng) Kat. 22⁵. — leuterieren v.: f. läuterieren. — Leuthen: in Schlesien. — Levana (lat., fpr. lew=) f. — Levante (it. fpr. lew=) f.: levantinisch a. ꝛc. — Levee (frz.) f.: Lewer (Beides fpr. lewé). — Levi (hebr., fpr. lēwi) m.: f. Levit ꝛc. — Leviathan (hebr., fpr. lew=) m. — Levir (lat., fpr. lēw=) m.: Levirat(siehe) ꝛc. — Levit (hebr.=lat., fpr. lewīt) m.: (f. Levi) Einem die Leviten lesen ꝛc.; Levitenrock m., Levite f. ꝛc.; Levitikus m.; levitisch a. ꝛc. — Lev-koje (gr.) f.: Kat. 16⁹; 64³⁴; 80⁷ (nicht: Levkoie, Levkoye). — Lex: f. Lektion; auch

(lat.) f.: Gesetz. — Lexika (gr.): pl. zu Lexikon n.; lexikalisch a.; Lexikograph(ie) ꝛc. — Leyden: in Holland: Leydener m., a. L'hombre (span.-frz., fpr. longb'r) n. u. m. = L'hombrist m., auch — mit deutscher Ausspr. —: Lomber; Lombrift. Liage (frz., fpr. liäßhe) f.: Liaison (fpr. liäfóng) f. — Lias: f. Leias. — Libanon (hebr.) m. — Libell (lat.) n. — Libelle (lat.) f. — liberal (lat.) a.: Liberalismus m.; Liberalität f.; Liberté (frz.) f.; Libertin (fpr. =éng) m.; Libertinage (fpr. =ináßhe) f. ꝛc. — Liburnien (lat.) n.: II 119; liburnisch. — Libyen (gr.) n.: Libyer m.; libysch a. — Licent (lat.) m.: Licentiat m.; Licenz f. — Licht n.: Licht'=)hut m. II 179 ꝛc.; Lichtmes, Lichtmesse f.; Licht-Ur=Theilchen I 14; II 209; licht a., lichtbraun a. ꝛc. — licht m.: f. leichtern. — lichterloh v.: Kat. 52¹⁶. — Licitation (lat.) f.: licitieren v. ꝛc. — Lid: f. Lied. — Lido (it.) m., n. — lieb a.: lieb haben; lieb gewinnen ꝛc., aber: liebkosen v. I 53 ꝛc.; Liebhaber m., Liebhaberei f. ꝛc.; Liebkosung f. ꝛc.; lieber, am liebsten, f. auch fürlieb; Lieb n.: der, die Liebste ꝛc.; Ew. Liebden; Liebe f.; Einem zu Liebe ob. zu Lieb I 90 ꝛc.; Liebesaffaire f.; Liebes(=)trant m. II 155 ꝛc.; liebeglühend, liebesehnend a. ꝛc. I 38; lieben v., Impf. liebe ob. lieb', wie: ich lieb' (in der Ausspr. verfch. v. lieb, f. o.) I 25 ff; Kat. 120³⁶ ꝛc.; lieb(=)lich a.; Lieb(=)ling m. II 179 ꝛc.; Liebstöckel m., Umdeutschung v. Ligustum levisticum ꝛc. — Licht: veraltet, mundartl. ft. Licht (Kat. 49⁷), doch noch im geogr. Namen: Liechtenstein, unterschieden v. Lichtenstein. — Lied n.: auch Augenlied Kat.48²⁶ ff; Mz.: Lieder. — Liedermann m.: v. liederlich (vgl. Grobian, Dummerjan, Jan) Kat. 31²⁸. — liedern v.: v. Leder (vgl. fiedern v. Feder ꝛc.). — Lieferant m.: v. liefern. — liegen v.: verfch. v. lügen (f. b.). — Liegnitz: II 186. — lieh: Impf. v. leihen (f. b.). — Lien f.: f. Leine; Buliene; Marlien ꝛc. — Liene f.: Waldrebe (verfch. Line). Lienhard (3filbig) m.: II 118 = Leonhard. — Lienzingen f.: II 118. — lies! Imper. v. lesen (f. b.). — Liesch n.: Lieschgras n. — Lieschen, Liese: weibl. Name, nicht felten statt des korrekteren Lischen ꝛc.; aber richtig z. B.: Balgliese ꝛc. — Liespfund n.: liest: f. lesen. — ließ, ließt: f. laffen. — Lieue (frz., fpr. ljö) f. — Lieutenant: f. Leutnant, aber (II 105) z. B.: lieutenant du roi (frz., fpr. ljötenäng bü roá) ꝛc., auch Lord Lieutenant (engl., fpr. =tenent) ꝛc. — Liga (it. ꝛc.) f.: Lige, vgl. Ligue (frz., fpr. lig', einfilbig) II 133 ff; Ligist m., ligistisch a. — Lig(=)nit (nlat.): lig(=)nös ꝛc. II 186. — Li(=)gnh (frz., fpr. linji): II 185. — Li(=)groïn n.: II 109.

Ligue f.: in besondrer Anwendung auf Frankreich für Lige (s. b.); dazu: Liqueur (spr. ligör) m.= Ligist. — Liguorianer m. — Ligurien: II 120; ligurisch a. — liieren (frz.) v. — Likör m.: II 78; Liköre pl. 2c. — Liktor (lat.) m. — Lila (pers.) m., n.: lila a., besser als mit Doppel-l. Kat. 40¹⁹, vgl. Gala. — Lilie (lat.) f.: II 118. — Liliputt (engl.) n.: Liliputter m., liliputtisch a., aber: Liliputaner m. 2c. II 213, unnöthig mit Doppel-l. — Lilla 2c., Lilliput(t) 2c.: s. Lil 2c. — Lilybäum(gr.)n.: II 114. — Limoges (frz., spr. =mösh): Limoges-Vasen 2c. — Limonie f.: Limone (it.) 2c. — Limousin (frz., spr. limuséng): Limousine (spr. =sin) f.; limousinisch a. 2c. — Lina f.: Linchen n., Line f., verkürzt aus Karoline (s. b.); versch. Liene). — Lindwurm m. — Lineal (lat.) n.: Lineament n.; linear a.; Linearperspektive f. 2c.; liniieren v., s. liniieren. — Linge (frz., spr. lengsh) f.: Lingerie. — lingual (lat.) a.: Lingualbuchstaben 2c.; Linguist m.; linguistisch a. — Linie f.: II 129; liniieren v. üblicher u. besser als (lat.) liniieren, s. ei. — link a.: die linke Hand; die Linke II 17; linker Hand (I 85); linkerseits adv. (I 98); Linkheit f.; linkisch a.; links adv.; links ab (I 117); linksher (I 133), aber z. B.: von links her; linkshin, aber z. B. nach links hin; linksum marschieren, aber z. B.: sich links umwenden; er wendet sich links um 2c. (I 141), dagegen wieder (als Subst.): Linksumkehrt machen 2c. — linnen a.: Linnen n., s. leinen. — Linse f.: versch. Lünse. — Lion (frz., spr. liong) m.: versch. Lyon. — Lipothymie (gr.) f.: Ohnmacht, versch. Lypothymie. — Liqueur s. Likör; liquid(e) (lat.) a.; Liquidation f., liquidieren v.; Liquor m. 2c. — Lira (it.) f.: (versch. Lyra); Mz.: Lire. — Lisbeth, Lischen, Lise, Lisette: s. Elisabeth, — sämmtlich richtiger mit i als mit ie. — Lisière (frz.) f.: II 115. — Li(=)spel m.: li(=)speln v.; Lispelsprache f. 2c. II 144 ff; 158. — Lissa (versch. Lyssa): geogr. Name, z. B. einer dalmatischen Insel, einer Stadt in Posen 2c. — Lissabon: Lissabonner m., mit Verdoppelung des Schlußkonsonanten, wie in Kottbusser 2c. (doch vgl. Amsterdam 2c.). — List f.: (versch. liest 2c.); Mz.: Li(=)sten, wie v. Liste f. — Litauci (gr.) f. — Liter (frz., litre) m.: s. Centiliter 2c.; s. Litter 2c. — Litewka (poln.) f. — Lithoglyph (gr.) m.: Lithograph m., lithographieren v. 2c.; Lithophanie f.; Lithozöon (4silbig, II 121) n.; Lithurg m. (versch. Liturg) 2c., — v. Lithos = Stein. — litoral 2c.: s. Littoral. — Litotes f. — Litre: s. Liter. — Littauen: besser mit tt als mit tth od. th (Kat. 128¹³, vgl.: die Letten 2c.): Littauer m., a.; littanisch a. 2c. — Littera

(lat.) f.; Litterarhistorie f.; litterarisch a.; Litterat m.; Litteratur f. 2c., sämmtlich besser mit doppeltem als mit einfachem t. — littoral (lat.) a.: Littoral(e) n., besser mit tt als mit t. — Liturg (gr.) m.: Liturgie f.; Liturgit f.; liturgisch a., auf den Gottesdienst bezüglich 2c., versch. Lithurg 2c. — Litze f. — Live m.: Livland n.; Livländer (vgl. über die Ausspr. =iv). — Liverpool (engl., spr. liwwerpul). — Livraison (frz., spr. liwräsong) f. — Livre (frz., engl., spr. liw'r) m., n.: Livre Sterling 2c. — Livrée (spr. liwré) f.: II 5 (veraltend Liverei); Livrée-Eichhorn n. II 109. — Llama: s. Lama 1. Kat. 102¹⁰. — Llanero (span., spr. ljanéro) m.: Llanos pl. — Lloyd (engl., spr. loïd) m.

Lob n.: lobhudeln, lobposaunen, lobpreisen, lobsingen v. I 54; loben v., lobenswerth a. 2c.; lobesam, lobesan a.; löblich a. — Loch n.: des Loch's (II 69); die Lö(=)cher, Lö(=)chelchen n., Lö(=)cherchen pl.; löch(=)rig a. — Lochien (gr.) pl.: Lochodochien pl. II 117. — Lock-out (engl., spr. =äut) m.: Arbeitssperre. — Locke f.: in der Silbenbrechung Lok-ke, dagegen als engl. (einsilbiger) Name untheilbar, aber z. B.: John Lo=dens Verdienste II 128. — loco (lat.): in loco (v. locus). — lodderig a.: lodderu n., niederd. st. lotterig 2c. — Lode f.: Sommerlode 2c., nicht (der Ausspr. zuwider) Lote. — Loden m.: Lodenjacke 2c. — lodern v. 2c. — Lodoicea f.: Art Palme; Mz. (5silbig) Lodoiceen II 109; 114. — Lodomerien n.: II 119. — Löffel m.: Kat. 31¹³: zwei Löffelvoll (s. voll); löffeln v. — log: Impf. v. lügen, Konj.: löge. — Log 2c.: s. Logg. — Logarithm(e) (gr.) m.: logarithmisch a. — Loge (frz., spr. lohse) f.: II 131; Logement (spr. =mäng) n., in der Volkspr. auch Losament, Losement. — Logg (niederd.) m., n.: II 223 (versch.: log); Logge f.; loggen v. (versch. logen); Loggbuch (aber in ganz engl. Form z. B. Logbook), Loggholz, Loggleine f. 2c., aber (I 17) Logg-Gatten pl.; Logg-Glas n. — Loggia (it., spr. lobsha) f. = Loge, Mz.: Loggien. — logieren (frz., spr. losh=) v.: Logis n. (spr. loshi, im Plur. loshis); veraltet auch losieren v., Loster n. — Logik (gr.) f.: logisch a. — Logo(=)gryph (gr.) m.: s. Griph (nicht mit v); Logothet. — loh: lichterloh, Lohe f.: (auf, empor)lohen v. — Loh(e) f. 2c.: Gärberlohe; lohgar a. 2c.; lohen (löhen) v., Loher (Löher) m. = Lohgärber 2c. — Lohde: s. Lode. — Lohme f.: Lomme, Lumme (Tauchervogel). — Lohn m. (n.): die Löhne; lohnen v.; löhnen v.; Löhnung f. — Loir (frz., spr. loar) m.: Nebenfluß der Sarthe, versch.: Loire (spr. loar) f.: Hauptfluß Frankreichs. — Loisach f.: Nebenfluß der Isar.

Loiz: in Pommern. — lolal (lat.) a.: Lokal n.; lokaliſieren v.; Lokalität f.; loko adv., ſ. loco: Lokomobile f.; Lokomotive (ſpr. -ſive) f. — Lolution (lat.) f.: Lolutorien, pl. v. Lolutorium ꝛc. — Lolch m.: Art Unkraut: des Lolchs II 69. — Lombard m., n.: (unnöthig mit frz. Ausſpr. — longbär, vgl. Longobarde): Lombarde m.; Lombardei f.; lombardiſch a.; lombardiſch = venetianiſch (I 17); lombardieren v. — Lomber ꝛc.: ſ. l'hombre. — Longe (frz., ſpr. longſb') f.: longieren v. — Longobarde m.: üblicher als Langobarde (abb. lancpart, lampart, d. i. Langbart, vgl. Lombarde, Lambertsnuß ꝛc.). — Longſhawl m.: ſ. Shawl. — Loos: ſ. Los. — Lootſe: ſ. Lotſe. — Loquacität (lat.)f. — Lör m., n., f.: (veralt.) Riemen. — Lorbeer m.: Lorbeere f. ꝛc.: Beere. — Lorch m.: Lurch: des Lorchs I 69; mit den Lorchen, vgl. lorchen v. II 90, ſ. d. Folg. — Lorchen n.: Lore, ſ. Eleonore. — Lord (engl.) m.: Lord = Mayor (ſpr. mëörr). — lören v.: ſchreien ꝛc. — Lorenz m.: ſ. Laurentius. — Lorette (frz.) f. — Lor(=)guette (frz., ſpr. lornjétte) f.: Lor(=)gneur (ſpr. =ör) m.; lor(=)gnieren v.; Lor(=)gnon (ſpr. =öng) n. ꝛc. II 185. — los a.: los ſein; los werden I 71, aber: losbinden (verſch.: loſe binden); loskaufen; loslöſen; losmachen; losreißen ꝛc.; auf Etwas los (vgl. zu 2b) ſtürzen ꝛc. — Los n.: (Kat. 45³³; 95²⁸), Loſe pl.; Löschen n. (verſch. löſchen II 122); loſen v. ꝛc. — Loſament: ſ. Logement. löſchen v.: ſtatt des veralteten leſchen Kat. 31¹³; tranſit.: du löſcheſt, ſeltner löſcht (II 71), er löſch(e)t; Impf.: löſchte; Partic.: ge= löſcht ꝛc.; — intranſ.: du, er (er)liſcht, Im= per.: erliſch! (Kat. 75²³ ff); Impf.: erloſch, Konj.: erlöſche (wie im Präſ.). — loſe a.: ſ. los; der, die Loſe, — verſch.: ich loſe ꝛc. (v. loſen), die Loſe (pl. v. Los). — Loſe= ment: ſ. Logement, — loſen v.: — ſ. Los —: (du) er, ihr loſt; Impf.: loſte; Partic.: geloſt II 152. — löſen v.: (vgl. los, loſe,) (du), er, ihr löſt; Impf.: löſte; Partic.: ge= löſt II 152. — Loſier ꝛc.: ſ. logieren. — löslich a. — Löſung f. — Lot (hebr.) m.: bibl. Name. — Lote: ſ. Lode. — Loth n.: Blei, Gewicht ꝛc.: lothrecht a. ꝛc.: lothen v.; löthen v.; Löthung f. ꝛc. — Lo= thar m. (ſ. Chlothar, vgl. Luther): Lotha= ringen, Loth(=)ringen II 86; 175; 197. — Lotophage (gr.) m.: Lotos m. — Lotſe m.: lotſen v., auch — um die Dehnung des o hervorzuheben: Lootſe u. Lothſe. — Lott= chen n.: Lotte f., ſ. Charlotte. — Lotter m.: Lotterbube m.; lotterig (niederd.: lodderig) a.; lottern (niederd. loddern) v. — Lotterie (frz. loterie) f.: Lotterie(e)n pl.; Lotto (it.) n. — Lotus m.: Lotos. — Louis (frz., ſpr. lüi) m.: ſ. Ludwig II 206; Louisd'or, ſ. d'or.

Louiſe f., auch (in ganz deutſcher Schreib= weiſe): Luiſe II 207; Louiſiana. — Loupe: ſ. Lupe. — Loure (frz. lur) f.: Tanz ꝛc. — Louvre (frz., ſpr. lūv'r) m. — Löwe m.: vgl. Leu. — Lowry (engl., ſpr. lōri) m., f., n.: Lowries pl. — Lo(=)ro(=)dromie (gr.) f.: loxodromiſch a. — loyal (frz., ſpr. loajál) a.: Loyaliſt m.; Loyalität f.; Loyauté (ſpr. loajoté) f. — Loyola (ſpan., ſpr. lojóla) m.: Loyoliſt, Loyolit m.

Lübeck: Lübe(=)cker m., a. II 125; 129; lübe(=)ckiſch a., lübeckiſch a., lüb(i)ſch a. — Lucca (it.): Luc(=)cheſe (ſpr. luckéſe) m. ꝛc. II 188; 118. — Lucerne: ſ. Luzerne. — Luchs (ſpr. lur) m.: ſ. auch ablugſen. — Lucian (gr.) m.: lucianiſch a.; Luciane f.; Lucie (lat.) f. II 117; Lucifer m.; Lucina f.; Lucius m. — Lücke f. — Lüderjan ꝛc.: ſ. Liederjan. — Ludolf: Kat. 65²⁵, vgl. Adolf; Ludwig, vgl. Chlodwig; Louis. — Luf ꝛc.: ſ. Luv. — Luft f.: Luftballon m. (ſ. Ballon); Luft(=)heizung II 111 ꝛc.; lüften v. ꝛc. — Lug m.: ſ. Lüge f.: Einen Lügen ſtrafen ꝛc. I 56; lügen (ſ. b.). — lugen v.: Lug=ins=Land m. I 22. — lügen v.: jetzt unterſchieden v. liegen (ſ. b., vgl. Lug; Trug), obgleich — wie auch trügen — in der Abwandlung übereinſtimmend mit fliegen (ſ. b.): log, löge; gelogen u., alter= thümlich: du leugſt, er leugt; leug! (ſ. b.); — Lügner m.; lügneriſch a. ꝛc. — lugſen v.: (ſ. ablugſen) er lugſt, lugſte ꝛc. II 152. — Luiſe ꝛc.: ſ. Louiſe. — Luitgard f.: Luitpold m., ſ. Leopold; Luitprand m. ꝛc. — Lukas m.: bibl. Name. — Luke f.: II 93, nicht Lucke. — Lukmanier: in den Alpen. — lu= krativ (lat.) a.: (ſ. lv); lukrieren v. — Lu= cretia (lat.) f.: Lucretiens ꝛc.; Lucretius m. — Lukul(lus) (lat.) m.: lukulliſch a. ꝛc. — Lunarien (lat.): pl. zu Lunarium II 119; lunatiſch a. ꝛc. — Lunch (engl., ſpr. lönſch) n., m. = Luncheon (ſpr. lönſchön): lunchen v. — Lunel (frz., ſpr. lünéll): Stadt u. — (m.) Wein von dort: Muskatlunel. — Lu= nette (frz., ſpr. lünétt) f. — Lünſe f.: Achs= nagel (verſch. Linſe). — Lupe (frz. loupe) f.: Vergrößerungsglas II 207 (verſch.: Luppe). — Lupercalien (lat.) pl. — Lu= pine f. — Luppe f.: = Deut, Eiſenklumpen. — Lurch m.: 1) ſ. Lorch. — 2) (engl., ſpr. lörtſch) = Matſch. — Luſitanien n.: Luſita= nier m. II 118. — Luſt f.: luſtwandeln v.; das Luſtfahren, Luſtfahrt f. ꝛc. II 55. — Lüſter (frz. lustre) m. II 204. — lüſtern v. (auch: lüſten) u. a.; Lüſternheit f. ꝛc. — Lu(=)ſtra (lat.): pl. zu Luſtrum; Luſtration f.; Luſtre, ſ. Lüſter, puch (ſpr. löſter) v., Art Zeugſtoff, z. B.: Mixed=Luſter, vgl. Lu(=)ſtrine (ſpr. lüſtrīn) f., Lu(=)ſtring (engl., ſpr. löſtring) n. ꝛc.; lu(=)ſtrieren v.; Lu(=)ſtrum n., Mz.: Lu(=)ſtra (ſ. o.) ob.

Lu(=)ſtren ꝛc. — **Luther** m.: II 199 (vgl. Lothar, verſch.: Lutter): Lutheraner m.; lutheriſch (◡—◡) a., daneben in der Volksſpr. lütheriſch (II 2), vgl. auch: Luther'ſch 130 ꝛc., z. B.: die lutheriſche (◡—◡◡) Kirche ꝛc.; die Luther'ſche Bibelüberſetzung ꝛc. — lutieren (lat.) v. — **Lu(=)trophil** (gr.) m. ꝛc. — **Lutter** m.: Branntweinvorlauf. — **Lützow** (ſpr. =o): Lützow(=)er m.; lützow(=)iſcher od. Lützow'ſcher Huſar II 141. — **Luv** (dän. ꝛc.) i.: Ggſtz. Lee, beſſer als Luf, ſ. d. Fortbildung (an)luven, holl. (aan)loeven, obgleich loef ꝛc.; ſo: luvgierig a.; Luvhalter m.; Luvſeite f.; luvwärts adv. ꝛc. — **Lu(=)ration** (lat.) f.: lu(=)rieren v. — lu(=)guriös (lat.) a.: II 139; 225; Lu(=)gus m. — **Luzern**: in der Schweiz: Luzerner m., a.; luzerniſch a. — **Luzerne** f.: Schneckenklee (frz. luzerne; engl. lucerne).

Lyäus (gr., 3 ſilbig) m.: II 114. — **Lyceen** (gr., 3ſilbig): pl. zu Lyceum II 114; lyceïſch a. 109; Lyceïſt m. ebd.; Lyceum n. 115. — **Lynch(=)nis** (gr.) f. ꝛc. — **Lycïen** (gr.) n.: II 117. — **Lydien** (gr.) n.: II 117; Lydier m. ꝛc. — **Lykan(=)throp** (gr.) m.: Lykomebes m.; Lykopobien pl. zu Lykopopobium n.; Lykurg(us) m., lykurgiſch a. ꝛc. — lym(=)phatiſch (gr.) a.: Lymphe f. ꝛc. — **Lynceus** (gr.) m.: Lynkeus. — **Lynch** (engl., ſpr. lintſch) f.: Lynchgericht n.; Lynchjuſtiz f. ꝛc.; lynchen v. — **Lyon** (frz.) n.: (verſch. Lion) Stadt: Lyoner m., a.; lyoniſch a. **Lypothymie** (gr.) f.: Trübſinn, verſch.: Lipothymie (gr.) f.: (verſch. Lira): Lyrik f.; Lyriker m.; lyriſch a. — **Lyſi(=)lles** (gr.): II 125; Lyſipp(us) m., Lyſi(=)ſtratus m. ꝛc. — **Lyſſa** (gr.) f.: Hundswuth (verſch. Liſſa): Lyſſophobie f. ꝛc. — **Ly(=)thrum** (gr.) n.: Blutkraut, — verſch.: Ly(=)trum n., Löſegeld. II 198.

M.

Maal ꝛc. — ſ. Mal; Mahl. — **Mäander** (gr.) m.: mäan(=)driſch a. — **Maat:** 1) m. (niederb.) Nachtalp, ſ. Mahr. — 2) m.: Krater erloſchener Vulkane in der Eifel ꝛc. — Maar f.: Fluß: Maas(=)tricht (Trajectus Mosae) II 153. — **Maaß:** ſ. Maß. — **Maat** (niederb., ſeem.) m.: Maatſchaft f. (vgl. Maskopei). — **Maatjeshering** (holl.). — **Mab** (engl., ſpr. mébb) f.: Fee Mab. — **Mabille** (frz., ſpr. mabíl) n. — **Mac:** vor ſchott. Namen (II 127), z. B. Macbeth; Mac=Mahon; Macadam (ſ. Makadam) ꝛc., abgekürzt auch M', z. B.: M'Lean ꝛc. — **Macaire** (fr., ſpr. matär) m. — **Mac(=)cabäer** (hebr.) m.: II 96. — **Mac(=)cherone** (it., ſpr. mac=) m. ꝛc.: ſ. Makarone ꝛc.

Mac(=)chiavell(i) (it., ſpr. mackjawéll) m.: II 88; 128; Macchiavellismus m.; macchiavelliſtiſch a. ꝛc. — **Macedonien** (gr.) n.: II 119; Macedonier m. — Mäcen (lat.) m.: Mäcenaten pl. ꝛc. — **Maceration** (lat.) f.: macerieren n. — **Machete** (ſpan., ſpr. matſchéte) f. — **Machination** (lat.) f.: machinieren v., ſ. Maſchine ꝛc. — **Macht** f.: Kat. 84[20]; mäch(=)baber m.; Macht(=)herrſcher m. II 111; 179; mäch(=)tig a. ꝛc. — **Mackintoſh** (engl., ſpr. méckintoſch) m. — **Maçon** (frz., ſpr. maßóng) m.: II 137; Maçonnerie f. — **Madagas(=)kar** II 125. — **Madame** (frz., ſpr. mabám') f.: Mz.: Mesbames (ſpr. mäbám), — in der Volksſpr. auch: Mabam f., Mz.: Mabams. — **Mäd-chen** n. — **Madeira** (port., ſpr. =éra): auch Mabera. — **Madeleine** (frz., ſpr. =län) f.: Mabelon (ſpr. =lóng) f., ſ. Magbalene. Mabelonnette f. — **Mademoiselle** (frz., ſpr. mab'moaſéll) f.: Mz.: Mesbemoiſelles (ſpr. mäb'moaſéll) n. — Mabemoiſellen, vgl. Demoiſelle n. Mamſell. — **Madera** n.: Mabera(wein) m., deutſcher Schrift gemäßer als Madeira. — **Ma(=)dras:** Mabrastücher ꝛc. — **Madratze:** f. Matratze. — **Ma(=)drid** (ſpr. dritt II 215): Madriber m., a. (ſpr. =dritter), in ſpan. Form: Madrileño (ſpr. =énjo). — **Maelſtrom:** ſ. Mahlſtrom. — **Maeſtro** (it., 3 ſilbig I 3) m.: mit lat. Lettern: Maëſtro. — **Magaſin** (ar.-frz., ſpr. =féng) n.: Magaſinage (ſpr. =ſináſche) f.; Magaſinier (ſpr. =ſinié) m.; Magazin n. (in deutſcher Ausſpr.); magaziniren v. — **Magd** f.: Mägd(=)lein n. — zur Bezeichnung einer Nuance in der Ausſpr. —: Mägd'(=)lein. II 218. — **Mag(=)dalene** f.: Magdalenchen n., vgl. Madeleine, Lene ꝛc. — **Maggiore** (it., ſpr. mabſhōre) m., a. — **Magie** (gr., 2 ſilbig) f.: Magier (3 ſilbig) m. II 117. — **Magi(=)ſtrat** (lat.) m. ꝛc. — **Magna=Charta** (lat., ſpr. kárta) f.: ob. (II 105) magna charta; Mag(=)nat m. II 186. — **Mag(=)neſia** (gr.) f.: Mag-net m.; Magnetiſeur (ſpr. =ſör, Kat. 57[8]; II 130) m.; Magnetoïnbuktionsmaſchine f. II 109 ꝛc. — **Mag(=)nificenz** (lat.) f.: mag(=)nifik a., vgl. — minder gut mit frz. Ausſpr., ſ. II 78; 79; 185; 186; 209 —: ma(=)guifique (ſpr. maujiſik); Mag(=)nifikat n. ꝛc. — Mag(=)nolie (nlat.) f.: II 118. — **Magyar** (ungar., ſpr. mabjár) m. ꝛc. — **Mahaböh** m.: genauer Mahabewa (ſtr.) m. — **Mahagoni** m., n. — **Mahaleb** (ar.) f. — **Mahbub** m.: türk. Münze. — **Mahd** f.: Kat. 53[12]; Mäh(=)ber m. II 173; mä(=)hen v.; Mäher m. — **Mahl** n.: Kat. 53[20], Mablzeit, Gaſtmahl ꝛc. (verſch.: Mal); ferner: Mahlbrief n. (im Schiffbau); Mahlſchatz m. (vgl. Gemahl, vermählen ꝛc.); Mahlſtatt, Mahlſtätte f. (Verſammlungs-

Richtstätte ꝛc.). — **mahlen** v.: (vgl. Mehl,
Mühle) Kat. 53²⁷ —, versch.: malen, —:
Mahlgang m.; Mahlgast m.; Mahlgeld
n.; Mahlgenos m.; Mahlgerinne n.;
Mahlgroschen m.; Mahllohn n.; Mahl=
metze f.; Mahlmühle f.; Mahlmüller m.;
Mahlsand m. (mahlender od. Triebsand);
Mahlstrom m. (norw. maelstrom, Wirbel=
strom); Mahlzahn m. (malmender Back=
zahn); Mahlzettel m.; — **mählich** a.:
vgl. allmählich. — **Mahllohn** ꝛc.:
Mahlsand, s. mahlen. — **Mahlschatz** ꝛc.:
— **Mahlstätte**, s. Mahl. — **Mahlstrom** ꝛc.:
— **Mahlzettel**, s. mahlen. — **Mahmud** m.:
türk. Name: Mahmudi m. ꝛc. — **Mähne** f.:
Kat. 27²¹; 55²⁰. — **Mahnen** (türk.) m.:
Brief mittels der Blumensprache ꝛc. —
mahnen v.: Kat. 55²⁰: Mahnbrief m. ꝛc.;
Mahner m. (vgl. Manichäer); Mahnung ꝛc.
— **Mahomed**: s. Muhammed: Mahome=
daner ꝛc. — **Mahr** m., f. (s. Maar 1):
Mahrschlechte f.; Mahrzopf m. ꝛc. Kat. 56³. —
Mährchen: s. Märchen. — **Mähre** f.: Pferd:
Schindmähre ꝛc. — verkürzt in Marschall;
Marstall. Kat. 56⁴, versch. Märe. — **Mähren**
n.: mährisch a. — **mähren** v.: (mundartl.)
mischend rühren ꝛc.: Mährde f. = Kaltschale.
— **Mai** m.: Kat. 19²⁵: Mai=Apfel m.
(I 17: II 109); Mai=Schwamm II 74, vgl.
Maisch ꝛc.; Maibaum m.; Maiblume f.;
Maifisch f.; Maitrank m. ꝛc.; Maie f.;
maien v., maienhaft a.; maisch a.; Mai=
ling m. ꝛc. — **Maid**: f. Kat. 19²², vgl.
Magd ꝛc. — **Maidan** (ar.) m. — **Maiden=
speech** (engl., spr. mëdenspihtsch) f. — **Maie**
ꝛc.: s. Mai. — **Maier**: s. Meier. — **Mail**
(frz., spr. málj) m., v.: (nicht Maille):
Mailbahn f.; Mailkugel ꝛc.; Mailspiel n. ꝛc.
— **Mailand** n.: aus it. Milano. Kat. 125³⁷:
Mailänder m., a.; mailändisch a. — **Mail=
coach** (engl.) f.: od. (II 105) mailcoach.—
Maille (frz., spr. málj) f.: Masche ꝛc.,
versch. Mail. — **Maillechort** (frz., spr. málj=
schör) n. — **Maimon** (türk.) m.: Affenart.
— **Maimonides** m.: Name jüd. Gelehrter ꝛc.
— **Main** m.: Fluß: Main=Donau=Kanal
I 17 ꝛc.; aber (II 105) mit lat. Lettern
(frz.) ꝛc.; à deux [spr. dö] mains ꝛc. — **Maina**
(2silbig) f.: od. Maina (3silbig, II 108),
Mania in Morea: Maineten pl. ꝛc. —
Mai=Nau: Insel im Bodensee, ursprünglich:
die Maien(=)au II 226. — **Maine** (spr. män):
in Nordamerika; in Frankreich: Maine=et=
Loire (=loár). — **Mainland** (spr. mänländ):
Shetlandsinsel. — **Mainote** m. ꝛc.: s.Maina.
— **mainieniren** (frz., spr. mengt) v.:
Maintenue (spr. =tenü) f.: Maintien (spr.
=tiëng) m. ꝛc. — **Mainz**: Mainzer m., a. ꝛc.
— **Maire** (frz., spr. mär) m.: II 7: Mairie f.
— **Mais** (haitisch) m.: Kat. 19³⁵. — **Maisch**

m.: Kat. 20⁸; Maische f.; maischen v.;
Maischbottich m.; Maischverfahren n. ꝛc.
(vgl. dagegen: Mai=Schwamm, s Mai). —
maison (frz., spr. mäsóng) f. (n.): z. B.:
(II 105; 138) maison de santé (spr. sangté),
de ville (spr. wil) ꝛc. — **Maitre** (frz., spr.
mät'r) m.: II 8; 104; Maitresse. — **Ma=
jestät** (lat.) f. ꝛc. — **Majolita** (it.) f.: v.
Majerka. — **Majonnaise**: s. Mayonnaise.
— **Major** (span. mayor, ◡◡) m. — **Majoran**
(nlat.) m.: im Volksmund auch Mei(e)ran.
— **Majorat** (lat.) n.: Majerdomus m.;
majorenn a., Majorennität f.; Majorität f.;
Majorka II 125 (in span. Schreibw. Mal=
lorca, spr. maljórka, vgl. Majolika); **Ma=
jus(=)tel** II 161. — **Makabam** m.: s. Mac=
makabamisieren v. — **Makame** (ar.) f. —
Makaroni (venetian.) pl.: (vgl. Maccherone;
Makrone): makaronische (maccheronische)
Poesie, Verse ꝛc. — **Makassar**: II 125;
Makassar=Öl ꝛc. — **Makel** m., f.: makelhaft,
mak(e)lig a.; makelles a.; mäkeln v., Mä=
kelei f., Mäk(e)ler m., s. b. Folg. — **ma=
keln, mäkeln** v.: Geschäfte vermitteln (vgl.
das Vor.): Makler, Mäkler m., (Sensal) ꝛc.
— **Ma(=)krele** f. — **Mak(=)trobiren** (gr.) m.:
II 117: Makrobiotik f. ꝛc.; Ma(=)krokosmus
m. ꝛc. — **Ma(=)krone** f.: vgl. Makaroni. —
Makulatur (lat.) f. — **Mal** n.: (versch.
Mahl) abstechender Fleck (z. B. in: Mutter=,
Schönheitsmal ꝛc.; Malzeichen ꝛc.); Merk=
zeichen, namentlich als rückbleibende Spur
od. Erinnrung woran [s. malen u. z. B.:
Denk=, Ehren=, Grab= ꝛc., Brand=, Schand=
mal ꝛc., Malart, Malbeil, Maleisen, Mal=
hammer zum Stempeln v. Bäumen im Forst
ꝛc.; Malbaum, in Wassermühlen die Höhe
des Wassers bezeichnend (Fachbaum), ferner
= Grenzbaum u. ähnlich: Malgraben, Mal=
bügel, Malsäule, Malstein ꝛc.]; ferner: der
Zeitpunkt, in dem Etwas geschieht od. ein=
tritt, z. B. (s. I 50 ff; II 91 ff): dieses,
jenes, das erste, das zweite, das nächste, ein
ander(es), das letzte, das vorige, ein früheres,
ein späteres ꝛc., ein einziges, kein einziges
ꝛc., manches, manch liebes Mal ꝛc.; die
vorigen ꝛc., die nächsten ꝛc. Male u. adv.,
verschmelzend z. B. einmal (s. d.), zwei=
mal, zehnmal, hundertmal, dreihundertund=
fünfundsechzigmal ꝛc.; manchmal; vielmal(s);
oftmal(s); allemal; keinmal ꝛc. (vgl. ein=
malig: allemalig a., versch.: allmählich)
und, für das auf der zweiten Silbe betonte
einmal (s. o.) mit Wegfall der ersten
Silbe, auch bloß mal adv., z. B.: es war
mal ꝛc.: nicht mal; noch mal; schon mal ꝛc.
— **Malacca** II 96. — **Malachit** (gr.) m.
— **malade** (frz.) a.: Malabie f. — **Mala=
dresse** (frz., spr. maladrés) f.: mala(=)droit
(spr. =troá) a. — **Malaga**. — **Malag(=)ma**
(gr.) n. — **Malagueta** (span., spr. =géta) f.:

Malaguette (frz., spr. =gett) f. II 132 ff:
Malagueta-Apfel, s. aa. — Malaie m.:
malaiisch a. — Malaise (frz., spr. =äs') f. —
Malakoff m.: II 141. — Malakozoon (gr.)
n.: II 121, Mz.: Malakozoen; Malaktiton
n. ꝛc. — mal-à-propos (frz., spr. malapropo)
adv.: II 105. — Mala(=)ration (gr.=lat.)
f. ꝛc. — Malchen n.: s. Amalie. — Mal=
chow: Malchow(-)er II 141. — Malefikant
(nlat.) m.: Malefiz n. II 80; Malefizgericht
n. ꝛc.; malefizisch a. — malen v.: (versch.:
mahlen): s. Mal; Maler. — Malcutendu
(frz., spr. malangtangdü) n. II 204. —
Maler m.: (s. malen); Malerei f.: malerisch
a., Superl.: malerischt II 72. — Malheur
(frz., spr. malör) n.: II 130: malheuren
v. ꝛc. — malhonett a.: s. honett. — Ma=
lice (frz., spr. =iß) f.: aber (lat.) malitiös
(spr. =ihziöß) a. II 80; 130 ff. — Mallorca:
s. Majorka. — in ganz deutscher Ausspr.:
Mallorka II 125; 126. — Malocchio (it.,
spr. =occhio) n.: II 88; Mz.: Malocchi (spr.
=ocki). — malpropre (frz., spr. =pröp'r) a.:
Malproprité f. — Malstrom: s. Mahl=
strom. — Malta: Malteser m., Malteser=
bund m., Malteserkreuz n., Malteserreis n.,
Malteserritter m. ꝛc. — maltraitieren (frz.,
spr. =trät=) v. — Malvasier m. (spr. =wasir):
II 120. — Malve (lat., spr. =we) f. —
Malversant (frz., spr. =wers=) m.: Malver=
sation f.; malversieren v. — Mama f. —
Mameluk (ar.) m.: II 214. — Mammalien
(lat.) pl.: II 118. — Mammuth (russ.) n.
— Mamsell f.: s. Mademoiselle. — man
Kat. 35²⁴; 36²; 107³; II 30. — Mänade
(gr.) f. — manch: subst.: Mancher m.:
Manches n. II 18 ꝛc.; manches Mal (s. b.),
manch liebes Mal ꝛc., aber: manchmal adv.
I 92; mancherhand a. I 25; mancherlei a.
I 89; mancherseits adv. I 98, s. mannigfach ꝛc.
Mancha (span., spr. mántscha): II 89. —
Manchester (engl., spr. mentsch=): Man=
chesterpartei f.; Manchesterthum n. ꝛc., s.
Manschester. — Manchette: s. Manschette.
Mandarin (portug.) m. — Mandelkrähe f.:
auf den Getreidemandeln (Garbenkrähe). —
Mau(=)dschu n.: Mand(=)dschurei f.: II 169.
— Mangel m.: Mangels mit Genit., im
Kanzleistil = aus Mangel an. II 35. —
Manggetreide n.: Manglorn ꝛc., vgl. men=
gen. — Mangold m. — Manichäer (gr.)
m.: s. auch mahnen. — Manie (gr.) f.:
Manie(e)n pl. II 118. — Manier (frz. ma=
nière) f.: II 115; 118; manieriert a. ꝛc. —
Manila: Manilacigarren ꝛc. — Manille
(span., spr. =ilje) f.: im L'hombre ꝛc. —
manieren (frz.): II 78. — mannigfach a.:
(vgl. manch); mannigfältig a. Kat. 82²⁶. —
mannigist: s. allermänniglich. — Manöver
(frz. manœuvre, spr. =öwer) n.: manövrieren
v., vgl. Möbel. — Mansarde f.: üblicher

in deutscher als in frz. Ausspr. (mangßärb').
— Mansch m.: manschen v.; Mauscherei f. ꝛc.
— Manschester (◡◡–◡) m.: Zeugstoff aus
Manchester (s. b.): manschestern a. — Man=
schette f.: II 89, vgl. Manchette (frz., spr.
mangschett). — Mansfeld: Orts= n. Per=
sonenname. — Mantel m.: versch. Mantel,
vgl. Mantilla (frz., spr. mangtilje) f. ꝛc. —
Manualien (lat.) pl.: Mannbien pl., Ma=
nubrien pl. II 115; Manufattur f. ꝛc. II 95;
Mann(=)skript II 159. — Manzanilla (spr.,
spr. =itja) f. ꝛc. — Mäouien (gr.): II 119 ꝛc.
— Maquereau (frz., spr. makerö) m.: Ma=
querelle (spr. =äl) f.; Maqui(=)gnon (spr.
=injöng) m. — Marabu (ar.) m.: Marabu=
federn ꝛc.; Marabut m., bei den Berbern,
Heiliger ꝛc. u.: Begräbnis eines solchen. —
Maras(=)chino (it., spr. =kino) m. — Mara=
thon (gr.). — maraude ꝛc.: s. marode ꝛc. —
Maravedi (span., spr. =wē=) m. — Marbel
m.: s. Marmel. — Marchand (frz., spr.
marscháng) m.: II 89; marchandieren (spr.
=biren) v.; Marchandise f. — marche!: s.
marsch. — Märchen n.: s. Märe; märchen=
haft a. ꝛc. — Marchese (it., spr. =kēse) m.:
(vgl. Marquis): Marches(in)a f. ꝛc. II 88.
— Marcipan ꝛc.: s. Marz ꝛc. — Marder
m.: Marderpelz n. ꝛc. — Märe f.: vgl.
Märchen, versch.: Mähre. — Maréschal (frz.,
spr. mareschall) m.: s. Marschall; Maré=
chaussée (spr. =schossé) f. — Margarete (gr.)
f.: nicht gut mit th statt t; frz. Margue=
rite (spr. margerit); abgekürzt: Grete,
Gretchen, Meta. — Märgel ꝛc.: s. Mergel.
— Marginalien (lat.) pl.: II 118. — Ma=
riage (frz., spr. =äjhe) f. — Marie (hebr.=
gr.) f.: auch (zumal v. der heiligen Jung=
frau) Maria; verkl. Mariechen; Maria
Theresia, Maria-Theresia-Orden (I 17) ꝛc.;
Annamarie, Marianne, besser als Ma=
riane ꝛc., vgl. Marzebill; Marieen (3silbig)
od. Marien (2silbig), namentlich auch als
Bestimmungswort in Zsßgn., z. B.: Ma=
rienbad; Marienglas; Marienkäfer; Marien=
kirche ꝛc. — Marine (frz.) f.: marinieren
v. ꝛc.; maritim a. — Mark n. u. f., auch
m., als Name = Markus, z. B. in Mark
Anton, Mark Aurel ꝛc. — markant (frz.) a.:
II 65; 78. — Markasit (ar.) m. — Marke f.
— Märker m.: Jemand aus der Mark
(versch.: Merker). — Marketender (it.) m.
— marketieren (frz.) v: Marketterie II 78;
212, vgl. koketieren ꝛc. — Markeur ꝛc.:
s. Marqueur. — markieren (frz.) v.: II 78.
— markig a. — Markolf m.: Name (vgl.
Mark f. u. Adolf), auch für den Heher,
ähnlich: Mark(=)walt, Mark(=)wart, auch:
Marquart (Markart ꝛc.). — Markomannen
pl. — Markt m.: Märkte pl. (versch.:
merkte v. merken); Markt(=)halle II 110 ꝛc.
— Markus (lat.) m.: II 116, s. auch Mark.—

Marmara: Insel: Marmarameer: Marmel (vgl. Marmer; Marbel) m., f. — Marmiton (frz., spr. -tóng) m. — Marocco; Maroccaner m., maroccanisch a. II 96, vgl. Maroquin (frz., spr. -kéng) m. II 79. — marode a.: Marodeur (frz. maraudeur, spr. -ödör) m. II 130; marodieren v. — Maron ꝛc.: s. Marron ꝛc. — Maroquin: s. Marocco. — Mar(=)quart: s. Markolf. — Marqueur (frz., spr. -tör) m.: II 79, vgl. martieren. — Marquis (frz., spr. marki) m.: II 79 (vgl. Markgraf, it. Marchese ꝛc.): Marquisat n.; Marquise f. ꝛc. — Marron (frz., spr. -óng) m.; Marrons pl., vgl.: Marrone (it.), Mz.: Marronen II 137: 138. — marsch! (frz. marche!) interj.: Marsch m. II 89; marschieren v. ꝛc. — Marschall m.: noch alterthümlich: Marschalk, vgl. maréchal u. Mähre, wie auch: Marstall m. — Marseillaise (frz., spr. -heljäse) f.: Marseille (spr. -hélj). — Marsyas (gr.) m. — Marter f.: Märterer m., s. Märtyrer. — Martha (hebr.-gr.) f. — martialisch (lat.) a.: Martin m. — Märtyrer (gr.) m.: seltner: Martyr(er) u. Märterer; — Martyrium n., Mz.; Martyrien II 120 (seltner: Marterthum ꝛc.); Martyrologium n. ꝛc. — März m.: Märzhase m. ꝛc., versch.: Merzvieh n. — Marzebille s.: aus Marie (s. d.) Sibylle. — Marzipan (it.) n. — Maschine (frz. machine) f.: II 89; Maschinerie f.; maschinieren v., die Wolle ꝛc. (versch.: maschinieren); Maschinist m. — Maser m., f.: Masern pl.; masericht, maserig a. (s. Kat. 87⁵); Maserholz n., vgl.: Maseller, Maserle f., Masbolder m. Kat. 96¹⁰. — Mas(=)ke (frz.) f.: versch.: Mäsk(=)chen II 78; 161: 162; Mas(=)kerade f., mas(=)kieren v. — Mas(=)kopei f.: (niederd.), vgl. Maatschaft. — mas(=)kulin (lat.) a.: maskulinisch a.; Maskulinum n. ꝛc. — Masovien (spr. -öw) n.: II 121, s. Masure. — Massachusetts (spr. mässachüßits). — massakrieren (frz.) v. — Massikot (frz., spr. -tö) n. — massiv (frz.) a.: s. -iv u. Masse (vgl. Maße). — Mäste f.: s. Meste. — Mastricht: s. Maastricht. — Masure m.: aus Masovien; masurisch a.; Masurek m., Masurka f. — maß: Impf. v. messen II 146; Konj.: mäße; Maß n., Maße f. (versch. Masse, Kat. 97⁵), vgl. Gliedmaßen ꝛc., Mäßchen n.; Maß halten, aber: das Maßhalten, maßhaltend a.; maßgebend a., das Maßgeben, vgl.: Maßgabe ꝛc. I 37: 58 ꝛc.; — in der Maße, das ꝛc., aber: dermaßen adv., wie: solchermaßen ꝛc., abgeredtermaßen ꝛc. I 94ff; außer (alle) Maßen; über die (od. alle) Maßen; ohne (od. sonder) Maß, Maßen, aber: ohnmaßen od. unmaßen adv. u. veraltend: inmaßen, immaßen u. maßen conj. ꝛc., vgl. auch: anmaßen v., muth-

maßen v. ꝛc.; mäßig a. ꝛc. — Maßeller ꝛc.: s. Maseller ꝛc. — Maßlieb n.: Kat. 96⁹. — Mat: s. Maat. — Materialien (lat.) pl.: Materie f.; materiell a. II 115. — Mathematik (gr.) f.: meist mit betonter Endsilbe, doch auch: Mathematik II 1; Mathematiker m. ꝛc.; Mathesis f. — Mathilde f.: vgl. Hildebert. — Matinee (frz.) f.: II 5. — Matjes: s. Maatjes. — Ma(=)traße s. — Mätresse: s. Maitresse. — Ma(=)trize f. (lat. matrix; frz. matrice, spr. -iß). — matt a.: matt(=)herzig a.; Matt(=)heit f.: II 110; 175; vgl. d. Folg. — Mat(=)thäus (hebr.-gr.) m.: II 114; Mat(=)thias m.: Mat(=)thier m. (3silbig) II 115. — Mauer f.: Mauern pl., mauern v., Maurer m., Mauerpolier m. ꝛc., vgl.: Maure m., Mauren pl., maurisch a., Mauritanien n., Mauritius m. (s. Moritz) ꝛc. — Maulvoll n.: dagegen z. B.: das Maul (den Mund) voll nehmen ꝛc. — Mause f.: Mauser f., mause(r)n v., der allgemeinen Auspr. gemäß mit s, nicht ß (Mauße ꝛc.). — Mausoleum (gr.) n.: II 115; Mausoleen pl. 114 (Beides 4silbig). — maussade (frz., spr. moß ꝛc.) a. — Maut f.: Mautner m., besser als Mauth ꝛc. Kat. 59³⁷. — Max m.: Maxd'or (s. D'or) ꝛc.; Ma(=)ximilian (frz.) f.; Ma(=)ximilian n.; Ma(=)ximum (lat.) n. — May ꝛc.: s. Mai ꝛc. — Mayonnaise (frz., spr. majonnäse) f. — Mayor (engl., spr. mëörr) m.: s. Lord-Mayor, vgl. Major; Mayoral (span., spr. majoräl) n. — Mazzette (it.) n. — Mecca (ar.) m.; II 96. — Mechanik (gr.) f. ꝛc., méchant (frz., spr. meschäng) a.: vgl. meschant. II 65; 68; 89. — Mechthildis f.: s. Mathilde. — Mecklenburg ꝛc.: s. Meklenburg. — Médaille (frz., spr. medálje) f.: Médailleur (spr. -ör) m.; Médaillen (spr. -öng) n. — Medea (gr.) f.: Medeens (3silbig) II 114. — Mediceer (it.) m.: mediceisch a. (4silbig) II 109; 114, besser als: Medicäer (lat.) ꝛc. — Medicin (lat.) f.: Medicinalrath m. ꝛc.; Mediciner m.; Medikament n.; Medikaster m.; Medikus m. (Medici pl.). — Medien (lat.) n.: (Medier) II 117; pl. v. Medium (lat.). — Medok (frz., Médoc) II 125. — Med(=)schid (ar.) f.: II 167; 169. — Medschd(=)nun (ar.) m.: ebd. — Meer n.: (versch. Mehr) meerbeherrschend a. ꝛc.; Meerkatze f.; Meerschwein(chen) n.; Meerrettich, s. Merrettich. — Meeting (engl., spr. mit-) n. — megalithisch (gr.) a. — Megäre (gr.) f.: II 6. — Mega(=)stop (gr.) n.: II 160: Megatherien pl. zu Megatherium n. II 119. — Mehl n.: vgl. mahlen; mehlicht a., mehlartig; mehlig a., mehlhaltig Kat. 87⁵; auch: Mehlthau m., der allgemeinen Ausspr. gemäß, nicht: Melthau. — mehr: Kompar.

zu viel, Superl.: mehrst, vgl. meist rc.; mehrere (= einige) Personen, aber ohne Subst.: Mehrere; Mehreres, mit Mehrerem rc.; morgen ein Mehreres ob. ein Mehres, aber — flexionslos immer mit kleinem Anfangsbuchst. — mehr, doch substantiviert: ein Mehr, das Mehr (versch.: Meer) II 15; 31 ff; — mehrere Mal (s. d.), aber mehrmal(s) adv. I 90, vgl. mehrmalig adj.; mehrentheils adv. I 101; mehrerlei a. I 50; 89; mehrfach a. I 50 ff, mehrfach genannt, aber: mehrgenannt a. I 40 rc.; — mehren v., Mehrer m.; Mehrheit f. rc. — Mehrbraten: s. Mürbebraten. — Meier m.: Meierei f. (als Eigenn. auch: Meyer, Maier, Mayer rc. Kat. 18[19]); Meierau, s. Majorau. — Meile f.: meilenbreit a. rc., s. breit. — mein rc.: s. dein rc. — Meinau: s. Mainau. — meiocän (gr.) a.: s. cocän. — Meiran m.: s. Majoran. — Meisch rc.: s. Maisch rc. — Meischen u.: Verkl. v. Meise f. II 122. — meist a.: s. mehr: am meisten adv.; das Meiste; an dem (ob. am) Meisten; die Meisten rc.; meistbietend a.; meistentheils adv. I 101; meistbin adv. I 133. — Meißel m.: meißeln v. —Meißen: Meiß(e)ner m.; a. — Mejiko rc.: s. Mexiko. — Mecklenburg n.: der Ausspr. gemäßer als Mecklenburg. Kat. 128[12]: Mecklenburger m., a. 109[22]. — Melancholie (gr., auch gespr. -koli, vgl. frz. mélancolie) f.: II 88, Melancholiker m., melancholisch a. rc.; Melanch(=)thon m. II 180; Melanesien n. II 120 rc. — Mélange (frz., spr. melángsh') f. — Melanie (gr.) f.: 4silbig, Melanie, dreisilbig II 116; 118. — Melaphyr (gr.) m. — Melcher m.: Melchior (hebr.). — Melee (frz. mêlée) f.: II 5; melieren v., meliert a. (mélé). — Melier (gr.) m.: II 118. — meliorieren (lat.) v. rc. — Melis (frz.) m.: Meliszucker m. — Melisse (gr.) f. — mell a.: mellen v.; Melk(=)kübel m., Melk(=)kub f I 8. — Melodie (gr.) f.: Melobie(e)n pl. II 117; melodiös a.; Melo(=)dram n. rc. — Melpomene (gr.) f.: mit dem Ton auf der 2. Silbe, aber auch: Melpomêne II 3; 4. — Melthau: s. Mehlthau. — Melusine f. — Mem(=)brane (lat.) f. — Memme f. — Mem(=)non (gr.) m.: II 189. — Mémoire (frz., spr. memoär) n.: Mémoiren pl., Memorabilien (lat.) II 107; 118; Memorialien pl.; memorieren v. — Mem(=)phis: Memphit m. — Menäch(=)men (gr.) pl. — Ménage (frz., spr. -áshe) f.: II 131; Ménagerie f.; ménagieren v. — Menelaus (gr., 4silbig) m.: II 114. — Mennig m.: Mennige f. — Men(=)tschikow (russ., spr. -toff) m.: II 141. — Menü (frz.) n.: II 203; Menuett m., f., n.: II 211. — Mephisto(pheles) m. — Mephitis (lat.) f.: mephitisch a. — Mergel m. — mergeln v.:

s. ab=, ausmergeln. — Merkur(ius) (lat.) m.: Merkuriale n. = Merkurialarzenei rc.; Merkuriale (frz.) f. = Verweis rc. II 204. — Merrettich m.: s. Meerrettich. — merzen v.: s. ausmerzen: Merzvieh n. (Brackvieh); Merzkühe, Merzschafe rc. (vgl. März). — Mésalliance (frz., spr. mesalljángß) f.: II 149; mésaillieren v. — Mésaventure (frz., spr. mesawangtür) f. II 149. — meschant a.: vgl. méchant. — Mesdames (frz., spr. mädäm): pl. v. Madame (s. d.): Mesdemoiselles v. Mademoiselle (s. d.). — Mesembrianthemum (gr.) n.: II 149. — Mésentendu (frz., spr. mesangtangdü) n.: ebb. — Mesenterium (gr.) n.: ebb. — Mésintelligence (frz., spr. mesengtellisháng§) f.: ebb. — Mes(=)ner m., als Eigenn.: Mesmerismus m. rc., aber, wie Mesner, in der Bedeutung: Küster, hochd.: Meßner. — Mesopotamien (gr.) n.: ebb.; II 118. — mesquin (frz., spr. -keng u., nam. bei nachfolgendem, -kin) a.: ein mesquines Metier rc.; Mesquinerie f. — Message (frz., spr. -äsh) f.: Messagerie f. rc. — Messci(=)gneurs (frz., spr. mäßenjör): pl. v. Monseigneur (s. d.) II 149; 185. — Messe f.: Meßtag II 153 rc.; zur Meßzeit rc.; ungewöhnlich: Messenzeits (Goethe) I 113. — messen v.: du, er mißt [vgl. missen u. Mist]; Imper.: miß!; Impf. (vgl. anmaßen rc.): ich, er maß, du maßest ob. maßt, ihr maßt rc., Konj.: mäße rc. II 143; 153 rc. — Messenien (gr.) n.: II 119; Messenier m. — Messieurs (frz., spr. meß") pl. v. Monsieur (s. d.) II 149; 150. — Meßner m.: Mesner. — Meste f.: Pech=, Salzmeste rc. — Mestize (span.) m.; f. — I Meta f.: s. Margarete. — II Meta= gr. Vorsilbe, auf die in der Silbenbrechung die Theilstriche folgen II 237, z. B. in Meta(=)chromatypn.; Meta(=)morphose f. rc.; Metapher f., dafür (=)phorisch a.; Meta(=)phrase f.; Meta(=)physik (‿‿‿) u. Metaphysik (II 1); Meta(=)schematismus m.; Meta(=)stase f. Meta(=)thesis f. rc.; doch wenn die zweite Hälfte der Zsstzg. mit einem Vokal (mit. ob. ohne Hauch beginnt, verkürzt in: Me(=)t), z. B. in Me(=)tal(=)lage (aus Meta u. Allage) f., Me(=)tal(=)la(=)ris f.; Me(=)tempsychose f.; Me(=)teor n.; Me(=)thobe f.; Me(=)thyl n.; Me(=)tonymie f. rc.; Metufie f., vgl. meta-arsenifsauer, wie para-arseniksauer rc., s. II 109. — Metall (gr.) n.: Metall-Legierung I 17 rc.; metallen a.; Métalliques (fr., spr. -tifs) pl.: Metalloïd (gr.) u. II 109; metalloïdisch a. rc. — Me(=)tal(=)lage f. rc.; Meteor n. rc.: s. Meta II. — Meter (gr.; frz. mètre) n., m.: vgl. Centimeter rc. — Meth m.: mit dem Dehnungs-h, vgl. Methtrinker rc. — Me(=)thode (gr.) f.: (s. II Meta); Methobit f.; methobisch a.;

Methobist m. ꝛc. — Me(=)thusalem: bibl. Name. — Me(=)thyl m.: s. II Meta. — Métier (frz., spr. mehtje) n. — Me(=)tonymie (gr.) f.: (s. II Meta); Metonymie(e)n pl. — Me(=)tope (gr.) f.: s. II Meta. — Mètre: s. Meter; Me(=)trik (gr.) f., Metriker m., metrisch a.; Me(=)tronom m. ꝛc. — Metronymikon (gr.) n.: metronymisch a. ꝛc. — Me(=)tropole (gr.) f.: Metropolit(antirche) ꝛc. — Me(=)trum (gr.) n.: Mz.: Me(=)tra, Me(=)tren ꝛc. — Mett n.: Mettwurst f. — Mette f.: Sommerfaden (Mettensommer ꝛc.) — u.: Frühmesse ꝛc. (Mettenwurst f., Wurstschmaus in der Christnacht nach der Mette). — metteur en pages (frz., spr. mettör ang päsh) m.: II 105. — Me(=)tusie (gr.) f.: s. II Meta. — Metze f. — Metzelei f.: metzeln v. — Metz(=)ge f.: metzgen v.; Metzger m.; Metzgerei f. ꝛc.; Met(=)zig f. — Menblement (frz., spr. möhblemäng) n.: (s. Möbel); Meu(=)bleur (spr. möhblör) m. — Mewe: s. Möve. — Mexikaner m.: mexikanisch a.; Mexiko n. ob. Mexico (mit span. Ausspr. méchiko) ꝛc., wofür Manche auch Mejiko ꝛc. schreiben. — Meyer: s. Meier. — mezza voce (it., spr. möhtsche): Mezzotinto-Manier f. ꝛc. II 200.

Mias(=)ma (gr.) n.: II 161. — Michael (hebr.) m.: 3 silbig I 8; Michaelis; Michel. — Michigan (engl., spr. mitschigänn). — Midas (gr.) m. — Mid(=)olesex (engl., spr. mibbelsex). — Midshipman (engl., spr. midbschipmann) n.: Midshipmen pl. — Mieder n.: Kat. 31²⁷. — Mieue f.: Gesichtsausbruck, versch. Mine. Kat. 47¹⁹. — Mies f.: Miesschen n.; Mieskatze f., vgl. Miez. — Miesmuschel f. — Miete(=) f.: Milbe — u.: Schober Kat. 47²⁰; 60¹ ff; Kartoffeln ꝛc. (ein)mieten ꝛc., s. b. Folg. — Miethe f.: Miethsvertrag m. ꝛc.; eine Wohnung ꝛc. mieten; sich wo einmiethen, s. b. Vor, vgl. Mythe. — Miez(c) f.: Miezkätzchen n., Miezchen, s. Mies. — Mi(=)gnardise (frz., spr. minj=) f.: Mi(=)gnon (spr. minjöng) m. — u. weibl. Name. — Mignatur: s. Miniatur. — Mi(=)graine (frz., spr. =gräne) f.: besser als Migraine II 8. — Mi(=)krocephale (gr.) m.: Mikrokosmus m.; Mikro(=)stop ꝛc. II 160; 188. — mild a.: mild erwärmend, vgl. milder wärmend I 43 ꝛc.; mild(=)thätig II 176 ꝛc. — Militär (frz.) n.; m.: II 7; militärisch a.; Miliz f. — Millennarier (lat.) m.: II 119; Mil(=)liarbe f.; Millimeter m. ꝛc., s. Centi; Million f.: zwei Millionen (Subst.) u. — als Adj. — zweimillion Einwohner I 47; millionfach a., (zwei)millionmal a., (zwei) Millionen Mal ꝛc. I 51; Millionär m. I 7 ꝛc. — Milordo (it.) m.: Milorbi pl., s. Mylorb. — Milreis (port.) n.: II 109. — Mime (gr.) m.: Mimik f.; mimisch a. — Mimose (nlat.) f. —

Minaret (ar.) n.: auch — in der Ausspr. n. Schreibw. —: Minarett. II 211. — minder a.: — entsprechend auch: weniger — minder (mindest, am mindesten) begabt ꝛc.; das Mehr (s. b.) ob. Minder II 15; das Mindeste ꝛc., aber abv. —, wie mindestens —: aufs mindeste, zum mindesten ꝛc.; nicht im mindesten (vgl. geringsten) II 23. — Miue f.: (versch. Miene) weibl. Name, verkürzt aus Wilhelmine (s. b., vgl. Minna), verkl. Minchen; ferner (gr.): Gewicht n. Münze — u. (frz.): unterirdischer Gang, Erzgrube ꝛc., dazu: Mineral n., Mineralien pl.; Mineralog(ie) ꝛc.; Mineur (spr. =nör) m.; minieren v., unterminieren v. ꝛc. — Minerva (lat., spr. =nérwa) f. — Miniatur (it.) f.: Miniaturbild ꝛc., aber (II 105): en miniature (frz., spr. ang miniatür). — Miniebüchse f. ꝛc. — minieren v.: s. Mine. — Minister (lat.) m.: Ministerialrath m. ꝛc.; ministeriell a. II 119; Ministerien pl. v. Ministerium n.: Ministrant m ꝛc. — Minna: weibl. Name (vgl. Mine); Minne f.; Minnesänger m.; minnen v.; minnig(lich) a. — minorenn (lat.) a.: Minorennität f.; Minorit m. ꝛc. — Minster (engl.) m.: Westminster ꝛc., s. Münster. — Minute (lat.) f.: Minutüen pl. II 121: minutiös a. 139. — Minze f.: Krauseminze (s. b.), Pfefferminze ꝛc., versch. Münze (Kat. 32²²). — miocän: s. eocän. — Mirage (frz., spr. =äsche) f. — Mirakel (lat.) n.: mirakulös a. II 139. — Mirmidon (frz., spr. =béng) m.: vgl. Myrmidone. — Mirow (spr. miro) n.: Mirow(=)er m., a. II 140. — Misan(=)throp (gr.) m.: misanthropisch a. — Miß(=)cellaneen (lat.) pl.: Mis(=)celle f. II 114; 163. — mischen v.: du, er, ihr mischt II 71; Misch(=)art f.; Misch(=)ehe f.; mi(=)schen v., Mi(=)schung f. II 225. — Misere f.: 3 silbig, aber Misère (frz., spr. miser') II 104. — Misogyn (gr.) m. ꝛc. — Mi(=)suel f. II 158. — 1 Miß (engl.) f.: Misses pl. — II miß: Vorsilbe, Kat. 38³² ff; I 54, z. B.: mißachten v., Miß(=)achtung f. ꝛc.; miß(=)hellig a. (Kat. 30¹³); miß(=)preisen v. II 156; Miß(=)stand m. I 17; II 150; Miß(=)ton m., mißtrauisch ꝛc. II 153; 155; mißwollen(b) ꝛc. — missen v.: du, er, ihr mißt (II 71, vgl. du, ihr mißt v. messen — s. b. u.: Mist ꝛc.) Impf. mißte ꝛc. (vgl. miste, Präf. v. misten). — Missethat f.: Missethäter m. ꝛc. — Mission (lat.) f.: Missionär m. II 7; Missive (spr. =iwe) f. ꝛc. — mißlich a.: mißpreisen ꝛc., s. II miß. — Missouri (spr. =üri) m., n. — Mist m.: misten v., vgl. missen. — mit: Kat. 35²⁸; 39¹⁴: 1) präp., z. B.: mit Willen ꝛc.; mit der Zeit; mit dem frühesten (s. b.); mit einander (s. b.), vgl. die Verschmelzung mitsammen (I 136) u. als verstärkende Präp.:

mitsammt (f. 2); mit einem Mal (f. b.) ob. mit einmal (f. b.), auch: mit Eins (f. b.) 2c.; mit Diesem (f. b.; I 78), auch — veraltend u. mundartlich (vgl. indem, indessen) —: mitdem, mitdessen (ebb.); endlich — füglich als ein Wort (I 96) —: mitnichten. — 2) adv. u. Vorsilbe, tonlos in den zsgsbtn. Partikeln: mithin I 133; mitsammt (f. 1); mitunter (f. b.) I 141; aber mit dem Hochton in zsgsbtn. Subst., Adj. u. Verben. Diese letztern sind natürlich unecht zsgsbt. u., auch wo die Vorsilbe unmittelbar vor dem Verbum steht, hat man sie mit demselben zusammenzuschreiben füglich nur, wenn dies Verbum ein einfaches ob. echt zusammengesetztes ist (I 66), also z. B.: Mitbruder m.; Mitchrist n.; Mitglied n.; Mitleid(en) n., mitleidig a.; Mitschuld f., mitschuldig a. 2c.; Mitarbeit f.; Mitarbeiter m.; Mitarbeiterschaft f. — u.: mitarbeiten v. (ich arbeite mit; mit(=)zuarbeiten, wobei für das tz nicht die Ligatur tz gesetzt werden darf, vgl. mitziehen 2c.), mitverarbeiten (‿‿‿‿‿, ich verarbeitete Etwas mit), aber: mit einarbeiten (‿‿‿‿‿, ich arbeite Etwas mit ein); so: mitfahren, mitreisen 2c., aber: mit abfahren, mit wegreisen; mitkommen u.: mit hinkommen 2c.; mittheilen, sich mitbetheiligen 2c. — aber: mit austheilen 2c., vgl. auch: mitsprechen u.: mit frei sprechen 2c., aber natürlich z. B.: der mitfreigesprochene Helfershelfer 2c. — **Mi(=)thra** m.: Mithras m.: perf. Sonnengott (versch. Mitra f.): Mithridat(es) m. — **mitnichten** adv.: f. mit 1. — Mi(=)tra (gr.) f.: versch. Mithra(s) m. — Mi(=)traillense (frz., spr. =aljöse) f. — **mitsammen** adv.: mitsammt präp., f. mit 1; 2. — **Mittag** m. (n.): I 18; Kat. 36²⁴; (des) Mittags, auch adv. (vgl. Abends); Mittag(s)brot n.; Mittagsmahl n. 2c.; mittägig a., mittäglich a. — **Mitte** f.: Kat. 39¹⁴: in der (od. um die 2c.) Mitte des Januar ob.: Mitte Januar 2c., aber mit Wegfall des Schluss-e: die Mittfasten; Mittnacht f. (gewöhnl. Mitternacht); Mittsommer m.; Mittag m. (st. Mitt=Tag); Mittwinter m.; Mittwoch (f. u.): in der Mitte des Weges ob. mittewegs adv. I 104 2c.; in der Mitte — ob.: inmitten (f. b.) — des Waldes 2c. — I mittel a.: gesteigert: mittler, mittelst (vgl. die folg. Artikel), auch in Zsfßgn. (wobei ein nachfolgendes l nicht mit dem Schluss-l zu einem Doppel-l als Ligatur verbunden werden darf, I 8), z. B.: mittel(=)ländisch a. (nicht mittelländisch); Mittelmaß n., mittelmäßig a.; Mittelzeit f., mittelzeitig a. 2c. u. in den adv. Zusammenschiebungen mittelweil(e) I 105 (selten so: mittlerzeit u. mittelzeit I 113), mittelwegs I 105 (vgl. mitteweg). — II **Mittel** n.: im Genit. zu Präpof.

geworden (vgl. kraft, laut 2c.) mit kleinem Anfangsbuchst.: mittels mit der minder guten Nebenform mittelst (f. I) Kat. 100¹⁸; I 95; II 33. — **mitten** adv.: = in der Mitte (f. b.), z. B.: mitten durch den Fluß ob. mitten hindurch; mitten in dem Haufen ob. mitten d(a)rin; mitten in den Haufen ob. mitten darein; mitten hinein; mitten unter ihnen ob. mitten d(a)runter 2c., aber richtig verschmelzend: mittenburch adv. I 126; mittenin(ne) adv. I 116; 134. — **Mitternacht** f. (n.): auch im abv. Genit.: (des) Mitternachts (vgl. Nachts, Abends 2c.): mitternächtig a.; mitternächtlich a. — **Mittfasten** pl.: f. Mitte, versch.: mitfasten v. — **Mittler** m.: versch.: mittler, Kompar. v. mittel (f. b.): Mittleramt n.; Mittlerschaft f. 2c. — **mittlerweile** adv. 2c.: f. mittel. — **Mittnacht** f.; **Mittsommer** m.; **Mittwinter** m.: f. Mitte. — **Mittwoch** m.: f. ebb.; (des) Mittwoch's (mit Apostroph vgl. — ohne solchen — Ochs), auch adverb. II 34; seltner: Mittwoche f. 2c.; mittwochlich a. — **mitunter:** adv. der Zeit, f. mit 2, vgl. z. B.: mitunter laufen u. mitunter gehen — u.: mit unterlaufen; mit untergehen 2c. — **mit(=)ziehen** v. 2c.: f. mit 2. — **Mixed=Lustre** (engl., spr. mixtlößer) m.: Mixed=Pickles od. Mixpickles (spr. =pickels) pl. — **Mixtur** (lat.) f.

mm: in der Schrift nicht durch m mit einem Strich darüber zu bezeichnen in Zsfßgn., wie Geheimmittel 2c.; immitten 2c.; immauern 2c. I 7. Beim Zusammentreffen dreier m in Zsfßgn. sind Bindestriche anzuwenden, wie z. B.: Kamm=Macher; Schlamm=Masse; Stimm=Mittel 2c. I 17.

Mnemonil (gr.) f.: mnemonisch a.; Mnemosyne f.; Mnemotechnik f. 2c.

Möbel n., f.: mö(=)blieren v., vgl. in ganz frz. Form: Meublement n. 2c.; mobil (lat.) a., Mobilmachung f. 2c.; Mobiliar n.; Mobilien pl.; mobilisieren v. 2c. — Mocca (ar.): II 96: Mocca(kaffe) m. — **mochte:** v. mögen II 91. — **Model** (lat., ‿‿) m.: Modeleur (frz., spr. =ör) m.; modelieren v.; modelhaft a. — **Modell** (‿‿) n. II 213; mobelhaft a.; modeln v. — **Moderateur** (frz., spr. =tör) m. — **modificieren** (lat.) v.: I 181; Modifikation f. — **mögen** v.: mochte, gemocht II 91; möglich a.: möglichen Falls I 80; möglicherweise I 106 2c.; das (alles) Mögliche, sein Möglich(st)es thun 2c.; möglichst gut (best) 2c., aber: bestmöglich(st) 2c. I 44. — **Mogul** m. — **Mohair** (engl., spr. =hör) m. — **Moham(m)ed** 2c.: f. Muhammed 2c. — **Mohn** m. — **Mohr** m.: (versch. Moor): 1) (Mz.: Mohre) moiriertes (f. b.) Zeug (vgl. Mohair), dazu: mohren v. = moirieren (f. b.) — 2) (Mz.: Mohren) Neger, Schwarzer (vgl. Maure, Mauritanien) u. danach verallgemeint u. bibl.; dazu: Mohrin f.; mohrisch a. — Möhrbraten m.: niederd. = Mürbebraten; falsch Mehrbraten. Kat. 56²¹. — Möhre f.: Mohrrübe f., versch.: Möre (gr.) f. = Parce (Moire). — Moire (frz., spr. moar) m.: Moiré m., n.; moirieren v. (vgl. Mohr 1). — Moitié (frz., spr. moatjé) f.: à moitié II 105 ꝛc. — mofant (frz.) a.: II 65; Moferie f.; mofieren v.; Mofierstuhl m. ꝛc.; auch Mofafe f., aber in ganz frz. Form: Moquette (spr. mofétt) f.; Moqueur (spr. -tör) m. II 130. — Molfa: f. Mocca. — Molch m.: des Molchs II 69. — Mole (frz.) f.: Molo (it.) m. — Molefül (frz.) n.: II 204; molekular a. ꝛc. — Moll m.: A-Moll-Symphonie f. ꝛc., vgl. Dur; f. auch d. Folg. — Molleton (frz., spr. -tóng) m.: auch Moll, Molton (nicht gut: Multon, Multum). — Mollusfe (lat.) f.: II 161. — molsch a. — Molucfen pl.: II 97; 214, besser als: Moluffen. — Molyb(=)dän (gr.) n. — Monade (gr.) f. — Monat m.: Kat. 607; Monate pl.; über 3 Monat (ohne Apostroph) I 28; monat(e)lang a. I 88. — Monbijou (frz., spr. mongbischü) m.: als Name von Lustschlössern ꝛc., sonst zu trennen; mon bijou. — Mönch m.: des Mönchs II 69. — Mond m.: dem Monde, vgl.: Er hat seine Nachrichten aus dem Monde (frz., spr. móngd) II 107 ꝛc.; mondenlang a. I 88. — monieren (lat.) v.: Moniteur (frz., spr. -tör) m.; Monitor (lat.) m.; Monitorien pl. zu Monitorium; Monitur f. — mono= chroïtisch (gr.) a.: II 109; 179; Mono= chrom n. ꝛc. — Mono(=)gramm (gr.) n.: II 186: Monographie f., Monographie(e)n ꝛc. — Monopodie (gr.) f.: Mz. Monopodie(e)n, versch.: Monopodien, pl. zu Monopodium n. II 116 ff. — Monopol(ium) (gr.) n.: Mo= nopolien pl. — monosyllabisch (gr.) a. ꝛc. — Monotheïsmus (gr.) m.; Monotheïst m. ꝛc. Kat. 58⁶; II 109. — Monsei(=)gneur (frz., spr. mongßenjör) m.: II 185; Mz.: Mes= seigneurs (f. d. b.); Monsieur (spr. moßjö), Mz.: Messieurs; Monsi(=)gnore (it., spr. monnßinjöre), Mz.: Monsi(=)gnori. — Mon= soon (engl., spr. -ßün) m.: f. Monsun. — Mon(=)strang (lat.) f. — Monster (engl.) n.: auch als Bestimmungswort in Zsstzgn., rich= tiger u. der gewöhnl. Aussspr. gemäßer als nach frz. Weise Monstre (spr. móngßt'r), z. B.: Monsterkoncert (vgl. frz. concert monstre, spr. kongßär móngßt'r) ꝛc.; mon= strös (lat.), häufiger mon(=)strös a. II 139; Mon(=)strosität f.; Mon(=)strum n. ꝛc. — Monsun (ar.) m.: in unnöthiger Doppel= entlehnung (f. II 209): Monsoon (engl.) od. Mousson (frz.). — Mont (frz., spr. móng): z. B.: Mont-Blanc; Mont Cenis ꝛc. — Montag m.: Kat. 42³⁴; (des) Montags, auch adv. II 34. — Monta(=)guard (frz.,

spr. mongtanjär) m. — Monte (it. ꝛc.) m.: z. B.: Monte Rosa ꝛc.; auch: Montefias= fone II 124; Montene(=)gro, Montenegriner m. ꝛc. — Monteur (frz., spr. mongtör) m.: vgl. montieren. — Montgolfière (spr. mon= golffjäre) f.: II 104; 115. — montieren (frz.) v.: in deutscher Aussspr., so: Montie= rung f.; Montur f. II 204; versch. frz. monture (spr. mongtür) f.; Monteur. — Moole: f. Mole. — Moor n. m.: (versch. Mohr): Mz. Moore (selten: Möre, f. Kat. 45³⁷); Mooraal m.; Moorbeere f. ꝛc.; moorig a. — Moos n.: Moose pl. (Möser oberd. = Moore); Möschen n.; Moosbeere f.; Moosrose f. ꝛc.; (be)moosen v.; moosig a.; Moosling m. ꝛc.; Moosedeer (engl., spr. mühsdihr) n., nicht gut: Musethier, Mus= thier ꝛc. — Möppel m.: Mops m., Möps= chen n. — Moquette f.: Moqueur m., f. mofant ꝛc. — Moräne f.: Steinwall eines Gletschers (frz. moraine); Name v. Fischen. — Morast m.: morastig a. — Moratorien (lat.) pl. v. Moratorium. — Möre: f. Möhre. — Morgen m.: f. Egstz. Abend; des Mor= gens früh (f. d.); früh Morgens ꝛc. II 34; morgendlich adj. Kat. 73⁴. — morgen adv.: Egstz. heute, z. B.: morgen früh ꝛc.; morgend, morgig adj. — Moritz m.: vgl. Mauritius (lat.). — Morpheus (gr.) m.: Morphium n.; Morphologie f. — Mosaïl (it.) f., n. — mosaïsch a.: v. Moses (f. auch musivisch). — Moschee (ar.) f.: Moschee(e)n pl. — Möschen (=) f. Moos. — Mos= cholatrie (gr.) f. II 122. — Moschus: f. Musk. — Mosfito: f. Mosquitos. — Mos= fwa: II 77. — Mos(=)lem (ar.) m.: Mos= lemin pl., vgl. Muselman. — Mosquitos (span., spr. -fitos) pl.: üblicher als Mosfitos II 78. — Most m.: Most(e)rich m. Kat. 85³. — Motiv (lat.) n.: f. iv: motivieren v. ꝛc. — Motto (it.) n. — Mouchard (frz., spr. muschar) m.: ꝛc. II 206, vgl. Musche. — Mousquet (frz., spr. muské) m.: f. Mus= fete. — Mousseron (frz., spr. mufferóng) m. — moussieng (frz., spr. mussó) a.: mussös II 140; moussieren v. — Mousson (frz., spr. mussóng) m.: f. Monsun. — Mouve= ment (frz., spr. muwemáng) n. — Möwe f.: nicht Möve, üblicher als Mewe Kat. 31¹⁴; 66⁵. — Moyen (frz., spr. moajéng) n.

nuchen v.: muchsen v. Kat. 92²². — Mudder m.: niederd. st. Mutter. II 222. — Mufti (ar.) m. — Mu(=)hamed (ar.) m.: auch Mohamed, Mahomed mit dem Ton auf der 1. Silbe; in genauerem Anschluss ans Arab. mit dem Ton auf der 2. u. demgemäß: Muhammed; Muhamedaner, Muhammedaner m. ꝛc. — Mü(=)he f.: Mühsal n., mühselig a. ꝛc. — Müh(=)le f.: vgl. mahlen: Mühlenwehr n. ꝛc. — Muh(=)me f. — Mulatte (span.) m.: II 212. — Mule (engl., (ſpr. mjul) f.: Mule(=)twiſt m. ꝛc. — Müller m.: Kat. 53²³. — Mumie (ar.) f. — Mumme f.: Mummenſchanz n. ꝛc.; (ein)mumme(l)n v. — Mund m.: Mundvoll n., vgl. Maul=voll; mündlich a. ꝛc. — Mündel m., f., n.: mündig a., vgl. Vormund. — Municipien (lat.): pl. zu Municipium. — Münſter n., m.: vgl. Minſter. — Münze f.: Münz=warbein m. ꝛc., verſch.: Minze. — Muräne (lat.) f.: Fiſch, vgl. Moräne. — mürbe a.: Mürbebraten m., ſ. Möhrbraten. — murkſen v.: vgl. abmurkſen. — murmeln v.: Mur=mer m.; murren v.; mürriſch a. — Mus n.: des Muſes, vgl. Gemüſe. — Muſche f. (frz. mouche); II 89; 207. — Muſchik (ruſſ.) m.: II 167. — Muſelman m.: Um=formung v. Moslemin (ſ. d.); Mz.: Mu=ſelmanen, auch (ganz umgedeutlicht): Muſel=mann, Mz.: Muſelmänner. — Muſéum (gr.): Mz.: Muſéen (Beides 3ſilbig). — Muſici (lat.): Mz. zu Muſikus; muſicieren v.; Muſik f.; Muſikkenner m.; Muſikalien pl.; muſikaliſch a.; Muſikant m.; Muſiker m. — muſiviſch a.: vgl. Moſaïk. — Muſt (perſ.) m.: Moſchus II 162; Mus(=)kat ꝛc. — Mus(=)kel (lat.) m.: II 161: mus(=)kulös a. ꝛc. — Mus(=)kete (frz. mousquet) f.: II 78; 161; 207 ff; Musketier m. u. (Volksſpr.) Muskedonner (Umbentſchung v mousqueton). — Muſſelin m.: II 207, aber verbunden z. B. in frz. Form: mousseline de laine (ſpr. län); muſſelinen a. ꝛc. — müſſen v.: ich (er) muß; du mußt; Impf.: mußte ꝛc. — Muſtapha (türk.) m.: üblicher als Muſtafa. — Muße f.: müßig a.; Müßiggang m., vgl. abnützigen, bemüſſigen. — Muth m.: zu Muth ꝛc., vgl. anmuthen; muthig a. — Mutter f.: Mutter halb I 84 = mütterlicher=ſeits I 98; Muttergottes f.; Muttergottes=bild n.; von Mutterleib an ꝛc.; mutterſeelen=allein a.

Mylady (engl., ſpr. miledi) f.: Myladies pl.; Mylord m. — Mynheer (holl., ſpr. meinhér) m. — Myopie (gr.) f. ꝛc. — My=riade (gr.) f. — Myrmidone (gr.) f.: vgl. Mirmidon. — Myr(=)rhe (gr.) f. — Myrte (gr.) f. — Myſterien (gr.): pl. zu Myſte=rium m.: myſteriös a.; myſtificieren v. ꝛc. — Mythe (gr.) f.: verſch. Miete; Mythologie f.; Mythos, Mythus m.

N.

'n: ſtatt ein; den ꝛc. Kat. 122⁹.

na! interj.: Kat. 42⁷. — Näber m.: (mundartl.) Nabenbohrer. — nach präp. u. Vorſilbe, z. B.: nach der Hand I 85; nach der Zeit; nach Dieſem I 78; nach Hauſe fahren, aber: das Nach=Hauſe=Fahren ꝛc. 122;

nach außen (ſ. d.), innen ꝛc.; nach einander (ſ. d.), aber: das Nacheinander ꝛc.; — nach=ahmen v., Nachahmer m., Nachahmung f. ꝛc.; nachdem conj. (verſch. v. nach abhängiges dem als Artikel ob. Fürwort); nachgeben v., nachgiebig a.; nachg(e)rade adv. (ſ. grade); nachher adv.; nachmals adv.; Nachmittag m., auch im adv. Genit.: (des) Nachmittags; Nach(=)theil m. (vgl. Nacht), nachtheilig a.; Nach(=)trab m., nach(=)traben v.; Nach(=)trag m. ꝛc.; nach(=)treten v., Nach(=)tritt ꝛc. (II 197); nachwärts adv. ꝛc. — nächſt: (II 91) Superl. v. nahe (ſ. b.) u. präp.: der nächſte Nachbar ꝛc.; der Nächſte ꝛc.; in nächſter Nähe; in der nächſten Zeit; nächſtens, mit nächſtem II 23; nächſtfolgend I 39 ꝛc.; nächſtdem a I 78 (verſch. v. der Präpoſ. nächſt abhängiges dem als Artikel ob. Fürw.). — Nacht f.: (des) Nachts (adverbial) Kat. 112²⁶. In Zſſtzgn. z. B.: Nacht(=)eule f. ꝛc., aber (vgl. nach) z. B.: Nacht=Rabe m., deutlicher als Nachtrabe (vgl. im Nach(=)trabe II 74; 197); Nacht=Ritt m. (vgl. Nach(=)tritt); Nacht=Heil n. (II 110, vgl. Nach(=)theil) ꝛc.; Nachtigall f.; nächtlich a.; nächtlicherweile adv. — nackend a.: nackt a. II 95; nacktweg adv.; Nackt=heit f. — Nadel f.: Nad(e)ler m. ꝛc. — nah a.: nahe; nah(e)bei adv.; nahezu adv. ꝛc.; nahe liegen, ſtehen ꝛc., legen, ſtellen ꝛc.; doch z. B. nahſtehend a.; Kompar.: näher, auch (adv.): des nähern II 23; der nähere ob. näh're Weg ꝛc., vgl.: ich näh're v. nähern (ſ. n.) I 24, verſch.: ich nähre v. nähren (ſ. nah); näherwärts adv. I 142 ꝛc.; Superl.: nächſt (ſ. d.); nah (näher, am nächſten) verwandt ꝛc. u. (mit leiſer Begriffsnuance auch): nah=verwandt, nächſtverwandt I 39 ꝛc. Dazu: Nähe f., ſeltner Naheit f. II 174; nahen v.; nähern v. (ſ. o.). — nähen v.: Nähnadel f. ꝛc. Dazu: Naht f.; Nähte pl.: Näherin f. u. Nähterin f.; Näh(t)erei f. ꝛc. — nahm: vgl. nehmen, Konj.: nähme ꝛc., vgl. Name. — nähren v.: vgl. Nahrung f.; Ernäh=rung f. ꝛc. (vgl. Nahrung). — verſch. nähern (ſ. nah). — Naht f. ꝛc.: ſ. nähen. — naiv (frz.) a.: ſ. — iv Naivetät (frz. naïveté) f. ob. Naïvität f. — Najade (gr.) f. — na=karat (frz. nacarat, ſpr. =rā) a.: Nakarat n. — Name(n) m.: auch: Namens = mit Na=men; in Namen ꝛc. Kat. 112¹⁹ ꝛc.; verſch. (in „Zſſtzgn) z. B.: Über=, Vor=, Zuname m. u.: Über=, Vor=, Zunahme f. (v. nehmen) ꝛc.; namentlich a.; namhaft a.; nämlich (Bindew. u. Fürw.). — Nänie (lat.) f.: üblicher als Nenie. — Nankinett n.: II 211: Nanking (chin.) n. (Stadt) u. m. Zeugſtoff, nicht gut in frz. Schreibweiſe: Nanquin (ſpr. =téng), ſ. II 209, vgl.: nankingen a. — Nanny (engl.) f.: vgl. frz. Nannette ꝛc. — Naph(=)tha (ar.=gr.) n., f.: Naphthalin n. ꝛc.

Napoleon m.: u. — in ganz frz. Form u.
Ausspr. —: Napoléon (spr. =eng) II 5 ꝛc.;
Napoléond'or (f. d'or) m.; napoleonisch a. ꝛc.
— Narciß (gr.) m.: Narcisse f. — närgeln
v.: f. nörgeln. — Narr m. Narrethei f.
aus Narretheiding f. (vgl. vertheidigen) Kat.
58³⁷ ff; närrisch a., Superl.: närrischt II 72.
— Narwal m.: vgl. Walfisch Kat. 66¹¹. —
Nase f.: Näschen n. (vgl. naschen v., Näscher
m. ꝛc.); naseweis a., naseweise Person ꝛc.,
Naseweis m. — naß a.: Naß n.; Nässe f.;
näffen v., (du), er, ihr näßt (versch. Nest ꝛc.),
Impf.: näßte ꝛc. — Nath f. ꝛc.: f. Naht ꝛc.
— Nathan (hebr.) m.: Nathanael m. (4silbig).
— Nation (lat.) f. ꝛc.: Natives (engl., spr.
nétifß) pl.; Nativität (lat., spr. =iw=) f. —
Na(=)trium (ulat.) n.: Natron (ar.) n. —
Natur (lat.) f.: Naturell n. II 213; natürlich a. ꝛc. — Nausikaa (gr.) f.: 4silbig, II 112.
— Nautil (gr.) f.: nautisch a.; Nautilus m. ꝛc.
— naval (lat., spr. nawál) a.: Navigation
f. ꝛc. — Nazaräer (gr.) m.: Nazarener m.,
nazarenisch a.; Nazareth (hebr.). — Nebel
m.: nebelicht (nebelhaft) a., neb(e)lig a.
(nebelerfüllt) ꝛc. — neben präp. u. Vorsilbe:
neben einander (f. b.); das Nebeneinander ꝛc.;
nebenan adv.; nebenbei adv.; nebenher adv.;
nebenhin adv.; nebenwärts adv. ꝛc., aber:
neben ab I 117; neben ausgehen I 120 ꝛc.;
Nebenbuhler m., nebenbuhlerisch a. ꝛc.; Ne-
benmensch m. ꝛc. — nebst präp. ꝛc.: nebstbei,
nebstdem adv. (versch. dem als Artikel od.
Fürw. abhängig v. der Präpos. nebst). —
Nécessaire (frz., spr. neßßeffär) n.: vgl.
in ganz deutscher Ausspr. —: Necessär II 7.
— negativ (lat.) a. ꝛc.: f. =iv. — Né(=)gligé
(frz., spr. =ßhé) n.: Négligence (spr. ßhángß)
f., vgl. in deutscher Ausspr. —: Ne-
gligenz (lat.) f.; négligent (frz., spr. =ßháng)
a.; négligieren v. — Négoce (frz., spr. =gōß)
n.; Négociant m. (spr. =oßßjánt), vgl. négociant (ganz frz., spr. negoßjáng) u.: Né-
gotiant (lat.) II 68; 83; 105; Négociateur
(frz., spr. =oßjatör) m.; négociieren (spr.
=oßjiren) v., vgl. negotiieren (lat., spr.
=oziren) v.; Negotiation m. ꝛc. — nehmen
v.: du nimmst, er nimmt, nimm! Impf.
nahm (f. b.). — Nehrung f.: Landzunge
vor einem Haff. — Neid m.: neiden v.;
Neider m., Neidhart m.; Neidnagel m.,
Kat. 21³⁵ (nicht Nied=, Nietnagel). — neid-
schen v. — Neisse: Fluß= u. Stadtname,
besser als Neisse. Kat. 128⁷. — Ne(=)krolog
(gr.) m. ꝛc. — Nel=tar (gr.) m. — Ne-
thyomant (gr.) m. — 'nem: st. einem.
nemeisch (gr., 3silbig) a.: besser als ne-
mäisch. — 'nen: st. einen. — Nenie: f. Nänie.
— nennen v.: Impf. nannte, Konj. nennte ꝛc.;
vgl. brennen, kennen ꝛc. — Neo(=)graph
(gr.) m. ꝛc. — Neophyt m. ꝛc. — Nepenthe
(gr.) f. — Nephrit (gr.) m. — 'ner: statt

einer. — Nereïde (gr., 4silbig) f. — nergeln: f. nörgeln. — Nerthus f.: Erdgöttin
der alten Deutschen. — Nerv (lat., spr. nerf)
m.: Nerve f.; Nerven(fieber m.); nervig a.,
— dagegen mit v wie w zu sprechen: ner-
vös a.; Nervosität f.; nervus rerum ge-
rendarum ꝛc. Kat. 64³³ ff. — Nervier
(spr. nerwier) m. — Nerz: f. Nörz. — 'nes:
st. eines. — Ne=sciénz (lat.) f.: II 117; 163.
— Nessel f. — Nest n.: versch. näßt, v.
näffen ꝛc. — nett (frz.) a.: II 211 ff:
Nettigkeit f.; netto (it.) a. ꝛc. — netzen v.:
(du), er, ihr netzt. — neu a.: neuer, am
neuesten; Neues, das Neue(ste); aufs Neue;
von Neuem ꝛc. II 17; 19; die neuern Völker,
Schriftsteller ꝛc.; die Neuern ꝛc.; das neue
(vgl. alte) Testament II 12 ꝛc.; neuerer
Zeit I 113, aber: neuerdings adv. I 79 ꝛc.;
neu angeschafft ꝛc., aber: neugeboren a. I 41;
neuvermählt ob. neu vermählt ꝛc. In geogr.
Namen füglich ohne Bindestriche: Neubran-
denburg, Neubrandenburger (m., a.); Neu-
seeland, Neuseeländer m., neuseeländig a. ꝛc.
(vgl. frz. Namen mit Neuf, wie Neuschâtel,
spr. nöschatéll, — Neuschâteller m. a. ꝛc. —
engl. mit New, spr. nju, f. Kat. 126¹⁶ ff);
f. Neurom. — Neuralgie (gr.) f.: Neu-
rom(a) n. (untersch. v. Neu=Rom, im Gstz.
zu Altrom, was Beides keine geogr. Eigennamen sind, I 14). — neu(=)tral (lat.) a.:
Neutralität f. ꝛc.; Neutrum n. ꝛc. — Neveu
(frz., spr. newö) m.: in der Mz. mit lautendem ß zu schreiben: Nevens (frz. neveux,
spr. newö). — Nevralgie f. ꝛc.: f. Neuralgie
ꝛc. — New (engl., spr. nju): f. neu, z. B.:
Newfoundland (spr. njufäumbland), vgl. Neu-
fundland (Neufundländer ꝛc.); Newhampshire
(spr. njuhémschir); Newcastle (spr. njukáffel)ꝛc.
— Nexus (lat.) m.
Niais (frz., spr. niä) m.: Niaise (spr.
niäß') f.; Niaiserie f. — Nibelungen pl.:
Kat. 47¹⁴. — Niche: f. Nische. — nicht adv.:
nicht (ein)mal ꝛc.; Nichtachtung f., aber z. B.:
ein Nicht=Substantivum I 16; das Nicht-
gern=Sehen II 15 ꝛc.; f. auch: mitnichten;
zunicht. — nichts, abjekt.: nichts Gutes;
nichts Andres ꝛc.; substantivisch: Nichts,
z. B. auch: Nichts anders (f. b.); substantiviert: das, ein Nichts; aus Nichts ꝛc.;
nichtsbestominder, nichtsbestoweniger conj.
I 126. — nid präp. (schwzr.) in der Bezeichnung: nid dem Walde. — nie adv.:
nie versiegend ꝛc.; niemals adv. — Nièce
(frz., spr. niäß) f. — nieden adv.: f. hienieden. I 124. — nieder a. u. Vorsilbe:
die niedern, niederste Stände ꝛc.; ein Nie-
derer, die Niedern ꝛc.; nieder ab (I 117),
gewöhnlich: niederwärts adv.; niederfallen
v., Niederfall m.; niedergeschlagen a., Nie-
dergeschlagenheit f., niederschlagen v.; Nieder-
lande pl. ꝛc.; nieb(e)rig a. — nieblich a.:

Kat. 70³⁰. — Niednagel m.: s. Reibnagel. — Niemand; vgl. Jemand. — Niemen m.: II 115. — niesen v.: (du), er, ihr niest ꝛc.; Nieswurz f. — Nießbrauch) m.: (s. genießen); nießbrauchen, nießnutzen v. ꝛc. — Niete f. — Nietnagel m.: s. Reibnagel. — Ni(=)gritien u. — Ni(=)gromant m.: s. Nekromant. — Nikolaus (gr.) m.: 4silbig, — Nikolaus, 3silbig, vgl. Klaus; Nickel. — Nilomedien. — Nil m.: Nildelta n.; Nilland n. (nicht mit ll als Ligatur I 8). — Nîmes (spr. nim): in Frankreich, besser als Nismes. — nimm!: s. nehmen. — nimmer adv.: nimmerdar adv.: nimmermehr adv.; nimmersatt a. 140; Nimmersatt m. II 16. — nimmst: nimmt, s. nehmen. — Nimwegen. — Nippes (frz., spr. nipps) pl.: Nippsachen; Nipptisch ꝛc. — nirgend adv.: nirgends; nirgend wo ꝛc., vgl. irgend. — Nirwana (skr.) f. — nis f.; n.: als Endung v. Subst., Mz.: nisse II 143 ꝛc. — Nische f.: eingebürgert, aus frz. niche. — Nismes: f. Nîmes. — nisten v.: v. Nest; nistern v., s. müstern. — Niveau: Mz. (mit lautendem s) Niveaus (frz. niveaux, spr. =wö); Niveleur (spr. =welör) m.; nivelieren v.; Nivellement (spr. =wellmáng) n. vgl. II 212 ff. — nix: st. nichts. — Nix m.: Nixe f. ꝛc. — Nizza: II 200.

Njemen: s. Niemen.

Noachide m., f.: noachidisch a.; Noah m. — nobel (frz.) a.: nob(=)le Passionen ꝛc. II 177; No(=)blesse II 178. — noch adv., conj.: noch einmal, noch mal; nochmals adv., nochmalig adj. I 91. — nöhlen v.: Nöhlpeter. Kat. 54¹⁴. — nolens volens (lat., spr. wólens): Noli me tangere n. II 105. — Nomenklatur (lat.) f. — Nomothet (gr.) m. — Nonpareil: s. Nonpareil. — Nonchalance (frz., spr. nongschaláng) f.: nonchalant (spr. =láng) a.: II 65. — Non=ens (lat., spr. nónu ens) n.: ob. non ens II 105; Mz. non entia. — Nonpareil (frz., spr. nongparélj): Nonpareilschrift f., veraltet: Nonpareil. — Nonplusultra (lat.) n. — Nöologie (gr., 4silbig) f.: II 121. — Nord m.: Nordamerika n., nordamerikanisch a.; Nordkarolina n., vgl. in engl. Form u. Ausspr.: Northcarolina (spr. =leïnä) II 126 u. s. w.; Nordkap n., Nordkaper m. ꝛc.; nordwärts adv. — nörgeln v.: besser als nergeln ꝛc.: Nörgelei f. ꝛc. — Normannen pl.: normannisch a. ꝛc. — Nörz (poln.) m.: richtiger als Nerz: Nörznuss ꝛc. — Nössel m.: richtiger als Nösel. — Notar (lat.) m.: Notarien pl.; notariéll a. II 119; Note f. ꝛc. — noth adv.: Einem noth (nöthig) sein, thun ꝛc. Kat. 109³ ff; Noth f., Noth leiden ꝛc., aber: nothleidend a.; nothgedrängt, nothgedrungen a.; Nothtaufe f., nothtaufen v. ꝛc.; nöthig a., nöthigen Falls ꝛc.; nothwendig a., nothwendigerweise adv. I 106. — no=

tieren(lat.) a.: notificieren v.; Notifikation f.: Notiz f. II 80; Notorietät f. ꝛc. — Notre=Dame (frz., spr. nott'rdám). — Notturno (it.) n. — Noumenon (gr., 4silbig) n.: II 208, zur Verhütung falscher Ausspr. auch: Noümenon (Nous, s. Nus). — Nouveauté (frz., spr. nuwoté) f.: Nouvelle f. — Novelle (it., spr. now=) f. ꝛc. — November (lat., spr. now=) m. — Novität (lat., spr. now=) f.; Novize m.; f. ꝛc. — Nowaja=Semlja (russ.). — Nowgorod ꝛc. — Noyade (frz., spr. noaj= ꝛc.) f.

nu adv. ꝛc.: (s. nun): Nu m. — Nuance (frz., spr. nüángße) f.: II 204, vgl. Alliance ꝛc.; nuancieren v. — null (lat.) a.: null u. nichtig ꝛc.; Null f. ꝛc. — Numerale (lat.) n.: Numeration f.; numerieren v.; numerisch (◡—◡) a.; Numero (lat., it.) ꝛc. Kat. 40¹¹, vgl. Nummer. — Numismatik (lat.=gr.) f.: numismatisch a. — Nummer f.: Kat. 40¹¹, vgl. Numero. — Nummulit (nlat.) m. — nun adv.: nunmals adv. (veraltet); nunmehr(o) adv., nunmehrig adj. — Nuncien (lat.): pl. zu Nuncius, besser mit c als t (vgl. benuncieren, prenuncieren ꝛc.). — Nupturiénten (lat.) pl. — Nus (gr. voús) m.: II 209. — Nuß f.: Nüsse pl. — Nüster f.: nüstern v. (schnüffeln ꝛc.), richtiger als (durch)nistern ꝛc. — Nuth f.: Nuthhobel m. ꝛc. Kat. 59¹⁵. — nutzen v.: nützen v., (du), er, ihr nutzt, nützt ꝛc.; Nutzen m., nutzenbringend a. ꝛc.; Nutz(=)anwendung f.; nutznießen v. (vgl. nießnutzen).

Nym(=)phäum (gr., 3silbig) n.: Mz.: Nymphäen (auch v. Nymphäa); Nymphe f.

O

o! interj.: das Ach u. O; die Ach's u. O's I 30, auch als Buchst.: die o's, O's. — O f.: Eiland: die Oen od. O'n. — Darien (gr.): pl. zu Darion, vgl. Ovarien. — Oase (ägypt.=gr.) f. — ob (spr. öpp): 1) conj.: ich frage, ob ꝛc.; substantiviert: das Ob; als ob ꝛc. I 118; ob auch, aber; obgleich; obschon; obwohl; obzwar (vgl. ob er gleich, schon ꝛc.). — 2) präp., auch z. B. in der oberd. (auch, wie vorhanden adjektivisch gewordenen) Zusammenschiebung obhanden. — 3) adv. (vgl. oben) in Zusammenschiebungen z. B. (I 40) ob(=)angezogen; obbemeldet; obbenannt; obberührt; obbesagt: ob(=)erwähnt; ob(=)erzählt; obgedacht; obgemeldet: obgenannt; obstehend = wie obsteht ꝛc. u. in Zsstzgn. (s. d. Folg.), vgl. auch: 4) lat. ob als Präpos. u. Vorsilbe (s. II 220; 238). — Obacht f.: mit der Silbenbrechung gegen die allgemeine Ausſpr. II 227, ſ. beobachten. — Ob(=)ambulation (lat.) f. ꝛc.: ſ. ob 4. — ob(=)äriert (lat.) a.: ebb. — Ob(=)audition (nlat.) f.: ebb. — obbemeldet ꝛc.: ſ. ob 2. — ob(-)bligato (it.) adv.: Ob(=)bligo n., vgl. obligat ꝛc. — obbucieren (lat.) v.: Obbuttion f. II 220; 238, mit weichem b. — O(=)bedienz (lat.) f.: ebb.: II 117: O(=)béiſſance (frz., ſpr. obeïſſangß) f. — O(=)beliſk (gr.) m.: Obelis(=)ken pl. II 162. — o(=)ben adv.: ein Oben u. Unten II 15 ꝛc.; von, bis, nach ꝛc. oben II 22; oben ab I 117; er will oben aus 120; oben drauf; oben brein I 125 ꝛc.; obenan adv. I 118 ff; obenauf adv. I 119; obenein I 125; obenhin adv. (=oberflächlich ꝛc., aber — ſ. o. — z. B. nach oben hin) I 134; obenum adv. (Goethe) I 141; obenwärts I 143 ꝛc. — o(=)ber: 1) präp· (mundartl.), vgl. oberhalb (ſ. 3). — 2) a.: vgl. äußer ꝛc., die oberen — o(=)bern ob. ob(=)ren —, o(=)berſten Stufen ꝛc.; ber, bie, bas Ob(e)re, Oberſte; bie Obern; ber Oberſt, auch Ob(=)riſt u. z. B. (3): Oberſtleutenant, Obriſtleutenant ꝛc.; zu oberſt (adv.). — 3) (ſ. 2) in Zſſtzgn., verschieden die mit ob (ſ. b. 3), deren zweite Hälfte mit er beginnt, wie·oberwähnt ꝛc. — z. B.: o(=)berhalb (ſ. 1); oberwärts adv. — O(=)berammtmann m.; Oberarm m.; Oberhaupt n.; Oberherr m., oberherrlich a., Oberherrlichkeit f.; Oberjägermeiſter m.; oberschlächtig a. ꝛc.; aber — bei Zſſtzn. aus mehr als 3 Theilen — z. B.: Ober=Landjägermeiſter m. (I 16) ꝛc., vgl. auch (ſ. I 18): bie Ober= u. Untergerichts-Beamten — u.: die Ober= u. Unter-Gerichtsbeamten —. O(=)beſtät (lat.) f.: II 238. — obgedacht ꝛc.: ſ. ob 3. — obgleich: ſ. ob 1. — obhanden: ſ. ob 2. — obig adj.: bie obige Stelle, bas Obige ꝛc. — O(=)bit (lat.) m.: o(-)biter adv.; O(=)bituarium n. ꝛc. II 238. — Objekt (lat.) n.: (ſ. ob 4): objektiv a. (ſ. =iv) ꝛc. — Oblaſt: ſ. ob 3; II 177; 220, —verſch. in ber Ausſpr. u. Silbentheilung: O(=)blaſt (ruſſ.) f. = Provinz. — Ob(=)late (lat.) f.: ꝛc., ſ. ob 4 — mit weichlautendem b II 220; 238. — ob(=)liegen v.: (ſ. ob 3, vgl. Ob=laſt): obliegend a., Obliegenheit f. — obligat (lat., ſ. Oblate) a.: Ob(=)ligation f.; ob(=)ligatoriſch a.; Ob(=)ligeance (frz., ſpr. =ſhangß) f., ob(=)ligeant (ſpr. ſhāng u. — bej. in ben verlängerten Formen: ſhánt, II 65) a., obligieren (ſpr. ſhīren) v., vgl. Obbligo. — ob(=)lique (lat.) a.: (vgl. Ob=late) ꝛc. — Ob(=)litteration (lat.) f.: (vgl. Oblate) ꝛc. — Ob(=)longum (lat., ebb.) n. ꝛc. — Oboe ꝛc.: ſ. Hoboe ꝛc. — O(=)bolus (gr.) m. — ob(=)oval (lat., ſpr. =wāl) a.: ſ. ob 4. II 238. — ob(=)repieren (lat.) v.: ſ. ob 4 mit weichem b. — Ob(=)rer m.:

mit weichem b, ſtatt: Oberer II 178: Obrigkeit f. ꝛc.; Ob(=)riſt m. (ſ. ober 2). — Ob(=)rogation (lat.) f.: vgl. obrepieren II 178; 220; 238, ſo auch: ob(=)ruieren v. — O(=)bruſſa (gr.=lat.) f.: II 220; 238. — obſchon: ſ. ob 1. — ob(=)ſcön (lat.) a. II 163. — Obſcönien (lat.) pl.: II 119. — Ob=ſervanz (lat., ſpr. =wanz) f.; Obſervatorien pl. II 120. — ob(=)ſtur (lat.) a.: II 159 ff; ob(=)ſkurant m. ꝛc. — obſolet (lat.) a. — Obſt n.: Kat. 34³³; 64¹¹; bes Ob(=)ſtes ꝛc.; Obſt(=)art f. ꝛc., mit gebehntem o. — Ob=ſtakel (lat.) n. ꝛc. — ob(=)ſtinat (lat.) a. ꝛc. — Ob(=)ſtruktion (lat.) f. ꝛc. — Ob(=)um=bration (lat.) f.: ſ. ob 4 (II 238). — ob=walten v.: ſ. ob 3. — obwärts adv.: ſ. ob 3. II 143. — obwohl: obzwar, ſ. ob 1.

Oc(=)caſion (lat.) f.: II 96; 238: occaſionell a. ꝛc. — Oc(=)chi (it., ſpr. óckì; pl. v. Occhio m. II 88. — Oc(=)cident (lat., ſpr. ox) m.: occidentaliſch a. — oc(=)cipital (lat., ſpr. ox=) a.: Occipitalgegend; Occiput u. Oc(=)cludieren (lat.) v. ꝛc. — Oc(=)cupation (lat.) f.: occupieren v. ꝛc. — occurrieren (lat.) v. ꝛc. — Ocean (gr.) m.: Oceaniden pl.; Oceanien n., Oceanier m. II 118; oceaniſch a. — Ocher m.: Oder; och(e)rig a. ob. od(e)rig; ochergelb a. ꝛc. — Och(=)lokrat m. ꝛc.: II 170; Ochlokratie f. ꝛc. — Ochotſk: II 162; ochots(=)kiſch a. — O(=)chriaſis (gr.) f.: II 179; O(=)chroït m. (3ſilbig) ꝛc. — Ochs (ſpr. ox) m.: II 90: och(=)ſen v.; och(=)ſig a. ꝛc. (vgl. bagegen Orhoft). — Ochſe m.: ꝛc., ſ. Ocher; minder üblich: Oſer ꝛc.

Odalis(=)ke (ar.) f.: II 162, üblicher als bas genauere Odalik f. — Odelsthing (norweg.) m. ꝛc. — Odem m.: Athem. — Odem (gr., ͜) n. ꝛc. — Odenſe: auf Fünen: Odenſe=Fjord m. ꝛc. — Odeon (gr.) n.: Odeum n. II 115, Mz.: Odeen (3ſilbig) II 114. — Odeur (frz., ſpr. obǟr) f., m., n. — odiös (lat.) a.: II 139. — Odip(us) (gr.) m. — Odyſſee (gr.) f.: 3 ſilbig; Mz.: Odyſſee(e)n, 3= ob. 4ſilbig; Odyſſeus m.

Oeil (frz., ſpr. ölj) n.: Oeil-be-boeuf ob. (II 105): Oeil-de-boeuf(ſpr. beböff):Oeillabe f. ꝛc. — Oeupre (frz., ſpr. öw'r) n.

Oſen m.: Oſen pl. — oſ(=)fen ꝛc.: offen ſtehen ꝛc.; off(=)ner ꝛc.; offenbar a., offenbaren v. ꝛc.; öffentlich a. Kat. 72³⁶ ꝛc.; öff(=)nen v. ꝛc. — offenſiv ꝛc.: ſ. =iv: Offenſivalliance f. ꝛc. — oſ(=)ſerieren (lat.) v.: vgl. oſ(=)frieren (frz.): Offerte f.; Offertorien pl. ꝛc. — Oſ(=)ſicial (lat.) m.: Officialen pl. ꝛc.; Officiant m. II 55; officiell a. II 117; 213; Officien pl. II 117; Officier m. II 82; 117 (vgl. in ganz frz. Form z. B.: — ſ. II 105 — ber officier du jour, ſpr. offißjē bü ſhūr ꝛc.); Officin f.; officinell a. II 214; officiös II 139; Officium n. (ſ. o.:

Officien pl.), Offiz n. II 80. — Of(=)fraude (frz., spr. =angb') f.; of(=)frieren v., s. offe=rieren. — oft adv.: öfter a., öf(=)ters adv., des (ob. zum) öftern; am (zum) öftesten II 23; oftmals adv. I 90 (veraltend öfter=malen ꝛc.), oftmalig adj.

Oger (frz. ogre) m.: O(=)greffe f.

Ohio (engl., spr. oheio). — Ohl: s. Öl.=

Ohm: 1) m. = Oheim, auch: Ohm. — 2) m., f., n. = Ahm (Flüssigleitsmaß): ohm=weise a. — Ohmd n. (mundartl.): Grum=met: öhmden v. — ohne präp.; conj.: Er reist — ohne Geld, — ohne das er Geld hat, — ohne Geld zu haben ꝛc.; ohne Glei=chen ꝛc.; ohne Weiteres; ohne Maß(en); ohne Roth ꝛc., aber verschmelzend: ohn=maßen adv. I 95; ohnnoth (üblicher unnoth) I 96; vgl. ohngefähr (üblicher: ungefähr, s. d.) a., auch: Ohngefähr n.; ferner z. B.: Er be=kam das Geld, ohne das (ob. dies, sc. Geld) — ob.: ohnedas, ohnedem, ohnedies (auch: ohne Dieses = ohne das er Geld bekommen hätte er nicht reisen können I 77 ff; 137; ohnehin adv. ebd.; 134 ꝛc., ferner in Zssgn. z. B.: Ohnehose m. (Sanskulotte) ꝛc.; ohn=geachtet (s. ungeachtet n. s. w.) präp. u. conj.; Ohnmacht f., ohnmächtig a.; ohnweit a. (s. unweit). — oho! interj. — Ohr n.: Kat. 56¹⁹: Ohr n. (vgl. Öse); öhren v.; Öhr=ling m.

Oidium n.: II 109.

Ekelname: s. Ekelname. — Oker: s. Oder. — Ökonom (gr.) m.: Ökonomie f. ꝛc. — Ok(=)taeder (gr., 4silbig) m., n.: I 3 ꝛc.; Oktant (lat.) m.; Ottav (spr. =äf) n., Ok=tave (spr. =äwe) f. ꝛc.; Oktober m. — Ok=troi (frz., spr. otroá) m.: oktroyieren (spr. =oajiren) v. — Okular (lat.): als Bestim=mungswort, z. B. in Okularinspektion f. ꝛc.; Okulation f.; okulieren v. ꝛc. — öfumenisch (gr., ◡◡–◡) a.

Öl n.: Oleïn (lat.=gr.) n.; ölicht a., ölartig; ölig a., ölhaltend; Olive (lat., spr. =iwe) f.; Oliver (engl., spr. olliwer) m. männl. Name; Olivia f., weibl. Name. — Olga (ruff.) f. — Olla (span., spr. ólja) f.: Olla podrida (nicht gut: potriba) — Olymp (gr.) m.: Olympia f.; n.; Olympiade f.; Olympier m.; olympisch a.

Omelette (frz., spr. =ett) f. — ominös (lat.) a. — Om(=)nibus (lat.) m., auch pl. (besser als Omnibusse): om(=)nivor (spr. =wor) v.

Onauth (gr.): Onanth=Äther m. ꝛc. — on dit (frz., spr. ongdí) n.: II 105. — Onkel (frz., oncle) m. — onomatopoetisch (gr.) a.: üblicher als das genauere onoma=topöetisch; Onomatopöie f. — Onyx (gr.) m.

Oogala (gr., 4silbig) n.: II 121; Oolith m. ꝛc.

Opérateur (frz., spr. =tör) m.: II 5; 130; Operation (lat.) f. ꝛc. — Op(=)fer m. ꝛc. — Ophi(=)kleide (gr.) f.: Ophiolith m. — Oph=thalmie (gr.) f. ꝛc.: II 182. — Opi(=)stho=dom (gr.) m. II 156. — Opodeldok n., m.: s. II 213. — op(=)ponieren (lat.) v. ꝛc. II 238. — op(=)tieren (lat.) v.: Op(=)tion f. — Op(=)til (gr.) f.: Optikus m.; optisch a. — Op(=)timist (gr.) m. ꝛc.

Orakel (lat.) n. — Orange (frz., spr. =angsh') f. ꝛc.: auch a. (mit kleinem An=fangsbuchst.) n. substantiviert n.: Orangeade f.; Orangerie f. ꝛc. — Orang=Utan (ma=laiisch) m.: v. Orang, Mensch, Utan, Wald, richtiger als das häufigere Orang=Utang (utang bedeutet: Schulden haben). — Ora=nien. — Oratorien (lat.): pl. zu Oratorium n. — Orbis pictus (lat.): II 105. — Or=chester (gr.; auch — minder gut — in frz. Ausspr.: orkéster II 88; 209; falsch: orschéster) n.: Orchestra f. ꝛc. — Orchis (gr.) f. — Ordalien (deutsch=lat.) pl. — ordentlich a.: ordentlicherweise adv.; Order f. (frz., ordre, m.), beordern v.; Ordinarien (lat.) pl.; Or=dinand m., Mz.: Ordinanden, versch.: Or=dinant(en); ordinär a. II 7; ordnen v.; Ordnung f. ꝛc., Ordonnanz f. (frz. ordon=nance, spr. =angß, vgl. Distanz ꝛc.) ꝛc. — Organ (gr.) n.: organisieren v.; Organis=mus m. ꝛc.; Organist m. ꝛc. — Orgeat (frz., spr. orshá) m.: häufiger, aber minder gut: Orgeade, Orsade f. — Orgie (gr.) f. — Orient (lat.) m.: auch zuweilen Orient (mit dem Ton auf der 1. Silbe); orientalisch a. ꝛc.; orientieren v. — Original (lat.) n.: ori=ginal a., originell a. II 213. — Orinoko m. — Orkan m.: (versch. Organ). — Orlean m.: Farbstoff (v. Bixa orellana), versch.: Orléans (frz., spr. =áng, — dazu: Orléanist m. ꝛc.) u. Orleans, New=Orleans (engl., spr. njuórliänß). — Orlogschiff n. ꝛc. — Ornitholog (gr.) m. ꝛc. — Oro(=)gnosie (gr.) f. ꝛc. — Orphanotrophien (gr.) pl.: II 119. — Orpheen (gr.): pl. zu Orpheum n. (3silbig), v. Orpheus m. (2silbig) II 114 ff. — Orsade f.: s. Orgeat. — Orseille (frz., spr. =sélj) f. — Ort m.: gehörigen —, höhern ꝛc. Orts; aller (andrer, dieser) Or=ten I 96 ff, aber: allerorts adv.; anderorts adv.; hierorts adv. I 97. — orthodox (gr.) a.: Orthodoxie f. ꝛc.; Ortho(=)epie f. (4silbig) I 3, II 71; Ortho(=)gnath m. ꝛc. II 184; Ortho(=)graphie f. ꝛc. II 173; orthopädisch a.; Orthop(=)teren pl. II 195 ꝛc. — Ortolan (it.) m. — Oryx(=)to(=)gnosie (gr.) f.: Oryx=to(=)gnost m. ꝛc.

Os: s. O. — Os(=)cillation (lat.) f.: II 163. — os(=)cisch a.: os(=)sisch a. ebb. — Öse f.: vgl. Öhr. — Os(=)kar (angels.) m. II 161. — Os(=)kulation (lat.) f. ꝛc. ebb. — Os(=)man (türk.) m.: II 162: osmanisch a.,

f. Ottomane. — Os(=)mazom (gr.) n. —
Os(=)minum (gr.) n. — Oſt m.: O(=)ſten m.:
von Oſten her; nach Oſten zu ꝛc., aber:
oſt(en)her adv.; oſtwärts I 115; ferner z. B.:
Oſt(=)alpen; Oſt(=)angeln; Oſt(=)ende; Oſt=
falen; Oſtfriesland; Oſtgothen, oſtgothiſch;
Oſt(=)indien, oſt(=)indiſch; Oſtpreußen; Oſt=
reich; oſtrömiſch ꝛc.; Oſtſübott ꝛc. — O(=)ſten=
forien (lat.) pl.; Oſtentation f. ꝛc. — O(=)ſteo=
logie (gr.) f. ꝛc. — O(=)ſtern f, n., m.:
Oſterabend m. ꝛc.; Oſter=Ei n. (ſ. Ei);
Oſterfeſt n. ꝛc.; Oſterluzei f. (Umdeutſchung
v. Aristolochia). — O(=)ſterreich n.: ver=
kürzt: Oſt(=)reich (vgl. Oſtreich) II 154;
175; 197; Oſt(er)reicher m., a.= öſt(er)=
reichiſch a. ꝛc. — Oſt(=)jalen pl. — O(=)ſtra=
cismus (gr.) m. ꝛc. — Os(=)wald m.: (vgl.
Oskar; Ewald ꝛc.); Os(=)win m. ꝛc.

Othem m.: ſ. Athem, Odem. — Otfried
m.: Otmar; Otto; Ottokar ꝛc. m.; Ottilie f.
— Ottomane m.: ſ. Osmane; auch f. (vgl.
Divan); ottomaniſch a., — nicht gut mit
Doppel=n.

Oubliance (frz., ſpr. uhbliāngß) f. ꝛc.;
II 206. — ou(=)trieren (frz., ſpr. uhtr=). —
Ouverture (frz., ſpr. uwertüre) f. — Ou=
vrier (frz., ſpr. uhwrje) m.; Ouvrière (ſpr.
=är') f. ꝛc.

oval (lat., ſpr. owāl) a. — Ovarien (lat.,
ſpr. ow=) pl., vgl. Varien. — Ovation (lat.,
ſpr. ow=) f. — Ovid(ius) (lat., ſpr. ow=) m.

Ox(=)hoft n.: Kat. 92^{11}; Oxhöfte pl. —
O(=)xyd (gr.) n.: oxydieren v.; Oxydul n. ꝛc.;
Oxygen n.; Oxyhy(=)drogen n. ꝛc.

Ozon (gr.) m.: ozoniſieren v.; Ozono=
ſkop n. ꝛc.

P.

Paal (holl.) m.: paalen v. (verſch. pahlen);
Paaling m. — Pääu (gr.) m. — Paar m.:
Paare pl.; Pärchen n. ꝛc.; ein paar (ad=
jektiviſch = einige) II 25; ein paarmal 191 ꝛc.;
paaren v.; paarweiſe a. — Pabſt: ſ. Papſt. —
Pacht m., f.: pachten v.; Pächter m. ꝛc. —
Pachyderm (gr.) n. ꝛc. — paciſiſch (lat.) a.;
pacis(=)cieren v. ꝛc. — Pack m.; n.: II 92 ff
(verſch.: pak!); Package (ſpr. =äße) f., Um=
deutſchung v. Bagage II 132; Päckchen n.;
Packet n. (⏑—, frz. paquet) II 78; 92,
Packetboot n. ꝛc.; packen v., er, ihr packt
(—⏑) ob. packt (verſch.: Pakt); Packkammer f.
I 17. — Pädagog (gr.) m.: Pädagogien
pl. ꝛc. — Paddo f.: (niederd.), vgl. Schild=
patt. II 222 ꝛc. — Paddock (engl.) m., n. —
Paddy (engl.) m. — Padiſchah (perſ.) m. —
Page (frz., ſpr. paſhe) m. — pah! interj.:
vgl. bah. — Pahle f.: (niederd.) Schoten=
ſchale (verſch.: Paal m. = Pfahl ꝛc.): (aus=)

pahlen ꝛc. — paille (frz., ſpr. pálj) a.:
ſtrohgelb; das Paille. — Pair (frz., ſpr.
pär) m.: Pairskammer, vgl. Peer. — Pairhaus
(frz., ſpr. päjáng). — pak! interj.: paken v.,
Pakente ob. Pak=Ente ꝛc., vgl. Pack ꝛc. —
Palt (lat.) n.: Paktum. — Paktolus (gr.,
⏑—⏑) m. — Paladin (it.) m.: Ritter, vgl.
Palatin. — Palais (frz., ſpr. palä) m., n.:
Palaſt (⏑—) m., vgl. Pallaſt. — Paläon=
tologie (gr.) f. ꝛc.: paläozoiſch (5 ſilbig) a. ꝛc.
— Paläſtina. — Palä(=)ſtra (gr.) f. —
Palatin (lat.) 1) m.: Palatinus (Pfalz=
graf; Vicekönig in Ungarn ꝛc.); Palatinat n.
— 2) m.: Palatine f., leichter Pelz=
kragen ꝛc., vgl. Paladin. — Paletot (frz.,
ſpr. pálleto) m. — Palette (frz.) f. —
Palikar (ngr.) m. — Palim(=)pſeſt (gr.) m.
— Paliſſade (frz.) f.: (ver)paliſſadieren v. —
Paliſſander m.: nicht gut: Polijander. —
Palladium (gr.) n.: Palladien pl.; Pallas f.
— Pallaſch (ſlaw.) m. — Pallaſt m. (—⏑):
dagegen: Palaſt (⏑—) ſ. d., vgl. Damaſt II 2.
— Palmyra. — Pam(=)phlet (engl.) n.:
beſſer als Pamphlett. — Panacée (frz., ſpr.
=ßé) f.: üblicher als (gr.=lat.) Panacea, Pa=
nacee. — panaché (frz., ſpr. =aſhé) a.: pa=
nachiert; Panaché n. — Panade (frz.) f.:
Panadenſuppe. — Panathenäen (gr.) pl. —
panchreſtiſch (gr.) a. — Pandämonien (gr.):
pl. zu Pandämonium. — Pandekten (gr.) pl.
— Pandur (ungar.) m. — Paneel n.: Pa=
neele f. ꝛc. — Panegyrikus (gr.) m.: pa=
negyriſch a. — Panier n.: ſ. Banner,
verſch. panier (frz., ſpr. panjé) m. — Pa=
nik (frz., —⏑) f.: II 78. — Päninſula ꝛc.:
ſ. Peninſula. — Pannotyp (lat.=gr.) n.:
richtiger ob. lat. pannus) als Panotyp ꝛc. —
Panop(=)tikon (gr.) n. — Panſe f. ꝛc.: ſ.
Banze, vgl. Panzen. — Pantalon (it., auch
minder gut — ſ. II 209 — in frz. Ausſpr.
pangtaléng) m., n. — Pantheismus (gr.)
m.: Pantheiſt m.: pantheiſtiſch a. Kat. 58^{6}:
Pantheon n. — Panther (gr.) m. — Pan=
tine f.: aus frz. patin (ſpr. paténg), ange=
lehnt an Pantoffel f. — Panto(=)ſkop
(gr.) m., n.: II 160. — pantſchen v. —
Panzen v. Wanſt ꝛc.: Panzer m. — Pan=
zootie (gr., 4 ſilbig) f.: panzootiſch a. II 121.
— Päonie (gr.) f.: II 119. — Papagei
m.: beſſer als mit ai. — Papeterie (frz.) f.
— Paphier m.: aus Paphos II 119. —
Pa(=)phlagonien n.: II 119: 181. — Pa=
pier n.: vgl. Papyrus, Kat. 40^{10}; 46^{15};
II 119; Papiertüte ꝛc.: Papiermacher m. ꝛc.,
aber (II 105): papier mâché (frz., ſpr.
papjé mahſhé) n. u. z. B.: Papier=mâché=
Doſe f. ꝛc. — Papillon (frz., ſpr. =iljáng) m.
— Papillote (frz., ſpr. =iljóte) f.: beſſer
als in der Ausſpr. u. Schreibweiſe mit tt;
papillotieren v. — Pappe f. — Papſt m.:
Päpſte pl. ꝛc., vgl. Papiſt m. ꝛc. —

Papyrus (gr.) m.: vgl. Papier. — par
acclamation (frz., spr. paracclamaßjóng):
II 105; 137. — Para (gr.) Vorsilbe): vgl.
II Meta; II 238 ff. — Para=Arsenissäure
2c.: II 109. — Paraboloid (gr., 5silbig)
n. 2c. — Parachute (frz., spr. paraschüt) m. —
Paradies (lat.) n.: Kat. 47²¹: paradiesisch a.
— Paradig(=)ma (gr.) n.: II 184. — pa=
rador (gr.) a.: Parado(=)xie f. 2c. — Pa=
rase (frz.) f.: parasieren v., besser mit s
als ph. — Parassin (nlat.) n. — Para=
graph (gr.) m.: II 186: paragraphenweise
a. 2c. — Paraguay (spr. =guáj). — Paraïba
(4silbig) II 109. — Para(=)llel (gr.) II 187.
— Paral(=)la(=)re (gr.) f. — paral(=)lel
(gr.) a.: Parallelen pl. 2c. — paralysieren
(gr.) v. 2c. — Paramythien (gr.) pl. 2c. —
Parapet (frz., spr. =pē, auch =pét) n. —
Paraphe 2c.: s. Parase, aber (gr.) Para=
pherna pl. ob. Paraphernalien pl. — Para=
phrase (gr.) f.: Paraphrast m. — Para=
pluie (frz., spr. =plüii) m., n.: vgl. Parasol 2c.
— parar(=)rhythmisch (gr.) a.: II 239. —
Para(=)scenien (gr.) pl.: II 119; 163. —
Paras(=)chistes (gr.) m.: II 239. — Parasit
(gr.) m. 2c. — Parasol (frz., spr. ßól) m.,
n.: vgl. Parapluie. — Parce (lat.) f.: auch
als eingebürgert Parze II 81. — Parcelle
(frz., spr. parß=) f.: auch — in deutscher
Ausspr. — Parzelle u. so: parcellieren u.
parzellieren v., doch z. B. nur: Parcellement
(spr. =ßellemáng) n. — Pärchen n.: s. Paar.
— Parchent: s. Barchent. — Pardon (frz.,
spr. =dóng, auch =dón II 238) m.: par=
donnieren v. — Parelien: s. Parhelion. —
Parenchym (gr.) n. 2c. — Parentalien (lat.)
pl. — Parenthese (gr.) f.: parenthetisch a. —
parentieren (lat.) v. — Parforce (lat. auch frz.)
par force, spr. forß): in Zsstzgn. wie: Par=
forcejagd. — Parfum (frz., spr. =fóng) m.,
n.: Parfumeur (spr. =ümör) m., aber in
ganz deutscher Ausspr. (II 204): Parfümerie
f., parfümieren v. — Par(=)helion (gr.) n.:
II 239 ob. besser ohne h: Pa(=)relion, Mz.:
Parelien. — Paria (ind.) m. — parieren
(lat., frz.) v.: in versch. Bedeutungen. —
Paris (frz., —): [versch. Paris (gr.) m.,
mit dem Tonzeichen, wo Mißdeutung zu
befürchten ist]: Parifer m., a.: Parisien
(spr. =isjéng) m.; Parisienne (spr. isjénn) f.
— parisyllabisch (lat.=gr.) a. 2c. — Park
(engl.) m. — Parkett n.: nach frz. parquet
(spr. =kē) II 78; 211 ss; auch parketieren v.
212; aber (II 79) mit frz. auszusprechender
Endung: Parquetage (spr. =ketáse) f.; Par=
queteur (spr. =ketör) m. — Parlament
(∪∪—) n.: vgl. parlement (frz., spr. parle=
máng); parliament (engl., spr. párliment):
Parlementär (frz. parlementaire, spr. =aug=
tär) m.: parlamentarisch a.; parlamentieren
v. 2c.; parlant a.; parlieren v. 2c. — Par=

naß (gr.) m. — Parochie (gr.) f.: Mz.:
Parochie(e)n (3= ob. 4silbig). — Parodie (gr.)
f.: Mz.: Parodie(e)n (3= ob. 4silbig); paro=
dieren v. — Paroli (span.) n. — Paronymie
(gr.) f.: Paronymie(e)n pl. — Paro(=)rnym
(gr.) m.: Paroxys(=)mus m. II 162 2c. — Par=
quetage 2c.: s. Parkett. — Par(=)rhesie (gr.) f. —
Par(=)ricidien (lat.) pl. — Partei f.: parteiisch
a., parteilich a. 2c., vgl. Partie. — Parterre
(frz., spr. =tär) n. — Parthenon (gr.) n.:
Parthenope f., parthenopeïsch a. (richtiger als
=äisch) a. — Parther m.: Parthien n.; par=
thisch a.: — partial (nlat.) a.: Partialsusser=
nis 2c.; Particip(ium) n., Mz.: Participien
2c.; participieren v. 2c.; Partie (frz.) f., vgl.
Partei [nicht mit th]; partiéll a. II 121; 213;
Partikel f. Kat. 40²; Partikularien pl.; Par=
tikularismus m. 2c.; Partikulier (frz., spr.
=külje) m.; Partisan spr. =sän, besser als frz.:
=sáng) m., vgl. Partisane f., frz. pertuisane;
Partitur f.; Partner m. — partout (frz.,
spr. =tü) adv.: Partoutbillett n. 2c. — Par=
venu (frz., spr. =wenü) m.: II 204 ff. —
Parze f.; Parzelle 2c.: s. Parce 2c.

Pas (frz.) m. (u.): spr. pa, aber in Gen.
u. Mz.: päs; verbunden mit frz. Wörtern,
z. B. (II 105): pas de deux (spr. dö) 2c.;
pas de Calais (spr. kalä). — Pascha (pers.,
—∪) m.: seltener — in korrekterer Beto=
nung — Paschä II 3; Paschalik n. 2c. —
paschöll! (russ.) interj.; paschollen v. —
Pasiphae (gr., 4silbig) f.: I 3; Pasithea f.,
Gen.: Pasithëens 2c. II 114. — Pa(=)spel:
s. Passe=poil. — Pas(=)quill (it.) m.; n.:
Pasquillant m. 2c.; Pasquino m. 2c. —
Paß m.: (in versch. Bedeutungen): des
Passes; die Pässe 2c.; zu Paß kommen 2c.,
vgl. unpaß 2c.; passabel (frz.) a., passable=
ment (spr. =ab'máng) adv.; Passade f.
(s. Poussade); Passage (spr. =áshe) f., Passa=
gier m. — Passah (hebr.) m.: Passahfest 2c.
— Passant (frz.) m. — Passat (holl., —)
m.: Paßatwind. — Passement 2c.: s. Posa=
ment. — Passe=partout (frz., spr. paßpartü)
m.: Passe=passe m., n.; Passe=poil (spr.
=poál) m., auch in der deutsch mundrechteren
Form: Paspel; dazu: bepaspeln ob. passe=
poilieren v. 2c.; Passe=port (spr. pör) m.,
auch Paßport (mit deutscher Ausspr.); pas=
sieren v. 2c. — Passion (lat.) f.: passionirt
a. 2c.; passiv a. 2c., s. =iv, Passiv(um)
n. 2c. — Pastell (it.) m.: Pastellbild 2c.
— Patagonier m. 2c. — Patch(o)uli: s.
Patschuli. — Pater (lat.): z. B. (II 105):
pater peccavi 2c.; Paternoster 2c.; pa=
ternell (frz.) a. II 213. — Pathe m.: Pa=
thin f. — pathetisch (gr., ∪—∪) a.: Pa=
thologie f. 2c.; Pathos n. — Patience (frz.,
spr. paßjángß) f.; Patiént (lat.) m. —
Patin: s. Pantine.. — Patois (frz., spr. =oä)
n. (m.). — Pa(=)tricier (lat.) m. 2c. —

Pa(=)trize f.: vgl. das entsprechende Matrize. — Pa(=)tronymikum (gr.) n. ꝛc. — Patrouille (frz., spr. =trúlje) f.: patrouillieren v. ꝛc. — Patschuli n.: unnöthig in französierender Schreibw. Patchouli m. (lat.) m.: Pauline f. ꝛc. — Pausback ꝛc.; Pausch ꝛc.: s. Baus ꝛc. — pauvre (frz., spr. power) a.: auch (vgl. it. povero): auspovern v.; Pauvreté (spr. powerte) f. — Pavian (spr. päw=) m.: Kat. 62⁵. — Pavillon (frz., spr. pawilljóng) m.

Pec(=)catum (lat.) m. ꝛc.: pec(=)cieren (spr. pec=) v. — Pecco (chin.) m.: Peccothee m. — Pedal (lat.) n. — Pedant (it.) m.: Pedanterie f.; Pedantismus m. ꝛc. — Pedell (mlat.) m.: II 213. — Pe(=)dro (span., port.) m. = Peter: Pedro=Orden II 109. — Peene f.; Peenemünde. — Peer (engl., spr. pihr) m.: vgl. Pair. — Pehlwi n. (altpers.). — pei(=)gnieren (frz., spr. penj=) v.: Peignoir (spr. =oär) m., n. II 185. — peilen v. — Peirithóos (gr.) m.: II 121. — Peitho (gr.(f. — peit=schen v.: peitsch(=)te ꝛc. II 168. — Peizger m.: s. Beißer. — Pejeration (lat.) f.: Meineid (Perjuration) ꝛc., versch.: Pejoration f., Verschlechterung ꝛc. — Pelesche (poln.) f.: auch Pikesche. — pêle-mêle (frz., spr. pähl=mäl) adv.; n.: II 105. — Pelerine (frz.) f. — Pelikan (gr.) m. — Pelleterie (frz.) f.: Pelletier (spr. =eljé) m. — Peloponnes (gr.) m. ꝛc. — Peloton (frz., spr. =tóng) m.: pelotonweise a. — Peluche (frz., spr. plüsch) f.: s. Plüsch II 89. — Pence (engl., spr. pénß) pl. zu Penny. — Penchant (frz., spr. pangschäng) m. — Pendakulum n.: s. Pentangulum. — Pendant (frz., spr. pangdáng) m., n. — Pendule (frz., spr. pangdül) f. — peneïsch (gr.) a.: Penēus m., 3silbig, richtiger als Peneus, 2silbig: — penibel (frz.) a. — Peninsula (lat., auch: Pän ꝛc.) f.: peninsular(isch) a.; Peninsularkrieg ꝛc. — Pennal (lat.) n.; m.: Pennalismus m. — Pennsylvanien ꝛc. Penny (engl.) m.: s. Pence. Penny=a=liner (äleiner) m. — Pensée (frz., spr. pangßē) f.; n.: pensée a. — Pension (frz., spr. pangßión) f.: Pensionen II 138, aber (II 105) z. B.: die pensions de famille (spr. pang=ßjóngs de famílj) ꝛc.; Pensionär m. (II 7); pensionieren v. — Penta(=)gramm (gr.) n.: Pentangulum (gr.=lat.) n., entstellt: Pentakulum u. selbst: Pendakulum; Pentarchie ꝛc.; Penthemimeris f. — Penthesilea (gr.) f.: Penthesilēens ꝛc. — Pentiment (it.) m. — Penultima (lat.) f. — Pépinière (frz.) f.: II 115. — Pepsin (gr.) n. — per (lat.) präp.: II 106, z. B.: per Post ꝛc. u. als Vorsilbe (II 239), in der Theilung pe(=)r ꝛc., wenn ein zum Stamm ire gehöriges i folgt

[wie: Pe(=)rikulum n. ꝛc.] od. sonst auf die betonte Vorsilbe ein Vokal [wie Pe(=)reat u. ꝛc.]; außerdem aber: per=, z. B.: peragieren v. ꝛc.; Per(=)agration f.; peremp(=)torisch a.; per(=)ennieren v.; perimieren v.; per(=)orieren v.; Per(=)orbd n. ꝛc. u. natürlich vor Konson., wie: Percipiént m. ꝛc.; per(=)fekt a.; Per(=)fekt(um) n.; per(=)fid a. ꝛc.; Per(=)horres(=)cenz f. u. s. w. — I Peri (pers.) m.; f.: Schutzgeist. — II peri (gr.): Vorsilbe (II 239), in der Theilung — außer vor r=rh und p=t — mit den Bindestrichen immer unmittelbar hinter sich, vor ein= u. mehrfachen Konsonanten u. vor Vokalen, vgl. namentlich (f. II 120; 121): Perïegese (5silbig) f., getheilt: Peri=egese ꝛc.; periérgisch a., getheilt: peri=ergisch ꝛc.; ferner z. B.: Peri(=)gäum n., Peri(=)helien pl., Periïovien pl. ꝛc.; Periäum n.; Peri(=)ode f. ꝛc.; Peri(=)öke m.; Peri(=)petie f.; Peri(=)pherie f.; peri(=)skopisch a.; Peri(=)spomenon n. ꝛc.; Peri(=)syzien pl. ꝛc. — Perkal (pers.) m. — Perlmutter (‿‿‿) f., n.: perlmuttern a. — Pernambuk(o): s. Fernambuk. — Pe(=)rodynie (gr.) f. — Per(=)oration (lat.) f. ꝛc.: s. per. — perpendikulär (lat.) a. — perpetum mobile (lat.) n.: II 105: Die perpetua mobilia od.: die Perpetuum=mobile (besser als mit angehängtem 's). — Perron (frz., spr. =óng) m. — Perrotine (frz.) f. — Perruque (frz.) f.: s. Perrücke; aber (II 78 ff) z. B.: Perruquier (spr. perücje) m. ꝛc. — Persephone (gr.) f. ꝛc. — Per(=)siflage (frz., spr. =ßiflásche) f. (n.): Persiffleur (spr. =ör) m. ꝛc. — Person (lat.) f.: Personalarrest m. ꝛc.; Personalien pl.; personell a. (vgl. frz. personnel, spr. perßonéll, II 213); personifizieren v. ꝛc.; persönlich a. ꝛc.; Personnage (frz., spr. =ßonáhe) f., nicht gut: Personage (spr. =ßonáhe) f., vgl. personell (f. o.). — Perspektiv (lat.) n. ꝛc.: s. =iv. — persuadieren (lat., spr. =ßwad=) v. ꝛc. — Pertinenz (lat.) f.: Pertinentien pl. II 80, vgl. Ingredienz. — Perücke f.: Kat. 40²³; Perückenmacher ꝛc., aber: Perruquier (s. b.). — peruvianisch (spr. =uw=) a. ꝛc. — pervolvieren (lat., spr. =wolw=) v. ꝛc. — Pessimismus (nlat.) m. ꝛc. — Pest (lat.) f.: [aber Pesth in Ungarn; Pe(=)sther m., a. ꝛc.]: Pe(=)stilenz f.; pestilenzialisch a. — Petechien (nlat.) pl. — Peter (gr.) m.: Peterspfennig ꝛc. — Petersilie (gr.) f. — Petit (frz., spr. peti) f.: Druckschrift. — Petitionär (nlat., vgl. pétitionnaire frz.) m. — Petit=maitre (frz., spr. petimät'r) m. — Pe(=)trefakt (lat.) n.: II 95: Pe(=)troleum (4silbig) n. II 115, Petrolist m. ꝛc. — Petroleuse (spr. =löje) f. II 130; Pe(=)trus m., s. Peter. — Pet(=)schaft (slaw.) n.: Petschier n., petschieren v. — Petsche (mit gedehntem e) f.:

Ruder; petschen v. — peu à peu (frz., spr. pöapö) adv.: II 105. — pent-être (frz., spr. pötät'r) adv.: ebd.

Pfad m.: Kat. 67³: Pfasse m.; pfäffisch a.; Pfahl m., pfählen v.; Pfalz f., Pfälzer m. 2c.; Pfand n., pfänden v.; Pfanne f., Pfänner m.; Pfarre f., Pfarrer m.; Pfau m. 2c. — **Pfebe** f.: Kat. 67⁶: Pfeffer m., Pfefferminzthee 2c. (s. Minze); Pfeife f. 2c.; Pfeil m. (versch. feil a.; Beil m.); Pfeiler m.; Pfelle f. [Ellritze, auch Pfrille) 2c.]; Pfennig m. (drei Pfennig I 28), veraltend: Pfenning; Pferch (des Pferchs II 96), pferchen v.; Pferd n. (Pferde-Egel, Pferde-Igel m. I 18); pfetzen v., falsch st. fetzen (s. d.). — **Pfiff** m.; Kat. 67⁸: Pfifferling m.; pfiffig a., Pfiffikus m.; Pfingsten n., f., pl.; Pfips m., s. Pips, vgl. Fips; Pfirsche f., Pfirsich m. f. — **Pflanze** f.: Kat. 67³: pflanzen v., Pflanzer m., Pflänzling 2c.; Pflaster n. 2c.; Pflaume f. 2c. (vgl. Flaum); pflegen v. 2c.; Pflicht f. 2c. (vgl. flicht); Pflock m. (vgl. Flock), pflöcken v.; pflücken v. (vgl. flügge) Pflug m. (vgl. Flug), Pflugschar f. (m., n.), pflügen v. 2c. — **pfueischen** v.: Kat. 67¹⁸, weibmännisch 2c. — **Pforte** f.: Kat. 67¹′ ¹²; Pförtchen m., Pförtner m.; Pfoste f.; Pfote f. 2c. — **Pframpf** m.: Kat. 67¹⁴; Pfriem m. 2c.; Pfrill m. 2c., s. Pfelle; Pfropf(en) m., pfropf(=)en v. 2c.; Pfründe f. 2c. — **pfuchzen** v.: richtiger fuchzen (s. d.) Kat. 87²⁰; Pfuhl m. 2c.; Pfühl n. (Pfülbe f., mundartl.); pfui! interj.; Pfund n. (versch. Fund), pfündig a. 2c.; pfuschen v., Pfuscher m. 2c.; Pfütze f. 2c.

Phääke (gr.) m.: Phääkien n. 2c. — **Phä(=)dra** f. — **Phaethon** (3silbig, I 3) m.: nicht gut: Phaeton. — **Phaläne** f. — **Phalanster** (nlat.) n.: Phalansterium n., M.; Phalansterien, auch: Phalanstère (frz., spr. falangstär) n. 2c.; Phalanx (gr.) m., f. — **Phanerogamen** (gr.) pl. — **Phänomen** (gr.) n. 2c. — **Phantasie** (gr.) f.: Phantasie(e)n pl.; — daneben auch: fantasia (it.) f., namentlich als Tonstück (frz. fantaisie, spr. fangtäsi) n. —: als orientalische Pro-duktion v. Körpergewandtheit 2c. —; phan-tasieren v.; Phanta(=)sköp n.; Phantas(=)ma n.; Phantas(=)magorie f.; Phantas(=)mo-sköp n. 2c.; Phantast m. 2c.; Phantasus m.; Phantom n. 2c. — **Pharao** (ägypt.) m.: Pharao(spiel) n., häufiger: Faro. — **Pha-risäer** (gr.) m. 2c. — **Pharmaceut** (gr.) m.: Pharmacie f.; Pharmakopöe, Pharmakopöie f. 2c. — **Pharos** (gr.) m.: Pharus (lat.), auch (it.): Faro di Messina 2c. — **Pharyn-go(=)sköp** (gr.) n. 2c. — **Phasan** m.: f. Fasan. — **Phase** (gr.) f.: Phasis f. — **Phase(o)le** (gr.) f.: richtiger als Fase(o)le. — **Phasis** (gr.): 1) f.: s. Phase. — 2) m.: ein Fluß in Kleinasien. — **Phébus** (frz., spr. febüs) m.: vgl. Phöbus. — **Phello(=)plastik** (gr.) f. 2c. — **Phenakisto(=)sköp** (gr.) n. 2c. — **Phiale** (gr., ⌣–⌣) f.: Trinkschale (vgl. Fiale; Phiole). — **Phi(=)labelph** (gr.) m. 2c.: u. andre mit Phil (= Freund, liebend) beginnende Zsstgn. nebst Fortbildungen, z.B.: Philaleth m. 2c.; Philanthrop m. 2c.; phil-harmonisch a., Phil(=)hellene m. 2c.; Phi-lipp m., Philippika f., Philippine f. 2c. — **Philister** (hebr.-gr.) m.: philisteriös a.; Philisterium n., philiströs a. 2c. — **Phi-lodo(=)gie** (gr.) f.: (vgl. Philadelph 2c.): Philolog(ie) 2c.; philomathisch a.; Philomele f.; Philosoph(ie) 2c.; Philo(=)genie f. — **Phil-tron** (gr.) n.: Philtrum n., Liebestrank (versch.: Filtrum). — **Phiole** (gr., ⌣–⌣) f.: s. Phiale, versch. Viole. — **Phlebotomie** (gr.) f. — **Phlegethon** m. — **Phleg(=)ma** n.: Phlegmatikus m. 2c. — phlogistisch a. 2c. — **Phöbe** (gr.) f.: Phöbos, Phöbus m. (als Gott, — vgl. Phöbus = Schwulst). — **Phocäa** f. 2c. — phonetisch a. 2c. — **Phö-nicien** n. 2c. — **Phönix** m. — **Phos(=)phor** m.: Phosphores(=)cenz f. 2c. — **Photo-chromie** (gr.) f.: Photogen n.; Photo-graph m. 2c.; photolithographieren v. 2c.; Photo(=)xylographie f. 2c. — **Phrase** (gr.) f.: Phraseologie f. — **Phra(=)trie** f.: Phra-triarch m. 2c. — **Phrenesie** f.: phrenetisch a.; Phrenolog(ie) 2c.; Phrenesis f. 2c. — **Phry-gien** n. — **Phryne** f. — **Phthisis** (gr.) f.: phthisisch a. — **Phylak(=)terion** (gr.) n.: Phylakterien pl. 2c.; Phylax. — **Phyle** f. — **Phyllis** f. — **Physharmonika** f.: vgl. Phö-sema n. 2c. (versch. Fis). — **Physici:** Gen. u. pl. v. Physikus m.: Physik f.; Physiker m.; Physio(=)gnomie f. 2c.; Physiolog m. 2c.; physisch a. — **Phyto(=)graphie** f. 2c.

Pianoforte (it.) n. 2c. — **Piazza** (it.) f.: Piazzetta f. 2c. — **Pic(=)cini** (it., spr. pitsch=) m.: II 173. — **Piccolo** (it.) m. 2c.; Pic-coloflöte, flauto piccolo, s. Pickelflöte II 96. — **Pichon** (spr. pischong) m.: Rothwein (versch.: Pigeon. — pid! interj.: Pick m. (versch. Pik); Pickart m., Rohrdommel; Picke f., Hacke (versch. Pike); Pickel m. = Picke; spitzer Stecken; Stift in der Pickel-büchse 2c., auch: Bläschen, Blatter (s. Hitz-pickel; dazu: pick(e)lig a.), versch.: Pickle (engl., spr. pickel) v., namentlich im Plur.: Pickles (s.Mixed-Pickles) dazu: Pickelhering 2c.; außerdem: Pickelflöte, Pickelpfeife f. (i. e.: flauto piccolo) u.: Pickelhaube f. (die heutige Form für das ältere: Becken-, Pickelhaube); picken v., mit einer Spitze hacken od.: den entsprechenden Ton hervor-bringen 2c. (versch.: piken). — **Pick(e)nick** m. (frz. piquenique) II 78. — **Pickle:** s. Pickel. — pick(=)lig a.: ebd. — **Pièce** (frz., spr. piäße) f. II 115. — **Piedestal** (frz., spr. pjedestáll) n. — **Piek** m., f.: (Seemanns-

ausdruck) Abtheilung am Hintersteven (dazu:
Piekpforte; Piekholz od. Piekstück; Vorpiek
2c.); Toppenant: die Rahen in den (od. die)
Piek setzen, sie pieken, vgl. piken. — piep!
interj.: piepen v.; Pieper m.; Piepvogel m.,
Pieplerche f. 2c. (versch.: Pipe f.): piepicht a.;
pieps! interj.; piepsen v., er, ihr, (du) piepst,
Impf.: piepste 2c. — Pieride (gr.) f.:
Pierinne f. II 119. — Pierrot (frz., spr.
pierrō) m.: Vertl. v. Pierre (Peter).
Piesport: an der Mosel: Piesporter (Wein).
— Pietät (lat.) f.: II 119; Pietismus m.,
Pietist(erei) 2c. — Piè(=)tro (it.) m.: Peter.
— Piezometer (gr.) m. 2c. — Pigeon (frz.,
spr. pischóng) m.: Pigeonapfel m. 2c.
(versch.: Pichon). — Pig(=)ment (lat.) n. —
Pi(=)guole (it., spr. pinj=) f.: II 185. —
Pig(=)nolie (lat.) f.: ebb. — Pik m.:
(versch.: Piek): 1) Spitzberg (frz. pic, span.
pico, m.). — 2) Farbe im Kartenspiel (frz.
pique, m. II 78): Pik=As, Pikkönig 2c. —
3) Groll, einen Pik od. eine Pike (frz.
pique f.) auf Jemand haben 2c. — 4) auch
f.: türkische Elle (ngr. Pichi). — Pikador
(span. picador, ◡◡—) m. — pikant (frz.
piquant) a. 2c., f. Pikoterie. — Pike (frz.
pique, II 78) f.:
Lanze in ähnliche stechendspitze Geräthschaften
2c. (f. auch Pik 3): Pikschlitten m. 2c.;
piken v. (vgl. pieken), auch pikken; Pike=
nier(er) m. (frz. piquier, spr. pikjē) 2c. —
Piké: f. Piqué. — Pikesche: f. Petesche. —
Pikett (frz. piquet, spr. pikē) n.: II 78;
211, vgl. Piquette. — pikieren v. (frz.
piquer, spr. pikē): pikiert a., Pikiert(=)heit
f. 2c. — Piko m.: f. Pik 1. — Pikör: f.
Piqueur. — Pilotage (frz., spr. =äsche) f. —
Pikoterie f. (Stichelei, verderbt in Pikan=
terie); pikotieren v. — Pi(=)krat (gr.=nlat.)
n. 2c. — Pilgrim m.: Pilgrime pl. Kat. 39⁶.
— Pilotage (frz., spr. =äsche) f. — Pina=
kothek (gr.) f. — Pince=nez (frz.,spr. pengßne)
u.: Pincette (spr. pengßétt) f., auch — in
deutscher Anśverś.: Pinzette II 80 ff. —
Pinscher (engl., spr. pintscher) m.: f. Pinscher.
— Pinguin (nlat.) m. — Pinie (lat.) f. —
Pinsch(er) m.: üblicher als Pincher (f. b.). —
Pinzette (frz.) f. Pincette. — Pionier m.:
Pioniere pl., vgl. engl. pioneer (spr. peienīr),
frz. pionnier (spr. pionnjē) II 119. —
Pipe f.: span. Wein= od. Ölfaß (pipa):
Pipenholz, Pipenstäbe 2c. (vgl. piepen 2c.). —
Pips m.: üblicher als Pfips. Kat. 67²¹. —
Piqué (frz., spr. pikē) m.: II 79. — Pi=
quette (frz., spr. =kétt) f.: Krätzer. ebb.
(versch.: Pikett). — Piqueur (frz., spr. =tör)
m.: ebb. — Piroge f.: nicht in unnöthig
frz. Schreibweise: Pirogue II 133. — Pi=
rouette (frz., spr. pirnétt) f.: pironettieren v.
— Pirsch 2c.: f. Birsch. — Pissoir (frz.,
spr. =oär) n. — Pistacie (gr.) f. — Piston

(frz., spr. =óng) n. — pittoresk (it.) a.:
II 162. — Pivot (frz., spr. piwō) m.:
versch.: Piwo (slaw., —◡) n. Bier. —
pizzicato (it.) a.: od. pizzicato II 105; 200.
— Place (frz., spr. pläß) f. (u.): Place=
ment (spr. plaßemáng) n. — Placet: 1)
(frz., spr. plaße) n. — 2) (lat., spr. pläzet)
n.: Placet od. placetum regium II 105. —
placieren (frz., spr. plaß=) v. — placken v.:
(vgl. plagen); Plackerei f. 2c. — pladdern v.
II 222. — Plafond (frz., spr. =fóng) m.
Plagge f.: II 223: plaggen v. — Plagia=
rier (lat.) m.; Plagiat n. 2c. — Plahe f.:
f. Blahe. — Plaid (engl., spr. pléd) n. 2c.
-- plaidieren (frz., spr. pläd=) v.: Plaidoyer
(spr. pládoajē) n.; plaidoyieren v. 2c. —
Plaine (frz., spr. plän) f.: vgl. Pläne (pl.
v. Plan) II 8. — Plaisance (frz., spr. plä=
sángß) f.: plaisant (spr. =áng) a., Plaisant
m.; Plaisanterie (spr. pläsangterī) f.; plai=
santieren (spr. pläsangtiren) v.; Plaisir (spr.
pläsīr) n., plaisirlich a. II 8; 64. — Plakat
(mlat.) n.: frz. placard (spr. plakär) m. —
Plämpe 2c.: f. Plempe 2c. — plan (lat.) a.:
Plan m., Plane od. Pläne pl. (vgl. Plaine),
f. auch Blahe; planen v. — Planchette
(frz., spr. plangschétt) f.: f. Blankscheit. —
Planer m. — Planet (gr., ◡—◡) m.: Pla=
netarium pl. Planetoid n. 2c. — planieren
v.: f. plan; Plani(=)globien pl.; Planime=
trie f. — Plänkelei f.: Plänk(e)ler m.;
plänkeln v., üblicher als blänkeln. Kat.65⁵. —
planschen v.: üblicher als plant(=)schen. —
Plantage (frz., spr. plangtásche) f. — Plan=
tane (span.) f.: zuweilen statt Banane, Pi=
sang, — versch.: Platane f. — plärren v.:
üblicher als blärren. Kat. 27²¹; 29²⁹. —
Platane (gr., ◡—◡) f.: Platauus (—◡◡)
m.; versch.: Plantane. — Plateau (frz.,
spr. =tō) n.: II 212; Mz., mit lautendem s:
Plateaus (vgl. frz. plateaux, spr. =tō) —
Plate=bande (spr. platbáng') f.; Plate=
forme (spr. platférm) f., auch — mit be=
tonter erster Silbe: Platform (engl.),
namentlich in Nordamer.: Parteiprogramm:
platieren v., f. plattieren; Platin (—◡) n.,
Platina (—◡◡,span.) f.; Platine (◡—◡,
frz.) f.; Platitube, f. Plattitube; Plattmenage,
f. Plattm 2c. — platsch! interj.: Platsch
m.; platschen, plätschern v. 2c. — platt a.:
II 212: platterdings, plathin adv. I 79;
134; Platte f.; [Platt(=)teile f. = Plattfisch,
lat. platessa]; plätten v. — Platt(=)heit f.;
plattieren v. (frz. plaquer, nicht v. plat)
Plattitube f. (frz. platitude) II 204; 212;
Plattmenage (spr. =äsche) f., aus dem ver=
meint frz. plat de ménage. — Platz m.:
Platz greifen, nehmen 2c. — platzen v.,
plätzen v. — plauz! interj. 2c. — Plebi=
scit (lat.) n.: aus plebiscitum od. plebis=
scitum II 163; plebi(=)scitieren v. 2c. —

Pleinpouvoir (frz. plein pouvoir, spr. plengpuwoär) n. — Plempe f. — plempern v. (üblicher als mit ä). — Plenipotentiar(ius) (nlat.) m. ob. Plénipotentiaire (frz., spr. plenipotangßjär) m. — Plethi: s. Krethi. — Plethora (gr.) f. — Pleurésie (frz., spr. plöreſi) f.: Pleuritis (gr.) f. — Pleurcuse (frz., spr. plöröse) f. — Pli (frz.) m.: Pariser pli II 106. — Plié (frz.) n. — Plinse f.: s. Blinni, minder gut: Plinze Kat. 95²¹ ff. — plinſen v.: weinen. — Plinthe (gr.) f. — Pliocän: s. eocän. — Plomb (frz., spr. plóng) n.: Plombe (ſpr. plongbe) f.; plombieren (ſpr. plongbiren) v. — plongieren (frz., spr. plongſhi=) v. — Plotz m.: auf den Plotz, plötzlich a. ꝛc. — Plötz m.: Plötze f., ein Fiſch. — Plumm (engl., ſpr. plömm) f.: Plumm(=)pudding (II 222), auch mit deutſcher Ausſpr., aber nicht Plump(=)pudding. — plumpy; interj. u. — a.: plumper; am plump(=)ſten, der plump(=)ſte (ſ. u.) II 153; 176; 194; Plump m.; plumpen v., du plumpeſt od. plumpſt (ſ. u.); Plump(=)heit f.; plumps! interj.; Plumps m.; plump(=)ſen v., (du), er, ihr plumpſt; Impf.: plumps(=)te (ſ. o.) II 152 ff; 176; 194. — Plunger (engl., ſpr. plönſch'r) m. — Plüſch m.: eingebürgert aus frz. p(e)luche (ſpr. plüſch) II 89; plüſchen a. ꝛc.

Puyr (gr.) f. (m.).

Po m.: Fluß: Po=Ebene f. I 18; II 109, nicht: Poebene. — Pocm (lat.) m.: 3ſilbig (I 3); Poeſie f.; Poet m. ꝛc. — Pogge f.: niederb. II 223. — Pog(=)gio (it., spr. póbſho) m.: II 132; 173. — Pohl m.: Pohle f., bei den Webern (aus frz. poil): auch Pohlrock m.; Pohlſeide f. ꝛc., verſch.: Pol ꝛc. — Poil (frz., ſpr. poál) m.: Pohl; auch (II 106) z. B.: poil de chèvre (ſpr. ſchäw'r). — Point (frz., ſpr. poéng) m.: Pointe (ſpr. poéngte) f.; Pointeur (ſpr. =tör) m., ſ. Ponte; pointieren v., vgl. pentieren. — Pokal (frz. bocal, angelehnt an poculum lat.) m. — pökeln v.: Pökelhering, vgl. Bückling. — Pol (gr.) m.: (verſch. Pohl) polar a.; polariſieren v. ꝛc. — Polac(=)ca (it.) f.: Mz.: Polac(=)che (ſpr. =äche) II 97; Polacke m.=Pole, auch (mit betonter 1. Silbe): Pollack, Kat. 40¹⁶ ff; II 95; 213 (vgl. Palaſt u. Pallaſt ꝛc.). Polacke f. ob. Polacker f.; Polackei f.; Polen: Polackin f., vgl. Polin; polackiſch a., vgl. polniſch. — Police (frz., ſpr. =ßße) f. — Policei f.: ſ. Polizei. — Polichinelle (frz., ſpr. poliſchinéll) m. = Polichinell(o), Pulcicinello ꝛc. (it., ſpr. =tſchinéll ꝛc.) — policieren ꝛc.: ſ. Poliz ꝛc. — Polier m.: Maurerpolier ꝛc. — polieren n.: Polierer m.; Polierung f., vgl. Politur. — Poli(=)klinik (gr.) f.: „Stadtklinik", — verſch. Zſſgn. mit

Poly (ſ. u.); Poliorcetik f. ꝛc. — Poliſander; ſ. Paliſſander. — Poliſſon (frz., ſpr. =óng) m.: Poliſſounerie f. — Polizei (police, frz.) f.: als eingebürgert faſt üblicher mit z als c (ſ. Kat. 90¹⁸; II 81 ff): polizeilich a.; polizeiwidrig a. ꝛc.; polizieren v.; Polizist m. — Polizze (it.) f.: Gießzettel (vgl. Police). — Polka (böhm.) f. — Pollad m.: ſ. Polacke: Polonaiſe (frz., ſpr. =näſe) f. — polstern v.: verſch. Pol=Stern (Polarstern) II 158. — Pol(=)tron (frz., spr. =óng) m. ꝛc. — Poly (gr.): = viel, in zahlreichen Zſſgn. (verſch. Poli=, Stadt), z. B.: Poly(=)chreſt n.; Poly(=)chroït m., n.; Polyeder n., m.; Poly(=)glotte f.; Polyhiſtorie f.; Polymathie (gr.) f.; Polyp m. (verkürzt aus Polypus); Polyp(=)tychon n. II 194; Polytechnik f. ꝛc.; Polytheïsmus m. ꝛc. — Pomade (frz. pommade) f. Kat. 40²³, — verſch.: pomade (ſlaw.) a.; pomabig a. — Pomeranze f. — Pomp m.: pomp(=)haft a. ꝛc. II 110; 190. — Pompadour (frz., ſpr. pongpadür) f.; m. — Pompier (frz., ſpr. pongpéng) m. — Pompon (frz., ſpr. pongpóng) m. — pompös a.: pomphaft. — pomp(=)tiniſch (lat.) a.: II 196 ob. pontiniſch. — Pön (lat.) f.: Kat. 57⁴. — ponceau (frz., ſpr. pongßó) a.: Ponceau n. — Poncho (ſpan., ſpr. póntſcho) m. — Ponderabilien (lat.) pl. — Pönitentiar (lat.) m.: Pönitentiarien pl. ꝛc.; Pönitenz f. II 80. — Ponte (frz.) m.: pontieren v.; üblicher, obgleich falſch: Pointeur; pointieren v. — Ponton (frz., ſpr. pongtóng) m.: Pontonnier m., in deutſcher Ausſpr., Mz.: Pontonniere ob. (frz., ſpr. pongtonjé) Mz.: Pontonniers. — Pony (engl.) m., n.: Ponies pl. — popular (lat.) a.: II 7; Popularität f. ꝛc. — Porcellan (lat.) n. ꝛc. — porös (nlat.) a.: Poroſität f. — Porphyr (gr.) m. — Porre (lat.) m.: Art Lauch. — port des bras (frz., ſpr. porbäbrä) m.: nicht Portbras. — Portechaiſe (ſpr. portſchäſ, frz. chaise à porteurs) f. u., wie die folgenden Wörter, auch ohne die Bindeſtriche im Deutſchen; Porte=épée n., Porteépéeſähnrich ꝛc.; Porte=manteau (ſpr. mangtó) n.; Porte=monnaie (ſpr. monnä) n. — Portier (frz., ſpr. portjé; öſtreich. auch: portir) m.: Portière (ſpr. =järe) f.: II 115. — Por(=)trait (frz., ſpr. =trä) n.: Porträts pl.; ſeltner mit lautendem t u. deutſcher Abwandlung: Porträt, deſſ. Porträtes, die Porträte ꝛc.; Porträteur (ſpr. =ätör) m. u. Portraitist ob. Porträtist m.; portraitieren ob. porträtieren v., f. Kat. 28¹³; II 8. — Portugal n.: Portugieſe m.; portugieſiſch a. — Portulak (lat.) m.: II 95. — Porzellan: ſ. Pore ꝛc. — Poſament m.: ſeltner: Paſſement (in deutſcher Ausſpr., aus frz. passement, ſpr. =máng); Poſamentier(er) m.;

posamentieren v., verposamentieren v. ꝛc. —
positiv (lat.) a.: f. =iv: Positiv m.; n.; Po=
sitivismus m. ꝛc. — **Possekel** m.: Schmiede=
hammer. — **Possesseur** (frz., spr. =ör) m.:
possessio a. ꝛc., f. =iv; Possessorienklage f. ꝛc.
— **possibel** (lat.) a. ꝛc. — **possierlich** a. ꝛc.
— **Post** (frz.) f.: vgl. post als lat. (Präpos.
u.) Vorsilbe. Hinter beiden Wörtern stehen
bei Zsssgn. in der Silbenbrechung die Theil=
striche auch vor Vokalen, h und r, während
in Fortbildungen u. sonst mit post begin=
nenden Wörtern in solchen Fällen zu theilen
ist: Po=st ꝛc., vgl. z. B.: po(=)stalisch a.;
Po(=)stament (nlat.) n. ꝛc.; Post(=)amt n.;
Post(=)anstalt f. ꝛc.; post(=)angusteïsch a. ꝛc.;
Po(=)sten m.; Po(=)sterität f. ꝛc.; Post=
expedition f. ꝛc.; post(=)eocän a.; Post=
existenz f. ꝛc.; Post(=)horn n. ꝛc.; Po=
sthitis (gr.) f.; po(=)sthum (lat.) a.; Post=
institut n. ꝛc.; po(=)stieren v. ꝛc.; Po(=)stille
(nlat.) f.; Po(=)stillion m. (f. u.) ꝛc.; Post=
officiant m. ꝛc.; Po(=)sto (it.) m., n. ꝛc.;
Post(=)reise f. ꝛc.; Po(=)stremität f.; Post=
uhr f. ꝛc.; Po(=)stulat (lat.) n. ꝛc. Zu er=
wähnen ist noch: Post=Geldanweisung II 215,
besser als das doppeldeutige Postgeldan=
weisung ꝛc.; postlagernd u. postrestant a. od.
frz. poste restante (spr. postrestángt) u.
zsfgstzt. mit der Vorsilbe: Postscenien pl.
II 163; Postskript n. II 159 ꝛc. — Po(=)stillion
m.: Postillione pl. ꝛc., aber in ganz frz. Form
z. B.: postillon d'amour (spr. postiljóng
damúr) ꝛc. — **Pot** (frz., spr. pö) m.: (vgl.
Pott) in den Pot setzen ꝛc.; auch (II 105):
pot à feu (spr. potafö), beim Feuerwerk ꝛc.;
pot-au-feu (spr. potofö), als Essen; pot de
chambre (spr. schangb'r) ꝛc. — **Potage** (frz.,
spr. =ásche) f.: Potagelöffel m. ꝛc. — **Potenz**
(lat.) f.: II 80; potenzieren v. ꝛc. — **Potichi=
manie** (frz., spr. =isch) f.: richtiger als
Potichinomanie ꝛc. — **Potiphar** m.: bibl.
Name. — **Pot=pourri** (frz., spr. popurrí)
m., n.: f. Pot, — auch ohne Bindestriche. —
Potsdam(er): f. Amsterdam. — **Pott** m.:
niederd., f. Pot, besonders: Pott(=)asche f.;
Pottfisch m.; Pottwal(fisch) m.; **potz**!
interj: Kat. 62⁶. — **Pou=de=Soie** (frz.,
spr. pudesoá) n., richtiger als Pou(=)lt ꝛc. —
Poudre (frz., spr. púder) f.: Puder, doch
(II 105; 206) z. B.: poudre de riz (spr.
ri) ꝛc.; P(o)u(=)drette f.; Pou(=)drier (spr.
puhdrié) m.; p(o)u(=)drieren v. — **Poularde**
(frz., spr. pulárd') f.: II 206: Poule (spr.
púl) f., auch =Spieleinsatz (falsch) =Boule). —
Pou(l)ycton (frz., spr. pul(l)netóng) m. —
Pourparler (frz., spr. purparlé) n. ꝛc. —
Poussade (spr. pussáde) f.: entstellt aus frz.
Passade II 206; so auch: Poussage (spr.
pussáse) f. u.: poussieren v., falsch auch st.
possieren; richtig dagegen im Sinne v.
fördern ꝛc.

prä(=) lat. Vorsilbe: II 239; das Prä. —
Präcedens (lat.) n.: Präcedentien pl.; Prä=
cedenz f. II 80. — **Präceptor** (lat.) m. —
Präcipitat (lat.) n.: präcipitieren v.; Prä=
cipiz n. II 80, vgl. pré ꝛc. — **Präcinum**
(lat.) n. — **präcis** (lat.) a.; präcisieren v.;
Präcision f. ꝛc. — **prädicieren** (lat.) v.:
Prädikament n.; Prädikat n. ꝛc. — **Präe=
minenz** (lat.) f. ꝛc. — **Präfekt** (lat.) m. ꝛc.
— **prägen** v. — **pragmatisch** (gr.) a. ꝛc. —
präg(=)nant (lat.) a.: II 186; 240; Präg=
nanz f. — **prä(=)gravieren** (lat., spr. =aw=)
v.: II 239. — **prahlen** v.: Kat. 53³³. —
Prahm m.: Prahme f. Kat. 55¹. — **Prairie**
(frz., spr. präri) f. — **präjudiciell** (lat. ꝛc.)
a.: Präjudicien pl. zu Präjudicium n.;
präjudicieren v. ꝛc.; Präjudiz n. II 80. —
Prä= Unsivbescheid n. ꝛc. — **prak(=)ticieren**
(mlat.) v.: nicht gut prakti=ticieren, =zieren
II 81; praktikabel a.; Praktikant m.; Prak=
tikus m.; praktisch a. — **Präliminarien**
(lat.) pl. — **Präludien** (lat.): pl. zu Prä=
ludium n. — **Prämie** (lat.) f.: vgl. Prim=
geld, Primage (frz., spr. =áshe) f. — Prämie
f. Brante. — **Prärogative** (lat., spr. =iwe) f.
— **Prä(=)scienz** (lat.) f.: II 117; 163; 239.
— **Präservativ** (lat., spr. =watíf) n.: f. =iv.
— **Prä(=)sstrip(=)tion** (lat.) f. — **Prästigium**
(lat.) n.: Prestige. — **Präsump(=)tion** (lat.)
f.: vgl. Konsumption; präsumptiv a., f. =iv.
— **prätendieren** (lat.) v.: Prätension f.;
prätentiös a., vgl. Prétention ꝛc. — **präte=
rieren** (lat.) v.: II 240: Präte(=)ritum n. ꝛc.
— **præter propter** (lat.) II 106. — **Prätext**
(lat.) m. ꝛc. — **prävenieren** (lat., spr. präw=)
v.: Prävenire n.; Prävention f.; Präventiv=
maßregel f., f. =iv ꝛc.; vgl. Prévenance ꝛc. —
Pra(=)gris (gr.) f. — pré= (frz.)=prä (lat.),
z. B.: Précédent (spr. preßedáng) n.; Pré=
cepteur (spr. preßeptör) m.; Précipice (spr.
preßipiß) m., vgl. precipitando (it., spr.
preßich) adv. ꝛc. — **Précieuse** (frz., spr.
preßiöß') f.: präciös a., geziert (vgl. pretiös).
— **Predigt** f. II 91. — **Préférence** (frz.,
spr. preferángß) f.: f. pré; Präfekt (spr. =fe)
m. — **Preis** m.: preisen v., pries (veraltet:
preiste) ꝛc.; preisgeben v. ꝛc. I 57; Preis=
kourant (spr. =kurant) m., f. Kourant. —
Preiselbeere f. — **Préjuge** (frz., spr. pre=
schühe) n. = Präjudiz (f. pré=). — **prekär**
(lat., frz.) n.: II 7. — **Premier** (frz., spr.
premje) m.: = Premierminister ꝛc. — pre=
mieren v. — **Presbyopie** (gr.) f.: Pre=
sbyter m.; Presbyterien pl. ꝛc. — **Preß=
burg**: besser als Presburg Kat. 128⁶. —
pressant (frz.) a.: II 65; pressieren v.;
pressen v., (du), er, ihr preßt, Impf.: preste
ꝛc.; preßhaft a., als Umdeutung des rich=
tigern bresthaft (f. d.). — **Pressentiment**
(frz., spr. preßangtimäng) n. — **Prestige**
(frz., spr. prestísh) n. = Prästigium; Presti=

giateur (jpr. =iſhjatör) m., mit der Um=
deutung: Preſtibigitateur (jpr. =ſhitatör,
„Schnellfingrer" ſt. „Gaukler" ꝛc.) ꝛc.,
vgl.: preſtiſſimo, preſto (it.) a., auch n. (mit
großem Anfangsbuchſt.). — Prétention (frz.,
jpr. pretangßjöng) f. = Prätenſion (j. pré);
prétentiös (jpr. =tangßjös) a. — pretios
(lat.) a.: pretiös (vgl. préciös, mit andrer
Ausſpr.); Pretioſen pl. ꝛc. — Preußen n.:
die preußiſche (verjch.: Preuß'ſche) Geſchichte
II 26. — Prévenance (frz., jpr. prehwe=
nángß) f.: prévenant a. II 65, vgl. prä=
venieren. — Prévôt (frz., jpr. =wö) m. —
prezios ꝛc.: j. pretios ꝛc. — Pricke f.: ein
Fiſch (Lamprete) Kat. 62⁸ (vgl. Bricke). —
prick(e)lig a.: prickeln v. — Priel m.:
Priele f., enge Durchfahrt zw. Sandbänken.
— Prieme f.: Priem(en) m., Kantabad;
priemen v.; verjch.: Prime. — pries: Impf.
v. preisen (j. d.), urſprünglich nur in der
veralt. Bed.: ſchnüren ꝛc.; dazu noch: Prieſe
f., Prieschen (veraltet: Preiſchen) n., gurt=
artiger Saum an Ärmeln, Kragen ꝛc.(verjch.:
Priſe ꝛc.). — Prieſter m.: Kat. 47²² ꝛc. —
Prim (lat.) (verjch. Priem), z. B. in Prim=
zahl f. (vgl. auch: Primgeld, Primage unter
Prämie) ꝛc.; Prima f.; Primadonna (it.) f.;
Primaner m.; primär a., Primärſchule f. ꝛc.;
Primas m.; Primat f., n., Prime ꝛc.;
Primel f.; Primeurs (frz., jpr. =mör) pl.,
Primitiant m., Primitiva pl. ꝛc.; primitiv a.
(j. =iv); Primiz f. II 80 ꝛc.; Primogenitur
f. ꝛc.; Primordien pl. ꝛc.; Primula f.;
Primus m. ꝛc. — Princeß: j. n.; Prinz ꝛc.;
Princip n. II 80, Principien pl. II 119;
principal a., Principal m., Principalität f.
ꝛc.; principiéll a. II 119; 213; Prinz m.
II 80 (vgl. frz. prince, jpr. prengß; it.
principe, jpr. printſch=); Prinzeß,Prinzeſſin f.
(frz. princesse, jpr. preußßés, it. princi=
pessa, jpr. printſch=); prinzeßlich a.; prinz=
lich a.; Prinz=Regent m., j. Fürſt ꝛc. —
Priſe (frz.) f.: (verjch. Prieſe): als gute
Priſe erklären ꝛc.; Priſe, Priſchen Tabad ꝛc.
Kat. 47¹¹. — Pris(=)ma (gr.) n.: pris=
m(at)oïdisch a. ꝛc. — Priſon (frz., jpr. =óng)
n.: Priſonnier (jpr. =onijé) m. — privat
(lat., jpr. =wät) a.: Privatmann ꝛc.; pri=
vatiſieren v. ꝛc.; Privé n. (Abtritt), nicht
gut: Privet; Privilegien pl.; privilegieren v.
— pro (lat.) præp.: II 106, z. B.: pro
Meile ꝛc.; pro rata ꝛc.; ſubſtantiviert: das
Pro u. Kontra ꝛc. u. als gr., lat. Vorſilbe,
auf welche bei der Silbenbrechung immer
die Theilſtriche folgen (II 240), z. B.: Pro=
ſternidion (gr.) n. ꝛc.; pro(=)ſternieren (lat.)
v., Pro(=)ſtration f. ꝛc., vgl. dagegen Zſſtzgn.
mit der gr. Präpoſ. pros, wie Pros(=)theſe f.,
pros(=)thetiſch a., Pros(=)theton n.; Pros=
typen n. II 153; ferner (j. I 148) z. B.:
Pros(=)apodoſis f.; Pros(=)arman.;

Pros(=)euche f. ꝛc., während bei den üb=
lichſten Zſſtzgn., deren 2. Hälfte mit einem
Vokal beginnt, das auslautende s der Vor=
ſilbe pros in ein die 2. Hälfte anlautendes ſ
übergeht (vgl. dés=), z. B.: nicht Proselyt,
ſondern: Proselyt m. ꝛc.; Pro(=)ſodie f. ꝛc.;
Pro(=)ſopalgie f. ꝛc. ꝛc., wie (j. o.) in den
Zſſtzgn. mit Pro, z. B.: Pro(=)ſector (lat.) m.;
Pro(=)ſekution f. ꝛc.; vgl. dagegen als
Zſſtzgn. mit pro (II 240) z. B. noch (gr.):
pro(=)gnathiſch a.; Pro(=)gnose f.; Pro=
ptoma n. mit Wörtern, deren Anfang pro
nicht die Präpoſ. iſt, wie: Prog(=)ue ob.
Prof(=)ue (gr.) f.; prop(=)ter (lat.) präp.;
Prof=tagra (gr.) n.; Prof(=)top(=)toma n. ꝛc.
— Pro(=)blem (gr.) n. ꝛc. — Probſt: j.
Propſt. — Procedere (lat.) n.: procedieren v.
II 81. — Procent (lat.) n. — Proceß (lat.)
m.: proceſſ(ier)en v.; Proceſſion f.; pro=
ceſſualiſch a. ꝛc. — Procyon (gr.) m. —
Prodigien (lat.) pl.: prodigiös a. ꝛc. —
producieren (lat.) v.: Produkt n.; produktiv
a. ꝛc., j. =iv. — Proedrie (gr.) f.: (3ſilbig)
I 3. — Pro(=)ſtudien (lat., jpr. =ſtüw=) pl.
— Profoß m.: (aus frz. prévôt), des Pro=
foßen Kat. 95³⁴. — pro(=)gnathiſch (gr.)
a.: j. pro, vgl. Prog(=)ue (j. Profue);
Pro(=)gnoſtiken n. ꝛc. — pro(=)greſſiv (lat.)
n.: j. =iv. — Progymnaſien (gr.) pl. ꝛc. —
prohibitiv (lat.) v.: j. =iv — Prohibiterien
pl. ꝛc. — Projeft (lat.) n.: nicht zu ſprechen
proßheft, vgl. frz. Projet (jpr. proshē) II 104;
Kat. 81²⁹; projectieren v.; Projektil n.;
Projektion f.; projicieren v. — Pro(=)flam(n)
(lat.) n. ꝛc. — Prof(=)ue (gr.) f.: beſſer
als Progne. — Prof(=)top(=)toma (gr.) n.
ꝛc.; j. pro, Schluß. — Prokura (lat.) f.:
Prokurator m. ꝛc., Prokureur (frz., jpr.
=kürör) m. — Proletarier (lat.) m. —
Promemoria (lat.) n. — Promethens (gr.)
m.: prometheïsch a. II 109. — Promiſſorien
(lat.) pl. — Promontorien (lat.) pl. —
prompt (lat.) a.: Prompt(=)heit f.; Promp=
titüde f., in deutſcher Ausſpr. u.: Promp=
titude (frz., jpr. prongtitüd') f. II 204;
Promp(=)tuarien pl. ꝛc. — Promythien (gr.):
pl. zu Promython. — Proneur (frz., jpr.
=nör) m.: prononcieren (frz., jpr. =nongß)
v.: füglicher: pronuncieren (lat.) v. II 209;
Pronunciamento (span.) n. — Proömien
(gr.): pl. zu Proömium n. — Prophet
(gr.) m.: prophetiſch a. ꝛc.; prophezeien v. ꝛc.
— Prophylak(=)tikum (gr.) n.: prophylak=
tiſch a. ꝛc. — propre (frz., jpr. próp'r) a.:
Proprehandel m. ꝛc.; Pro(=)preté f., beſſer
als hibridiſch: Propretät; Pro(=)prietär m.
II 7. — Propſt m.: (aus lat. Propoſitus):
Prep(=)ſtei f.; pröpſt(=)lich a. ꝛc. — prop=
ter (lat.) präp.: j. pro. — Pro(=)ptoma
(gr.) n.: ebd. — Propyläen (gr.) pl. —
Pro(=)ſa (lat.) f.: Proſaïter m. II 108;

prosaiſch a.; Proſaïsmus m.; Proſaïſt m. —
Proſ(=)arua (gr.) n.: ſ. pro. — Pro=
ſcenien (gr.): pl. v. Pro(=)ſcenium ꝛc. —
Pro(=)ſcltor (lat.) m. — Pro(=)ſclyt (gr.)
m.: ſ. pro: proſelytiſch a.; Proſelytismus
m. ꝛc. — Proſ(=)euche (gr.) f.: ſ. pro. —
pro(=)ſit! (lat.) interj.: proſt! — Pro=
ſcription (lat.) f. — Proskyncſis (gr.) f. —
Pro(=)ſodie (gr.) f.: ſ. pro: Pro(=)ſodit f.;
pro(=)ſodiſch a. — Pro(=)ſopalgie (gr.) f.:
(ſ. pro) ꝛc.; Pro(=)ſopomant m. ꝛc.; Pro=
ſopopee (frz.) f., beſſer (II 209): Pro=
ſopopöie (gr.) f.; Pro(=)ſopo(=)ſtop m. ꝛc. —
Pro(=)ſpckt (lat.) m. ꝛc. — Pro(=)ſperität
(lat.) f. ꝛc. — Proſ(=)phyſis (gr.) f.: II 157.
— Pro(=)ſtata (gr.) m.; f. ꝛc. — Pro=
ſternidion (gr.) n.: ſ. pro. — Pro(=)ſter=
nation (lat.) f.: pro(=)ſternieren v. — Pros=
theſis (gr.) f. ꝛc.: ſ. pro. — pro(=)ſtituieren
(lat.) v. ꝛc. — Pro(=)ſtration (lat.) f. —
Pro(=)ſtyl (gr.) n. ꝛc. — Proſ(=)inpon (gr.)
n.: ſ. pro. — Proſyllogism (gr.) m.: Pro=
ſyllogismen pl. ꝛc. II 162. — Protégé (frz.,
ſpr. =ſhé) m.: protégieren v.; Protection
(lat.) f. ꝛc. — Protein (gr.) n. — proteiſch
(gr.) a.: II 109. — Proteſiláus (gr.) m.:
5ſilbig. II 114. — Prototyp (gr.) n. ꝛc. —
Protozoen (gr.): 4ſilbig, pl. zu Protozoon.
I 3; II 121; protozoiſch II 109. — Pro=
vençale (frz.,ſpr.=wangßal) m.: provençaliſch
a.; Provence (ſpr. =wängß) f., Provenceröl
n. ꝛc. — Provenienz (nlat., ſpr. prow=) f.:
II 119; Provenu (frz.,ſpr.=wenü) n. II204.
— Proverbe (frz., ſpr. =wérb) n.: Pro=
verbes pl.; proverbiéll a. II 117; 213;
Proverbien pl. zu Proverbium (lat.). —
Proviant (it., ſpr. prow=) m.: (ver)pro=
viantieren v. — Providenz (lat., ſpr. prow=)
f.: providentiéll a. — Provinz (lat., ſpr.
=winz) f.: II 80; provinzial a., Provinzial
m. ꝛc.; Provinzialism m. II 162, Provin=
zialismus m. ꝛc.; provinziéll a. II 117;
213 ꝛc. — Proviſion (lat., ſpr. prow=) f.:
Proviſor m.; proviſoriſch a. — provocieren
(lat., ſpr. prow=) v.: Provocation f. — Pro=
renetikon (gr.) n. ꝛc. — Prozent ꝛc.: ſ.
Procent ꝛc. — prüde (frz.) a.: Prüderie f.
II 204. — Prünelle (frz.): ſ. ebd., vgl.
Brünelle. — Pruth m.: Fluß. — Prytane
(gr.) m.: Prytanéum ꝛc., Prytanéen pl.
II 114; 115.

Pſalm (gr.) m.: niederd.Salm; Pſalmodie
f.; Pſalter m.; Pſalterien pl. zu Pſalterium.
— Pſephisma (gr.) n. — Pſeud(o) (gr.):
z. B.: pſeudoſſidoriſch ꝛc.; pſeudonym ꝛc.,
Pſeudonym m. ꝛc. — Pſittich (gr.) m.:
auch Sittich Kat. 88³. — pſt!: ſ. bſt! —
Pſyche (gr.) f.: pſychiſch a.; Pſychologie) ꝛc.

Ptiſane (gr.) f.: auch Tiſane (frz.). —
Ptolemaïs (gr.): Stadt; Ptolemäus m. ꝛc.

Pu(=)blici (lat.): Gen.v.Publikum; publi=
cieren v.; Publiciſt m., Publicität f.; publika.;
Publikation f.; Publikum n. ꝛc. II 78; 81. —
puce (frz.,ſpr.püß) a. — Pucelle (frz., ſpr. pü=
ßéll) f. II 204.— puddeln v.: II 212: Puddel=
oſen m., Puddlingoſen (engl.,ſpr. pöbb=) ꝛc.—
Pudding (engl.) m. II 222. — Pudel m.: Kat.
62⁸. — Puder m.: II 208,vgl.poudre: pub(e)=
rig a.; (be)pudern v. ꝛc. — Pudent (frz., ſpr.
pubör) f. — puff! interj.: Puff m.; puffen
n.; Puffer m.ꝛc. — puh! interj. — puhlen v.
— Publloch n. Kat. 54²⁷. — Pularde ꝛc.:
ſ. Poul ꝛc. — Pulcinell(o) ꝛc.: ſ. Poliſchinelle.
— Pulle f.: bauchige Flaſche, üblicher als
Bulle (ſ. b., z. B.: Bannbulle ꝛc.). — Pul=
ver n.: Kat. 64³³ ff; pulv(e)rig a.; pulvern
n., wo das v gewöhnlich wie ſ lautet; da=
gegen mit dem Laut des w in frembartigern
Fortbildungen, wie: Pulveriſation f.; pul=
veriſieren v. ꝛc. — Pump(=)hoſe f.: II 110;
190. — Punch (engl., ſpr. pönſch) = Poli=
chinelle, verſch. Punſch. — Punier (lat.) m.:
II 119; Punkt (lat.) m. (n.):
Punkt zwölf Uhr ꝛc.; Punk(=)te pl. ꝛc.;
Punk(=)tation f. ꝛc.; pünkt(=)lich a.; Punk=
tuation f.; punk(=)tuell a.; Punk(=)tum n. —,
aber in ganz lat. Form (II 105) z. B.: das
punk(-)ctum saliens; die puncta diæreseos
ꝛc.; puncto ꝛc. — Punk(=)tur f. — Punſch
(ind.) m.: (verſch.) Punch): punſchen v. —
Punzen m.: aus it. punzone, frz. poinçon
(ſpr. poengßong), richtiger als Bunze(n):
punz(en)ieren v. — Püree (frz., purée) f., n.
II 204. — Purganz (lat.): f. II 80; Pur=
gativ n., ſ. =iv; Purgatorien pl. ꝛc. — pur=
zeln n.: üblicher als burzeln (ſ. b.):
Burzelbaum m. ꝛc. — Puſtel (lat., ſpr. püſt=)
f.: Eiterbläschen ꝛc. — puſten v.: mit ge=
dehntem u Kat. 99³³; II 154. — Puſzten
(ungr.): pl. v. Puſzta. — put! interj.:
Put(=)hahn m.; Put(=)huhn II110; Pute(r)ꝛc.
— Putbus: Putbuſſer m., a., vgl. Kottbus.
— putzen v.: (du), er, ihr putzt. II 72. —
Puzzolane (it.) f.

Pyämie (gr.) f. II 118. — Pyg(=)mäe
(gr.): II 184: pygmäiſch a. ꝛc. — Pyra=
mide (ägypt.=gr.) f.: pyramidal(iſch) a. ꝛc. —
Pyramus (gr.) m. — Pyri(=)phlegeton (gr.)
m. ꝛc. — Pyr(=)rhichien (gr.) pl.: II 117;
174 ꝛc. — Pyr(=)rho(nismus) (gr.) m. —
Pythagoras (gr.) m.: Pythagoréer m., py=
thagoreiſch a., richtiger mit c als ä. —
Pythia (gr.) f.: Pythiens ꝛc.; pythiſch a.;
Pythius m.; Python m.; Pythoniſſa f. ꝛc. —
Py(=)ribien (gr.): pl. zu Pyxibium.

Q.

qua (lat.): f. II 106, 3. B.: qua Richter ꝛc.
— Quabbe f.: f. Quappe. — quab(=)belig
a.: quabbeln v.; quabbig a. II 221 ff. —
Quackelchen n.: Restquackelchen ꝛc. — Quacke=
lei f.: quackelhaft a.; quackelig a.; quackeln
v. ꝛc., versch.: quaken (f. b.). — Quack=
falber m. ꝛc. — Quaddel f.: (niederd.)
II 222. — Quaber m., f.: Qua(=)brant
(lat.) m.; Qua(=)brat n., Qua(=)brat(=)zahl
f. ꝛc.; Qua(=)brille (frz., spr. kabrilje) f.;
Qua(=)brillion (nlat., spr. kw=) f., vgl.
Million; Quabrisyllabum n.; Quabrupede m.;
Quabrupelalliance (f. Alliance) f. ꝛc. —
Quagga n.: II 222. — Qnai (frz., spr. kä)
n.: f. Kai. — quaken v.: quälen v. II 94;
Kat. 29²⁸; 33¹² ꝛc.; Quäker m. = Quäk=
sink ꝛc. (versch.: Quäker m., als engl. Sekte,
engl. quaker, spr. kwëker — bazu: quäkerisch
a.); quaksen v. (vgl. koaxen ꝛc.), er, ihr
quakst, Impf. quakste ꝛc. — Qual f.:
quälen ꝛc. — qualisieren (lat.) v. ꝛc.:
Qualität f., besser als in Doppelentlehnung
(f. II 209): Qualité (frz., spr. kalité). —
Quall m.: quallen v., vgl. quellen. —
Qualle f. — Qualm m.: qualmen v. ꝛc. —
Qualster m. ꝛc. — quängeln v.: f. quengeln.
— Quantität (lat.) f.: quantitativ a., f.=siv ꝛc.
— quantsweise adv.: niederb., bei Lessing
in der Umbeutung: gewandsweise. — Quappe
f.: Aalquappe; Kaulquappe ꝛc. II 223. —
Quarantaine (frz., spr. karangtäne) f.: II 8; 64.
— Quarl f.: üblicher als Quarg, auch in
Quarkkäse ꝛc. — Quarré: f. Karré. —
Quarre f.: quarren v. ꝛc. — Quart (lat.)
f.; u.: Quarta f.; Quartal n.; Quartaliter
adv.; Quartant m.; Quarte f.; Quarterbeck
(engl., spr. kwört=) n.=Halbbeck, Quarter=
master m.=Quartiermeister ꝛc.; Quarteron
(span.) m.; Quartett (it.) n.; Quartier n.,
aber (II 105) in frz. Ausspr. mit lat. Let=
tern z. B.: quartier latin (spr. kartjé la=
téng) ꝛc.; quartieren v., aus=, ein=, um=
quartieren ꝛc.; Quartillo (span., spr. =iljo)
m. ꝛc. — Quasi ꝛc. — quasi (lat.) adv.:
ein Quasigelehrter ꝛc. — Quassia (nlat.) f.;
Quassienholz ꝛc. — Quast m.; Quäste pl. ꝛc.
— quä(=)stionieren (nlat.) v.: Quästor m.,
Quästur f. — Quatember (nlat.) m.: qua=
ternär a.; Quaterne f. ꝛc.; Qua(=)train
(frz., spr. katréng); Quatre=mains (spr.
katt'rméng) n. II 106; Quatricinien (nlat.)
pl.; Quattrocentist (it., spr. =tschent=) m.;
Quatuor (lat.) n. — quatsch interj. u.
a.: Quatsch m.; quat(=)schen v.
Quebel (Quebec): II 223. — Quecke f.:
Queckweizen m. ꝛc.; Queckbeere (Quitsche);
Queckfilber n. — Queen (engl., spr. kwsin) f.:
z. B. Queen's=Bench (spr. bentsch) ꝛc. —

Quehle f.: = Zwehle. Kat. 54⁸. — Quell
m.: Quelle f.; quellen v., quillst, quillt,
quill! (f. quillen), Impf.: quoll, Konj.:
quölle ꝛc. — Quendel m. — Quengelei f.:
queng(e)lig a.; quengeln v. — Quent(chen) n.
— Quenz f.: im Kartenspiel st. Sequenz. —
quer a.: kreuz (f. b.) u. quer; die Kreuz
u. Quer(c) ꝛc.; quer ab I 117, bagegen zu=
sammenzuschieben als Abv.: querburch I 126;
querselb(=)ein 115; querhin 134; quer(=)über
115; quervor ebb.; querwegs 105. — Quer=
ci(=)trin (nlat.) n.: Querci(=)tron n., Rinde
v. Quercus tinctoria zum Citrongelb=
färben. — Querel (lat., ∪—) f.: Querelle
(frz., spr. keräl) f., Querelleur (spr. kerellör)
m., querellieren v.; Quernlant (lat., spr.
kw=) m., Querulat m., querulieren v. —
Querl m. ꝛc.: vgl. Quirl. — Querre f.:
Grützqnerre f. ꝛc. — Querulant m. ꝛc.:
f. Querel. — Quese f. — quetschen v. ꝛc., n.
f. auch Zwetsche. — Queue (frz., spr.kö) f., n.
quid a.: lebenbig; Quid m. = Queck=
silber ꝛc., vgl. verquicken; erquicken ꝛc.;
Quickborn m.; Quickbrei m., Amalgam;
Quicksterz m. ꝛc.; versch.: quickꝛc. — Qui=
bam (lat.) m. — Quidproquo (lat.) n.: II 106.
— quiel! interj. (versch. quid): quicken v.,
quiefsen, auch: quietschen; quick(s)ig a. —
Quiene f.: (mundartl.) junge Kuh (versch.:
Quine), — quienen v.: quienig a. —
quieren v.: queren. — Quiescenz (lat.,
3silbig) f.: II 119; 163; quiescieren v. —
Quietismus m. ꝛc. — quietschen v.: f. quie=
ken. — quillen v.: bu quill(e)st, er quill(e)t,
quill(e)! vgl. quellen u. Kat. 75²³ ff. —
Quina (peruanisch, spr. kina) f.: Rinde;
Quin(a)qnina f. ꝛc., f. China 1. — quinär
(lat.) a.: Quinarius, pl. v. Quinarius;
Quinbecim v.; Quine f. (= Quinterne),
versch.: Quiene. — Quinlaillerie (frz. quin=
caillerie, spr. kengkaljerî) f.: II 77. —
quintesieren v.: baneben: quinquesieren ꝛc.
— quinfuncial (lat.) a.; Quinkunx m. ꝛc.
Quinquennium pl. u. Ä. m.) — Quinquet
(frz., spr. kengke) m.: Art Lampe. — Quin=
quina (spr. kinkina) f.: f. Quina. — Quintal
(frz., spr. kengtál) m.; Quintaur (spr. =tö)
pl. — Quinta (lat.) f.: — auch span. (spr.
kinta)=Landgut ꝛc. —; Quin(=)taner m.;
Quin(=)te f.; Quin(=)terne f.; Quint=
essenz f.; Quin(=)tole f.; Quin(=)tupel=
alliance u. Ä. m.; Quinze (frz., spr. kengß)
n. ꝛc. — Quipos (peruanisch, spr. kipos) pl.
— Quiproquo (lat.) n.: II 106. — quirilieren
v.: vgl. quinkelieren. — Quirinal (lat.) v.:
Quirinalien pl. — Quirit (lat., ∪—) m.
Quirl m.: Querl, quirlen v. ꝛc. — Quis=
quilien (lat.) pl. — Quitsche f.: Queckbeere,
versch.: quietschen. — quitt a.: boch (II 106)
z. B. quitte ou double (frz., spr. kitt u
bûb'l) ꝛc. — Quitte f.: quittengelb a.;

Quittenhänfling m. = Quitter ꝛc. — quittieren v.: Quittung f. — Qui=vive (frz., spr. kiwiw) m.: II 106.

Quodlibet (lat.) n. — quölle: s. quellen. — Quote (lat.) f.: Quotient m.; quot(is)ieren v., vgl. (frz.) kotieren.

R.

Raa: s. Rah. — Raab: in Ungarn. — raalen: s. raken. — 'rab: st. herab ꝛc. — Rabatt (frz. ꝛc.) m.: Kat. 40³³; Rabatte f.; rabattieren v. — rabbeln v.: (niederb.) II 223. — Rabbi (hebr., —◡) m.: aber, wo der Ton nicht auf der 1. Silbe ruht, füglich mit einfachem b (Kat. 40²⁰ ff), z. B.: Rabinat n.; Rabiner m.; rabinisch a.; Rabinismus m. ꝛc.: Raboni m., Rabuni m. ꝛc. — Rabbia (it.) f.: aber (s. d. Vor.) richtiger: rabiat a. — Rabe m.: vgl. Rappe II 223. — rabiat a.: s. Rabbia. — Rabinat ꝛc.: — Raboni, s. Rabbi. — Rabot(t): s. Robott. — Rabulist (lat.) m. — Rabuni: s. Rabbi. — Rabusche: s. Rapuse. — Race f.: s. Rasse (entschieden falsch: Race) Kat. 90²ᵇ ff. — Rache f.: rächen v. (versch.: Rechen m.); Rächer m. ꝛc. — I Rack m.: s. Arrack. II Rack m.: Racke f., Racker m. (s. u.), krächzender Vogel; rackeln v. ꝛc.; ferner: racken v., kratzen, schinden ꝛc.; Racker m. (s. o.); rack(e)rig a. ꝛc., versch.: raken. — Rad n.: (versch.: Rath) des Rades; Räder pl.; Rädchen, Rädlein, Rädel n.; Rad schlagen (versch.: rathschlagen); Radachse f.; Rabbahre f. (mundartl. Rabber f.); Radmantel m.; Radschiene f. ꝛc.; ferner: radebrechen v.; Rademacher m. versch.: Rädermacher m.; Räderfeile f.; Räderthierchen n.; Räderwerk n. ꝛc.; Rädelsführer m. ꝛc. — Rade f.: ein Unkraut, auch: Raden m., versch.: raben = roden, dazu z. B.: Rabehack(e) f.; Radeland n. ꝛc. — rädern v.; s. Rad; vgl. auch Rätter; reitern. — radial (lat.) a.; Radialsystem n. ꝛc.; Radiärien pl.; Radiaten pl.; Radien, pl. zu Radius. — Radices (lat.): pl. zu Radix; rabicieren v. ꝛc. — radieren (lat.) v.: Radiernadel f. ꝛc. — Radies (◡—) m.: mit ie als eingebürgert (Kat. 47¹⁵), obgleich aus frz. radis (spr. radi), lat. Radix; — radikal a., Radikalien pl.; Radikalismus m. ꝛc. — Radius m.: s. radial. — Radix f.: s. Radices ꝛc. — Rad(=)litz (slaw.) m. — Radotage (frz., spr. =täsche) f., n.: Radoteur (spr. =tör) m.; Radoterie f.; radotieren v. ꝛc. — Radscha (itr.) m.: „Regent", Fürst ꝛc. (nichtgut: Raja ꝛc.): Rabschpute m. (Rabscha's Sohn). — Rafael (it.) m. = Raphael, z. B.: Rafael Sanzio Kat. 125⁹; rafaelisch a. —

Raffinade (frz.) f.: Raffinage (spr. =äsche) f.; Raffinement (spr. =mäng) n.; Raffinerie f.; Raffineur (spr. =ör) m.; raffinieren v. ꝛc. — ra(=)fraîchieren (frz., spr. rafräsch=) v.: Rafraîchissement (spr. =schissemäng) n.; Rafraîchisseur (spr. =ör) m. ꝛc., nicht je gut mit e statt a in der 1. Silbe. — Ragaz(=)za (it.) f.: Ragazzo m. ꝛc. II 200. — Rage (frz., spr. räsche) f.: II 131. — ragen v. — Ragoût (frz., spr. =gü) n.: II 206. — Rah f.: Rahe f., besser als Raa. Kat. 43¹⁵; 52⁵. — Rahm m.: Sahne Kat. 55² ff, niederd.: Rohm; abrahmen v. ꝛc. — Rahm(en) m.: Einfassung: einrahmen v., vgl. auch aubrahmen. — rahn a.: schmächtig (rant). Kat.55²⁰. — Rai(=)gras: s. Raygras. — Raillerie (frz., spr. ralj=) f.; raillieren v., versch.: ralliieren. — Railroad (engl., spr. rehlrohd) m. ꝛc. — Rain m.: Ackergrenze, versch.: Rhein; rein Kat. 20⁹; Rainbeere f.; Rainblume f.; Rainfarn m.; Rainkohl m.; Rainschwalbe f.; Rainstein m.; Rainweide f. ꝛc. — Rainual m.: mhd. rai(n)val, Wein aus Rivoglio (spr. riwoljo) in Istrien, versch.: Rheinfall. — Raison (frz., spr. räsong) f.: II 8; Staatsraison ꝛc.; raisonnable (spr. räsonnab'l) a.; Raisonnement (spr. =mäng) n.; Raisonneur (spr. =ör) m.; raisonnieren v. ꝛc. — raiten v.: (oberb.) rechnen (versch.: reiten). Dazu: Rait f., Rechnung, Raitamt, Raitbeamter; Raitkammer f.; Raiter, Hüttenraiter ꝛc. m. Kat. 20³. — Raize m.: in Serbien (versch.: Reiz m. ꝛc., versch.: raizisch a. — Raja (türk.) m.: tributpflichtiger fremdgläubiger Unterthan; versch.: Radscha. — rajolen: s. rigolen. — Rakaille (frz., spr. =kalj) f. — Räkel ꝛc.: s. Rekel ꝛc. — raken v.: (seemännisch), versch.: raken. — Rakete f.: aus it. rocchetta (spr. rock=). — Rakett n.: Rakette f., Schlagnetz zum Ballspiel, aus frz. raquette II 78. — Rakunkel f.: auch Raunkunkel, Runkunkel. — Ralliement (frz., spr. ralimäng) n.: ralliieren v., vgl. alliieren, versch.: raillieren. — Ram (engl., spr. ramm) m.: Widderschiff, s. Ramm. — ramassiert (frz.) a. — Rambouillet (frz., spr. rangbullje) — Rambouillet(schaf) m. — Rambour (frz., spr. rangbur): Rambour(apfel) m. — Ramequin (frz., spr. rahmkäng) m.: Rancho m. — I rang: Impf. v. ringen; Konj. ränge (veraltet: rünge). — II Rang (frz.) m.: Einem den Rang ablaufen, Umdeutung v. Rank (s. d., II 2); Ränge pl., im Theater ꝛc.; Rangloge (spr. =losche) f.; Rangordnung ꝛc.; rangieren (spr. rangsch=) v. — I rank: s. rahn. — II Rank m.: 1) = Rankkorn m., Schweinekrankheit.

2) Krümmung (vgl. Raug II), hochd. ge=
wöhnlich nur noch pl.: Räuke. — Raukühne
(frz.) f. II 203. — Raukunkel f.: s. Ratunkel.
— rann: Impf. v. rinnen; Konj.: ränne,
üblicher: rönne. Kat. 26¹¹. — Ränzel m., n.:
Ranzen m. — Ranzion f.: aus frz. rançon
(spr. rangßong); ranzionieren v. — Râpé
(frz., spr. rapé) m.: rapierter Schnupftabak.
— Rapert (holl.) n.: Rollpferd, Schiffs=
lafette. — Raphael (hebr.=gr.) m.: vgl.
Rafael. — rapide (lat., frz.) a. — Rapier
n.: Kat. 40²⁴; 46¹⁵ (aus frz. rapière, spr.
rapjär, f.): rapieren v., mit dem Rapier
fechten, — verschieden: (frz. râper) raspelnd
reiben, namentlich Karotten zu Schnupf=
tabak, vgl. Râpé u. II 5. — Rapiotage
(frz., spr. =tâsche) f.: Rha=
pontika. — I Rapp(e) m.: ursprünglich
mundartliche Nebenform zu Rabe (s. d. u.
II 223), hochd. aber = rabenschwarzes Pferd;
Name v. Fischen u. (zumeist: Rappen m.,
s. b.): Schweizer Münze. — II Rappe f.:
(niederd.) Reibe, Raspel (frz. râpe, s. Râpé):
Ausschlagkrankheit bei Pferden am Fuß
(Raspel). — Rappel m.: Wuthanfall u.
(mundartl. f. = Raffelkamm u. Raspel; vgl.
auch Rappell): rappelköpfisch a. 2c.; rapp(e)=
lig a.; rappeln v., auch = klappern u.
refl.: sich aufrappeln (aufraffen). — Rap=
pell (frz. rappel, ‿ —) m.: II 213 u.
Appell; als Name z. B. einer Zeitschrift
(II 105) mit lat. Lettern: Er bekommt jeden
Morgen den rappel mit einigen andern
Blättern 2c.: eben so (II 105) z. B.: der
rappel à l'ordre 2c.; rappellieren v. —
rappeln v.: s. Rappel. — Rappen m.: ob.
Rapp (s. b.), auch = Traubenkamm; dazu:
Rappes m. = Beerwein, Lauer. — Rappert:
s. Rapert 2c. — Rapp(=)folie (holl.) f.:
Sorte Muskatblüthe. — Rappier 2c.: s.
Rapier 2c. — Rapport (frz., seltner in frz.
Ausspr. =pōr) m.: Rapporteur (spr. =tōr) m.;
rapportieren v. — Rap(=)prochement (frz.,
spr. =oschemáng) m.: rapprochieren v. —
I rapß! interj.: rips, rapß!, nicht mit
Doppel=p (Kat. 64² ff), so auch im Fol=
genden. — II Rapß m.: (s. I) des Rap=
ßes 2c., das von den Mühlsteinen weg ge=
raffte Getreide; sausender Hieb 2c.; Rap=
pel ob. Raptus u. besonders: eine Ölpflanze,
Rübsamen (lat. semen rapicium), auch:
Räps; Rapskohl m. 2c.; Rapsbau m.;
Rapsfeld; Rapsöl (Rüböl); Rapssaat f. =
die Saat (das Säen) des Rapses, aber für
die Frucht selbst richtiger: Rapsaat, vgl.
Rübsaat, Rübsamen (Rübsen) u. lat. rapa
= Rübe. — Rap(=)ße f.: das Raffen, Ra=
puse; rapsen v. — Rap(=)tus (lat.) m. —
Rapunze (lat.) f.: Rapünzchen n.; Rapunzel
m. — Râpure (frz., spr. rapür') f. — Ra=
puse f.: Rapse, — auch: ein Kartenspiel,

entstellt in Rapusche, Rabusche 2c. u., als
wenn es frz. wäre, in Rapouse, Rabouge 2c.;
rapusen v. — Raquette f.: s. Rakett(e).
— rasch a.: versch.: Rasch m., ein Wollenzeug,
Raschmacher m. 2c. — I rasen v.: (bn), er,
ihr rast (versch.: Rast f.); Impf. raste, wir
rasten 2c. (versch. rasten v., ich raste 2c.)
I 11; II 152. — II Rasen m. — Rasière
(frz.) f.: ein Hohlmaß. II 115. — rasieren
v.: dazu (unfrz.) Raseur (spr. =ör) m. st.
Barbier. — Raskolnik (russ.) m. — rä=
sonnieren v.: s. raisonnieren. — Ra(=)spel
f. 2c.: II 144; 158. — Rasse f.: deutscher
Ausspr. gemäß für frz. Race (s. b.) II 83;
Kat. 90²⁹. Man unterscheide Rasse(n)pferd
= frz. cheval de race von engl. racehorse,
racer (spr. ress) = Rennpferd, Renner. —
rasseln v. 2c. — Rast f.: rasten v. 2c., vgl.
I rasen; Rast(=)ort m.; Raststatt, Raststätte f.
— Ra(=)stadt: Ra(=)sta(=)dter m., a. II 25;
177. — Rastel n.: Drahtgeflecht: Rastel=
binder m. 2c., versch.: Rastell (lat.) m.
(II 213) in Kontumazanstalten 2c. — Ra=
stral (nlat.) n.: zum Ziehen der Noten=
linien (falsch: Rostral): ra(=)strieren v.;
Ra(=)strum (lat.) u. (u. m. = Leipziger Bier).
— Rasur (lat.) f. — räß a.: scharfen Ge=
schmacks; Räßling m. — Ratafia (malaiisch)
m. — rataplan (frz., spr. =pláng) interj.:
auch Rataplan n. — Rate (lat.) f.: raten=
weise z. 2c. — Râteau (frz., spr. =tö) m.;
Râtelier (spr. =eljē) m., n. — Rath m.:
(versch.: Rad) Rath — geben, schaffen,
halten 2c.; zu Rath halten 2c.; Räthe pl.;
rathen v., du räthst, er räth (Kat. 77¹⁶);
Impf. rieth; Rathhaus n.; Rathschlag m.
u. dazu (zumeist schwachformig): rathschlagen,
sie rathschlagten, berathschlagen 2c. I 53;
Raths(=)herr m. 2c.; rath(=)sich a.; rath=
sam a.; Räthsel n. — ratificieren (lat.) v.:
Ratifikation f.; ratihabieren 2c. — Ratin
(frz., ‿ —) m.: ratinieren v. — Ratiocinien
(lat.): pl. zu Ratiocinium n.; ratiocinieren
v. 2c.; Rationalismus m. 2c.; rationell a.
II 213 2c. — Ratsche f.: Rätsche f. —
Rätter m.: (versch.) Retter) Sieb, — nam.
im Hüttenwesen; Rätterwäsche f.; rättern
v. 2c.; minder üblich: Reder, Räder m.,
vgl. auch: Reiter f. — rätzen: s. räzen.
I rauch a.: Nebenform zu rauh (s. b.) =
zottig 2c. Kat. 50²⁴; 88²; z. B. auch: Rauch=
beere f.; Rauchfrost m.; Rauchholz n.; Rauch=
honig m.; Rauchleder n.; Rauchwaare n.;
Rauch(waaren)händler m.; Rauchwerk n.
(vgl. II) 2c. — II Rauch m.: des Rauchs
II 69; rauchen v.; räncherig, rauchig a.;
räuchern v. 2c.; Rauchaltar m.; Rauchfleisch
n.; Rauchsoupén 2c.; Rauchtabak m.; Räucher=
ob. Rauchkerze f.; Räucher= ob. Rauchwerk u.
(vgl. I) 2c. — Raude f.: Räude f.; räudig a.
— 'rauf: st. herauf. — rauh a.: (vgl. rauch) I

Kat.50²⁴; rauher; rauhere ob. rauh're Klänge 121²⁰ (vgl. froh) ꝛc.; Rauhfrost, Rauhreif m. ob. Rauchfrost ꝛc.; Rauhwerk = Rauchwerk (f. b.), oft im Sinne v. Rauchholz u. Bearbeitung aus dem Rauhen [dazu: rau(c)hwerken v.], seltner im Sinne v. Pelzwerk ꝛc.; auch: Rauhgraf m. (nicht gut: Raugraf, vgl. Wildgraf); ferner mit 2 zusammenstoßenden h in Zssßgn., z. B.: Rauhhobel m.; rauch= ob. rauhhaarig a.; Rauch= ob. Rauhhonig m., aber mit Fortfall des einen h in der Ableitung (Kat.52²⁵ff; II 174): Rauheit f. = Rauhigkeit f., auch: Rauhe f., nam. v. der Mauser der Vögel; rauhen v.; rauhlich a. — Raum m.: einen Raum erfüllend ꝛc., aber als Adj.: raumerfüllend; raumsparend a. I 37; räumen v. ꝛc.; räumlich a. ꝛc. — 'raus; st. heraus. — räu(=)spern v.: II 144; 158. — Raute f. — Ravage (frz., spr. rawäsche) f.: Ravageur (spr. =schör) m.; ravagieren v. — Ravelin (frz., spr. raweléng) n. — Ravin (frz., spr. rawéng) m.: Ravine (spr. =wine) f. — Ravissement (frz., spr. rawissemáng) n. — Raya f.: Raja. — Raygras (engl., spr. rēgras) n.: „Strahlgras", nicht gut: Rai= ob. Reihgras. — rayolen: s. rigolen. — Rayon (frz., spr. räjóng m. — räzen v. (mit gedehntem ä), nicht rätzen, vom Hasengeschrei: aufs Räzen (umgedeutet: Reizen) schießen. — Razzia (ar.=frz.; selten in forrelt=frz. Ausspr. raßßá) f.

re!: s. ree. — Reagens (lat.) n.: Reagentien pl. II 121; reagieren v.; Reaktion f.; reaktionär a., Reaktionär m. ꝛc.; reaktiv a. ꝛc., s. =iv. — Realien (lat.) pl. — Rear=Admiral (engl., spr. rir=ädmiräll) m. — Réaumur (frz., spr. reomür m.): 'Réaumur'sches Thermometer ꝛc. — Rebecca f.: bibl. Name II 96. — Rebhuhn: s. Repphuhn. — Rebus (lat.) m.: Rebusse II 143 (ob. Rebus) pl. — Rebut (frz., spr. rebü) m.: Rebutbrief m. ꝛc. — Recensent (lat.) m. ꝛc. — Recepisse (lat.) n.: (falsch Recipisse); Recept n. ꝛc.; receptiv a., s. =iv. — Receß (lat.) m. ꝛc. — Recette (frz., spr. reßétt) f.: Receveur (spr. reßewör) m. — Rechange (frz., spr. reschángsch') f. ꝛc. — Réchaud (frz., spr. reschō) m. — Rechenaufgabe f.: nicht Rechnenaufgabe; so: Rechenbuch u. s. w. — Recherche (frz., spr. reschérsch) f.: Recherchen ꝛc. recherché a.; recherchieren v. — recht a.: recht sein ꝛc., recht (adv.) handeln, sprechen; ein Objekt recht sprechen (s. u.), veraltend = es für recht erklären; als recht (an)erkennen ꝛc.; die rechte, zur rechten — ob.: rechter — Hand (I 85); zur rechten Seite ob. rechterseits I 98; der rechte Mann, die rechte Person, das rechte Ding ꝛc.; Recht n., das Recht(e)s; Rechte pl.; das rechte Recht ꝛc.; Recht (als Obj.) — thun ꝛc.,—

haben, bekommen, behalten ꝛc., — Einem geben, lassen, sprechen (s. o.) ꝛc.; mit, ohne, wider — Recht; von Rechts wegen I 103; zu Recht bestehen; Einem zu Rechte stehen ꝛc., dagegen als Abv.: zurecht (s. b.) I 97; ferner z. B.: ein Schein, die Form, die Kraft ꝛc. Rechtens, auch: (kraft) Rechtens, wo auch die eingeklammerte Präpos. wegbleibt, ꝛc.: Das ist Rechtens ꝛc.; ferner als Bestimmungswort (Adj. u. Subst.) in vielen Zssßgn., z. B.: Rechteck n., rechteckig a.; rechtfertigen v.; Recht(=)haberei f.; rechtwinklig a. (Kat. 85³⁰) ꝛc., auch (z. B.: rechtgläubig, rechtmäßig, rechtzeitig a. ꝛc.: recht gläubig ꝛc.) u. von dem Subst. z. B.: Rechtsanwalt m.; rechtsbeflissen a.; Rechtssache f. (I 8) ꝛc.; ferner: rechts adv., vgl. links, z. B.: rechts ab; von rechts her; nach rechts hin ꝛc., aber: rechtsher; rechtshin, rechtsum; rechtswärts. — Rechute (frz., spr. reschüt) f.: Recidiv (lat.) n., s. =ib. — Recipe (lat.) n.: Recipiénd m., versch.: Recipiént m. II 119; recipieren v. (Recipisse n., falsch st. Recepisse). — Reciprocität (lat.) f.: reciprok a. ꝛc. — Recit (frz., spr. reßī): recitando (it., spr. reßtsch=) adv.; Recitation (lat.) f.; Recitativ n. (s. =iv); Recitativo (it., spr. rebtschitatīwe); recitieren (lat.) v. — Reçu (frz., spr. reßü) n. — Rédakteur (frz., spr. =tör) m.: Redaktion (lat.) f.; redaktionell a. II 213; Redaktor m.; Rédaktrice (frz., spr. =iß) f. — Redemp(=)tor (lat.) m.: Redemptorist m. — Reder m.: s. Räber. — Rederei f.: Gerede; versch.: Reederei. — Redevance (frz., spr. =wángß) f. — red(=)hibieren (lat.) v.: II 173; 240; Redhibition(sklage) f.; redhibitorisch a. — Redingote (frz., spr. =dengōte) f. — Redinte(=)gration (lat.) f.: besser als Reïntegration (s. b.). — Redondance (frz., spr. =dongdángß) f.: Redundanz (lat.). — Redondilien (frz.: Redondillas (span., spr. =iljas). — Redoublement (frz., spr. =dubb'lmang) n. ꝛc. — redontable (frz., spr. =butäb'l) a. ꝛc. — Redoute (frz., spr. =bute) f. — Redowa f.: üblicher als das genaue (böhm.): Regbowak ob. Reybowak. — redu(=)plicieren (lat.) v.: Reduplikation f. ꝛc.: ree! interj.: =bereit. — Schiffskommando beim Wenden; auch subst.: Ree machen. — Reede f.: (besser als Rhede Kat. 104²⁶, versch.: Rede); (aus)reeden v.; Reeder m.; Reederei f. — Reef ꝛc.: s. Reff. — Reel (engl., spr. ril) m.: irischer Tanz. — reéll (frz. réel) a.: II 114; 213; Reëllität f. — Reëmp(=)tion (nlat.) f.: II 114. — Reep n.: (niederd. Seil, Tau; Reeper, Reepschläger m. ꝛc. [nicht füglich in halber Verhochdeutschung: Reifer, Reifschläger ꝛc.]; auch in seemänn. Zssßgn., wie: Fallreep, Fallreepstreppe ꝛc. — Rees: s. Reis. — Réeskompte (frz.,

spr. re=esköngt) m.: recskomp(=)tieren v. —
Reexelution (nlat.) f.: II 114. — reex=
hibieren (nlat.) v.: ebb. — reexportieren
(nlat.) v.: ebb. — Refait (frz., spr. =fä) n.
— Refaktie (holl.) f.: Refaktion (frz., spr.
=fazjóng) f. — Refektorien (lat.): pl. zu
Refektorium n., vgl. veraltet: Reventer u.
alterthümlich: Rem(p)ter. — Referenz (lat.)
f.: II 80. — Reff n.: auch seemänn., in
der Schriftspr. üblicher als (niederd., holl.):
Reef; die Segel (ein)reffen, Reffband n. 2c.
— re(=)flek(=)tieren (lat.) v.: reflektiv v.,
s. =iv) Reflektor m.; Reflex m.; refle=
xibel a.; Reflexion f.; re(=)flexiv a.,
auch: Reflexiv(um) n. — re(=)flores(=)cieren
(lat.) v. — Re(=)flux (lat.) m. — Re(=)frain
(frz., spr. =fréng) m. — re(=)fraktär (frz.) a.:
II 7; Refraktor m.; Refraktion f.; refran=
gibel a. 2c. — Re(=)frigeratorien (lat.) pl. 2c.
— Refuge (frz., spr. =füsh') n.: Réfugié
(spr. füshjé) m.; Refugien (lat.), pl. zu
Refugium n.; refugieren v., neben: refu=
gieren (frz., spr. =füshj=). — Refus (frz.,
spr. refü) m.: refüsieren v. II 204. — Re=
gal (roman.) n.: in versch. Bedeutungen,
auch = Fächergestell (besser als: Real u.:
Rogal n.: Riole f.; Rajole ob. Rayole f.);
Regalia f.; Regalien pl. zu Regal(e); re=
galieren (frz., spr. =) f. — Regatta (it.) f. — Regda=
wal: s. Rebowa. — Régence (frz., spr.
=shángß) f.: Régicide (frz., spr. reshißíd') m.;
Regicidien (lat.), pl. zu Regicidium n.;
Régie (frz., spr. rehshí) f.; regieren (lat.) v.,
Regierung f., auch: regierungsseits adv.
I 98 2c.; Régime (frz., spr. reshím) n.;
Regiment (lat.) n.; Regimenter m.; regi=
minal a.; Régisseur (frz., spr. reshshissör) m.
— Register (nlat.) f.: regi(=)strieren v. 2c.
— Réglement (frz., spr. räg'lmáng) n.:
reglementarisch (nlat.) a.; reglementieren v.
— Réglisse (frz., spr. =glíß) f. — reg(=)nen
v. — reg(=)nikolar (lat.) a. 2c. II 186:
Re(=)gno (it., spr. rénjo) n. 185. — Re=
grebient (lat.) m.: Regrebienz f.; Regreß m.;
regressiv a., s. =iv. — regulär (lat.) a.:
II 7: Regulativ n. (s. =iv); regulieren v.;
regulinisch a. — Reh n.: Rehe pl. (s. b.
Folg.); Rehbock m.; Rehgeiß f. (auch Ricke f.,
seltner: Rehe f.); Rehheide f. (Kat. 52²⁷);
Rehhorn n.; Rehposten pl.; Rehziemer m.;
n. 2c. — reh a.: rehe a.; Rehe f., Krank=
heit v. Pferden 2c. — rehaussieren (frz.,
spr. roff=) v.: Rehauts (spr. reó) pl. —
Rehde: s. Reede. — Rehling m. — reich a.:
die Reichen; bei Arm (s. b.) u. Reich 2c.;
reichermaßen adv. I 94; reich (reicher, am
reichsten) begabt 2c.; Reich n., des Reichs
II 69, Reichs(=)kanzler m., Reichs(=)sache f. 2c.
I 8, Reichs(=)tag II 155 2c., auch (s. I 16)
z. B.: Reichsdeputations=Hauptschluß m.;
Reichskammergerichts=Archiv n.; reichen v.,

Reich(=)nis n.; Reich(=)thum n. — Reien
m.: s. Reihen. — Reigen m.: ob. Reihen
m.; Reigentanz m. 2c.; Kuhreigen m. 2c. —
Reiger m.: s. Reiher. — Reihe f.: die
Reihe herum ob. (adv.): reihum II 115;
in Reihen ob. reihenweise a. 2c.; Reihen
m., s. Reigen; auch: Rücken des Vorder=
fußes (besser als Reien); reihen v., auch
in andern Bedd (vgl. rein, reisen, reiten). —
Reiher m.: als Sumpfvogel auch Reiger. —
reimponieren (nlat., 5silbig) v.: II 109,
so auch: Reimportation f.; reimportieren v.;
Reimpression f.; reimprimieren v. 2c. —
Reims (frz., spr. rengß): besser als Rheims.
— rein a.: [versch. reih'n v.=reihen (I 23 ff;
II 69) 2c.; 'rein adv. st. herein; Rain (s. b.)
u. Rhein m.] ins Reine — bringen, kom=
men, schreiben 2c.; im Reinen sein 2c.; rein
aus I 120; rein weg(wischen 2c.), aber als
Abv. z. B.: reinweg unmöglich 2c.; Ißtzgn.
— vgl. Rain u. Rhein — z. B.: Reinband
m., Reinflachs n., Reinhanf m.; reinherzig a.;
Reinschrift f. 2c.; versch. die erste Hälfte in
den Namen Reinhard (vgl. Bernhard 2c.,
alt: Reginhard), Reinike 2c., Reinwald,
Reinhold (vgl. Berthold), Reimar, alt Re=
gimar, aus Reginmár = rathberühmt 2c. —
Reine (frz., spr. rän) f.: Reine=Claude
(reine-claude, spr. glob') f.; Reinette f. —
Reinfal(l) f.: Rainwal, vgl. Rheinfall. —
Reinstallation (nlat.) f.: II 109; rein=
stallieren v.; so auch: Reintegration f. 2c.,
besser: Redintegration f., redintegrieren v. —
1 Reis (2silbig, II 109): 1) (port.) pl. zu
Real, als Münze, auch n. (vgl. Milreis). —
2) (ar.) m.: Haupt, Kapitän 2c., auch:
Reis=Esendi m.; Reis=ul=Ulema m. 2c. —
II Reis: Kat. 95³⁴: 1) m.: Getreideart
(mhd. ris, it. riso, aus gr. oryza 2c.), des
Reises 2c.; Milch= ob. Wasserreis (versch. 2);
Wildreis (versch. 2) 2c.; Reisammer m.;
Reisbrei m.; Reissuppe f. I 8 u. s. w. —
2) n. (mhd. ris, aus ahd. hris): Zweiglein
2c.: des Reises; die Reiser, seltner: Reis
(s. b.); Reischen, Reislein n.; Reisbündel
m., n.; Reisbesen m. 2c.; Besenreis; Wasser=,
Wildreis (versch. 1); Wurzelreis 2c.; s. d.
Folg., nam. auch reisig. — Reise f.: Reise=
anzug m.; Reisebedarf m. 2c., aber (I 18;
II 109) z. B.: Reise=Erinnerung f.; Reise=
Erzählung f. 2c.; Reise=Uhr f.; Reise=Ur=
laub m.; Reise=Utensilien pl. 2c.; auch
(veraltet) Reis f. (s. o.), z. B. = Kriegszug,
dazu (schwzr.): Reisgeld n. (versch.: Reise=
geld); Reislauf m., Reisläufer m. 2c., vgl.
II 109); reisen v., (du), er, ihr reist (II 71,
versch.: reißt u. = b. reihen —: bu reih'st
II 69): Impf.: reis(=)te II 152 [versch.:
Rei(=)ste]; ein Reisender 2c. — 1 Reisig n.
(m.): (s. Reis II 2), seltner: Reisicht, Kat.
87¹⁶; ³⁴. — II reisig a.: (s. Reise) kriegs=

gerüstet ꝛc.: der reisige Zeug ꝛc.: die Rei-
sigen ꝛc. — Rei(=)ste f.: versch. reis(=)te v.
reisen (s. d.). — Reiß m.: falsch st. Reis 1.
— Reishaus m., n.: substantiv. Imper. v.
ausreißen (s. d. Folg.). — reißen v.: (du),
er, ihr reißt (vgl. reißt v. reisen, s. d.),
Imper.: reiß!; Impf.: riß ꝛc.; Reißbalen
m.; Reißkamm m.; Reißlatte f. ꝛc.; auch
in der Bedeutung: zeichnen, vgl. Riß,
Grundriß, Schattenriß ꝛc. u. z. B. Zsstzgn.
wie: Reißable f.; Reißblei n.; Reißbrett n.;
Reißfeder f.; Reißgelb n.; Reißkohle f.;
Reißmaß n., Reißmodel f.; Reißschiene f.;
Reißspitze f.; Reißstift m.; Reißzeug n.;
Reißzirkel m., versch. Zsstzgn. mit Reis
(s. d. 1; 2 u. Reise). — Reitel m. ꝛc. —
reiten v.: du reitest, hart: reitst (versch.:
reizt v. reizen); er, ihr reitet, hart: reit
(II 70 ff; Kat. 74⁶; 77²¹, ³²), wie richtig
im Imper. (versch. — auch in der Ausspr.
— reiß't v. reißen II 69); Impf.: ritt ꝛc.;
Reit(=)habit n.; Reit(=)hose f. ꝛc. II 110;
Reit(=)zeug ꝛc. 201; Reiter m. (veraltet
auch Reuter, Kat. 20³¹; 21⁵) ꝛc., s. d. Folg.
— Reiter f.: Sieb (s. Rätter); reitern v. —
Reiteration (lat.) f.; II 109, s. ei; reite-
rativ a. (s. =iv) ꝛc. — Reiz m.: reizen v.,
(du), er, ihr reizt (II 71, vgl. reiten); s.
auch räzen; reizend a.; Reizsalbe f. ꝛc. —
Rejektion (lat.) f.; Rejektorien pl.: reji-
cieren v. — rejolen: s. rigolen. — Ré-
jouissance (frz., spr. reschuissangß) f. ꝛc. —
Rejuvenescenz (lat., spr. juw=) f. — Rekel
m.: (besser als Rätel) rekelhaft a.: rekeln v.
— Rekog(=)nition (lat.) f.: rekog( )nos
cieren v. — rekolligieren (lat.) v.: vgl.
rekueilieren. — rekommandieren v. ꝛc.:
vgl. kommandieren. — Rekompens (mlat.):
[vgl. Récompense (frz., spr. rekongpangß) f.];
rekompensieren v. — Rekonnaissance (frz.,
spr. =essangß) f. ꝛc. — Rekonvalescenz (mlat.,
br. =wal=) f. ꝛc. — Rekours (frz., spr. =tür)
m.: s. Returs. — Rekouvrement (frz., spr.
rekuhw'rmáng) n.: rekonvrieren v. — re-
kretieren (lat.) v., s. ei. — Re(=)krut (frz.
recrue, spr. =krü) m.: Rekrutierung f.,
besser als Rekrutement n. in halb frz. Ausspr.
(=utemáng, frz. recrutement — =üt'mang)
— rek(=)ta (lat.) adv.: od. recta (II 105);
Rektawechsel m. ꝛc.; rektangulär a. ꝛc.; Rek-
ta(=)scension f. II 163; rektificieren f. ꝛc.;
Rektilineum ꝛc. II 115; Rektion f.; Rektor
m. ꝛc. — Rekueil (frz., spr. rekölj) m.: rekueilieren v. (vgl. rekolligieren). — rekur-
rieren (lat.) v.: Rekurs m. (besser als frz.
Retours II 209). — Relache (frz., spr. re-
läsch) f.: Relâchement (spr. =máng) n. ꝛc.
Relais (frz., spr. relä) n. — relancieren
(frz., spr. =langß) v. — relargieren (frz.,
spr. =larsh) v. — relativ (lat.) a.: s. =iv;
Relativ(um) n. ꝛc. — Relief (lat.) n.: II 118
(s. Basrelief ꝛc.); reliefsieren v. ꝛc., vgl.
Rilievo. — religiös (lat.) a.: religiös a.;
Religiosität f. ꝛc. II 139 ff. — Reliqui-
arien (lat.) pl.: Reliquie f. ꝛc. — remar-
kabel (frz.) a.: II 78 ꝛc. — Rembarque-
ment (frz., spr. rangbart'máng) n. ꝛc. —
Rembours (frz., spr. rangbür) m.: Rem-
boursement (spr. =burf'máng) n. ꝛc., it.:
Rimborso ꝛc. — Remedien (lat.): pl. zu
Remedium; remediieren v. besser als reme-
dieren; Remebur f. — Remerciement (frz.,
spr. =ßimáng) n. — Remesse: s. Rimesse. —
Reminis(=)cenz (lat.) f. ꝛc. — remis (frz.,
spr. =mi) a.; Remise f.; Remis (frz.) m.;
Remission f. ꝛc.; Remittenden pl.; remit-
tieren v. ꝛc. — Remolade (frz.) f. — Re-
monte (frz., spr. móngt') f.: Remontepferd
n. ꝛc.; Remonteur (spr. =ör) m.; Remon-
ture (spr. =ür) f. — Remorqueur (frz., spr.
=tör) m.: remorquieren II 78 ff. — Ré-
moulade (frz., spr. =mu=) f.: s. Remolade.
removieren (lat., spr. =mow=) v. — rem-
peln v. — Remplaçant (frz., spr. rang-
plaßáng) m.: remplacieren v. — Rempter
m.: Remter m., s. Refektorium. — Ren
(skandin.) n.: des Renes; die Rene; Renthier u. ꝛc., oft — angelehnt an rennen —
mit Doppel=n. — Renaissance (frz., spr.
renäßángß) f.: Renaissancestil m. — Rendez-
vous (frz., spr. rangdehwu) n.: II 106:
Rendez=vous=Platz m. ꝛc. — rendieren:
s. rentieren. — Renette: s. Reinette. —
Renforcé (frz., spr. rangforßé) n.: renfor-
cieren v. — Renfort (spr. rangför) m. —
Renkontre (frz., spr. rangkónt'r) n. — ren-
kouragieren (frz., spr. rangkurashi=) v. —
Renn ꝛc.: s. Ren; rennen v., Impf. rannte.
Renj.: reunte Kat. 26⁵⁵ (= Rente);
Rennbahn f. ꝛc., auch: Rennthier u. st. Renthier (s. Ren, versch.: Rentier). — Renom-
mage (frz., spr. =áße) f.; Renommée f., n. ꝛc.
— Renonce (frz., spr. =nóngß') f.; m.;
renoncieren v. (vgl. lat. renunciieren),
renovieren (lat., spr. wiren) v. — Renseig-
nement (frz., spr. rangßenjemáng) n. —
rentabel (mlat. od. frz., mit deutscher Ausspr.)
a.: Rente f.; Rentei f.; Rentier (mit frz.
Ausspr. der Endung: rentjé) m. (versch.:
Renthier), Rentière (spr. rentjäre) f., besser:
Rentner(in); rentieren v., nicht gut: rendieren (trotz des frz. rendre, vgl. richtig:
Rendant m.; Rendantur f. = Rentei).
rentoilieren (frz., spr. rangtoal) v. — ren-
trieren (frz., spr. rangtr=) v. — Renun-
ciation (lat.) f.: besser mit c als t (vgl.
denuncieren, Nuncius ꝛc.); renuncieren v.,
vgl. renoncieren. — Renversement (frz.,
spr. rangwersemáng) n. ꝛc. — Renvi (frz.,
spr. rangwi) m., n. — Renvoi (frz., spr.
rangwoá) m.: renvoyieren (spr. =woaj=) v.
— reolen v.: s. rigolen. — Repeal (engl.,

spr. ripīl) f.: Repealer m. — Reper: s. Reep. — Repertoire (frz., spr. =toār) n.: Repertorien (lat.): pl. zu Repertorium n. — repetieren (lat.) v.: Repetiteur (frz., spr. =tör) m.; Repetition(sschiff ꝛc.); Repetitorien pl. ꝛc. — re(=)plieren (lat.) v.: s. ei, — Re(=)pli (frz.) m.: replieren v. — replicieren (lat.) v.: Replik f. (frz. réplique) II 78. — Repolon (frz., spr. =lóng) m. — répondieren (frz., spr. =pongd=) v.: lat. respondieren v. — Report (frz., spr. =pōr u. engl., spr. ripórt) m.: Reporter (engl.) m.; Reporteur (frz., spr. =portör) m. = Kostnehmer ꝛc.; reportieren v. — Repositorien (lat.) pl. — Repost: falsch st. Rehpost(en). — repoussieren (frz., spr. =puß=) v.: Repoussoir (spr. =pußoār) n. — Repphuhn n.: nicht gegen die allgemeine Ausspr.: Rebhuhn. Kat. 63³⁰; II 110; 223. — repräsentativ (nlat.) a.: s. =iv ꝛc. — Representaille (frz., spr. =sálj) f.: Représaillen pl., korrekt statt des üblichern Repressalien; aber richtig: Re(=)pression f.; re(=)pressiv a. — Re(=)primande (frz., spr. =ángd) f. ꝛc. — Re(=)prise (frz.) f. — re(=)prochable (frz., spr. =proscháb'l) a.: Reproche f. ꝛc. — reproducieren (lat.) v.: reproduktiv a. (s. =iv) ꝛc. — Re(=)proselyt: s. Proselyt. — Reps m.: s. Raps II. — Reptilien (lat.) pl. ꝛc. — Re(=)pu(=)blik (frz.) II 78 ꝛc.; Republikanismus m. ꝛc. — Requéte (frz., spr. retät) f. — Requiem (lat.) n.: requies(=)cieren v.; requiescat! od. seltner (II 105): requiéskat! — Requirent (lat.) m.: requirieren v.; Requisit f.; Requisition f.; Requisitorien pl. u. unfrz. mit frz. Endung: Requisiteur m., Requisitrice f. (spr. =tör, trīß, nicht — als wären diese Bühnenwörter ganz frz. —: relisitör ꝛc.). — re(=)scindieren (lat.) v.: Re(=)scission f. — Réservage (frz., spr. =wäsche) f.: Réserve f. ꝛc.; reservieren (lat.) v. ꝛc.; Réservoir (frz., spr. =woār) n. — Resistance (frz., spr. =áugd) f.: Resistenz (lat.) f. — re(=)scribieren (lat.) v.: Re(=)script n. ꝛc. — resolvieren (lat., spr. =wīr) v. — resorbieren (lat.) v.: Resorption f. — Re(=)spekt (lat.) m.: II 145 ꝛc.; respektive(e), s. =iv ꝛc.; Re(=)spicienz f. ꝛc.; Respit m. ꝛc. — re(=)spondieren (lat.) v.: Respons m., n.; responsiv a., s. =iv; Responsorien pl. ꝛc. — Res(=)publica (lat.) f.: II 105; 158. — Ressant (frz., spr. reßó) m. — Ressemblance (frz., spr. reßangbláng§) f. ꝛc. — ressentieren (frz., spr. reßáng=) v.: Ressentiment (spr. =máng) n. ꝛc. — Ressort (frz., spr. reßór) m., n.: ressortieren v. — Ressource (frz., spr. reßúrße) f. — Rest (frz.) m.; pl.: Reste u. (v. Schnittwaaren) Re(=)ster, versch. (mit gedehnten e): Rester m., niederd. für Riester (s. b.). — Restaurant (frz., spr. reßtoráng) m.: Restaurateur

(spr. =oratör) m.; Restauration (nlat.) f., — nam. in der unfrz. Anwendung = Restaurant auch in hibidrer Aussphr.: restorabzjón —; restauratio a., s. =iv ꝛc. — re(=)stinguieren (lat., spr. =gwī=) v.: vgl. exstinguieren ꝛc. — re(=)striktiv (lat.) a.: s. =iv; re(=)stringieren v. ꝛc. — Résumé (frz., spr. =üme) n.: II 104; resumieren (lat.) v. — resümieren (frz.) II 203; Resump(=)tion f.; Resump(=)tiv n. ꝛc., s. =iv II 196. — Resurrektion (lat.) f. ꝛc. — Resus(=)citation (lat.) f. ꝛc. — reta(=)blieren (frz.) v.: Rétablissement (spr. =máng) n. II 5. — Retardement (frz., spr. =máng) m. — retenieren (frz.) v.: vgl. retinieren (lat.); Retention f. — Retentissement (frz., spr. tangtisse=máng) n. — Retikule (frz., spr. =kil) m.: oft verderbt in Ridikule. — Retouche (frz., spr. =ûsche) f.: retouchieren v. — retour (frz., spr. =úr) adv.: Retour m., f.; Retourbillett n. ꝛc.; retournieren (spr. =turn=) v. — re(=)tracieren (frz., spr. =ßīr=) v. — retrahieren (lat.) v.: Retraite (frz., spr. =äte) f.: retraktil (lat.) a. ꝛc. — Re(=)tranchement (frz., spr. =angschemáng) n.: retranchieren v. — re(=)tro(=)grad (lat.) a. ꝛc.: retro(=)spektiv a., s. =iv; retrovertieren (spr. =wert=) v. — Rettich m.: besser als Rettig, des Rettichs, s. chs. — Retusche ꝛc.; s. Retouche. — Reunion (lat., 4silbig) f.: vgl. Réunion od. réunion (frz., spr. re=ünjóng) II 105; 115; 137; 205, z. B.: die Réunionskammer — u.: die Bälle unserer Réunion od. réunion ꝛc.; réunieren (frz., spr. =ühn =) v., üblicher als (lat.) reünieren ꝛc. — Reus (2silbig): in Spanien. — Reuse f.: Fischreuse f.; Reus(=)chen, Reuslein v. — re(=)üssieren (frz. réussir) v.: II 204; Reusstie (spr. re=üßit) f. — Reus: 1): Nebenfluß der Aar: Reußthal n. ꝛc. — 2) n.: Fürstenthum ꝛc.: reußisch a.; Reuße m., ursprünglich =Russe. — reuten v.: ausreuten (vgl. ausrotten; roden ꝛc.), versch.: reiten (s. b.). — Rent n., Neurent ꝛc. (vgl. schwzr.: Rütti); Reute f.; Reuter m. (vgl. auch Reiter). — Revaccination (nlat., spr. =waxç=) f. ꝛc. — revalidieren (nlat., spr. rew=) v.: revalieren ꝛc. — Revanche (frz., spr. =wángsch=) f.: revanchieren v., vgl. Revenge. — Revêche (frz., spr. =wäsch) f. — Réveil (frz., spr. =wélj) m.: Réveille (frz.) f.; Réveillon (spr. =óng) m. ꝛc. — Revelantismus (nlat., spr. rew=) m. ꝛc. — Revenant (frz., spr. rewenáng) m. — Revendeur (frz., spr. =wangdör) m.: Revendense (spr. =ó[r]) f.) ꝛc. — Revenge (frz., spr. =wángsch') f.: veraltend st. Revanche (s. b.); revengieren v. — Reventer (spr. =wént=) n.: s. Refektorium. — Revenue (frz., spr. rewenü) f.: Revennen pl. II 204. — Reverberation (lat., spr. rew=) f.: Reverbère (frz., spr. =bär) f.;

reverberieren v., Reverberierfeuer n. ꝛc. —
Reverende (lat., fpr. rew=) f. ꝛc.: Reverenz
f. (m.). — Reverie (frz., fpr. räw=) f. —
Reverquier (frz., fpr. =werlje) n. — Revers
(lat., fpr. =wērs) m.: Reverfalien pl. ꝛc. —
Revêtement (frz., fpr. =wätemäng) n. ꝛc. —
Revenr (frz., fpr. räwēr) m. — revidieren
(lat., fpr. rew=) n. — Revier (fpr. =wir) n.:
revidieren v. — Review (engl., fpr. riwjū)
n., f. — Revirement (frz., fpr. =wiremäng) n.
— Revifion (lat., fpr. rew=) f.: Revifor
m. ꝛc. — Revival (engl., fpr. riwēiwäll) n.:
revivificieren (nlat., fpr. rewiw=) v. ꝛc.;
Revivis(=)cenz f. ꝛc. — revocieren (lat.,
fpr. =wo=) v.: Revokatorien pl. ꝛc. — re=
voltant (frz., fpr. rew=) a. ꝛc.: revolutio=
nieren v. (revoluzen v.) ꝛc.; Revolver (fpr.
=wer) m.; revolvieren v. ꝛc. — Revue (frz.,
fpr. =wü) f.: II 204. — Rez=de=Chauffée
(frz., fpr. reb'fchoffē) f.

Rh: Alle mit dem R=Laut beginnenden
griech. Wörter find mit rh zu fchreiben
(f. im Folg., die üblichften), von deutfchen
aber faft nur der Flußname Rhein nebft
Zffßgu. u. Ableitungen (vgl. auch Reede). —
Rhabarber (gr.) m. (f.): vgl. Rhapontif f.
— Rhachitis (gr.) f. ꝛc. — Rhadamanth(us)
(gr.) m. — Rhapfode (gr.) m. ꝛc. — Rhä=
tien ꝛc.: Rhätier m.; Rhätikon m.; rhätifch a.
— Rhea (gr.) f. — Rhede: f. Reede.
Rheims: f. Reims. — Rhein m.: (verfch.
Rain u. rein): rheinauf, rheinab adv.;
Rheinainze f.; Rheinbaiern ꝛc.; Rheinbund
m.; Rheinfall m. (verfch. Rainwal); Rhein=
gau m.; Rheingraf m.; rheinifch a. u. f. w.;
Rheinsberg, vgl. Rhin. — Rhetor (gr.)
m. ꝛc. — Rheuben (gr.) n. II 115. —
Rheuma (gr.) n.: rheumatifch a. ꝛc. —
Rhin m.: ein Nebenfluß der Havel (vgl.
Rhein), vgl. Rhinow (fpr. rino) II 140
u. Rheinsberg. — Rhinoceros (gr.) m.:
auch Gen. u. Mz. ob.: Rhinocerofie(s) II 143;
Rhino(=)plaftif f. ꝛc. — rhizoidifch (gr.) a. ꝛc.
— Rhodanus (gr.) m.: heute: Rhône. —
Rhode=Jsland (engl., fpr. reb'ēilänt).
rhodifch a.: aus Rhodus (gr.); Rhodifer m.,
vgl. Rhodier ꝛc. — Rhodium ꝛc.; Rhodoben=
dron n. ꝛc. — Rhomboeder (gr., 4 filbig)
n. ꝛc.: I 3; Rhomboid n. II 109 ꝛc.;
Rhombus m. (f. Rhumb). — Rhön f.:
Rhöngebirge. — Rhône f., m.: f. Rhodanus.
— Rhubarbe (frz., fpr. rübarb') f.: f. Rha=
barber. — Rhum: f. Rum. — Rhumb
(engl., fpr. römb') m.: (vgl. Rhombus)
Kompaßftrich. — Rhyth(=)men (gr.): pl. v.
Rhythmus; Rhythmif f.; rhythmifch a.

Ribaud (frz., fpr. ribō) m.; Ribauberie
f. ꝛc. — Ribbe f.: f. Rippe. — ribbe(l)n
v.: niederd., vgl. reiben, wribbeln II 222. —
Ribs: f. Rives. — Richard m.: f. Bern=
hard. — Ricke f.: Rehgeis, verfch. Rife. —

Rideau (frz., fpr. =bō) m.: Mz. mit lau=
tendem s: Rideaus (vgl. frz. rideaux, fpr.
=bō). — Ridikule (frz., fpr. =tül) n.: vgl.
auch Rétikule. — riechen n. — Ried n.:
f. Riet. — rief: Impf. v. rufen; Konj.:
riefe, vgl. Riff u.: Riefe f. = Rille ꝛc.,
nebft: riefe(l)n v. — Riege f.: Reihe ꝛc.;
Turnriege ꝛc. — Riegel m.: Kleiderriegel,
Thürriegel ꝛc. (verfch.: Rigel); (zu=)
riegeln v. ꝛc. — Rielchen ꝛc.: f. Rife.
Riem m.: Riemen m.; Riemer m. ꝛc., vgl.
auch: Riem (lat. remus) m. = Ruber; rie=
men v. (mundartl. rieben, feemänn. reien).
— Riene f.: in obern Mühlftein. — Rienzi
(it., 3 filbig) m.: II 115. — Riepel: f. Rüpel.
— Ries n.: Papiermaß, beffer als Rieß,
Kat. 96⁵: auch als fchwäb. Diftrift um
Nördlingen ꝛc.: Riefer m., a. — Riefe:
1) m.: Riefin f.; riefenhaft a., riefig a. ꝛc.
— 2) f.: Holzriefe ꝛc., f. auch Rotte 2. —
riefeln v. ꝛc. — Riesling m. — Riefter m.:
(vgl. Refter): rieftern v. — Riet n.: nie=
derd. Ried (engl. reed II 75 ff): Rietblatt
n.; Rietgras n.; Rietlamm m.; Rietfchnepfe
f. ꝛc. — rieth: Impf. v. rathen. — Rif
(ar.) n.: in Marocco: Rifi pl., Bewohner
des Rif: Rifpiraten pl., oft in der Um=
deutung Riffpiraten, f. d. Folg., vgl. rief.
— Riff n.: Felfenriff ꝛc., f. d. Vor. — Riffe
f.: Flachsriffe (Raufe, Reffkamm ꝛc.) auch:
(durch)hecheln ꝛc. u. dazu: Riffel m. (nicht
gut: Rüffel ꝛc.). — Riffel f.: riffeln v., auch übertragen, wie
n., m.: Rifleman (engl., fpr. reif'l)
m., pl.: Riflemen. —
Rigaudoung (frz., fpr. =obäng) m. — Rigel
(ar.) m.: Stern im Orien (verfch.: Riegel).
— Rigodon: f. Rigaudon. — Rigole (frz.) f.:
rigolen v., — in vielfach verberbter Schreib=
weife: riolen, ri=(ra=, re=, ro=)olen, =bolen ꝛc.
—; Rigolpflug m. ꝛc. — Rigorismus (nlat.)
m. ꝛc. — II 139. — rigoros a., vgl. rigourös (frz., fpr.
=gu=) a. II 139. — Rigsbant (dän.) f.:
„Reichsbant“ ꝛc.: Rigsdaler m., vgl. (fchwed.)
Rirsdaler n. (holl.): Ryfsbaalber (fpr. reig=).
— Rile f.: Rifchen n., verkürzt aus Frie=
derife, Ulrife, beffer mit i als ie, vgl. Lis=
chen; Minchen ꝛc. — Ritochet (frz., fpr.
=fchē) m.: ritochetieren v., beffer als rifo=
fchetieren. II 89. — Ring m.: des Rings ꝛc.;
rings adv., ringsher, ringsherum, ringsbin,
ringsum adv., aber z. B.: rings um (präp.)
den Ort ꝛc. — Rinne f.: (Impf.;
rann, Konj.: ränne ob. rönne, Kat. 26¹¹):
Rinnfal n. (Kat. 37³⁰ ff), Rinnufel n. —
Riole ꝛc.: f. Regal; rigolen. — Ripien
(it.): z. B. in Ripienbaß ꝛc. II 115; Ri=
pienift m. — Rippe f.: beffer als (niederb.)
Ribbe II 223; Ripp(en)fpeer n. ꝛc. — rip=
peln v. — Rips m.: „geripter“ Zeugftoff,
vgl. Kat. 38¹, engl. Ribs. — ripß! interj.:
f. raps. — Rifiko (it.) n.: ris(=)ikabel a.,

riskant a., riskieren v. II 65; 78; 161. — ri(=)ſtou(=)trieren (it.) v.: II 159: Riſkontro m., n. — Ri(=)ſpe f.: II 144; Riſp(=)chen n.; ri(=)ſpig a. ꝛc. — Ri(=)ſpetto (it.) m.: Riſpett=Tage I 17; II 144; 240. — riß= quable ꝛc.: ſ. riskabel. — Riß m.: riß, Impf. v. reißen; (bn), ihr riſſt II 71, ſ. b. Folg. — Riſt m.; f. ꝛc. — Ri(=)ſtretto (it.) m., n.: II 240. — ri(=)ſve(=)gliato (it., ſpr. riswelj=) a.; eb. risvegliato II 105; 184; 240. — Ritt m.: ritt, Impf. v. reiten; du ritteſt, hart: rittſt, verſch.: (bu), er, ihr ritt v. ritzen II 71; Kat. 74⁸ ff. — Ri= tualien (lat.) pl.: II 118; rituell II 213. — Rival (lat., ſpr. =wäl) m. ꝛc. — Rives= altes (frz., ſpr. riwsált) n., m.: II 149. — Riviere (frz., ſpr. riwjäre) f.: II 115. — Rizdaler m.: ſ. Rigsdaler.

Roaſtbeef (engl., ſpr. röſtbif) n. — Rob (ar.=frz.) m. — Robbe f.: II 222. — Rob= ber n.: üblicher als (ſtreng engl.) Rubber (ſpr. röbber); ausrobbern v. — Robe (frz.) f. — Robert m.: vgl. Berta; Ruprecht. Robes(=)pierre (frz., ſpr. =piär) m. — Ro= bott (ſlaw.) m.: auch: Robot; Rabot, Robat ꝛc. — Rociuaute (ſpan.) m.: üblicher in frz. Form: Roſſinante. — Rocken m.: 1) Spinn= rocken (niederd.: Wocken). — 2) Getreide, oft minder gut: (urſprünglich niederd.): Roggen (II 223): Rockenbole f. u. daraus: Rokambole (frz., ſpr. langböl) f. — Rock= knopf m.: Rock=Kragen m. ꝛc. II 96. — Robel m.: ſ. Rotulus. — roden v.: ſ. rotten 2. — Roderich m.: ſ. Rotten. — Rodomoutade (frz., ſpr. =mongt=) f. ꝛc. —Roer (holl., ſpr. rür) f.: Reermonde n. ꝛc. — Rockstilde (dän.=) Rothſchild. Kat. 126¹. — Rogen m.: Rogen= fiſch, Rogener m. — Roggen m.: ſ. Rocken. — roh a.: rohherzig a. ꝛc., aber: Roheit f. II 174. — Röhling m.: (mundartl.) der „röchelnde“ Froſch ꝛc. — Rohm m.: ſ. Rahm, verſch. Rom. — Rohr n.: Röhre f., Röhren pl. (verſch.: röhren v. = ſchreien, vom Hirſch ꝛc.), Röhrchen n. ꝛc.; Röhricht n. Kat. 87¹⁶. — Rokaille (frz., ſpr. =kálj) f. ꝛc. — Rokambole: ſ. Rockenbolle. — Rokelor m.: (frz. roquelure) II 78. — rokoko (frz.) a.: Rokoko n.; Rokokomöbel n. ꝛc., aber z. B.: Rokoko-Uhr f. I 18. — Roland m. — Rollcau ꝛc.: ſ. Rouleau. — Rom (lat.) n.: (verſch. Rehm): Roma(=)ner (it., ſpr.=anja) f. II 185; Romaïka (ngr.) f. II 109; Romain (frz., ſpr. =nińg) m., Romaine (ſpr. =än) f.; Roman m.; Romancero (ſpan.) m.; Ro= mancier (frz., ſpr. angßié) m.; romaneſt a., II 162; Romanticismus m. ꝛc.; Romanze f.; Romanzero, ſ. o.: Romancero; Römer m.; römiſch a. — Rond d'eau (frz.) n.: eb. (II 105) beſſer: rond d'eau (ſpr. rongbö), verſch. Roubeau (ſ. u.): Ronde (ſpr. rongbe) f.: Reubeau (ſpr. rongbö) u., Mz. mit

lauteudem e: Rondeaus (vgl. frz. rondeaux, ſpr. =dö), auch (it.): Rondo (—◡) m., Mz.: Rondos; Rondeel (holl.) v. eb. Ron= bell (frz., ſpr. rongdéll) n. ꝛc. — rönne: ſ. rinnen. — Rooß: ſ. Roß. — Roque= laure: ſ. Rokelor. — Roſalie f.: II 118 ꝛc. — röſch a.: Röſche f.; röschen v. (z. B. bergm.), verſch.: Rös(=)chen n. (v. Roſe) II 122. — Roſinante: ſ. Roſſinante. Roſine f.— Ros(=)marin (lat.) m., vgl.: Ros= ſolis m., it. Roſo(=)glio (ſpr. =öljo) m., nicht gut: Roſ(ſ)oli. — Roß n.: (verſch.: Roß) Roſſe pl.; Rößchen n.; Rößelſprung m.; Roßkamm m.; Roßſchweif m.; Roß= täuſcher m. ꝛc. — Roſſinante f. (m.): ſ. Rociuante, minder gut Roſinante. — Ros= ſolis: ſ. Rosmarin. — Roſt m.: in verſch. Bebb (vgl. auch Roß): Roſtbraten m. (vgl. Roaſtbeef); Roſtſleck m.; Roſtſtab m. (des Feuerroſtes) ꝛc.; Rö(=)ſte f.; ro(=)ſten v.; rö(=)ſten v. (ſ. auch rotten); re(=)ſtig a. ꝛc. — Ro(=)ſtock n.: Roſto(=)cker m., a. II 25: 129. — Ro(=)ſtra (lat.) pl.: ſ. Ro(=)ſtral n.: roſtrieren v., falſch ſt. Raſtral ꝛc. Roſt n.: (mit gedehntem o, verſch.) Reß II 142) Honiggroß, Wabe; des Roßes ꝛc., auch: Röſt (vgl. Roſt). — Röße f.: rößen v., ſ. Rotte. — Rota (lat.) f.: Rotalith (lat.= gr.) m. — Rotaug (malaiiſch) m. — Ro= tation (lat.) f.: Rotierung ꝛc. — Röte f. ꝛc.: ſ. Rette. — roth a.: röther ꝛc.; roth blü= hend ꝛc., aber als ein Begriff (I 142): roth= blühend a.; rothglühend a. ꝛc.; roth= u. weißblühend a.; mit reth= u. blauer (ſ. b.) Laſur (I 20) ꝛc.; der Orden des rothen Adlers; der Rotheadlerorden (I 34) ꝛc.; Roth n.; Röthe f. (verſch. Röte); Röthel m.; Rö= theln pl.; röthein v.; röthen v. (verſch. röten); rothgelb a. ꝛc.; rothgültig a. (ſ. gültig); rothhaarig a. ꝛc. II 174; Röthig m.; röthlich a.; Röthling m. ꝛc.; Rothſchild (ſ. auch Roeskilde), auch — andern Stamms —: rothwälſch a., Rothwälſch n. — rotieren (lat.) v.: verſch. rettieren ꝛc. — Rotiſſeur (frz., ſpr. =ör) m. — Rotonde (it.) f.: üblicher Rotunde II 209. — Rottaug: ſ. Rotang. — Rotte f.: 1) Schar ꝛc. — 2) Flachs=, Hanf= rotte, auch: Röſte f. u. — mehr mundart= lich —: Rötte, Röte, Röße, Räſe, Rieße ꝛc.; rotten v.: 1) modern ꝛc.: verrottet, vgl. engl. rotten borough (ſpr. börro); Flache ꝛc. rotten eb.: röſten, mundartl.: rötten, röten, rößen ꝛc. — 2) ausrotten ꝛc., vgl. roden, renten ꝛc.; Rottland eb. (eigentlich nie derb.): Rodeland, Rodelaub n. — 3) ſich (zuſammen)rotten, rottieren; Rottgeſell m.; Rottmeiſter m. ꝛc.; Rottengeiſt m.; Rotten macher m., rottenweiſe a. ꝛc. — Rotterdam ꝛc.: ſ. Amſterdam. — Rotula (lat.) f.: ro= tulieren v.; Rotulus m. (mundartl. auch: Robel). — Rotunde f.: ſ. Rotonde. —

Roture (frz., spr. ür) f.: II 204: Roturier (spr. =ührjé) m. — Rotz m.: Rotzlöffel m. ꝛc. — Roné (frz., spr. rué) m.: II 206. — Rouen (frz., spr. ruáng) n.: Rouennerie (spr. ruennerí) f. — Rouge (frz., spr. rüsh) n.: aber (II 105) z. B.: rouge et noir (spr. e noär) ꝛc. — Roulade (frz., spr. ru=) f.: Roulage (spr. =ásche) f. ꝛc.; Rouleau (spr. rulő), Mz. mit lautendem ő: Rouleaus (frz. rouleaux, spr. =ő); Roulette (spr. rulétt) f., u., minder gut: Roulett; Roulier (spr. rubljé) m.; roulieren v. (minder gut: rollieren). — Round=head (engl., spr. räund=hedd) m. — Rousseau (frz., spr. russő) m. — Roussillon (frz., spr. russiljóng) u., m. — Rout (engl., spr. raut) n., m. — Route (frz., spr. rut') f.: (versch. Ruthe f.; rubt v. ruhen ꝛc.): Routier (spr. rubtjé) m.; Routine (f.) Routinier (spr. =jé) m.; routinieren v. — Rowdy (engl., spr. räubi) m.; Rowdies pl. — Royalismus (frz., spr. roaj=) m.: Royalist m. ꝛc. — Rozinante: f. Rossinante.

Rüade (frz.) f. — Rubber: f. Robber. — Rubikon (lat.) m. — Rubin (nlat.) m.: ru(=)bricieren v.; Rubrik f. — Rüb(=)samen m.: Rüb(=)sen m., f. II Raps. — ruchbar a.: neben ruchtbar (vgl. Gerücht). — Ruche: f. Rüsche. — ruchlos a.: II 87. — ruck! interj.: die Tauben rucken, rucksen ꝛc. II Ruck m.: rucken v., rücken v.; ruckweise a. — Rück m.: st. Rücken, veraltet, doch zurück adv., als Vorsilbe auch rück, gewöhnlich in Subst. u. Adj. u. (im gehobnen Stil) auch in ungetrennten Formen v. Zeitw., z. B.: (zu)rückbleiben v., Rückbleiben n.; Rückblick m., (zu)rückblicken v.; Rückbürge m. ꝛc.; Rückgang m. ꝛc., rückgängig a., (zu)rückgehen v.; Rückgrat m., n.; Rückkauf m.; Rückkehr f., (zu)rückkehren v.; (zu)rückkommen v., Rückkunft f.; Rücksicht f., rücksichtlich adv.; rückwärts adv. ꝛc., f. auch rücklings adv. — I rüde (frz.) a.: II 204. — II Rüde m.: Saurüde ꝛc.; Rüdenhorn u. ꝛc. — Rudolf m.: vgl. Adolf. — Rüffel ꝛc.: f. Riffel. — Ruhe f.: ruh(e)liebend a. I 36 ꝛc.; ruhen v., Impf. ruhete od. ruh'te (I 23; II 69), in der Ausspr. verschieden v. Ruthe. — Ruhm m.: rühmen v.; ruhmliebend a. I 36 ꝛc. — Ruhr f.: rühren v., Rühr=Ei n. I 14 ꝛc.; auch Flußname (vgl. Moer). — Ruine f.: ruinieren v. ꝛc., ruinös a. ꝛc. — Rülps m.: des Rülp(=)ses; rülp(=)sen v., rülps(=)te II 153; 194 ff. — 'rum: st. herum. — Rum: f. Rumm. — Rumänien n. — Rumelien n. — Rumm m.: deutscher Ausspr. u. Schreibweise gemäßer als engl. Rum (spr. römm) od. gar frz. Rhum (fer. römm). — Rumor (it., ◡–) m. ꝛc. — Rump m.: 1) Korb aus Baumrinde u. z. B. die (darin

zu Markt kommenten) Clüritzen ꝛc. — 2) (engl., spr. römp) Hinterer, z. B.: Rump=Parliament (umgedeutscht: Rumpfparlament n.); Rumpsteak n., vgl. Beefsteak. — Rumpf m.: rüm=(pfen v., Impf.: rümpf(=)te II 190. — Run (engl., spr. rönn) m., n. — rund a.: rundum adv. (vgl. ringsum); rundweg adv.; Rund n.; Runde f.; Rundeel, Runnell n., f. Rondeel ꝛc.; runden, rünben v. ꝛc. — Rune f.: Runenschrift f. ꝛc. — rünge: f. rang. — Runs m.: (v. rinnen) Runse f. Kat. 38². — Runzel f.: runz(e)lig a. Kat. 85³¹. — Rüpel m.: (besser als Riepel) Rüpel ꝛc.; rüpelhaft a. ꝛc. — Rupert m.: Ruprecht, vgl. Robert. — Rupie (ind.) f.: Rupien pl. — Ruppin n. Kat. 47¹. — rural (lat., ◡–) a. — Rüsche (frz. ruche) f.: Tüllrüsche ꝛc. II 204. — rusch(e)lig a. Kat. 85²⁷ ff. — Rus(=)ma (türk.) u. — Russe m. (versch. Ruß): Rußland n.; Russin f.; russisch a.; russificieren v. ꝛc.; Russienne (frz., spr. rüssjénn) f. ꝛc. — Rüssel m. — Rust n.: in Ungarn; Ruster (Ausbruch) m. ꝛc. — Rusticität (lat.) f.: Rustika f. ꝛc. — Ruß m.: II 142; rußen v.; rußig a. (vgl. Russe ꝛc.). — Ruth (hebr.) f.: bibl. Name. — Ruthe f.: versch. Route u. ruh'te (Impf. v. ruhen). — Rutner m.: (schwzr.) Wegebahner. — rut(=)schen v.: Impf. rutsch(=)te II 168. — rütteln v.: (zer)rütten v. ꝛc. — Ruyter (holl., spr. reuter) m. ꝛc. — Ryksdaalder: f. Rigsdaler. — Ryswijk (spr. reiswick) n.: Ryswijker Friede ꝛc.

S.

'S: apostrophiert st. es; das; des; eines; — auch im Anfang eines Satzes, nicht 'S, Kat. 122⁹ ff; II 10.

ja! (spr. ßa, frz. ça) interj.: besonders verdoppelt: sasa! Kat. 97³²; II 142, f. heißa; hopsa ꝛc.; Tausendsasa m. — sä': st. säe II 69. — Saadi (pers.) m.: zweisilbig ob. Saädi (3silbig), in der Silbenbrechung: Sa-adi II 112; 121. — Saal m.: Säle pl.; Sälchen n. (vgl. Sahl; Salweide), Kat. 43¹⁰; 46²; 53³¹; f. auch b. Folg. — Saale f.: Name v. Flüssen; dazu Saal (an der fränkischen Saale); Saalburg u. Saalfeld (an der sächsischen); Saal(=)ei ꝛc. u. z. B.: Saalnixe ꝛc.; dagegen z. B.: Salmünster (an der Salza) ꝛc. — Saame ꝛc.: f. Same. — Saane f.: Nebenfluß der Aar; Saanen n., Flecken u. Bezirk; Saanenland n.; Saanenkäse m. versch. Sahne. — Saar f.: Nebenfluß der Mosel (frz. Sarre, spr. ßär); Saaralbe n. (frz. Sarralbe, spr. ßarálb); Saarbrücken n. (frz. Sarrebruck, spr. ßarbrück); Saarburg n. (frz. Sarrebourg, spr. ßarbür); Saar(=)einen n. (frz. Saar=Union ob. Sarre

Union, ſpr. ßarühujöng); Saargemünd n. (frz. Sarregnemines, ſpr. ßargemin); Saar= louis n. (ſpr. =lüi; frz. Sarrelouis, ſpr. ßarlüi); Neuſaarwerden (frz. Neuſſarwer= ben, ſpr. nößarwerbēn) ꝛc.; dagegen beſſer: Sarbam ꝛc. — Saat f.: Saatling m. — Sabbath (hebr.) m.: mit th, entſprechend bem hebr. ▭ (während im Griech. τ u. im Latein. ꝛc. bloßes t ſteht). — Sabbe f.: (nieberb.) Sabbel m., ſabb(e)lig a., ſabbeln v.; Sabber m. ꝛc. II 222. — Säbel m.: Kat. 27²⁶. — ſac(=)cabiert (frz., ſpr. ß=) a. ꝛc. II 96. — Saccagement (frz., ſpr. ßadaßhemáng) n. ꝛc. — Sac(=)charat (nlat., ſpr. ſach=) n.: II 87; ſaccharificieren v.; Saccharometer m. ꝛc.; Saccharum n. ꝛc. — Sac(=)chi (it., ſpr. ßáchi): pl. v. Sacco II 97. — Saccllan (lat.) m.: ſacerbotal a. ꝛc. — Sache f.: Sächelchen n.; ſachlich a.; ſächlich a.; Sachwalt m., vgl. Anwalt. — Sachs (ſpr. ſaz) m.: Sach(=)ſe m.; Sachſen ꝛc.; Sachſen=Altenburg ꝛc. I 17; Sächſin f.; ſächſiſch a. ꝛc. II 90 ff. — ſacht a.: ſachte= bin adv. I 134. — Sack m.: bes Sacks (verſch.: Sachs); Säcklein, Säckel n., vgl. Seckel m. — ſacker (ſpr. ßácker) interj.: beim Sacker (n.) ꝛc., vgl. frz. sacré (ſpr. ſackrè) u. z. B.: Sackerlot; Sackerment (ſ. Sakrament) nebſt Fortbildungen u. abſichtl. Entſtellungen, wie: Sapperlot, Sappermen= (ſpr. ß=) II 142. — Sadducäer (hebr.=gr.) m. ꝛc. — Sadowa n.: in Böhmen, richtiger als in der üblichern Betonung Sadowa II 4. — ſäen v.: ich ſäe, bu ſäeſt, er ſäet ꝛc., ſäete ꝛc., ſäenb ꝛc., geſäet ꝛc.; beim ſeltnen Wegfall bes e mit Apoſtroph: ſä'n, ich ſä' ꝛc. II 69 (verſch.: ſähen), vgl. auch: Säer m. — Sämann (verſch. bes Sämann) u. beſonbers das 2ſilbige Säung (Beſäung) f. ꝛc. II 114. — Saffian (türk.=ſlaw.) m. — Saffir: ſ. Saphir. — Saf(=)flor m. — Sa(=)frau (ar.=frz.) m. — Säge f.: ſägen v. (verſch.: Segen m.). — Saguin m.: Saguinchen u., unnöthig in frz. Form: Sagouin (ſpr. ßa= guéng), falſch: Sanguinchen. — ſah: Impf. v. ſehen; ſähe ꝛc. (vgl. ſäen). — Sahara (ar.) f.: ſeltner Zahara u. — Sahl m.: mundartl., in Hamburg, [unterſch. v. Saal (ſ. b.), das eig. daſſelbe Wort iſt,] = Wohnung ꝛc.; ferner in den Zſſtzgn.: Sahlbuch n. (Flurbuch); Sahlband n. (ſ. Selbenbe), Sahlleiſte f. u. mundartl., ver= altet auch: ſaalfrei, Sahlgut, Sahlhof (neben ſattelfrei ꝛc.); ſ. auch: Salweide. — Sah= ling f.: Bramſabling ꝛc. — Sahne f.: Sahnenkäſe m. (vgl. Saanenkäſe); Sahnen= topf m. ꝛc.; (ab)ſahnen v.; ſahnig a. ꝛc. — ſaigern: ſ. ſeigern. — Saillie (frz., ſpr. ßalji) f. ꝛc. — Saint (frz., ſpr. ßeng): Sankt (lat.), weibl.: Sainte (ſpr. ßeugt), in vielen Perſonen= u. geographiſchen Na=

men, wie Saint=Germain (ſpr. ßherméng); Saint=Germain=Thee ꝛc.; Sainte=Helène (ſpr. elän)=Sankt (ſ. b.)=Helena ꝛc., auch engl., z. B.: Saint=Anbrews (ſpr. ßenténbrus); Saint=John (ſpr. bſchoun) ꝛc. — Saïs n.: in Ägypten II 108. — ſaiſieren (frz., ſpr. ßäſ=) v. ꝛc. — Saiſon (frz., ſpr. ßäſóng) f. — Saite f.: verſch. Seite: Saiteninſtru= ment n. ꝛc.; ein=, mehr=, vielſaitig a. (verſch.: einſeitig ꝛc.); auch (anbern Stamms): Koh= lenſaite (Kohlenwagen zugleich als Maß). — ſa(=)kral (lat.) a.: Sa(=)krament n. (ſ. auch) Sackerment) ſakrament(ier)en v. ꝛc.; Sa= krarien pl. zu Sakrarium n.; Sakrificien pl. zu Sakrificium n., vgl. Sakrifiz n. II 80 u. Sakrifice (frz., ſpr. ßakrifiß) n.; Sakri= legien pl. zu Sakrilegium n. ꝛc.; Sakripant II 66; Sakriſtan m.; Sakriſtei f. — Sakri= ſtien pl. zu Sakriſtitium n.: ſakroſankt a. ꝛc. — ſäkular (lat.) a.: üblicher mit ä als c; ſäkulariſieren v.; Säkulum n. ꝛc. — ſal n. (f.): als Enbung v. Subſt. Kat. 41³³, z. B.: Drangſal; Irrſal (ſ. b.); Labſal; Mühſal; Rinnſal; Saumſal; Scheuſal; Schickſal; Trübſal; Wirrſal ꝛc., vgl.: müh= ſelig a., ſaumſelig ꝛc., trübſelig a. ꝛc. — Sa= lame (it., ſpr. ß=) m.: Salami pl. — Salär (frz. salaire, ſpr. ß=) n.: Salarien (lat.) pl. zu Salarium n.; ſalarieren v. — Salat (it.) m. — Salbaber ꝛc. — Salbei: ſ. Salvei. — Sälbling m.: ſ. Sälmling. — Salep (ar., ‿) m. — Saler m.: II 118. — Salette (frz., ſpr. ßaljär) f. — Saline f.: Kat. 47⁸. — Salle (frz., ſpr. ßäll) f.: II 141, z. B.: Aus der salle d'attente [ſpr. battáng!] in den Salon (ſ. b.) ꝛc. — Salm m.: 1) ſ. Pſalm. — 2) Lachs: Sälmling m. — Salmiak: II 95. — Salmünſter: ſ. Saale. — Salon (frz., ſpr. ßalóng) m. — ſalopp (frz. salope, ſpr. ßalópp) a.: II 213: Sa= loppe f.; Salopperie f. — Salpeter (lat.) m. ꝛc.; Salpêtrière (frz., ſpr. ßalpätriär) f. II 115. — Salpikon (frz., ſpr. ßalpikóng) m. — Salſe f.: vgl. Sauce, Salz. — Sal= timbanque (frz., ſpr. ßaltengbánk) m. ꝛc.: Salto (it.) m., z. B. (II 105) salto mor= tale ꝛc. — Salu(=)brität (lat.) f.: ſalu= tieren II 204 ꝛc.; salva venia (lat., ſpr. ſalwa w=) II 105 ꝛc.; Salve (ſpr. =we) f.; Salvei (ſpr. wéi, lat. salvia) f., auch Salbei. — Salz n.: ꝛc.; Salzzoll II 201. — ſam: Adjektivendung. Kat. 41³³. — Samariter m. — Same m.: Samen m.; Sämerei f. ꝛc.; Sämann, ſ. Sämann, vgl. Seemann. — Samiel m. II 118. — Samier m.: ebb.; ſamiſch a. — ſämiſch a.: ſämiſchgar a.; Sämiſchgärber(ei) ꝛc.; ſämiſches Leder ob. Sämiſchleder n. ꝛc. — Samland n. — Sammet m.: häufiger: Sammt. Kat. 38¹²; Samm(e)tweber(ei) ꝛc.; ſamm(e)ten a. ꝛc.;

sammt adv.; präp.: Kat. 38⁹ (vgl. zu=
sammen ꝛc.); allesammt; gesammt; mit=
sammt ꝛc.): sammt u. sonders ꝛc.; sämmt=
lich a. — Sams(=)tag m.: I 9 ꝛc. — Sa=
muel (hebr., 3silbig) m.: I 3. — San (span.)
= Santo (s. d., Sankt, Saint ꝛc.) z. B.:
San=Francisko; San=Salvador ꝛc. — sä'n:
s. säen. — Sanatorien (nlat.): pl. zu Sa=
natorium n. — Sanchez (span., spr. sänhtsches)
m.: Sancho m., männl. Name. — Sandale
(gr.) f. — Sandarach (pers.) m.: auch San=
darak II 95. — Sandart m.: Zander m.,
Zander m., ein Fisch. — San(=)bschak (türk.)
m., n.: II 169, vgl. die deutsche Sssßg.:
Sand(=)schiefer ꝛc. — san(=)bte: Impf. v.
senden (II 177), Konj.: sendete, das auch
als Indik. üblich ist. Kat. 26³⁶, vgl. Ver=
sand ꝛc. — Sandwich (engl., spr. sändwitsch)
n. ꝛc. — sanft a.: Sänf(=)te f.; (be)sänf=
tigen v.; sänf(=)tiglich adv.; Sanft(=)heit f.;
sanft(=)herzig II 182. — sang: Impf. v.
singen (versch.: sant), Konj. sänge ꝛc. (versch.:
jengen); Sang m., Sänge pl.; Sänger m.,
Sän(=)gerin, Säng(=)rin f. ꝛc. — Sanguin:
s. Saguin: Sanguiniker (nlat., spr. =gwi=)
m. ꝛc. — San(=)he(=)brin (gr.=hebr.) m., n.:
vgl. Synedrium. — Sanikel (nlat.) f.:
Sanikula f., vgl. Aurikel. — sank a.; auch
Impf. v. sinken (vgl. sang) — Konj.: sänke,
(versch.: senken ꝛc.). — Sankt (lat.): flexions=
los (vgl. Sanktus) vor Personennamen (ab=
gekürzt St, St, S. st. Sanktus, s. u.),
z. B.: Sankt Paul(us) Sankt Petrus ꝛc.,
in geogr. Namen füglich mit nachfolgenden
Bindestrichen (vgl. frz. Saint; it., span.
San, Santo ꝛc.), z. B.: Sankt=Petersburg
n., Sankt=Petersburger m.: Sankt=Gallen n.,
Sankt=Galler m., a.; Sankt=Georgs=Kanal;
Sankt=Gotthard(s=Bahn) ꝛc.; Sanktimonien
pl. zu Sanktimonium n.; Sankt(=)tion (spr.
sangzjön) f., sanktionieren v.; Sankt(=)tissi=
mum ꝛc.; Sanktuarien pl. ꝛc.; Sankt(=)tus
(s. o.), auch n. — sann: Impf. v. sinnen.
Konj.: sänne (versch.: Senne), üblicher:
sönne. Kat. 26¹¹. — sans (frz., spr. sang)
präp. II 105 ff, z. B.: sans Spaß ꝛc.;
sans façon (spr. faßong) ꝛc. auch: Sans=
façon n. u. m.; Sanskulotte (spr. sang=
külott) m., Sanskulottismus m. ꝛc.; Sans=
souci (spr. sangßußi) n., m. II 141. —
Sans(=)krit n.: II 160; 188 ꝛc. — Santa
(span.) weibl. zu Sante (auch it., spr. ß=),
s. Sankt ꝛc. u. z. B.: (span.) Santa Kasa
(od. — II 105 — Santa Casa); Santa
Kruz ꝛc.; Santiago ꝛc.. — Saône (frz.,
spr. ßōne) f.: Saône=et=Loire (spr. eloār) ꝛc.
— Sapajou m.: des, die Sapajus, besser
als — nach dem Frz. II 209 — Sapajou
(spr. ßapaschū) ꝛc. Kat. 80⁹: 124¹². —
Sape (frz., spr. ßapp) f.: Demi=sape; sape
double (spr. buhb'l) II 105 ꝛc.; allein auch

— in deutscher Aussspr. —: Sappe; Sa=
peur (spr. ßapör) m.: sapieren (spr. ß=) v.
od. (deutsch ausgespr.): sappieren, seltner:
sappen. — Saphir: s. Sapphir. — Sap=
perlot ꝛc.: s. sacker ꝛc. — Sap(=)phir (hebr.
gr., spr. ßäffir, auch ◡—) m.: II 85; 128,
vgl.: sap(=)phisch a. zu Sap(=)pho f. —
Saracen(e) (ar.=lat.) m. — Sarah (hebr.) f.:
bibl. Name. — Sardam (holl.) n.: s. Saar:
Sardamer m., a., vgl. Amsterdam.
Sardinien n.: II 119. — Sardonyx (gr.)
m.: s. Onyx. — Sarkasm (gr.) m.: II 162:
Sarkas(=)men pl., mus ꝛc.; sarka(=)stisch
a. ꝛc.; Sarkophag m. (aber: Sarg m.). —
Sarras m.: Sarrasse pl. II 143. — Sarre
ꝛc.: s. Saar. — Sarsaparille (span.) f.:
üblicher: Sassaparille. — Sarsche f.: s. Serge.
— Sarsenett (engl.) m.: II 211, vgl.
Sarsche f., s. Serge. — sasa! interj.: s. sa.
— Saß m. ꝛc.: s. Sasse. — Sassa(=)fras
(it. ꝛc.) m.: Sassafrasse pl. II 143. — Sassa=
parille f.: s. Sarsaparille. — Sasse m.:
1) Saß m., ein wo Angesessener (auch saß);
sässig ꝛc.; dazu: Amtssaß, amtssässig; an=
sässig; Insaß ꝛc. — 2) (niederd.) = Sachse
(s. d.); Angelsasse ꝛc.; sassisch a. — sä'st:
s. säen. — saß: Impf. v. sitzen (versch.:
Saß) II 143; Konj.: säße. — sä't: s. säen.
— Satan (hebr.=gr.) m.: Satanas m., Sa=
tanasse II 143. — Satellit (lat.) m. —
Satin (frz., spr. ßatäng, selten in deutscher
Ausspr.) m.: Satinet (spr. ßatine) m. u.
(deutsch gespr.): Satinett m. II 211; sati=
nieren v. — Satire (lat.) f.: Kat. 15¹
(versch. Satyr ꝛc.): Satiriker m.; satirisch a.;
satirisieren v. — satis(=)facieren (lat.) v.:
II 166; satisfaisant (frz., spr. ßatisfäsäng) a.;
Satisfaktion (lat.) f. — Sa(=)trap (pers.
gr.) m. ꝛc. — satt a.: satt roth ꝛc. od. (zu=
sammenfassend) sattroth ꝛc. I 42; Satt=
heit f.; sättigen v. ꝛc.; saturieren (lat.) v. ꝛc.;
Saturnalien (lat.) pl. — Satyr (gr.) m.: —
Satyre, Satyra pl. (versch.: Satire); Sa=
tyrspiel n., satyrisches Drama (nicht zu ver=
wechseln mit satirisch); Satyriasis f.; Sa=
tyrion n. ꝛc.; Satyriskus m. — Satz m.:
Sätze pl. (versch. setze, sehe); Satz(=)zeichen n.
II 201. — Sau f.: verkl. Säuchen (versch.
Zeuchen pl.). — sauber a.: säuberlich a.;
säubern a. — Sauce (frz., spr. ßōße) f.:
(vgl. Soße) Trüffelsauce ꝛc., od. (II 105):
sauce aux truffes (spr. ßoßetrüff) ꝛc.; Sau=
cière (spr. ßoßjäre) f. II 115; saucieren v.;
Saucisse (spr. ßoßiß) f., verkl. Saucischen
n. (mit Übergang des ss in ß vor der deu=
schen Endung wegen des gebehnten i II 142ff)
Saucisson (spr. ßoßißßöng) m. ꝛc.; saur
a.: säuerlich a.: säuern v. (s. Säure) ꝛc. —
sauf (fr., spr. ßōf): z. B.: sauf correction
(spr. =ong) ꝛc., auch z. B.: sauf=conduit
(spr. tengdwi) m. ꝛc. — saufen v.: du

säufst ꝛc.; Säufer m.; Säuferei f.; Sauf=temment (spr. =mäng) m. ꝛc. — saugen v.: säugen v.; saugendes Kind; säugende Mutter; Säug(=)amme f.; Säug(=)kalb n.; Sauglamm n. [vgl. dagegen: Sau(=)glück ꝛc.]; Säug(=)ling m.; Säugethier n.; Saugwarze f. ꝛc. — Säule f.: Kat. 32³⁵. — Saum m.: in versch. Bedeutungen, so auch: säumen v., vgl. Säumer m. (mit Saumthieren); säumig a., Säumnis f., n. (vgl. Versäumnis), Saumsal n., f. (s. sal), saumselig a.ꝛc. — Säung f.: zweisilbig, s. säen. — Saurach m.: des Saurachs (s. chs)= Säure f.: Säuren pl., versch. säuern. — Saurier (gr.) m.: Sauroïden pl.; Saurolith m. ꝛc. — Saus m.: säuseln v.; sausen v., er, ihr saust [versch.: du saust v. sausen II 69], Impf.: saus(=)te ꝛc., s. brausen ꝛc. — Sauté (frz., spr. ßote) n.: sautieren v.; Sautoir (spr. ßotoär) n. ꝛc. — Sauternes (frz., spr. ßotérn) m. — Sauvegarde (frz., spr. ßohwgárb') f. — Savannen (span.,spr.=wán=) pl. — Saving=bank (engl., spr. ßeiw=) f. ꝛc. — Savoir=faire (frz., spr. ßawoarfär) n.: Savoir=vivre (spr. =wiw'r) n. — Savon (frz., spr. ßawóng) m.: Savonnerie f.; Savonnette (spr. =ett) f.; Savonnier (spr. =je) m. — Savo(=)yarde (spr. =jár=) m.: savoyardisch a.; Savoyen n.; Savoyerkohl m. ꝛc. — Saxi(=)fraga (lat.) f.: Saxifrageen pl. (5silbig).

Sbaglio (it., spr. ßbáljo) n.: Sbagli (spr. =ji) pl. — Sbirre (it.) f.

Scelerat (lat., spr. ßelerät) m.: besser (II 209) als Scélérat (frz., spr. ßelerä) Kat. 91³; II 84; 162. — Scenarien (lat.): pl. zu Scenarium n.; Scene f.; Scenerie f. ꝛc. ebb. — Scepter (gr.=lat.) n., m.: ob. ganz eingebürgert, auch in der Schreibw. u. Ausspr. Zepter. ebb. — 'sch: in Adj. nach unveränderten Eigennamen. I 30, s. Goethe'sch ꝛc. — sch! interj.: Kat. 113ᵇ. — Schaaf; Schaar ꝛc.: s. Schaf; Schar ꝛc. — Schabbes (jüd.) m.: Sabbath. — Schabernack m. ꝛc. — Schäbe f.: schäbig a., v. schaben. — Scha(=)blone f.: II 89. — Schabracke (türk.) f.: II 95. — Schabsel n.: Schabzieger m. (s. Zieger). — Schach (pers.) m.; u.: s. Schah m.; Schachbrett n.; schachmatt a. ꝛc. — Schacher (jüd.) m. ꝛc. — Schächer m.: Kat. 27²ᵇ. — schächten (jüd.) v.: Schächter m. — Schade m.: besonders als Prädikat, auch mit Wegfall v. es ist (vgl. Jammerschade ꝛc.); Schaden m.; Schäden pl.; schaden v.; schädigen v.; schädlich a.; schab(=)los a.; Schadloshaltung f. ꝛc. — Schädel m.: Hirnschädel (versch.: Schedel f.) Kat. 27²ᵇ ff; kick=, kurz=, langschäd(=)lig ꝛc. II 216. — Schaf m.: Schäfchen n.; Schäfer m. ꝛc.; Schaf(=)fell n. nicht Schaffell I 6 ff; so: Schaf(=)fleisch n. — Schaff n.: (vgl. Scheffel): Schäff(e)ler m., oberd.

Böttcher ꝛc. — schaffen v.: schwach= u. starkformig: er, ihr schafft (versch.: Schaft m.); Impf.: schaffte u. schuf (ihr schuft, versch.: Schuft m.), Konj.: schüfe ꝛc.; Schaffer m., vgl. Erschaffer, Schöpfer ꝛc. — u.: Schaffner m.; Schaffnerei f. ꝛc. — Schaffhausen u. — Schafott n.: (aus frz. échafaud, spr. eschafó) Kat. 40³⁵; 41¹⁷; II 89; 213. — Schaft m.: Schäfte pl. ꝛc., versch.: schafft (v. schaffen, s. d.) u. schaft als Endung weiblicher Subst., s. I 13 ff u. Kapuzinerschaft f. u.: Kapuziner=Schaft m. ꝛc.; Schaft-Haften pl. (s. Haft; II 136); Schaft(=)halm m. — auch: Schacht(el)halm ꝛc. — schäftig a.: veraltet st. geschäftig. — Schagrin: s. Chagrin. — Schah (pers.) m.: Schach (König): Schahinschah m. (der Könige König). — Schakal (pers.) m. — Schale f.: einer Kette ꝛc. — Schäler m.: Kat. 27³¹; Schälerei f.; schälerhaft a.; schälern v. — Schako: s. Tschako. — schälen v.: s. d. Folg., auch Shawl. — Schale f.: Schälchen n.; schälen v. — Schälhengst m.: s. beschälen. — Schall m.: schallen v. es schallt, schallte ꝛc. (versch. die Formen v. schalten u. schalt, Impf. v. schelten); Schall=Leiter m., Schall=Loch n. I 17. — Schaluei f. ꝛc.: Kat. 79²⁴. — Schalotte f.: s. Aschlauch. — schälte: mit ä, Impf. v. schälen; dagegen mit geschärftem ä als Impf. Konj. v. schelten, besser: schölte. Kat. 26¹². — schalten v.: s. schallen. — Schaluppe f.: II 89; 208, in der Schriftsprache üblicher als das niederd., seemänn. Schlupe. — Scham f.: schämen v. (versch. Schemen); schamhaft a.; schamlos a.; schamroth a. ꝛc. — Schamade f.: II 89, s. Chamade. — Schamane (mongol.) m. — Schämel: s. Schemel. — schamerieren v.: s. charnwieren. — Schamotte f.: s. Scharmotte. — schau(=)pfielen v.: (seemänn.); (ver)schampfieren v., vgl. schimpfieren. — Schande f.: Schande halber I 84 ꝛc.; schänden v.; schandieren v.; schändlich a.; schänd(=)that (II 176) ꝛc. — Schanker m.: (frz. chancre) II 89. — Schanze f.: als Befestigung; auf Schiffen ꝛc.: Schanzläufer m.; Schanz(=)zeug n. ꝛc.; schanzen v. ꝛc. u. auch (mit Wegfall des Nasallauts) =frz. chance (spr. schangß') II 83, z. B.: in die Schanze schlagen ꝛc. (vgl. zuschanzen =zufallen machen ꝛc.). — schappieren v.: s. schappieren. — Schar f.: (s. auch Pflugschar); scharen v.; scharenweise v. — Scharwache f.; Scharwerk n., scharwerken v. ꝛc. — Scharade f.: als eingebürgert für frz. charade. — Scharbock m.: Umformung v. Skorbut. — Schäre f.: s. Schere. — Scharf a.: scharf = laden, geladen ꝛc., schießen(d) ꝛc., schneiden(d), hören(d), sehen(d) ꝛc.; aber als Zsstzgn., z. B.: Scharfschütz m. ꝛc.; scharfsichtig a. ꝛc.; — Schärfe f., schärfen v. ꝛc. (versch.: Scherf). — Schariwari:

f. Scharwari. — **Scharlach** (pers.) m., n.: scharlachen n.; Scharlachfieber u. ꝛc. — **Scharlatan** m. ꝛc.: f. Charlatan. — schar= mant a.: scharmieren v., f. charmant ꝛc. — **Scharmotte** f.: nicht so gut Schamotte u. falsch: Chamotte. — **Scharmützel** n.: scharmützeln v.; scharmutzieren v. (f. auch charmieren). — **Scharnier** n.: deutsche Form für frz. charnière II 89. — **Schärpe** f.: Mat. 27³¹. — **Scharpie**: f. Charpie. — **Scharteke** f.: II 89, falsch: Charteke ob. Chartéque. — **Scharwari** (ungar. ꝛc.) pl.: weite Hosen (versch. Chariwari). — **Schar= wache**, **Scharwerk** ꝛc.: f. Schar. — schar= wenzel ꝛc.: f. Scherwenzel. — schassen v.: f. Chasse. — **Schätter** ꝛc.: f. Schetter. — schat= tieren v.: Mat. 46²⁰. — **Schatulle** (mlat.) f.: II 89, nur vermeint frz. Chatouille. — **Schau** f.: zur Schau -- stehen, stellen, tragen ꝛc., aber als Zsstzgn.: schaustehen, schaustellen, schautragen v. I 54 vgl.: Schauspiel n.; schauspiele(r)n v. ꝛc.; Schau=Ende n. I 14, versch.: der Schauende (subst. Partic. v. schauen). — schauf(e)licht a.: Mat. 87⁵. — schaul(e)licht a.: ebd. — schaurig u. ꝛc. — **Schebe**: f. Schäbe. — **Schebecke** (ar.) f.: II 89. — scheckicht a.: Mat. 87⁵. — **Schedel** f.: Zettel (lat. schedula), versch.: Schädel. — **Scheel** m.: Eigenn.: Scheel'sches Grün ꝛc. (versch.: schel). — **Scheere** ꝛc.: f. Schere. — **Scheffel** m.: ein Scheffeler vier ꝛc. (versch.: Schäffeler m.); scheffelicht a., scheffelweise a. ꝛc. — **Sche= herezade** (ar.) f. — **Scheich** (ar.) m.: des, die Scheichs II 69. — **Scheide** f.: scheiden v., ich scheide, Zmpf.: schied ꝛc. — **Scheit** u. Mz.: Scheite, Scheiter; Scheiterhaufen m.; scheitern v. — schel a.: Mat. 44³⁰ (vgl. schielen): schel sehen; schelsehend, schel= sichtig a.; Schelsucht f., schelsüchtig a. — **Schell=Lack** m.: I 17. — **Schelte** f.: schel= ten v. (versch.: schellten, Impf. v. schellen), ich schelte, du schiltst, er schilt (versch.: Schild m., u., schielt) ꝛc.); Impf.: schalt (versch.: schallt v. schallen), Konj.: schölte beffer als schälte (f. d.). — **Schema** (gr.) n.: II 122 ꝛc. — **Schemel** m.: üblicher als Schämel. Mat. 30²⁵. — **Schemen** m.: (versch.: schämen v.) ꝛc. — schenk(e)lig a.: gleich= schenk(=)lig ꝛc. Mat. 85³¹. — **Scherbet** (ar.) m.: Sorbet. — **Schere** f.: auch = schwed. skär, Klippeninsel: Scheerenflotte ꝛc.; scheeren v., Impf.: schor, Konj.: schöre; Präf.: du schierst, er schiert, Imper.: schier! (beffer als schwachformig). — **Scherf** m.: Scherflein n. (versch.: Schärfe f. ꝛc.) Mat. 30³⁸. — **Scherge** m. — **Scherif** (ar.) m.: versch. Scheriff. — **Scherwenzel** (◡–◡) m.: scherwenzeln v. ꝛc., auch mit a in der 1. Silbe. — **Scherz** m.: scherzen v. ꝛc., vgl. (it.): scherzando (spr. sk=) adv.; Scherzo n., Scherzi pl. — **Schetter** m. ꝛc.: beffer als

mit ä in der 1. Silbe. — **Scheuer** f.: Mat. 32³¹, vgl. Scheune. — scheuern v.: Scheuerfrau f. ꝛc. — **Scheusal** n.: scheu= selig (f. ial): scheußlich a. Mat. 96ᵇ. — **Schiboleth** (hebr.) n. — schied: f. scheiden; schiedlich a.; Schiedsrichter m. ꝛc. — schier a.: f. auch scheren. — **Schierling** m. — schießen v.: (du), er, ihr schießt ꝛc.; Impf.: schoß, Konj.: schöffe; vgl. Schuß II 142 ff. — **Schiff** n.: Schiff(=)fahrt f. I 18, aber z. B.: Schiff=Fahrer m.; Schiff=Fracht f. 17. — **Schikane** f.: II 89, als eingebürgert (f. chicane); Schikanerie f.; schikanieren v.; schikanös a. — n.: (versch. schilt v. schelten); pl.: Schilde, Schilder ꝛc.; Schildpatt n. II 222; 223. — **Schilling** m.: (vgl. Shilling) vier Schilling I 28. — **Schimäre** f.: schimärisch a. II 8; 89, f. Chimära. — schimmt(e)lig a.: voller Schim= mel, verschimmelt (schimmelicht a., schimmel= artig). — **Schimpanse** m.: beffer als Chim= panse. — **Schimpf** m.: schim(=)pfen v.; schimpf(=)lich a. ꝛc. II 190. — schinieren v.: Schinüre f., f. chin ꝛc. — **Schippe** f.: f. Schüppe. — **Schirling**: f. Schierling. — **Schirmeister** m. — **Schirting** m.: in deut= scher Ausspr. für engl. shirting (spr. schört=). — **Schisma** (gr.) n.: Schismatiker m. ꝛc. — **Schlabbe** f.: (niederd.) II 222; schlabbe(r)n v.; schlabb(e)rig a. — **Schlahitz** (poln.) m.: beffer als Szlachcic, II 152, vgl. Geschlecht. — **Schlägel** m.: schlägeln v. Mat. 29¹⁵. — **Schlegel** m.: Schlammbeißer m., beffer als Schlammpeizger II 72; schlämmen v.; Schlämmarbeit f., Schlämmkreide f. ꝛc., vgl. schlemmen. — **Schlämpe** f.: üblicher Schlempe. — schlämmweg adv. I 143. — **Schlaps** m.: Mat. 64⁴. — **Schla(=)raffe** m. — schlauer= weise adv. I 106. — schlechterdings adv. I 79, schlechthin 134 (schlechthinnig adj. Mat. 39¹⁴); schlechtweg adv. I 143. — **Schlegel**: f. Schlägel. — **Schleh** m.: Schlehe f.; Schlehdorn m. ꝛc. Mat. 44². — **Schleih** m.: Schleihe f. Mat. 51³. — **Schleiße** f.: schleißen v., Impf.: schliß ꝛc.; Part.: ge= ver=, zerschlissen ꝛc., — niederd. schliten, dazu (gemänn.): Schlitage (spr. =äsche) f., Abschleißung eines Segels, Tanes ꝛc., versch. Schlittage — vgl. Verschleiß ꝛc., Feder= schleißerin f. ꝛc., — versch. (schlef.): Schlei= zerin = Beschließerin, minder gut: Schlen= zerin. — **Schlemiel** (jüd.) m.: beffer als Schlemihl — mit h in der 1. u. 2. Silbe. — **Schlemm** m.: im Kartenspiel (aus engl. slam). — schlemmen v.: (unterschieden v. schlämmen); Schlemmer(ei) ꝛc., zusammenhängend mit schlamp(amp)en; vgl. Schlempe f. (f. Schlämpe) — **Schleu(=)drian** v.: vgl. Gro= bian ꝛc. n. II 81. — **Schleuder** f.: schleudern v. Mat. 33¹⁹ (trotz der Nebenform schlandern); Schleuderpreise pl. — **Schleuse** f.: (mlat.

sclusa), nicht: Schleuße. — **Schleußerin:**
s. Schleißerin. — **Schlibowitz** m.: s. Sli=
wowitza. — **schlichthin** adv.: schlichtweg,
vgl. schlechthin. — **Schlidder** 2c.: s. Schlitter.
— **schliefen** v.: schlüpfen (versch.: Impf. v.
schlafen): schliefiges (nicht: schliefsiges) Brot 2c.
— **schließlich** a.: Kat. 31⁵³, nicht: schlüßlich.
— **Schliff** m.: v. schleifen. — **Schliffel** m.:
richtiger mit ü. — **schliffig** a.: s. schliefig.
schlimm a.: schlimmsten Falls I 80 2c.;
am schlimmsten, aufs schlimmste, adverbial,
versch. (subst.): das Schlimmste, abhängig
v. Präpos., z. B.: auch am Schlimmsten
noch etwas Gutes aufspüren; aufs Schlimmste
gefaßt sein 2c. II 24. — **Schlipper** m.:
Schlippermilch f. 2c. — **Schlips** m.: für
das engl. Slips; des Schlip(s)es II 195. —
Schlitage f.: s. schleißen. — **Schlittage**
(spr. =äsche) f.: Schlittenpartie 2c. (vgl. d.
Vor.) II 32; Schlitter f., schlittern v., nicht
(niederd.) mit dd II 223; Schlittschuh m.
neben Schrittschuh. — **schlohweiß** a.: Kat.
52¹⁷, vgl. Schloße. — **Schloß:** Impf. v.
schließen; (du), ihr schloßt, Konj.: schlösst
II 71 2c.; Schloß 2c.; Schlösser pl. u. m.;
Schloßsaal m. I 17; im Schlosse (s. d. Folg.)
Kat. 95³⁰; 97¹¹. — **Schloße** f.: (mit ge=
dehntem o, vgl. das Vor.); schloßen v.;
schloßweiß a., minder üblich als schlohweiß.
— **Schlot** m.: besser als mit Doppel=t:
Schlotfeger m. **Schlotte** f.: hohler Pflan=
zenstengel. — **schlott(e)rig** a. 2c. — **schluch=
zen** v.: II 92, mundartlich schluchsen (vgl.
gluchzen) 2c. (du), er, ihr schluchzt, mundartl.:
schluchst, versch.: du schluckst (v. schlucken)
II 72, vgl. auch: Schluchzen n. (m.), Schlucken
n., m., Schluck(=)auf m. — **Schlüssel**
m.: s. Schliffel. — **Schlupe** f.: s. Schaluppe.
— **Schluß** 2c.: besser des Schlusses 2c.; das
Schluß=s I 13; Schlußsatz m., Schlußstein
m. 2c. I 17; II 150; Schlußschein=Handel
m. II 215, deutlicher als Schlußscheinhandel
2c.; Schlüssel m.; schlüssig a.; dagegen:
schließlich a. — **Schmack:** 1) m.: Geschmack:
schmack(=)haft a. — 2) m.: Umdeutschung
aus (ar.) Sumach (span. sumaco 2c.):
schmackieren v. — 3) f.: Schmacke f., nieder=
derb., engl. Smack. — **schmadden** (jüd.) v.:
II 222. — **schmaddern** v.: (niederd.) ebb.
— **schmähen** v. (vgl. Schmach) Kat. 27³¹;
schmählich a.; schmählen v. 53³⁵ (vgl. d.
Folg.). — **schmal** a.: schmälern. Kat. 57¹⁶;
schmalbäckig a. 2c.; Schmalhans m.; Schmal=
reh n., Schmalthier n. 2c. — **Schmalte** f.:
neben Smalte (it. smalto), vgl. Schmelz,
Kat. 99¹⁸. — **Schmalz** m.: schmälzen (ob.
schmalzen) v., versch.: schmelzen. — **Schmant**
m.: Rahm 2c. (besser als Schmand, vgl.
Schmetten). — **Schmaragd:** s. Smaragd. —
schmarotzen v. 2c. — **schmausen** v.: er
schmaust, Impf. schmaus(=)te II 146. —

Schmeer n., m.: (vgl. Schmier) Kat. 44¹⁸;
Schmeerbauch m. — **Schmehle** f.: Schmiele.
— **schmeißen** v.: (du), er, ihr schmeißt;
Impf.: schmiß 2c.; Schmeißfliege f. 2c. —
schmelzen v.: du, er schmilzt; schmilz!, Impf.
schmolz, Konj.: schmölze 2c. (versch.: schmäl=
zen). — **Schmer:** s. Schmeer. — **Schmergel**
m.: Schmirgel Kat. 99²⁰. — **Schmerl** m.:
Schmerle f., Schmerling m. — **Schmetten**
m.: s. Schmant. **Schmied** m.: (nicht
Schmidt, außer als Eigenname. Kat. 35¹²;
129²⁶), des Schmied(e)s; die Schmiede;
schmieden v. — **Schmehle** f.: Schmehle. —
Schmieraleien pl. 2c. — **Schmirgel** m.:
Schmergel; schmirgeln v. — **Schmöker** m. —
schmollieren v.: Schmollis m., n. (üblicher
als Smollis) Kat. 99²³. — **schmolz** 2c.:
s. schmelzen. — **schmoren** v. 2c. — **Schmu**
(jüd.) m. — **schmuddeln** v.: niederb. II 222.
— **Schmuggel** m.: (niederd.) II 223; schmug=
geln v.; Schmugg(=)ler m. — **schmunzen**
(jüd.) v. — **schmußen** v.: Thonpfeifen glätten.
— **Schmutz** m.: schmutzig a.; schmutzstarrend
a. I 37. — **Schnack** m.: Geplauder, Ge=
schwätz 2c.: Schnickschnack 2c. 2c.; schnacken
v.; Schnacker m., Schnackerei f.; schnackhaft
a.; schnackig a. 2c. II 94, s. Schnake. — **Schna=
derhüpfel** n.: (bair.) schriftüblicher als das
hochd. Schnitterhüpflein. — **schnadern** v.:
s. schnattern (vgl. Mücke). — **Schnake** f.: Mücke 2c.
(vgl. Mucke) Schnurre 2c.: schnakig, schna=
kisch a., s. Schnack. — **Schnalz** m.: von
schnallen Kat. 36⁹; schnalzen v. — **Schnäpel**
m.: ein Fisch (üblicher als Schnabel). —
schnapp! interj. 2c.: schnappen v., du
schnappst (versch.: schnapzt, v. schnapzen,
s. u.) 2c.; Fliegenschnapper, Fliegenschnäpper
m. 2c. (vgl. Schnepper); schnapperhaft a.;
schnappern v. 2c.; Schnapp(=)hahn m. II 110;
Schnapp(=)hafpel m., f. 2c.; Schnapp(=)sack
m. II 193 2c.; schnaps! interj. Kat. 64¹;
Schnaps m., Schnäp=se 2c.; Schnäps(=)chen
n. II 194; Schnaps(=)säufer 150; Schnaps=
trinker m. 153 2c.; schnap(s)en v. (du),
er, ihr schnapst, (versch.: du schnappst, s. o.),
Impf.: schnaps(=)te. — **schnarchen** v.: von
schnarren, Kat. 38⁷, vgl. schnarpen v.;
schnarzen v. 2c. — **schnattern** v.: (mundartl.
schnadern). — **Schnauze** f. 2c.: Schnäuze f.;
schnäuzen v. (nicht selten — doch minder
gut — schnenzen). — **Schnebbe** f.: s. Schneppe.
— **schneddreedeng!** interj. 2c.: s. schnetterdeng.
— **Schnee** m.: des Schnees (2silbig),
Schnees (1silbig) Kat. 45⁵; Schnee=Enzian
II 109; Schnee=Eule f. 2c.; schneeicht a.
(schneeartig, schneeweiß 2c.), schneeig a.
(voller Schnee) II 111; Kat. 22²⁴; 87⁵. —
schneiden v.: Schneidemühle f. 2c. II 180;
aber schneiteln, üblicher als schneibeln. —
Schneise f.: ausgehauener Waldweg, besser
als Schneiße, Schneuse 2c. — **schnell** a.:

Schnell-Läufer m.; Schnell-Loth m. ꝛc. I 17. — **Schnepp** m.: Schneppe f. (nicht gut: Schnebbe II 223), auch: Schnippe f. — **Schnepper** m.: schnappendes Werkzeug, aber: (Fliegen= ꝛc.) Schnäpper. — **schnetterdeng!** interj.: besser als (niederd.) schnedderdeng! — **schneuzen** v.: s. schnäuzen. — **Schnibbe** ꝛc.: s. Schnipp ꝛc. — **Schnickschnack** m.: s. Schnack. — **schniegeln** v. — **Schniewel** m. — **schnisseln:** s. schnüsseln. — **Schnipsel** m.: schnipseln v., üblicher: schnippeln v. ꝛc. — **schnipp!** interj.: Schnipp m., Schnipp=chen n. ꝛc.; Schnippe f.: s. Schneppe; schnippeln v. (s. schnipseln; niederd.: schnibbeln), schnipp(e)lig, schnipp(e)rig a.; schnippen v.; schnippisch a.; schnips! (vgl. schnaps!) ꝛc. — **Schnirkel** m.: Schnirkelschnecke f.; schnirkeln v., s. Schnörkel. — **schnobbern** v.: schnobe(r)n, s. schnuppern. — **schnodd(e)rig** a.: (niederd.) II 181; 222. — **schnöde** a. ꝛc. — **schnop(p)ern** v.: s. schnuppern. — **Schnörkel** m.: üblicher als Schnirkel: Schnörkelei f.; schnörkelhaft, schnörkelig a., schnörkeln ꝛc. — **schnusseln** v.: schnüsseln v. (besser als schnisseln) ꝛc.; schnupfen v.; Schnupfen m. ꝛc.; Schnuppe f.; schnuppern v., daneben: schnopern, schnobern, seltner: schnoben, schnebbern (vgl. schnob als Impf. v. schnieben u. schnieben; schnaufen ꝛc.) — **schnurstracks** adv. — **Schock** n.: zwölf Schock (ohne Apostroph) I 28; ein Schockmal I 50; schockweise ꝛc. I 106. — **schofel** (hebr.) a.: Schofel m., n. — **Schöff(e)** m.: Kat. 31[15]; Schöffengericht n. ꝛc., auch: Schöppe. — **Schokolate** f.: richtiger als Schokolade II 76; 89, im Anlaut auch (frz.) mit Ch. — **Scholar** (lat.) m.: Scholarch (gr.) m.; scholastisch a. ꝛc.; Scholien pl. zu Scholion n. ꝛc. — **schölte:** s. schelten. — **schön** a.: am, zum schönsten; aufs schönste; schönstens adv. — **Schoner** m.: Art Zweimaster Kat. 57[22], auch Schuner. — **Schönobat** (gr.) m.: II 122 ss. — **Scho(o)ner:** Scho(o)s ꝛc.: s. Schoner ꝛc. — **Schöppe** m.: s. Schöff. — **Schöps** m.: Kat. 64[8]. — **schor:** schöre, s. scheren. — **Schörl** m. — **Schor(n)stein** m.: üblicher mit als ohne n. — **Schose:** s. Choje. — **schoß:** s. schießen; Schoß ꝛc., des Schosses, Schösse pl.: Schößchen n. ꝛc.; schoßbar a. (schoßpflichtig); schossen v.; Schosser, Schösser m.; Schösserei f.; Schößling m. ꝛc. — **Schoß** m.: des Schoßes; Schöße pl.; Schößchen n. ꝛc.; Schoßhund m.: Schoßkind n. od. Schößling m., vgl. d. Vor., Kat. 95[29], nicht gut: Schooß od. Scho(o)s ꝛc. — **Schote** f.: nicht mit Doppel-o (auch seemännisch). — **Schotte** m.: Schottland n.; schottisch a. ꝛc. — **Schout** (holl., spr. schaut) m.: „Schulz", Aufseher, nam. seemännisch, z. B.: Schout bij [spr. bei] Nacht. — **schraffieren** v.: Schraffierung f. (auch: Schraffur f. bei Goethe). — **schräg(e)**

a.: schrägüber adv. I 115; 140, mundartl.: schräb, schräm ꝛc. — **schral:** schräle, s. erschrecken. — **Schrapnell** m.: s. Shrapnel. — **Schreck** m.: Schrecken m., n.; schrecken v., schwach= u. starkformig, s. erschrecken; schreckhaft a.; schrecklich a. ꝛc. — **schreiben** v.: Imper. (mit versch. Ausspr.): schreib u. schreib'. I 26. — **schreien** v.: schrei(e)st, er schrei(e)t ꝛc., auch: schrei'st, schrei't. II 69, vgl.: schrei'n, schrein u.: Schrein m. (dazu: Schreiner m.); schreit, als Imper. v. schreiten ꝛc. — **Schrenz** m.: Schrenzpapier n. — **schrie:** Impf. v. schreien; Konj.: schriee (2silbig). — **schrieb:** Impf. v. schreiben; Konj.: schriebe u. apostrophiert: schrieb', mit weich lautendem b; Schrift f.: Schriftzeichen n., Schrift(=)zug m. II 201. — **Schritt** m.: schrittlings adv.; Schrittschuh m., vgl. Schlittschuh; schrittweise a. ꝛc. — **schroff** a.: schroffer, am schroffsten ꝛc.; Schroff m. (minder üblich: Schrof), Schrof(f)en m. ꝛc. — **Schrolle** f.: üblicher: Schrulle. — **schröpfen** v.: Kat. 31[15]: Schröpfköpfe. — **Schrot** m.: Schrötlein n. ꝛc.; schroten v., Schröter ꝛc. — **Schrubbel** m.: (niederd.); schrubbe(r)n v. ꝛc. II 222. — **Schrulle** f.: üblicher als Schrolle. — **Schrumpf** m.: schrumpf(=)lig a.; schrum(=)pfe(l)n v., mundartl. schrumpe(l)n ꝛc. — **Schub** m. (vgl. schuppen) Schubblade f., vgl. Schieblade ꝛc. — **Schubb=jad** m.: (niederd.) II 222. — **schuf:** Impf. v. schaffen: ihr schuft, — versch.: Schuft f.; m. (mit geschärftem u.) — **Schuh** m. ꝛc.: Schub(=)haber m. Kat. 31[19]; Schuhmacher m., vgl. Schuster ꝛc.; schuhriegeln, s. schurigeln. — **Schuhu** m.: des, die Schuhus. — **Schuit** (holl., spr. scheut) f.: Schute: Trecschuit ꝛc. — **Schuld** f.: woran Schuld sein, haben ꝛc., Einem Etwas Schuld geben, Kat. 109[6]: schuldbeladen a. ꝛc.; Schuldhaft f. II 136, versch.: schuldhaft a.; Schuldheiß m. (nicht gut nach mhd. Schreibweise: Schuldheiß), zngezogen in Schulz(e); — Schuldbeißerei f.; schuldig a., schuldigermaßen adv. I 94, schuldigerweise adv. I 106 ꝛc.; Schuld(=)ner m. ꝛc. — **Schule** f.: Schule halten ꝛc.; schulhalten v. I 59; Schüler m. ꝛc.; Schultheiß: Schulz(e) m., s. Schuldheiß. — **Schuner:** s. Schoner. — **Schupp** (schwed.) m.: Waschbär: Schuppenpelz m. ꝛc. — **Schnuppe** f.: Schuppenbier n. ꝛc. — **Schüppe** (niederd.) f.: Schaufel ꝛc.; nicht: Schippe ꝛc. — **Schuppen** m.: Schoppen (vgl. auch Schupp u. Schuppe), versch.: schuppen v., in versch. Bedeut., z. B.: mit einem Schub (s. d.) fortbewegen, auch: schupfen u. (s. Kat. 36[9]): schupsen v., dazu: Schups m. s. Schub. — **Schur** f.: v. scheren. — **schüren** v. — **Schurf** m.: Schürfe pl.; schürfen v. — **Schürger** m. — **schu(=)rigeln** v.: (nicht schuhriegeln);

Schurigelei f. — Schurz m.: Schürze f.;
schürzen v. — Schuster m.: zusammengezogen
aus Schuhsuter, d. i. Schuhnäher. —
Schule f.: s. Schuit. — Schüttgelb n. —
Schutz m.: Schutz(-)zoll m. II 201 zc. —
schwabbeln v. zc. (niederd.) II 222:
Schwabber m.: schwabbern. ebd. — schwach
a.: u., durch die Endung gleichsam zum
Fremdwort gemacht, (vgl. Asthmatikus,
Phlegmatikus zc.): Schwachmatikus m.;
schwachmatisch a. (nicht mit tt). — Schwa=
dron f.: deutsch aus Esсadron (f. d., it.
squadrone); schwadronieren v., in versch.
Bedeutungen (vgl. schwadern, mundartl. =
schwatzen); Schwadroneur (spr. =ör) m.
II 130. — Schwager m.: Schwägerin f. zc.;
Schwäher m. Kat. 27³². — schwählen: s.
schwelen. — Schwaig(e) f.: (mundartl.)
Sennhütte (versch. schweigen zc.); Schwai=
gerin f. zc. — Schwalch m.: (am Gießofen)
des Schwalchs II 69, versch.: Schwalg m.
= Schwelger u. Schwall; schwalchen v.,
schwelend blasen zc., (ver)schwalgen v., ver=
schlingen zc. — schwamm: Impf. v. schwim=
men; Konj. besser: schwömme als schwämme
(Kat. 26¹¹), vgl. schwemmen: Schwamm
m.,Schwämme pl.: schwammicht a.(schwamm=
artig), schwammig a. (voller Schwämme)
Kat. 87⁵; Schwamm-Motte f. I 17. —
Schwan m.: (Kat. 57²¹) Schwäne pl.;
Schwänchen n. zc. — schwand: Impf. v.
schwinden, Konj.: (ver)schwände (versch. ver=
schwenden), veraltet: schwünde; Schwand m.,
Kastenschwand zc. (vgl. Schwund). —
schwanen v.: Einem schwant zc. — schwang:
Impf. v. schwingen, Konj.: schwänge, ver=
altet: schwünge; Schwang m. — schwank a.:
Schwant m., Schwänke pl. (versch.: schwan=
ten v. zc.). — schwapp! interj.: schwaps!
(vgl. Klapp zc.); schwappe(r)n v., vgl.
schwabbern. — Schwär m.: (versch. schwer);
Schwäre f., Schwären m.; schwären v.,
der Finger schwärt (seltner: schwiert), schwor
(vgl. schwören) zc. Kat. 27³³ ff, s. auch Ge=
schwür; schwierig. — schwarz a.: (vgl. blau,
grau, roth zc.): ein schwarz u. goldenes
Band zc.: schwarz (a.) auf Weiß zc.:
das Schwarz; versch.: weiß u. schwarzge=
streift u. —: weiß= u. schwarzgestreift I 42
zc.; schwarzrothgolden; schwarzweiß zc.: der,
die, das Schwarze: Schwärze f. zc. —
schwatzen v.: schwätzen zc. — Schwedt n.:
(in Brandenburg): Schwe(-)dter m., a.
II 176; 177. — schwefelicht a.: schwefel=
artig (z. B. Schwefelichter Geruch zc.), schwef=
lig a., schwefelhaltig (z. B.: schweflige Säure
zc.). — Schwegel(pfeife) f. zc. — schwehlen:
s. schwelen. — schweigen v. zc. (vgl. Schwaig)
schweigentlich a. Kat. 73⁴; schweigsig a. —
Schwein n.: Schwein(-)igel m. zc.; schwei=
nisch a. zc. — Schweiß m.: schweißtreibend a.;

schweißen v.: schweißig a., s. Schwitz (vgl.
beiß, beizen, Hitze zc.). — Schweiß f.: (vgl.
Schwyz) Schweizer m., a.; schweizerisch a.
— schwelen v.: Kat. 57¹⁵; Theerschweler(ei) zc.,
vgl. schwül. — Schwemme f. (versch.
Schwämme pl. v. Schwamm): schwemmen v.
— schwenden v.: (versch.: schwänden, Konj.
Impf. v. schwinden): ein Feld (ab)schwen=
den zc. — Schwengel m. — Schwenkel
(an Bannern zc.); schwenken v. (vgl. Schwank)
zc. — schwer a.: (vgl. Schwär) schwer er=
krankt zc.; schwerbewaffnet a. (vgl. leicht);
die schwerst wiegenden u. schwerwiegendsten
Gründe, s. I 39; Schwere f.; schwerlich adv.;
Schwermuth f.; Schwerspat m. zc. —
Schwerin: Kat. 47¹; Schweriner m., a.
109²³. — Schwert n.: Kat. 69¹⁴. — Schwib=
bogen m.: II 222. — Schwieger m.: f. zc.
— Schwiele f.: schwielig a. — schwien(e)=
lig a. zc. — schwierig a.: schwärend (bei
Ältern: schwierig), eig. u. übertr. — u.:
schwer. — Schwiete f. zc.: s. Suite.
schwimmen v.: s. schwamm. — schwinde=
licht a.: einem Schwindel ähnlich; schwind(e)=
lig a., Schwindel habend od. erregend.
Kat. 87⁵; Schwind(-)ler m.; schwinden v.,
s. schwand. — schwingen v.: s. schwang.
schwipp! interj.: schwips! vgl. schwapp.
schwirb(e)lig a.: Kat. 85²⁷. — Schwitz m.:
vgl. Schweiß (versch. Schwyz); schwitzen v. zc.
— Schwöde f.: schwöden v. (Gärberausdr.),
versch.: Schwede(n). — schwögen v. —
schwoll: Impf. v. schwellen, Konj.: schwölle.
— schwömme: s. schwamm. — schwören v.:
Kat. 31¹⁵: Impf. v. schwur u. schwor (vgl.
schwären), Konj. besser: schwüre als schwöre
Kat. 25³⁰. — schwuddern v.: (niederd.)
II 222: schwül a.: (vgl. schwelen) Kat.
57¹⁵; Schwüle f.; Schwulität f. (scherzhaft,
in schwulibus). — Schwulst m., f.: v.
schwellen, Kat. 36⁴; schwülstig a. zc. —
Schwund m. zc.: vgl. Schwand. — Schwung
m. zc.: s. schwingen; schwingen. — schwur:
Impf. v. schwören (s. d.), Konj.: schwüre,
vgl.: Schwur m., Schwüre pl. — schwürig
s. schwierig. — scientifisch (lat., spr. =wisch)
a.: Kat. 91³; II 117; Scienz f. zc. —
Scilla (gr., lat.) f.: Meerzwiebel, versch.:
Scylla. — scintillieren (lat.) v. — Scipio
(lat.) m.: Scipionen pl. — Scirocco (ar.=
it., spr. schi=) m.: auch Sirocco, Siroc u.
(unnöthig nach frz. Weise): Siroc(c)o, mit
der Ausspr. Schiröc(c), II 84. — Scirrhoma
(gr. lat.) n.: scirrhös a. —Scissionär (ulat.)
m.: II 7. — Scylla (gr.) f.: ein Meer=
ungethüm, Kat. 91³, versch.: Scilla. —
Scyphoide (gr.) f.: II 109. — Scytale
(gr.) f. — Scythe (gr.) m.: Skythe m.;
Scythien n.: scythisch a. zc. — Scytitis
(gr.) f.: Hautentzündung: Scytodermen pl.;
eine Ordnung der Strahlthiere zc.

Séance (frz., ſpr. ßeangß) f. — Seaboys (engl., ſpr. ßipoiß) pl. — Sebaſtian (gr.) m.: Sebaſtopol(iß) ꝛc. (in ruſſ. Ausſpr.): Sewaſtopol (‿‿–‿). — Seccatur (it.) f.: ſ. ſeccieren; Seccomalerei f. ꝛc. — ſechs (ſpr. ſex) Zahlw.: I 46 ff: II 26 ff: 90; 92: 224: mit ſechs Pferden —, mit Sech= ſen fahren; ſechs Augen —, eine Sechs, drei Sech(=)ſen werfen ꝛc. auch, als Um= rechnung: bei meiner Sechſe! (vgl. Sir; mein Sirchen! ꝛc.); ſechs(=)armig a.; Sechs= eck n.; Sechs=Ender I 14: II 146; Sech= ſer m.: ſech(=)ſierlei a.: ſechsfach a.: ſechs= mal adv. I 91: die Sexte (ſ. d.) iſt der ſechs(=)te Ton vom Grundton aus ꝛc.: am ſechsten Januar II 29 ꝛc.: Sechs(=)tel n.; ſechs(=)tens adv.; ſech(=)zehn (nicht: ſechszehn), ſech(=)zig, in den Sechzigen, ein Sechziger ꝛc. — ſecieren (lat.) v., vgl. Sektion. — Seckel m.: vgl. Säckel u. Kat. 30¹⁴; Seckelmeiſter m. ꝛc. — ſeckieren (it.) v.: (nicht ſo gut: ſektieren), vgl. Seccatur ꝛc. II 97. — ſecond (frz., ſpr. ß'tóngß) z. B.: second empire (ſpr. angßïr) a. ꝛc. II 105, auch — mit deutſcher Ausſpr.: Sekond= leutnant m. ꝛc.; ferner engl. z. B. in se- cond-sight (ſpr. ßéckendßeit) n. ꝛc. — Se= dativſalz n.: ſ. =iv. — Sedes (lat.) n.: II 80. — Sedisvacanz (lat., ſpr. =wakánz) f. — See m.; f.: des Seees, die Seeen (2ſilbig) — u.: Sees, Seen (1ſilbig) Kat. 45¹⁵ ff; See=Ebene f.; See=Eiche f.; See=Engel m. ꝛc.; See=Igel m.; See=Ungethüm n. ꝛc. I 17; II 209: auch beſſer: See=Aar, See= Adler m.; See=Affe m. ꝛc. als: Seeaar ꝛc., dagegen: Seefahrer m.; Seebund m. ꝛc. — Seele f.: vgl. ſelig, Kat. 44²¹. — Segen m.: ſeg(=)nen v. ꝛc.; ſegenbringend I 37 ꝛc. — Seg(=)ment (lat.) n. — Se(=)gnatura (it., ſpr. ßenj=) f.: II 185. — ſehen v.: du ſiehſt, er ſieht; ſieh! Imper., doch in Hinweiſen u. als Interj. auch ſiehe! (I 27; Kat. 76¹ff); Impf.: ſah, Konj.: ſähe. — Sehm; ſ. Seim. — Sehne f.: vgl. Senne f. — ſehnen v.; Sehnſucht f. ꝛc. — ſehr adv. — ſeid: im Indik. v. ſein; Konj.: ſeiet, apoſtrophiert ſei't, verſch.: ſeit (Bindew.) Kat. 72¹ ff; II 69. — Seide f.: verſch.: Seide (ar., frz.) m. II 109. — ſeien ꝛc.: ſ. I ſein, verſch.: ſeihen v. = ſeigen (fil= trieren ꝛc.), vgl. Seiger m. (in verſch. Bed., z. B. auch = Uhr, verſch.: Seiher) u.: ſeiger a. = ſenkrecht: ſeigern v., nam. im Hütten= weſen ꝛc. — Sei(=)gneur (frz., ſpr. ßenjör) m. II 185. — Seif m.: (in Indien) die Seifs, beſſer mit I als ß, ſo auch Sifs (nicht ſo gut Silbs) — Seim m.: niederb. Sehm (ſ. Haferſeim; ſeimicht a. (niederb. ſehmig). — I ſein v.: (veraltet ſeyn, Kat. 14²³) dazu: ihr ſeid (ſ. d.), ſie ſind; Konj.: ich, er ſei u. (2ſilbig): du ſeieſt; wir, ſie

ſeien; ihr ſeiet u. verkürzt füglich zu apo= ſtrophieren (II 69): ſei'ſt, ſei't, ſei'n, vgl. auch im Partic. gewöhnlich 2ſilbig ſeiend (vgl. thun): Impr.: ſei! u. z. B.: So ſei es (ob. ſei's): ſubſtantiviert: das Sein: das Seiende ꝛc. — II ſein pron. ꝛc.: vgl. dein, ferner (II 213) z. B.: bei Seiner (ob. Sr.) Excellenz ꝛc. — Seiſach(=)thea (gr.) f.: Seiſchjach=thie f. II 180. — Seis= mometer (gr.) m., n. — ſeit präp. u. conj.: (vgl. ſeid): ſeit wann? —, ſeit damals ꝛc., aber verſchmelzend (ſ. auch Seite): ſeitdem; ſeit(=)her(e) adv., vgl. ſeitherig adj. — Seite f.: (verſch.: Saite): z. B. (I 98): ab (ob. üblicher von) Seiten ꝛc.; an der Seite(n): auf die — ob.: bei, über, zur — Seite ſchaffen ꝛc.; zur Seite ſtehen ꝛc., vgl.: abſeit(s) (‿–); ferner: ſeitab I 115; ſeit= wärts ebd.; ſeitwegs (105) adv. u. als Präpoſ.: ſeitens, Kat. 111¹⁰; 112¹⁹: I 98; II 33 ꝛc.: Seitenanſicht f. ꝛc.; Seiten=Haft m. II 136, ſ. Haft. — Sekante (lat.) f. ꝛc. — ſektieren ſ. ſecieren. — Se(=)kluſion (lat.) f. — Sekondleutnant: ſ. second u. Leutnant. — Se(=)kretär (lat., frz.) m. II 7: Sekre= tariat n.; ſekretieren v. ꝛc. — Sekt m.: (vino secco) — Sek(=)te f.: Sektierer m. ꝛc.: Sektion f. ꝛc. — ſekular ꝛc.: ſ. ſäku= lar ꝛc. — Sekunda (lat.) f.: Sekundant m., Sekunde f. ꝛc. — Seladon m.: üblich ſtatt des frz. Céladon (ſpr. ßeladóng), auch: ſeladon(grün) a. — Selah (hebr.): z. B.: abgewandt, Selah (etwa=Punktum ꝛc.). — ſelb pron.: (vgl. derſelbe): ſelb(=)ander: ſelbdritt; ſelb(=)ſtändig a. Kat. 36²⁶; II 146 ꝛc.: Selb(=)ende n. (ſchriftdeutſch: Sahlband): ſelber; ſelbſt; Selbſt(=)achtung f.; ſelbſtbe= wußt a.; Selbſt(=)ſündium n.; Selbſtſucht f. ꝛc. — Selde f.: üblicher Sölde ꝛc. — Se= leſta (lat.) f. II 95. — Selfgovernment (engl., ſpr. ßeligöwᵉrn=) n. — ſelig a.: mhd. sælic vgl. ſäl und ſal (verſch. Seele) Kat. 44²²; ſelig ſprechen, Seligſprechung f. — Sellerie m., f.: üblich für frz. céleri (ſpr. ß=). — Semaphor (gr.) m. — Semikolon (lat. gr.) n. — Semilor: ſ. Similor. — Se= minarien (lat.): pl. zu Seminar n. ꝛc. — ſendete: ſ. ſandte. — Senes: ſ. Senna. — Seneſchall m. — Senna (ar.=lat.) f.: Sen= nesblätter ꝛc. — Sennaar (2ſilbig): Sennaär (3ſilbig) II 114. — Senne: 1) f.: Sehne. 2) f.: Heide: halbwildes Geſtüt in Heide= gegenden ꝛc. Senner(pferd) ꝛc. — 3) m.: käſebereitender Alpenhirt: Senn(er) m., weibl.: Senn er'in f. ꝛc.: Senn(er)hütte f.: Sennenwirthſchaft f., Sennerei f. — Sepia (gr.): Sepie II 119. — Sequanz (lat.) m. (‿‿): Sequenz f. (‿–), ſ. Luenz.; ſeque= ſtrieren (lat.) v. ꝛc. — Serai (perſ.) n.: Pallaſt II 105 ꝛc. — Sérail (frz., ſpr. ße= rálj) n. = Serai u. Serraglio. — Serapēum

(gr., 4ſilbig) II 115. — **Seraph** (hebr.-gr.)
m.: Seraphim pl. (u. m.) ꝛc. — **Stras-**
tier (türk.) m.: II 118. — **Serbien** n. ꝛc.:
II 117. — **Serenade** (frz. ꝛc.) f.: üblicher
als Serenate (it. ꝛc.). — **Serge** (frz., ſpr.
ßerſh') f.: üblicher als Sarſche f. (it. sargia):
Serge de Berry ꝛc. — **Sergeant** (ſpr. ßer-
ſhánt, frz. sergent, ſpr. ßerſháng) m. Kat.99²⁶.
— **Serie** (lat.) f. II 119. — **seriös** (lat.) a.:
II 139. — **serös** (lat.) a. — **Serpentin**
(lat.) m. ꝛc.: Kat. 46³⁴. — **Serra(=)glio**
(it., ſpr. ßeráljo) n.: II 184, Harem (ſ.
Sérail). — **Servante** (frz., ſpr. ßerwángte)f.
— **Servelat**: falſch ſt. Cervelat. — **Ser-**
vice (frz., ſpr. ßerwiß) n.: ſ. auch Serwis;
ſervieren (lat., ſpr. ſerw=) v.; Serviette
(frz., ſpr. ßerw=, beſſer als ſerw=) f.; ſerwil
(lat.) a., Servilismus m. ꝛc.; Serwis n.,
üblich für Service im Sinne v. Soldaten-
verpflegung ꝛc. (auch: Serviosgeld n.; Ser-
viskommiſſion f.; Serviswesen n. ꝛc.); Ser-
viteur (frz., ſpr. ßerwitör) m.; Servitien
(lat.) pl.; Servitut f. (n.) ꝛc. — **ſes-**
quipedaliſch (lat.) a. ꝛc. — **Seſſel** m.:
II 143; ſeßhaft a.; Seſſion (lat.) f. ꝛc. —
Seſtertien (lat.): pl. zu Seſtertium n., vgl.:
Seſterz m. (pl.: Seſterze) u. n. (pl.: Se-
ſterzen). — **ſetzen** v.: Setzbrett n. ꝛc.;
Setz-Ei n. I 14. — **Seuche** f.: ſ. Sau.
ſeuf(=)zen v.: du ſeufzeſt, hart: ſeufzt (II 71),
wie: er, ihr ſeufzt. — **Severambien** (ſpr.
ſew=) n. — **Sévi(=)gné** (frz., ſpr. ßerwinje) f.:
II 185. — **Sevilla** (ſpan., ſpr. -wilja). —
Sèvres (frz., ſpr. ßäw'r): Sèvres(porcellan)n.
— **Sewaſtopol**: ſ. Sebaſtopol. — **ſe(=)ra-**
geſſimal (lat.) a.: (vgl. ſechs): Serageſimal-
eintheilung f. ꝛc.; ſe(=)rangulär a. II 7 ꝛc.;
Ser(=)ta f.; Ser(=)tant m.; Ser(=)te f.;
Ser(=)tett n. (it. Seſtetto); Ser(=)tole f. ꝛc.
— **ſe(=)rual** (lat.) a.: Serualſyſtem n.;
ſe(=)ruell a. II 213.

ſforzando (it.) adv.: ſforzato adv.
Sgraffito (it.) n.

Shaker (engl., ſpr. ſhēkr) m. — **Shake-**
ſpeare (engl., ſpr. ſchēkspihr) m.: Shake-
ſpeare-Verehrer m. ꝛc. I 17. — **Shamrod**
(engl., ſpr. ſch=) m. — **Shawl** (perſ.-engl.,
ſpr. ſchāl) m.: pl.: Shawls ob. Shawls;
verkl.: Shäwlchen ꝛc., nicht füglich (II 209)
nach frz. Schreibweiſe Châle u. unüblich
nach deutſcher: Schal (vgl. ſchal a., Schale f.,
Schälchen n.), z. B. auch: Langshawl ob.
Longshawl (nicht: Longchâle) ꝛc. — **Sheriff**
(engl., ſpr. ſchérriff) m.: verſch. Scherif. —
Sherry (engl., ſpr. ſcherri) m.: Xeres(wein).
— **Shilling** (engl., ſpr. ſch=) m.: vgl.
Schilling. — **Shire** (engl., ſpr. ſchir) m. —
Shirting (engl., ſpr. ſchörting) m.: ſ. Schir-
ting. — **Shoddy** (engl., ſpr. ſchöddi) m. —
Shopkeeper (engl., ſpr. ſchöppkihper) m. ꝛc.
— **Shrapnel** (engl., ſpr. ſhräppnell) m.:

auch — mit dem Ton auf der Endſilbe
(in frz. Weiſe) —: Schrapnell II 213. —
Shrubbery (engl., ſpr. ſchröbberi) n. —
Shuddy: ſ. Shoddy. — **Shylock** (engl.,
ſpr. ſcheilock) m.

Sibérienne (frz., ſpr. ßiberiénn) f.: Si-
birien II 120 ꝛc. — **Sibylle** (gr.) f.: Marie
Sibylle (zſgzogen in Marizzebill, Marzebill)
ſibylliniſch a. — **Siccativ** (lat.) n.: ſ. -iv.
ſich pron.: in ſich gehen ꝛc.; das In-ſich-
Gehen; das Sich-Ergehen I 22; II 72;
vgl. ſicher; mit großem Anfangsbuchſt., wenn
bezogen auf ein mit ſolchem beginnendes
Fürw. I 14; 41 ff; 45 ff, z. B.: Machen
Sie (auch: Mach Er) Sich darauf gefaßt ꝛc.;
auch z. B.: Ich flehe, daß Seine Majeſtät
Sich meiner erbarmen ꝛc. — **ſicher** a.:
ſicher — gehen, ſtellen ꝛc.; das Sichergehen
(verſch.: Sich-Ergehen); das Sicherſtellen;
ſichergeſtellt a. ꝛc. I 61; Kompar.: ſich(e)rer,
aber lieber z. B.: ein mehr ſicher (als:
ſicherer) Beſitz ꝛc. Kat. 103³²; der
Sicherheit halber, aber: ſicherheitshalber
I 84 ꝛc. — **ſichtlichermaßen** adv.: I 94. —
Sicilien n.: II 118; Sicilier ob. Sicitianer
m. ꝛc.; Siciliana f. (II 109) beſſer als
(frz.) Sicilienne (ſpr. ßizfiliénn) f. — **Sickm:**
in Oſtindien (beſſer als Sikkim) II 97. — **Si-**
derolith (gr.) m.: Siberotypie f. ꝛc. — **Si-**
don: (in Phönicien) Sidonie f. II 119.
— **ſie** pron.: als Anredewort Sie II 14;
41; das Sie (als Anrede ꝛc.) 15; die Sie
16, vgl. Er. — **ſieben**: Zahlw. (I 46 ff;
91; II 26 ff) ſeine ſieben Sachen ꝛc.; die
Sieben; die böſe Sieben ꝛc.; zum ſieb(en)-
ten Mal ꝛc.; Karl der Sieb(en)te ꝛc. (vgl.
ſiebte, Impf. v. ſieben v.); ein Sieb(en)tel,
eine Sieb(en)tel Elle ꝛc.; ſieb(en)tens adv.;
ſieb(en)zehen ꝛc.; ſieb(en)zig; in den Sieb-
zigen; ein Siebziger ꝛc.; ſiebenfach a.;
ſiebenmal; ſieb(e)nerlei ꝛc.; Siebengeſtirn n.;
Siebenſchläfer m. ꝛc. — **ſich** ꝛc.: Siechen-
haus n. ꝛc. — **Siecle** (frz., ſpr. ßiäk'l) m.,
n.: Zeitſchrift II 107. — **ſieden** v.: ſiedend-
heiß a. ꝛc. — **Sieg** m.: Siegfried m.;
Siegmund m. ꝛc., aber mit ältrem i (ſtatt
ie), wo die Theile des Namens nicht ſo klar
hervortreten, z. B.: Si(=)frib; Sigismund;
Signrd ꝛc. — **Siegel** n. (m.): Kat. 47²;
vgl. Sigel; ſiegeln v. ꝛc. — **ſieh(e)**: ſ. ſehen.
— **Siel** m., n.: nicht Siehl. Kat. 53². —
Siele f.: Sielengeſchirr n. ꝛc. — **Siena**:
in Stalien (vgl. Syenit). — **Sierra** (ſpan.)
f.: Sierren pl. ꝛc. — **Siesta** (ſpan.) f. ꝛc.
ſiezen v.: vgl. duzen. — **Sif(=)flet** (frz.,
ſpr. ßifflé) m.; Sifflenr (ſpr. -ör)m. —
Si(=)fried: ſ. Siegfried. — **Sigel** (lat.) m.:
Abkürzungszeichen (verſch. Siegel). — **Si-**
gill(um) (lat.) n.: Siegel ꝛc. — **Sigismund**
m.: ſ. Siegmund. — **ſig(=)mordiſch** (gr.) a.:
I 109; 184. — **Sig(=)nal** (lat.) a.:

Si(=)gnalement (frz., ſpr. ßinjalemäng) n. II 185 ff; ſig(=)nal(iſ)ieren (nlat.) v. ꝛc.; Sig(=)natur f.; ſig(=)nieren v.; ſig(=)nifi= kativ a., f. =iv ꝛc. — Si(=)gnor (it., ſpr. ßinjōr) m. ꝛc. II 185. — Si(=)griſt m. — Sigurd m.: ſ. Siegfried. — Sil m.: (nicht Silß), ſ. Seit. — Silarier (lat.) m. — Silbe f.: Kat. 15³. — Sil(=)houette (frz., ſpr.ßiluétte) f.: Silhouetteur (ſpr. =ör) m. — Silphe ꝛc.: ſ. Sylphe. — Silphion (gr.) n. — Silvan (lat., ſpr. =wän) m.; Silveſter m. ꝛc.; Silvia f., Silviens ꝛc. (beſſer mit i als y). — Simeon (hebr.) m. — Simi= largent (frz., ſpr. ßimilarßang) n.: Similor n. (nicht Semilor). — Simon m.: Simeon; Simonie f. — ſimpel (lat. ꝛc.) a.: Simpel m.; ſimp(e)lig a.; ſimplement (frz., ſpr. ßengp'lmäng) adv.; Simplicien (lat.) pl. ꝛc. — Sims m. — Simultaneität (lat.) f.; Simultaneum n. — Sina: ſ. China 2; Sina=Apfel m. I 18; II 109 ſt. Apfelſine. — Sinai m.: Sinai=Halbinſel f. I 12; 17 ꝛc. ſind: v. ſein I. — Sinekura (lat.) f. — Sinfluth f.: allgemein; zu unterſcheiden v. der noachiſchen Sündfluth Kat. 32²¹, vgl. Sinngrün. — Sinfonia (it.) f.: ſ. Sym= phonie. — Singleton (engl., ſpr. ßing'ltenn) n., m. — Singular (lat.) m.: ſingulär a. II 7. — Sinn m.: bei (Ggſtz. von) Sinnen ſein; Einem Etwas an Sinnen ſein = an= ſinnen (ſ. anmuthen); Sinnbild n. ꝛc.; Sinngrün n. (deſſen erſte Hälfte freilich urſprünglich das alte verſtärkende Sin iſt, wie in Sinfluth) ꝛc., ſinnen v., ſ. ſann. — ſintemal conj. — Sinum(=)bralampe (lat.= deutſch) f. II 178. — Sion: nicht gut ſt. Zion; ferner (frz., ſpr. ßiöng) = Sitten, Hauptſtadt des Kanton Wallis. Kat. 126⁷. — Siphon (gr.) m.: Siphonen pl.; beſſer als in frz. Ausſpr. (ßiföng), pl.: Siphons (ſpr. ßiföngs) II 138 ff; falſch: Syphon. — Sippe f.: Sippſchaft f. — Sir (engl., ſpr. ßör) m.: als Anrede; vor Taufnamen als Bezeichnung eines Baronets, z. B.: Sir Robert (Peel) ꝛc. — Sire (frz., ſpr. ßir) m.: Anrede an Kaiſer u. Könige ꝛc.) — Sirene (gr., ◡–◡) f.: ſ. auch Syringe. — Sirock(o) ꝛc.: ſ. Scirocco. — Sirup m.: auch Sirop (nicht mit y ſtatt i); Sirupe, Sirups pl.; Kapillarſirup ob. (frz.) sirop de capillaire (ſpr. ßirö dĕ kapillär) ꝛc. — Sirvente (prov., ſpr. =wénte) n. — ſiſtieren (lat.) v. ꝛc. — Siſtina (it., ſpr. ß=) f.: = Sixtina. — Si(=)ſtrum (gr.=lat.) n. — Si= ſyphus (gr.) m. — Sitten n.: ſ. Sion, verſch. pl. v. Sitte. — Sittich m.: ſ. Pſit= tich, vgl. b. Folg. — ſittig a.: ſittigen v.; ſittlich a.; ſittſam a. ꝛc. — ſitzen v.: ſ. ſaß. — Siß f.: ſ. Sechs; auch frz., z. B. six= et-le-va (ſpr. ßi e lĕ wä) m., n. u. engl. z. B.: Sixpence (ſpr. ßizpenß) m. —

Sixtina f.: ſixtiniſch a. (ſeltner: Siſtina, it. ꝛc.) nach Papſt Sixtus (it. Siſto). — Skabies (lat.) f.: II 117; ſkabiös a. 139. — ſka(=)brös a. ebd.; 178. — Skagerrack n.: II 125. — Ska(=)gliola (it., ſpr. ſkalj=) f.: II 184. — Skala (lat. ꝛc.) f.: Skale f. — Skalde (iſkand.) m. — Skaleuober (gr., 5ſilbig) m., n. I 3. — Skalp (engl.) m.: Skalpell (lat.) n.; ſkalpieren v.; Skal= prum n. II 193; Skalp(=)tur f. 196. — Skamander (gr.) — Skandal (gr.) n., m.: ſkandalieren v.; ſkandaliſieren v.; ſkan= dalös a. — Standerberg (alban.) m. — ſkandieren (lat.) v. — Skandinavien (ſpr. =wien) n. — Skandinavier m. — Skaphander (gr.) m.: ſkaphoïdiſch a. — Skapin (it.) m.: Skapino (frz. Scapin, ſpr. =éng); weibl.: Skapine. — Skapolith (gr.) m. — Ska= pulier (nlat.) n. — Skarabäus (gr.=lat.) m.: II 114; it.: Skarabeo; pl.: Skarabei II 109, nicht gut mit doppelter Plural= bezeichnung: Skarabeïs (Jean Paul), wohl aber in deutſcher Abwandlung: Skarabäen (lat.), Skarabäen (it.) II 114. — Skara= mutz m.: nach it. scaramuccia (ſpr. =utſcha), auch: Skaramuſch m., nach frz. scara= mouche (ſpr. =uſch). — Skäre ſ. Schere. — ſkariſicieren (lat.) v.: Skariſikatorien pl. ꝛc. — Skartefe: ſ. Schartefe. — Skat m., n.: Kartenſpiel f. — Skazon (gr.) m.: ſka= zontiſch a. — ſkeletieren (aus d. Gr.) v.: Skeletiſt m.; Skeletit m.; Skeletograph m. ꝛc.; Skelett n. II 212. — Skep(=)ſis (gr.) f.: Skep(=)ticismus m.; Skep(=)tiker m.; ſkep= tiſch a. — Sketch (engl., ſpr. ſkétſch) f.: Sketches pl.= Skizze(n). — Sli (iſkandin.) m.: Schneeſchuh (genauer eig. Skid): Skie= läufer ꝛc. — Skios (it.) ꝛc.: ſ. Skiis. — Skizze f.: (aus it. schizzo, ſpr. ſkizzo; frz. esquisse, ſpr. eßkiß) Kat. 34¹⁴; 90³⁷; 99¹⁶; 100³⁰ ꝛc.; ſkizzenhaft a.; ſkizzieren v.; Skiz= ziſt m. ꝛc. II 200. — Skjuts (ſchwed., ſpr. ſchüts) m. — Sklav m.: (vgl. Sklawe), mit v in der Ausſpr. = f in deutſcher Flexion u. Fortbildung, z. B.: Sklave m.; Sklaven pl.; ſklaven v.; ſklavenhaft a.; Sklaventhum n.; Sklaverei f.; Sklavin f.; ſklaviſch a., die ſlaviſche Nation II 72 ꝛc., dagegen z. B.: Sklavokratie (gr., ſpr. ſklawo=) f. ꝛc. — Skleroph(=)thalmie (gr.) f.: II 182; Sklerotika f. ꝛc. — Skol (ſchwed.) n. — Skolar ꝛc.: ſ. Scholar ꝛc. — Skolie (gr.) f. ꝛc. vgl. Scholar ꝛc. — Skolopender (gr.) m. — ſkon= trieren (it.) v. ꝛc. — ſkon(=)tiſch (gr.) a. ꝛc. — Skorbut (nlat.) m.: Scharbock. — Skorie (gr.) f.: Skoriſikation f. ꝛc. — Skorpion (gr.) m. — Skorzonere (it.) f. — Skoto= dinie (gr.) f. ꝛc. — ſkribeln v.: nicht gut mit Doppel b (Lichtenberg); Skribent (lat.) m.; Skribler m. ꝛc.; Skrip(=)tor m.; Skrip= torien pl.; Skriptum n.; Skriptur f. ꝛc. —

Strofel (lat.) f.: beſſer mit ſ als ph, ſo
auch: Strofularia f.; Strofulismus m.;
ſtrofulös a.; Strofuloſis f. ꝛc. — Strupel
(lat.) m.: ſtrupulös a. ꝛc. — Strutator
(lat.) m.: Strutinïen pl. ꝛc. — Studo (it.)
m. — Stulp(=)tcur (frz., ſpr. ßtülör) m.:
ſkulp(=)tieren (ulat.) v.; Stulp(=)tor -m.;
Stulp(=)tur f. II 96, vgl. gewöhnlich mit
lat. Buchſt. sculpsit ꝛc. — Stuptſch(t)ina
(ſerb.) f.: genauer mit dem eingeklammerten
t als ohne dasſelbe. — Sturra (lat.) m.:
ſturril a. ꝛc. — Stüß m.: Hauptkarte im
Tarot (nicht gut mit i ob. ie ſtatt des ü):
ſich ſtüſteren (it. scusare, vgl. frz. excuser).
— Stnthe ꝛc.: ſ. Scythe.

Slam: ſ. Schlemm. — Slang (engl., ſpr.
ßläng) m. — Slawa (ſlav.) f.: Slawe m.
(beſſer mit w als v, vgl. Slowake ꝛc.; ſ.
Sllav ꝛc.) Kat. 66[7]; ſlawiſch a.; Slawis=
mus m.; Slawomane (gr.) m.; Slawonïen
n.; Slawophile (gr.) m. ꝛc. — Slips (engl.)
m.: ſ. Schlips. — Sliwowitza (ſerb.) f.:
Pflaumenbranntwein — zumeiſt: Schlibowitz
m. — Slola (ſtr.) m. — Sloop (engl.,
ſpr. ßlüp) f.: Schaluppe. — Slowake m.:
vgl. Slawe; Slowenze m. ꝛc.

Smack: ſ. Schmack 3. — Smalte (it.) f.:
ſ. Schmalte. — Smaragd (gr.) m.: nicht
Schmaragd. Kat. 71[21]; 84[15]; 99[18]. —
ſmart (engl.) m. — Smartneß f. — Smeg(=)ma
(gr.) n.: Smet(=)tikon n.; Sme(=)ris f. —
Smintheus (gr.) m. — Smirgel: ſ. Schmir=
gel. — Smolensk: (in Rußland) II 126; 162.
— Smollis: ſ. Schmollis. — ſmorcndo (it.)
adv.: ſmorzando ꝛc. — Smuggel ꝛc.: ſ.
Schmuggel. — Smyrna (gr.) m.

Snob (engl., ſpr. ßnobb) m.: Snobbiſm
m. 162 ꝛc.

ſo: (ſ. I 137 ff): als bezügliches Fürw.
immer getrennt zu ſchreiben u. im Allge=
meinen auch als dem wie? entſprechendes
Adv., beſonders der Intenſität, demonſtrativ
u. meiſt auch relativ ob. bindewörtlich, ſo:
im Nachſtehenden die Verſchmelzungen u.
partikelhaften Verbindungen. — ſobald conj.:
verſch. ſo bald (ſ. b.), z. B.: Sobald Dies
geſchieht, ſobald ꝛc.; nicht ſobald . . ., als
(ob.: ſo) ꝛc. — Sobrïetät (lat.) f. — So=
brïquet (frz., ſpr. ßobrike) n. — Socialis=
mus (lat.) m.: Socïetät f., vgl. Socïété
(frz., ſpr. ßoßjeté) f. — Socinïaner (ulat.)
m. — Soccus (lat.) m.: Socke f.; Sockel
m. ꝛc. — Soda f.: Sodalith (gr.) m. —
ſodann adv. I 125. — ſo daß: ſ. ſo. I 125;
137. — Sodbrennen n.: (v. ſieden) Kat. 69[7].
— Sodom (hebr.): Sodomsapfel m.; So=
domit m. ꝛc. — ſoeben adv.: z. B.: Er
iſt ſoeben gekommen u. muß ſogleich
(ob. ſofort) wieder abreiſen ꝛc., aber z. B.:
Das reicht nur ſo eben hin (= ſo grade)
I 137. — ſo ein: ſo ein Mann; ſo Einer;

ſo ein edler ob. ein ſo edler — Mann ꝛc.
I 46. — Soeſt (einſilbig, ſpr. ſöſt): Kat.
24[36] ff ꝛc. — Sofa (ar.) m., n.: beſſer als
Sopha. Kat. 65[22]. — ſo fern: in ſo fern
vgl. (in) wie fern? ꝛc. I 107, nicht: (in=)
ſofern als ein Wort. — Soffïte (frz., ſpr. ß=)
f.: üblicher als (it.) Soffïtte u. richtiger
als Suffïte. — Soſi (ar., perſ.) m.: Sofis=
mus m. — ſofort adv.: ſ. ſoeben; ſogleich;
aber getrennt z. B.: und ſo fort (ob.weiter)ꝛc.
I 128. — ſogar conj. der Steigrung, z. B.:
wohlhabend, ja ſogar reich ꝛc., aber getrennt
z. B.: er iſt ſo gar (wie: ſo ſehr) reich
nicht ꝛc. I 129. — ſogenannt a.: z. B.:
der ſogenannte oder wenigſtens ſich ſo nen=
nende Baron ꝛc. I 40. — ſo geſtalt: z. B.
bei ſo geſtalten (ob. bewandten) Umſtänden
ebb., vgl.: ſothan. — ſogleich adv. der Zeit:
vgl. ſoeben; ſofort; aber z. B. getrennt:
einander ſo gleich (ob. ſo ähnlich) ſehen wie ꝛc.
— ſohin conj. der Schlußfolgerung wie ſo=
mit, ſonach, mithin, aber getrennt z. B.:
Das ſtellt er nur ſo hin (wo hin zu ſtellt
gehört) ꝛc. I 138. — Sohlbeere f.: (mund=
artl.)=Johannisbeere Kat. 54[17]. — Sohl=
berg m. — Keilberg. ebb. — Sohle f.:
das Untere (verſch. Sole), z. B.: Fuß=
Schuh= ꝛc., Thalſohle; Sohlengänger m. ꝛc.;
Sohlleder n. ꝛc.; ſöhlig a. ꝛc. — Sohn
m.: Söhnchen n. — ſöhnen v.: aus=, ver=
ſöhnen ꝛc. — soi-disant (frz., ſpr. ßoa=
dïjáng) a. — ſoi(=)guieren (frz.,ſpr. ßoeni=) v.
— Soirée (frz., ſpr. ßoaré) f. — Soja f.:
Sojabohne f. ꝛc. — So(=)krates (gr.) m.:
ſo(=)kratiſch a. — ſo lang: immer als
2 Wörter zu ſchreiben I 38. — ſolar (lat.) a.:
Solarmikro(=)ſkop n. ꝛc. — ſolch pron.:
ſolch (ein) Glück ob. ſolches Glück; ſolch ein
Mann ob. ſolch Einer ꝛc.; ſolchemnach conj.
(vgl. demnach) I 78; ſolchenfalls 80; ſol=
chergeſtalt adv. 81; ſolcherlei adj. 89; ſolcher=
maßen adv. 94; ſolcherweiſe adv. 106; ſol=
chesgleichen 82. — Soldat m.: Kat. 60[7];
ſoldateſk(=)a f. ebb. — Sölde f.: (bair. ꝛc.)
üblicher als Selbe; dazu: Söldner m. = Häusler (verſch. —
Soldat; Söldling ꝛc.). — ſolc f.: Salz=
waſſer, Saline (verſch. Sohle), z. B.: Sol=
bad n.; Solbrunnen n.; Sol=Ei n. I 14 ꝛc.
— ſolenn (lat.) a.: üblicher u. leichter aus=
ſprechbar als ſolemn: Solemnität f. ꝛc. —
Solfeggïen (it., ſpr. ßolfédßhjen): pl. zu
Solfeggïo (ſpr. =édßho)=Solfeggi; ſelfeg=
gieren v. — Soli (it.) pl. zu Solo. —
ſolidariſch (lat.) a.: ſelbe a.; Solides=
cenz f.; Solidität f.—Soliloquïen (lat.) pl.:
II 119. — Solïtär m.: II 7, auch: Soli=
taire (frz., ſpr. ßolitär); Solitude (ſpr. ßo=
litüd') f. II 204. — Söller m. — Solli=
citant (lat.) m. ꝛc. — ſollïcïeren (frz.,
ſpr. ß=) v. — Solo (it.) n.: des, die Solos,

auch: Soli pl. — Solöcis(=)mus (gr.) m. — Solothurn: in der Schweiz. — Solstitien (lat.) pl.: II 121. — Solution (lat.) f.: solvent (spr. =went) a.; Solveng f. 2c. — Somerset (engl., spr. Sömmerßett). — somit conj.: s. sohin, aber z. B.: Das läuft so mit 2c. — Sommität (frz.) f. — somnambul (ulat.) a.: Somnambule f.; Somnambulismus m. 2c. — somp(=)tuös (frz., spr. ßongtüöß) a.: sumptuos (lat.). — so nach conj.: s. sohin, aber z. B.: Das schleppt so nach 2c. — Sonate (it.) f.: Sonatine f. 2c. — Sonde (frz.) f.: sondieren v. — sonder präp.: z. B.: sonder Gleichen (s. d.) I 81; sonder Maßen 95 2c. — Sonett (it.) n. — sönne: s. sann. — sonor (lat., ◡–) a. — sonst adv. (versch.: du sonnst, v. sonnen): z. B. sonst — wann, wie, wo 2c. I 142; 144; aber z. B. sonsthin adv. I 134. — so oft: immer getrennt I 138. — Sopha; Sophi: s. Sof 2c., vgl. d. Folg. — Sophin (gr.) f.: Sophie f., Gen.: Sophie's ob. Sophieens, s. Kat. 129[17] 2c., vgl. auch Fieckchen; Sophism m., Sophis(=)ma n., Sophis(=)men pl. II 162; Sophist m. 2c.; Sopho(=)tles m. 2c. — Sophrosyne (gr.) f. — So(=)pran (it.) m. — Sorbet (ar., ◡–) m.: s. Scherbet, auch: Sorbett(o) (it., spr. ß=) n. II 211 ff; Sorbetière (frz., spr. ßorbetjär) f.: II 115. — Sorbonne (frz., spr. ßorbönn) f. — Sordine (it.) f.: II 209, besser als frz. Sourdine (spr. ßurdin) f. — Sorge f.: Sorgen=Haft f. (Rückert), s. Haft, aber: sorghaft a.; sorgen v.; sorgend a., sorgentlich adv. Kat. 73[5]; aufs sorgfältigste 2c. — Sorgo m.: Sorgum n. (ind.), besser mit g als gh II 136. — sortieren (it.) v.: Sortiment n.; Sortimenter m. 2c. — so sehr: I 138. — Soßier (lat.) m. — so so: z. B. so so (sala) 2c. — Soße f.: in deutscher Ausspr. für Sauce (s. d.), auch (z. B. bei Goethe) verkl.: Sößchen n. — Sot (frz., spr. ßo) m. — sothan a.: I 40; sothanergestalt adv. 81. — Sottise (frz., spr. ß=) f. — Sou (frz., spr. ßu) m. 2c.: II 206. — Soubassement (frz., spr. ßubassemäng) n. — Sou(=)brette (frz., spr. ßu= brette) f. — Souchong (chin.=frz., spr. ßusch=) m. — Souf(=)fleur (frz., spr. ßufflör) m.: II 130; 206; Souffleuse (spr. =öse) f.; soufflieren v. — Souf(=)france (frz., spr. ßuffrangß) f.; souffre-douleur (spr. ßuffr'dulör) m. II 106 2c. — Souloupe (frz., spr. ßulüp) f. II 77; 206. — Soulagement (frz., spr. ßulaßhemäng) n.: soulagieren v. — Soulèvement (frz., spr. ßuläw'mäng) n. — Soumission (frz., spr. ßumission) f. 2c.: s. Submission. — Soupape (frz., spr. ßupäp) f. — Soupçon (frz., spr. ßupßßong) m.: soupçonnieren v. 2c. — Soupe (frz., spr. ßup) f.: s. Suppe; Souper (spr. =pe) n.,

üblicher als Soupé; Soupière (spr. ßupjär) f. II 115; soupieren v. — Soupir (frz., spr. ßupir) m. 2c. — Sou(=)plesse (frz., spr. ßupléß) f. — Source (frz., spr. ßurß) f. — Sourdine (frz., spr. ßurd=) f.: s. Sordine. — Sous=Amendement ob. sous-amendement (spr. ßusamangdemäng) n.: II 106; 147; 206; sous-lieutenant (spr. ßuljötenäng) m. 2c. — Soutache (frz., spr. ßutasch) f.: soutachieren v. — Soutane (frz., spr. ßut=) f. 2c. — soutenable (frz., spr. ßutenab'l) a.: soutenieren v. 2c. — Souterrain (frz., spr. ßuterräng) n. — Southampton (engl., spr. ßauthämpten) n.: Southdown (spr. ßauthdaun) 2c. — Soutien (frz., spr. ßutjéng) m. — Souvenir (frz., spr. ßuwenir) n. — souverän (spr. ßuwerän) a.: Souverän m., üblicher als ganz frz. in der Endsilbe mit ai statt ä (s. II 7, spr. =éng); Souveränität f., vgl. frz. souveraineté (spr. =ähn'té) f. — so viel: getrennt zu schreiben, eben so: so wenig; so weit; so wie I 138 ff. — sowohl conj.: aber getrennt z. B.: Er fühlt sich — so wohl! so wohl wie ein Fisch im Wasser 2c.; So wohl er sich auch fühlt, so 2c. I 112; 139 2c. — so zu sagen: I 96, vgl.: um so zu sagen; daß sich so sage 2c.

Spaa: in Belgien; Spaaer m.; a. Spaate: s. Spate. — Spada (span.) f.: (s. Espada, auch Spaten); Spadassin (frz., spr. =éng) m.; Spadille (span., spr. =ilje) f. II 144. — Spagat (it.) m. — Spaghrie (gr.) f. — spähen v.: Kat. 27[34]; Späher m. 2c. — Spahi (türk.) m.: Spahilit n. 2c. — Spate f.: besser als Spaate, Kat. 43[14]. — Spalier (spr. =ir) n.: vgl. Espalier (spr. =jé): spalieren v. 2c. — Späne pl.: span(nagel)neu a. 1 7; s. auch b. Folg. — spänen v.: Spanferkel 2c. — Spanien n.: Spanier m. II 118; Spangrün n. (vgl. Grünspan) 2c.; Spaniol m. — spann: Impf. v. spinnen; Konj. besser spönne als spänne; Spann m. 2c.; spannen v.; Spann-Nagel I 17; Ein-, Zweispänner 2c.; (zwei=)spännig a. 2c.; Spant n., Spanten pl. (Schiffsrippe).—spaß(=)modisch (gr.) a. 2c. — Spaß m.: mit gedenntem a II 142; Späße pl.; spaßen v.; spaßig a. 2c. — Spat m.: (besser als Spath) Mineral u. Pferdekrankheit Kat. 59[26]. — spat a.: zumeist spät (versch.: späht v. spähen); späterhin adv. I 134; spätestens a.= aufs späteste, zum spätesten 2c. II 23; Spät(=)herbst m. 2c.; Spätling m. 2c. — Spate m.: Spaten m. (vgl. Spada), Spatel m. 2c. — Spatien (lat.) pl. zu Spatium; spatiös m. — Spatz m.: Spätzchen n. 2c. — spazieren (lat.) v.: II 80: Spaziergang m. 2c. — Spealer (engl., spr. ßpik=) m. — Specerei f.: II 81, vgl.: special (lat.) a., speciéll a. II 117; 213;

Species f.; specificieren v.; Specifitum u. 2c.
— spedieren (it.) v.: Spediteur (spr. -ör)
II 130; Spedition f. 2c. — Speer m.:
Rat. 44^{10}; Speer-Schaft 1 13. — speien v.:
du speiest od. speist (versch.: speist v. sweisen);
Impf.: spie, Konj.: spiee. — Speier m.:
in der Pfalz: Speierer m., a. — speisen v.:
(du), er, ihr speist II 71; 152 (versch.:
speist v. speien); Impf.: speis(=)te. — Spek=
takel (lat.) n., m. 2c.; Spek(=)tralanalyse f.
2c.; Spek(=)tro(=)skop u. II 160 2c. — Spe=
kulation (lat.) f.; spekulativ a., f. =iv 2c. —
Spencer (engl.) m.: Name eines Lords;
Jacke, versch.: Spenser. — Spengler m.
(südd.): üblicher als Spängler, Rat. 30^{14}. —
Spenzer (engl., spr. spénßer) m.: engl.
Dichter (versch. Spencer): Spenserstanze. —
Speranzien pl.: Sperenzien pl. II 121
(Scherzbildung aus sperren). — Sperber m.:
Sperling m. — Spermacet(i) (gr.=lat.) n.:
Sperm(at)ozöon n. II 121, Sperm(at)ozoen
pl. I 3. — sperren v.: Sperr=Rad n.,
Sperr-Ruthe f. I 17. — Spesen (it.) pl. —
Spessart m. — Specher: s. Speier. — Spe=
zerei 2c.: s. Specerei. — Spezzia: ital.
Stadt u. griech. Insel. — Sphalteria:
griech. Insel. — Sphäre (gr.) f.: Sphäroid
u. II 109; sphäroidisch a. 2c. — Sphinx
(gr.) f., m. — Sphragistik (gr.) f. 2c. —
Sphyg(=)mo(=)skop (gr.) m.: II 160; 184. —
Spicilegien (lat.) pl.: II 82; 117. — spie
2c.: s. speien. — Spiegel m.: Spiegel-Ei n.
I 14; spiegelicht a. Rat. 87^5. — Spiele f.:
s. Spike. — Spieler m.: Spielernagel m.;
(an)spielern v.; Swiekerhant f. — Spier n.:
etwas Winziges; Spierchen n., vgl. Spür=
chen. — Spiere f. — Spieß m.: spie(=)ßen
v.; Spießer u. spießig a. 2c.; Spieß=
bürger m.; Spießglanz m.: Spießruthen
laufen, das Spießruthenlaufen I 58; Spieß=
Schaft m. I 14 2c. — Spike f.: Pflanze
(lat. spica) Rat. 46^{34}, vgl. Spieker. —
Spill n.: Spille f.; Spilling m. — Spinat
(mlat.) m. — Spind n.: (niederd.) Schrank;
ein Maß (versch. Spint). — Spindel f.:
Rat. 37^{23}. — Spinell (frz.) m. 2c.: II 213.
— Spinett (it.) n.: II 212. — Spini=
legien (lat.) pl. II 117. — Spinne f.:
Spinn(en)gewebe n., Spinnweb n.; spinnen
v., s. spann; Spinnrocken m., Spinnwocken
m. 2c.; Spinnerei f.; spinnich n. 2c. —
spinös (lat.) a. — Spinozismus m. —
Spint n.: im Holz—Splint (versch. Spind);
spintig a. — spintisieren v.: Rat. 46^{23} 2c. —
Spion (lat.) m.: Spionage (spr. =åsche)
II 131 ff; 145 (frz. espionnage); spionieren
v. 2c. — Spirale (lat.) f. 2c. — Spiritus
(lat.) m. 2c. — Spital n.: Spittel n., s.
Hospital II 144. — spitz a.: Spitz m.;
Spitze f.; spitzen v.; spitzig a. 2c.; Spitz=
bube m. 2c.; spitzfündig a., vgl. ausfündig

Rat. 32^7; Spitzname m.; spitzzüngig a.
II 201 2c. — Splauch(=)nologie (gr.) f. 2c. —
Spleen (engl., spr. splin) m.: spleenig a.;
spleenisch a. 2c. — spleißen v.: Impf. spliß 2c.
— splendide (frz.) a. 2c. — splenetisch (gr.)
a. 2c. — Splint m.: splinternackt a. —
spliß: s. spleißen; Spliß m.; splissen v.;
Splißhammer m. 2c. — Splitter m.: splitt(e)=
rig a. 2c.; splitternackt a.; splitterweg adv.
I 143. — Spolie (lat.) f.: II 118; spoliieren v.
2c. — spondäisch 2c.: s. spondeisch. — Sponde f.:
Bettspende. — spondeisch (gr.) a.: Spon=
deus m. II 115, richtiger als Spendäus. —
spönne: s. spann. — sponsieren (lat.) v. —
spontan (lat.) a.: Spontaneität f. — Spon=
ton (frz., spr. spongtóng) m. — Sporen=
pl. zu Sporn [auch Sporne(n) 2c.]; spor(e)n=
streichs adv. 2c.; Sporer m. — Sporteln
(lat.) pl.: sportulieren v. — sprang: Impf.
v. springen; Konj.: spränge (versch.: spren=
gen v.), veraltet sprünge. — Spree f.:
Fluß: Rat. 43^{30} Spree=Ufer n. II 109. —
Sprech(e) f.: Rat. 43^3; 52^{13}: Vogel (Staar)
u. Pferdekrankheit (Raspe). — Spreißel m. 2c.
— spreiten v. — Spreize f.: spreizen v.;
spreizig a. — Sprenge m. (versch.: spränge);
Sprengel m. (Sprengwedel; dann = Diö=
cese 2c.); sprengen v.; Sprengsel m. 2c.;
Sprenkel m., mit „anspringendem" Stell=
holz — u.: gleichsam „angesprengter" Tüpfel;
sprenkelich a.; sprenkeln v. — Sprichwort
n.: Rat. 31^{33}. — sprießen v.: Impf. sproß,
Konj.: sprösse 2c. — Spriet n.: niederd.,
seemännisch s. Bugspriet, versch.: Sprit. —
springen v.: s. sprang: Springinsfeld m.
I 122; II 16. — Sprit m.: (aus Spiritus)
Essigsprit 2c., versch.: Spriet. — spritzen
v. 2c. — sproß: s. sprießen; Sproß m. 2c.;
Sprosse f.; Sprößling m. — Spruch m.:
Sprüche pl.; Sprüchlein n. 2c.; Spruchbuch
n. 2c., aber nicht: Sprüch=, sondern: Sprich=
wort. — Sprung m.: Sprünge m. (vgl.
sprang); sprungweise a. 2c. — sprützen a.:
s. spritzen. — Spucke f.: Speichel: spucken
v., Spuckkasten m. II 94; 96, versch.; Spuk
m., spuken v., Spukgeist m, Spukgeschichte
f. 2c. — Spule f.: spulen v.; Spulrad n.;
Spulwurm m. 2c. — spülen v.: Spülicht n.
Rat. 87^{16}; Spülwasser n. 2c. — Spund m.:
spünden v.; Spundloch n. 2c. — Spur f.:
Spürchen n. (vgl. Spierchen); spüren v.,
Spürhund n., Spürer m. 2c. — sputen v.:
(nicht spunden). — spützen v.: spucken.

Squadron (it.) f.: gewöhnlich: Schwadron
(s. d.). — Square (engl., spr. ßkwér) n., m.,
2c. — Squatter (engl.) m. — Squire (engl.,
spr. ßkweir) m., s. Esquire.

Sr.: s. II sein.

st! interj.: Rat. 113^5. — St: als Ab=
kürzung von Sankt (s. d.) aus dem ersten u.
dem letztem Buchst., in der Schreibschrift durch

die getrennten beiden Buchst. zu bezeichnen:
/LL, nicht durch die Ligatur /LL. I 6,
z. B.: /LL Wffen, vgl.: /LL
/ Lficht.zn = Stephan Schütze.

Staar m.: Vogel u. Augenkrankheit. Kat. 43¹⁰, versch. Star. — Staat m.: Staatenbund m. :c.; Staatsaffaire f. II 7; Staatsraison f. 8 :c.; Staatsrock m. :c.; vgl. deutlicher Staatchen als Stätchen (nicht zu schreiben: Stäätchen, Kat. 46¹, vgl. Härchen :c.), vgl. Städtchen; staatisch a., s. statiös; staatlich, vgl. stattlich. — Stab m.: mit dem Stab [spr. stäp] od.: Stab' in der Hand; Stäbchen [spr. stäpchen] n. u. Stäb'lein II 218; Stab(s)eisen n.; Stab(s)reim m. :c.; Stabs(s)officier m. :c. — stabil (lat.) a.: Stabilität f. :c. — stach: mit gedehntem a, Impf. v. stechen, Konj.: stäche (s. II 94), aber mit geschärftem a: Stachel m., stach(e)lig a. Kat. 85³⁴. — staccato (it.) adv. :c. — Stack :c.; s. Stal :c. — Stadthouder (holl., spr. -houder): Statthalter. — Stadien (gr.): pl. zu Stadium II 117. — Stadt f.: in der Aussspr. wie Statt (s. d.), aber mit gedehntem ä (II 90; 176 ff; Kat. 35¹⁰; 70³⁷; 71⁹): Stä(=)dte pl.; Städtchen n. (vgl. Staat), Städt(=)lein n.; Städter m.; stä(=)drisch (versch.: städtisch) :c.; Stadt am Hof (Regensburg gegenüber), ein Stadt-am-Hofer (vgl. Frankfurt :c.). — Stafette f.: s. Estafette. Kat. 40²⁴; 41¹⁷. — Staffage (spr. -ahse) f.: s. staffieren. — Staffel f.: Staffelei f.; staff(e)lig a. — staffieren v.: (holl. stoffeeren v. Stoff). — Stag n.: Fockstag :c.; stagen v. — stagecoach (engl., spr. ßtöhdschkohtsch) f.: II 106. — Stagione (it., spr. ßtadschöne) f. — Stagirit (gr.) m. — stag(=)nieren (lat.) v.: II 185. — stahl: Impf. v. stehlen, Konj.: besser stöhle als stähle (s. d. Folg.) Kat. 26³. — Stahl m.: stählen v.; stählern a. — Stahr: s. Staar. — Stähr: s. Stär. — stak: veraltendes Impf. v. stecken (neben steckte), wie erschrak v. erschrecken II 91; Konj.: stäke. — Staken (niederd.) m. = Stauge; Staket (◡—) n. II 92; 211. — Stalak(=)tit (gr.) m. — Stall m.: Ställe pl. (versch. Stelle f.); Ställchen n. — Stamm m.: Stämme pl. (versch. stemmen) stämmig a.; Stamm-Ende n. I 14 (vgl.: das dorther Stammende); Stamm-Mutter f. I 17. — Stämpel: s. Stempel; stam=pfen v. — stand: Impf. v. stehen (veraltet: stund), Konj.: stände (stünde); Stand m.; Stand halten :c.; zu Stande bringen, kommen :c.; Stände pl.; Ständchen n. — Standarte f. — Ständel m.: s. Stendel; Ständer m.; stand(=)haft a.;

ständig a.: ständisch a., ständischerseits adv. I 98. — Stange f.: Stänglein n., Stängelchen n. (vgl. Stenge; Stengel :c.); stängeln v. (stäbeln); stäng(=)licht a., in Stangenform Kat. 87⁵. — Stanis(=)laus (slaw.) m.: II 114. — stank: Impf. v. stinken; Konj.: stänke; Stank m.; Stänker m., Stänkerei f. :c. — Stanniol (nlat.) n. — stapfen v.: niederd.: stappen; stapfen, vgl. Kat. 38⁶, s. klapsen :c. — Star m.: (it. staro) ein Hohl- u. Gewichtsmaß, versch. Staar. — Stär m.: Schafbock (vgl. Stier); stären v.; Starke f., junge Kuh; auch: Stärke f., s. d. Folg. — stark: stärker :c.; Stärke (s. d. Vor.): stärken v.; Stärk(=)kleister m. I 8; stark(=)knochig a. :c. — stät a.: Ggstz. unstät a.; stätig a. (vgl. bestätigen), auch z. B. ein stätiges, stätisches (versch.: städtisch) od. stätsches Pferd — sämmtlich besser mit ä als e (nur im Adv. ist stets wohl vollständig durchgedrungen), in der letzten Anwendung auch mit der mehr mundartl. Nebenform: ein stättiges, stättisches Pferd. — Statk(=)mik (gr.) f. — Statik (gr.) f. — Station (lat.) f.: stationär a. II 7; stationieren v. :c. — statiös a.: II 138 „Staat" machend :c., niederd.: staatisch (s. d. Folg.). — statisch (gr.) a.: zur „Statik" gehörig (vgl. d. Vor.). — stätisch a.: s. stät. — Statist (nlat.) m.: Statistik f., statistisch a. :c.; Stativ (lat.) n.: s. -iv. — stäts adv.; stätsch a.: s. stät. — Statt f.: geschieden v. Stadt (s. d.), vgl. Stätte), z. B.: Ein gutes Wort findet eine gute Statt :c.; Etwas findet, hat Statt, aber (I 57), wenn unmittelbar vor den Verbalformen stehend, damit verschmelzend: stattfinden, statthaben :c.; ferner getrennt (I 99): von Statten gehen :c.; zu Statten kommen :c.; aber verbunden: anstatt (s. d.), als Präp. u. Bindew., u. dafür auch (mit kleinem Anfangsbuchst. II 33) bloßes statt, z. B.: statt der Ruhe, — statt zu ruhen, — statt daß er ruhen sollte :c. u. verschmelzend (I 78): stattdessen (s. anstatt) :c. In Zssgn.: Statt(=)halter m. (II 175); Statthalterei f.; statthaltern v. :c. II 175 :c. — Stätte f.: s. Statt; statt(=)haft a., stättig, stättisch a. statt stät(i)sch, v. Pferden :c. (s. stät). — stattlich a.: versch. staatlich. — Statue (lat., —◡◡) f.: II 203; Statuen (◡◡◡) pl., vgl. Statüe (frz., —◡) f., Statüen (◡—◡) pl.; Statüette f.; statuieren v.; Statur (◡—) f.; Status (—◡) m., aber (II 105): der status quo ante; in statu quo :c.; Statut (◡—) n., Statuten pl. — staub m.: (aus-)stäuben v. Stauge, vgl. Staubbesen m., Staubenschlag m. :c. u. nam. bei gleicher Ausspr.: ausgestäubt u. ausgestäupt. — Steamboat (engl., spr. ßtihmboht) n.; Steamer m. — Stearin (gr.) u. —

ſtechen v.: ſtichſt, ſticht; ſtich!; Impf. ſtach
(ſ. d.). — ſtecken v.: Impf. ſteckte üblicher
als ſtak (ſ. d.) ꝛc.; ſtecken — bleiben, laſſen
ꝛc., Steckkiſſen n. I 17 ꝛc., vgl.: Stecken m.;
Steckenpferd n. ꝛc. — Stecplechaſe (engl.,
ſpr. ſtip'ltſcheßß) n. ꝛc. — Steg m.: Steg-
reif m. II 186, nicht — wozu läſſige Ausſprache leicht verführt — zu theilen: Ste(h)-
greif. — ſtehlen v.: ſtiehlſt, ſtiehlt, ſtiehl!
(Kat. 49¹³; 54⁴, verſch.: Stiel, Stil);
Impf.: ſtahl (ſ. d.), Konj.: ſtöhle ꝛc. —
Steier n.: beſſer als Steyer (Kat. 128⁹);
Steiermark n.; ſteiriſch a. — Stein m.:
ſteinicht a. (ſteinhart ꝛc.), ſteinig a. (voller
Steine) Kat. 87⁷ ff; ſteinigen v. — Steiß
m.: Steißbein n. ꝛc. — Stele (gr.) f.:
Grabſtele ꝛc. — Stellage (ſpr. -aſhe) f.:
II 132; Stellbichein n. I 22; II 15;
Stelle f. (verſch.: Ställe v. Stall); ſtellen
v.; Stell-Leute pl. I 17. — ſtemmen v.:
Kat. 29²; Stemm(-)axt f.; Stemm(-)eiſen
n. ꝛc.; Stemme f., Stülze ꝛc., (vgl. Stämme).
— Stempel m.: Kat. 66³², üblicher als
Stämpel (ſ. d.); ſtempeln v.; Stemp(-)lung
f. ꝛc. — Stendel m.: Pflanzenname: üb-
licher als Ständel (obgleich zuſammenhän-
gend mit Stand). — Stenge f.: bewegliche
Verlängerung der Maſten (vgl. Stange);
Stengel m.(Stiel ꝛc.), Stengelchen, Steng(e)-
lein n., verſch.: Stänglein, Verkl. v. Stange
(ſ. d.); kurz-, langſteng(e)lig ꝛc., verſch.:
ſtängelicht. — Steno(-)graphie (gr.) f. ꝛc. —
Stephan (gr.) m.: Stephanie f. II 116. —
Ster m.: 1) ſ. Stär. — 2) (gr.) als Maß
= Kubikmeter, — unnöthig in frz. Form
Stère —, ſ. Centiſter m.; Stereome-
trie f. ꝛc.; Stereo(-)ſtop n. II 160 ꝛc.;
ſtereotyp a., Stereotypen pl., Stéréotypeur
(frz., ſpr. -pör) m. II 5, ſtereotypieren v. ꝛc. —
ſterben v.: ſtirbſt, ſtirbt; ſtirb! Impf.:
ſtarb, Konj.: ſtürbe (nicht: ſtärbe) Kat. 26³⁰;
das Sterben ꝛc. — ſteril (lat., ‿-) a.:
Sterilität f. — Sterle f.: richtiger Stärke
(ſ. d.) Kat. 27³⁶ ff. — Sterkulie (lat.) f.:
II 118. — Sternntorien (lat.) pl.: II 120.
— ſtet a.: ſ. ſtät. — Stetho(-)ſtop (gr.) n.:
II 160. — ſtetig a.: ſ. ſtätig; ſtets adv.,
ſtetsfort adv. (= immerfort) II 128. —
Stettin n.: Kat. 47²; Stettiner m., a. —
Steven (ſpr. ſtëwen) m.: Vor-, Hinterſteven.
— Steward (engl., ſpr. ſtjüärd) m.: vgl.
Stuart. — Steyer ꝛc.: ſ. Steier ꝛc. —
Sthenclus (gr.) m. — ſthenisch (gr.) a. ꝛc. —
ſtibitzen v. — ſtich ꝛc.: ſ. ſtechen; Stich m.,
des Stiches, Stich's II 69 (verſch. Stix);
Stich halten I 58, ſtichhaltend a., ſtichhaltig a.
— ſtiften v.: verſch. ſtücken. — ſtieben v.:
Impf.: ſtob ꝛc.; Stieber m., leichter Rauſch,
verſch. Stüber. — Stieglitz m.: Kat. 39¹. —
ſtiehl! ꝛc.: ſ. ſtehlen, verſch. Stiel m. (ſ.
auch Stil u. langſtielig). — Stig(-)ma (gr.) n.:

ſtigmatiſieren v. — Stil (lat.) m.: richtiger
als Styl (Kat. 15³; 47¹²), — verſch.: Stiel,
vgl. auch ſtill =: Stillehre od. Stiliſtik f.,
ſtiliſtiſch a.; ſtiliſieren v. ꝛc.; ſ. auch: Stil-
lett (it.) u. (Dolch) II 212. — Stilfs =:
in Tirol: Stilf(-)ſer Joch. — ſtill a.: ſtill
— liegen, ſitzen, ſtehen, ſchweigen ꝛc.; das
Stillſchweigen; ſtillſchweigend a. ꝛc.; im
Stillen II 19 ꝛc.; die Stillen im Lande ꝛc.;
Still-Lager n.; Still-Leben n., das Still-
Liegen ꝛc. I 17. — Stimme f.: Stimm-
Mittel pl. I 17. — ſtinken v.: ſ. ſtank;
Stink(-)käfer m. ꝛc. — Stipendien (lat.)
pl.: II 117. — ſtipitzen v.: ſ. ſtibitzen. —
ſtippen v. — ſtipulieren (lat.) v. ꝛc. —
ſtoben: 1) Impf. v. ſtieben (Konj.: ſtöben
ꝛc.), vgl. ſtöbern v. ꝛc. — 2) v. = niederd.
ſtoven (ſchmoren, dämpfen). — ſtochern v.:
vgl. ſtechen. — Stöchiome(-)trie (gr.) f. ꝛc. —
Stock m.: pl.: Stöcke (Stockknopf m. II 96);
m., n., — pl.: vier Stock hoch (vierſtöckig)
ꝛc.; (engl.) m., — pl.: Stocks (Stockjobber
m.; Stock-Keeper m. ꝛc.); ſtocken v.; ſtöck-
rig a. — Stoff m.: Stoff-Fülle f. I 17
ꝛc.; Stoffage (ſpr. -aſhe) f. II 132. —
Stoffel m.: vgl. Chriſtoph; Töffel. —
ſtöhle: ſ. ſtehlen. — ſtöhnen v.: Kat. 31¹⁶;
55²⁸. — Stoïciſmus (gr.) m.: Stoïker m.;
ſtoïſch a. II 109. — Stola (lat.) f.: Stol-
gebühren pl. ꝛc. — Stolle f.: ſtollen m.;
ſtollen v. (bei den Weißgärbern) ꝛc.; Stöll-
ner m. (Bergb.), Stollenbeſitzer. — Stolpe
f.: ſ. Stulpe. — ſtolperig a.: ſtolpern v. —
ſtolz a.: Stolz m.; ſtolzieren v. — ſtop(-)pen
v.: niederd.: ſtop(-)pen v.; Stöp(-)ſel m.
Kat.64⁶; 66²⁸. — Stör m.: Störchen (mit ö),
verſch.: den Störchen (mit geſchärftem ö), Dat.
pl. v. Storch m., des Storches ob. Storchs
II 69. — Störenfried m.: vgl. Friedensſtörer.
— ſtörrig a. — Stor(-)thing (ſchwed.) n. —
Stoß m.: des Stoßes; die Stöße ꝛc.; ſto-
ßen v., du, er ſtößt, ihr ſtoß(e)t II 71 ff;
Impf.: ſtieß ꝛc.; verſch. Stoke (engl., ſpr. ſtōw) f.;
ſtoven ꝛc., ſ. ſtoben 2. — Stracchino (it.,
ſpr. ſtrack-) m. — ſtracks adv. — Straße f.:
ſtraf(-)fällig a., ſtraf(-)frei a. ꝛc., nicht mit
der Ligatur ff, vgl.: ſtraff a.; ſtraffen v. ꝛc. —
Strahl m.: ſtrahlen v.; ſtrählen v. Kat. 54¹.
— Strähn m.: Strähne f.; ſträhnig a.
Kat. 28³; 55²¹. — ſtramm a.: ſtrammweg
adv. I 143; ſträmmen v. — Strang m.:
Stränge pl. (verſch. Strenge f. ꝛc.); die
Pferde an den Wagen ſträngen, ſie an-,
Ggſtz. abſträngen (vgl. anſtrengen). — ſtran-
gulieren (lat.) v. — Strapaze f. ꝛc., it.
ſtrapazzo, aber deutſch mit gedehntem a
der 2. Silbe. — ſtrac(-)ciando (it., ſpr.
ſtraſchin-) adv.: II 163. — Straß m.:
Glasfluß ꝛc. — Straßburg n.: Straßburger
m.; a. — Straße f.: ſtraß(en)auf, ſtraß(en)ab
ꝛc. I 114. — Stratege (gr.) m.: Strategem n.,

nicht so gut (II 209): Stratagem, nach frz. stratagème (spr. =shäm) a.; strategisch a. ꝛc. — sträuben v.: sträubicht, straubig a., vgl. strubbelicht ꝛc. — Strauch m.: des Strauchs II 69 ꝛc. — Strauß m.: Mz.: Stranße, Straußen (Vogel); Sträuße, Sträuße (Kampf); Sträuße, Sträußer (Blumen=, Federbusch ꝛc.). — Strazza (it.) f. ꝛc. — Strecke f.: strecken v. Kat. 30¹⁵. — Streich m.: des Streichs II 69. — Streif(=)licht n.: nicht Streiflicht (mit ss als Ligatur) I 8. — Streik m.: s. Strike; streifen v. — Streithahn m.: Streit(=)hammer m. ꝛc. II 110; 173. — stremmen v.: s. strämmen. — streng a.: streng genommen ꝛc.; Strenge f. (versch.: Sträuge pl.); (an)strengen v., versch.: an= strängen. — Streu f.: streuen n. Kat. 50²⁶. — Strich m.: des Strichs II 69 ꝛc. — Strick m.: stricken v., er, ihr strickt ꝛc. (versch.: strikt). — Striegel m., f. ꝛc. — Strieme f. ꝛc. — Striezel f. ꝛc. — Strike (engl.) m.: als im Volk eingebürgert, füg= lich der Aussspr. gemäß: Streik, so: streiken (besser als striken) ꝛc. — strikt (lat.) a.: versch. strickt (v. stricken); strikte adv.; Strik= tur f.; stringent a. ꝛc. — Strippe f.: strippen v., strip(=)sen v. (vgl. Klaps ꝛc.). — Stroh n.: Strohhalm m., Strohhut m., Stroh= hütte f. II 174 ꝛc. — Strolch m.: des Strolchs II 69; strolchen v. — Strom m.: stromab(wärts), stroman, stromauf(wärts), stromnieder adv. I 114; stromweise a. I 106 ꝛc.; strömen v. ꝛc.; Stromer m. — Strophe (gr.) f. — Stroße f.: (bergm.). — strube= licht a.: mundartl.: strubblig (II 222), struw(w)elig a., Struwelpeter m., am üb= lichsten straubicht, straubig, vgl. struppig. — Strnk(=)tur (lat.) f. ꝛc.: II 95. — Strumpf m.: Strüm(=)pfe pl. ꝛc. II 190; Strumpf= fabrik f. (nicht mit ff als Ligatur) I 7. — Strunk m.: Strünke pl. ꝛc. — struppicht a.: struppig a., s. Kat. 87⁵, vgl. Gestrüpp ꝛc.; strubelicht u. dort: struw(w)elig. — Strych= nin (gr.) n. — Stuart: engl. Name (vgl. Steward): Stuartkragen m. — Stüber m.: Münze; Nasenstüber ꝛc. (versch. Stieber). — Stucco (deutsch=it.): nur Stuck m. (II 96); Stuckator m., Stuckatur m. ꝛc. — stückeln, stücken v. (versch.: sticken); Stück= knecht m. II 96; stückweise a. I 106; II 77 ꝛc. — Studien (lat.): pl. zu Studium n., auch: Studie f.; studieren v. II 117. — Stuhl m. — Stulpe f.: (nicht Stolpe); stülpen v. ꝛc. — Stummel m.: Stümmel m. ꝛc. — Stümper m.: stümp(e)rig a. ꝛc. — stumpf a.: Stumpf m., Stümpflein n. ꝛc. — stund ꝛc.: f. stand; Stunde f., von Stund' an I 26; Stündchen f., stünd(=)lein (spr. stünt=), Stünd'(=)lein n. II 218 ff; stundenlang a., stundenweit a. I 87 ff ꝛc. — Stupf m.: stup(=)fen v. (mundartl.: stuppen, stupfen ꝛc.,

vgl. Klaps). — stürbe: s. sterben. — Sturz m.: stürzen v., (tu), er, ihr stürzt II 71 ꝛc. — stygisch (gr.) a. — Styl ꝛc.: s. Stil, aber (gr.): Stylit m. (Säulenheiliger); Stylobat m. (Säulenfuß); styloïdisch a. ꝛc. — Stym= phaliden (gr.) pl. ꝛc. — Styp(=)tikum (gr.) n. — Styr (gr.) m., f.

Suade (lat., spr. sw=) f.: Suasorien pl. II 120 ꝛc. — sub (lat.) präp.: z. B. (II 105) sub hypotheca bonorum; sub rosa ꝛc. u. bes. als Vorsilbe in Zsstzgn. (s. II 220; 240 ff), nicht zu verwechseln mit (theilweise unlat.) Wörtern, deren Anfang Sub nicht die Vorsilbe ist, im Folgenden durch ein vorgesetztes † hervorgehoben: Sub= agent m., Unteragent ꝛc.; †Su(=)bah (pers.) m., Provinz; †Su(=)bahdar m. (in Indien); Sub(=)aktion f.; sub(=)akut a.; sub(=)al= pin(isch) a.; sub(=)altern a., Sub(=)altern m. ꝛc.; sub(=)apenninisch a.; Sub(=)ärat m. (s. u.: Suberat); sub(=)arktisch a.; Sub= arrendator m. ꝛc.; †Su(=)baschi (türk.) m.; sub(=)äthiopisch a.; Sub(=)baß m. ꝛc.; Sub= belegat m. ꝛc.; Subduktion f.; †Su(=)berat (nlat.) n., korksaures Salz, s. o.: Sub(=)ärat; Sub(=)ferrat m.; Sub(=)hastation f. ꝛc.; sub(=)bigieren v.; Sub(=)ingression f.; sub= intelligieren v.; su(=)bito adv.; Sub(=)jekt m., sub(=)jektiv a. (s. =iv); Sub(=)junktin m. (s. =iv); sub(=)futan a. ꝛc.; Sub(=)lapsarier m. ꝛc.; sub(=)levieren (spr. =wiren) v. ꝛc.; Sub= ligatulum ꝛc.; †su(=)blim a. (Fortbildung, nicht Zsstzg. v. sub), Su(=)blimat n., Sub= blimation f., su(=)blimieren v. ꝛc.; sub= lingual a.; Sub(=)lokation f.; sub(=)lunar a. ꝛc.; sub(=)marin a. ꝛc.; sub(=)miß a., Submission ꝛc.; Sub(=)normale f. ꝛc.; Sub(=)official m.; Sub(=)ordination f. ꝛc.; Sub(=)ornation f.; Sub(=)oxyd n. ꝛc.; Sub= pönitentiar m.; Sub(=)rektor m. ꝛc.; sub(=)repieren v. ꝛc.; sub(=)rogieren v.; Sub= rusticität f.; Sub(=)sellien pl.; Sub(=)sibien pl.; Sub(=)sistenz f.; sub(=)stribieren v., Sub(=)skription f. ꝛc.; sub(=)stantiell a. (II 213), Substantiv n. (s. =iv), Substanz f. (II 80); sub(=)stituieren v. ꝛc.; Sub(=)strat n.; Sub(=)struktion f. ꝛc.; sub(=)sumieren v., Sub(=)sump(=)tion f.; Sub(=)tangente f.; †Subterfugien pl. II 117; †sub(=)til a. ꝛc.; sub(=)trahieren v., Sub(=)traktion f., sub= traktiv a. (s. =iv); sub(=)tropisch a.; †Su= bularia f.; sub(=)urbanisch a. ꝛc.; sub= venieren (spr. =wen=) v., Sub(=)vention f. ꝛc.; sub(=)versiv (spr. =wer=) a., s. =iv. — Suc= cade (it.) f. — suc(=)cedieren (lat.) v.: Suc= ceß m., vgl. (II 105): succès d'estime (spr. zükß bestim) m.; Suc(=)cession f.; suc(=)cessiv a. (s. =iv) ꝛc. — Suc(=)cinkto= rien (lat.) pl.: II 120. — succulent (lat.) a. ꝛc. — suc(=)currieren (lat.) v.: Succurs m.; Succursale f. ꝛc. — Sud m.: v. sieden. —

Süd m.: Süd(=)afrika n. ꝛc.; südbeutsch a.; Sü(=)ben m.; Süd(=)berbreite f. ꝛc. (s. Zuber= see); süd(=)lich a.; Süd(=)ost m.; südwärts adv. ꝛc. — Subarien (lat.) pl.: Subatorien pl. ꝛc. II 120. — Subel m.: sub(e)lig a. ꝛc. — Su(=)bra (str.) m. — Sucldo (span., ⌣–⌣) m. — Sucven (lat., spr. ßwêwen) pl.: (vgl. Schwaben; suebisch. — Suez (–⌣). — Suf(=)set (phön., ⌣–) m.: II 211. — suf= ficiènt (lat.) a.: Sufficiénz f. II 117; 241. — Suffisance (frz., spr. ßüffißängß) f.: suffisant (spr. =ängt) a.: II 65; 204. — Suffite: s. Soffite. — Suffix(um) (lat.) n. — Suf(=)fragan (lat.) m.: Suffraganbischof m. ꝛc.; Suffragien pl. v. Suffragium n., vgl. frz. (s. II 105) z. B.: suffrage universel (spr. ßüffräß üniwerßéll). — Suf(=)fusion (lat.) f. ꝛc. — sug(=)gerieren (lat.) v.: Sug= gestion f.; Suggestivfrage f. (s. =iv) ꝛc. — Suhle f.: suhlen, sühlen v.; Suhllache f. Kat. 54²⁸. — Sühne f.: Kat. 55³². — Suicidien (lat.) pl.: II 119 ꝛc. — Suisse (frz., spr. ßwiß) m.: Schweizer ꝛc. — Suite (frz., spr. ßwite) f.: burschitos (= lustiger Streich) auch: Schwiete f., verkl.: Schwiet= chen n., mit den (unfrz.) Fortbildungen: Schwietier (spr. =tjê) m.; schwietisieren v. — Suivante (fr., spr. ßwiwängt') f. — Sujet (frz., spr. ßüßhè) n. — Sulamith (hebr.) f. — Sulfat (nlat., ⌣–⌣) n.: Sulfur (–⌣) m.: Schwefel; Sulfür (frz.) n., niedre Schwe= felungsstufe; sulfurieren v. ꝛc., sämmtlich besser mit f als ph. — Sultan (ar.) m. ꝛc. — Sulz f.: Sülze f. ꝛc. — Sumach (ar.) m.: s. Schmack 1. — Summarien (lat.) pl.: II 119; summarisch a. — Sumpf m.: sum= pfig a. ꝛc.; Sumpf(=)pflanze f. ꝛc. II 190. — sump(=)tuös (lat.) a.: vgl. somptuös. — summsen v.: neben summen, vgl. bumsen. — Sünde f.: Sündfluth f., s. Sinfluth; sündig a.; sündlich a. ꝛc. — Sunna (ar.) f.: Sum= mit m. ꝛc. — Suovetaurilien (lat., spr. ßnowe=) pl. — super (lat.): präp. u. Vor= silbe; in der Silbenbrechung bei Ißßgn. mit den Theilstrichen hinter sich, während bei Fortbildungen, wo auf super ein Vokal steht, getheilt wird: Supe=r ꝛc.: z. B. also: Super(=)abundanz f. ꝛc.; Super(=)arbitrien pl. ꝛc.; Supe(=)ration f.; superb ob. (frz.) superbe (spr. ßüpérb'); super(=)eminent a. ꝛc.; supe(-)rieren v.; Super(-)intendent m. ꝛc.; Supe rior m., vgl. (frz.) Supé(=)rieur (spr. ßüperiör) m.; Super(=)lativ n. (s. =iv) Supernumerär m.; Super(=)oxyd n.; super= sitiös a. ꝛc. — Suppe f.: Süppchen, Süpp= lein n.; Suppenschüssel f. ꝛc., aber (II 105) in frz. Form z. B.: soupe à la reine (spr. ßup a la rän). — sup(=)peditieren (lat.) v. — Suppleant m.: in deutscher Ausspr. u. Abwandlung: des, die Suppleanten ꝛc.; Suppléant (frz., spr. ßüppleäng) m.: die

Suppléants; Supplement (lat.); supple= mentieren v.; Suppletorieneilage f. ꝛc. — sup(=)plicieren (lat.) v.: Supplik f. ꝛc. — supponieren (lat.) v.: Supposition f. ꝛc. — Support (⌣–) m.: seltner in frz. Ausspr. ßüppör. — Sup(=)pression (lat.) f.: suppri= mieren v. — Su(=)pranaturalismus (nlat.) m. ꝛc. — Su(=)premat (lat.) m., u. ꝛc. — Su(=)rabondance (frz., spr. ßürabongbángß) f.: II 241. — su(=)ranniert (frz., spr. ßür= a.: ebb. — Surface (frz., spr. ßürßäß) f. — Su(=)rintendance (frz., spr. ßürengtangbängß) f.: Su(=)rintenbant (spr. =báng) m. — sur= prenant (frz., spr. ßürprenánt) a.: Surprise f. — Sur(=)rogat (lat.) n. — Sur(=)séance (frz., spr. ßürßeángß) f. — Sur(=)tout (frz., spr. ßürtü) m. — Sur(=)veillance (frz., spr. ßürweljángß) f.: surveillieren v. — Sur= vivance (frz., spr. ßürwiwángß) f. — Su= sanna (hebr.) f.: Susanne; verkl.: Sus= chen. — sus(-)ceptibel (lat.) a.: II 163; Sus(=)ception f.; sus(=)cipieren v. — sus= citieren (lat.) v. ꝛc.: II 163. — Sus(-)lik (russ.) n.: auch in deutscherer Form, nam. fürs Pelzwerk: Zuffel(chen) n. — su(=)spelt (lat.) a.: su(=)ivestieren v. II 157. — su= spendieren (lat.) v.: ebb.; Su(=)spension f.; su(=)spensiv a., (s. =iv); Su(=)spensorien pl. ꝛc. — Su(=)spicion (lat.) f.: II 157; su(=)spiciös a. — Sus(=)quehanna m.: in deutscher Ausspr. ob. — nach engl. (spr. (spr. ßös= quihénna) II 166. — Süssel: s. Suslit. — Su(=)stentation (lat.) f.: II 157; su(=)sten= tieren v. ꝛc. — süß a.: der süßeste ob. süßte II 72. — Suwarow (russ., spr. =ésf) m.: üblicher als Suworew. — suzerain (frz., spr. ßüßeréng) a.: üblicher (vgl. souverän) mit deutsch ausgesprochener Endung: suzerän, auch: Suzerän m.; Suzeränität (suzerai= neté frz.).

sve(=)gliato (it., spr. ßweßj=) a.: II 184.

Swantewit (slaw.) m. — Swate (serb. ꝛc.) m. — Swedenborg m.: Swedenborgianer m. ꝛc. — Swell (engl.) m. — Swine f.: Swinemünde n. ꝛc.

Sybarit (gr.) m. ꝛc. — Syene (⌣–⌣) m.: in Ägypten; Syenit (⌣–⌣–) m. — Sykomore (gr.) f.: Sykophant m. ꝛc. — Syl(=)laba (gr.) f.: vgl. Silbe; Syllabar n., Syllabarien pl. ꝛc.; syllabieren v.; syllabisch a.; Syllabus m. ꝛc. — Syl(=)lep(=)sis (gr.) f. — Syl(=)logism (gr.) m.: Syllogis(=)men pl.; Syllogis=mus m. II 162. — Sylphe m., f.: Sylphide m., f. ꝛc., üblich mit y, obgleich im Griech. kein y, sondern ein i steht (σιλφη, Motte). — Sylt: friesische Insel. — Sylvan (gr.): s. Silv ꝛc. — Sym= bol (gr., ⌣–) n. ꝛc. — Symme(=)trie (gr.) m. ꝛc. — sym(=)pathetisch (gr.) a.: Sym= pathie f.; sympathisch a.; sympathisieren v. ꝛc. — Sym(=)phonie (gr.) f.: vgl. (it.) Sinfonia,

z. B. (II 105): die sinfonia eroica. —
symphytisch (gr., ◡–◡) a.: Symphytum
(–◡◡) n. ꝛc. — Sym(=)plegaden (gr.)
pl. ꝛc. — Sym(=)position (gr.) pl.: II 120 ꝛc.
— Sym(=)psychie (gr.) f. II 195; 242. —
Sym(=)ptom (gr.) n.: ebd. ꝛc. — Sy(=)na-
goge (gr.) f.: II 242. — Sy(=)nallage (gr.)
f. ꝛc. — Syn(=)chronismus (gr.) m. ꝛc. —
syndicieren (gr.=lat.) v.: Syndikar n.: Syn-
dikus m. ꝛc. — Sy(=)ne=drien (gr.) pl. ꝛc. —
Sy(=)nekdoche (gr.) f. ꝛc. — Syn(=)graphg
(gr.) f. — Sy(=)nizese (gr.) f. — Syn-
kope (gr.) f.: synkopieren v. — Syn-
kretismus (gr.) m. — sy(=)node (gr.) f.: ꝛc.
— sy(=)nonym (gr.) a. ꝛc. — sy(=)nop-
tisch (gr.) a. — Sy(=)novia (nlat., spr.
=ovia) f. — Syntag(=)ma (gr.) n.: syntak-
tisch a.; Syntax m., f. ꝛc. — Synthese
(gr.) f.: synthetisch a. — Sy(=)nnsinst (gr.)
m. — Syphilis (gr.) f.: syphilitisch a. ꝛc. —
Syphon: s. Siphon. — Syrakus. — Sy-
rien: Syrier m.; syrisch a. — Syringe f.:
Flieder (dafür nicht gut: Sirene) u. =
Syrinx (Pansflöte; Fistel.) — Syrte (gr.) f.
— Syrop, Syrup; falsch mit y statt i. —
Syssel (dän.) m.: Syffelmann. — Syssi-
tien (gr.) pl. — Sy(=)stem (gr.) n.: syste-
matisch a. ꝛc. — Sy(=)stole (gr.) f. — Syn-
stylien (gr.) pl. ꝛc. — Syzygie (gr.) f.:
Mz.: Syzygie(e)n, richtiger als in der (nicht
seltnen) Ausspr. Syzygien, die vielmehr zu
dem botan.Namen Syzygium gehört (II 117).
Szegedin (spr. g=) in Ungarn u. so
Sz als Beginn mancher ungar. Wörter u.
Namen, wie Szekler m.; Szigeth n. II 151,
während in poln.Wörtern, der Ausspr. gemäß, Sz im Deutschen durch Sch zu er-
setzen ist, s. z. B. Schlachtzitz 152.

T.

Taback m.: mit dem Ton auf der 2. Silbe,
dagegen mit dem auf der 1.: Tabak (vgl.
Demut u. Kat. 40²⁶ II 213), ebenso —
im Allgemeinen veraltet — Tobak (◡–◡)
u. Tobal (=◡). Tabagie (frz., spr. =shi) f.;
Tabatiere (spr. =tjäre) f. II 115. — Taberne (lat.) f.: vgl. Taverne. — table
(frz., spr. täb'l) f.: in der Verbindung table
d'hôte (spr. dêt) II 105; Ta(=)bleau (spr.
=blô) n., Mz. — mit lautendem s —: Ta-
bleaus (vgl. frz. tableaux, spr. =blô). —
Tabouret (frz., spr. =urê) n. — Tabulett
n.: II 211; Tabulettkrämer. — Tacht:
s. Docht. — Tach(y)=graph (gr.) m. ꝛc. —
tädiös (lat.) a.: II 139. — Taft u.: aus
pers. taftah, üblicher u. besser (II 209) als
2silbig — nach frz. taffetas ꝛc. — Taffet ꝛc.

— Tag m.: heut (über) acht Tage, seltner: Tag (ohne Apostroph, vgl. Jahr) ꝛc.;
den Tag (hin durch, über; des Tags über,
auch: Tags über (nicht: tagsüber); Tag
für Tag ꝛc., aber vgl. Jahr): tagaus,
tagein; tagtäglich adv.; tagelang a., aber:
ganze Tage lang ꝛc. — Taifun (chin.) m.:
Wirbelorkan, besser (II 209) als — nach
engl. Schreibweise —: Typhoon u. ä. m. —
Tailun (japan.) m. — Taille (frz., spr.
tälje) f.: vgl. Talje; Tailleur (spr. taljör(
m. ꝛc. — Taiphun: s. Taifun. — tajo!
(◡–) interj.: als Jagdruf, unnöthig in frz.
Schreibweise taïaut. — Tajo (–◡, span.)
m.: ein Fluß, in Portugal: Tejo. — Tafel
m.: Tafelage (spr. =àshe) f. II 132, Ta-
felung f., Tafelwerk n.; tafeln v. ꝛc. —
Takt (lat.) m.: takt(=)ieren v. ꝛc. — Tak-
tik (gr.) f.: Taktiker m.; taktisch a. ꝛc.
— Talg m. (II): Unschlitt (versch.: Talk):
talgicht a., talgartig a., talgig a., voll Talgs
Kat. 87⁵ — Talisman (ar.) m. — Talje f.:
(seemänn.) kleineres Takel (vgl. Taille):
auftaljen v. ꝛc. — Talk m.: ein Mineral
(vgl. Talg): talkicht a.; talkig a. — Tal-
mud (hebr.) m. ꝛc. — Talon (frz., spr. =óng)
m. — Tambour (frz., spr. tangbúr) m.:
aber besser in ganz deutscher Ausspr.: Tam-
bur (–◡, II 208); Tambura (ar.) f., Art
Mandoline ꝛc.; tamburieren v., häteln (besser
als tambourieren, spr. tangbur=); Tamburin
n. (besser als Tambourin, spr. tangburéng);
Tambur=Major m. (nach der üblichen Aussprache, vgl. frz. tambour-major (spr. tang-
bur=maibôr). — Tand m.: tändeln v. ꝛc. —
Tang m.: Meer=, Seetang ꝛc., versch.: Tank
(ind.) m.: großer Wasserbehälter ꝛc. —
Tante f. — Tantes m., pl.: Spielmarke,
— aus span. tantos II 66. — Tantiême
(frz., spr. tangtjäme) f.: II 115. — Tape-
zier m.: tapezieren v. — tapieren v.: das
Haar tränzeln (vgl.Toupet). — Tapir m.: süd-
amerik. Säugethier. — Tapisserie (frz.) f. —
tappen v.: täppisch a.; Taps m. ꝛc. (vgl.
Klaps). — Tara (it.) f.: tarieren v. —
Tarif (ar., ◡–) m. — Tarock (it. tarocco)
m.: II 214: Tarockkarten I 17. — Tartar
m. ꝛc.: s. Tatar. — Tartarus (gr.) m. —
tarte: s. Torte. — Tart(=)sche f. — Tar-
tüff (frz., Tartufe) m.: II 204: Tartüfferie
f. ꝛc. — Tatar (◡–) m.: Tataren pl.;
Tatarei f.: nicht gut (obgleich nicht selten):
Tartar ꝛc. — tätowieren v.: Kat. 66⁷, unnöthig tätt= ꝛc. — Tat(=)sche f.: tät=)scheln
v. ꝛc. — Tattersall (engl., spr. tétterßell) m. —
Tau n.: versch. Thau Kat. 58³⁶. — Taube f.:
Täubchen, Täublein (spr. teup ꝛc.) u., Täublein u. (mit weichem b) II 178; 216: 218;
Täuber m., Täuberich m. ꝛc. — tauchen v.:
du tauchst, er taucht ꝛc. (versch. tangst ꝛc.). —
tauen v.: (versch. thauen) lohgares Leder

zurichten; Tauer m.; Tauerei f., auch (f. Tau) = Tauschleppschiffahrt (frz. Touage). — Tauern m., pl.: in den norischen Alpen. — Taufe f.: Täufer m.; Täufling m. 2c. — taugen v.: (vgl. tauchen): Taugenichts m. — täuschen v.: Kat. 33¹, (bu), er, ihr täuscht II 71. — tauschieren v.: damascieren. — tausend: Zahlw., vgl. hundert; Tausendsasa (spr. =ßaßä) m., f. sa; die tausendundeine Nacht I 48. — tauto(=)chronisch (gr.) a.: Tautologie f. 2c. — Taverne (frz., spr. taw=) f.: besser (II 209): Taberne; Tabernikus m. (in Ungarn). — Ta(=)xation (nlat.) f.: Taxe f.; taxieren v. 2c. — Ta(=)xus (gr.) m.: Tax(baum) m. 2c. — Taygetus (gr., 4silbig) m.: vgl. Kaÿster. — Tazette (it. tazzetta) f., vgl. Kat. 40⁵ ff.

Teak (malabarisch=engl., spr. tíf) m., n.: auch füglich (statt in engl.) in deutscher Schreibw.: Tiek(baum), Tiekholz 2c. — Teano: in Süditalien (versch. Theano). — Teatotaler 2c.: s. Teetotaler. — Tech(=)nik (gr.) f.: technisch a. 2c.; Technologie f. 2c. — Teckel m.: Dachshund Kat. 61¹. — Tedeum (lat., 3silbig) n.: II 115. — Teetotaler (engl., spr. titōtäler) m.: nicht in der 1. Silbe mit ea zu schreiben, als hinge das Wort mit engl. toa (Thee) zusammen: Teetotalism m. II 162. — Teich m.: Weiher 2c. (versch.: Deich u. Teig): des Teichs II 69. — Teier (gr., 3silbig) m.: aus der Insel Teos II 117, vgl. teisch a. — Teisum m.: s. Taifun. — Teig m.: zum Backen; teig(icht) a., (von Früchten) weich. — Teint (frz., spr. täng) m.: Teinture (spr. tengtür) f. — teisch a.: s. Teier II 109. — Teixel m.: absichtliche Entstellung v. Teufel (s. d.) Kat. 93¹². — Tejo: s. Tajo. — Telamonier (gr.) m.: II 119. — Tele(=)gramm (gr.) n.: Telegraph m. 2c. II 186; Tele(=)skop 2c. 160. — Teles(=)ma (gr.) n.: II 162, vgl. Talisman; Teles(=)phorus m. II 156. — Tellurien (lat.) n.: pl. v. Tellurium n. — Teltow (spr. =to) v. Teltow(=)er m., a. II 140 ff. — Telyn f.: Harfe der nordischen Sänger. — temerär (lat.) a.: II 7. — Temperance (engl., spr. témperänß) f.: auch (II 105) z. B.: temperance-man m. 2c., vgl. Temperanz (lat., mit dem Ton auf der letzten Silbe) f. II 80. — tempestiv (lat.) a.: f. =iv; Tempi (it.) pl. zu Tempo n.; Temporalien (lat.) pl. II 118; temporär a.; temporell a. II 213; temporisieren n. 2c. — Tenaille (frz., spr. tenälj) f.: tenailliert a.; Tenaillon (spr. =öng) m. — Tendenz (nlat.) f. II 80; tendenziell a., tendenziös a. 2c. — Tendresse (frz., spr. tangdréß) f. — Tenne f.: Kat. 30¹⁶. — Tennessee (spr. tennessi): Fluß u. Staat in Nordamerika. — Tenor (it., ⌣=) m.: [versch. u. — wo man Miß= deutung ob. falsche Betonung befürchtet —

durch beigefügten Accent zu unterscheiden (II 3): Ténor (lat.) m.] : Tenorist m. 2c. — Te(=)phroït (gr.) m.: II 109; 182. — Te= pidarien (lat.) pl.: II 119. — Teppich m.: Kat. 88⁹; des Teppichs (f. ich). — Tera= tolith (gr.) m.: Terato(=)ffop m. 2c. — Terceron (span.) m.: vgl. Terz 2c. — Te= rebinthe (gr.) f.: vgl. Terpentin. — Ter= giversation (lat., spr. =wers=) f. — Termin (lat.): Kat. 46³⁴. — Termite (frz.) f. — ternär (lat.) a.: II 7. — Terpentin m.: Kat. 46³⁴, vgl. Terebinthe. — Terp(=)sichore (gr.) f.: II 195 2c. — Terrain (frz., =eng) n.: Terrakotten (it.) pl.; Terralith (lat.=gr.) m.; Terrasse (frz.) f.; terre(=)strisch (lat.) a. — Terreur (frz., spr. =ör) f.: terribel a. — Terrine (frz.) f. Kat. 46³⁴. — Territorien (lat.) pl.: II 120. — terro= risieren (nlat.) v.: Terrorismus m. 2c. — Tertia (lat.) f.: Tertianer m.; Tertian= fieber n.; tertiär a. II 7, Tertiärschicht f. 2c.; Tertie II 121; Terz I. II 80; Terzerol (it.) n.; Terzett n. II 211; Terzine f. 2c. (vgl. auch Terceron). — Test (engl.) m.: Test= Akte f.; Test=Eid m. 2c. — Te(=)staccen (lat.) pl. — Te(=)stament (lat.) n.: te= stieren v.; Testimonien pl. II 119. — Tête (frz., spr. tät) f.: ein tête-à-tête II 106. — Teterow: vgl. Teltow. — Tethys (gr.) f.: (versch. Thetis) Okeanos' Gemahlin; ein Uranusmond 2c. — Te(=)traeder (gr., 4silbig) n., m. I 3 2c. — Teufe f.: (bergw.) Tiefe: (ab)teufen 2c. Kat. 33¹⁶. — Teufel m.: (auch — in Scheu, ihn beim rechten Namen zu nennen — z. B.: Teuker; Teixel 2c.): teuf(=)lisch a. — Teuker (gr.) m.: Teu= krier m. — Teut m.: (versch. Theut) Teuto= burger Wald 2c.; Teutonia m. 2c.; teutsch 2c., f. deutsch 2c. — Te(=)xas 2c.: in Nordamerika, häufiger in deutscher Ausspr. als (nach span.) téchas. — Te(=)xel: holländ. Insel: Texel= käse m. Kat. 93²¹. — Text (lat.) m.: des Te(=)xtes 2c.; Texut f. 2c.

Thau (ind.) m.: besser als (nach engl. Schreibweise) Thug: Thaggismus m. — Thaïs (gr.) f.: II 108. — Thal n.: Kat. 58²⁰: Täler pl.; Thalsohle f. 2c.; thalaus, thalein; thalhernieder; thalwärts adv. II 115 2c. — Thalassa (gr.) f. 2c. — Thaler 2c. — Thales (gr.) m.: (versch. des Thales von Thal). — Thalia (gr., ⌣=⌣) f.: II 4; Thaliens Tempel 118. — Thallium (gr.) n. — Thau (engl.) m.: Kat. 58³⁰. — Tha= natophobie (gr.) f. 2c. — Thara 2c.: s. Tara. — that: Impf. v. thun, Konj. thäte; That f., Thaten pl.; Thäter m.; That(=)handlung f. II 108; 110; thätig a. 2c.; thätlich a. 2c. — Thau m. (versch.: Tau) feuchter Niederschlag 2c.; thauen v., vom fallenden Thau u. = auftauen; thauicht a., thauartig a., thauig a., voll Thaues Kat. 87⁵ ff; Thautropfen m. 2c.;

Thauwetter n. ꝛc. — **Thaumaturg** (gr.) m. ꝛc.
— **thé** (frz.) m.=Thee, z. B. in der Verbin=
dung (II 64: 105): thé dansant (ſpr. dang=
ßáng). — **Theano** (gr.) f.: weibl. Name,
verſch.: Teano. — **Theanthrop** (gr.) m. ꝛc. —
Theater (gr.) n.: thea(=)traliſch a. ꝛc. —
Theatiner m. ꝛc. — **Thebaïs** (gr.): Ober=
ägypten; thebaïſch a. II 108; Theben, the=
baniſch a. ꝛc. — **Thee** (chin.) m.: (vgl. thé);
Thee=Urne f. I 18; II 110 ꝛc.; Theïn n. —
Theer m.; n.: Kat. 44²⁰; 58²⁰; theeren v.;
theerig a. — **Theiding** f. ꝛc.: ſ. Narre=
theiding; vertheidigen. — **Theil** m. (n.)
(ſ. I 100 ff; II 33): zum Theil; zum größ=
ten Theil ꝛc.; ich für mein(en) Theil ꝛc.,
aber partikelhaft (vgl. theilweiſe I 106):
theils; größtentheils; einestheils — andern=
theils ꝛc.; ich meinestheils ꝛc.; ferner (ſ.
I 57 ff): Theil haben; Theil nehmen ꝛc.
aber ſubſtantiviſch: das Theilhaben, vgl.
Theilhaber m., Theilhaberſchaft f. ꝛc.; das
Theilnehmen, vgl. Theilnehmung f., Theil=
nahme f. ꝛc. u. adjektiviſch: theilnehmend,
vgl. theilnahmsvoll ꝛc. — **Thein** (nlat.) n.:
ſ. Thee. — **Theismus** m.: II 109; Theiſt
m. ꝛc. — **Theiß** f.: in Ungarn. — **Thek:**
ſ. Teak. — **Theke** (gr.) f. — **Thella** f.:
weibl. Name. — **Thema** (gr.) m. ꝛc. —
Themis (gr.) f.: Themiſto(=)kles m. ꝛc. —
Themſe f.: (nach engl. Thames) Kat. 126¹;
Themſe=Ufer 116³¹; II 109. — **Theo:** als
Anfang einiger deutſchen Namen (entſprechend
dem goth. thiuda, Volk), z. B. in Theobald
m.; Theobolinde f. (ob. Thendelinde) Theo=
derich ꝛc. (ſ. Dieterich) ꝛc., beſonders häufig
aber in griech. Wörtern u. Namen (ent=
ſprechend dem griech. theos, Gott), z. B.:
Theodicee f.; Theodor m., Theodora f.;
Theodoſia f., Theodoſius m.; Theokles m.;
Theokratie f.; Theokrit m.; Theolog m.,
Theologie f. ꝛc.; Theophanie f.; Theophraſt
m.; Theoſoph m. u. ſ. w.: ferner — andern
Stamms — Theodolit (gr.) m., n.; Theorbe
(frz.) f.; Theorem (gr.), Theoretiker m.,
theoretiſch a., Theorie f. — **Therapeut** (gr.)
m.: Therapie f. ꝛc. — **Thereſe** (gr.) f.:
Thereſia f.; Thereſienorden m. ꝛc. — **The=**
riak (gr.) m.: II 95. — **Therme** (gr.) f.:
thermiſch a.; thermoelektriſch a. (5ſilbig I 3);
Thermometer m., n. ꝛc.; Thermopylen pl.;
Thermo(=)ſkop n. ꝛc. — **Therſites** (gr.) m. —
Theſaurus (gr.) m. — **Theſeïde** (gr.) m., f.:
II 109; Theſeus. — **Theſis** (gr.) f.: auch
Theſe. — **Thes(=)mophorien** (gr.) pl. —
Thesmothet m. ꝛc. — **Thet=ſpis** (gr.) m. —
Theſſalien (gr.): Theſſalonich (gr.) f.;
Theſſalonicher m.: Theſſalonike ꝛc. — **Thetis**
(gr.) f.: Achill's Mutter (verſch.: Thetys). —
Thendelinde f.: ſ. Theobolinde. — **theuer** a.:
Theu(e)rung f. ꝛc. Kat. 58²⁹; 59¹. —
Theürg (gr., 2ſilbig) m.: II 112; 114:

Theürgie f.; theürgiſch a. — **Theut** (ägypt.)
m.: (verſch. Teut) Thot. — **Thibet:** ſ. Tibet.
— **Thier** n.: thieriſch a. (verſch. twriſch) ꝛc. —
Thiuenholz (gr.=deutſch) n. — **Thing** (alt=
nord.) m.: vgl. Storthing ꝛc. — **Thionville**
(frz., ſpr. tiongwil):=Diedenhofen Kat. 126².
— **Thisbe** (gr.) f. — **Thlaema** (gr.) n. —
Thomas (hebr.=gr.) m.: ungläubig Thomaſſe
Kat. 39¹⁹; 58⁹. — **Thon** m.: (verſch. Ton)
Thonerde f.; thönern a. ꝛc. — **Thor:** 1) n.:
(vgl. Thür) Thor(=)fahrt f. ꝛc. — 2) m.:
Narr ꝛc.: (be)thören v.; Thorheit f.;
thöricht a. — 3) m.: der altnord. Donn=
nergott; danach: Thorerde f., Thorit m.,
Thorium n. — **Thora** (hebr.) f. — **Tho=**
rako(=)ſkopie (gr.) f.: Thorax. — **Thorn:**
Stadt: Thorner m.; a. — **Thot** m.: alt=
ägypt. Gott, auch Theut ꝛc. — **Thracien**
(gr.): Thracier m., auch: Thrakien ꝛc. —
Thram m. (veralt.) Balken ꝛc. Kat. 59². —
Thran m. (n.): ebb. — **Thräne** f.: thränen
v. ꝛc. — **Thraſo** (gr.) m.: thraſoniſch a. —
Threnodie (gr.) f.: Threnodie(e)n, verſch.:
Threnodien pl. zu Threnodion II 116 ff.;
thrombodiſch (gr.) a. — **Thron** (gr.) m.:
Thronnachfolger m., in der Schreibſchrift mit

〜〜, nicht mit 〜 zu ſchreiben I 7;
thronen v. — **Thucydides** (gr.) m.: Thu=
kydides II 125. — **thue** ꝛc.: ſ. thun. —
Thug ꝛc.: ſ. Thag. — **Thuiston:** ſ. Tuiston.
— **Thule** (lat.) f., n.: äußerſtes Nordland.
— **thum:** als Endung männlicher u. ſächl.
Hauptwörter, Mz. thümer u. Fortbildungen.
— **Thummim** (hebr.) pl. — **thun** v.:
einſilbig, ſo auch im Präſ. Indik.: wir, ſie
thun; er, ihr thut; du thuſt; aber gewöhnlich
zweiſilbig: ich thue, ſo auch durchgängig im
Konj.: ich, er thue; du thueſt; wir, ſie thuen;
ihr thuet u. im Partic.: thuend, vgl. ſeiend
u. im Imperat.: thue u. thu; ſ. ferner that
(gethan) ꝛc. Dazu: thunlich a., üblicher als
thulich ꝛc.; ferner: Thunichtgut m. —
II Thun: 1) n.: ſ. I. — 2) n.: Stadt in
der Schweiz: Thuner See ꝛc. — 3) m.:
richtiger mit Doppel=n: Thunn(fiſch), gr.
thynnos. — **Thur** f.: in der Schweiz:
Thurgau (verſch. Tour, Tours) Kat. 59⁴. —
Thür f.: Thüre Kat. 58²⁹. — **Thuribulum**
(lat.) n. — **Thüringen** n.: Kat. 59³. —
Thurm m.: II 198: thürmen v.; Thürmer
m.; vielthürmig a. ꝛc.; daneben Thurn,
z. B. auch in dem Namen: Thurn u. Taxis
(aus it. della Torre). — **Thut** f.: (alter=
thümlich) Kühnheit ꝛc.: thürſten v.; thür=
ſtig(lich) a.: II 199.— **Thymian** (gr.) m. —
Thyrſus (gr.) m.: Kat. 58¹ ꝛc.

Tiare (gr.) f. — **Tiber** (lat., —◡) f. (m.):
Fluß, verſch.: Tiber (◡—) m., verkürzt aus:
Tiberius u. (wo falſche Deutung ob=

Betonung zu befürchten ist) zu schreiben: Tiber II 3. — **Tibet** n.: asiatisches Hochland — u. m.: Merino. — **Tibie** (lat.) f. — **tichten** v.: s. dichten. — **Tick** m., n.: ticken v. — **Tide**: niederd., seem. = Gezeit. — **Tie** m.: (niederd.) Sammelplatz der Turner. — **tief** a.: Etwas tief fühlen; tief gefühlt ob., wenn ein Begriff: tiefgefühlt a., vgl. tiefblau ꝛc. — **Tiegel**. — **Tief**: s. Teak. — **Tien** (chin.) m.: Gott ꝛc. II 120. — **Tiene** f.: Zuber. — tiers-état (frz., spr. tjährsetä) m. ꝛc.: II 105. — **tisteln** v.: s. lüfteln. — **Tiger** (gr.·lat.) m.: Kat. 47¹³: getigert a. ꝛc. — **Ti(=)gris** m. — **Till** m.: s. Dill. — **Tille** f.: s. Tülle. — **Tim(=)bre** (frz., spr. tengb'r) m. — **Timäus** (gr.) m.: II 114. — **Times** (engl., spr. teims) f.: **Timo(=)kratie** (gr.) f. — **Timotheus** (gr.) m.: II 115. — **tingieren** (lat.) v.: Tinl(=)tur f.; Tinte f. (nicht: Dinte) II 76. — **Tirailleur** (frz., spr. tiraljör) m.: tiraillieren v. — **Tiret** (frz., spr. tirē) n. — **Tirocinium** (lat.) pl. II 119. — **Tirol** n.: besser als Tyrol Kat. 128⁸. — **Tisane** (frz.) f.: s. Ptisane. — **Tisiphone** (gr.) f. — **Titel** (lat.) m.: (versch.) Tüttel) Kat. 32¹⁵ ff; 40³ ꝛc.; titulär a.; Titularrath m. ꝛc.; titulieren v. — **Tithon** (gr.) m.: Tithonia f. — **Tithus** (gr.) m.: = Tithon (versch. lat.: Titins). — **Tivoli** (it., spr. tiw=). — **Tizian** (it.) m.

Tmesis (gr.) f.

Toast (engl., spr. tost) m.: toast(ier)en v. — **Toba(c)k**: s. Tabak. — **Tobias** (hebr.) m. — **Toboljk**: II 162. — **Tocht**: s. Docht. **Tod** m.: des Todes ꝛc.; tobbang a.; Tod-bett m. (s. u.); tobbringend a., tobbdrehend a.; Todfeind m.; Todkauf m.; todkrank a.; todmatt a., todmüde a.; Todsünde f. ꝛc.; Todesangst f. u. s. w.; tödlich a. (s. u.); todt a., der To(=)dte, ein To(=)dter ꝛc. Kat. 71² ff; 176 ff; bleich wie ein Todter, todtbleich a. (s. u.) ꝛc.; todt schlagen, Todtschlag m., Todtschläger m. ꝛc.; Todtenacker m.; Todtenbett (s. o.); todtenbleich a. (s. o.); todtenstill u. u. s. w., tö(=)dten v.; tödtlich a., richtig in der veralteten Bed. (wie tödtbar): getödtet werden können, sterblich (Ggstz. untödtlich, heute gewöhnlich: unsterblich), dagegen richtiger: tödlich in dem heute gewöhnl. Sinn v. todbringend ꝛc. — **Todby** (engl.) m. — **Toff**: s. Tuff. — **Toffel** m.: v. Christoph, vgl. Stoffel. — **Tohuwabohu** (hebr.) n. — **Toilette** (frz., spr. toa-) f. ꝛc.; Toilnet (spr. tealine) n. — **Toinette** (frz., spr. toa-) f.: s. Antoinette. — **Toise** (frz., spr. toase) f. — **Tokadille** (span., spr. =isje) f. — **Tolai**: in Ungarn (besser als Tolay) Kat. 128⁸; Tolaier m., a. — **tolerant** (lat.) a.: Toleranz f. II 80. — **Tolpatsch** (ungar.) m. — **Tölpel** m.: tölpisch a. ꝛc. — **Tomahawk** (engl., spr. =häk) m. — **Tombak**

(malaiisch) m.: tombacken a. (mit ck, wegen des geschärften a). — **Tomsk**: II 162. — **Ton** (gr.) m.: (versch. Thon) Töne pl.; tönen v., betonen v. ꝛc.; hochtönig a. ꝛc.: eintönig a. ꝛc.; tonisch a. ꝛc. (vgl. auch teonen). — **Tonjur** (lat.) f. ꝛc. — **Tontine** (it.) f.: Kat. 47³; Tontinier (frz., spr. tongtinje) m. — **toonen** (holl.) v.: zeigen: Toonbant f. — **Top**: s. Topp. — **Topf** m.: Töp(=)fer m. ꝛc. — **Topik** (gr.) f.: topisch a.; Topo(=)graphie f. ꝛc. — **topp!** interj. — **Topp** m.: Töppel m.; Toppsegel n. ꝛc. — **Tories**: s. Tory. — **Torricelli** (it., spr. =tschélli) m.: die Torricelli'sche ob. torricellische Leere II 26. — **Tort** (lat., frz.) m.: Torte (it. ꝛc.) f., Törtchen v.; Sahnentorte ꝛc., vgl. (s. II 105) frz.: tarte à la crème ꝛc.; Tortilla (span., spr. =ilja) f.; Tortur f. — **Tory** (engl.) m.: Tories pl. — **tosen** v.: (bu) er, ihr tost; Impf.: tos(=)te ꝛc., versch.: **Tost** m., Teste pl. (Haar-, Helmbusch) v. Toast. — **total** (lat.) a.: totalement (frz., spr. =enäng) adv. — **Touage** (frz., spr. tuahje) f.: II 206, s. Tauerei. — **touchant** (frz., spr. tuschäng) a. ꝛc.: s. Tusch ꝛc. — **Tonpet** (frz., spr. tupe) n.: toupieren v., nicht gut für tapieren v. — **Tour** (frz., spr. tur) f.: versch.: Thur; Tours. — **Tourbillon** (frz., spr. turbiljöng) m. — **Tourist** (frz., spr. tur=) m. — **Tourmalin**: s. Turmalin. — **tourmentieren** (frz., spr. turmangt=) v. — **Tourné** (frz., spr. turné) n.: aufgeschlagnes Trumpfblatt ꝛc.; Tournée f., Rundreise ꝛc.; Tournesol (frz. turnsöll) m.; Tournier, s. Turnier; Tourniquet (spr. turnike) m. ꝛc.; Tournure (spr. turnür) f. ꝛc. — **Tours** (frz., spr. tur): Stadt in Touraine (spr. turän), versch.: Thur, Tour. — **Tower** (engl., spr. tauer) m. — **Town** (engl., spr. taun) f. ꝛc. — **To(=)rikation** (nlat.) f.: Toxikologie (gr.) f. ꝛc.

Trab m.: Trabant m.; traben v. II 223, vgl. Trapp ꝛc. — **Träber**: s. Treber. — **Trabuko** (span.) m.; f., — **Trace** (frz., spr. träß) f.: Tracé n.; tracieren v. — **Trachea** (gr.) f.: Tracheitis f. ꝛc. — **Tracht** f.: II 91; trachten v.; trächtig a. ꝛc. — **Tracht** (gr.) m. ꝛc. — **tracieren** v.: s. Trace, vgl. trassieren. — **trades-union** (engl., spr. trehdsjühnjen) n. II 105; 205. — **Tradition** (lat.) f.: traditionell a. II 213. — **Traduk(=)tion** (lat.) f.: II 137. — **trafieren** (frz.) v.: II 81, Trasit m. (f.). — **Traganth** (gr.) m. — **träge** a.: Kat. 28³. — **Tragelaph** (gr.) m.: Tragikomödie f., Tragödie f. ꝛc. — **Traille** (frz., spr. tralje) f.: 1) Fähre. — 2) (frz. treillis) Gitterstab (bei Absonng.: Tralje). — **Train**: 1) (frz., spr. treng) m.: Trainsoldat m. ꝛc.; Trainard (spr. tränär), Traineur (spr. tränör) m., Nachzügler ꝛc., vgl. 2. — 2) (engl., spr. trēn)

Eisenbahnzug (wie 1) u. bes. im Sport=
wesen: Dressierung 2c. Dazu: trainieren
od. trainen v., Trainierer od. Trainer m.
(nicht gut: Traineur, s. 1); Trainierung f.
od. Training n. — traitable (frz., spr.
trätäb'l) a.: Traité n.; Traitement (spr.
trätemáng) n.; Traiteur (spr. trätör) m. —
Traitre (frz., spr. trät'r) m. — Trajekt
(lat., ‿—) m.: unnöthig in frz. Form
(s. II 209, vgl. Projekt): Trajet (spr.
traschē); Trajek(=)tion f.; Trajektorie f.
II 120; trajicieren v. — Tralasserie (frz.)
f. 2c. — Traksehnen: preuß. Gestütsort:
Trakehner m. — Trakt (lat.) m.: trak=
tabel a.; Traktament n.: Traktat m.; trak=
tieren v.; Traktorie f. II 120. — trala!
interj.: tralaen v., er tralaet od. trala't
II 70. — Tralje f.: s. Traille. — trallern
v.: trällern v., vgl. trala. — Tram: s.
Thram; Tramroad; Trama. — Trama
(lat., it.) f.: Tramseide f. — Tramin: in
Tirol (Kat. 47¹): Traminer m., a. — Tram=
polin n.: Umbildung aus frz. tremplin (spr.
trangpléng). — Tramroad (engl., spr.
trämmrobd') m.: Tramway (spr. =weh) m. —
tranchant (frz., spr. trangscháng) a.:
Tranche f.; Tranchée f.; Tranchenr (spr. =ör)
m.; tranchieren v. — trank! Impf. v. trinken,
Konj.: tränke (veraltet: trünke); Trank m.,
Tränke pl.; tränken v. — trans (lat.):
Vorsilbe in Zstzgn., s. II 147 ff, z. B.:
Trans(=)aktion f. 2c.; trans(=)alpinisch a. 2c.;
tran(=)scendent a. 2c. (f. u.: transscendent
2c.); Trans(=)eatn 2c.; Trans(=)elementation f.;
Transept (engl.) n. (II 148); trans(=)eundo
adv. 2c.: transferieren v. 2c. (II 166);
transgredieren v. 2c. ebb.; tran(=)sfigieren v.
(II 147); Tran(=)sfit m. (ebb.); tran(=)sfitieren
v., Trau(=)sfition f., tran(=)sfitib a. 2c. (s. =ib),
Tran(=)sito m., Transit(o)porto m. 2c., tran=
sitorisch a.; transleithanisch a.; translocieren
v.; Translokation f. 2c. (II 165); trans=
marin a. (II 161); trans(=)oceanisch a. 2c.
(II 147); trans(=)padanisch a. (II 157);
trans(=)parent a., Trans(=)parent m.; trans=
plantieren v. 2c., trans(=)ponieren v., Trans=
position f.; Trans(=)port m. 2c. [vgl. —
s. n. — tran(s)spirieren 2c.]; trans(=)rhena=
nisch a. (II 165) u. — wo, wie in dem
engl. Transept, s. o., das eingeklammerte s
der Vorsilbe häufig, aber nicht eben nach=
abmungswerth, vor dem 2. Hälfte weg=
bleibt —: tran(s=)scendent a., Tran(s=)scen=
denz f. 2c.; tran(s=)sfilieren v.; tran(s=)sfri=
bieren v., Tran(s=)sfription f. 2c.; Tran(s)=
spiration f., tran(s=)spirieren v. 2c.; Tran(s)=
substantation f. 2c.; Tran(s=)sudat n., tran(s)=
sudieren v.: tran(s=)ssumieren v., Tran(s)=
sumpt n.; Tran(s=)ssylvanien (spr. =wä=) n.,
tran(s=)ssylvanisch a. 2c.; ferner z. B.: trans=
tiberinisch a. (II 153, vgl. Trastevere 2c.);

transvehieren (spr. =we=) v., Transvektion f.;
Transversale (spr. =wers=) f., vgl. traver=
sieren 2c. — Trapez (gr., ‿—) n.: Tra=
pezoid n. — Trapiche (span., spr. =itsche) m.
— trapp! interj.: (vgl. Trab; II 123)
Trapp m., auch (schweb.) Art Gestein;
Trappe m., f.; trappeln, trappen v.; Trap=
per (engl.) m.; Trappist m. (v. der Abtei
la Trappe) 2c.; trappieren v., vgl. klappen 2c. —
Traß m.: Art Gestein. — Trassant (it.) m.:
Trassat m.; trassieren v. (versch. tracieren). —
Tras(=)tevere (it., spr. =tēwere) n.: Tras=
teveriner m. (vgl. transtiberinisch) II 153,
ähnl. (span.) Tras(=)tamare: — trät(=)schen
v.: Kat. 284 2c. — Trattorie (it.) f.: II 120.
— Trause f.: träufeln v.; tränsen v. (s.
triefen). — Travade (frz., spr. =wāde) f. —
travail(=)len (frz., spr. =wäsjen) v.: tra=
vaillieren v. — Trave (spr. träwe) f.:
Travemünde. — Traveller (engl., spr. tréw=
weller) m. — Traverse (frz., spr. =wers') f.:
traversieren v., vgl. Transversale 2c. —
Travertin(o) (it., spr. traw=) m. — Tra=
vestie (it., spr. traw=) f.: travestieren v. —
Trabiato (it., spr. traw=) a. 2c. — Trawl
(engl., spr. träl) n.: Trawler m. — Trea=
sure (engl., spr. tréhsjur) m.: Treasurer m.;
Treasury f. 2c.: Treber (f. Kat. 30³⁰. —
Trébuchant (frz., spr. trebüscháng) m.: Tre=
büchet (spr. =schē) m.; trébuchieren v. —
treffen v. (niederd.): Trechschute f. od. (ganz
hell.): Trechschute (f. Schuit). — Treff n.:
im Kartenspiel für frz. trèfle (spr. träf'l);
ferner zu treffen v., er trifft (versch. Trift f.);
Impf.: traf 2c., Konj.: träfe; getroffen, vgl.
triefen 2c.; Treffen n.; treff(=)lich a. 2c. —
Treillage (frz., spr. treljäsj) f.: Treille f.;
Treillis (spr. =i) m., vgl. Traille. — Treize
(frz., spr. träs') n.: treizen v. (blüschern). —
Trem(=)bleur (frz., spr. trangblör) m.: Tre=
molo (it.) m.; Tremulant (nlat.) m.,
tremulieren v. — Tremplin (frz., spr.
trangpléng) m.: f. Trampolin. — Tremse f.
— Trendel m.: trendeln v. (besser als trän=
deln u. trentein). — Trepan (gr.=frz., ‿—)
m.: Knochen=, Schädelbohrer (versch. ma=
laiisch: Trepang 2c., Art Holothurien); Tre=
panation f.: trepanieren v.; Trephine f. —
Treppe f.: treppauf, treppab I 114; ein
Treppauf, Treppab II 15. — Treschack (it.)
n.: treschaken v. 2c. — Trésean (frz., spr. =sō) n.
— Tresor (frz., ‿—) m.: Trésorier (spr.
=orjē) m.; tresorieren v. — Tre(=)sse f.:
II 158. — Tresse (frz.) f.: Tresseurrock 2c.;
Tressenje (spr. =ése) f. 2c. — Trester f. —
treten v.: du trittst, er tritt (Kat. 77¹⁷):
tritt! (vgl. Tritt 2c.); Impf.: trat, Konj.:
träte (Kat. 26⁵); getreten 2c.; Tret(=)haspel
II 111. — treu a.: es treu meinen; treu
gemeint od. (als ein Begriff): treugemeint
a.; treufleißig a. 2c. I 142; Treu(e) f.;

meiner Treu! 2c. — treuft 2c.: f. triefen. —
Triage (frz., fpr. =äif}') f. — Trial (engl.,
fpr. treiäll) n. — Triangel (lat.) m.: tri=
angulär a. II 7; Triangulation f. 2c. —
Triarier (lat.) m.: II 119. — Triboulet
(frz., fpr. =bulé) n. — Tri(=)brachys (gr.) m.
— tribulieren (lat.) v. — Tribun (lat., ᴗ—)
m.: Tribunen pl.; Tribüne f., Tribünen pl.
II 203; tribunicifch a. — tributär (lat.) a.:
II 7. — Triennien (lat.) pl.: II 119. —
Tricinien (lat.) pl.: ebb. — Trick (engl.) n.
— Tricktrack n.: (frz. trictrac). — tricb:
Impf. v. treiben; Trieb m. — triefen v.:
fchwach= u. ftarkformig, — alterthümlich:
du treuft (vgl. fliegen 2c.), er treuft; treuf!
—, zu unterfcheiden v. träufft 2c.; Impf.:
troff, Konj.: tröffe; getroffen (vgl. treffen). —
triegen: f. trügen. — tricnnal (lat.) a.:
II 115 ff; Triennien pl. 2c. — Trient:
Trientiner m., a. — Trier: im Rheinland:
Trierer m., a. — Tricrarch (gr.) m.: —
Triere f. — Tricteris (gr., ᴗᴗ—ᴗ) f.:
trieterifch a. — Trieft (it.): Triefter m., a.
(verfch.: Triefter, als Nebenform zu Trefter).
— triezen v. — Trifolien (lat.): pl. zu
Trifolium. — Triforien pl. — Trift f.:
(verfch.: trifft v. treffen, vgl. auch: Drift;
triftig a. — Trigaud (frz., fpr. =gö) m.:
(verfch. Trikot); Trigauderic f. 2c. — Tri=
glyph (gr.) m. 2c. — Trigonien (gr.): pl.
zu Trigon(ium); Trigonome(=)trie f. 2c. —
Tritolore (frz., ᴗᴗ—ᴗ) f. — Tritot (frz.,
fpr. =tö) m., n.: (verfch. Trigaud); Trifo=
tage (fpr. =otäfje) f.; Trifoteufe (fpr. =öje) f.
— trillen v.: f. brillen. — Triller m.:
trillern v., vgl. trallern 2c. — Trilling m.:
f. Drilling. — Tril(=)lion f.: vgl. Million. —
Trimorphismus (gr.) m. — Trinalrien
(gr.) n. — Trine f.: f. Katharina. — Tri=
nitarier (lat.) m.: II 120; Trinität —
Triolett (frz.) n.: II 211. — Tripel: 1) m.
(frz. triple) breifache Partie 2c.; Tripel=
alliance f. (f. Alliance). — 2) m. (frz. tri=
poli) Poliermittel (aus Tripolis): (ab)tri=
peln v. (verfch.: trippeln). — Tripe=Ma=
dame (frz., fpr. tripmadämm) f., m., n. —
Triph(=)thong (gr.) m. — tri(=)plieren
(frz.) v. — Tripot (frz., fpr. =pö) m.: Tri=
potage (fpr. =täfj) f. — tripp! interj.:
vgl. trapp; tripptrapp. — Tripp m.: =
Trippfammet (frz. tripe de velours); ver=
altet auch=Turmalin. — trippeln v.: (vgl.
tripp!), verfch. tripeln (f. Tripel 2). —
trip(=)terifch (gr.) a.: II 195. — Trip=
tolem (gr., ᴗᴗ—) m.: Trip(=)tolemus
(ᴗ—ᴗᴗ) m. — Tripudien (lat.) pl.:
II 117. — Tris(=)agion (gr.) n.: II 149. —
Tri(=)feltion (lat.) f.: ebb. — tri(=)fomatifch
(gr.) a.: ebb. — Tri(=)fpaft (gr.) n. 2c. —
trift (lat.) a.: tri(=)fter 2c.; Tri(=)ftez(=)za
(it.) f.; Triftien (lat.) pl. — tri(=)ftrophifch

(gr.) a. 2c. — trifyllabifch (gr.) a. — Tri=
tonia (gr.) f.: Tritonien 2c. — tritt 2c.:
f. treten. — Triumph (lat.) m.: Trium=
phator m.; triumphieren v. 2c. — Trium=
vir (lat., fpr. triumwir) m.: Triumwirn pl.;
Triumvirat n. 2c. — trivial (lat., fpr. =wiäl)
a.: Trivialität f. 2c.; Trivien pl. zu Tri=
vium II 121. — Trizonien (gr.) pl.: II 119.
— Troalar 2c.: f. Trotar. — troc (frz.)
m.: troc pour (fpr. pur) troc, f. trodieren
u. Truck. — trochnifch (gr.) a.: Trochäus
m. II 114; Trochoïde f. II 109. — troden
a.: trockenweg adv. I 143; trock(=)nen 2c. —
Troddel f.: II 222, verfch.: Trottel 2c. —
trödeln v. 2c. — Troer (gr., 2filbig) m.:
I 3 = Trojaner, vgl. troïfch. — troff: tröffe,
f. triefen. — trog: Impf. v. trügen, Konj.:
tröge, — verfch.: Trog m., Tröge pl.;
Trög(=)lein n. II 183. — Troglnlien (gr.)
pl.: II 118. — Tro(=)glodyt (gr.) m.:
II 184 2c. — Troilfa (ruff.) f.: II 109. —
Troitar: f. Trotar. — Troitus (gr.) m.:
II 109. — troïfch a.: ebb., f. Troer. —
Troifé (fpr. troafé) n.: troifieren v., im
Billard (unfrz., vgl. triplieren); Trois-quarts
(fpr. troatár) f. Trotar. — Troja: Trojaner
m.; trojanifch a. 2c. — Trojal m.: poln.
Münze. — Trotar (frz. trocart ob. trois-
quarts 2c.) m.: trotarieren v. — trotieren
(frz. troquer) v.: f. troc u. Truck. — Trom=
pete (frz., ᴗᴗ—) f. 2c.: vgl. Drommete. —
Trompeufe (frz., fpr. trongpöf) f. II 130. —
tronfieren (frz. tronquer) v.: II 78. —
Tropäe (gr.) f.: zumeift: Trophäe f. (nach
frz. trophée m., während das gr. Wort
urfprünglich n. ift). — Trophonius (gr.) m.
— troquieren: f. trotieren. — Trottel m.:
Kretin (verfch.: Troddel). — Trottoir (frz.,
fpr. =oär) n.: mit lautendem ᴐ): Trotz
präp., trotz alledem I 77; trotzdem 79;
trotzdem daß 2c. 125; trotzdeffen 79; trotzen
v.: trotzig a. 2c. — Trou (frz., fpr. tru) n.
II 206. — Troubadour (frz., fpr. trubadür)
m.: ebb. — Trouble: f. Trubel. — Trou=
Madame (frz., fpr. trumadäm) m., n. —
Troupe; f. Truppe: Troupeau (frz., fpr.
trupö) m., Mz. (mit lautendem ᴐ): Trou=
peaus (vgl. frz. troupeaux, fpr. =pö); Trou=
pier (fpr. trupjé) m. — Trouffeau (frz.,
fpr. truffö) m., n.: Mz. (mit lautendem ᴐ):
Trouffeaus (vgl. frz. trousseaux, fpr. =ö);
trouffieren v. — Trouvaille (frz., fpr. tru=
wälj) f.: Trouvère (fpr. =är) m.; Trouveur
(fpr. =ör) m. — Troy (engl.): Troygewicht
n., Troypfund n. 2c., nach der frz. Stadt
Troyes (fpr. troa). — trüb(e) a.: im Trüben
II 18. — Trubel m.: (frz. trouble) II 208. —
Trübfal n., f.: trübfelig a., f. fal. — Truch=
man (frz., fpr. trüfch'mäng) m.: Dragoman.
— Truch(=)feß m. II 91. — Truck (engl.,
fpr. tröd) m.: (f. trofieren) Trucksyftem n. 2c.—

trug: Impf. v. tragen; Konj.: trüge, versch.:
Trug m.; trügen v. (veraltet: triegen, s.
lügen), Impf.: trog, tröge ꝛc.; trüglich a. —
Trumeau (frz., spr. trümö) m.: Mz. (mit
lautendem s): Trumeaus (vgl. frz. trumeaux,
spr. =ö). — Trupp m.: Trupps pl.; Truppe
f.; Truppen pl. ꝛc. (frz. troupe ꝛc.) II 208. —
Trut(=)hahn m.: II 110; 173; Trut(=)huhn
n. ꝛc. — Truppesis (gr., ◡–◡) f. — Try=
sail (engl., spr. treißehl) n.
Tschaike (türk.) f.: II 84, Tschaikisten pl.,
— ähnlich: Tschako (ungar.) m.; Tschapka
(poln.) f.; Tscharda (ungar.) f.; Tscharcat
(türk.) m.; Tschardas (ungar.) m.; Tscheche
(böhm.) m., tschechisch a. ꝛc.; Tscherkesse m. ꝛc.;
Tschetwert (russ.) m. ꝛc.; Tschibuk (türk.) m.,
Tschibuk(=)tschim.: Tschikos (ungar.); Tschis=
men (ungar.) pl.; Tschorbat(=)schi (türk.) m.;
Tschumat (russ.) m. ꝛc. — Tsetse f.: Tsetse=
fliege (in Afrika).
Tuberkel (lat.) f.: tuberkulös a.; Tuber=
kulose f. ꝛc. — Tuberose (lat.) f. — Tübet
n.: s. Tibet n. — Tubularie (nlat.) f. —
Tuch n.: des Tuch's II 69. — tüchtig a.:
II 92. — Tücke f.: Tückebold m.; tücklich
a. ꝛc. — tüdelk (frz. tudesque) a.: II 162;
204. — Tuff m.: Tuffstein. — Tüffel: s.
Düffel. — tüfteln v.: austüfteln ꝛc. (vgl.
tüpfeln), besser als tifteln, düfteln, tifteln. —
Tugend f.: tugendlich a. — Tüfterien (frz.):
II 204. — Tuisko(n) m.: mythischer Stamm=
vater der Deutschen (nicht Thuisko). —
Tulban(d) m.: Tulben(d), s. Dülbend u.
Turban. — Tulisänthchen u. — Tüll m.:
nach der frz. Stadt Tulle (spr. tüll). —
Tülle f.: Lampen=, Leuchtertülle ꝛc. — Tum=
mel m.: Tümm(e)ler m.; tumm(e)lig a.;
tummeln v. ꝛc. — Tümpel m. — tummel=
tuös (lat.) a.: II 139. — Tünche f. —
Tunika (lat.) f. — Tunnel (engl.) m. —
Tupf m.: Tüpf(=)el m., n.; türf(e)lig a.;
tüpfeln v.; tupfen v. — Turban m.: aus
pers. Dülbend. — Turbine (lat.) f.: Tur=
binit m.: Turbinolith m. — Turf (engl.,
spr. törf) m. — Turges(=)cenz (lat.) f.:
II 80; 163. — Turibulum: s. Thuribulum.
— Türke m.: Türkei f.; Türkis m. (◡–),
Mz.: Türkisse u. ◡–, Mz.: Türkise, Kat.
39²¹; nicht gut — nach frz. turquoise —
Turkoase (bei H. Heine); türkisch a.; Turk'o=
manen pl. — Turlupin (frz., spr. türlüréng)
m.: Türlüpinade f.; türlüpinieren a. II 204.
— Turmalin (it.) m.: nicht mit eu in der
1. Silbe II 208. — Turnei f.: turnen v.;
Turnier n. ꝛc. ebb. — Turnips (engl., spr.
törnips) pl. — tusch! interj.: dazu: tu=
schen v.; tuschen (s. u.), tischen v., ver=
tuschen ꝛc. — versch.: Tusch m., Trom=
petentusch ꝛc.; ferner — zusammenhängend
mit frz. toucher —: Tusch m. (buridschtes),
Beleidigung zum Duell (dazu: tuschieren v.)

u.: Tusche f., Tuschkasten m. ꝛc., dazu:
tuschen (s. o.) v. II 89; 208. — Tus(=)cier
(lat.) m.: = Tusker m. II 161; 163; tus=
cisch, tuskisch a.; tuskanisch a., Tuskulumn.
— tut! interj.: Tut(=)horn n.; tuten v.,
Tute, Tüte f. (nach der Ähnlichkeit mit dem
Tuthorn) Kat. 68²¹. — Tüttel m., n.:
Tüttelchen n. (versch. Titel) Kat. 32¹⁵. —
Tutti (it) n.: tutti frutti pl. II 105.
Twiete f.: (niederd.) Zwischengasse (in
Hamburg). — Twist (engl.) m.
Tympanitis (gr.) f. ꝛc. — Typen (gr.)
pl. — Typhon (ägypt.=gr.) m.: (versch.
Taifun). — typhös (gr.=lat.) a.; Typhus
m.; Typhuseepidemie f. ꝛc., typisch (gr.) a.:
Typo(=)graph m. ꝛc.; Typus m. (s. Typen).
— Tyrann (gr.) m. ꝛc. — Tyrier m.: aus
Tyrus; tyrisch a. (versch. thierisch). — Tyrol
ꝛc.: s. Tirol. — Tyrtäus (gr.) m.: II 114.

U.

übel a.: übel — nehmen, wollen ꝛc.;
aber (I 60): das Übelwollen; übelwollend
a. ꝛc.; übel n.; Übelkeit f., besonders: Üblig=
keit f. (versch.: Üblichkeit v. üben) Kat. 87²ᵇ ff.
— üben v.: übe, apostrophiert: üb' (nicht
üb) Kat. 121¹ ꝛc. Dazu: üblich (spr. üp=)
a.: Üblichkeit f. (s. b. Vor.). — über präp.:
verschmelzend oder mit Acc. des be=
stimmten Artikels (I 28 ff): überm; übern;
übers, wie: übers Jahr, aber z. B.: über'n
[=ein] Jahr u. über's [=des] Kindes Be=
griffe (vgl. auf's, hinter's, um's ꝛc.). Als
Präpos. getrennt von dem Abhängigen, z. B.:
über alle Begriffe, Maßen ꝛc.; über die
Maßen (selten: über Maßen I 95); über
einander (s. b., aber subst.: das Übereinan=
der); über die Ecke, aber (s. u.) adv.:
übered, ähnlich: über die Seite, aber: über=
seit schaffen; weder über Das, noch über
Dies (Jenes) herrscht Zweifel (s. u.: über=
das ꝛc.); über kurz (s. b.) od. lang u. s. w.
Als Präfix dagegen in Zsstzgn., z. B.: un=
trennbar (s. u.) ꝛc. u. trennbar (s. u.):
übersetzen(◡–◡◡)ꝛc.;überschreiben(◡–◡–◡
u. –◡–◡) übervortheilen (–◡–◡–◡)
u. ähnliche Verba; ferner Subst. wie: Über=
setzung f.; Überschrift f. ꝛc.; Überdruß m;
übrig. — Überhand f.: Überhand (z. B.: die
Überhand gewinnen ꝛc., wie Oberhand;
meist ohne Artikel: Überhand — nicht gut:
überhand — nehmen ꝛc. I 86); Übermaß n.;
Übermuth m. ꝛc. u. Adj., mehr: überflüssig;
überlang; übermäßig; übermüthig (versch.:
übermuthig, Kat. 24¹⁷); überschwänglich;
überzählig ꝛc.; kann auch (s. I 39) in Par=
tikeln (theils Zsstzgn., theils Zusammen=

schiebungen), nämlich: überall adv. I 118; von überall her, aber überallher, überallhin I 134 ꝛc. (subst.: der Überall u. Nirgendwo); überaus adv. I 120; überdas, überdem, überdies adv. I 79, aber: über Dieses I 78 (f. o.); übereck adv. (f. o.); überein adv. I 63, z. B.: sich überein kleiden; überein klingen, kommen, stimmen, treffen ꝛc., aber: übereinklingend a.; Übereinkommen u., wie: Übereinkunft f.; das Übereinstimmen (Übereinstimmung f.), übereinstimmend a. (übereinstimmig a.) ꝛc., selten: übereins I 80; überhalb präp. (selten st. oberhalb) I 84; [Überhand nehmen ꝛc., f. o.]; überhaupt adv. I 86; überher adv., überhin adv. I 134; überlei a. (=übrig) I 89; übermorgen adv.; überquer adv.; überrück adv. (veraltet) I 97; überseit adv. I 98; überübermorgen adv.; überwärts adv. I 143; überweg I 143; überzwerch adv. ꝛc. — Ubier m.: II 117. — üb(=)lich a.: Üb(=)lichkeit f. (s. üben), versch. Üb(=)ligkeit f. v. übel (s. b.) II 175; 178; 183; 216. — üb(=)rig a.: II 178; übrig bleiben, aber: übrigbleibend a. ꝛc.; das Übrige; im Übrigen; die Übrigen ꝛc.; übrigens adv.; übrigentheils adv. I 101.

Uchsen (spr. ux) f.: (oberb.) Achselhöhle II 90. — U(=)der f.: II 128; Uckermark ꝛc. uff! interj.

Uhlan ꝛc.: s. Ulan ꝛc.. — Uhle f.: nieberb. für Eule, nam.: weichhaariger Besen; uhlen v., geuhlt (2 silbig) II 111. — Uhr f.: (versch. Ur): um halb zehn Uhr ꝛc. II 29; Uhrmacher m. ꝛc.: Uhrzeit f. (versch. Urzeit). — Uhu m.: des, die Uhus I 30. — Uhz m.: (rheinisch) Fopperei (versch. Utz); uhzen v., geuhzt (2 silbig) II 111.

uit (holl., spr. eut): = aus, z. B.: Uit= lander m.; Uitlegger m. ꝛc.

Ukas (russ.) m.: Ukase f. — Uk(e)lei (slaw.) m.: ein Weißfischchen. — Ukraine f.: besser als Ukraïne (vgl. Krain) Kat. 20^16; Ukrainer m., a.

Ulan(e) (poln.) m.: Ulanka f. — ulcerös (lat.) a. — Ulema (ar.) m.; pl. — Ulrich m.: Ulrich's ꝛc.; verkürzt: Ultz; weibl.: Ulrike. Kat. 85^7; 128^34; 129^5; ^15. — ultimo (lat.) adv.: Ultimo ꝛc. — Ul(=)tra (lat.) m.: Ultras pl.; Ultramarin m. (Kat. 46^34); Ultramontanismus m. ꝛc. — Ulyß (lat.) m.: Ulysses m. = Odysseus (gr.).

um präp. ꝛc.: ums ꝛc. (= um das ꝛc.), aber z. B.: um's (= um des) Himmels willen ꝛc. I 28; um so (ob. besto) — besser, mehr, weniger ꝛc.; als Adv., nam. in Zsstzgn, wie: umarbeiten, umbringen, umkommen ꝛc. v. (mit dem Ton auf der trennbaren Vorsilbe: umgearbeitet; umzuarbeiten; ich arbeite Etwas um ꝛc.) u.: umarmen, umkreisen, umzirken ꝛc. v. (mit tonloser untrennbarer Vorsilbe: umarmt; zu umarmen; ich umarme ꝛc.) u., je nach der Betonung: untrennbar ob. trennbar: ummauern ꝛc. (wo die zusammenstoßenden beiden m in der Schreibschrift nicht durch die Ligatur ⁓ zu bezeichnen sind, I 7); umgehen, umrennen ꝛc. v. (◡⌣◡ ob. ⌣◡), vgl. auch (s. I 74), um zu umrennen (◡◡ ⁀◡), nebst Fortbildungen u. Ableitungen; ferner in den Adv. (s. I 139; 140): umher (auch in trennbar zsgsetzten Zeitw., wie umherlaufen ꝛc.); umhin; umsonst u. (selten) umwärts. — Um(=)brien n.: umbrisch a.

un(=)abläßig a.: v. ablassen. — unbe= deutend a.: Unbedeutenheit f., s. bedeutend u. so entsprechend überhaupt für die Zsstzgn. mit un. — Unbilde f.: nam. Un= bilden pl. zu Unbill f. (m.; n.); unbillig a. — unchristlich a. (spr. =krist=). — uncial (lat.) a.: Uncialbuchstaben, Uncialen ꝛc. — und conj.: und ob; und wenn I 130; fünf= undzwanzig ꝛc. (nicht als 3 Wörter) I 47. — Undertaker (engl., spr. önbertēker) m. — Undine (nlat.) f.: Kat. 47^2. — un(=)endlich a.: unendliche Mal(e); unendlichmal I 92. — un(=)entgeltlich a.: Entgelt. — un(=)er= läßlich a. — Unflath m.: Unflätherei f.; unflätig. Kat. 29^23; 59^26. — Ungar m.: Ungarn pl. u. n. II 191, s. u. Unke. — ungeachtet präp. u. conj.: ungeachtet das ꝛc. — ungefähr a.: Ungefähr n. (veraltend: Ohngefähr). — Ungemach n.: des Unge= mach's II 69; 91. — ungeschlacht a. — ungestalt a.: = ungestaltet; Ungestalt f. Kat. 77^10. — Ungethüm n.: Kat. 58^26. — unglücklich a.: unglücklicherweise adv. I 106. — ungünstig a.: ungünstigen Falls (s.b.). — unheimlich(e)lig a.: richtiger als unheimlich, s. heimelig. — un(=)interessant a. ꝛc., vgl. b. Folg. — u(=)nieren (lat.) v.: (vgl. b. Vor.) unisieren v.; Uniform f.; Unikum n.: Union f.; unison (it.) n.; Uni= tarier m. II 119; universal (spr. =wersal) a., Universalmittel, Universalien pl., universell II 113, Universität f., Universum n. — Un(=)le f.: mit nasalem n, aber in der Silbenbrechung wie bei Un(=)kenntnis ohne solches (II 192), ähnlich wie Un(=)garn u. un= gern ꝛc. — Unk(=)tion (lat.) f.: Unk=torsen pl. II 119. — unlängst adv. — unleugbar a. — Unmacht f.: Machtlosigkeit (versch.: Ohn= macht) ꝛc. — unmaßgeblich a. — un(=)nenn= bar a.: wo in der Schreibschrift das erste nn, nicht wie das zweite, durch die Ligatur ⁓ bezeichnet werden darf I 7; ähnlich:

Unnatur f.: unnoth a., von Unnöthen I 96; unnütz ꝛc. — un(=)ordentlich a.: Unord= nung f. ꝛc. — unpaß a.: unpäßlich ꝛc. Kat. 62^4, vgl. Paß. — Unrath m.: Kat. 59^16. — unrecht a.: Unrecht n. (vgl. recht ꝛc.).

uns pron.: in fürstl. Erlassen ꝛc.: Uns I 13
(vgl. unser; wir). — unsagbar a.: unsäg=
lich a. Kat. 84⁷. — Unschlitt n. — unser
pron.: s. uns u. (auch) über die Fortbil=
dungen) dein; ferner: unser Einer (s. b.) u.
über die Formen unserer, unsrer, in der
Silbenbrechung: uns'rer II 217—219. —
un(=)skrupulös a.: II 159. — unstät a.:
s. stät; unstätig a. — Unstatten pl.: mit
(ob.: nicht ohne) Unstatten ꝛc.; unstatthaft ꝛc.
— untad(e)lig a.: Kat. 70²¹; 86³⁶. —
unten adv.: s. den Egsh. oben, z. B.: von
unten an (auf); nach unten hin ꝛc.; aber:
untenan adv.; untenhin adv. ꝛc.; unten
durch sein I 126 ꝛc.; ein Oben u. Unten ꝛc.
— unter präp. u. Präfixum (vgl. über) u.
Adj. (vgl. ober): mit dem Dat. u. Acc. des
bestimmten Artikels verschmelzend zu unterm;
untern; unters, aber z. B.: unter'n [= ein]
Loth ꝛc.; unter's [= des] Rosses Hufen ꝛc.;
— unter Andrem ꝛc.; unter der Hand ꝛc.;
unter einander (s. b.), aber subst.: das Un=
tereinander ꝛc.; ferner z. B.: die untern,
untersten Stufen ꝛc.; die Untern müssen
den Obern (s. b.) gehorchen; das Unterste
zu oberst u. das Oberste zu unterst kehren ꝛc.;
ferner in Zsstzgn., z. B.: trennbare Zeitw.:
unterordnen (‿‿‿) untergeordnet, unter=
zuordnen, ich ordne mich unter ꝛc.) u. un=
trennbare: unterrichten (‿‿‿‿), unter=
richtet, zu unterrichten, ich unterrichte ꝛc.)
u. Subst. u. Adj., wie: Unterordnung f.;
Unterricht m.; Unterthan m., unterthänig a.;
Unterhandlung f., Unterhändler m.; Unter=
officier m.; Unterschleif m. ꝛc.; unterirdisch
a.; unterschlächtig a.; unterköthig a. (Kat.
59¹⁰) ꝛc.; endlich in partikelhaften Zsstzgn.
u. Zusammenschiebungen (s. I 141), näm=
lich: unterdeß ob. unterdessen adv. u. conj.
I 79 (veraltet: unterdem u. unter diesem
I 78); unterhalb präp.; unterhand adv.
(mundartl. statt: unter der Hand) I 86;
unterwärts adv. I 143; unterweg adv. ebd.;
unterweg(e)s adv., minder üblich: unter=
wegen(s) I 105; unterweilen adv. ebd.,
vgl. unter Zeiten 113; unterzwischen adv. 145.
— unverhohlen a.: Kat. 54¹⁹ (v. verhehlen).
— unverdientermaßen adv. I 95, so: un=
verschuldetermaßen ꝛc. — unversehens adv.:
versch. gebildet zusehends. — unverzüglich
a.: ohne Verzug ꝛc. — unweit a.: (ver=
altend ohnweit). — unwirsch a.: Kat.98¹⁹.
— unwissend a.: Unwissenheit Kat. 73¹¹. —
unwohl a.: unwohl sein, sich befinden ꝛc.,
aber: das Unwohlsein I 60. — unzählig a.:
Kat.85³⁶; unzählige Male; unzähligmal adv.
I 91; 93.
Ur m.: Auerochs (versch. Uhr f.); ferner
als Vorsilbe (II 209), hinter der füglich
Bindestriche stehen, wenn die 2. Hälfte der
Zsstzg. mit einem Vokal beginnt, z. B.:

Ur=Ahne m., f.; Ur=All n.; ur=alt a.,
Ur=Alter n.; Ur=Anfang m. ꝛc.; Ur=Ei
n.; ur=eigen a.; Ur=Eigenthümlichkeit f.;
Ur=Eltern pl.; Ur=Enkel n.; ur=ewig a. ꝛc.;
Ur=Insassen pl.ꝛc.; Ur=Ochs m.; Ur=Odem m.
ꝛc.; Ur=Ur=Elterahn m. ꝛc., vgl. d. Folg.
— U(=)ral m.; Uralgebirge ꝛc.; Uralit m. —
U(=)ran (gr.) n.: Urania f., Uraniens II 118
ꝛc.; Urano(=)ssop n. ꝛc. — urban (lat.) a.:
Urban m.; Urbanität f. — urbar a.: Ur=
barien (mlat.) pl. II 119. — Ur=Ei n. ꝛc.:
s. Ur. — U(=)reter (gr.) m.: Ure(=)thra f. ꝛc.
— Urfehde f.: Kat. 53⁹, vgl. Fehde. —
Urhahn f.: gewöhnlich: Auerhahn. — U(=)ri:
in der Schweiz. — U(=)rian m. — U(=)rias=
brief m. ꝛc. — U(=)rin (lat.) m.: urinieren
v. ꝛc. — Ur=Insasse m.: s. Ur. — Ur=Ochs
m.: s. Ur. — U(=)robynie (gr.) f.: Urolith
m.; Uros(=)chesis f. ꝛc. — Urtel a.: (vgl.
Viertel ꝛc. I 100); Urtheil n., mit geschärf=
tem u, —versch.: Ur=Theil (mit gedehntem u)
I 14; II 209; 215; urtheilen v. (veraltend
urteln). — U(=)rubu m.: amerikan. Aasgeier.
— U(=)ruguay (spr. =äj). — Ur=Ur=Ahn ꝛc.:
s. Ur. — Urzeit f.: versch. Uhrzeit.
Usage (frz., spr. üsäsh') f.: Usance (spr.
üsängß) f. II 204; Uso (it.) m.; usuell a.
II 213 ꝛc.
Utah: Mormonenstaat. — Utensilien (lat.)
pl.: II 118; Utilitarier m. 120 ꝛc. —
Utopie (gr.) f.: Mz.: Utopie(e)n, versch.:
Utopien n. II 116. — U(=)traquist (mlat.)
m. ꝛc. — Utz m.: s. Ulrich, versch. Uhz.
uvular (lat., spr. uw=) a.: Uvularien pl.
II 120.
Uz: s. Uhz, vgl. Utz.

B.

B; in einigen deutschen u. ganz einge=
bürgerten Wörtern mit dem Laut des f u.
in zahlreichen Fremdwörtern mit dem Laut
des w (Kat. 64¹⁹ ff, vgl. =iv).
vacciniren (lat., spr. waz=) v. ꝛc. —
Vache (frz., spr. wasch) f.: Vachen pl.
Vacheleder n. (versch.: Waschleder); Vachette f.
— vaciren (lat., spr. w=) v. — Vademe=
kum (lat., spr. w=) n.: des, die Vademe=
kums. — vag (lat., spr. w=) a.: vage, nicht
(nach) frz. Weise) vague, s. II 133; 209;
Vagabund m. ꝛc., besser als Vagabond (frz.,
ohne frz. Auspr.); Vagant m.; vagiren v.
— Vaisselle (frz., spr. wäßéll) f. — valant
(lat., spr. w=, ‿—) a.: Valanz I 80,
besser als Valance (frz., spr. =ángß) f II 209;
Valat (—‿) n. ꝛc. — valediciren (lat.,
spr. w=) v. ꝛc. — Valencia (span., spr. w=).
— Valenciennes (frz., spr. walangßiénn):

Valenciennen m.; a. — **Valentin** (lat., spr. w=) m.: (vgl. Velten); Valentine f. — **Valeriana** (lat., spr. w=) f.: Baldrian. — **Valet:** 1) (lat., spr. walet) n.: Abschied. — 2) (frz., spr. wale) m.: Diener: Valetaille (spr. waletálj) f. — **Valeur** (frz., spr. walör) f.: validieren v. 2c., valieren v. — **Valise** (frz., spr. w=) f.: s. Felleisen. — **Valor** (lat., spr. wäl=) m.: Valorenbrief (◡—◡=) m. 2c.; Valuta (it.) f.; valutieren v., val=vieren (spr. walw=) v. — **Vampir** (it., spr. w=) m.: besser mit i als y: Vampirismus m. 2c. — **I van** (holl., spr. wänn): von, — zumal vor Namen. — **II Van** (engl., spr. wänn) m. — **Vanadium** (nlat., spr. w=) n. — **Vandale** (lat., spr. w=) m.: Vandalis=mus m. 2c. — **Vanille** (span., spr. wanilje) f. — **Vaniloquenz** (lat., spr. w=) f.: Vanität f. 2c. — **Vapeur** (frz., spr. wapör) f.: va=porös a. 2c. — **Vaqueano** (span., spr. wak=) m. — **Varel** (frz., spr. w=) m. — **variabel** (lat., spr. w=) a.: Variante f.; Variation f.; Varicellen pl.; Varietät f. II 119; variieren v. 2c. — **Varinas** (spr. w=): Varinas(=taback) m. — **Variolen** (lat., spr. w=) pl.: Varioliden pl.; Variolith (lat.=gr.) m.; Va=rioloïden pl. II 109. — **Varsovienne** (frz., pr. warßowjénn) f. — **Vasall** (nlat., spr. w=) m. — **Vase** (frz., spr. w=) f. — **vast** (lat., spr. w=) a.: weit, umfassend. — **Vater** m.: Vater unser; das Vaterunser; vater=landsliebend a. I 36; väterlicherseits adv. I 98 2c. — **Vaticinien** (lat., spr. w=) pl.: II 119. — **Vatikan** (lat., spr. w=) m. 2c. — **Vaucluse** (frz., spr. woklüs'). — **Vaudeville** (frz., spr. wod'wil) n. 2c. — **Vaurien** (frz., spr. worjéng) m. — **Vauxhall** (engl., spr. wáłshål) n. — **Veda** (skr., spr. w=) m. — **Vedette** (frz., spr. w=) f. — **Vedute** (it., spr. w=) f. — **Veen** f.: die hohe Veen. — **Vega** (span., spr. w=) f.: versch. Wega. — **Vegetabilien** (lat., spr. w=) pl.: II 118 2c.; Vegetarianer m. 2c.; vegetativ a., s. =iv; vegetieren v. — **Veglia** (it., spr. wélja) f.: besser als Vegghia. — **Vehde:** s. Fehde. — **Vehe:** s. Feh. — **vehement** (lat., spr. w=) a.: Vehemenz f.; Vehikel n. — **Vehm:** s. Fehm. — **Vehn:** s. Veen. — **Veigelein** n.: Gelb=veigelein 2c.; Veil m., Veilchen, s. Viola. — **Veille** (frz., spr. wélj') f. — **Veit** m.: nlat. Vitus (s. Guido): Veitsbohne f.; Veits(=)tanz m. II 155. — **Vektigal** (lat., spr. w=, ◡—◡) n.: Vekturant m. 2c. — **Velarien** (lat., spr. w=) pl.: II 119 2c. — **Veleda** (spr. wél=) f. — **Velin** (frz., spr. weléng) n. 2c. — **Veliten** (lat., spr. w=, ◡—◡). — **Velleität** (frz., spr. w=) f. — **Vellon** (span., spr. weljön) m. — **Velociped** (nlat., spr. w=, ◡◡◡—) m., n.: besser als: Vélocipède (frz., spr. weloßipäb') II 209. — **Velours** (frz., spr. welúr) m.: velontieren v. 2c. — **Velpel:** s. Felpel. — **Veltelin** (spr. w=): Velteliner m., a. — **Velten** m.: Valentin. — **Velveret** (engl., spr. wélwerett) n., m.: Velvet n., m.; Velveteen (spr. =tin) n. — **venal** (lat., spr. w=) a. — **Vendée** (frz., spr. wangbé) f.: Vendéer m., a. 2c. — **Vendémiaire** (frz., spr. wangdemiär) m. — **Vendetta** (it., spr. w=) f. — **Vendôme** (frz., spr. wangdöm): Vendômesäule f. — **Vene** (lat., spr. w=) f. — **Venedig** (spr. wenē=): Venetia (lat., it.); Venetianer m., a., venetianisch a. — **Vene=ficien** (lat., spr. w=) pl.: II 117. — **vene=rabel** (lat., spr. w=) a.: Venerabile n. 2c.; venerieren v. — **venerisch** (lat., spr. w=, ◡—◡) a. — **Venetia:** (s. Venedig); Vene=zuela 2c. — **venös** (lat., spr. w=) a. — **Ventil** (lat., spr. w=, ◡—◡) n.: Ventilation f.; ventilieren v. 2c.; Ventöse (frz., spr. wangtöſ') m.; Ventouse (spr. wangtuß') f. 2c. — **ven=tral** (lat., spr. w=) a.; Ventriloquist m. 2c. — **Venus** (lat., spr. wēn=) f.: vgl. (ungewöhn=lich, bei Thümmel): der Sänger von Venus (st. Venusia) Kat. 125²⁶ ff; II 3 ff. — **ver=:** als untrennbare Vorsilbe in Zsstzgn., von denen (vgl. je die zweite Hälfte) hier im Folgenden nur wenige zu erwähnen sind: ver(=)abredetermaßen adv.: I 95. — **Ve=racität** (lat., spr. w=) f. — **Ve(=)randa** (port. 2c., spr. w=) f. — **Ve(=)ra(=)trin** (nlat.) n.: Kat. 46³⁴; II 197. — **Verb** (lat., spr. w=) n.: Verba pl.; Verbale n., Verbalien pl. II 119; Verbal(=)injurie f. 2c. — **Verbas=kum** (lat., spr. w=) n. — **Verbene** (lat., spr. w=, ◡—◡) f. — **verberieren** (lat., spr. w=) v. 2c. — **verbleien** v.: s. Blei. — **Verbiage** (frz., spr. werbiäſ') n.: verbos a.; Verbosität f.; verbotenus (◡—◡◡) ob. (II 105) verbo tenus (lat., vgl. dagegen z. B.: verbotenes v. verbieten). — **verbrämen** v.: s. Bram 2. — **Verbum** (lat., spr. w=) n.: s. Verb. — **verderben** v.: Impf.: verdarb, Konj. verdürbe (nicht gut: verdärbe) Kat. 26³⁰; Verderben n. 2c. — **verdieten** v.: verdickt, s. Verdilt. — **verdientermaßen** adv.: I 95. — **Verdikt** (engl., spr. wérb=, auch ◡—) n.: des, die Verdikts od. des Verdiktes, die Verdikte (◡—◡) II 95, vgl. verdickt. — **verdrießen** v.: Impf.: verdroß, Konj.: ver=bröſſe 2c.; verdrießlich a.; Verdruß m. Kat. 31³³; II 142 ff. — **verdürbe:** s. verderben. — **verdutzt** a. — **ver(=)einbartermaßen** adv. I 95. — **versehmen** v.: s. Fehm. — **ver=flixt** a.: absichtliche Entstellung v. verflucht Kat. 93¹¹. — **vergaß:** Impf. v. vergessen, Konj.: vergäße II 143. — **Vergelt** m.: vergelten v., du vergiltst, er vergilt; ver=gilt! —; Impf.: vergalt, Konj.: vergölte, s. gelten. — **vergessen** v.: s. vergaß; du, er vergißt II 71; vergiß! u. (subst.) das Vergißmeinnicht I 22; II 15. — **vergleichs=weise** a. I 106. — **vergnügungshalber** adv.:

II 84. — verharſchen v. — verheeren v.:
Kat. 44²². — verhehlen v.: Kat. 54⁷, ſ.
unverhohlen. — ve(=)rificieren (lat., ſpr. w=)
v. ꝛc. — ver(=)irren v. — verjähren v.:
ſ. Jahr: Verjährungsfriſt ꝛc. — Verkehr
m. ꝛc. — verklammen v.: ſ. klamm. —
verkohlen v.: ſ. Kohl. — verlangtermaßen
adv.: II 95. — verletzen v.: (du), er, ihr
verletzt II 71 ꝛc. — verleumden v.: ſ. Leu=
mund. — Verlies n.: Kat. 96⁶, verſch.:
verließ (v. verlaſſen). — verlöſchen v.: ſ.
löſchen. — verloſen: ſ. Los. — Verluſt m.:
(v. verlieren): verluſtig gehen ꝛc. — ver=
mählen v.: Kat. 53²⁰, ſ. Gemahl. — Ver=
meil (frz., ſpr. wermélj) ꝛc. — vermeſſen v.:
du, er vermißt (welche Formen auch zu ver=
miſſen gehören können); Impf.: vermaß,
Konj.: vermäße; Partic.: vermeſſen, auch
a. u. vermeſſentlich adv. Kat. 72³⁵. —
Vermicelli (it., ſpr. wermitſch=) pl.; vermi=
tulär (nlat.) a. II 7; Vermillon (frz., ſpr.
wermiljóng) m. ꝛc. — vermittels präp.:
wie mittels (ſ. d.), beſſer als vermittelſt
Kat. 100¹⁴. — vermöge präp.: vermögen
v., Impf.: vermochte, Konj.: vermöchte;
Part.: vermocht; Vermögen n.; vermögend
a., Vermögenheit f. (vgl. Bedeutenheit) ꝛc. —
vernal (lat., ſpr. f=) v. ꝛc. a. ꝛc. — Vernier
(frz., ſpr. wernjē) m. — Vernis (frz., ſpr.
wernī) m. ꝛc.: ſ. Firnis. — Ve(=)rona (it.,
ſpr. w=): Veroneſe m. ꝛc. — Ve(=)ronika
(nlat., ſpr. w=) f.: weibl. Name u. Pflanze.
— ver(=)pönen v. ꝛc. — verpönen v.: ſ.
Pön. — Verrerie (frz., ſpr. w=) f.: Ver=
rillon (ſpr. werrilljóng) n.; Verrotyp n. ꝛc.
— verrucht a.: Verrucht(=)heit f. II 87. —
Vers (lat., ſpr. f=) m.: Verſe pl. (verſch.:
Ferſe, Färſe) Kat. 27¹², 64²³; Verschen
n. II 122; Vers(=)enbung f. verſch.:
Ver(=)ſenbung; Vers(=)taud m., verſch.:
Ver(=)ſtand Kat. 94³ ff ꝛc.; Verſalien (lat.,
ſpr. w=) ꝛc. II 18; Kat. 65¹¹. — Verſand
m.: Verſendung, verſch.: verſandt Par=
tic. wie verſendet (vgl. geſandt u. Impf.:
verſan(=)dte, Konj.: verſendete, ſ. ſandte),
wiederum verſch. v. verſandt (Partic. v.
verſanden) Kat. 76³⁴ ff.. — verſatil (lat.,
ſpr. w=) a. ꝛc. — verſchieden (ver=
ſchiedenes ꝛc.; Einem verſchieb(e)nerlei Dinge
—, Verſchiebnerlei — mittheilen I 89; II 25;
verſchiedentlich adv. Kat. 72³⁷. — Ver=
ſchleiß m.: verſchleißen v., verſchliſſen ꝛc.
(ſ. ſchleißen). — verſchuldetermaßen adv.:
I 94. — verſchwand: Impf. v. verſchwinden,
Konj.: verſchwände, verſch.: verſchwenden v.
— verſehen v.: Kat. 56¹⁶. — verſenden
v. ꝛc.: ſ. Vers u. Verſand. — verſiegen
v.: vertrocknen (nicht verſiechen) Kat. 83⁷.
verſieren (lat., ſpr. w=) v.: Verſiſer m.
(vgl. Vers), Verſifikation f. ꝛc.; Verſion f.;
verſurieren v. ꝛc. — verſöhnen v.: Kat. 55²⁹.

— verſproch(e)nermaßen adv.: I 94. —
Verſtand m.: verſch.: Verſtaud (ſ. Vers). —
verte(=)bral (lat., ſpr. w=) a.: Vertebral=
ſyſtem n. ꝛc.; Vertebraten pl. ꝛc. — ver=
theidigen v.: Kat. 58³⁷, ſ. Theidiug. —
vertikal (lat., ſpr. w=) a. — Vertumna=
lien (lat., ſpr. w=) pl.: Vertumnus m. ꝛc.
II 189. — Verve (frz., ſpr. werw') f. —
vervollkommn(=)nen v. ꝛc.: ebb. — verwahren
v.: Kat. 58⁸; verwahrloſen v. ꝛc. — ver
waiſen v.: (ſ. Waiſe), Partic.: verwaiſt
(verſch.: verweiſen, Part.: verwieſen). —
verwandt a.: Verwan(=)dte II 176; Ver=
wandt(=)ſchaft f. ꝛc. — verwebt a.: (munds=
artl. verweppt). — verwegen a.: wie ver=
wogen, eig. Partic. des veraltenden ver=
wägen (vgl. für die Bed.: vermeſſen); ver=
wegentlich adv. ꝛc. — verweiſen v.: vgl. ver=
waiſen. — verweppt a.: ſ. verwebt. —
verzeihen v.: Impf. verzieh, Part. verziehen
(verſch.: verziehen v.); Verzicht leiſten ꝛc.,
das Verzichtleiſten I 58 ꝛc. — Veſikatorien
(lat., ſpr. w=) pl.: II 120. — Veſir (ar.,
ſpr. w=, —) m.: auch Viſir, frz. vizir,
vezir (vgl. Baſar; II 141); ſeltner mit ÿ
ſtatt V Kat. 66¹¹ (vgl. Divan ꝛc.) u. mit
ie ſtatt i 46³⁴. — Ve(=)ſper (lat., ſpr. beſſer
w=, als f=) ꝛc.: Kat. 65¹²; Veſper(brot) n.;
veſpern v. ꝛc.: ſ. feſt. — Ve(=)ſta (lat., ſpr.
w=) f.: Veſtalin f. ꝛc. —
Veſte (frz., ſpr. weſt) f.: Zade ꝛc. (vgl.
Weſte). — Veſtibule (frz., ſpr. weſtibül) m.,
n.: II 204. — Veſuv (lat., ſpr. weſüf) m.:
Veſuvianum. (ſpr. =wiän) ꝛc. — Veteran (lat.,
ſpr. w=) m. ꝛc.—Veterinär (lat., ſpr. w=) m. ꝛc.:
II 7. — Veto (lat., ſpr. f=) n. — Vettel
(lat., ſpr. f=) f.: Kat. 64²³. — Vetter m.:
Kat. 30¹⁶; 64²³. — Vetturino (it., ſpr. w=)
m. ꝛc. — Ve(=)ration (lat., ſpr. w=) ꝛc.:
Vexier n.; vexieren v. — Vexillum (lat.,
ſpr. w=) n. — Vezi(e)r: ſ. Veſir.
Via (lat., ſpr. wia) präp.: via Bremen ꝛc.
II 106; Viadukt, üblicher als Biädukt
(vgl. Aquadukt); Viatikum n. — Vi(=)bra=
tion (lat., ſpr. w=) f.: vibrieren v.; Vi=
brionen pl. — Viburnum (lat., ſpr. w=) n.
Vice (lat., ſpr. w=): in Zſſtzgn, wie: Vice=
admiral m.; Vicekönig ꝛc., (u auch) Vice=
dom m., in veralteter od. alterthüml.
Schreibw.: Vitzthum(b) ꝛc., —frz.: Vidame
ferner (II 105) in der Verbindung: vice
versa; auch: Jemandes Vices vertreten ꝛc.
— Vicennien (lat., ſpr. w=) pl.: II 119;
Vicefinalſyſtem n. ꝛc. — vicinal (lat., ſpr.
w=) a.: Vicinalwege ꝛc. — Vienna: ſ. Vi=
gogne. — Vidame (frz., ſpr. wibám) m.:
ſ. Vicedom. — vidi (lat., ſpr. w=): auch n.,
vidiben v.; vidimieren v. von vidimus,
(vgl. viſieren v. viſum) nicht: fibemieren
(mit der Deutung: in fidem). — Vieh n.:
Kat. 52¹³; 64²³; Vieh(=)händler m. ꝛc.;

Vieh(=)heit f. II 174. — viel: allgemeines
Zahlw. (f. II 15; 31 ff), wie der Ggstz.
wenig u. die Kompar. mehr u. weniger
ohne weitere Flexionsendung (wenn nicht
am Anfang stehend ob. eigens substantiviert)
immer mit kleinem Anfangsbuchst. zu schrei=
ben, dagegen mit großem substantivisch flek=
tiert, z. B. also: Er weiß — viel,
wenig, — Vieles u. dies Viele (We=
niges, aber dies Wenige) gründlich 2c.
— Mit Vielem hält man Haus, mit we=
nig (ob. Wen'gem) kommt man aus. —
Denn viel (ob. Viele) sind berufen, aber
wenig (ob. Wenige) sind auserwählt. —
Ich kenne wenig (ob. Wenige) — nicht
viel (ob. Viele), die hierin mehr leisten.
— Das ist viel (ob. um Vieles) zu viel.
— Es ist um so viel mehr (f. u.) zu be=
dauern, als 2c.; flexionslos, doch eigens
substantiviert: Es kommt nicht auf das
Viel, sondern auf das Wie an 2c.; Drei
Viel u. drei Wenig sind höchst schädlich 2c.;
ferner (f. I 101): gleich (f. b.) viel; eben
(f. b.) so viel; so (f. b.) viel; wie (f. b.) viel;
zu (f. b.) viel, aber: allzuviel u. (f. o.) sub=
stantiviert: Die Mitte zwischen dem Allzu=
viel u. dem Zuwenig 2c. — In Zsstzgn.
(f. I 35), z. B.: vielarmig; vieläftig; viel=
deutig; vielfach; vielfältig, vielmal(s) 2c.,
auch mit Partic.: vielbedeutend; vielsagend;
vielbesitzend; vielduldend 2c.; vielgereist;
vielbewandert; vielerfahren; vielerwähnt;
vielgenannt 2c.; dagegen im Sinne v. sehr
vor eig. Adj. getrennt: Viel schön, viel
schön ist unser Wald (Claudius) 2c.; f. als
Zsstzgn. ferner (f. I 141): vielleicht adv.;
vielmehr conj. (versch. — f. o. — viel
mehr); endlich: vielerhand ob. vielerlei adj.
(I 85; 89) u. subst.: Vielerlei (II 25);
vielerseits adv. (I 89); vielerwärts adv.
(I 143). — vier Zahlw. (f. I 49 ff): mit
vier Pferden —, mit Vieren fahren II 19; 27;
alle Viere von sich strecken; auf allen Vieren
kriechen 2c.; zu Vieren im Wagen 2c. —;
viererlei adj. .1 89 2c.; vierfach a.; vier=
mal adv. 2c.; — der vierte Mann, das
vierte Mal I 93 2c.; Heinrich der Vierte
II 26 2c.; — ferner wie (trotz der ge=
schärften Auspr. Kat. 49²¹ ff): viertel a.,
Viertel n.; vierzeh(e)n, der vierzehnte 2c.;
vierzig, in den Vierzigen, ein Vierziger,
der vierzigste Theil, ein Vierzigstel 2c.;
vif: f. viv. — Vigiland (lat., spr. w=, f.
and) m.: Vigilant m., vigilant a.; Vigi=
lanz f.; Vigilie f.; vigilieren v. — Vi(=)gue
·it., spr. winje) f.: II 108; Vi(=)gnette f. —
Vigogne (frz., spr. wigónj') f.: vgl. span.
vicuña (spr. wikúnja). — Vigor (lat., spr.
w=) m.: vigoros (nlat.), vigorös, vigouvös
(frz., spr. wigur=) a. II 139; Viguenr (frz.,
spr. wigör=) f. II 133. — Vikar (lat., spr.

wikär) m.: Vikariat n.; vikarieren v. —
Vikomte (frz., spr. witóngt) m.: Vikomtesse.
— Viktor (lat., spr. w=) m.: II 127; Vik=
toria f.; Viktorien II 120 2c.; viktoriös 2c.
Viktualien (lat.) pl.: II 118. — Vikuña:
f. Vigogne. — Villa (lat., spr. w=) f.:
Villen pl. (versch.: Willen); Villeg(=)giatur
(it., spr. willedsih=) f. — Vinaigre (frz.,
spr. winäg'r) m. — Vincenz (lat., spr. =w)
m. — Vindelicien (lat., spr. w=) n.: II 117.
— Vindicien (lat., spr. w=) pl.: II 117;
vindicieren v.: Vindikation f. 2c. — Vingt=un
(frz., spr. wengtöng) n. — Vinolenz (lat.,
spr. w=) f. 2c. — Violation (lat., spr. w=) f.
— Viole (lat., it., spr. w=, ⌣—⌣, versch.
Phiole) violblau (f. Veilchen), violett a.
(II 211); Violett u. 2c.: Violine f. (vgl. it.
viola f.; violino 2c.); Violinist m.; Violon
(frz., spr. -óng) m.; Violoncell (spr. =ong=
schéll) n. ob. besser (II 209): Violoncell(o)
(it., spr. =ontsch=) u., Violoncellist m., f.
Cello 2c. — Viper (lat., spr. w=) f.: Kat.
47¹³. — Virgil (lat., spr. w=, ⌣—) m.:
allgemein mit i (nicht mit e) in der 1. Silbe
(vgl. Genitiv). — Virginia (lat., spr. w=):
Virginien u. II 119. — viril (lat., spr. w=,
⌣—) a. 2c. — virtuell (frz., spr. w=) a.:
II 213; virtuos a. II 139, Virtuose m.,
Virtuosität f. 2c. —Virulenz (lat., spr. w=) f.:
II 80. — Visa (frz., spr. w=) n.: f. Visum:
Visage (spr. wisáshe) f.; vis-à-vis (spr. wi=
sawí) präp. u. n.; visibel a.; Visier n.
(II 115, vgl. Vesir); visieren v.; Vision f.
II 137; visionär a., Visionär m. II 7 (frz.
visionnaire); Visitation f. 2c.; Visite f.;
visitieren v. — Viskount (engl. viscount,
spr. weikaunt) m. 2c. — Visorien (nlat.,
spr. w=) pl. zu Visorium n., f. Divisorium.
— Visum (lat.) n.: Visa (f. b.) pl.; visum
repertum II 105 2c. — vital (lat., spr. w=)
a. 2c. — vitiös (lat., spr. w=) a. — vi=
tres(=)cieren (nlat., spr. w=) v.: vitrificieren
v.; Vitrine f.; Vitriol m. 2c. — Vitsbohne:
f. Veit. — Vitzthum(b): f. Vicedom. —
viv (lat., spr. wif, in der Verlängerung
vor einem Vokal wiw=, f. =iv) a.: ein vivos
Treiben 2c.; vivace (it., spr. wiwátsche) a.;
Vivacität (lat.) f.; Vivandière (frz., spr.
wiwangdjäre) f. II 115; Vivarien (lat.) pl.
II 119; vivat! interj. Vivat n.; Vivisek=
tion f. 2c. — Vizdom m.: Vizthum(e), f.
Vicedom.
vlämisch a.: f. flämisch u. Grot. — Vlies:
Vließ n., f. Flies.
Vocabulaire (frz., spr. wokabülär) n.: f.
Vokabularium; II 204. — Vogel m.: Kat.
64²⁴; Vög(=)lein u. 2c. — Vogesen (lat.,
spr. w=, ⌣—⌣) pl.: f. Wasgau. — Vogt
m.: Kat. 64²⁵; 65⁶; Vög(=)te pl.; Vogtei
f. 2c. — Vogue (frz., spr. wog') f.: en
(f. b.) vogue 2c. — Voigt m. 2c.: f. Vogt.

Voisinage (frz., spr. woasinäſhe) f. — Voi=
ture (frz., spr. woatür) f.: II 204. — Vo=
kabel (lat., spr. w=) f.: Vokabularien
(II 110) pl. zu Vokabularium (vgl. vocabulaire); Vokal m. ꝛc.; Vokalmuſit f. ꝛc.;
Vokation f.; Vokativ m. (ſ. =iv). — Voland
(ſpr. föl=) m.: alte Bezeichnung für Teufel
(mhd. vâlant). — Volant (frz., ſpr. woláng)
m: Volante f.; volatil a. ꝛc. — Voleur
(frz., ſpr. wolör) m. ꝛc. — Volhynien (ſpr.
w=) n. II 119.—Volière (frz., ſpr. woljäre)
f.: II 115. — Volk n.: Kat. 64²⁴; Völker
pl. ꝛc. — voll a.: Kat. 17¹⁴; 64²⁴: aus
dem Vollen ꝛc.; den Mund voll nehmen,
vgl.: Mundvoll m. (ähnlich: Maulvoll m.,
Armvoll m., Handvoll f., Löffelvoll m. ꝛc.)
voll(=)auf adv. 113²⁹; II 119; Völle f. (bei
Rückert ꝛc., ſ. Fülle); völlen v.; voll=
enden (◡–◡) v. ꝛc.; voll(=)lends (–◡)
adv. Kat. 72⁶; Völlerei f. 17¹⁴; 64²⁵;
völlig a.; vollkomm(=)ner ꝛc. II 189; Voll=
Licht n. (I 17), voll=löthig a. ꝛc.; vollzählig
a. Kat. 85³⁷. — Volontär (frz., ſpr. wo=
longtär) m. II 7. — Volta (ſpr. w=) m.:
voltaïſche ob. Volta'ſche Säule. II 25; 109.
— Voltaire (ſpr. woltär) m.: II 7. —
Volte (ſpan., ſpr. w=) f.: Voltigeur (ſpr.
woltiſhör) m., voltigieren v.; Volubilität
(lat.) f., Volumen (◡–◡), voluminös a.
— Voluntarismus (nlat., ſpr. w=) m. ꝛc. —
voluptuös (lat., ſpr. w=) a. — Volute
(lat., ſpr. w=, ◡–◡) f.; volvieren (ſpr.
wolw=) v. ꝛc. — vom: vomieren (lat., ſpr.
w=) v.: Vomitiv n.: ſ. =iv; Vomitorien pl.
II 120 ꝛc. — von präp.: Kat. 35²⁸; 64²⁶;
das Von 105¹⁷; zuſammen zu ſchreiben mit
dem folgenden Wort (ſ. I 141), in den
Abv.: vonnöthen u. (mundartl.) vonſammen;
ſonſt im Allgemeinen überall getrennt, ſ.
die abhängigen Wörter, wie z. B.: Alter;
Amt; außen; da; einander; fern; weit;
Statten ꝛc. — vor: präp. u. Vorſilbe:
(vgl. für; ſ. im Nachfolgenden, auch: vor'm,
vor'n, vor's): vor Allem; vor Dieſem (vgl.
vorbem); vor der Hand (ſ. b.); vor Jahren;
vor Zeiten ꝛc. — vor(=)an (◡–) adv.:
I 117; verſch. (ſ. II 214) Zſſtzgn. aus vor
u. einem mit a b beginnenden zweiten Theil,
z. B.: Vor=Abſtimmung f. ꝛc. — Vo(=)ra=
cität (lat., ſpr. w= ꝛc.). — vor(=)an (◡–)
adv.: auch in Zſſtzgn. wie: voranbeuten v.,
vorangehen v., vorantragen v.; Voran=
tragung f. ꝛc., dagegen (vgl. vorab): Vor=
Antrag (–̈–̇̀–̀) m.; das vor=anbeutende
(–̈–̇̀–◡–◡) es ꝛc. — Vor(=)arbeit f.: vor=
arbeiten ꝛc. — vor(=)auf (◡–) adv.: vgl.
voran u. z. B.: voraufziehen v. ꝛc.; Vor=
Aufzug (–̈–̇̀–̀) des Dramas ꝛc. — vor=
aus (◡–) adv.: ſubſt.: der, das, im, zum
Voraus (◡– ob. –◡); in Zſſtzgn. z. B.:

vorausbezahlen v.; vorausgehen v.; voraus=
ſehen v., vorausſetzen v.; Vorausſetzung f.;
Vorausſicht f., vorausſichtlich a.; voraus=
zahlen v.: Vorauszahlung f. ꝛc., verſch.
(ſ. vorab ꝛc.): Vor=Auszahlung (–̈–̇̀–̀–̀)
n., das vordere Hand= ob. Beipferd. —
Vorbau m.: vorbauen v. ꝛc. — Vor=
behalt m.: vorbehaltlich a. — vorbei (◡–)
adv.: vorbei (ob. vorüber) ſein I 72 ꝛc.;
vorbeifahren v.; vorbeigehen v., vorbeimar=
ſchieren v., Vorbeimarſch m. (Vorübernarſch)
ꝛc., aber (vgl.vorab): Vor=Beipferd (–̈–̇̀–̀)
n., das vordere Hand= ob. Beipferd. —
vorberührtermaßen adv.: vorbeſagtermaßen
adv. ꝛc. — vorbeten v. ꝛc.: Vorbeter
der Gemeinde ꝛc. — Vorbewußt m. —
Vorbitte f.: woburch man ſich ob. einen
Andern vor Etwas bewahren will; vorbitten
v., vgl. Fürbitte ꝛc. — vordem (mit ge=
behntem o, ◡ — u. —◡) adv.: vor Dieſem
(ſelten: vordeſſen) I 78; 79; ſubſt.: das
Vordem. — vorder (ſpr. förb=) a.: (vgl.
fordern, förbern, zuvörderſt) die vordern,
vorderſten Reihen ꝛc.; das Vord(e)re, Vor=
derſte; der Vorderſte, Vorderſten ꝛc.; Vorder=
fuß m.; Vorderhand a. (verſch.: vor der
Hand) Vorbertheil (vgl. Vor=Theil) ꝛc. —
vordeſſen: ſ. vordem. — vor(=)einſt adv.:
I 128. — vor(=)erſt ꝛc.: ſ. fürerſt, erſt. —
vor(=)erwähnt(ermaßen) I 95. — Vorfallen=
heit f.: Kat. 73¹⁴, ſ. Vorkommenheit. —
vorgedacht(ermaßen): I 95. — vorgeſtern
adv.: vorge(=)ſtrig adj. — vorhanden (◡–◡)
a.: I 86. — vorher (◡–, auch –◡) adv.:
I 62; 134, vgl. vorher ſagen=früher (Gſſtz.
nachher) u. — vorherſagen (wie: vorausſagen,
prophezeien) Vorherſagung f. ꝛc.; vorherig
adj. — vorhin (◡–, auch —◡) adv.: I 134.
— im vorhinein (öſtreich.): ſ. vorn I 128.
— vorig adj.: das vorige Mal I 93 ꝛc.;
ſubſt.: das Vorige ꝛc. — vorjetzt: ſ. fürjetzt.
— vorkommend: vorkommenden Falls I 80;
Vorkommenheit f. Kat. 73¹², vgl. Abweſen=
heit ꝛc.; Vorkommniß n. II 189. —
vorlängſt (◡–) adv.: vgl. längſt. — vor=
letzt a. — vorlieb (◡–): ſ. richtiger für=
lieb; Vorliebe (–̇̀◡) f. — vor'm: füg=
licher als ohne Apoſtroph I 29; Kat. 123⁴ ff;
vgl. vor'n. — vormalig adj.: vormals adv.
I 90. — Vormittag m.: (des) Vormittags
II 22. — vor'n: für vor den u. vor ein,
vgl. b. Folg. — vorn adv.: mit geſchärf=
tem o (ſ. b. Vorige), auch vorne ꝛc.; ſubſt.:
das Vorn u. Hinten (ſ. d.) ꝛc.; vorn ſtehen;
lief Einer vorne vor I 142 ꝛc.; nach vorne
hin u. vorn an (ſ. u.); von vorn herein,
— vgl. ſubſtantiviert (öſterreichiſch ꝛc.): im
Vornherein, im Vor(n)hinein I 128 —;
ferner als Abv.: vornan I 118; vornüber
I 140 (Gſſtz. hintenüber, vgl. vorüber) —
Vornahme f.: v. vornehmen, verſch.: Vor=
name m., ſ. Name. — vornehm a.: ein

Vornehmer ꝛc.; vornehmlich a. Kat. 55⁶. — **Vorrath** m.: Kat. 59¹⁶; vorräthig a. — **vors**: für vor das, aber vor's für vor des I 28, z. B.: vors Thor gehen u.: vor's Nachbars Thür gehen ꝛc. — **vorsätzlich** a.: Kat. 29²⁶; mit Vorsatz. — **Vor=Schießübung** f.: II 215. — **Vorsehung** f.; Vorsorge f.: (veraltet) Fürsehung ꝛc. — **vorsprechen** v.: versch.: fürsprechen. — **Vortheil** m.: mit geschärftem o; aber mit gebeugtem Vor= u. Nachtheil; entsprechend: vorwärts u.: vor= u. rückwärts II 215; ferner: Vor=Theil (selten) statt Vorbertheil. — **vor(=)über** (◡‒◡) adv.:=vornüber (f. b.) u. besonders = vorbei (f. b.); versch.: vor=überlegt a. (‒◡◡‒), mit Vor=Überlegtheit f. II 214. — **vor(=)unter** (◡‒◡) adv.: (selten) I 141; Vorunter n. (seemännisch=Vorpflicht ꝛc.); aber (II 214) z. B.: Vor=Unterricht (‒‒◡‒ m. ꝛc. — **vorwärts** adv.: I 141, f. auch Vortheil. — **vorweg** (◡‒) adv.: II 143: vorweg nehmen ꝛc.; Vorwegnahme f. — **vorweilen** adv.: I 105 (aber: vor Zeiten, vgl. zuweilen). — **Vorwitz** m.: (veraltet Fürwitz) vorwitzig a. ꝛc. — **Vorwort** n.: vgl. Vorrede ꝛc., versch.: Fürwort. — **Vorzug** m.: vorzüglich a.; vorzugsweise a. I 106. — **Votant** (lat., spr. w=) m.: votieren v.; Votivtafel f. ꝛc. (f. =iv); Votum n. — **Voyageur** (frz., spr. woajaſhör) m. ꝛc. **vraisemblable** (frz., spr. wräßangbläb'l) a. — **Brille** (frz., spr. wrilj) f. **vulgär** (lat., spr. w=) a.: II 7; vulgarisieren v. ꝛc.; Vulgata f. ꝛc. — **Vulkan** (lat., spr. w=, ◡‒◡) m.: vulkanisch a.; Vulkanismus m. ꝛc. — **Vulneration** (lat., spr. w=) f. ꝛc. — **vulvo=uterinisch** (ulat.) a.: II 18.

W.

Waadt: Waadtland Kat. 126⁶. — **Waag** f.: Nebenfluß der Donau: Waag=Donau f. — **Waage**: f. Wage. — **Waal** (holl.) m.: (versch. Wahl, Wal) ein Arm des Rheins; Waalen, Kanäle (in Amsterdam); Waalreeper m. ꝛc. — **Waare** f.: Waarenlager n. ꝛc. (versch. wahren, waren). — **wabbelig** a.: (niederb.); wabbeln v. II 222. — **Wabe** f. ꝛc. — **wach** a.: wach — sein, bleiben, halten ꝛc.; Wache f., die Wache haben ꝛc., wachhabend a. I 55; (auf) Wache stehen, wachstehend a. ꝛc., vgl. Wacht, z. B.: Wachfeuer u. Wacht= feuer ꝛc.; Wach(t)posten m. ꝛc.; wachen v., du wachst (vgl. wachsen), er, sie wacht ꝛc., vgl. auch wachsam ꝛc. — **Wachholder** m.: üblicher als Wacholder Kat. 52²⁸. — **Wachs** (spr. waxs) 1) n.: Bienenwachs; dazu: wächsen v.; wächsern a. ꝛc. — 2) m. v. w a ch ſ e n v., dazu: du, er wächſt, ihr wachſt

(I 10; II 91, versch. — v. wachen [f. b.], mit dem unveränderten Laut des ch —: du wachst, vgl. auch: wachsam a.); Impf. wuchs (f. b. u. Wuchs); ferner: Wachs(=)thum m., n. — **Wacht** f.: neben Wage (z. B. = Schulter= joch zum Wassertragen; Klippschwengel der Deichsel) u. Wache (f. b.), vgl. Wacht(=)hans n.: Wacht(=)thurm ob.Wacht(=)thurm II 179ff ꝛc.; Wächter m. ꝛc. — **Wacke** f.: Wacken= ſtein) m.; Grauwacke f. ꝛc., versch.: Wake f. =Eisloch (Behufs der Fischerei) ꝛc. II 94. — **wack(e)lig** a.: Kat. 85²⁷. — **Waddig** m.: (niederb.) Molke II 222. — **Wade** f.: Wa= ben pl., versch. waten. — **Wage** f.: Mz. Wagen (f. b. Folg., vgl. Wacht; Waag); Wagemeister m. ꝛc. — **Wagen** m.: Mz. Wagen, besser als Wägen, f. das Vor= u. Nachstehende; Wagenmeister m. ꝛc. — **wa= gen** v.: im subſt. Infin.: das Wagen (f. b. Vor.): Wag(e)hals m. ꝛc. — **wägen** v.: Kat. 28⁴, vgl. wiegen: f. auch verwegen ꝛc. (versch. wegen). — **Wag(e)ner** m. — **Wag= niß** n. — **Wagon** (engl., doch gewöhnlich in frz. Ausspr.: wagong II 137) m., oft — doch falsch — mit Doppel=g. — **Wahl** f.: zu wählen, versch. Waal m. u. Wal, vgl. nam.: Wahlfeld n., Wahlplatz m. ꝛc., versch. v. Walfeld (= Schlachtfeld). — **Wähl** f.: (niederb.) üppiges Wohlgefühl ꝛc., dazu: wählig a. (andrerseits auch = wählerisch, heikel in der Wahl). — **Wähle** m.: f. Wale. — **Wahn** m.: Kat. 55²¹ ff; wähnen v.; wahnhaft a.; wahnschaffen a.; Wahnsinn m. ꝛc. — **wahr** a.: (versch. war; Waare): der wahre Grund ꝛc.; das Wahre an der Sache ꝛc. (f. auch fürwahr); wahrhaft a. ꝛc., Wahrheit f.; wahrlich adv.; wahrsagen v. I 59 ꝛc.; wahrscheinlich a.; Wahrspruch m. ꝛc. u. — andern Stammes: waren v. (vgl. be=, verwahren ꝛc.); wahrnehmen v. I 50 (vgl. gewahr) ꝛc.; Wahrzeichen n. Kat. 56⁷ ff. — **währen** v.: Kat. 28⁵; 56¹³: wir, wären v. war u. wehren) während, auch präp. u. — wie die verschmelzenden Abv.: währenddem; währenddessen I 79 — auch conj.; ferner: währschaft a. (schwzr.); Währschaft f. (vgl. Gewährschaft u. Währ= mann — versch. Wehrmann — neben Ge= währsmann); Währung f. — **Währwolf**: f. Wehrwolf. — **Waibel** m.: f. Weibel. — **Waiblingen** n.: in Würtemberg: Waiblinger (f. Gibeling). — **Waid** m.: Waidfärber(ci) ꝛc., aber Weidmann ꝛc. (f. b.). — **Wainä= mönen** (finn.) m. — **Waise** f. (m.): Waisen= kind n. ꝛc.; Waisenhans n. Kat. 20¹⁰, versch. Weise v.; weisen v. ꝛc. — **Waitzen** n.: in Ungarn. — **Waitzen** v.: f. Weizen. — **Wake** f.: f. Wacke. — **Wal**: (versch. Waal; Wahl, Wall) 1) m. (ahd.wal, altn.hvalr) fischartiges Säugethier: Walfisch m.; Walrath m., n.; Walroß n. (vgl. Narwal m.; Pottwal m.)

Kat. 36²⁰; 66¹². — 2) n. (m.) (ahb. wal, altn. valr) die Todten des Schlachtfelds u. dies selbst, üblich nam. noch in: Walfeld n., Walplatz n., Walstatt f. (versch.: Wahlfeld ꝛc.), vgl.: Walräuber (bei E. M. Arndt) u. bes. (Myth.): Walhalla f.; Walkyrie f. ob. Walküre f. (vgl. küren) — 3) s. Wale. Walache (‿‿‿) m.: (s. Wale): Walachei f.; Walachin f.; walachisch a. ꝛc., vgl. Wallach Kat. 40¹² ff. — Walb m.: Wälber pl.; im Walb ob. Walb' (je nach dem als Hart= ob. Weichlaut zu sprechenden d) Kat. 127⁷; I 26 ꝛc.; walbaus, walbein; walbwärts ꝛc. I 115. — Waldemar m. — Wale m.: Ausländer romanischer Zunge, (alt: Walhe, Walch ꝛc.), vgl. Walache ꝛc.; (Chur= walen ꝛc.; dazu: wälsch ꝛc., Wälschland u. (vgl. kauderwälsch a. ꝛc.), wälsche Nuß ob. Walnuß Kat. 30³ ff.; Wälschkorn u.; wälscher Hahn ꝛc. — Wales (engl., spr. uwehls) n.: vgl. Wale. — Walfeld: s. Wal 2. — Wal= fisch: s. Wal 1. — Walhalla: Walküre, Walkyrie, s. Wal 2. — Wall m.: (versch. Wal ꝛc.), Wälle pl. (versch.: Welle), s. auch wallen. — Wallach (‿‿) m.: kastrirtes männl. Pferd; des Wallachs (s. chs); die Wallache; wallachen (vgl. Walache ꝛc.) Kat. 40¹² ff. — wallen v.: er, ihr wallt; Impf. wallte ꝛc. (vgl. Walb; walten); Wallfahrt f.; wallfahrten v. ob. wallfahren; Wallfahrer m., Waller m. ꝛc. — Wallis (‿‿) n.: Schweizer Kanton (frz. le Valais) Kat. 126⁸; Walliser (‿‿‿) m. — Wallone m.: (vgl. Wale): Wallonenschmiede f.; wallonisch a. ꝛc. — Walm m. — Walnuß: s. Wale; wälsch. Walpurgis f.: weibl. Name: Walpurgis= nacht f. ꝛc. — Walroß: s. Wal 1. wälsch a. ꝛc.: s. Wale. — Walstatt: s. Wal 2. — walten v.: ich walte (versch. wallte) ꝛc.; Walter m. u. (als Eigenn.) auch: Wal= ther, s. Gunther. — Walze f.: walzen ꝛc.; wälzen v. ꝛc. — Wams n.: Kat. 38²². wand: Impf. v. winden, Konj. wände, versch.: Wand f., Wände pl., vgl. wenden. — Wand(=)lung f.: Wand(=)rer m. ꝛc. wan(=)dte: Impf. v. wenden, vgl. wendete, Ind. u. Konj. (Kat. 26³⁶). — wann: (I 142) irgend —, sonst —, wann; bis —, seit wann? ꝛc.; wanneh? u. wanneher? I 127; von wannen? ꝛc. — Wanst m.: Kat. 38²². — Wappen n.: wapp(=)nen v. Kat. 75¹¹. war: Impf. v. sein (versch. wahr ꝛc.), Konj.: wäre (vgl. währen). — Waräger m. — warb: Impf. v. werben, Konj.: würbe, besser als wärbe. Kat. 26³⁰. — ward: Impf. v. werben (versch. wart), Konj.: würde. — War(=)dein m. — wäre; s. war. — warf: Impf. v. werfen, Konj.: wirfe, besser als wärfe. Kat. 26³⁰ ff. — warm a.: warm empfunden ꝛc.; wärmer ꝛc.; Wärme f. ꝛc. — warten v.: (vgl. warb) Wärtel m.,

Wärter m. ꝛc. — wärts adv.: in abwärts ꝛc., abenbwärts ꝛc. Kat. 27¹³; I 142. — war(=)um: II 227, trotz der Ausspr. wa=rum; die Warum's I 30. — Wärwolf; s. Wehr= wolf. — was: Kat. 96¹⁶; 107¹¹; das Was II 15, auch (s. etwas) subst. unbest. Fürw.: Er weiß Was, irgend Was ꝛc., aber (ad= jekt.): was Tüchtiges ꝛc. (vgl. wer); was gestalt conj. I 81; wasmaßen conj. I 95. — Wa(=)sche f.: versch. Bache; Wä(=)sche f., Wäsch(=)schrank m. ꝛc.; waschen v., du, er wäscht; Impf. wusch, Konj. wüsche; wü(=)sche conj. ꝛc.; wasch(=)echt a.; Wasch(=)leder u. (versch.: Bacheleder), waschlederne Handschuhe ꝛc.; Wasch(=)schüssel f. ꝛc.; Waschzettel m., vgl.: Wäschzettel. — Wasgau m.: s. Vogesen. wasgestalt: s. was. — Washington (engl., spr. uwaschingt'n). — wasmaßen: s. was. Wasser n.: wässerig ob. wäß(=)rig a. II 175. — Wat f.: (alt) Kleid, Zeug: Watsack m. — Wate f.: Fischernetz(versch.: Wade): waten v. Kat. 69¹⁸. — Water (engl., spr. uwäter) n.: Wasser, z. B.: Water=Spinnmaschine f., Watertwist n. (spr. klössett, besser als nach frz. Weise =klose, II 209); Waterproof n., m. (spr. pruf). — Waterloo. — Watt n. (m.): Watte f.; Wattenfahrer m. ꝛc., versch. Watte f.; wattieren v. — Wau m. — wauwau! interj.: Wauwau m. weben v.: Impf.: webte ob. wob, Konj.: webete, wöbe. — Wech(=)sel (spr. wetzel) m.: II 90; Wechsel=haft f., versch.: wechselhaft a. II 137; wechselweise a. (besser als wechselweise) Wechs(=)ler m. ꝛc. — Weda; s. Beda. — Wedgwood (engl., spr. uwédschwudd): besser als Wedgewood. — Weg m.: in der Mitte (s. b.) des Wegs ob. mittewegs adv., vgl halbwegs, gradewegs; Wegweiser m., weg= weisend a. (s. u., vgl. auch wegen); weg adv. = fort, hinweg, z. B.: weg sein (I 71) u. zsgsst.: wegbleiben ꝛc.; weggehen ꝛc.; Weg= gang m. ꝛc., auch (s. o.): wegweisen v., Wegweisung f. ꝛc. — Wega f.: Stern erster Größe (versch.: Vega). — wegen präp.: I 102 ff: von Amts wegen ꝛc. (wo das s Genitivendung ist), aber: von Obrigkeits= wegen (wo das s Bindelaut der Zsstzg. ist, ber Gen. v. Obrigkeit hat kein s) u. s. w., s. auch beinetwegen; derentwegen; bestwegen — weh! interj.: wehe, auch a.; Weh(e) n., die Wehen pl. (s. u.), Wehmuth f., weh= müthig a. ꝛc., versch.: wehen v., das Wehen Wehe f., Schnee=, Windwehe f. ꝛc. — Wehl n.: versch.: aufgewühlte Wasservertiefung. — Wehne f.: Geschwulst; s. Wehr. — Wehr: 1) m. (alterthüml.) wehrhaft freier Mann (z. B. bei E. M. Arndt; Herder, J. Möser; — str. vira, lat. vir, goth. vair, ahd. wir, wer, mhd. wër, vgl. 2): Wehrfester m. Wehrgut n.; Wehrgeld n.; Wehrwolf m. —

2) f. [f. 1, mhd. wer(e) ꝛc.], auch) n., nam.:
das Mühlenwehr ꝛc.; Wehre f.; wehren v.
(verſch.: währen), er, ihr wehrt (verſch.wehrt);
wehrhaft a.; wehrlos a.; Wehrmann (ſ. 1),
verſch.: Währmann. — Weib n.: Weibchen,
Weiblein n. (ſpr. weip=), Weib'lein n. II 218.
— Weibel m. — Weichbild n. — Weich=
ſel (ſpr. weixel) f.: Weichſelkirſche f., Weichſel=
rohr n. ꝛc. — ꝛc.: Flußname: Weichſel=
gegend f. ꝛc.; Weichſelzopf m. — Weid f.:
(verſch. Waib m.; weit a. ꝛc.) Jagd, Fang
(Fiſchweid), üblich noch in: weidgerecht a.;
weiblich a. (eig.: jägerlich, dann verall=
gemeint: tüchtig ꝛc.); Weidmann m. ob.
Weid(e)ner ꝛc.; Weidmeſſer n.; Weidnachen
m. ob. Weibling m. (ſ. u., verſch. Weitling);
Weidſpruch m.: Weidtaſche f.; Weidwerk n.;
weid(e)wund a. ꝛc., — ſtammverwandt (vgl.
Geweide n., ausweiben v. ꝛc.) mit: Weibe f.,
Weibeplatz m. ꝛc., weiden v.; Weibling
(ſ. o.) m., auf Viehweiden wachſender Pilz
ꝛc.; dagegen ſtammverſchieden: Weide f.
(vgl. Wiede), Weidenbaum m., Weidicht n.;
weiben a.; Weiberich (als Vogel= u. Pflanzen=
name). — Weiſe f.: Haſpel: weiſen v. —
Weigand m.: (alterthüml.) Krieger (Wigand)
Kat. 88¹². — weihen v.: auch (ſ. I 23):
weih'n, er weiht, weih'te, wie in der Schrift,
auch in der Ausſpr. verſch. v. Wein m.,
weit a., Weite f. ꝛc.; Weihe f. (auch als
Raubvogel = Weih m.); Weihe=Inſchrift n.
II 109; Weihenacht f.; Weihnacht f. u.
Weihnachten pl., f., m., n.; Weihrauch m.;
Weihwaſſer n. ꝛc.; Weiher m., auch (verſch.,
lat. vivarium) = Teich Kat. 50³³ ff. —
weiland adv.: Kat. 72⁷. — Weimuthskiefer:
ſ. Weymouth. — weiß a.: (verſch. weiß)
in der Verbindung: Einem Etwas weiß
machen, vgl. naſeweis; weißſagen; weiſe a.,
Nathan der Weiſe. Kat. 108²⁰ ꝛc.; Weiſe f.
(verſch. Waiſe), z. B.: auf ſchlaue ꝛc. (in
ſchlauer ꝛc.) Weiſe, aber: ſchlauerweiſe ꝛc.
adv. I 106; weiſen v., er, ihr weiſt;
Impf.: wies, Konj.: wieſe ꝛc.; Weisheit f.;
weislich a. (verſch. weißlich); weisſagen
v. ꝛc. Kat. 94²⁴; Weisthum n. II 153. —
weiß a.: (verſch.: ich, er weiß v. wiſſen):
weiß u. rothgeſtreift, verſch.: weiß= u. roth=
geſtreift ꝛc. I 42; die meiſteſte ob. meiſte
Farbe II 72 ꝛc.; das Weiß; der Weiße,
ein Weißer ꝛc.; Weiße f.; weißen v., du
weißeſt, minder gut weißt (wie v. wiſſen)
II 71; weißgültig a. (ſ. gültig); weißlich a.
(verſch. weislich); Weißling m. ꝛc. — weit
a.: (verſch. weit't v. weihen): weiter, am
weiteſten (j. u.) eine Weile (zwei Meilen ꝛc.)
weit, aber: meilenweit I 88; wie weit?
in wie weit; (in) ſo weit (vgl. fern) I 107;
weiter — auch adverb.: des (ob. eines)
weiteren — worüber ſprechen; ſich des wei=
teſten — auch: des weit= u. breiteſten (I 19),

des weitläuftigſten (ſ. u.) — worüber aus=
laſſen ꝛc., ſ. u.; II 23; 24; aber ſubſtant.:
das Weite ſuchen ꝛc.; von Weitem ꝛc.; bei
Weitem (vgl. weit adv.) wichtiger II 19;
auch (ſ. o.): ſich des Weiten (ob. Weit=) ꝛc.;
Breiten, geſteigert: des Weit= u. Breiteſten
auslaſſen ꝛc.; bis auf Weiteres; ohne Wei=
teres ꝛc.; ferner: weit (weiter ꝛc.) ab [=ab=
gelegen] I 117; weit auslgeriſſen ꝛc.]; aber:
weitaus adv. (=bei Weitem) I 120; weit=
her, weit(=)hin adv. I 134; weitum adv.
I 140 ꝛc.; auch: weiterſort adv. (=ferner)
I 128; weiterhin adv. I 134 ꝛc.; weiter
erzählen (ſowohl: zu erzählen fortfahren,
wie erzählend verbreiten ꝛc.) I 62 ꝛc.; weit=
läufig a. (üblicher als weitläuftig) ꝛc.,
ſ. o.; Weitling m. (weite Schüſſel zum
Milchrahmen), verſch.: Weibling ꝛc. —
Weizen m.: Kat. 20²⁰, vgl. Waitzen. —
welch pron.: welch (ein) Leib! ꝛc. (nicht:
welch'); welcherlei adj. I 89 — u.: adv.:
welchergeſtalt; welchermaßen; welcherſeits;
welcherweiſe (I 81; 95; 98; 106) ꝛc. —
Welf m.: Junges v. Hunden u. wilden
Jagdthieren (ſ. auch Guelfe); Welflein n.
(verſch. Wölflein v. Wolf); welfen v. —
Welle f.: verſch. Wälle v. Wall. — Wels
m.: ein Fiſch. — welſch ꝛc.: ſ. wälſch. —
wem; wen: ſ. wer. — Wences(=)laus (ſlaw.)
m.: II 114, vgl. Wenzel. — Wende m.:
(verſch. Wände) Wenden pl., verſch. wenden
v., Impf. wan(=)dte u. (Indik. u. Konj.)
wendete. Kat. 26³⁶. — wenig: ſ. viel; min=
der; bischen II 15; 23; 25; 31; 32. —
wenn conj.: wenn — auch (gleich, ſchon,
zwar) I 130; das Wenn II 15. — Wenzel
m.: ſ. Wenceslaus. — wer: in allen Kaſus
als bezügl. u. fragendes Fürw. mit kleinem
Anfangsbuchſt., aber als unbeſtimmtes mit
großem (II 30), vgl. was, z. B.: Er muß es
doch von (irgend) Wem gehört haben, aber
von wem? ꝛc., verſch. Wehr. — werben
v.: Impf. warb, Konj. würbe, beſſer als
wärbe Kat. 26³⁰. — Werch ꝛc.: ſ. Werg.
werden v.: du wirſt (verſch. wirrſt), er wird
(verſch. wirrt; Wirth); Imper.: werde!
(auch ſubſt.: das Werde); Impf.: wurde u.
(in der Einz.) ward (verſch.: wart), Konj.:
würde (verſch.: Würde f.): Etwas gewahr,
— inne, los — werden I 71. — Werder m.:
vgl. Wörth. — werfen v.: du wirfſt, er
wirft; wirf! — Impf.: warf, Konj.:
würfe, beſſer als wärfe Kat. 26³⁰. —
Werſt n. (m.): (verſch. werft v. werfen).
Werfte f. — Werg n.: Hede (beſſer als
Werch, verſch.: Wert): wergen a. (beſſer
als werken, wirken ꝛc.). — Wergeld: ſ.
Wehrgeld. — Werk n.: (verſch. Werg=) im
Werk ſein; ins Werk ſetzen ꝛc.; Werk(el)tag
m. ꝛc.; Werkſtatt f. ꝛc. — Wermuth m., f.:
üblicher als ohne h. Kat. 59²⁵; 60³. —

Werner m.: f. Gunther. — Werra f.: Werra=Ufer n. II 109. — Werſt (ruſſ.) f. — werth a.: (verſch.: Wörth m.; ihr wehrt, währt, wärt ꝛc.): werth — achten, halten, ſchätzen ꝛc.: werthgeſchätzt ꝛc. I 39 ꝛc.; Ihr Werthes ob. Werthgeſchätztes. II 19 ꝛc.; Werth m., z. B.: Werth — haben, worauf legen ꝛc.; überm, unterm Werth ꝛc. — Werwolf: f. Wehrwolf. — Weſen n.: we=ſentlich a. Kat. 72³⁷; im Weſentlichen ꝛc. — Weſi(e)r: f. Veſir. — We(=)ſpe f.: Weſp=chen n. II 144; 158. — weß: weſſen, Gen. zu wer u. was (vgl. deß) n. ſo (f. I 111): weſſen halb, (wegen, willen), aber: weſſent=halben, weſſentwegen, weſſentwillen u. wes halb, weßwegen, weßwillen, auch (f. I 80): weßfalls. — Weſt m.: f. Weſten. — Weſte f.: Weſten pl., f. Veſte. — Weſt(en) m.: vgl. Oſt, z. B.: Weſtfalen n. ꝛc.; weſtwärts adv.; Weſtſüdweſt m. ꝛc. — wett a.: wett ſein, werden; Etwas wett machen ꝛc.; Wette f.: in (ob. um) die Wette laufen ꝛc., wettlaufen v., Wettlauf m., wettrennen v., Wettrennen n., wett=traben v., Wett=Traber m. Kat. 37¹² ꝛc.; wetten v. — wetterleuchten v.: Wetterleuchten n.(mundartl.: Wetterleich m.). — Weymouth (engl., ſpr. uꝛêmöth): Wey=mouthskiefer ꝛc., auch — mit deutſcher Ausſpr. —: Weimuthskiefer. Whig (engl., ſpr. huigg) m.: Whiggis=mus m. Kat. 66²⁰ ꝛc. — Whim (engl., ſpr. huimm) m. ꝛc. —Whip (engl., ſpr. huipp) m.: Whipper=in m. ꝛc. — Whiskey (engl., ſpr. huiski) m. — Whiſt (engl., ſpr. huiſt, auch wiſt) n. (m.) ꝛc. wibbeln v.: (niederb.) II 222. — Wichs (ſpr. wix) m.: Wich=ſe f.; wichſen v.: Wich=ſer (ſpr. wixe) m. — Widder m.: Kat. 63¹⁸. — wider präp. u. Vorſilbe: = gegen (vgl. wieder) Kat. 47²⁸ ff; I 61; 67 ff: auch ſubſt.: das Für (f. b.) u. Wider; wider=bellen v. ꝛc. (verſch.: wieder bellen ꝛc.); Widerchriſt m.; Widerdruck m.; widerfahren v.; Widerhaken m.; Widerhalt m.; wid(e)=rig a.; Widerlage f.; Widerlager n.; wi=derlegen v. ꝛc.; widerlich a.; widern v. u. zum Unterſchied davon (vgl. vor'n ꝛc.): wider'n (= wider den ꝛc.); Widernatur f., widernatürlich a.; Widerpart m.; f.; wider=rathen v.; widerrechtlich a.; Widerrede f., widerreden v.; Widerriſt m. ꝛc.; Widerruf m., widerrufen v., widerruflich a.; widers (= wider das); Widerſacher m., widerſache=riſch a.: widerſagen v.; widerſetzen v., wi=derſetzlich a. ꝛc.; Widerſinn m., widerſinnig a.; widerſpenſtig a. ꝛc.; Widerſpiel n.; wi=derſprechen v., Widerſpruch m.; Widerſtand m., widerſtehen v.; widerſtreben v. ꝛc.; Widerſtreit m., widerſtreiten v.; widerwärtig a., Widerwärtigkeit f.; Widerwille m., wi=

berwillig a.; Widerwind m.; Widerwort n. ꝛc., vgl. auch als Pflanzennamen: Widerſtoß m.; Widerthon m.; Widertod m. — wid=men v. Kat. 70³³; 75⁷ ꝛc. -- wid(=)rig a.: (f. widerig): widrigenfalls adv. u. conj. I 80. — wie adv.: (entſprechend ſo) das Wie I 15; wie — groß, hoch, viel, viel=mal? (aber ſubſt.: das Wieviel); der wie=vielſte ob. wievielte? I 102; (in) wie fern ob. weit I 107; dagegen als ein Wort (I 153): wieſo? (Fragewort, — verſch. z. B.: Wie ſo bald ſchwindet Schönheit!) u. das adverſative Bindewort: wiewohl (verſch.: Wie wohl iſt mir!). — Wiede f.: (Garbenband ꝛc. (vgl. Weide). — Wiede=hopf m. — wieden: f. wieten. — wieder adv. u. Vorſilbe: (vgl. wider u. I 61 ff; 67 ff) im Sinne der Wiederholung, der Erwiederung (vgl. nam. hin u. wieder, auch zeitlich), auch zuweilen des Weiterver=breitens (z. B. wiedererzählen, wie=derſagen ꝛc.) u. der durch die Wieder=holung bewirkten Veränderung (z. B. wie=dergebären, wiederkauen, wieder=taufen). Vor Zeitw. getrennt im Sinne der einfachen Wiederholung (= wiederum) u. auch außerdem vor trennbar zſgſtztn. Zeitw. (z. B. wieder abgeben, herſtellen, hinbringen, zurückbringen, zurückkommen ꝛc.) ſonſt aber überall zuſammenzuſchreiben, nicht bloß in den echten Zſſbgn. (vgl. wieder=holen, wiederhallen ꝛc., trennbar ob. untrennbar, je nach der Betonung auf der 1. ob. 3. Silbe), ſondern auch in den trenn=baren Zeitw., wie in den übrigen mit wie=der zſgſtztn. Redetheilen, z. B. alſo: Wie=derabdruck m., aber: wieder abdrucken; Wiederanfang m., wieder anfangen; wieder (ob. wiederum) beſuchen, aber: wie=derbeſuchen v. (den Beſuch erwiedern); wieder (noch einmal) bezahlen ꝛc.: wieder=bezahlen ꝛc.; wiederbringen (zurück=bringen); wieder (wiederholt) erzählen aber: wiedererzählen (ſo daß der Hörer zum Erzähler wird — ob. = weiter erzählen ꝛc.); Wiederfährte f. (des zurück= ob. wieder=kehrenden Wildes); wiederfordern v. (zurückfordern); Wiedergabe f.; wieder=gebären v. (ſ. o.). Wiedergeburt f.; Wiedergelt n.(vgl.Ent=,Vergelt).Kat.69¹¹; Wiederglanz m.(Keßler), wiederglän=zen v. (‿‑‑‿u. zuw. ‿‑‑‿); Wie=derhall m. (Echo), wiederhallen v.(‿‑‑‿ u. ‑‿‿‑); wieder (noch einmal) holen; wiederholen (‑‿‑‿ = zurückholen u. ‑‿‑‿ = repetiren), wiederholentlich ‑‿‑‿ u.; Wiederholung f. ꝛc.; wiederkauen v. (ſ. o.), wiederkäuen v., Wieder=käuer m.; Wiederkauf m. (Rückkauf), wiederkaufen v., wiederkäuflich a., Wiederkaufsrecht n. ꝛc.; Wiederkehr f.,

wiederkehren v. (zurückkehren); Wieder=
tlage f. (wobei der Verklagte als Kläger auf=
tritt), wiederklagen v.; Wiederklang
m., wiederklingen; wiederkommen v.,
Wiederkunft f.; wiedernehmen v. (zu=
rücknehmen); wiedersagen v. (ausplau=
bernb weiter sagen); wiederschaffen v.
(restituieren); Wiederschall m., wieder=
schallen v.; Wiederschein m. (Reflex),
wiederscheinen v.; wiederschimpfen
v. (das Schimpfen erwiedern), so: wieder=
schlagen v., Wiederschlag m. 2c.; wie=
berschreiben v. (antworten); ein Schau=
spiel wieder (zum zweiten Male) sehen, aber:
einen Freund wiedersehen (bei der Wie=
berkehr sehen); wiederspiegeln v., Wie=
berstrahl m. 2c.; Wiedertaufe f., wie=
bertaufen v. (s. o.), Wiedertäufer m.;
wiedertönen v.; wiederum adv.; wie=
bervergelten v., Wiedervergeltung
f. 2c.; s. nam. auch: hin u. wieder.
Wien n.: Kat. 47²; Wien's; Wiener m., a.;
wienerisch a. — wieso: s. wie. — wieten v.:
jäten (nicht wieben II 75). — wie viel;
wieweit; wiewohl: s. wie. — Wigand m.:
s. Weigand. — Wigwam (engl., spr.
uwiggwamm) m., n. — Wiking (altnord.)
m.: Wikinger pl. — Wila (serb.) f. —
wild a.: wilber Mann; wildes Schwein od.
Wildschwein; Wilbermannsthaler m. I 34;
Wilberschweinskopf m. od. besser: Wild=
schweinskopf ebb. 2c.; Wild n., Wildbrett n
Kat. 61²⁵ 2c.; wildfremd a.; wildweg adv.
I 143; Wildling m.; wildzen v. — Wil=
helm m.: Wilhelmine f.; Wilibald m., s. d.
Folg. — will: v. wollen; Wille m. (I 109 ff),
z. B.: mit, ohne, wider Willen: zu Willen
sein; Willens (besser als: in Willens) sein
2c.; als Präpos.: (II 33, vgl. wegen), z. B.
(um) des Friedens willen; um's Himmels
willen; (um) dessen (s. b.) willen u. (um)
bessentwillen 2c. (versch.: Villen); willfahren
v., willfährig a.; willig a.: Willkomm(en)
m., n., willkommen a.; Willkür f., will=
türlich a. 2c. — Winfried m.: Wingolf m.
(altnord. Myth.). — wink(e)lig a.: Kat. 85³¹.
— winseln v. — Winzer m. — winzig a. —
wipp! interj.: wips! 2c., vgl. klapp 2c. —
wir: s. ich; in fürstl. Erlassen 2c. Wir II 13.
— wirbelicht a.: wirbelhaft. Kat. 87⁵;
wirbelig a., voller Wirbel. — wird: s.
werden. — wirken v.: Kat. 31³⁵ (s. auch
Werg); wirklich a.; wirksam a.; Wirkung f. 2c.
— wirr a.: wirren v., du wirrst, er wirrt
(versch. wirst, wird 2c.); wirrig a., wirrisch a.
(vgl. wirsch); Wirrsal n.; Wirrwarr m.,
n. 2c. — wirsch a.: s. unwirsch. — Wiesing
m. — wirst: s. werden. — Wirtel m. —
Wirtemberg: s. Würtemberg. — Wirth m.:
(versch. wirb) II 198 ff; wirthbar a.; wirth=
lich a. Wirthschaft f. 2c. — wischen v.:

(bn), er, ihr wischt II 71. — Wisch(=)un
(str.) m. — Wisent m.: Bison. — Wist(e)r:
s. Besir. — Wis(=)muth m., n.: üblicher
als Bismuth Kat. 59²⁶; 60³. — Wi(=)spel
m.: II 158. — wi(=)spern v.: ebb.
wissen v.: ich, er weiß, du weißt; Impf.:
wußte, Konj.: wüßte; gewußt 2c.; das
Wissen; wissend a., wissentlich a. (Kat.
73³); Wissenschaft f. — Wit(=)thum n.:
s. b. Folg. u. widmen Kat. 38¹⁹; 70³³. —
Wit(=)tib f.: Wittfrau, Witt(=)we; Witt=
wer, Witt(=)mann m. ebb. 2c. — witzsprühend
a.: I 37 2c.
Wiuga (russ.) f.
Wladila (slaw., ‿‿‿) m.: Wladimir
m.; Wladis(=)laus m. Kat. 66¹⁹; II 114
(vgl. Ladislaus).
wo adv.: wo?; irgenb (s. b.) wo; nir=
genb wo 2c.; nicht wissen, wo aus u. wo
ein (versch. — s. u. —: woraus; worein);
wo möglich 2c.; das Wo II 15 2c.; ferner
in zsgstzn. Partikeln (s. u.), entsprechend ba
(s. b. u. bar, auch im Betreff der Hervor=
hebung des betonten wo durch Unterstreichen
ob. gesperrten Druck). — wob: wöbe, s.
weben. — wobei adv.: wobei, wobei, s. wo.
— Woche f.: wochenlang a. I 88; wöchent=
lich a. Kat. 73¹ 2c. — Wocken m.: Kat.
63²⁹; II 223 (s. Rocken). — Wodka (russ.) f.:
Wodki m. — woburch adv.: s. wo. — wo=
fern conj.: s. wo; dafern. — wogegen adv.:
s. wo. — woher adv.: woherwärts; wohin;
wohingegen; wohinter; wohinwärts 2c., s. wo.
— wohl a.: wohl sein; sich wohl befinden;
wohl behagen; Einem wohl (er)gehen; wohl
gefallen; wohl thun; Einem wohl wollen 2c.,
aber als sächl. Subst.: das Wohlsein, Wohl=
befinden, Wohlbehagen, Wohl(er)gehen,
Wohlgefallen, Wohlthun, Wohlwollen (I 60)
u. im abj. Partic.: wohlthuend, vgl. wohl=
thätig a.; wohlklingend, wohllautend, wohl=
tönenb 2c., wohlbuftend, wohlriechend 2c.,
wohlhabend (vgl. wohlhäbig a. 2c., vgl. als
zfgstzte. Verbalsubst.: Wohlthat f.; Wohlllang
m.; Wohllaut m.; Wohlduft m.; Wohlgeruch
m.; Wohlhabenheit f.; Wohlredenheit f. 2c.
u. andre Zsstgn. wie: wohlbehalten a.;
wohlfeil a., Wohlfeilheit f.; wohlgeartet a.;
wohlgeboren a. (in Briefausschriften mit
großem Anfangsbuchst.: Sr. Wohlgeboren
Herrn N. N. u. Herrn N. N. Wohlgeboren
II 13); wohlgestalt a., Wohlgestalt f.; wohl=
löblich a.; Wohlstand m.; wohlweise a.,
wohlweislich a. (s. u.: Wollust); auch inter=
jektionsartig: wohl!, — ja wohl!, — vgl.:
wohl auf! I 119 u. verbunden: wohlan!
I 118; 144; ferner auch als Form= u.
Fügewort: wohl (nicht wol Kat. 54²⁰ ff),
vgl.: obwohl; gleichwohl; wiewohl; ferner:
sowohl ... wie (ob. als) [auch] 2c.; endlich:
Wohl n. — wohnen v.: Kat. 55²⁸: Wohn=

ort m., Woh(=)nung f. 2c. — **Woiwode**
(slaw.) m.: Wojwode m.2c.—**wol**: f. wohl. —
wölben v.: Kat. 30¹⁶; Wölbung f. 2c. —
Woldemar: f. Waldemar. — **Wolf** m.:
Wölflein n., versch.: Welflein; Wolfgang m.;
Wolfram m. (als Mineral auch n.). —
Wolga f.: Wolga=Ufer n. II 109.—**Wolle** f.:
wöllen v.; wollicht a., wollenhaft; wollig,
bewöllt. Kat. 87⁵. — **wollen** v.: (ich, er
will, du willst 2c.; Impf. wollte, auch im
Konj. — versch. Volte versch. a., v. Wolle,
vgl. wollicht a. (wollartig), wollig a. (mit
Wolle versehen) Kat. 87⁵. — **Wolluſt** f.:
mit geschärftem o (st. Wohlluſt); wollüstig
a. 2c. — **Wolverin** (engl., spr. uwúlwerinn)
m. — **womit** adv.: f. wo, wonach adv.:
f. wo; bar (seltner wornach); wo neben 2c.
— **Wootz** (ind.=engl., spr. uwúts) m.: auch
füglich in deutscher Schreibweise: Wutz=
ſtahl). — **wor(=)an** adv.: f. wo, bar; so:
wor(=)auf; wor(=)aus; wor(=)ein. — **Wor**=
ceſter (engl., spr. uwúſter): II 171. —
Worfel f.: worfeln v. — **wor(=)in** adv.:
wo(r)nach; wor(=)ob 2c., f. woran; wonach.
— **Wort** n.: Worte, Wörter pl.; wörteln
v. 2c. — **Wörth** m.: vgl. Werder. — **wor**=
über adv.: wor(=)um; wor(=)unter; woselbst;
woven; wovor; wowider; wozwischen 2c.;
f. wo; bar.
Wrack n.: (niederb.) Kat. 66¹⁶: wrackeln v.
— **wrangen** v. — **wribbeln** v. — **wricken** v.
— **wringen** v. — **Wrucke** f.
wuchs (spr. wur): Impf. v. wachsen, (du),
ihr wuchſt II 71; 152, Konj. wüchse, vgl.
Wuchs m. — **Wucht** f.: wuchtig a. II 91.
— **wühlen** v.: Kat. 54²⁹ 2c. — **Wuhne** f.:
(auch Wuhle) Wake 55³³. — **Wuhr** f.:
vgl. Wehr. 56¹⁷; ²⁸. — **Wunder** n.: man
glaubt Wunder, wer (was, wie 2c.); Etwas
nimmt Einen Wunder 2c. — **würbe**: f. wer=
ben. — **würbe**: f. werden; versch.: Würde f.,
bazu: würbern v.; würbig a. 2c. — **würze**:
f. werfen, vgl. Wurf m., Würfe pl.; Würfel
m., würfelicht a. Kat. 87⁵ — **würgen** v.:
Kat. 61¹⁹. — **würken** v. 2c.: f. wirken. —
Würtemberg: beſſer als Württemberg; Wir=
temberg. Kat. 128¹⁰: Württemberger m. —
— **Wurz** f.: Würze pl.; f.; Wurzel f. 2c. —
wuſch: wüsche, f. waschen, versch.: wusch!
interj. (= husch). — **wußte**: wüßte, f.
wissen, — versch. (mit gedehntem Vokal):
Wuſt m.; wüſt a.; Wüſte f.; Wüstenei f.
(vgl. Wüsten=Ei n., f. Ei u. abv.: floh
wüsten=ein: Rückert, wie wüstenwärts 2c.);
Wüstling m. — **Wuth** f.: Kat. 59²⁶; wü=
then v.; Wütherich m. 85⁴; wüthig a. 2c.

X.

X: ein X für ein U; xmal I 91; zum
xten Mal. 93.
Xaver (ar.=span., spr. rawēr) m.
Xenie (gr.) f.: Xenien pl.: II 119. —
Xenophon (gr.) m. — **Xeres** (span., spr.
chēres): nach neuerer span. Orthogr. Jerez,
vgl. Sherry. Kat. 93²³. — **Xerxes** m.
Xiphias (gr.) m.: xiphoïdisch a. 2c.
Xylograph (gr.) m. 2c.

Y.

Y (holl., spr. ei): het Y; das Y (auch
deutsch, spr. üpsilon).
Yacht f.: f. Jacht u. Ähnliches mehr.
— **Yankee** (engl., spr. jénki) m.: Kat. 16²;
Yankee=boodle (spr. dubel) a., m. — **Yard**
(engl., spr. járd) n-, f., m. — **Yatagan** m.:
f. Jatagan.
Yeoman (engl., spr. jōmann) m.: Yeomen
pl.; Yeomanry (spr. =ri) f. — **yes** (engl.,
spr. jès): gewöhnl. mit lat. Lettern yes.
II 105.
Yonne (frz., spr. iónn) f.: Fluß u. Dé=
partement in Frankreich. — **York** (engl.,
spr. jórk): Yorkshire (spr. =schir).
Ypern: in Belgien: Yp(=)silanti. —
Yp(=)siloïde (gr.) f.
Ysop m.: f. Isop. — **Yssel** (holl., spr.
eißel) f. 2c. — **Ystad**: in Schweden.
Ytterby: in Schweden: Yttererde f.;
Yttrium n.
Yukatan.
Yverdun (frz., spr. iwerböng): deutsch
Ifferten. — **Yvetot** (frz., spr. iwetō).

Z.

zab(b)eln 2c.: f. zappeln. — **Zacke** f.:
Zacken m.; zacken v.; zackig a. — **zag** a.:
zage; zagen v.; zaghaft a. 2c. — **Zagal**
(span.) m. — **Zagel** m. (mundartl.) Schwanz
— **zäh** a.: zähe; Zäheit f.; Zähigkeit f.
Kat. 52¹⁰; ²⁴. — **Zahl** f.: Kat. 54⁴; zahlen
v.; zahlt v. 2c. — **zahm** a.: Kat. 55⁵;
zähmen v. 2c. — **Zahn** m.: zahnen v. 2c.;
zähneln v.; Zahn(=)nerv m. (in der Schreib=
schrift nicht mit ⎯⎯). — **Zähre** f.: Kat.
56¹³ (vgl. zehren). — **Zähringen**: in Baden.
— **Zährling** m.: Bergfink (versch. Zehrling).
— **Zärte** f.: f. Zärte. — **Zain** m.: Kat.
205¹) 1) Metallstab 2c.: Zaineisen n.; Zain=
hammer m.; Zainschmied m. ob. Zainer m.
v. zainen v. — 2) Ruthe zum Korbflechten
2c.: Zaine f., Flechtwerk 2c. — **Zalynthus**
(gr.). — **Zander** m.: f. Sandart. — **Zäng**=
chen n.: v. Zange (üblicher Zängelchen),

verſch.: Zäukchen (v. Zank). — **zapp(e)licht**
a.: zappeln v. ꝛc., nicht gut mit b ob. bb
ſtatt des pp. — **Zar** (ruſſ.) m.: II 84; 85;
Zarenthum n.; Zarewitſch (‿‿) m.;
Zarewna f.; Zari(=)grab n.; Zarin f.;
zariſch a.; Zarismus m.; Zaritza f. —
zart a.: Zärte f. (auch ein Fiſch, nicht
Zährte); Zärtelei f.; Zartheit f.; zärtlich a. ꝛc.
— **Zauber** m.: Zauberei f. (verſch.: Zauber=Ei
n. I 14); Zaub(e)rer m., weibl. Zauberin
(neben Zauberrin, vgl. Abenteuerin).
Zebaoth (hebr.) pl. — **Zebedäus** m.:
II 114. — **Ze**(=)**bra** n. — **Zebu** m. —
Zecchine (it. zecchino m., ſpr. zed=). —
Zeddel: ſ. Zettel. — **Zeder**: ſ. Ceder. —
Zeh m.: Zehe f.: Kat. 44⁴; 52¹³. — **zeh(e)n**
Zahlw.: (ſ. acht ꝛc., I 46 ff; II 26 ff) die
zehn Gebote ꝛc.; Rath der Zehn; Zehn=
Ender; Karl der Zehnte; zehnmal; das
zehnte Mal ꝛc.; das Zeh(e)nt (Jahrzehnt);
der Zehnte (als Abgabe), zehntbar a., zehnten
v. ꝛc. — **zehren** v.: (verſch.) Zähren pl.)
Impf.: zehrte (verſch.: Zärte) ꝛc.; Zehrer
ob. Zehrling m. (verſch.: Zährling); Zehr=
pfennig m.; Zehrung f. ꝛc. — **Zeichen** n.:
Zeichenſchrift f. ꝛc.; zeichnen v., Zeichen=
lehrer m.; Zeichenſtift m. ꝛc. (vgl. Rechen=
aufgabe ꝛc.) Kat. 103¹³. — **zeideln** v.:
Zeid(=)ler m. — **zeigen** v.: verſch. zengen
(vgl. be=, erzeigen) Kat. 21⁷. — **zeihen** v.:
er, ihr zeihet, zeih't (I 23) ob. zeiht (vgl.
Zeit); Impf. zieh (verſch. Imper. v. ziehen).
— **Zeiland** m.: Pflanze (Zeidelbaſt). —
Zein (gr.) n.: II 109. — **Zein**: ſ. Zain. —
Zeiſig m.: Kat. 88⁴; Zeischen n. ꝛc. —
Zeit f.: (verſch. zeiht), ſ. I 113; meiner ꝛc.
jener ꝛc., keiner, neuerer ꝛc. Zeit (dagegen
allzeit; derzeit; jederzeit adv.); bei, in,
unter, vor, zu — Zeit(en); von Zeit zu
Zeit ꝛc.; Zeit (meines ꝛc.) Lebens (ſ. b.);
eine (einige ꝛc.) Zeit lang; die (ganze) Zeit
über, her, aber: zeit(=)her adv., zeit(=)herig
(II 111), vgl. Zeit(=)her ꝛc.; zeitweiſe a.
I 106, zeitweilig a. ꝛc.; zeitraubend a. I 36
u. vollſtändige Zſſtzgn., wie: Zeitabſchnitt
m.; Zeitalter n. ꝛc.; Zeitlauf m., Mz.:
Zeitläufe u. (veraltend) Zeitläufte Kat. 87⁴
vgl. weitläufig; ferner: zei(=)tig a.; zeit=
lich a. Zei(=)tung f. — **Zeiz**: Stadt=
Zeit(=)zer m., a. II 25; 202. — **Zelle** f.:
II 80; zellig a. (vgl. cellular ꝛc.). — **Zelot**
(gr., ‿—) m. — **Zelter** m.: Pferd.
— **Zenith** (altperſ.) n.: Zend(=)aveſta (ſpr. =wé=).
— **Zenith** (ar.) m., n. — **Zenti**= ꝛc.; **Zent**=
ner: ſ. Cent ꝛc. — **Zeolith** (gr.) m. —
Zephyr (gr.) m. ꝛc. — **Zepter** m., n. ſ.
Scepter. — **zer**= untrennbare Vorſilbe,
z. B.: zerbläuen, ſ. bläuen u. ſ. w. — **Zerbſt**:
in Anhalt: Zerb(=)ſter m., a. — **Zero** (it.) n.
— **Zeter** n.: Zetergeſchrei n.; zetern v.
Zettel m.: nicht Zeddel II 223, vgl. Schedel.

— **zeuch**: alter Imper. v. ziehen (ſ. b.), wie
Präſ.: du zeuchſt, er zeucht (vgl. fleuch) Kat.
75³¹; ³⁵, ſ. b. Folg. — **Zeug** n., m.: Zeugs,
Gen. u. n., vgl.: Zeuge m.; zeugen v., vgl.
be= u. erzeugen; du zeug(e)ſt, er zeug(e)t
(verſch. zeucht), verſch. zeigen (ſ. b.); Zeug=
nis n. ꝛc. — **Zeug**(=)**ma** (gr.) n. — **Zeus**
(gr.) m.
Zibeth (ar., ‿—) m., n.: Zibeththier n.
— **Zicke** f.: Zickelchen n., Zicklein n., vgl.
Ziege. — **Zickzack** m., n.: zickzack interj. u.
adv.; zickzackig a. — **Zieche** f.: Bettzieche.
— **Ziefer** n.: Inſekt, verſch. Ziffer. —
Ziege f.: vgl. Zicke. — **Ziegel** m.: Kat.
47²³; Zieg(=)ler m. ꝛc. — **ziehen** v.: [verſch.
Impf. v. zeihen (ſ. b.)]: du zieh(e)ſt, alt:
zeuchſt (ſ. b.) ꝛc.; Impf. zog, Konj. zöge.
— **Ziemer** m.: auch m. n., bei Zerlegung
zahmer u. wilder Thiere der Rücken: Hirſch=,
Rehziemer ꝛc. (richtiger als Zimmer). —
ziemlichermaßen adv.: I 95. — **Zierat** f.,
m.: Zieraten pl., beſſer als Zierrath Kat.
60⁹ ff. — **Ziffer** f.: verſch. Ziefer, vgl.
Chiffre: Zifferblatt n.; (be=, ent)ziffern v.
II 80. — **Zigarre** f.: ſ. Cigarre. — **Zi=**
genner m. — **Zimbel** f.: ſ. Cymbal. —
Zimier f.: ſ. Cimier. — **Zimmer** n.:
Zimmer=Haft f. II 137 ꝛc.; ſ. auch Ziemer.
— **Zimmet** m.: Zimmt m. Kat. 38¹²; 90¹⁵
— **zimperlich** a. ꝛc.: üblicher als zimpfer=
lich. — **Zindel** m.: Zindeltaft m. — **Zingel**
m.: (ein=, um)zingeln II 80. — **Zin**(=)**nober**
m. — **Zins** m.: Zinſen pl.; (ver)zinſen v.
II 80. — **Zion** (hebr.) n.: nicht gut Sion.
— **Zirkel** m.: zirkeln v. ꝛc., vgl. Bezirk; Cir=
kular ꝛc. II 80. — **Zirkon** (‿—) m. ꝛc. —
Zither f.: ſ. Cither u. (als ganz einge=
bürgert) Zitter II 80; 81. — **Zitrone** f.:
ſ. Citrone. — **Zittwer** m.: Zittwerſamen
m., deutſcher Weiſe gemäßer als Zitwer. —
Zitz m.: 1) oſtind. Kattun (beſſer als Zits).
— 2) = Zitze f.
Zober: Zuber. — **Zobten**: in Schle=
ſien. — **zog**: zöge, ſ. ziehen; Zög(=)ling m.;
Zög(=)rung f. ꝛc. — **Zoïa**(=)**trie** (gr.) f.:
II 109. — **Zoïlus** (gr.) m.: ebb. — **Zoll**
m.: einen, zwei Zoll (vgl. Fuß) breit ꝛc.,
zollbreit a. ꝛc.; zoll=lang a. I 87 ꝛc.; Zoll=
Linie ꝛc.; Zolle pl.; Zölle pl.; zollen v.;
(drei)zöllig a.; Zöllner m. ꝛc. — **Zone** (gr.) f.:
Kat. 57³; 90²¹. — **Zoöchemie** (gr.) f.:
II 121; Zoologie f.; Zoophyt
n. ꝛc. — **Zopf=Ende** n.: I 14. — **Zouave**
(ar.=frz., ſpr. ſuáw) m.: ſ. Zuave.

zu präp.; adv.; conj. u. Vorſilbe: 1) präp.:
(vgl. zum; zur): a) zu Fuß; zu Pferde
ꝛc.; zu Dreien, zu britt (ſ. b; I 43; II 27)
ꝛc.; zu einander (ſ. b.) ꝛc.; zu Stande —
bringen, kommen ꝛc., ſubſt.: das Zu=Stande=
Kommen (II 73) ꝛc.: zu Rathe (ſ. b.) hal=
ten, ziehen; zu Willen (ſ. b.) ſein; zu

Zeiten (f. b.); zu Handen des Herrn N. N. (f. Hand, vgl. zuhant); zu Dem, was ich gesagt, — zu dem Gesagten, — zu alle Dem —, zu Dem allen ꝛc. — kommt noch ꝛc. (vgl. zudem); gut zu Wege sein, vgl. zuwege u. so überhaupt im Folgenden mehrere Zusammenschiebungen mit zu. — b) (f. I 43) adverbial vor flexionslosen Superlativen u. Ordnungszahlen: zu — äußerst, hinterst, höchst, innerst, mindest, mittelst, oberst, tiefst, unterst ꝛc., zweit, britt ꝛc., auch: zu — allererst, allerletzt, allermeist, allernächst, allervörderst ꝛc., dagegen gewöhnlich als ein Wort: zuerst; zuletzt; zumeist; zunächst; zuvörderst. — 2) adv.: a) das Übermaß bezeichnend, getrennt vom nachfolgenden Adj. u. Adv., aber verbunden in allzu (f. b.), z. B. also: zu — klein, balb ꝛc.; aber: allzuklein; allzubalb ꝛc.; zu viel (f. b.), aber subst.: das Zuviel ꝛc.; zu kurz kommen; zu nahe treten ꝛc. — b) nach, gegen, gen Norden zu ꝛc.; auf ein Ziel zu (vgl. los) stürzen ꝛc.; nach der Insel zu steuern ꝛc. (vgl. d); her (f. b.) zu; hin zu (vgl. herzu, hinzu u. f. 3). — c) zu adv. ob. Präbik.=zugemacht (vgl. d): Die Thüre muß zu sein (vgl. auf 3b). — d) in Zsstzgn., nam. in unecht zsgstztn. Zeitw. (nebst Fortbildungen), z. B.: zumachen, zugemacht (vgl. c), zuzumachen, zuzumachend (f. 3), ich mache zu ꝛc. (vgl. auf 3b); dem Ziel zustürzen, der Insel zusteuern ꝛc. (f. b); zufallen, Zufall m., zufällig a., Zufälligkeit f.; zulassen, Zulaß m., zulässig a., zuläßlich b.; zurechnen, Zurechnung f., zurechnungsfähig a. ꝛc.; auch nicht=verbale Zsstzgn., wie: Zubrot n.; Zugemüse n., Zukost f. ꝛc. — e) f. die all= zu; auf u. zu. — 3) bindewörtlich, als Anknüpfung des Infin. zu u. um zu u. dem erstern entsprechend auch zu beim Particip. Bei einfachen u. echt zsgstztn. Zeitw. steht dies zu vor den Verbalformen, bei unecht zsgstztn. wird es zwischengeschoben, z. B.: zu setzen; um zu setzen; zu setzend; zu besetzen(b); zu entsetzen(b): zu ersetzen(b); zu versetzen(b); zu zersetzen(b) ꝛc., dagegen z. B.: (um) ein Los abzusetzen; das abzusetzende Los ꝛc.; aufzusetzen(b); auszusetzen(b); einzusetzen(b) ꝛc. u. — je nach der versch. Betonung — z. B.: zu durchsetzen(b) u.: durchzusetzen(b); zu übersetzen(b) u.: überzusetzen(b); zu umsetzen(b) u.: umzusetzen(b) ꝛc. Besondere Beachtung verdient hierbei das zwischengeschobne tonlose zu nach den betonten Vorsilben her, hin, um, zu der unecht zsgstztn. Zeitw. (vgl. her; herzu; hin; hinzu), z. B.: Ich wünschte mir Flügel, um her (ob. hin) zu eilen — auch wohl: herzueilen; hinzueilen, — aber: Ich wollte herzu (ob. hinzu) eilen, vgl. mit zwischengeschobnem

zu: Ich wünschte, herzu (ob. hinzu) zu eilen ꝛc.; Ich brauche kein Wort weiter her zu setzen (auch wohl: herzusetzen), aber: hinzu zu setzen; Ich muß hinzu setzen (ob. fügen); das ich noch 2 Groschen hin zu setzen habe; „Hast du kein Geld, um zu setzen?" Ja, ich wünsche nur, den Thaler in kleines Geld umzusetzen; Er hat nicht viel zuzusetzen ꝛc. — Zuave (spr. zwáwe) m.: vgl. für frz. Zouave. — Zuber m.: üblicher als Zober. — Zucht f.: II 91; züchtigen v.; Züchtling m. ꝛc. — zuck! interj.: Zuck m.; zuckeln v., Zuckeltrab m.; zucken v. — Zuckerland m.: f. Kandis. — zudem (spr. zudém) adv.; conj.: f. zu; vgl. dem. — zuerst adv.: f. zu 1b. — zufolge präp.: I 80, aber: in Folge (f. b., vgl. benzufolge). — zufrieden a.: I 81; zufrieden stellen ꝛc.; Zufriedenheit f. ꝛc. — zugegen adv.: I 129. — zugleich adv.: I 130. — zuhand adv.: sofort I 86, vgl.: zur Hand (f. b.) sein. — zuhauf adv.: I 86, vgl. allzuhauf, aber: zu Haufen. — Zuidersee (holl., spr. seüb=) f.: üblicher als ganz deutsch Südersee. — zuletzt adv.: f. zu 1b. — zum: Verschmelzung der Präpos. zu mit dem davon abhängigen (best. ob. unbest.) männl. ob. sächl. Artikel (versch. zudem), — wie zur mit dem weibl. I 28 —, vgl. am, z. B. auch: zumselb(ig)en; auch in adverbialen Superl. u. Ordnungszahlen I 43; II 23: zum mindesten (= mindestens); zum besten (f. b.), schönsten ꝛc.; zum ersten, zweiten (andern), dritten ꝛc.; zumal ob.; conj.: I 91. — zumeist adv.: f. zu 1b — zunächst adv.: f. zu 1b; nächst. — Zunahme f.: versch. Zuname m. (f. Name). — zuneben präp.: I 136. — zunicht(e) adv.: I 96. — zur: (vgl. zum), z. B.: zur Erst (f. b.); zur Zeit ꝛc.; zurselben Stunde. — Zürch: Zürich; Zür(i)cher m., a. ꝛc. — zurecht adv.: zurecht — machen ꝛc.: rücken, stutzen, weisen ꝛc.; das Zurechtweisen (vgl. Zurechtweisung f.), versch.: zu Recht — bestehen, Einem stehen ꝛc. I 63; 97. — zurück adv.: auch in Zsstzgn., wie: zurückkehren v., Zurückkehr f. ꝛc., vgl. rück; I 62; 67; II 96. — zusammen adv.: wie beisammen (f. b.) — u. als Präfix in Zsstzgn. (f. I 69 ff; 137), z. B.: dicht zusammen — sein, sitzen, stehen, liegen, hangen ꝛc., hängen, rücken, setzen ꝛc., aber: aus den Theilen zusammensetzen, Zusammensetzung f.; unter einander zusammenhängen, Zusammenhang m. ꝛc. — zusammt präp.: I 137, vgl. sammt. — zuschanzen v.: f. Schanze. — zusehends adv.: vgl. eilends ꝛc. (versch.: unversehens). — zuthulich a.: auch oft zuthunlich (vgl. thunlich). — zuvor adv.: = vorher: kurz zuvor ꝛc.; Ich will's ihm sagen, aber er muß doch zuvor — kommen (hier sein ꝛc.); subst.: ein Zuvor u. Hernach ꝛc.;

auch als Präfix in Zsstzgn. (I 70): Einem zuvorkommen v., zuvorkommend a., Zuvorkommenheit f. (vgl. Bedeutenheit); es Einem zuvorthun v. ꝛc. — zuvörderst adv.: f. zu 1b. — zuwärts adv.: I 143. — zuwege adv.: zuwege bringen ꝛc. (vgl. zurecht), versch.: zu (f. b. 1a) Wege. — zuweilen adv.: I 105, vgl. bisweilen. — zuwider adv.: I 143, z. B.: ben Gesetzen zuwider — sein, handeln, laufen ꝛc.

zwanzig Zahlw.: f. I 46 ff; 91; II 26 ff: in den Zwanzig(ern); zwanzigerlei Dinge; zwanzigfach; zwanzigmal; zum zwanzigsten Mal; ein Zwanzigstel ꝛc.; zwanzig Kreuzer; ein Zwanzigkreuzer(stück) ꝛc.; Zwanziggulbenfuß m. ꝛc. — Zweck m.: zum Zweck (ob.: Zwecks) der Erholung ꝛc. II 35. — zween: f. zwei. — Zwehle f.: Kat. 54⁹. — zwei, Zahlw.: f. I 46 ff; 91; II 26 ff; zwei (veraltet: zween) Männer m.; zwei (veraltet: zwo) Frauen f.; zwei Dinge ꝛc.; es ist, schlägt Zwei ꝛc.; eine Zwei; zweierlei a.: zweifach (älter: zwiefach) a.; zweimal adv.; das zweite Mal ꝛc.; zweihundertundzweiunbzwanzig ꝛc. — zweifelsohne adv.: I 115; 137. — zweit: f. zwei u. erst. — zwerch a.: = quer (versch.: Zwerg m): Zwerchart m.; Zwerchfell n.; Zwerchpfeife f.; Zwerchsack m.; Zwerchsattel m. ꝛc.; zwerchüber (vgl. überzwerch) Kat. 82¹⁹; I 140. — Zwetsche f.: mit den mehr mundartl. Nebenformen: Zwetschge, Zwetschke, Quetsche. — zwiefach a.: zwiefältig a., noch üblich neben zweifach ꝛc., vgl. Zwieback. — Zwilch m.: üblicher als Zwillich, vgl. Drilch ꝛc. — zwischen präp. u. Präfix: zwischenburch adv. I 116 ꝛc.; zwischenher, zwischenhin adv. I 134; zwischenin(ne) adv. I 116; 134; ferner z. B.: zwischenschieben v., Zwischenschiebung f. ꝛc.; Zwischenband n.; Zwischenbemerkung f.; Zwischenfall m.; Zwischentiefer m.; Zwischenzeit f. ꝛc. — zwölf, Zahlw.: vgl. zwanzig; zwei ꝛc.; ZwölfEnder m. I 14; der zwölfte Tag; die Zwölften (v. Weihnachten bis Dreikönigstag) ꝛc.

Abkürzungen.

Von den Abkürzungen erwähnen wir, als vielleicht für Einzelne einer Erklärung bedürftig:

a. = Adjektiv u. Adverb.
adj., Adj. = Adjektiv; adj.: adjektivisch.
adv., Adv. = Adverb.
adv(erb). = adverbial.
ags. = angelsächsisch.
ahd. = althochdeutsch.
akt. = aktiv.
allgm. = allgemein.
altn. = altnordisch.
ar., arab. = arabisch.
Ausspr. = Aussprache.
bed. = bedeutet.
Bed. = Bedeutung.
bes. = besonders.
best. = bestimmt.
bez. = bezeichnet.
Buchst. = Buchstabe.
conj. = Konjunktion, Bindewort.
ebd. = eben da.
eig. = eigentlich.
Ends. = Endsilbe.
engl. = englisch.
Ew. = Eigenschaftswort.
Ez. = Einzahl.
f. = feminin, weibliches Hauptwort.
ff = und das Folgende.
frz. = französisch.
Fw. = Fürwort.
Gen. = Genitiv.
Ggsh. = Gegensatz.
goth. = gotisch.
gr. = griechisch.
gw. = gewöhnlich.
hebr. = hebräisch.

hochd. = hochdeutsch.
holl. = holländisch.
Hw. = Hauptwort.
Imper. = Imperativ.
Impf. = Imperfekt.
Ind., Indik. = Indikativ.
Inf., Infin. = Infinitiv.
interj. = Interjektion.
intr. = intransitiv, Intransitivum.
it., ital. = italiänisch.
Kompar. = Komparativ.
Konj. = Konjunktiv.
lat. = lateinisch.
m. = masculinum, männliches Hauptwort.
mhd. = mittelhochdeutsch.
Mus. = Musik.
Myth. = Mythologie.
Mz. = Mehrzahl.
n. = neutrum, sächliches Hauptwort.
nam. = namentlich.
Nbw. = Nebenwort.
ngr. = neugriechisch.
nhd. = neuhochdeutsch.
niederd. = niederdeutsch.
nlat. = neulateinisch.
Nom. = Nominativ.
ob. = oder.
Part., Partic. = Particip.
pass. = passiv.
Pers. = Person.
pl., Plur. = Plural.
Plsqpf. = Plusquamperfekt(um).
port. = portugiesisch.
präp. = Präposition.

Präf. = Präsens.
Prät. = Präteritum.
Pron. = Pronomen, Fürwort.
refl. = reflexiv, rückbezüglich.
rom. = romanisch.
f. = sieh.
f. d. = sieh dies; f. d. Folg. = sieh das Folgende; f. d. Vor. = sieh das Vorige.
seem. = seemännisch.
f. g. = sogenannt.
Sg. = Singular, Einzahl.
skr. = sanskrit.
f. o. = sieh oben.
spr. = sprich.
f. u. = sieh unten.
Subst. = Substantiv.
subst. = substantivisch.
tr. = transitiv.
u. = und.
u. a. m., u. ä. m. = und Anderes (Ähnliches) mehr.
überh. = überhaupt.
übertr. = übertragen.

u. dgl. m. = und Dergleichen mehr.
ungw. = ungewöhnlich.
Uml. = Umlaut.
unbest. = unbestimmt.
unperf. = unpersönlich.
Unterf. = Unterschied.
u. o. = und oft.
u. f. w. = und so weiter.
v. = von.
v. = Verb(um), Zeitwort.
Vertl. = Verkleinerung.
verf. = verschieden.
vgl. = vergleiche.
Vorf. = Vorsilbe.
weidm. = weidmännisch.
Zahlw. = Zahlwort.
z. B. = zum Beispiel.
Zeitw. = Zeitwort.
zsgft. = zusammengesetzt.
Zsfg. = Zusammensetzung.
zuw. = zuweilen.
zw. = zwischen.

Bei der Angabe der Aussprache bezeichnet â einen gedehnten Laut zwischen a und o, sh den von unserm sch verschiedenen, aber ihm ähnlichen Laut des französischen g oder j, z. B. in génie, Jean ꝛc., ferner bezeichnen dh und th die eigenthümlichen Laute des englischen th, jenes das gelispelte s, dies das gelispelte ß, wie uw den eigenthümlichen Laut des englischen w. Ein Accent (′) über einem Vokal in deutscher Schrift bezeichnet diesen zugleich als geschärft und betont, die betonten und zugleich gedehnten Vokale ob. Diphthonge sind durch darüber gesetzte kurze Querstriche (‾) bezeichnet. In einigen Fällen ist die Betonung auch in Klammern durch metrische Zeichen angedeutet, nämlich durch ◡ für tonlose Silben und durch — für betonte, wobei darüber gesetzte Accente den verstärkten oder Hauptton bezeichnen.

Druck von F. A. Brockhaus in Leipzig.